2023年重庆经济展望
2023 CHONGQING ECONOMIC OUTLOOK

重庆市综合经济研究院
重庆市经济信息中心　编著
重庆统筹城乡发展研究中心

中国经济出版社
CHINA ECONOMIC PUBLISHING HOUSE
·北京·

图书在版编目（CIP）数据

2023年重庆经济展望/重庆市综合经济研究院，重庆市经济信息中心，重庆统筹城乡发展研究中心编著. -- 北京：中国经济出版社，2022.12

ISBN 978-7-5136-7193-4

Ⅰ．①2… Ⅱ．①重… ②重… ③重… Ⅲ．①区域经济-经济预测-重庆-2023 Ⅳ．①F127.719

中国版本图书馆CIP数据核字（2022）第243254号

审图号：渝S（2019）045号

策划编辑　姜　静
责任编辑　郑　潇
责任印制　马小宾
封面设计　任燕飞工作室

出版发行	中国经济出版社
印 刷 者	北京富泰印刷有限责任公司
经 销 者	各地新华书店
开　　本	889mm×1194mm　1/16
印　　张	33.25
字　　数	1000千字
版　　次	2022年12月第1版
印　　次	2022年12月第1次
定　　价	198.00元

广告经营许可证　京西工商广字第8179号

中国经济出版社 网址 www.economyph.com 社址 北京市东城区安定门外大街58号 邮编 100011
本版图书如存在印装质量问题，请与本社销售中心联系调换（联系电话：010-57512564）

版权所有　盗版必究（举报电话：010-57512600）
国家版权局反盗版举报中心（举报电话：12390）　　服务热线：010-57512564

编 辑 委 员 会

主办单位：重庆市综合经济研究院　重庆市经济信息中心　重庆统筹城乡发展研究中心

总　　编：易小光

编　　委：何靖波　丁　瑶　鲁英杰　熊　艳　郭汉林　余贵玲　邓兰燕
　　　　　　熊　姝　苟文峰　翁志刚　朱　燕　杜　婷　李　荣　幸雅妮
　　　　　　罗丛生　裴　多　李　权　赵炜科　李雪梅

主　　编：丁　瑶

副 主 编：余贵玲　罗丛生

主　　研：易小光　丁　瑶　鲁英杰　余贵玲　邓兰燕　苟文峰　熊　姝
　　　　　　李　权　赵炜科　罗丛生　李雪梅　裴　多　陈　可　蒋安玲
　　　　　　李　林　罗宇航　曲　燕　苏　凡　王　利　张　超　张　佳
　　　　　　张　锐　张　睿　莫　平　燕　鹰　赵　伦　邹於娟　陈　殊
　　　　　　崔　苗　周大棚　张　亨　徐馨怡　张艾黎　邓吉敏　贺诗倪
　　　　　　贾静涛　黎　慧　李　霞　简华球　施小兰　孙茂曦　夏　月
　　　　　　赵　飞　杨　梅　郑淑媛　成秋明　邱　婧　王志军　夏梁颖
　　　　　　郑秋霞　黄建洪　李　俊　戴方尧

特约撰稿单位及撰稿人：

　　　　　　国家信息中心　　张宇贤　王远鸿　牛　犁　程伟力　闫　敏
　　　　　　　　　　　　　　陈　彬　邹蕴涵
　　　　　　重庆市经济和信息化委员会　王　刚　赵俊远　柏　潇　余　菲
　　　　　　　　　　　　　　胡　睿　马改妮
　　　　　　重庆市市场监督管理局　周家鹏
　　　　　　重庆市规划和自然资源局　董大法　张艺扬
　　　　　　重庆市知识产权局　黄　艳　周建超
　　　　　　重庆生产力促进中心　杨　艳
　　　　　　国家统计局重庆调查总队　林瑶奇
　　　　　　重庆两江新区管委会　向　林　欧阳建明
　　　　　　重庆市各区县（自治县）发展和改革委员会、万盛经济技术开发区发展改革局
　　　　　　西部各省（自治区）、各直辖市信息中心

序

  2022年以来，世界政经形势错综复杂，在俄乌冲突、中美贸易摩擦、供应链不畅和通货膨胀等因素影响下，全球经济增速持续放缓、衰退风险加大。我国面对三重压力，坚持稳中求进工作总基调，完整、准确、全面贯彻新发展理念，加快构建新发展格局，高效统筹疫情防控和经济社会发展，落实疫情要防住、经济要稳住、发展要安全的要求，积极应对超预期因素冲击，及时果断推出一揽子政策和接续措施，着力稳定宏观经济大盘，国内经济总体呈现回稳向上态势。在此宏观背景下，重庆以习近平新时代中国特色社会主义思想为指导，深入贯彻落实国家重大发展战略，积极融入和服务新发展格局，全面深化改革开放，坚持创新驱动发展，继续做好"六稳""六保"工作，统筹成渝地区双城经济圈建设和"一区两群"协调发展，极力克服本地疫情、极端天气、电力紧缺等多重超预期冲击，经济展现出良好韧性，主要经济指标增速逐步企稳，高质量发展态势向好。

  2023年，是全面贯彻党的二十大精神的开局之年，也是"十四五"规划承上启下之年，重庆经济面临的积极因素将增多，但外部环境的复杂性、严峻性和不确定性加剧。从国际看，全球政经形势错综复杂、不确定性增强，欧洲能源危机、通货膨胀高企、货币加速紧缩叠加贸易保护和单边经济制裁，世界经济正面临深度衰退，将对重庆国际贸易、投资和合作产生不利影响。从国内看，我国将加快构建新发展格局，着力推动高质量发展，实施积极的财政政策和稳健的货币政策，加强扩内需与深化供给侧结构性改革有机结合，注重提升产业链供应链韧性和安全水平，着力推进城乡融合和区域协调发展；高效统筹疫情防控和经济社会发展，强化跨周期宏观调控力度，狠抓相关政策落实见效，确保经济稳定运行在合理区间。面对国内外经济环境变化，重庆将全面贯彻落实党的二十大精神，深入贯彻习近平总书记重要指示精神和党中央、国务院决策部署，紧扣"两高""两地"目标和发挥"三个作用"的要求，纵深推动成渝地区双城经济圈建设，持续推进"一区两群"协调发展，重点推动国家重要先进制造业中心、西部金融中心、国际消费中心城市、国际性综合交通枢纽城市建设，以产业基础高级化和产业链现代化为主攻方向，加快构建现代产业体系、培育新增长点，进一步促进投资和消费增长，不断扩大对外开放，努力推动全市经济更高质量、更有效率、更加公平、更可持续、更为安全的发展。

  年度"重庆经济展望"是重庆市综合经济研究院（重庆市经济信息中心）围绕建设一流智库目标，秉承"把脉经济形势，服务政府决策"宗旨，与合作机构历经多年打造的拳头产品，是社会各界了解国内外政治经济环境，把握全市宏观经济运行趋势、行业发展动态的重要载体和窗口，对服务全市经济社会发展起到了较好的智力支撑作用，得到社会各界的好评和肯定，是一部了解重庆、宣传重庆的重要典藏。

《重庆经济展望》编委会

2022年12月

目　　录

序 ··· 1

综合卷·宏观篇

之一：2022 年世界经济形势分析及 2023 年展望 ·· 2
之二：2022 年中国宏观经济形势分析及 2023 年展望 ·· 9
之三：2022 年西部地区经济运行分析及 2023 年展望 ·· 16
之四：2022 年成渝地区双城经济圈建设情况及 2023 年展望 ··· 23
之五：2022 年重庆市经济形势分析及 2023 年展望 ·· 29

综合卷·比较篇

之一：2022 年北京市经济运行分析及 2023 年展望 ·· 40
之二：2022 年天津市经济运行分析及 2023 年展望 ·· 44
之三：2022 年上海市经济运行分析及 2023 年展望 ·· 50
之四：2022 年四川省经济运行分析及 2023 年展望 ·· 61
之五：2022 年贵州省经济运行分析及 2023 年展望 ·· 68
之六：2022 年云南省经济运行分析及 2023 年展望 ·· 74
之七：2022 年陕西省经济运行分析及 2023 年展望 ·· 80
之八：2022 年甘肃省经济运行分析及 2023 年展望 ·· 86
之九：2022 年青海省经济运行分析及 2023 年展望 ·· 93
之十：2022 年宁夏回族自治区经济运行分析及 2023 年展望 ······································· 100
之十一：2022 年新疆维吾尔自治区经济运行分析及 2023 年展望 ······························· 105
之十二：2022 年内蒙古自治区经济运行分析及 2023 年展望 ······································· 111
之十三：2022 年广西壮族自治区经济运行分析及 2023 年展望 ··································· 115

综合卷·专题篇

之一：2022 年重庆市农村经济运行分析及 2023 年展望 ·· 122

之二：2022年重庆市工业经济运行分析及2023年展望 …… 128
之三：2022年重庆市投资形势分析及2023年展望 …… 134
之四：2022年重庆市消费商贸形势分析及2023年展望 …… 141
之五：2022年重庆市对外开放与区域合作情况及2023年展望 …… 147
之六：2022年重庆市财政金融运行分析及2023年展望 …… 154
之七：2022年重庆市社会事业发展情况及2023年展望 …… 160
之八：2022年重庆市就业创业发展情况及2023年展望 …… 166
之九：2022年重庆市信息化发展情况及2023年展望 …… 171
之十：2022年重庆市生态绿色发展情况及2023年展望 …… 177
之十一：2022年重庆市社会信用体系建设情况及2023年展望 …… 182
之十二：2022年重庆市物价形势分析及2023年展望 …… 188
之十三：2022年重庆市民营经济发展情况及2023年展望 …… 193
之十四：2022年重庆市市场监管环境形势分析及2023年展望 …… 199
之十五：2022年重庆市自然资源开发利用分析及2023年展望 …… 203
之十六：2022年重庆市城乡居民收入状况分析及2023年展望 …… 207
之十七：2022年重庆市创新发展情况及2023年展望 …… 211
之十八：2022年重庆市知识产权发展情况及2023年展望 …… 215
之十九：2022年重庆两江新区经济运行分析及2023年展望 …… 220
之二十：2022年中新（重庆）战略性互联互通示范项目建设情况及2023年展望 …… 224
之二十一：2022年中国（重庆）自由贸易试验区建设情况及2023年展望 …… 229

产业卷·第一产业篇

之一：2022年重庆市农业发展及2023年展望 …… 236

产业卷·第二产业篇

之一：2022年重庆市第二产业发展及2023年展望 …… 244
之二：2022年重庆市高技术、战略性新兴产业发展及2023年展望 …… 250
之三：2022年重庆市汽车摩托车产业发展及2023年展望 …… 255
之四：2022年重庆市电子信息产业发展及2023年展望 …… 261
之五：2022年重庆市装备制造业发展及2023年展望 …… 266
之六：2022年重庆市生物医药产业发展及2023年展望 …… 268
之七：2022年重庆市材料工业发展及2023年展望 …… 271
之八：2022年重庆市消费品工业发展及2023年展望 …… 274
之九：2022年重庆市能源工业发展及2023年展望 …… 278
之十：2022年重庆市建筑业发展及2023年展望 …… 284

产业卷·第三产业篇

之一：2022 年重庆市第三产业发展及 2023 年展望 …………………………………………… 290
之二：2022 年重庆市金融业发展及 2023 年展望 ………………………………………………… 296
之三：2022 年重庆市物流业发展及 2023 年展望 ………………………………………………… 301
之四：2022 年重庆市房地产业发展及 2023 年展望 ……………………………………………… 307
之五：2022 年重庆市文化旅游产业发展及 2023 年展望 ………………………………………… 314
之六：2022 年重庆市住宿和餐饮业发展及 2023 年展望 ………………………………………… 320
之七：2022 年重庆市健康服务业发展及 2023 年展望 …………………………………………… 326

区域卷·主城都市区篇

之一：2022 年主城都市区经济运行分析及 2023 年展望 ………………………………………… 332
之二：2022 年渝中区经济运行分析及 2023 年展望 ……………………………………………… 338
之三：2022 年江北区经济运行分析及 2023 年展望 ……………………………………………… 342
之四：2022 年沙坪坝区经济运行分析及 2023 年展望 …………………………………………… 346
之五：2022 年南岸区经济运行分析及 2023 年展望 ……………………………………………… 349
之六：2022 年九龙坡区经济运行分析及 2023 年展望 …………………………………………… 354
之七：2022 年大渡口区经济运行分析及 2023 年展望 …………………………………………… 359
之八：2022 年北碚区经济运行分析及 2023 年展望 ……………………………………………… 363
之九：2022 年渝北区经济运行分析及 2023 年展望 ……………………………………………… 367
之十：2022 年巴南区经济运行分析及 2023 年展望 ……………………………………………… 371
之十一：2022 年涪陵区经济运行分析及 2023 年展望 …………………………………………… 376
之十二：2022 年长寿区经济运行分析及 2023 年展望 …………………………………………… 380
之十三：2022 年江津区经济运行分析及 2023 年展望 …………………………………………… 384
之十四：2022 年合川区经济运行分析及 2023 年展望 …………………………………………… 388
之十五：2022 年永川区经济运行分析及 2023 年展望 …………………………………………… 392
之十六：2022 年南川区经济运行分析及 2023 年展望 …………………………………………… 397
之十七：2022 年綦江区经济运行分析及 2023 年展望 …………………………………………… 402
之十八：2022 年大足区经济运行分析及 2023 年展望 …………………………………………… 406
之十九：2022 年璧山区经济运行分析及 2023 年展望 …………………………………………… 410
之二十：2022 年铜梁区经济运行分析及 2023 年展望 …………………………………………… 415
之二十一：2022 年潼南区经济运行分析及 2023 年展望 ………………………………………… 419
之二十二：2022 年荣昌区经济运行分析及 2023 年展望 ………………………………………… 425
之二十三：2022 年万盛经济技术开发区经济运行分析及 2023 年展望 ………………………… 429

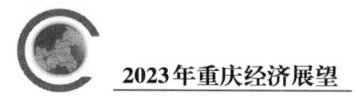

区域卷·渝东北三峡库区城镇群篇

之一：2022 年渝东北三峡库区城镇群经济运行分析及 2023 年展望 ········· 434
之二：2022 年万州区经济运行分析及 2023 年展望 ········· 440
之三：2022 年开州区经济运行分析及 2023 年展望 ········· 445
之四：2022 年梁平区经济运行分析及 2023 年展望 ········· 450
之五：2022 年城口县经济运行分析及 2023 年展望 ········· 454
之六：2022 年丰都县经济运行分析及 2023 年展望 ········· 458
之七：2022 年垫江县经济运行分析及 2023 年展望 ········· 463
之八：2022 年忠县经济运行分析及 2023 年展望 ········· 468
之九：2022 年云阳县经济运行分析及 2023 年展望 ········· 473
之十：2022 年奉节县经济运行分析及 2023 年展望 ········· 478
之十一：2022 年巫山县经济运行分析及 2023 年展望 ········· 482
之十二：2022 年巫溪县经济运行分析及 2023 年展望 ········· 485

区域卷·渝东南武陵山区城镇群篇

之一：2022 年渝东南武陵山区城镇群经济运行分析及 2023 年展望 ········· 490
之二：2022 年黔江区经济运行分析及 2023 年展望 ········· 496
之三：2022 年武隆区经济运行分析及 2023 年展望 ········· 500
之四：2022 年石柱土家族自治县经济运行分析及 2023 年展望 ········· 504
之五：2022 年秀山土家族苗族自治县经济运行分析及 2023 年展望 ········· 511
之六：2022 年酉阳土家族苗族自治县经济运行分析及 2023 年展望 ········· 515
之七：2022 年彭水苗族土家族自治县经济运行分析及 2023 年展望 ········· 519

综合卷
宏观篇

之一：2022年世界经济形势分析及2023年展望

2022年全球经济增速高位回落，增长格局出现新变化；美欧与亚洲国家通胀表现泾渭分明，结构性矛盾凸显；发达国家失业率显著降低，人力资本短缺问题突出；全球贸易增速大幅下滑，贸易格局正在发生变化。展望2023年，全球经济面临诸多不利因素，一是货币政策具有滞后效应，二是全球经济进入高成本时代，三是未来财政支出空间有限，四是充分就业预示增长空间有限，2023年全球经济仍然面临滞胀压力。不过，全球金融体系相对稳健，新兴与发展中经济体具有较强的韧性，亚太地区将在2023年引领全球经济增长。建议尽快消除国际国内结构性障碍，从而实现"调结构、反通胀、稳增长"三者的有机统一。

一、2022年世界经济形势分析

（一）全球经济增速高位回落，增长格局出现新变化

根据国际货币基金组织（IMF）的测算，2021年全球经济增长6%，2022年急剧回落到3.2%。但是，不同经济体之间经济表现出现较大差异，这一差异对探寻未来经济复苏路径具有较强的启发意义。

1. 美欧经济增速同步回落，但内部出现一定分化

2022年前两季度，美国GDP环比折年增速分别为-1.6%和-0.6%，进入技术性衰退，三季度环比折年增长2.6%，IMF预计2022年增长1.6%，这与2021年的5.7%形成了鲜明对比。欧元区前两季度经济仍然表现出较强的增长态势，环比分别增长0.7%和0.8%，但第三季度下滑到0.2%，预计第四季度负增长。

不过，曾被称为"欧猪五国"的葡萄牙和希腊已将财政赤字减少逾半以上，且对俄罗斯天然气供应中断的风险程度也低于欧洲大多数地区，2022年经济增长表现出较强的韧性。希腊经济受到外资增加的提振以及旅游业的复苏带动，2022年前两季度GDP分别同比增长9%和7.8%，预计全年增长超过5.2%。葡萄牙大刀阔斧改革退休金制度，并以"黄金签证"吸引大批移民，2022年前两季度GDP分别同比增长11.4%和7.9%，第三季度环比增长0.4%，预计全年增长6.8%左右。"欧猪五国"另外三个国家意大利、西班牙和爱尔兰经济同样表现出较强的韧性，预计2022年增速分别为4.2%、6.8%和11%，均远远高出欧元区3.1%的平均增速。

2. 多重因素推动日本经济持续复苏

同为发达经济体的日本则表现出相对较强的增长态势。前两季度GDP分别同比增长0.6%和1.6%，IMF预计2022年增长1.7%左右，与2021年相同，是主要发达经济体中唯一没有出现增速下滑的国家。究其原因主要有四个：一是企业设备投资坚挺，对第二产业复苏发挥了至关重要的作用；二是灵活的防疫政策促进了餐饮和旅游住宿等第三产业持续恢复；三是始终坚持零利率，货币政策没有受到欧美央行的影响；四是全球通胀让日本摆脱了长期通缩的困扰，产品涨价和日元贬值改善了大多数制

造业的业绩。

3. 部分亚洲新兴和发展中经济国家异军突起

从东盟国家的情况来看，2022年10月东盟国家制造业采购经理指数为51.6，连续13个月高于50，说明东盟国家制造业连续13个月处于扩张状态，经济增长态势良好，其中越南和印度尼西亚尤为突出。

近年来越南大举投资基础设施，跨国公司纷纷在越南投资。2022年前三季度GDP分别同比增长5.3%、6.4%和8.8%，预计全年增长约7%。由于自然资源丰富，印度尼西亚也是大宗商品涨价的受益者，庞大人口的内需市场也为经济提供了强大支撑。同时，相对于其他发展中经济体债务相对很低，本币汇率异常稳定，2022年前三季度GDP分别增长5%、5.5%和5.7%，全年经济增长将超过5%，将位居G20国家之首。

4. 中东、北非与中亚的经济活动仍具有弹性

中东和中亚一些产油国受益于石油行业的超额利润，预计2022—2026年，这些超额利润将达到1万亿美元。海湾阿拉伯国家经济增长速度或较2021年增长一倍以上，2022年经济增速预计可达6.5%。

受海湾国家经济提振的拉动，中东和北非地区2022年GDP增长率预计将从2021年的4.1%增长至5%。但考虑到全球经济状况恶化的影响，预计该地区2023年GDP增长率将放缓至3.6%。

（二）欧美与亚洲国家通胀表现泾渭分明，结构性矛盾凸显

1. 欧美国家通货膨胀愈演愈烈，成为遏制全球经济健康发展的重要因素

2022年欧美国家延续并加剧了肇始于2021年的通货膨胀，不断刷新上一轮全球滞胀以来的纪录。2022年6月，美国CPI同比上涨9.1%，10月同比涨幅虽然回落到7.7%，但9月、10月环比增速分别为0.2%、0.4%，从动态的角度来看通货膨胀压力仍未消退，距离2%的调控目标仍遥遥无期。欧元区情况比美国更为严重，2022年以来逐月上涨，10月调和CPI同比上涨10.7%，环比涨幅高达1.5%，创有该项统计指标以来最高纪录。脱离欧盟的英国在通货膨胀方面则与欧元区比翼双飞，9月CPI同比上涨10.1%。

2. 亚洲国家通货膨胀温和可控，对世界经济发展作出了重要贡献

与欧美国家形成鲜明对比的是亚洲国家表现出温和可控的特点。从亚洲发达国家来看，2022年10月日本和韩国CPI同比涨幅分别为3%与5.7%，远远低于欧美发达国家。从东盟国家来看，2022年10月越南和印度尼西亚CPI分别同比上涨4.3%和5.7%，10月之前越南涨幅均在1.4%与3.9%之间。从中国情况来看，10月CPI同比上涨2.1%，仍处于宏观调控目标范围之内。由于亚洲制造业在全球占据举足轻重的地位，亚洲物价的稳定对世界经济的发展作出了重要贡献。如果亚洲通货膨胀与欧美保持同一水平，全球经济则是另外一番景象。

3. 影响欧美通胀的深层结构性因素凸显

从宏观层面来看，欧美经济刺激政策扩大了总需求、全球供应链梗堵以及俄乌冲突都是导致本轮通胀的重要原因。但是，在上述因素影响的逐步弱化之后通胀压力仍未消散，说明还存在深层结构性矛盾。

一是新兴部门与传统部门的矛盾。新兴部门可以通过提高劳动生产率在实现工资上涨的同时保持价格稳定，传统部门产出因劳动力向新兴部门转移而相对下降，从而导致价格上涨。2021年以来，欧美国家低收入服务行业工人的跳槽及卡车司机短缺成为工资成本上升的先导，2022年这一矛盾仍在加剧。

二是贸易部门与非贸易部门问题。非贸易部门劳动生产率增速缓慢，其通货膨胀水平主要由工资水

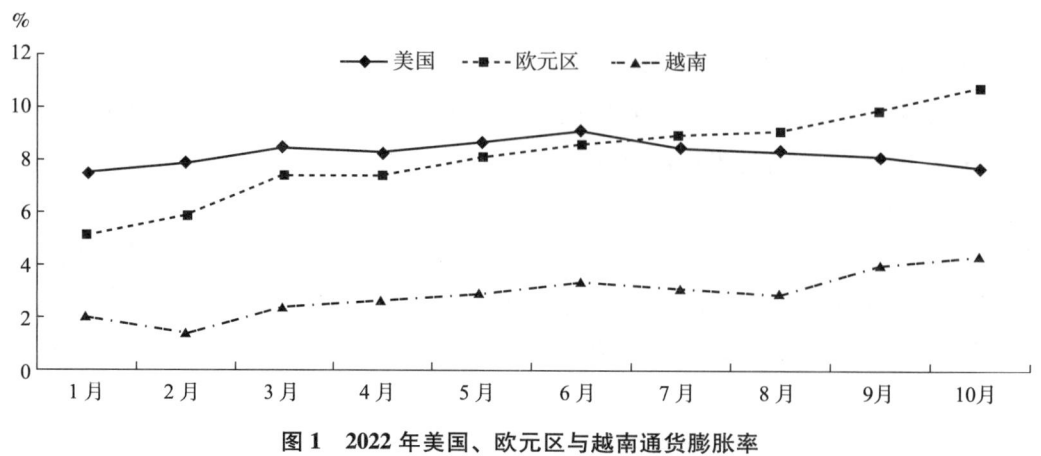

图1 2022年美国、欧元区与越南通货膨胀率

数据来源：Wind数据库。

平决定，这往往表现为非贸易部门具有较强的提价能力。事实上，当前欧美发达国家通货膨胀也符合这一特征，表现为餐饮、运输、仓储、电力等非贸易部门价格率先上涨，然后再传导至其他部门。

三是价格体系扭曲是导致通货膨胀此起彼伏的重要原因。结构学派的观点认为，不同职位、不同行业之间工资绝对水平存在差异是合理的，但工资增速应保持一致。从当前欧美国家的情况来看，公司的管理层通过股价上涨提高了股权收益，普通员工则通过跳槽实现工资的上涨与福利的改善，企业招聘新员工又不得不进一步提高工资水平，从而演化为工资螺旋式地上涨。从行业情况来看，欧美国家房地产价格持续十年的上涨必然导致其他行业价格的上涨。

（三）发达国家失业率显著降低，就业繁荣的背后蕴藏着问题

从失业率来看，2022年发达国家就业市场在不断改善，9月欧元区的失业率降至6.6%，这是该机构自1998年4月开始编制该数据以来的最低水平。同期英国失业率为3.5%，降至1974年以来的最低水平，日本失业率只有2.6%，美国失业率为3.5%。10月美国失业率虽然上升到3.7%，但仍处于较低水平。但是，就业市场"繁荣"的背后隐藏着诸多问题。

一是劳动力参与率下降。以美国为例，2022年10月，美国劳动力参与率为62.2%，比2019年10月下降1个百分点。下降的原因也是多方面的，一是长期疾病的增加导致劳动力退出就业市场。根据布鲁金斯学会2022年8月的报告，估计多达400万人因"长新冠"而失业。二是人口结构问题。根据英国就业研究所的报告，一方面年轻人接受教育的年限增长，另一方面老年人按期甚至提前退出劳动力市场，这导致英国劳动人口比新冠肺炎疫情暴发之前大幅减少。三是新冠肺炎疫情导致劳动密集型服务业出现大量工人流失，如餐饮、养老院等行业容易被感染且收入较低，劳动者就业意愿降低。

二是结构性失业问题突出。以美国为例，2022年10月职位空缺1072万人，但仍有561万的失业人口，说明劳动力供给和需求不匹配。一方面，技术、数字、绿色经济领域需要大量高素质劳动力，但大量失业人员不符合要求；另一方面，年轻一代劳动力就业观念发生巨大变化，劳动者开始规避那些工作时间不灵活、工资水平低的岗位。在这种情况下，9月欧元区的青年失业率仍然高达14.6%，10月美国青年失业率为11%。

（四）全球贸易增速大幅下滑，贸易格局正在发生变化

根据世界贸易组织（World Trade Organization，WTO）的统计，2021年全球货物贸易增长10.8%，2022年10月WTO发布的报告预计全球贸易将在2022年下半年失去动力，货物贸易量将增长3.5%，但

2023年仅增长1%,远低于此前估计的3.4%。在全球贸易急剧下滑的背景下,贸易格局也在悄然发生变化。

美国是全球最大的货物贸易逆差国,从表1可以看出,2021年贸易逆差比2017年增长38%,美国货物进口仍然是拉动全球贸易的重要力量。不过,在过去四年中,美国货物贸易逆差来源地发生重大变化。同2017年相比,美国对中国大陆贸易逆差下降了4.7%,但对北美、欧洲以及亚洲(不含中国大陆)分别增长了86.1%、64.1%、76.7%。

表1 2017—2021年美国货物贸易逆差来源地

单位:亿美元

年份	全球	中国大陆	亚洲（不含中国大陆）	欧洲	北美
2017	7243	3438	1786	1598	781
2018	7924	3825	1821	1855	887
2019	7716	3084	1994	2065	1190
2020	8355	2823	2472	2290	1157
2021	9997	3276	3155	2622	1453
四年增幅/%	38.0	-4.7	76.7	64.1	86.1

数据来源:美国商务部。

从2021年前三季度和2022年前三季度数据来看,发生了细微的变化。一是美国对欧洲贸易逆差在下降;二是美国对中国大陆的贸易逆差在增加,但对亚洲(不含中国大陆)则以更大的幅度在增长,且对亚洲(不含中国大陆)的贸易逆差超过中国大陆,这也是在过去五年不曾发生的现象。

表2 2021年前三季度、2022年前三季度美国货物贸易逆差来源地

单位:亿美元

项目	全球	中国大陆	亚洲（不含中国大陆）	欧洲	北美
2021年前三季度	7876	2535	2479	2125	1122
2022年前三季度	9097	3092	3291	1692	1628
增幅/%	15.5	22.0	32.8	-20.4	45.1

数据来源:美国商务部。

(五)俄乌冲突对全球经济发展影响深远

俄乌冲突为业已疲软的全球经济雪上加霜。一是在推高国际油价方面产生了推波助澜的作用;二是扰乱了全球化肥产业链,对全球农业生产产生了较大负面冲击;三是扰乱了全球粮食和食品供应链,进一步推高了国际粮食价格,依赖粮食进口的国家尤其是非洲国家将面临严峻的挑战;四是加剧了欧洲能源危机及通货膨胀压力,欧洲乃至全球经济都受到了严重冲击。不过,俄乌冲突也让世界各国更加重视经济安全以及基础产业的发展,未来全球经济有望在新兴与传统产业之间形成新的平衡。

二、2023年世界经济影响因素分析及展望

（一）2023年全球经济发展的主要影响因素分析

1. 货币政策具有滞后效应，累积滞后效应将在2023年充分显现

经济理论表明，货币政策具有滞后效应，著名的经济学家弗里德曼的研究结论是，货币政策实施后，市场经济活动和相应的价格需要长达24个月才能做出反应。2022年各大央行实施紧缩性货币政策之后，尚未出现经济放缓或失业加剧的情况，预计紧缩性货币政策的累积效应将在2023年甚至2024年充分显现。

从现实的经济逻辑来看，以美联储为代表的加息政策将带来如下负面影响：一是政府将为承担的债务支付更多的利息，削弱了财政支持经济发展的能力；二是加息将提高企业的借贷成本，在削弱利润空间的同时也会抑制企业投资，商品和服务的供应水平可能减少，实体经济发展必将受到严重冲击；三是家庭和个人贷款利息增加，削弱了消费需求；四是美元升值使其他国家的进口商品更加昂贵，增加了现有的通胀压力；五是美联储加息迫使其他国家的中央银行提高利率。

2. 通货膨胀压力短期难以消除，全球经济进入高成本时代

紧缩性货币政策可以抑制总需求，在一定程度上缓解通货膨胀压力，但无助于解决能源价格上涨、去全球化、供应链中断、劳动力市场紧张等影响本轮通货膨胀的关键问题。因此，通货膨胀压力在短期内难以根本消除，2023年通货膨胀水平不可能回落到各大央行的调控目标。

即使2023年全球通货膨胀率有所回落，但全球也将进入高成本时代。一是逆全球化行为提高了成本。受贸易摩擦、新冠肺炎疫情以及俄乌冲突等多重因素的影响，全球生产链和供应链的布局不再遵循效率最高、成本最低的市场原则，这无疑会提高全球生产和消费成本。二是老龄化及劳动力供求不平衡必将进一步提高全球人力成本。三是应对全球气候变暖的政策也将推动能源价格居高不下。

3. 应对新冠肺炎疫情的经济刺激政策退出，未来财政支出空间有限

新冠肺炎疫情暴发后超常规的刺激虽然避免了经济停摆和崩溃，但重点都不在于解决供给问题，因此对解决当前全球性供应链问题和长期增长动力问题作用甚微。同时，财政刺激带来的个人收入和支出不具有可持续性。展望未来，一方面，发达经济体由于债务过重财政空间将非常有限，不可能再采取大规模的刺激政策；另一方面，为应对高通货膨胀带来的社会问题，未来发达国家财政政策必将着力于缓解生活成本压力，对经济可持续增长的贡献也很低。

4. 充分就业预示未来增长空间有限

从经济增长函数来看，劳动力是重要变量，2022年不少国家达到或接近于充分就业状态，劳动力市场普遍紧张，经济发展缺乏相应的劳动力。这一矛盾在2021年已经显现，2022年尤为突出，近期也难以缓解，这意味着劳动力对2023年经济增长的边际贡献接近于零。与此同时，在利率不断提高的背景下，投资也将受到影响。受劳动力和资本双重因素影响，2023年经济增长空间将非常有限。

5. 全球金融体系相对稳健，新兴与发展中经济体具有较强的韧性

尽管世界经济发展面临较大压力，但全球金融体系相对稳健。同2008年之前相比，一是抵押贷款质量高，次级抵押贷款大幅降低；二是银行杠杆率相对较低，目前银行将资本充足率大约提高至之前的三至四倍。全球金融体系相对稳健，即使出现动荡，也不会达到爆发金融危机的程度。换言之，金融与资

本市场仍然是支持未来经济复苏的重要力量。

同时，在本轮加息周期中，新兴市场与发展中经济体表现出较强的韧性，这与过去40多年的表现迥异。例如，20世纪80年代初，美联储收紧货币政策以抑制通货膨胀，拉丁美洲国家因无力偿还美元债务而陷入危机。1994年，美国加息引发了墨西哥金融危机。2013年，美联储试图缩减债券购买规模，引发了"缩减恐慌"，恐慌的外国投资者纷纷逃离包括巴西、印度和印度尼西亚在内的脆弱经济体。但是，2022年美联储开启加息周期以来，新兴市场与发展中经济体金融市场几乎没有受到影响，实体经济也表现出较强的韧性，未来仍将成为全球经济发展的稳定器。

（二）2023年世界经济增长趋势判断

从以上分析可以看出，2023年全球经济增长动力明显不足，经济增速存在继续下行趋势，与此同时，欧美国家仍面临较大通货膨胀压力，全球经济滞胀特征明显。

2022年10月国际货币基金组织发布了《世界经济展望报告》，报告预计2022年全球经济增长3.2%，与2021年的6%相比大幅回落，2023年将下降到2.7%；2023年发达经济体增速下滑到1.1%，比2022年下降1.3个百分点，意味着经济增长接近停滞；2023年新兴市场与发展中经济体经济增长3.7%，与2022年持平。全球货物与服务贸易增速继续下滑，预计2023年增长2.5%，比2022年下降1.8个百分点。全球通货膨胀压力虽然有所减轻，但仍位居高位，预计2023年全球消费者价格指数将上涨6.5%，比2022年回落2.3个百分点。

尽管国际货币基金组织的报告比较悲观，但世界经济发展并不缺乏亮点，2022年10月，标准普尔全球市场情报发布报告指出："在区域自由贸易协定、高效供应链和具有竞争力的成本的支持下，亚太地区GDP占世界GDP的35%，将在2023年主导全球经济增长。"

三、政策建议

从历史经验来看，一旦经济陷入通货膨胀与增长停滞并存的滞胀局面，传统宏观政策将面临无计可施的尴尬局面。如果实施扩张性政策，必然会加大通货膨胀压力；如果实施紧缩性政策，又会打击本来业已不振的经济。正因在滞胀环境中传统的宏观政策难以奏效，所以20世纪西方发达国家经历了漫长而痛苦的滞胀调整期。但是，这并不意味着经济政策无所作为，我们可以通过对国际国内经济社会的改革消除结构性障碍，从而实现"调结构、反通胀、稳增长"三者的有机统一。

（一）加强国际政策协调，尽快消除各种贸易壁垒

穆迪投资者服务公司的研究表明，美国消费者承担了对中国商品加征关税近93%的成本，只有7.6%的增加成本被中国吸收。根据彼得森国际经济研究所的数据，2018年之前，美国对从中国进口产品的平均关税仅为3.1%。但特朗普对从工业品到玩具的各种进口商品加征关税后，这个数字已上升到19.3%。中国征收的报复性关税则将其对美国制造商品的关税从8%提高到20.7%。这些关税无疑增加了美国消费者负担，推动了物价上涨。如能回到正常状态，对降低美国通胀压力的效果是立竿见影的。

（二）高度重视基础产业，寻找传统与新兴产业之间的平衡点

疫情及地区冲突再次揭示了化肥、粮食、能源、水利等基础产业在国民经济与社会发展中的重要性，未来经济发展需要寻找传统与新兴产业之间的平衡点。以能源为例，新能源固然是社会进步的需要，但在近期内却不能替代化石能源，对原油开采及炼油产业投资的不足加剧了全球通货膨胀压力。

（三）加快设备投资，探寻经济发展新动力

不论是作为发达经济体的日本还是新兴经济体的东盟国家，设备投资都为经济发展提供了新动力。

2023年建议重点做好如下工作：一是加速设备折旧，鼓励企业设备更新；二是制定有关设备投资税收优惠政策，降低企业成本；三是对先进技术设备实施免税政策；四是综合采取各种措施，切实降低企业融资成本；五是加快发展设备租赁业，解除中小企业资金瓶颈。

（四）进一步加强人力资本投资

从上文分析可以看出，人力资本不足是制约全球经济增长的重要障碍，但是发达国家应对疫情以及通货膨胀的财政支出更多用于了补贴消费者日常生活，成了"吃饭财政"。建议今后逐步改变这一局面，加大对各类人力资本的投资，从而促进全球经济的可持续发展。

[国家信息中心　程伟力]

之二：2022年中国宏观经济形势分析及2023年展望

2022年以来，面对更趋复杂严峻的国际环境和国内疫情持续反复等多重挑战，在以习近平同志为核心的党中央坚强领导下，各地区各部门坚决贯彻落实党中央、国务院决策部署，按照疫情要防住、经济要稳住、发展要安全的要求，高效统筹疫情防控和经济社会发展，加力落实稳住经济一揽子政策和接续政策措施，国民经济顶住压力稳步恢复，经济结构持续优化、创新能力不断增强、物价水平保持稳定。展望2023年，我国将深入贯彻落实党的二十大精神，继续坚持稳中求进工作总基调，完整、准确、全面贯彻新发展理念，加快构建新发展格局，着力推动高质量发展，全面推进中国式现代化建设。2023年，疫情防控更加精准化科学化，党的二十大精神激发各方积极性，政策效应、缺口效应和基数效应逐步释放，我国经济有望保持稳步回升态势，经济运行处于合理区间。

一、2022年宏观经济运行呈现波动恢复态势

2022年第一季度，我国经济平稳开局，GDP同比增长4.8%，前两个月主要经济指标表现亮眼，3月受新冠肺炎疫情反复等冲击经济出现放缓。第二季度，我国经济顶住压力实现正增长0.4%，4月"需求收缩、供给冲击、预期转弱"三重压力叠加"疫情反复和乌克兰危机"两大超预期因素带来严重冲击，主要经济指标出现深度下滑；面对经济形势超预期下滑，中央政治局会议提出"疫情要防住、经济要稳住、发展要安全"的要求，国务院加紧出台六方面33条稳住经济一揽子政策措施，5月经济形势边际改善，6月经济较快恢复。第三季度，宏观经济恢复向好，GDP同比增长3.9%，7月恢复势头有所趋缓，8月、9月重回升势。进入四季度，受冬季季节性影响，疫情新发多发，但疫情防控更加精准科学，以及政策效应逐步释放，我国经济保持稳步恢复态势。

（一）供给侧呈现逐步恢复态势

工业生产波动回升。面对疫情冲击，工业生产在波动中保持总体稳定恢复，边际向好态势持续巩固，高技术制造等新动能逐步成为增强工业韧性的重要力量，汽车、电气机械和器材等传统制造业表现较好。1—10月，全国规模以上工业增加值同比增长4.0%，比上半年加快0.6个百分点，延续了波动回升走势。高技术制造业同比增长8.7%，增速高于规模以上工业4.7个百分点。汽车制造业、电气机械和器材制造业分别同比增长8.1%和11.9%，较上半年分别加快10个和2.2个百分点。前三季度，整体工业增加值占GDP比重为33.7%，对经济增长的贡献率为40%，拉动GDP增长1.2个百分点。

服务业生产缓慢恢复。受疫情持续多发散发的影响，服务业受到较大冲击。1—10月，全国服务业生产指数同比仅增长0.1%，其中，信息传输、软件和信息技术服务业，金融业生产指数分别同比增长11.1%、5.3%。前三季度，服务业增加值同比增长2.3%，远低于过去两年同期4.8%的平均增速，占GDP比重为53.5%，对GDP的贡献率为41.9%，拉动GDP增长1.3个百分点。

（二）需求侧动力明显分化

固定资产投资稳定增长。在加大项目要素保障力度、积极发挥重大项目牵引和政府投资撬动作用、多层

次金融支持政策发力等因素的带动下，固定资产投资保持了较快增长。1—10月，固定资产投资同比增长5.8%，快于过去两年同期3.8%的平均增速。其中，基础设施投资增长8.7%，连续六个月回升；制造业投资增长9.7%，电气机械和器材、纺织服装服饰等行业投资保持快速增长；房地产投资下跌8.8%，累计跌幅呈持续扩大态势。前三季度，资本形成总额对经济增长的贡献率为26.7%，拉动经济增长0.8个百分点。

消费需求明显收缩。2022年居民消费经历了"平稳运行—二次探底—波动恢复"的过程。1—10月，社会消费品零售总额累计同比增长0.6%，远低于过去两年同期4.0%的平均增速。从住行来看，商品房市场深度调整，1—10月，商品房销售面积和销售额分别同比下降22.3%和26.1%；6月起乘用车购置税减半征收等政策带动下汽车市场强势反弹，汽车销量增速由前5个月的同比下降12.2%跃升为6—10月的增长23.3%。前三季度，全国居民人均消费支出同比实际增长1.5%，低于过去两年同期3.7%的平均增速，最终消费支出对经济增长的贡献率为41.3%，拉动经济增长1.2个百分点。

外贸出口快速增长但边际变弱。东盟、印度、拉丁美洲等贸易伙伴需求旺盛、疫情冲击下存在部分订单转移至国内的贸易替代效应，以及机电、新能源车等出口商品较强的竞争力，使得我国外贸出口保持快速增长。1—10月，我国出口总额（按美元计价）同比增长11.1%，这是在过去两年同期14.9%的高基数基础上实现的，实属不易；当然，随着美欧日等国经济不断减速下行，外需减弱趋势已经出现，10月当月出口增速由正转负同比下降0.3%，结束了连续28个月的正增长。前三季度，货物和服务净出口对经济增长的贡献率为32%，拉动经济增长1个百分点。

（三）消费物价温和上涨，工业品价格高位回落

居民消费价格温和回升。受输入性通胀、疫情散发、猪肉价格上涨、极端天气等影响，消费价格呈温和回升态势。1—10月，CPI同比上涨2.0%，涨幅同比提高1.3个百分点，由1月的0.9%温和回升至9月的2.8%，10月回落至2.1%。其中，食品价格上涨2.5%，生猪市场供需发生短期变化，下半年以来猪肉价格再度上涨；非食品价格中消费品价格上涨较多，特别是国际能源价格持续处于高位带来汽油柴油价格保持两位数上涨。扣除食品和能源价格的核心CPI上涨0.9%，保持基本稳定。我国CPI涨幅明显低于其他主要经济体，同期美国、欧元区、日本CPI分别同比上涨8.3%、8.1%、2.2%，俄罗斯、巴西、南非、印度CPI同比分别上涨14.1%、10.0%、6.9%、6.8%。

工业生产者出厂价格稳步回落。国际大宗商品价格呈先升后降态势，全球供应链效率下降，商品运输和交易成本上升，输入性通胀压力较大，基数因素前高后低，国内能源、粮食等重点商品保供稳价工作成效显著，工业品价格总体呈逐月稳步回落走势。1—10月，PPI同比上涨5.2%，涨幅同比放缓2.1个百分点，由1月的9.1%逐月回落至10月的-1.4%。其中，生产资料价格上涨6.4%，生活资料价格上涨1.4%。我国PPI涨幅显著低于其他主要经济体，同期美国、欧元区、日本PPI分别同比上涨10.1%、36.9%、9.5%，俄罗斯、南非、巴西PPI分别同比上涨16.6%、14.2%、13.2%。

二、当前经济发展面临的主要矛盾和问题

当前，我国经济运行总体延续恢复态势，部分经济指标呈现积极改善迹象，然而经济发展过程中仍存在一些深层次矛盾和问题，需要予以高度关注。

（一）国际环境存在"五重风险"

1. 全球疫情不确定性及放松防控加大我国"外防输入"压力

当前，新冠病毒仍在持续变异，全球疫情仍处于流行状态，特别是随着奥密克戎变异株在全球快速

传播，变异病毒传染性、隐匿性和免疫逃逸能力急剧增强，造成全球疫情流行始终难以有效控制，疫情最终走向还存在很大不确定性。与此同时，由于多国已放松疫情防控，人员流动频率加快以及流动范围扩大将加速疫情传播，甚至不排除新冠病毒与人类长期伴生。我国坚定不移坚持人民至上、生命至上，坚定不移落实"外防输入、内防反弹"总策略，坚定不移贯彻"动态清零"总方针。因此，我国外防输入的压力持续加大，防疫形势依然极其复杂严峻。

2. 世界经济减速及贸易替代效应减弱导致外贸出口放缓

全球疫情冲击持续、地缘冲突加剧、极端异常天气、主要经济体激进加息，世界经济持续面临异常巨大下行压力，部分国家发生经济衰退甚至金融债务危机的风险上升。国际货币基金组织（IMF）秋季报告预计，2023年世界经济增长2.7%，较上年放缓0.5个百分点，也低于过去40多年3.5%的平均增速。世界经济减速导致国际市场需求收缩。同时，部分国家放松疫情防控，产业链供应链逐步恢复，我国出口订单转入的贸易替代效应将会减弱。因此，外部需求减少及贸易替代效应减弱，使得我国外贸出口面临较大下行压力。

3. 主要经济体激进加息的滞后影响显现

为抑制通货膨胀持续攀升，美欧等主要经济体货币政策大力度收紧。美联储高频率大幅度加息，截至11月联邦基金利率上调至3.75%~4%，为40多年来最大密集加息幅度。继美联储之后，欧央行，英国、加拿大、印度、巴西、南非等国央行采取加息措施，日本、韩国等国对外汇市场进行干预。主要国家加息滞后效应逐步显现：在持续大幅加息紧缩货币政策的背景下，部分国家经济衰退的概率上升；部分国家将面临本币贬值、资本流出、主权债务危机等风险，中外利差扩大削弱了人民币金融资产对外资的吸引力，加剧短期资本流出和人民币汇率贬值压力；全球利率水平上升导致流动性趋紧，市场风险偏好降低，国际金融市场动荡风险加大。

4. 乌克兰危机加剧地缘政治局势动荡风险

随着俄罗斯总统普京签署部分动员令、顿涅茨克等四地公投、北溪管道爆炸、美西方不断增加对乌军事援助等一系列事件升级，俄乌双方军事角力和利益诉求进入胶着状态，乌克兰危机走向更加难以预料。从地缘政治看，乌克兰危机及美西方对俄制裁加速打破欧洲政治平衡，欧洲国家被迫与美国战略利益捆绑，导致全球地缘政治格局的深度调整。从经济影响看，乌克兰危机及美西方对俄制裁对全球产业链供应链稳定、对全球能源、粮食供应安全的威胁显著上升，严重干扰正常国际经贸合作。

5. 美对我战略围堵打压加剧大国博弈风险

美国《国家安全战略报告》提出，"中国是美国面对的'最严重的地缘政治挑战'，中国也是唯一一个既有意愿也有能力重塑国际秩序的竞争者。"美对我战略围堵打压从点到面、全方位、系统性增强。一是美加大对华全方位科技脱钩和打压，美众议院通过《芯片与科学法案》，美商务部限制31家中国公司、研究机构和其他团体获得美国半导体技术，限制所有美国芯片生产设备制造商向中国出口14纳米及以下芯片的生产设备等一系列新措施。二是美利用劳工问题对我国棉花企业进行打压，美国出台所谓"维吾尔强迫劳动预防法案"，推动对新疆企业和人员制裁。三是美挑动台海等地区紧张局势，美国频繁涉足台海、南海等问题，美国会众议长南希·佩洛西窜访中国台湾地区，推出"2022年台湾政策法案"，"以台制华"意图明显。四是强化盟友联合围堵，正式启动"印太经济框架（IPEF）"，重振盟友关系，在供应链重塑、数字经济和数字贸易以及地区基础设施等方面强化对华地缘政治经济竞争。

（二）我国经济运行面临"四大挑战"

1. 内需收缩和外需收缩相碰头

国内消费需求明显收缩。疫情反复导致餐饮、娱乐等接触性、聚集性消费场所面临随时停业风险，旅游消费者面临被隔离滞留在旅游区的风险，部分服务领域面临"无法消费"困境。疫情冲击、预期不佳等影响消费意愿，消费信心指数跌至历史低点，居民储蓄倾向明显上升，出现"无意消费"现象。部分群体、部分行业结构性失业问题突出，疫情持续冲击下居民对未来收入预期下降，股票市场低迷导致居民财富缩水，居民收入减少导致消费能力削弱，出现"无力消费"问题。外部需求出现明显减弱趋势。受地缘政治冲突、部分发达经济体加快收紧货币政策等影响，全球经济下行压力不断加大，导致外部需求减弱，自 2022 年 8 月起我国外贸出口增速明显放缓。2022 年 9 月摩根大通全球制造业 PMI 降至 49.8，为 26 个月以来首次降至荣枯线以下。此外，虽然人民币兑美元出现一定幅度贬值，但对欧元、英镑、日元、韩元等其他主要货币仍然呈现升值态势，不利于我国对相关国家与地区出口。在内需收缩的同时外需开始减弱，对我国经济平稳增长带来较大挑战。

2. 订单转移和产能转移相叠加

订单转移趋势显现。在国内外疫情反复的背景下，部分发达经济体放松防疫政策，实施带疫复产，同时东南亚等地区制造业发展势头较好，国内企业订单出现向海外转移的现象。纺织服装、家居建材、消费电子等行业企业反映订单外流明显。中国纺织品进出口商会企业问卷调查显示，有 26% 的企业表示客户订单外移比例在 30% 以上，90% 以上的企业表示当前在手订单较 2021 年下半年有所缩减。产能出现向外转移。疫情冲击和贸易摩擦影响全球产业布局，跨国公司调整国际产业链供应链分布，部分国内外资企业产能向海外转移。同时，随着国内人工、原材料成本上涨以及东南亚等国劳动力成本低廉、营商环境和基础设施条件逐步改善，部分本土企业选择在国外设厂经营。当前订单和产能向海外转移相叠加，不利于保持我国产业链供应链完整性，影响国内工业生产稳步恢复。

3. 企业缩表和居民缩表相同步

企业投资和生产意愿不足。需求收缩、预期转弱等因素导致企业扩大生产意愿不足，投资回升动力趋弱。国务院发展研究中心调查显示，未来一段时间计划增加投资的企业占比仅为 26%（多年平均水平不低于 40%），较 2021 年底下降 12.2 个百分点。尽管当前货币流动性充裕，但企业新增贷款扩大生产意愿不强，导致部分资金难以进入生产领域。居民资产负债表收缩。2022 年以来，部分房贷业主开始提前偿还房贷，房地产市场深度调整使得新增房贷放缓，反而居民储蓄存款较快增加。央行发布的《2022 年第三季度城镇储户问卷调查报告》显示，第三季度，城镇储户倾向于"更多储蓄"的居民占 58.1%，处于历史高位；倾向于"更多消费"的居民占 22.8%，比上季度减少 1.0 个百分点。企业和居民部门同时收缩资产负债表导致国内消费、投资需求增长乏力，经济增长动能减弱。

4. 财政风险和金融风险相交织

地方财政收支平衡压力加大。经济增长承压、工业品价格走低、房地产遇冷等因素交织导致地方财政增收困难加大。1—10 月，地方一般公共预算收入扣除留抵退税因素后增长 5.4%，按自然口径计算下降 3.6%；特别是国有土地使用权出让收入同比下降 25.9%。与此同时，疫情防控、民生保障等财政支出刚性增长，因而地方财政收支平衡压力明显上升。局部金融风险开始暴露。当前，我国房地产市场深度调整，商品房销售大幅下跌，房企面临资金链断裂、债务违约等风险，造成相关项目烂尾停工，不能按期交付，部分购房业主出现停供房贷现象，引发金融风险和社会问题。河南、安徽等地村镇银行出现取款难，辽阳农商行等进入破产程序，中小银行资产质量、资本充足水平、公司治理等问题突出，中小金融机构风险逐步暴露。地方财政收支压力和金融风险相交织，势必压缩财政金融政策稳增长的空间，掣肘宏观政策的效能。

三、2023年宏观经济有望稳步回升

展望2023年，党的二十大胜利召开后各地鼓足干劲、迎难而上，高效统筹疫情防控和经济社会发展，宏观经济有望稳步回升，生产端恢复加快，需求端动能增强，物价水平保持平稳。

（一）经济增速将稳步恢复

"四大效应"助力2023年经济增长。一是政治效应。党的二十大科学谋划了未来5年乃至更长时期党和国家事业发展的目标任务和宏伟蓝图，对经济持续发展、社会长治久安具有重大意义，将极大改善社会预期、鼓舞社会信心、激发生产积极性。二是政策效应。各项稳住经济一揽子政策措施的叠加效果、累积效果和延后效果将进一步释放，支持宏观经济平稳运行，增强经济发展韧性。三是缺口效应。根据国家信息中心测算，"十四五"时期我国经济潜在增长率为5.5%左右。受世纪疫情冲击，当前我国实际经济增速与潜在经济增速存在较大缺口。而我国劳动力、资本、全要素生产率等生产要素支撑能力并未发生实质性改变，随着疫情防控的科学化精准化，2023年经济增速将向潜在经济增长率逐步回归。四是基数效应。2022年受疫情反复和乌克兰危机等超预期因素冲击，我国经济出现显著下滑，2023年经济增速将在低基数基础上呈现出恢复性增长态势。预计2023年我国经济将增长5.2%左右。

（二）生产端恢复较快

工业生产增势向好。在疫情对生产的影响持续降低、各地区各部门落实稳经济的主观能动性增强、助企纾困政策持续发力、积极疏通产业链供应链堵点卡点等因素带动下，工业将保持较好增势。与此同时，我国工业体系完备，制造能力强等优势能够较快适应外部需求变化，新产业新业态新模式对生产的拉动作用持续增强，工业领域数字化、网络化、智能化转型成效持续显现。预计2023年规模以上工业增加值增长5.5%左右。

服务业波动修复。在不发生大范围大强度疫情反弹的情况下，常态化防疫政策持续优化进一步减少了服务消费障碍，居民出行意愿增强，前期积累的餐饮、旅游、住宿、交通等接触性服务行业需求将逐步得到释放。同时，前期服务业纾困政策的积极作用仍在持续，服务业企业压力进一步减轻，经营状况将有所好转。预计2023年服务业增加值增长5.2%左右。

（三）需求动能有所增强

投资保持稳定增长。从基建投资看，前期大力增加政策性开发性金融工具、将新型基础设施纳入地方专项债适用范围、积极推动银行业金融机构增加融资支持等举措将持续为基建投资增长增添动力。同时，交通运输、沿江沿边、城市更新等领域投资需求仍然较大，有利于进一步扩大基建投资需求。从制造业投资看，企业生产经营压力依然较大，利润回补有待进一步增强，部分行业企业亏损情况依然较重，企业信心仍待重振，制造业投资增长面临较大压力。与此同时，继续落实好制造业新增留抵退税政策直接增加企业现金流，加快设备更新改造贷款投放，制造业投资总体将保持较快增长。从房地产投资看，国家出台"金融16条"促进房地产市场平稳发展，在部分需求政策放松后，全国房地产市场销售将有望降幅收窄、逐步回暖。主要房企已度过境外债券融资到期高峰，偿债压力有所缓解。但房企经营困难依然较大，房地产投资降幅将有望收窄。预计2023年固定资产投资增长6.0%左右。

消费需求温和恢复。在疫情逐步好转的情况下，居民消费有望保持恢复性增长。从服务消费看，旅游、休闲、娱乐等接触性聚集性服务消费有望回暖向好，餐饮消费加快修复。从重点商品看，新能源车购置税优惠延期到2023年底等政策有利于释放社会购车需求；各地对绿色智能家电、绿色建材等予以适

度补贴或贷款贴息，部分耐用品消费将趋于好转；住房消费将有所回暖，对家具家电、建筑装潢等相关消费的带动力有所增强。预计2023年社会消费品零售总额增长5.0%左右。

外贸增长稳步放缓。受乌克兰危机、全球滞胀压力加大以及主要国家宏观政策过快转向等因素影响，全球经济增长趋于放缓，增长前景的不确定性显著加大，海外市场需求增长将更加乏力，我国出口面临更多压力。同时，疫情以来贸易替代效应也随着周边国家生产恢复而进一步降低。预计2023年货物出口增长3%左右。

（四）物价涨幅总体平稳

居民消费价格延续温和上涨态势。一是粮食产量和库存双高有利于食品价格保持稳定，奠定物价稳定的基础。二是目前猪肉价格正处于周期性上涨阶段，将维持高位运行态势，但由于后期猪肉供给有保障，抑制肉价大幅上涨。三是居民消费进一步恢复，市场活跃度有所回升，将对物价涨幅形成一定支撑；四是货币环境总体宽松，流动性保持合理充裕。总体看，居民消费价格将延续温和上涨态势，预计2023年CPI上涨2.0%左右。

工业生产者出厂价格走低。一是全球经济减速下行、需求疲软、运价高位回落、全球流动性收紧等因素导致本轮全球大宗商品价格已经见顶，将呈现震荡回落走势，输入性通胀压力将减少。二是国内能源、粮食等重要商品保供稳价成效显著，通胀预期回落将抑制工业品价格。三是宏观经济将稳步恢复，经济活力进一步增强，工业品需求有所回升将对工业品价格形成一定支撑。总体看，国内工业品价格将延续走低态势。预计2023年PPI下跌1.0%左右。

表1 2022—2023年中国主要宏观经济指标预测表

时间	2022年1—10月实际/%	2022年预测/%	2023年预测/%
GDP	3.0	3.3	5.2
第一产业	4.2	4.3	3.9
第二产业	3.9	4.3	5.5
第三产业	2.3	2.4	5.2
规模以上工业增加值	4.0	4.1	5.5
固定资产投资	5.8	5.7	6.0
房地产开发投资	-8.8	-9.0	-3.0
社会消费品零售总额	0.6	1.3	5.0
出口/亿美元	11.1	8.6	3.0
进口/亿美元	3.5	2.6	3.5
居民消费者价格	2.0	2.0	2.0
工业生产者出厂价格	5.2	4.3	-1.0

四、政策建议

针对新冠肺炎疫情不确定性较强、经济下行压力依然存在等问题，2023年宏观政策仍需保持力度，持续出台稳经济接续政策，积极的财政政策更加有为，稳健的货币政策注重成效。

（一）高效统筹疫情防控和经济社会发展

按照"疫情要防住、经济要稳住、发展要安全"的要求，在"外防输入、内防反弹"总策略和"动

态清零"总方针的指导下,坚决贯彻落实《关于进一步优化新冠肺炎疫情防控措施 科学精准做好防控工作的通知》,将二十条举措进一步落实到位,防止层层加码、过度防疫,更科学、更精准、更规范、更快速地开展疫情防控,把该管住的重点风险管住、该落实的落实到位、该取消的坚决取消,充分利用资源,提高防控效率,更好地统筹疫情防控和经济社会发展,以最小成本实现最大的防控效果,畅通国民经济循环,推动经济社会回归正常化运行。

（二）财政货币政策加力稳定经济大盘

一是适度增加财政支出强度,提前发行2023年地方专项债,支持一批重点项目建设,提高政府投资资金使用效率,发挥"十四五"规划重大项目带动引领作用,撬动社会资本共同参与经济建设。二是落实好技改贷款财政贴息政策,提高实体经济创新发展能力,持续支持关键核心技术研发应用,增强经济发展后劲。三是进一步深化退税减税降费政策,切实减轻企业经营负担。四是综合运用数量型和价格型金融工具,灵活精准施策,推动金融机构降低实际贷款利率水平,切实降低企业融资成本,增强信贷总量增长的稳定性。五是用好设备更新改造专项再贷款,支持经济社会发展薄弱领域设备更新改造。六是保持人民币汇率在合理均衡水平上的基本稳定。

（三）需求政策加力提升效率

一是稳定社会就业,积极扩大就业渠道,鼓励创业带动就业,发挥失业保险助企扩岗作用,保持居民收入稳定增长,夯实消费需求释放基础。二是拓展乡村消费空间,实施好汽车、绿色家电下乡活动,拓宽耐用消费品销售渠道。三是持续创新消费业态和模式,适应常态化疫情防控需要,扩大升级信息消费,大力推进智慧零售、智慧旅游、智慧餐饮、数字文化以及"互联网+消费"等消费模式,增强消费活力。四是超前布局重大基础设施建设,打造新型基础设施网络体系,论证推进一批重要农业、水利、交通、能源等基础设施建设项目,加强5G等新型基础设施体系布局。五是围绕补短板、强弱项,加快推进关键核心技术攻关项目投资,支持制造业技术改造投资,加大重点行业节能降碳项目投资,加强社会民生、生态环保等领域建设。六是有效督查监管重大投资项目进展情况,加强在建项目后续建设,避免出现半拉子工程。七是统筹利用外经贸发展专项资金,加大出口信用保险支持力度,发挥外贸创新平台作用,保障防疫、用能、用工、物流等环节顺畅,支持外贸企业保生产保履约,确保订单交付。

（四）房地产政策加力防范风险

一是积极推进保交楼建设,明确项目、房屋交付时间表,推动项目早复工、早交付。二是加强协同监管,严防风险外溢,加强市场监管和土地、金融等政策协同,加强部门和地方协调联动、信息共享,加强对房地产领域相关风险的预测预警预防。三是优化完善房地产信贷政策,进一步缓解房地产企业融资困难,促进房地产业良性循环和健康发展。四是开展房地产市场质量监管行动。强化全产业链监管,保证房地产项目原材料、施工、安装等工序质量,严打不良项目违规问题。

[国家信息中心 张宇贤 王远鸿 牛 犁 闫 敏 陈 彬 邹蕴涵]

之三：2022年西部地区经济运行分析及2023年展望

2022年，全球政经环境复杂严峻，经济增长复苏放缓。我国经济尽管面临一些挑战和下行压力，但是总体延续恢复发展态势。从区域板块看，西部地区经济增长整体高于全国，但稳经济增长压力逐步凸显。预计2022年西部地区GDP增长4%左右。

一、2022年西部地区经济运行分析

（一）总体情况

2022年以来，西部地区经济保持了较快增长态势，但是下半年以来增长压力有所加大。前三季度，西部地区各省份的GDP总和约182085亿元，同比增长3.3%，高于全国平均水平（3%）；区域的GDP约占全国经济总量的20.9%，与上年同期持平。其中，内蒙古、宁夏、陕西增速排全国前列，分别为5%、4.9%、4.8%，西藏、四川、青海增速低于全国平均水平。

表1 2022年前三季度全国及西部各省份GDP构成及增速

地区	地区生产总值		第一产业增加值		第二产业增加值		第三产业增加值	
	绝对量/亿元	增速/%	绝对量/亿元	增速/%	绝对量/亿元	增速/%	绝对量/亿元	增速/%
全国	870269	3	54779	4.2	350189	3.9	465300	2.3
内蒙古	16209	5	769	4.4	8164	7.3	7275	3.2
广西	18866	3.1	2323	4.2	6435	3.9	10108	2.3
重庆	20835	3.1	1366	3.7	8375	3.8	11094	2.5
四川	40433	1.5	4721	3.6	14733	2	20979	0.7
贵州	12650	3.2	1845	6.1	4348	2.4	6457	2.9
云南	20818	3.8	2227	5.1	7609	5.8	10981	2.2
西藏	1461	0.2	105	3.6	551	1.2	805	-0.7
陕西	23502	4.8	1317	4.5	11751	6.7	10434	3.1
甘肃	8124	4.1	1155	5.1	2874	4.2	4095	3.7
青海	2564	2.6	200	4.6	1105	7.9	1258	-1.6
宁夏	3599	4.9	258	5.3	1690	7.6	1651	2.6
新疆	13024	3.9	1638	3.4	5480	5.9	5906	2.6

注：数据来自国家统计局及各省份统计信息网或各省人民政府网。本表格绝对量数值采用取整处理。

（二）主要特点

1. 供给基本稳定，三次产业保持较快增长

工业、农业的生产相对稳定，服务业受新冠肺炎疫情散发、多发影响显著，恢复常态增长压力较大。一是工业增长整体快于全国。1—9月，西部地区规模以上工业增加值同比增长6.6%，明显高于全国平均水平（3.7%）。从工业门类和主要工业品看，计算机、汽车产业保持了全国竞争优势，其中计算机整机、微型计算机设备、集成电路、新能源汽车、手机等产品增长较快，煤炭、水泥、天然气、糖、化学肥料等资源型工业产品增长较为稳定。分省份看，除四川（2.4%）外，11个省份规模以上工业增加值增速高于全国平均水平，其中青海（14.7%）、西藏（14%）、内蒙古（8.9%）、宁夏（8.8%）、陕西（8.7%）、云南（8.3%）、新疆（7.7%）排在全国前十。二是服务业增长有所放缓。1—9月，西部地区各省份服务业增加值增速同比持续放缓，仍有6个省份增速高于全国平均水平（2.3%）。从主要业态来看，一方面，因房地产市场低迷，住房等大宗消费恢复困难；另一方面，因国内疫情散发多发限制了消费场景，线下服务业景气水平持续低位运行，特别是接触型、聚集型行业增长恢复困难，物流、餐饮、住宿、文化、旅游、商务、会展等行业的增速持续下滑。同时，金融增长乏力，软件和信息技术服务业、研究和试验发展等高技术服务业、科技服务业对增长支撑能力不够。三是农业保持较快增长。1—9月，西部地区农业增加值增速整体高于全国平均水平（4.2%），其中贵州、宁夏、云南、甘肃增速超过5%，排西部地区前四位。西部地区粮食生产和重要农产品供应保障能力增强，乡村旅游业、农产品加工业、农村电商等融合新业态保持加快增长态势，农业稳定增长对稳经济大盘的基础作用进一步夯实。

2. 需求相对不足，区域发展态势分化明显

需求端则受全球经济增长放缓和国内疫情散发、多发影响较大，投资增长结构分化特征明显，消费增长乏力，但进出口增速快于全国。一是投资增长分化明显。从投资结构看，房地产开发投资大幅下滑，民间投资整体信心不足、观望等待，增速持续放缓；虽然基础设施投资和产业投资增长较快但对区域投资增长的支撑仍不够，投资增长对西部地区稳经济大盘的作用不明显。分省份看，主要因为民间投资增长相对较好，1—9月，内蒙古（24.9%）、宁夏（11.4%）、陕西（9.8%）等地投资增速同比加快，但西部有7个省份的投资增速同比下降。二是消费增速大幅放缓。主要因疫情对部分服务业影响明显和住房消费大幅放缓，1—9月，西部地区各省份的社会消费品零售总额增速由上年同期两位数放缓到2%以下，其中有6个省份增速为负。疫情对消费业态影响大，百货店、专卖店等线下消费品零售额持续负增长，餐饮、住宿、旅游消费明显下滑。汽车消费较好，食品、衣着、生活用品等基本类消费的网上零售额增长相对较快，宁夏（2.3%）、陕西（1.9%）、重庆（1.5%）、云南（1.5%）、内蒙古（1.4%）、广西（1%）仍高于全国平均水平（0.7%）。三是对外贸易增长快于全国。全球经济增长放缓、市场低迷，国内商品和服务进出口受到较大冲击，西部地区工业产品尤其是劳动密集型产品进出口增长低于预期，整体有所放缓，但多数省份增速仍明显快于全国水平（9.9%），有6个省份增速在20%以上。1—9月，西部地区进出口总值为28231亿元，约占全国的9.1%。其中，宁夏（66.2%）、青海（51.6%）、新疆（55.6%）的进出口增速均超过50%，同比增速加快，是全国增长最快的地区。

表2 2022年1—9月全国及西部各省份投资、消费、进出口增长变化情况

地区	固定资产投资（不含农户）增速/%	社会消费品零售总额		货物贸易进出口总值	
		绝对量/亿元	增速/%	绝对量/亿元	增速/%
全国	5.9	320305	0.7	311102	9.9
内蒙古	24.9	3599	1.4	1073	20.3
广西	1.6		1	4354	-2.1
重庆	3.3	10500	1.5	6260	8.5
四川	5.9	17345	-0.2	7350	9.8
贵州	4.5		-2.1	527	13.2
云南	8	7948	1.5	2610	16.4
西藏	-24.3		-4.8	34	29.4
陕西	9.8		1.9	3606	3.1
甘肃	10.9	2982	-1.4	463	21.7
青海	1.8	644	-7.1	31	51.6
宁夏	11.4	1019	2.3	200	66.2
新疆	10.3		-4.4	1723	55.6

注：数据来源于国家统计局及各省份统计信息网或各省份人民政府网。本表格绝对量数值采用取整处理。

3. 推动城乡融合发展，新型城镇化和乡村振兴战略提速

以新型城镇化和乡村振兴为西部地区经济工作的主要抓手，持续培育建设城市群、都市圈，加快补齐县城、乡镇、村庄发展的短板弱项，促进城乡融合发展，提高城乡居民收入。一是城市群建设引领区域经济发展的作用更强。成渝、关中平原城市群对西部经济增长的支撑作用日益凸显，北部湾、兰西城市群的建设成效持续显现。成渝地区双城经济圈建设稳步推进，川渝两省市合力优化区域的重大生产力布局，已出台汽车、电子信息、装备制造业协同发展实施方案，并积极探索经济区与行政区适度分离改革路径，创新毗邻合作、园区共建、飞地经济等新模式，聚力融合、协同发展。国家出台关中平原城市群建设方案，明确要求其成为"开创西部大开发新格局、全国高质量发展重要支撑、我国向西开放的战略支撑"，引领西北地区经济加快转型升级。而以南宁为核心的北部湾城市群交通建设进展迅猛，依托便捷出海港口大力发展向海经济；兰州—西宁城市群建设规划加快落地，在生态共建环境共治、基础设施互联互通、区域协同创新和产业发展、共同深化改革扩大开放等方面取得较大进展。二是以县城为重要载体的城镇化建设加速。西部各省份抓住国家加快区县城建设专项政策机遇，进一步补齐补强县域经济发展的短板弱项，选择资源禀赋、产业基础、集聚人口条件好的区县城，重点加大产业配套、市政公用、公共服务、环境基础设施等项目建设力度，增强就业、生活、教育、医疗等承载能力，推进区县城基础设施向乡村延伸，提高县城辐射带动乡村能力，农民到区县城和特色乡镇就业安家规模不断扩大。三是乡村振兴战略全面实施、成效明显。西部省份扎实落实乡村振兴战略，夯实农业生产基础能力，改善乡村人居环境，实施重点乡镇乡村振兴帮扶规划，大力发展丘陵山地的特色种养殖业、设施农业、农产品加工、休闲农业和乡村旅游等乡村产业，扎实推进数字农业农村工程、乡村教育质量提升计划、农村就业岗位开放行动等多项重大工程、重大计划、重大行动，西部粮食产能稳步提升，脱贫地区发展动力增强，农民就业增收渠道越来越宽，农村生产生活条件明显改善。

（三）存在问题

1. 经济增长内需动力不足

近年来，国内外经济形势复杂多变。近期在新冠肺炎疫情影响冲击下，西部经济增长稳定性不够，尤其是消费、投资增长乏力，内需增长潜力无法有效释放。消费对支撑经济增长的脆弱性进一步凸显，1—9月，全国有14个省份社会消费品零售总额为负增长，其中有6个省份在西部地区，这些省份与上年同期相比约下滑20个百分点；同时，投资对稳经济增长作用有限，尤其是基础设施和产业投资增长压力较大，1—9月，西部地区的投资增长6.7%，比发展阶段相似的中部地区约低3.3个百分点，低于全国平均水平的14个省份中有6个在西部地区。

2. 实体经济发展仍面临较大困难

西部地区是我国经济相对落后地区，新时代实现现代化过程中产业转型升级任务艰巨，近年来在疫情影响下国内外经济增长放缓，导致工业、服务业中部分企业生产经营困难。以规模以上工业企业为例，除西藏外，1—9月，其他省份亏损企业数量同比均增加，四川等5个省份增加量超过20%；亏损企业亏损额增长仍在加快，7个省份亏损额增速仍在38%以上。餐饮住宿、物流运输等服务企业受疫情影响最大，经营压力持续加大，而中小微企业、个体工商户面临的经营难题更多更大。

3. 财政收支压力进一步加大

受需求不足影响，西部企业经营持续承压，企业所得税降至低位，个人所得税增速稍有回落，增值税、消费税增长压力较大，财政收入增长慢，亟须针对性解决实体经济发展面临的困难，稳步扩大税基、持续增加税源。同时，西部省份的乡村振兴薄弱地区和脱贫后低收入人口多，生态保护任务重，自然灾害多发、影响大，省级财政的自给保障能力弱，在民生发展、生态保护的底线保障方面压力较大。

二、2023年经济运行环境分析及趋势展望

（一）全球经济增长下行风险加大

2023年，全球经济面临的滞胀风险将加大，增长速度放缓的压力进一步凸显。受疫情等因素的影响全球供应链仍无法完全恢复，俄乌地缘政治事件对能源、粮食和大宗商品价格的冲击仍难消除，全球通胀压力会持续存在；美国通胀率将维持在较高水平，仍会继续执行升息和量化紧缩（QT），让新兴市场和发展中经济体面临美元走强、借贷成本上升和资本流出的三重压力。近期国际货币基金组织（International Monetary Fund，IMF）、经济合作与发展组织（Organization for Economic Co-operation and Development，OECD）、世界银行均下调了全球经济增长预期，IMF预计2023年全球将出现大范围的经济增长放缓，占全球经济1/3左右的国家可能会发生经济收缩，全球经济年均增速或将进一步放缓至2.7%。全球经济持续下行将带来投资与贸易萎缩风险，部分发达国家经济脱钩、高科技壁垒等政治阻挠，会给我国经济增长带来更多不确定不稳定性的挑战，西部地区在增加进出口、吸引外资等方面的压力较大，尤其是在推动产业转型升级中，将会面临更加严峻的外部宏观经济环境。从全球区域经济增长板块看，近年来印度、东盟五国增长势头强劲，IMF预计2023年印度、东盟五国（印度尼西亚、马来西亚、菲律宾、泰国和越南）经济增速分别为6.1%、4.9%，我国西部地区承接国内外产业转移可能会持续受到东盟的产业竞争分流的直接冲击。

（二）国内经济延续复苏增长态势

当前，我国稳经济增长一揽子政策成效正在持续显现，近期国内经济复苏增长的态势进一步得到巩

固。党的二十大提出了"高质量发展是全面建设社会主义现代化强国的首要任务",未来发展会注重经济"量"的增长和"质"的提升。2023 年,我国面临的各种外部不确定因素依然较多,我国会把稳经济增长放在更加突出位置,努力克服疫情扰动的影响和房地产市场持续低迷的局面,并继续坚持"保市场主体稳就业稳物价",推进经济实现量的合理增长;也会把实施扩大内需战略同深化供给侧结构性改革有机结合起来,多措并举提升国内国际双循环质量和水平,促进城乡融合和区域协调发展,推动经济实现质的有效提升。近期,IMF、OECD 分别预计 2023 年中国经济将增长 4.4%、4.7%,快于 2022 年增速;国内相关研究机构预测 2023 年我国 GDP 将增长 5.2%,呈现加快恢复增长的良好态势。国内经济增长速度向潜在增长率的恢复性反弹,对西部地区促进投资、消费、进出口贸易增长等有积极作用,也有助于抵消全球经济低迷对西部经济的负面影响,释放出更加稳定的增长潜力。

(三)西部地区经济将继续恢复增长

近年来,西部地区面临经济结构升级尤其是产业结构转型的阵痛和挑战,在国内外宏观环境更趋复杂的背景下,2023 年经济增长将持续承压。党的二十大提出了"推动高水平对外开放"目标任务,强调要增强国内大循环内生动力和可靠性,提升国际循环质量和水平。国家加快构建以国内大循环为主体、国内国际双循环相互促进的新发展格局,既有利于西部地区依托西部陆海新通道,加快完善国际物流枢纽功能,提高对欧盟和东盟对外开放和外向型经济发展;也有利于西部地区加快推动成渝地区双城经济圈和关中平原、北部湾、兰西城市群等重点区域高质量发展,促进重点城市功能和产业升级,释放有效投资、促进以消费为主的内需增长潜力。同时,国家也将继续加大对西部地区基础设施、公共服务、生态建设等领域现代化发展的投入力度,将增强西部地区稳定经济增长的基础支撑力。

综合以上分析,全球经济形势复杂严峻,但在中国经济复苏增长背景下,西部地区经济或将在承压中保持稳中有升的复苏态势。随着成渝地区双城经济圈、关中平原城市群、北部湾、兰西等城市群和都市圈加快发展,西部地区基建、产业、生态环保等重大项目将进一步加快落地,特别是国家扩内需政策的实施见效和内陆开放持续深化,西部地区在构建双循环新发展格局中的作用将更加凸显。预计 2023 年西部地区供需保持较快增长、相对均衡,经济增长速度将保持在 6% 左右。

三、对策建议

(一)强化扩投资、促消费、稳出口的市场潜力挖掘,释放内需新动能

一是提升区域基础设施网络化建设水平。加快构建区域性现代化基础设施网络体系,把联网、补网、强链作为建设重点,加强交通、能源、水利等网络型基础设施建设,降低西部的物流成本、企业的生产成本,支撑西部地区产业转型升级、经济高质量发展。二是加快重点领域的基建项目投资。重点加快云计算中心、大数据运算中心等新基建项目建设和西部"双碳"转型发展如新能源、电力的储能站项目建设,优先推动重点城市群城市更新项目建设,如智慧商圈建设、老旧街区改造和基本公共服务设施升级。三是加大生态建设和环境保护短板领域投资。围绕长江中上游、黄河中上游等生态脆弱地区,提前谋划储备森林防护、水土保持、荒漠化治理等生态环境领域重大项目,全力争取中央专项资金落地建设;积极探索生态环境导向的开发(TOD)模式试点项目,吸引开发性金融资金支持长江、黄河流域资源环境的保护性开发,主动争取国家 TOD 试点项目、气候投融资试点城市、"无废城市"建设试点。四是创新消费政策激发消费新需求。主动适应常态化疫情防控要求,创新打造更多消费新场景、新业态、新模式,精心办好省级消费促进活动,因地制宜地出台引导性政策,全面激活生活消费,积极促进大宗消费。五是稳定提高进出口贸易水平。围绕《区域全面经济伙伴关系协定》(Regional Comprehensive Economic Partnership，RCEP）实施后外贸市场需求，持续优化中欧班列和西部陆海新通道经济开放廊道，主动参与、深度融入"一带一路"建设，培育重庆、成都、西安、乌鲁木齐等开放型节点城市，积极扩展中欧、南亚产业链和供应链，重点拓展面向东盟和欧盟的进出口市场。

（二）强化企业的纾困政策落地和接续政策设计，解决市场主体面临的经营难题

一是支持企业产品结构优化升级。依托地处内陆开放的前沿优势，重点瞄准欧洲和东盟市场，围绕制造业优化升级方向，鼓励传统优势企业瞄准国内外市场需求，进一步扩大制造业设备更新和技术改造投资，防范重点领域的产能过剩，持续推动产品供给优化升级。二是梳理问题清单针对性减轻市场主体负担、激发市场活力。针对当前经济运行中市场主体，特别是中小微企业、个体工商户生产经营面临的突出矛盾和困难问题，积极运用改革创新的办法，帮助市场主体解难题、渡难关、复元气、增活力，加力巩固区域经济恢复发展基础。三是聚焦企业实际需求持续深化"放管服"改革。围绕企业从开办到注销的各重要节点，支持政府部门针对相对集中的政务服务建立"一地一窗一次"服务清单，实现企业的开办、准营、员工录用、涉企不动产登记、简易注销5项政务服务一次办，降低制度性交易成本，培育壮大市场主体，有效应对当下及未来的经济下行压力。

（三）统筹考虑新型城镇化发展与产业升级，推动区域经济高质量发展

一是加快重点城市群发展。以加强西部地区城市群之间交通物流联系、经济要素合作为导向，高质量推动成渝地区双城经济圈、关中天水城市群一体化发展，提高西南与西北基础设施互联互通、公共服务共建共享、生态环境共保共治、产业与科技创新协作。加快呼包鄂榆乌、北部湾、天山北坡、兰西、黔中、宁夏沿黄、滇中等城市群发展。二是持续推动重点产业升级。坚持区域一体化发展导向，结合重点城市群建设，实现产业结构战略性调整，推动西部地区产业结构的转型升级。持续扩大重庆、成都、西安等地的电子通信、集成电路产业规模，稳步提高产品质量，提升区域范围内的核心竞争力；云南、四川、重庆等地可重点打造现代新型农业、生物制药和医药研发基地，使其成为推动区域产业发展新的经济增长极；贵州、新疆、云南、广西、内蒙古等地在能源化工、交通运输和稀土、钛、铝等高性能复合材料方面加快技术进步与创新，支持区域的产业转型升级需求。三是大力发展特色县域经济。以区县城为新型城镇化建设重要载体，聚焦区县城建成区和特色乡镇产业配套设施提质增效、市政公用设施提档升级、公共服务设施提标扩面、环境基础设施提级扩能，精准补短板强弱项，引导劳动密集型产业、县域特色经济在区县城集聚发展，以发展特色县经济促进城乡融合发展。同时，完善就近就地就业居住农业人口举家进城落户的配套政策，强化对农业转移落户较多的区县城、特色乡镇市政基础设施、教育医疗、保障性住房等公共服务设施保障，稳步提高农业转移人口市民化水平。

（四）瞄准乡村产业融合发展和农业农村现代化要求，扎实推进乡村振兴

一是推动乡村产业融合发展。积极对接国家政策，建设一批国家级农村一、二、三产业融合发展示范园，吸引更多社会资本大力发展特色农产品产地初加工和精深加工，培育壮大乡村休闲旅游、农村电商、民宿经济、农业生产性服务业等新业态新模式。聚焦乡村产业融合发展的问题和需求，持续深化配套政策改革，因地制宜创新农村产业融合用地政策，精准设计农村典型业态用地政策；支持金融机构积极在农村开展金融产品和服务创新，吸引并鼓励工商资本下乡投资、规范发展；鼓励人才技术下乡，创新农业科技服务下乡政策，培育实用科技人才，制定能人返乡创业支持政策。二是扩大农业农村领域基础设施建设投资。聚焦西部地区农业基础设施短板弱项，突出抓好灌区等水利设施建设和改造升级、农田水利设施补短板，以及现代设施农业和农产品仓储保鲜冷链物流设施等项目建设，加快在建项目实施进度，为重要农产品保供、稳住经济基本盘奠定坚实基础。夯实农村现代化的基础支撑，持续强化乡村

人居环境，优化乡村生活、农业生产、乡村产业以及乡村生态空间，加大农村公路建设力度，推动市政公用设施向郊区乡村和规模较大中心镇延伸，着力提升乡村基础设施和公共服务水平。

[重庆市综合经济研究院（重庆市经济信息中心）宏观经济研究课题组
　　主研：易小光　丁　瑶　苟文峰　赵炜科
　　执笔：赵炜科]

之四：2022年成渝地区双城经济圈建设情况及2023年展望

2022年以来，川渝两地全面落实成渝地区双城经济圈建设规划纲要，科学统筹疫情防控和稳经济大盘，持续加大宏观政策调节协同力度，加速落实一揽子稳增长政策举措，齐心协力推进双城经济圈重大项目、重大任务、重大政策落地落实，双城经济圈建设进入全面提速、整体成势新阶段，基础设施互联互通、科技创新区域协同、产业发展协同协作、生态环保联建联治、公共服务共建共享取得积极进展。

一、2022年成渝地区双城经济圈经济运行和建设情况

（一）总体情况

重庆主城都市区、成都"双核"发展能级有所提升，成渝主轴发展基础不断夯实，成都、重庆都市圈发展规划相继出台，广安融入重庆都市圈步伐明显加快。万达开川渝统筹发展示范区、川南渝西融合发展试验区等10个毗邻地区合作平台积极探索经济区与行政区适度分离改革，两翼协同发展向纵深推进，宜居、韧性、智慧城市建设取得积极进展，双城经济圈高质量发展态势更加巩固。1—9月，双城经济圈经济总量达到5.5万亿元，同比增长2.2%，分别占川渝两省市、全国经济总量的90%、6.3%，较上年同期略有降低但基本持平。

（二）主要特点

1. 产业运行保持总体稳定，新兴产业亮点纷呈

川渝两地加快协同构建现代产业体系步伐，联手打造世界级产业集群，一、二、三产业保持平稳发展态势。一是工业经济保持稳步增长。汽车、电子信息、装备制造等重点产业高质量发展协同实施方案深入实施，全国首个跨省域国家网络安全产业园区、国家生物经济先导区成功获批，氢、电、智行三大走廊加快建设，优势主导产业保持稳定。1—9月，重庆、四川规模以上工业增加值分别同比增长4%、2.4%，带动双城经济圈第二产业增加值实现2.3万亿元，占GDP比重39.2%，较上年同期提升2.1个百分点，占全国比重6.6%。二是服务业波动中复苏。文化旅游、餐饮住宿发展态势不及上年同期，金融、物流业逐步复苏，1—9月，双城经济圈第三产业增加值迈上3万亿元台阶，同比增长1.4%，占全国比重6.5%。国家级知识产权运营中心、成渝金融法院投入运营，重庆获批设立绿色金融改革创新试验区，成都成为全国首批数字人民币试点城市。中国国际智能产业博览会、中国国际摩托车博览会、中国（西部）电子信息博览会等成功举办。三是现代农业发展势头良好。渝遂绵优质蔬菜生产带、内荣现代农业高新技术示范区、泸永江现代农业合作示范园等加快建设，成渝现代高效特色农业带建设扎实推进，粮油、生猪、蔬菜、中药材、柑橘等优势产业稳步发展，粮食安全综合保障能力持续提高。1—9月，成渝地区第一产业增加值6086.9亿元，同比增长3.6%，占全国比重11.1%。

2. 投资消费潜力持续释放，内需动能逐步回升

围绕扩内需、促消费、增活力，川渝两地出台了一系列稳投资、促消费的政策措施，内生增长动能

有所恢复。一是有效投资持续发力。川渝两省市齐心协力加强项目调度，基础设施、现代产业、科技创新、文化旅游、生态环境和公共服务等领域共建项目全面提速，160个共建项目已开工156个，累计完成投资4969.2亿元。其中，1—9月，完成投资1657.0亿元，投资完成率90.3%，超时序进度15.3个百分点。20个工业互联网标识解析二级节点、20个"5G+工业互联网"项目加快建设，推动6.5万家企业"上云"，全国一体化算力网络国家枢纽节点（成渝）、全国首条高速公路成渝重卡换电走廊等一批重大新型基础设施项目启动建设，带动重庆、四川固定资产投资分别增长3.3%、5.9%。二是消费保持平稳增长。双城经济圈持续推进巴蜀文化旅游走廊、国际消费中心城市建设，消费市场有所回升。1—9月，川渝两省市实现社会消费品零售总额2.78万亿元，同比增长0.43%，占全国比重8.7%。"宅经济""直播带货""云逛街"等线上消费蓬勃发展，1—9月，限额以上单位网上零售额突破1500亿元，保持两位数以上高位增长，占社会消费品零售总额比重超过6%，成为拉动消费的新增长点。

3. 外贸外资逆势加快增长，开放发展势头强劲

随着RCEP深入实施和营商环境持续改善，双城经济圈外贸市场不断拓展，外资吸引力不断提升，通道对经贸带动力不断增强。一是对外贸易稳步增长。在汽车、集成电路、金属矿砂等大宗商品拉动下，双城经济圈进出口贸易保持高速增长。1—9月，川渝两地实现外贸进出口1.4万亿元，同比增长9.2%，占全国比重4.4%，其中，四川、重庆分别实现外贸进出口7349.6亿元、6259.5亿元，同比增长9.8%、8.5%，分别排名全国第八位、第九位。二是对外投资保持快速增长。以"一带一路"沿线国家和地区为重点，川渝两省市大力支持优质企业到海外投资，开拓海外市场。1—9月，重庆、四川对外直接投资分别为8.8亿美元、27.2亿美元，分别同比增长11.7%、2.2倍，较全国平均水平分别高3.2个、211.5个百分点。三是开放通道持续拓展。中欧班列（成渝）去回程线路与运力持续优化，辐射范围进一步拓展。1—9月，中欧班列（成渝）开行超过4000列，占全国中欧班列开行总量近30%，开行班列数、货值均为全国第一。西部陆海新通道功能持续释放，相继开行中老、中缅、泰老中蒙国际联运班列，铁海联运国际班列常态化稳定开行，通达国家（地区）增至113个、通达港口增至335个。

4. 基础设施网络织密建强，互联互通成效显现

传统和新型基础设施加快建设，交通、能源、水利、信息等基础设施网络互联互通、管理协同水平有所提升。一是综合立体交通网络不断完善。郑渝高铁全线通车，成达万高铁、渝昆高铁、成自高铁等项目加快实施，川藏铁路可研及渝万高铁、渝西高铁初步设计获批，成渝中线高铁初设工作加快推进。梁平至开江、铜梁至安岳、江津至泸州北线等加快建设，建成及在建川渝间省际高速公路通道达20条。长江朝天门至涪陵段、渠江航道整治加快推进，涪江双江航电枢纽主体工程建设扎实推进。二是能源安全保障水平持续提高。天然气千亿立方米产能基地、川渝一体化电力调峰辅助服务市场加快建设，初步实现电力水火互济，天然气平峰互保，成品油毗邻互供。重庆、成都都市圈500千伏目标网架持续优化，川南—渝西输气管道、万源—城口天然气管道建设加快推进，川渝1000千伏特高压交流工程开工建设，川渝一体化能源网络正在加速构建。三是重大水利基础设施加快实施。渝西水资源配置、观景口、金佛山水库等大型水利工程加快建设，引大济岷、长征渠引水、涪江右岸引水和渝南、重庆中部水资源配置工程等项目前期工作扎实推进，水旱灾害防御联动体系初步形成。四是新型基础设施加速推进。全国首个工业互联网标识解析二级节点巴南经济园区正式上线，国家级工业软件协同攻关和体验推广中心建成投用，忽米网、广域铭岛入选国家级"双跨"工业互联网平台。目前重庆顶级节点已覆盖四川、贵州、陕西等西部九省市，累计接入二级节点34个，接入企业节点5225家，服务于电子、石化、汽车等19个行业，形成以重庆为核心、成渝联动、辐射西部省市的工业互联网标识解析体系网络。

5. 合作共享取得积极进展，一体发展明显提速

川渝两地战略合作深入推进，在生态共保共治、公共服务共建共享、毗邻地区合作等领域取得显著成效。一是公共服务共建共享实现新突破。"川渝通办"3批311项政务服务事项均已实现，日均办理达到2万件次，累计办件和查询量超过1000万件次。便捷生活行动措施第一批16项全面落实，第二批27项已实现21项。养老保险关系转移实现"零跑路"或就近一次办，累计办理养老保险接续1.3万人次、待遇领取资格互认4.2万人次。住房公积金缴存、提取、贷款等实现信息实时共享，共办理异地转移接续1.87万人次，发放异地贷款17.9亿元。二是生态环境共治共保取得新进展。完成长江上游生态屏障（重庆段）山水林田湖草生态保护修复工程国家试点，入选自然资源部和世界自然保护联盟联合公布的中国十大特色生态修复案例。长江主干流域营造林绿化、生态综合治理等工程加快推进，营造"两岸青山·千里林带"136.3万亩①、完成长江干支流沿岸10千米范围废弃露天矿山生态修复面积超4100公顷②、新增治理水土流失面积超过1200平方千米。三是毗邻地区合作不断深化。万达开三地城区间实现定制快巴直达，公交实现"一卡通乘"，37家二甲及以上医疗机构60项检查检验结果率先互认。推动万达开、泸永江、渝（北）广（安）、遂潼等11个川渝毗邻区县120实现跨界服务，累计服务225次。"泸永江"示范区医疗保障一体化建设加速推进，实现跨省住院直接结算全覆盖、跨省门诊慢特病直接结算广覆盖、川渝异地就医住院免备案。

二、存在的问题

（一）产业企稳回升基础不牢

受新冠肺炎疫情多点散发、极端高温天气、电力短缺、大宗商品价格持续上涨等因素叠加影响，双城经济圈产业复苏的基础仍然不牢，产业链供应链稳定性有待增强。一是工业企业经营压力持续增大。元器件、晶圆（芯片）、碳酸锂等关键工业原料持续紧缺，新能源电池出现涨价潮，龙头企业"缺芯"压力仍然较大。笔电、家电、消费品等领域争取订单难度增加，钢铁、建材、化工等产业面临需求下降、价格回落，部分企业亏损等问题仍未明显缓解。二是服务业恢复基础不稳。受经济调整压力和疫情反复影响，居民就业增收难度增加，压缩非刚性消费的情况较为突出，餐饮、住宿、文旅、零售等服务业仍较为低迷。1—9月，双城经济圈服务业增速低于GDP增速0.68个百分点。三是农业生产的农资成本承压较重。随着肥料、农用能源等国际大宗商品价格大幅上扬，成渝两地市场的尿素、中浓度复合肥和柴油价格涨幅均超过30%，农业生产成本大幅增加，对农户生产、种粮积极性和农民增收形成较大压力。

（二）扩内需稳增长压力加大

三重压力背景下，基建投资和房地产投资增速下行，居民就业增收乏力，消费预期减弱，消费增长后劲不足。一是投资增长压力依然较大。受经济不景气、市场预期转弱、资金链紧张等影响，工业投资增长缓慢，房地产开发企业投资意愿低迷，民间投资信心不足，投资增长压力逐步显现。1—9月，重庆、四川工业投资分别同比增长9.5%、5.7%，较全国平均水平分别低1.6个、5.4个百分点；房地产开发投资分别同比下降12.5%、3%，商品房施工面积分别同比下降14.7%、1.6%；民间投资重庆同比下降4%，四川同比增长不足1%，均低于全国2%的平均水平。二是消费预期和信心不足。实体经济经营困难，影响居民消费能力、预期和信心。商品房交易持续低迷，家电、家具等住房相关消费下行压力增大。文旅、娱乐等服务消费受疫情反复影响较大，酒店、零售等关联性消费需求降低。同时芯片紧张、油价高位运

---

① 1亩＝666.667平方米。
② 1公顷＝10000平方米。

行等对传统汽车消费影响也将延续。

（三）稳外贸促增长存在隐忧

受国际复杂局势影响，国际需求大幅萎缩，外贸企业面临订单不足压力，招商引资困难增大。一是主要国际市场外贸份额有所下降。受中美贸易摩擦、地缘政治争端等影响，电子信息、服装、汽摩、机械等行业仍面临订单外流压力，双城经济圈对美国、欧盟进出口占比持续下降。受人民币汇率波动下行、进口成本增加等影响，进口回落压力增大。二是出口产品结构有待优化。双城经济圈出口产品以家具及其零件、塑料制品、服装及衣着附件等劳动密集型产品为主，集成电路、汽车、智能装备等中高端产品出口不足。三是招商引资难度增大。受全球经济下行与贸易摩擦不确定性增加等因素影响，外商投资信心不足、意愿减弱。同时疫情频繁多发导致展会项目推介、外商实地考察等招商渠道不畅，外资新建项目减少。

（四）推进合作共建有待加强

双城经济圈项目共建、政策协同力度有待加强，体制机制障碍有待进一步破除。一是合作共建项目管理调度不足。川渝两地项目现场调度不够，交流互动不足，成渝中线高铁、万达直线高速公路等部分项目开工、建设进度和时序协同性仍有待提升。重大共建项目协同储备、共同管理、合作调度、多元化投融资机制有待深化，线上线下常态化协调调度运行机制有待完善。二是统筹协调机制有待健全。川渝各区市县之间统筹协调机制还不健全，部分毗邻地区发展功能平台在重大政策、重大项目、重大改革落地中还存在沟通不及时、推进缓慢等问题。行政区与经济区适度分离改革尚处于探索阶段，生态环保、公共服务、民生保障等领域标准共建、政策协同落地等问题还需进一步研究。

三、2023年经济运行环境分析及展望

（一）国际政治经济形势复杂多变

受世纪疫情、俄乌冲突等影响，全球经济呈现高通胀、低增长的滞胀态势，国际经济秩序和地缘政治格局均面临调整，对全球产业链供应链、金融市场、能源供应、粮食安全和稳定等造成明显冲击，反过来又进一步抬升经济滞胀甚至衰退风险。美国开启新一轮加息周期，不仅将导致全球金融市场动荡、融资环境收紧，也对中国等新兴经济体形成较大的资本外流和本币贬值压力。与此同时，随着共建"一带一路"深入推进和RCEP落地实施，双城经济圈将更好地在资源开发、产业协同、贸易往来、金融合作等领域，与沿线国家和地区实现优势互补、互利共赢，形成全方位、宽领域、多层次合作共建机制。以人工智能、生物技术等为代表的新业态、新模式加速兴起，有助于双城经济圈依托国家级开发开放平台广泛而深入地参与到全球科技、产业变革中，推动制造业和互联网协同创新，不断提升吸引高端要素集聚、促进产业提质升级能力。

（二）国内重大战略布局深入推进

2023年是全面贯彻落实党的二十大精神和战略部署的开局之年。以城市群、都市圈为依托构建大中小城市协调发展格局深入推进，以县城为重要载体的城镇化加快建设，有助于优化提升重庆、成都都市圈综合能级与竞争力，完善大中小城市宜居宜业功能，增强县城综合承载能力和治理能力，形成以大带小、以点带面、以城带乡发展格局，更好支撑双城经济圈高质量发展。制造强国、数字中国等战略深入实施，有助于双城经济圈推进产业基础高级化、产业链现代化升级，加快培育人工智能、生物技术、新能源、高端装备等战略性新兴产业，联手打造世界级现代产业集群。国内国际双循环新发展格局加快构建，有助于双城经济圈推进高水平对外开放，形成"一带一路"、长江经济带、西部陆海新通道联动发展

的战略性枢纽，更好地在西部地区带头开放、带动开放。科教兴国战略、人才强国战略、创新驱动发展战略深入实施，有助于双城经济圈加快汇聚优质创新资源，强化创新链产业链协同，打造具有全国影响力的科技创新中心，为构建现代产业体系提供科技支撑。

（三）国家战略叠加效应不断释放

随着国家部委编制的《巴蜀文化旅游走廊建设规划》等7个规划（方案）及川渝两省市共同编制的《成渝现代高效特色农业带建设规划》等13个规划（方案）陆续出台实施，双城经济圈顶层设计体系逐步完善，有利于统一思想、凝聚共识，形成推动双城经济圈高质量发展的强大合力。成渝地区工业互联网一体化发展示范区、成渝地区算力网络国家枢纽节点、国家网络安全产业园区、生物经济先导区、重庆绿色金融改革创新试验区等平台加快建设，有助于双城经济圈发展壮大数字经济、生物经济、绿色金融等新兴产业，不断催生新产业新业态新模式，持续完善产业链体系，全面提升产业链现代化水平，为打造世界级产业集群提供有力支撑。西部科学城、两江协同创新区、绵阳科技城等重大战略平台提速建设，有助于加速汇聚创新要素资源，推动创新创业创造向纵深发展，为建设具有全国影响力的科技创新中心、加快推动产业转型升级提供强劲动力。遂潼川渝毗邻地区一体化发展先行区、川渝高竹新区、明月山绿色发展示范带、泸永江融合发展示范区、内江荣昌现代农业高新技术产业示范区等全面启动建设，有助于发挥合作功能平台先行先试的优势，形成一批可复制可推广的经验，激发双城经济圈高质量发展活力。

（四）2023年经济运行趋势展望

2023年，双城经济圈交通基础设施、现代产业体系、科技创新资源、城市服务功能、公共政策互联互通水平将进一步提升，战略协作、政策协同和工作协调等合作机制将更加健全，一体化高质量发展态势将更加巩固，预计经济增速保持在6.5%左右，高于全国和西部平均水平。

四、对策建议

（一）强化产业协同政策支持力度

一是培育工业发展新动能。支持成渝两地汽车整车企业与关键零部件、芯片企业协同搭建在线供需对接平台，畅通芯片产供信息渠道，完善产业链上下游合作机制。加快推进成渝信息枢纽港建设，引导大型、超大型数据中心向双城经济圈集聚，提升整体算力规模和效率，带动数字经济相关产业加速发展。依托成渝生物经济先导区建设，加强生物育种、生物能源、生态农业、生物信息、生物环保等招商和产业培育，促进新兴产业发展壮大。二是强化服务业领域政策支持。以重庆扩大服务业开放综合试点为契机，进一步放宽数字经济、跨境电商、健康医疗、文化创意、休闲娱乐等服务领域的市场准入，在创新跨境医疗保险产品、丰富出境游产品、发展融合化在线教育等方面开展探索。发挥解放碑、春熙路等核心商圈引领作用，布局一批市内免税店、口岸免税店建设，扩大离境退税街区规模。三是推动现代农业提质增效。聚焦蔬菜、柑橘、茶叶等成渝地区优势特色农产品，以农业产业化重点龙头企业、绿色食品企业为引领，建设一批绿色食品原料标准化基地，持续扩大有机产品认证生产规模。积极推广"巴味渝珍""天府龙芽""天府菜油""永川秀芽"等特色品牌，不断提升农产品附加值。

（二）稳投资促消费激发内需活力

一是充分发挥有效投资的关键作用。加快推动成达万高铁、渝湘高铁、渝西水资源配置、川渝合作（广安—合川）生物医药产业园等重大项目建设，促进基础设施投资放量、工业投资提质增效。以国家推进以县城为重要载体的新型城镇化建设为契机，支持引导民间投资参与公共服务设施、市政公用设施、环境卫生设施建设，有效拓宽民营企业投资空间。支持民营企业开展市场化法治化债转股，加大"信易贷"模式推广力度，破解民营企业融资难题，提振民间投资信心。探索实施取消限购、限售政策，支持外来人员、改善型购房家庭合理住房消费，畅通房地产市场循环。二是推动消费潜力释放。鼓励金融机构、商圈、商贸企业联动发放消费券，提高居民消费积极性。研究制定新能源汽车、绿色智能家电下乡激励政策，引导企业面向农村开展促销，拓展消费新空间。适应常态化疫情防控需要，培育壮大直播带货、社群营销、"互联网+托育""互联网+家装"等消费新业态，拓展沉浸式、体验式、互动式消费新场景。深入开展"减息让利援企稳岗"专项行动，鼓励企业吸纳更多重点群体就业，对受影响较大的建筑业、服务业、制造业等行业失业人员，加强技能培训、岗位推荐，多渠道增加就业，实现居民收入稳定增长，让人民群众敢于消费放心消费。研究制定针对受疫情影响较大的低收入群体定向发放一次性补贴、对个体工商户经营所得减免个税等相关政策，提升城乡居民消费能力。

（三）稳外贸稳外资促进对外开放

一是多措并举稳外贸。发挥川渝自由贸易试验区、中新互联互通项目等引领作用，用好用足RCEP规则，依托中欧班列（成渝）和西部陆海新通道建设，积极拓展欧洲和东盟市场。以两江新区和天府新区获批国家进口贸易促进创新示范区为契机，着力完善跨境电商平台、海外仓、仓储物流、跨境结算等跨境电商产业链供应链，加快推动尚未大规模开展进出口业务的传统制造企业利用跨境电商渠道获取海外订单，实现破零倍增。常态化开展重点企业"订单+生产"监测预警机制，完善信息通报和快速响应机制，保持产业链及用工稳定，防止订单和产业链外迁。二是优化环境稳外资。依托重庆服务业扩大开放综合试点，争取数字经济、数字贸易领域开放政策在成渝地区先行先试，鼓励外商投资设计服务、管理咨询、检验检测服务、技术推广等领域，探索试点外资参与燃气、供电、供水、供热、污水及垃圾处理等市政设施项目建设，提升外资利用水平。依托智博会、西洽会、进博会、广交会、服贸会等国际性展会平台，发挥成渝地区占我国西部地区30%人口规模的市场潜力，加强与"一带一路"沿线国家地区在投资、贸易、技术等领域交流合作，提升成渝地区对外资吸引力。在严格落实好防疫要求前提下，探索对来成渝地区工作的外贸外资企业人员开辟"绿色通道"，提升外贸外资企业来成渝地区投资兴业的便利度。

（四）推动重大项目政策协同发力

一是精准有序调度推动重大项目建设。加快推进川渝1000千伏特高压交流工程建设，促进川渝电网一体化发展。做好煤炭、天然气、电力重要能源保供稳价工作，加快构建川渝能源协同发展新格局。聚焦基础设施互联互通，加快成渝中线高铁开工建设，推动成渝高速公路扩容改造，启动线下跨境道路运输集散中心建设，开行果园港至龙泉驿"无水港"公路专线，形成一批标志性、引领性的重大项目，更好支撑双城经济圈一体化高质量发展。二是进一步深化两地政策协同。以重庆获批建设绿色金融改革创新试验区为契机，共同争取国家支持建设全国性用能权、碳排放权交易市场，设立碳减排支持工具，引导金融资源支持节能环保装备制造、资源循环利用装备制造、新能源汽车等绿色产业发展。依托成渝国家算力网络枢纽节点建设，加快构建成渝统一数据开放共享标准，促进数据资源开放和安全自由流动。探索人力资源服务许可、从业人员职业资格证互认，促进人才在双城经济圈范围内自由流动。

[重庆市综合经济研究院（重庆市经济信息中心）
重庆市推动成渝地区双城经济圈建设研究中心课题组
主研：易小光　丁　瑶　邓兰燕　李　林　贾静涛
执笔：贾静涛]

之五：2022 年重庆市经济形势分析及 2023 年展望

2022 年以来，国际政经形势错综复杂，国内着力稳经济大盘，有效应对三重压力，经济运行回稳向上。重庆面对本地疫情、极端天气、电力紧缺等超预期因素冲击，全力落实稳经济一揽子政策和接续措施，经济展现出良好韧性，主要经济指标增速逐步企稳，景气指数继续运行在趋冷区间，但回升势头明显。预计 2022 年重庆 GDP 同比增长 2.1% 左右。

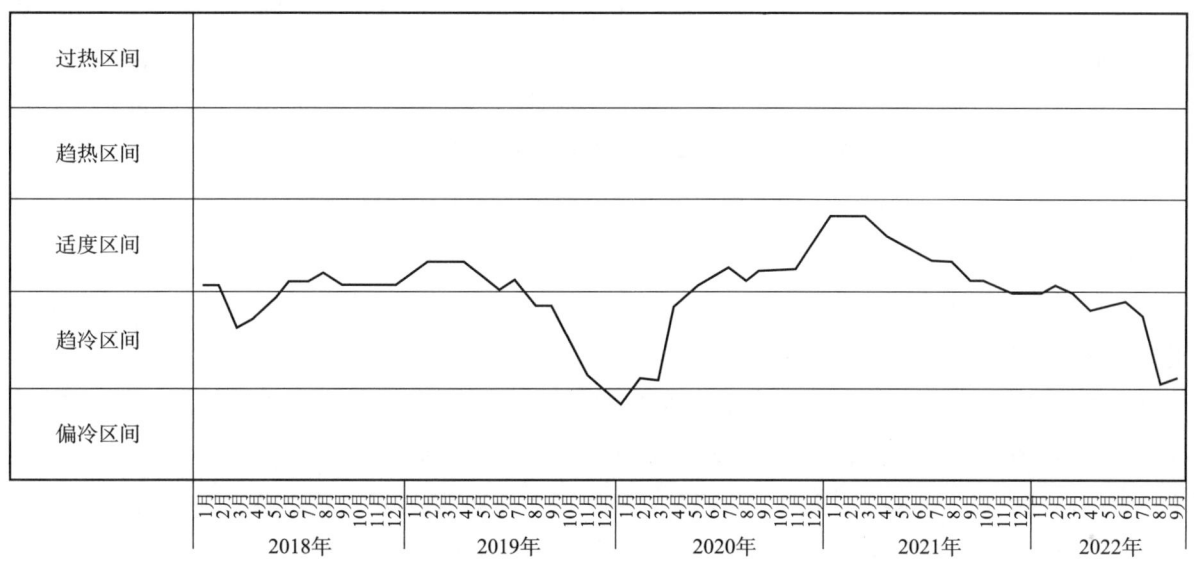

图 1　2018 年以来重庆市宏观经济景气动向监测趋势

一、2022 年重庆市经济运行特征

（一）产业经济运行有所恢复

前三季度，重庆第一产业总体稳定，第二产业企稳回升，服务业低位运行，对全市经济增长的贡献率分别为 8.0%、48.6%、43.4%。

农业生产总体稳定。1—9 月，重庆第一产业增加值实现 1366.26 亿元，同比增长 3.7%。粮食安全保障有力，预计全年粮食播种面积 3068.3 万亩，同比增加 48.5 万亩；水稻、玉米、小麦产量总体稳定，但受高温干旱天气影响，甘薯等杂粮产量有所下降。1—9 月蔬菜产量同比增长 2.7%；生猪生产较平稳，9 月末猪粮比升至 7.16∶1，处于盈利区间。乡村休闲旅游业快速发展，1—9 月实现营业收入 817.8 亿元、接待游客 2.29 亿人次，分别同比增长 11.3%、9.9%。品牌建设深入推进，"巴味渝珍"、地理标志农产品分别达到 833 个、70 个，带动农产品网销大幅增长，1—9 月农产品网络零售额 133.8 亿元，同比增长 26%。

第二产业回稳态势明显。1—9 月，重庆第二产业增加值完成 8375.27 亿元，同比增长 3.8%。工业经济回升，全口径工业增加值实现 5949.83 亿元，同比增长 3.3%；其中规模以上工业增加值同比增长 4.0%，虽受 8 月份波动影响，仍然高于全国 0.1 个百分点。从支柱产业看，能源、汽摩、医药产业增加值累计分别同比增长 12.0%、8.1%、7.0%，均高于规模以上工业总体增速，其中汽摩产业拉动规模以上工业增长 1.5 个百分点；电子产业受市场需求低迷影响，增加值仅同比增长 0.8%；材料、消费品、装备产业维持低位运行态势。工业新动能增势较强，1—9 月，战略性新兴产业增加值同比增长 7.7%，高于规模以上工业 3.7 个百分点；其中，新能源汽车、工业机器人、服务机器人产量分别同比增长 1.5 倍、41.1%、38.9%，为工业转型升级注入了新动力。建筑业呈现逐季回升走势，在交通基础设施、工业技改等投资带动下，全市建筑业增加值 1—9 月实现 2425.4 亿元，同比增长 4.9%，较第一季度、上半年提升 2.6 个、1.3 个百分点；其中建筑安装工程投资同比增长 8.9%，支撑了建筑业较快增长。

服务业低位运行。1—9 月，重庆第三产业增加值实现 11093.53 亿元，同比增长 2.5%，分别较第一季度及上半年低 1.7 个、0.3 个百分点。生产性服务业运行分化。金融业运行趋缓，1—9 月新增社会融资规模 4929 亿元，同比少增 942 亿元；获批建设绿色金融改革创新试验区，绿色贷款增速保持在 30% 以上。数字经济发展活力较强，数字人民币试点加快推进，参与商户超过 6 万家，服务应用场景不断丰富。软件业务收入同比增长 12.6%，高于全国 2.8 个百分点。物流业复苏乏力，货运量同比下降 5.0%，降幅较上半年扩大 1.8 个百分点。生活性服务业有所恢复。随着疫情得到有效控制，住宿、餐饮、商业等不同程度回暖；其中，住宿、餐饮营业额分别同比增长 2.1%、4.9%，较上半年分别提高 3.1 个、1.7 个百分点。

（二）需求动力企稳态势明显

投资运行平稳，消费持续回升，进出口稳中趋缓，前三季度投资、消费和区域净流出对重庆经济增长的贡献率分别为 50%、44.9% 和 5.1%。

投资总体平稳。得益于政府专项债、政策性开发性金融工具等政策效应持续释放，1—9 月重庆投资同比增长 3.3%。但民间投资累计增速逐月回落至 -4.4%，低于全国 6.4 个百分点。分领域看，基建、工业投资缓中趋稳，房地产投资持续下行。基建投资同比增长 8.0%，拉动全市投资增长 2.4 个百分点，其中交通、城建、农林水利等领域投资均呈现企稳回升势头；工业投资同比增长 9.5%，拉动全市投资增长 2.5 个百分点，其中高技术制造业投资增长 10.2%，较上半年提高 1.8 个百分点；房地产开发投资降幅加深，同比下降 12.5%，已连续 5 个月负增长。民生补短板力度加大，社会领域投资同比增长 21.8%，拉动全市投资增长 0.8 个百分点，卫生、文体投资增幅均超过 25%。

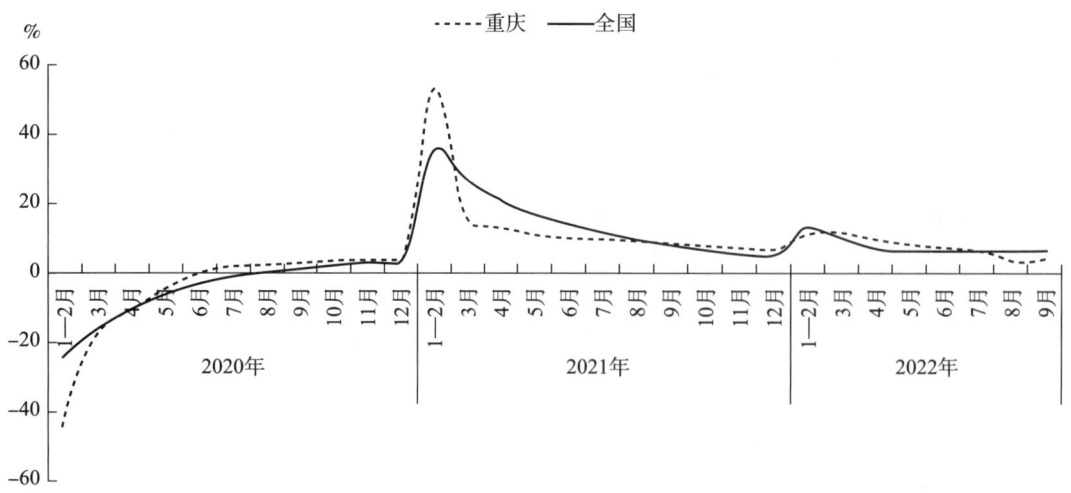

图 2　2020 年以来重庆市及全国投资增长情况

消费有所回升。随着中央和地方一揽子稳经济增长政策和促消费措施落地显效,1—9月,重庆实现社会消费品零售总额10456.01亿元,同比增长1.5%,分别高于上半年和全国同期0.4个和0.8个百分点。从主要商品零售看,受汽车促销政策及油品价格因素等带动,汽车、石油及制品等出行类消费短期增势明显,分别同比增长8.5%和11.8%,合计拉动社会商品零售总额增长约1个百分点,其中新能源汽车零售额同比增长1.5倍,占汽车类零售额比重由上年同期的6.1%提高至16.8%;在粮油价格上涨等带动下,粮油食品消费同比增长11.7%,对限额以上单位零售额的贡献率达到31.4%;受居民压缩非刚性消费影响,服装、化妆品、金银珠宝等消费疲软,分别同比下降7.6%、6.2%、7.2%;家具、建材等住房类相关消费分别同比增长1.3%、6.0%,低于上半年0.8个、4.3个百分点。网上消费保持活跃,限额以上单位通过公共网络实现的零售额同比增长37.3%,较上半年高4.4个百分点,拉动全市社会商品零售总额增长1.4个百分点。

外贸稳中趋缓。在笔电、集成电路等电子产品出口低迷影响下,1—9月重庆外贸进出口总值为6259.5亿元,同比增长8.5%,较上半年和全国同期低4个、1.4个百分点,自4月以来首次低于全国平均水平。外贸出口同比增长11.5%,较上半年放缓8个百分点,其中笔电出口增速由上半年的8.6%回落至-0.4%。汽车、游戏机及其零附件出口增势强劲,出口额分别同比增长73.4%和45倍。在集成电路、金属矿砂等大宗商品拉动下,进口同比增长3.3%,较上半年提高2个百分点。对"一带一路"沿线国家进出口稳步增长,其中随着RCEP实施,对RCEP其他成员国进出口1957.7亿元,同比增长12.8%,进出口额占全市比重达到31.3%。利用外资有所增长,1—9月实际使用外资12.2亿美元,同比增长13.9%。

(三)财政金融平衡矛盾增大

财政收支压力较大。受宏观经济低迷、组合式减税政策等因素影响,全市财政收支平衡压力显著增加。1—9月,一般公共预算收入、税收收入分别同比下降4.3%、11.2%①,均连续6个月负增长。其中,1—9月,新增减税降费及退税缓税缓费超570亿元,较好促进了企业恢复发展。从主要税种看,增值税、企业所得税分别同比下降10.7%、9.7%;受房地产市场低迷影响,城市维护建设税、契税分别同比下降11.3%、51.1%。一般公共预算支出同比增长3.9%,其中农林水、教育、卫生健康等民生领域保持增长态势。

信贷融资需求放缓。市场主体对经济预期不足,融资需求减弱、储蓄意愿增强。从贷款看,全市人民币贷款增速自2021年以来逐月放缓,9月末余额为49017.65亿元,同比增长7.8%,较上半年低1.1个百分点。受房地产开发贷、个人房贷等缩减影响,中长期贷款、个人贷款及透支分别同比增长5.1%、2.1%,较上半年放缓0.2个、3.2个百分点。从存款看,人民币存款余额为48200.15亿元,逆势同比增长9.5%,较上半年提高2个百分点,其中企业存款、居民存款分别同比增长7.8%、11.2%。

(四)就业双创形势基本稳定

就业形势稳中有忧。随着稳就业政策持续加码,1—9月重庆城镇新增就业60.5万人,同比增长1.3%;就业帮扶成效显著,零就业家庭保持动态清零,11.58万名困难人员就业,同比增长17.1%。但就业压力仍较大,失业保险领金人员同比增长10.8%。双创形势总体稳定。市场主体保持增长,1—9月,全市新登记市场主体42.8万户,同比增长4.0%,市场主体注销登记25.4万户,市场主体总量达到336.0万户。创新型企业加快发展壮大,2022年全市新增国家级专精特新"小巨人"企业139家,总量

---

① 均为扣除留抵退税因素后数据。

达到 257 家，居西部第二位；新增市级专精特新企业 1579 家，总量达 2365 家。

（五）区域经济发展特色凸显

"一区两群"总体呈现差异化、特色化发展趋势。主城都市区工业、投资亮点突出，现代服务业集聚发展。中心城区战略性新兴产业加速布局，江北新能源汽车、大渡口生物医药、九龙坡铝新材料、巴南新型显示器等产业增势较好，其中江北、大渡口工业增加值分别同比增长 18.0%、17.9%，增速居全市第一位、第二位。主城新区投资增长势头较强，各区投资增速均高于全市平均水平，其中江津、綦江、大足工业投资增速均超过 10%。随着国际消费中心城市、西部金融中心、国家级物流枢纽加快打造，现代金融、物流、商贸等加速发展，其中江北嘴区域性以上金融总部达到 92 家，港口型国家物流枢纽货物吞吐量同比增长 22%。渝东北三峡库区城镇群绿色工业、投资增速较快，物流服务能力不断提升。随着生物医药、新材料等绿色工业加快发展，万州、云阳、奉节、垫江、忠县等工业增加值增速均高于全市水平，其中在万博特铝新材料等拉动下，万州工业增加值同比增长 14.0%，居全市第三位。在县城城镇化补短板强弱项政策、产业项目建设等推动下，云阳、丰都、垫江、巫溪等投资增速在 10% 以上。万州打造全国性综合交通枢纽取得新进展，万州机场航空口岸正式对外开放。渝东南武陵山区城镇群绿色工业、生态旅游发展较好。特色资源产业加速发展，秀山、黔江生物医药产值增速保持在 18% 以上，彭水清洁能源、武隆页岩气产业运行良好。在乌江画廊文旅示范带、武陵山区民俗风情生态旅游示范区建设加快带动下，旅游业恢复向好，其中 1—9 月武隆、酉阳游客接待量保持两位数增长。

（六）价格指数呈分化走势

1—9 月，全市消费者物价指数（Consumer Price Index，CPI）、生产价格指数（Producer Price Index，PPI）、工业企业原料、燃料、动力购进价格指数（Purchasing Price Index of Raw Material，Fuel and Power，PPIRM）分别同比增长 1.9%、3.4%、6.2%。具体看，CPI 较上半年上涨 0.5 个百分点，八大类商品价格"七升一降"。食品和非食品交通价格是推动物价上涨主要因素，其中在蔬菜、水果、猪肉价格走高带动下，食品烟酒价格同比上涨 2.9%；受油价高位运行影响，交通通信价格涨幅超过 6%。在部分国际大宗商品价格回落、市场需求不振等因素影响下，工业品价格整体下行，PPI、PPIRM 分别较上半年回落 1 个和 1.8 个百分点，但其中原料出厂价格指数仍保持 7.1% 高位，制造业成本压力依然较大。

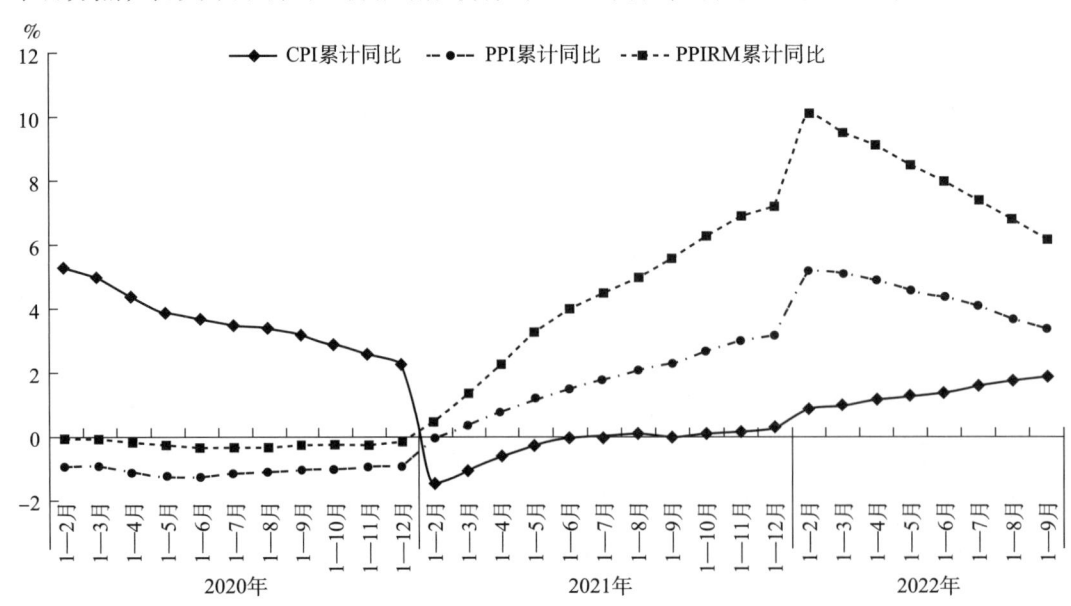

图 3 2020 年以来重庆市 CPI、PPI、PPIRM 变化情况

二、存在的问题

（一）经济内生增长动能不足

由于市场主体信心减弱，重庆投资、消费增长缺乏后劲。一是投资增长动力偏弱。受政府财税收入减少、防疫等重点领域支出压力大、城投平台融资受限等影响，基础设施投资增长后劲和带动性值得关注。民营企业信心不够，政府投资撬动效应有限，营商环境有待优化，民间投资后续跟进堪忧。房地产市场探底，是否回稳仍有待观察，投资持续低迷状态短期内难以得到改善。1—9月，全市新开工项目计划总投资、投资资金来源分别同比下降26.3%、6.7%，投资增长后劲不足。二是消费结构性矛盾突出。重庆汽车、油品等出行类消费比重超过13%，其余消费占比相对较小，对全市消费增长支撑作用不足。若扣除出行类消费，重庆社会商品零售总额增速仅为0.2%。同时，受疫情、居民压缩非刚性消费等因素影响，文旅、娱乐等服务消费依然低迷，其中城市影院票房收入同比下降24.1%。

（二）工业经济增长面临挑战

当前重庆工业经济运行短板和束缚较多，增长形势仍不容乐观。一是电子产业增长后劲不足。约占全市工业1/3体量的电子信息产业增速持续放缓，给重庆传统支柱工业拉响警报的同时，也凸显出原来顶起重庆支柱产业半边天的电子信息产业所处产业链环节层级低、升级换代慢、核心配套少、可替代性强等问题，发展前景存在隐忧。二是工业新动能培育滞后。与上海、武汉、成都等城市相比，重庆对生物基因、低碳经济等新兴产业招商引资、培育不足，新能源汽车、光伏等产业配套不完善，进入产业新赛道相对滞后。在工业和信息化部公布的507家单项冠军企业、培育企业和单项冠军产品名单中，重庆仅4家企业上榜，上榜率不到1%，在全国排第18位。三是能源综合保障能力不强。重庆电力、煤炭等能源自给率低，其中电力自给率仅70%左右，低于全国平均水平；加之与国家骨干能源网络互联互通水平不足，电力、天然气等调峰能力不强，工业经济稳定运行的能源保障问题较突出。

（三）营商环境仍需持续优化

与市场主体期盼相比，重庆营商环境仍有较大的改善空间。一是市场环境亟须优化。据调研反映，部分区县仍存在市场进入或退出便利化水平不高、企业办理注销破产困难、外资企业国民待遇未完全落实等问题，影响企业发展信心。此外，政府监管数字化水平不高，依法打击市场垄断及不公平竞争行为的及时性和能力还亟待提升。二是政务服务环境仍需继续改善。对企业办事咨询的指导服务，以及政府采购规范性、透明性、公平性等方面有待增强，教育、医疗等公共服务配套仍不够健全，营商环境不优不利于全市产业招商引资。三是惠企政策广度力度不够。企业反映政策主要关注新招商企业，存量企业几乎无政策可享受，承诺政策不能及时兑现，企业获得感偏低。面向中小微企业政策门槛高、要求多，达到申报的规模、税收等条件困难，难以享受到国家政策红利。

（四）开放经济发展存在隐忧

随着国际环境不稳定性上升，重庆开放经济发展面临更大的风险挑战。一是外贸订单获取难度增大。当前国际需求总体疲软，9月我国PMI新出口订单指数为47.0，连续17个月处于收缩区间，手机、笔电等外向型产业增长压力加大。疫情下外贸企业出国拜访客户、商务谈判等减少，面临老客户流失和新客户开发难问题。同时，截至9月底，美元兑人民币累计升值达到12.9%，外贸企业进口成本增大，进口需求受到抑制。二是稳外资、引外资难度增大。全球经济下行导致外商投资意愿减弱，各地招商引资竞争加剧；加之展会项目推介、外商实地考察等招商渠道不畅，外资新项目减少。1—9月合同外资同比下降

14.5%左右，连续18个月负增长。三是服务贸易恢复较困难。跨境旅游是重庆服务贸易最大来源，占比超过60%，1—9月全市境外游客接待量同比下降30%以上，成为服务贸易低迷主要因素。同时，随着进出口增速放缓和国际运费回落，运输、结算、报关等传统服务出口收缩，国际展会、赛事等数量及规模减小也对服务贸易带来一定负面影响。

（五）稳定社会就业压力较大

在宏观经济增长动能不足背景下，全市就业增收矛盾更加突出，保障和改善民生难度增大。一是企业用工需求不足。当前实体经济生产经营困难，企业用工需求有所减弱。据监测，8月全市企业社保参保人数较上月减少22.5万人，9月企业在岗员工较上月减少0.45万人[①]，房地产、商贸服务等行业失业情况较为突出。二是重点群体就业压力持续增大。重庆应届高校毕业生、返乡农民工人数创近年新高，就业保障难度更大。截至9月末，全市离校未就业高校毕业生同比增长1.1倍，新登记失业人员同比增长7.3%。三是就业压力带来的社会民生问题凸显。在经济下行背景下，居民就业增收乏力，叠加粮油、食品等生活必需品价格的持续上涨，低收入人群、大学生等就业困难群体生活压力增大。同时，就业不足还易引发经济、金融、治安等一系列衍生风险。

三、经济运行环境分析及预测

（一）世界政经局势错综复杂

俄乌冲突、通胀高企、货币加速紧缩正导致全球经济陷入衰退。权威机构普遍下调全球经济增长预期，其中，IMF（10月）、WTO（10月）、世界银行（10月）、OECD（9月）分别预计2023年全球经济增长2.7、2.3%、2.2%、1.9%，均较2022年预测值大幅放缓。全球经济体普遍面临下行风险，美国受物价高企、货币金融环境收紧等影响，经济衰退迹象明显；欧洲经济前景持续恶化，生产活动和生活成本将遭受能源短缺较大冲击；日本经济仍显疲态，面临日元贬值、贸易逆差、债务高企等多重压力；新兴经济体增长动力普遍减弱，需求不足、流动性收紧将加剧经济下行风险。为应对通胀，全球货币紧缩步伐加快，特别是美国激进加息，将加剧全球金融市场震荡，加深新兴经济体通胀压力和经济金融脆弱性。全球供应链瓶颈难以明显改善，国际贸易投资仍将遭受贸易保护和单边经济制裁、全球经济放缓等多重影响，OECD（10月）认为2023年全球货物贸易增速将由2022年的3.5%回落至1%。国际地缘政治冲突和安全局势更加紧张，大国战略博弈更趋激烈，能源危机、粮食危机、气候变化等一系列挑战增多，将加剧全球经济发展环境的复杂性、严峻性和不确定性。

（二）国内经济强化稳增长调控力度

2023年，我国经济将延续恢复态势，但仍面临疫情反复、外部环境更趋复杂、内生动力不足等制约，恢复基础尚不牢固，三重压力不断增大。作为贯彻党的二十大精神开局之年，将全面贯彻新发展理念，以高质量发展为主题，推动扩内需与深化供给侧结构性改革有机结合，加强跨周期宏观调控，促进经济稳定恢复增长，预计全年GDP增速保持在4.5%~5.5%区间[②]。财政政策精准发力保市场主体和扩大投资，将通过加强跨年度预算资金使用、扩大专项债规模、积极盘活存量资产等方式拓展财政资金来源，支持重点领域发展。货币政策保持流动性合理充裕，将强化结构性货币政策工具使用，加大实体经济融

---

① 数据来源于重庆市就业局对全市3130户企业监测情况。
② 结合IMF（10月，4.4%）、亚洲开发银行（9月，4.5%）、国家信息中心经济预测部（11月，5.2%左右）、重庆市综合经济研究院等机构和专家预测综合判断。

资支持力度,推动人民币汇率保持基本稳定。投资继续发挥托底作用,一批重大项目建设将提前启动,发力新基建、新能源、先进制造业、乡村振兴等领域,阶段性实施先行用地审批承诺等安排将全力保障重大项目用地需求。产业政策聚焦产业基础再造和重大技术装备攻关,对企业技改和设备更新等方面的支持将明显加强,战略性新兴产业融合集群、专精特新企业发展将获得重点支持。就业政策围绕就业补贴、社保补贴、公益性就业、就业服务等方面对高校毕业生和农民工等重点群体的就业支持力度明显增强。深层次改革开放扎实推进,将实施自贸试验区提升战略,构建面向全球的高标准自贸试验区网络,深度参与全球产业分工与合作。乡村振兴全面推进,新农村建设将在人居环境治理、农村住房品质提升等方面不断发力。区域政策将更加发挥城市群都市圈的协同作用,加快形成区域间要素流动、发展动力传导通道。

(三)重庆经济动力与压力并存

重庆深入贯彻落实国家重大发展战略,积极推动成渝地区双城经济圈建设,促进"一区两群"协调发展,经济发展的韧性和动力较强。从发展机遇看,我国持续加大创新支持力度,强化产业链自主可控能力建设,相关政策导向有利于西部(重庆)科学城、两江新区等开发平台加快创新载体和创新主体培育,大力扶持高新技术企业、专精特新企业集聚发展;我国推动制造业高端化、智能化、绿色化发展的相关举措,将助力重庆传统产业向智能制造转型,加快新能源汽车、电子核心部件等重点领域外引内培,打造世界级智能网联新能源汽车产业集群;中欧班列、西部陆海新通道高质量发展深入推进,中新互联互通项目、自贸试验区制度型开放探索加快,将助力重庆深化改革开放,拓展经济发展空间;我国推动系列稳经济大盘政策细化落地,有助于重庆扩投资、促消费、提振市场主体发展信心;成渝地区双城经济圈毗邻地区合作不断深入,将助力重庆加快产业分工协作发展。但重庆经济也面临一定挑战,开放型经济发展受到外需不足制约,新兴产业项目、创新资源、人力资源等引入面临激烈区域竞争,金融、物流、能源等要素支撑能力依然较弱,营商环境和产业生态仍待优化培育。

(四)2023年经济预测

根据《重庆市宏观经济预警系统》《重庆市宏观经济短期预测系统》,综合考虑当前重庆经济面临的外部环境和疫情的不确定性,预计2023年全市GDP同比增长约6.5%~7.5%,全口径工业增加值、固定资产投资、社会消费品零售总额、外贸进出口同比增速分别为6.8%~7.0%、7.0%~8.5%、8.0%~9.0%、6.5%~7.5%,居民消费价格指数同比上涨约2.5%~3.0%。

四、对策建议

当前重庆经济恢复基础仍不稳固,应深化改革推动制度型开放,持续改善营商环境,切实提振企业发展信心,激发市场活力。适当延长、保留相关稳增长政策措施,稳住混合发展动力,着力扩大有效需求,多渠道保障和改善民生,提升发展质量,保持经济运行在合理区间。

(一)持续推动营商环境优化,增强民营经济发展活力

持续优化改善营商环境,有效提升城市竞争力。一是营造公平竞争市场环境。落实内外资、大中小企业公平待遇,探索放宽重点领域外商投资准入限制,及时发现并推动破除各种形式的市场准入不合理限制和隐性壁垒。加强国有企业市场公平竞争审查,探索开展沙盒监管、触发式监管。二是全面改善政务服务。进一步优化工程建设审批流程,梳理解决"政策互相冲突、审批互为前置"问题,加快提高电子证照使用率,推动工程建设审批服务"一网通办"。推进"互联网+监管"工作,探索移动监管、远程监管等非现场监管方式,推进"双随机一公开"监管全覆盖,推广信用承诺制度。三是营造良好民营经

济发展生态。常态化落实领导干部挂点联系民营企业工作常态机制，及时掌握企业发展的最新情况和发展诉求，了解并推动解决企业生产经营存在的问题，为民营企业发展营造良好环境。搭建推广"不来即享"惠企政策服务平台，保证惠企政策"能享尽享"，对政策兑现进度缓慢的项目及时督促整改。

（二）坚持稳投资与促消费并重，持续激发内需潜力

积极扩大有效投资规模，加快消费需求释放，增强内需增长动力。一是充分发挥投资关键作用。抢抓国家宏观政策窗口期，以成渝地区双城经济圈建设为契机，联动川渝协同策划一批跨区域重大项目，促进项目接续滚动、梯次推进。提前启动一批"十四五"规划重点事项，强化项目建设的资金、土地等要素保障，加密调度市级重大项目，组织在全市开展投资"春季冲锋、夏季攻势、秋季攻坚、冬季突击"行动，力促加快形成实物工作量。运用阶段性财政贴息、政策性金融工具等举措，支持经济社会发展薄弱领域设备更新改造。持续聚焦"保交楼""保民生"，妥善化解房企债务风险，督促停缓建项目尽快开复工，推动房地产开发投资回稳。二是促进消费持续恢复。加快推进国际消费中心城市建设，大力培育中高端消费市场，增加国际优质消费品和高端产品供给，营造消费良好氛围。精准实施疫情防控和促消费政策，推动各级各类消费券提量扩围，策划开展一批覆盖全域、惠及全民的消费促进活动，加大对中低收入群体的消费补贴力度，增强消费市场活力。鼓励企业开展汽车、家电等大宗商品更新换代、以旧换新活动，充分挖掘消费潜力。

（三）聚焦重点领域和关键环节，增强工业发展动能

全力推动传统产业改造升级和新兴产业引进培育，增强工业经济发展混合动力。一是推动重点支柱产业转型升级。推动电子、汽车产业补链延链强链，提升重点零部件本地配套能力，增强产业链安全性稳定性。加快生产线数字化智能化改造，提升传统产业生产制造工艺水平，促进传统产业、产业园区转型发展。深挖消费需求，丰富汽车、电子等产品种类，提升高端产品份额，增强产品市场竞争力。二是加快培育工业新动能。加强领军企业、"专精特新"企业、隐形冠军企业的培育引进，畅通政府、科研院所、企业等多方创新参与渠道，强化产业链上下游企业合作，引导产业成链、成群发展。加强低碳经济、生命基因、航空航天等领域招商和产业培育，促进新兴产业发展壮大。三是强化能源供应安全保障。稳定外煤入渝保供渠道，加快推进水电、页岩气等清洁能源开发，提速推进疆电入渝、渝西页岩气开发等能源项目建设。加强应急备用和调峰电源能力建设，重点防范严重自然灾害和极端外力破坏等可能引发电网大面积停电的风险，强化保障工业用电。

（四）深化对外开放和区域协作，拓展经济发展空间

深化开放体制机制创新，全力稳外贸稳外资，激发开放经济发展活力。一是着力推动制度型开放。充分发挥自贸试验区、中新互联互通项目、两江新区、综保区等开放平台，以及服务业扩大开放试点、国际消费中心城市建设等试点示范作用，积极对接 RCEP、《全面与进步跨太平洋伙伴关系协定》（Comprehensive and Progressive Agreement for Trans-Pacific Partnership，CPTPP）、《数字经济伙伴关系协定》（Digital Economy Partnership Agreement，DEPA）等国际经贸规则，加大在服务贸易、数字服务、跨境数据流动、通道建设等领域的开放制度创新。二是加大稳外贸、稳外资力度。加快东南亚、非洲等市场开拓，帮助外贸企业赴海外争取订单，促进笔电、手机、新能源汽车等优势商品出口，加大矿产、粮食等大宗商品进口，加快市场采购、跨境电商等新模式发展。深化金融、医疗等服务业外资准入门槛，强化精准招商引资力度，积极引进外资总部企业，提升外资吸引力。三是推进区域协调联动发展。充分发挥成渝双核带动作用，强化区域间产业链群协作，推动产业合作示范园区建设，增强区域经济发展合力。健全"一区两群"对口协同发展机制，促进各类要素合理流动和高效集聚，提升全市发展协同性整体性。

（五）着力稳岗拓岗和优化服务，促进居民就业增收

多措并举稳就业、促就业，筑牢民生保障底线。一是保障重点群体就业增收。将当前就业困局转化为全市人才资源结构改善契机，鼓励市内机关企事业单位、科研院所结合自身发展需求，面向高校毕业生等高能级人才，开发一批工作岗位，并由政府给予一定成本补贴支持。加强以工代赈、乡村振兴项目等用工推介，促进返乡留乡农民工、脱贫人口就地就近就业。二是加大失业人员就业帮扶力度。开展就业援助月、春风行动等专题帮扶活动，对地产、建筑、商贸服务等困难行业失业人员，加强职业指导、技能培训和岗位推荐，促进其转岗就业或灵活就业。加大失业保险援企稳岗政策力度，大力推行"免跑即领""免证即办""免登即发"，强化失业人员保险保障。三是加大低收入困难群体救济力度。加强城市、农村低收入困难人群监测，扎实做好贫困人口精准帮扶工作，加大城市中低收入人群财政转移支付及救济力度，为登记失业人员、低保家庭人员发放临时生活补贴。常态化开展送温暖活动，帮助解决贫困户生活实际困难。

表1 2022年、2023年重庆主要经济指标预测表

指标	2021年实际		2022年预测		2023年预测			
					基准情景		乐观情景	
	绝对额/亿元	增速/%	绝对额/亿元	增速/%	绝对额/亿元	增速/%	绝对额/亿元	增速/%
1. 地区生产总值	27894	8.3	28950	2.1	31410	6.5	31700	7.5
#第一产业	1922	7.8	1980	2.8	2170	5.8	2180	6.5
第二产业	11185	7.3	11630	2.3	12530	7.0	12560	7.3
##工业增加值	7889	9.6	8150	2.1	8760	6.8	8770	7.0
第三产业	14787	9.0	15340	1.9	16710	6.2	16960	7.8
2. 固定资产投资	12390	6.1	12720	2.7	13600	7.0	13730	8.5
3. 社会消费品零售总额	13968	18.5	13900	-0.5	15010	8.0	15150	9.0
4. 外贸进出口总值	8001	22.8	8200	2.5	8730	6.5	8820	7.5
#出口	5168	23.4	5340	3.3	5820	9.0	5880	10
5. 一般公共预算收入	2285	9.1	2000	-6.0	2060	3.0	2080	4.0
6. 金融机构人民币存款余额	44270	10.0	47940	8.3	51540	7.5	52020	8.5
金融机构人民币贷款余额	46043	12.4	49170	6.8	53600	9.0	54090	10.0
7. 城镇常住居民人均可支配收入/元	43502	8.7	45370	4.3	48460	6.8	48910	7.8
农村常住居民人均可支配收入/元	18100	10.6	19280	6.5	20720	7.5	20915	8.5
8. 城市居民消费价格指数	—	0.3	—	2.1	—	2.5	—	3.0
工业生产者出厂价格指数	—	3.2	—	2.4	—	1.0	—	1.5

注：1. 地区生产总值及增加值的绝对值为现价，增速为可比价；
2. 固定资产投资增幅、社零总额增幅未扣除价格因素；
3. 金融机构存贷款增长与上年同期比。

[重庆市综合经济研究院（重庆市经济信息中心）宏观经济课题组
主研：易小光 丁 瑶 余贵玲 罗丛生 张 超 张 佳
　　　施小兰 杨 梅 陈 可 贺诗倪 赵 飞 成秋明
　　　夏梁颖
执笔：张 超 张 佳 施小兰 杨 梅]

综合卷
比较篇

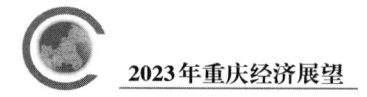

之一：2022年北京市经济运行分析及2023年展望

2022年以来，面对全球经济剧烈波动、国内经济发展三重压力，北京市高效统筹疫情防控和经济社会发展，推动稳经济一揽子政策措施和接续政策落地显效，总体经济保持恢复态势，生产需求逐步回升，预计2022年GDP增长1.5%左右。2023年，国际经贸环境更加复杂，全国经济还将处在恢复阶段，北京市信息服务业等优势产业深度调整，传统服务业恢复缓慢，优质工业项目对2023年经济增长拉动有限，预计2023年北京市GDP增长4%左右，经济转型的阵痛集中体现。

一、2022年北京市经济在超预期因素影响下最终实现稳固增长

2022年经济波动较大，年初北京市经济平稳开局，生产需求稳定恢复，第一季度GDP同比增长4.8%，比2020年和2021年两年平均增速提高0.1个百分点。3月后全国新冠肺炎疫情出现反弹，北京市经济下行压力加大，上半年和前三季度GDP分别累计增长0.7%、0.8%。第四季度，各项稳增长政策将发挥更大效能，市场主体活力将有所增强，消费者信心指数小幅提高，经济增速将有所回升，预计全年经济增长1.5%左右。

内需恢复较为缓慢。消费仍是本轮疫情冲击效应最强烈的领域，前三季度社会商品零售总额同比下降4.5%，低于全国5.2个百分点。受消费需求不足、缺芯、重点电商企业经营波动等多重因素影响，网上消费拉动作用放缓，前三季度全市限额以上批发零售业、住宿餐饮业实现网上零售额同比增长5.9%，较上年同期下降14.8个百分点。固定资产投资作为稳需求的重要力量，前三季度同比增长7%，较上半年提高1.5个百分点，其中反映实物工作量的建筑安装工程投资和基础设施投资均增长7.2%，分别较上半年提高3.8个和1.2个百分点。但北京市消费占比超六成，内需不足成为制约经济发展的主要矛盾。

外部冲击叠加内部结构调整，重点产业集体放缓。工业增加值增速出现较大降幅，受新冠肺炎疫苗生产高基数及国内散发疫情影响，前三季度规模以上工业增加值同比下降17.5%，剔除新冠肺炎疫苗生产因素影响，同比增长3.8%。电力热力、电子制造等支柱行业在对冲医药制造业下降过程中发挥重要作用，同时新能源汽车整车制造、集成电路制造、电子专用材料制造、飞机制造等新兴行业增加值增速均在30%以上，成为工业增长的新动力。服务业经济"压舱石"作用凸显。前三季度全市服务业同比增长3.5%，增速比上半年提高0.2个百分点，为经济持续恢复提供了重要支撑。金融业、信息服务业分别增长6%、8.6%，拉动GDP增长1.1个、1.4个百分点。高技术服务业持续向好，1—8月全市规模以上高技术服务业法人单位实现收入2万亿元，同比增长6.7%，其中电子商务服务、研发与设计服务收入分别同比增长14.6%和14.4%。

二、存在的问题

（一）全球经济波动幅度加大对北京市造成冲击

一是全球经济增速放缓下外需疲软。考虑气候异常、地缘冲突、主要经济体大幅加息等因素，联合国、IMF、WTO分别预测2023年世界GDP增长2.2%、2.7%、2.3%，均较上半年的预测值有所下调。同时WTO

预测全球贸易增速将在2023年大幅下降，预计仅增长1%。北京市经济外部需求将有所缩减，出口贸易增速或将进一步下滑。二是产业波动加大。受美联储为抑制高通胀而加速收紧货币政策影响，人民币汇率出现显著波动，原油等大宗商品价格大幅震荡，北京市批发零售、商务服务等产业价量波动均有所加大。

（二）消费需求恢复不及预期

一是服务消费恢复再遇挑战。2022年国内疫情的波及面和严重程度明显高于上年同期，疫情反复导致消费场景明显受损，同时也对消费服务行业经营扩张及消费者消费意愿产生负面影响，前三季度北京市服务性消费额下降1.7%，消费行业步入量价不振的衰退负循环。二是居民消费预期较为谨慎保守，消费意愿有所倒退，前三季度北京市消费者信心指数为111.5，比上年同期低11.6个百分点。三是居民消费能力对消费增长的支撑作用不够强劲，前三季度居民人均可支配收入同比增长3.7%，较上年同期下降5.4个百分点，其中经营净收入由上年同期的正增长转负。智联招聘调查显示，北京市受疫情冲击较大的旅游、酒店餐饮、娱乐体育等线下消费行业的薪酬在第三季度环比下降10%以上。

（三）工业支柱行业龙头企业增长承压

一是汽车产业增速仍待提高。汽车生产受零部件和芯片到料未达预期影响，生产计划有所调减。前三季度北汽集团累计销售整车同比下降超20%。奔驰推出的新能源汽车EQE上市首个完成月份销量仅为675辆，市场反响平淡。二是电子信息产业景气度有所下降。小米集团前三季度产值同比下降20%，并且下游需求不足逐渐向中上游显示、集成电路等行业传导。美国针对我国集成电路领域新一轮打压也对企业生产经营造成一定影响。

（四）部分服务业恢复态势缓慢

一是信息服务业收入增速有所下降。重点头部平台企业营业收入放缓，抖音、快手等收入增速均低于预期，教培行业"归零"也带来增长缺口，作业帮、学而思等大型教育机构降幅均在八成左右。二是广告业、旅行社、会展业占商务服务业的比重超过三成，前三季度三个行业的收入下降幅度均为两位数。三是文体娱行业下降明显，近年来打造众多爆款电影的北京文化，前三季度营业收入下降87.73%，《封神三部曲》《749局》等电影积压，业务陷入停滞。四是客流量不断反复，接触性聚集性服务业恢复不确定性增大，2022年10月地铁客运量、国内直飞航班数量较上月环比下降约16%、22%，表明各城市人员流动大幅受挫，对零售、餐饮住宿等线下服务业场景冲击较大。

（五）就业形势仍然严峻

一是高校毕业生就业率收入双降，2022年北京地区高校毕业生将达到21.9万人，比上年增加9000人，但高校毕业生签约率持续走低。根据市场调查显示，2022年毕业生月平均薪酬较上年同期下跌12%，就业前景不容乐观。二是就业市场存在供需矛盾。人力资源和社会保障部发布2022年第三季度全国"最缺工"的100个职业排行，多为餐厅服务员、快递员、保洁员、保安员等服务型行业职位，北京在此类职业中面临更大的缺口。

三、2023年经济形势展望

2023年，北京市经济将延续2022年下半年以来的恢复态势，优势产业保持相对稳定，接触性聚集性服务业加快恢复，但内需不足的矛盾依然突出，与4.7%左右的潜在增长水平还存在一定差距，并且2023年国内外经济社会发展中的不确定性和近年来持续累积的风险将呈上升趋势，预计全年GDP将增长4%左右，年内呈现前低后稳的发展态势。

（一）总需求将延续恢复

1. 消费需求将温和回升

"新20条"发布后，居民消费持续改善，预计全年总消费增长6%左右，其中社会商品零售总额增长4.5%左右。一是在政策补贴的激励下，汽车消费仍将保持一定增势，新能源车购置税优惠延期到2023年底等政策有利于释放社会购车需求。同时，小客车沉淀指标预计将在2023年集中释放，有望带动社会商品零售总额增量40亿元左右。二是电子消费有望恢复增长趋势。根据国际数据公司（IDC）及屏幕供应链调研机构（DSCC）调研报告，2023年有多达23款折叠屏手机面市，还可能有第一款可折叠笔记本电脑和第一款可卷曲智能手机上市，并且折叠屏手机价格由往年1.5万元左右降到1万元以下，有望带来新一波换机潮，带动2023年全球智能手机出货量同比增长5.2%。三是被长期抑制的接触性消费将有所恢复，但三年来旅行社及其相关从业人员均出现大幅减少，多个大型会展挪往外地，居民宅家的消费习惯已经养成，居民收入增长放缓、消费倾向下降，乐观估计也仅能恢复至疫情前水平。四是北京市商业布局持续优化，新的消费节点加速建设，朝阳北苑天街、丽泽天地、西北旺万象汇等大型商业综合体将在2023年开业，全面带动周边地区产业和商业升级。五是从走势看，2022年第二季度基数低，2023年第二季度消费增速有望达到两位数，其他三个季度低位增长，全年消费市场将呈现"中间高、两头低"的走势。

2. 固定资产投资将稳中趋缓

2023年，投资依然是稳增长和优化产业布局、产业结构的重要手段，投资规模将会进一步扩大，但由于项目储备"缺大少新"，增速会比2022年低1个百分点左右，约为3.5%。从投资的三大板块看，一是占比五成左右的房地产投资仍将保持低位运行。根据市场机构统计，2022年前三季度，北京房地产大宗投资市场与往年相比仍然低迷，累计成交金额约226.85亿元，同比下降55.2%。前三季度北京市房地产开发企业到位资金同比下降7.6%，较上年同期下降16.8个百分点。前三季度本市商品房销售面积同比下降5.1%，降幅较年初逐步收窄，考虑到房地产销售对房地产投资有2~3个季度左右的领先性，预计2023年房地产投资增长2%左右。二是占比两成左右的基础设施投资增速将保持平稳增长。轨道交通三期、市郊铁路以及城南等专项行动计划加快实施，为扩大有效投资提供支撑，预计2023年基础设施投资增长8%左右。三是占比一成以上的制造业投资将继续保持高速增长。京东方第六代新型半导体显示器件生产线、丰田燃料电池研发与生产项目等一批具有重大影响力的标志性项目将落地实施。预计在工业生产限电结束、制造业设备更新、技改投资税优、信贷支持政策等相关因素助推下，2023年制造业投资增速有望达到40%左右。

（二）多点支撑下产业将逐步回稳

1. 工业将回归常态化增长

2023年，北京市工业增速将恢复至常态化水平。从库存周期来看，2022年3月以来北京市工业企业在需求萎缩下进入主动去库存阶段，按照北京市库存周期一年半左右的长度计算，随着需求的逐渐恢复，北京市工业将在2023年年中进入主动补库存阶段，工业增速有望恢复。从企业效益来看，2022年7月以来北京市工业企业经营利润增速止跌企稳并逐渐回升，微观主体效益转好有利于改善其生产预期，活跃生产活动。从新增产能来看，近期国务院、人民银行均提出支持企业设备更新升级改造的专项计划，截至10月10日北京市设备更新改造贷款合同额超过120亿元，企业新增产能扩张动力提升。综上所述，预计2023年北京市工业增加值增长4%左右。

分行业看，汽车制造业将快速增长，北京奔驰和北京现代有望延续2022年销量向好的态势，加之零部件和芯片陆续到料，汽车生产进度将加速。北汽福田将继续领跑全国商用车行业，预计2023年重卡将增长15%~20%，轻卡将增长20%~25%。2022年前三季度北汽整车出口同比增长30%，预计2023年北汽旗下多个车型尤其是纯电动车型海外出口量仍将保持较大涨幅。电子行业将平稳增长。占电子制造业产值50%左右的小米2023年有望保持增长态势，市场机构预计小米智能手机出货量将由2022年的1.58亿部增加到2023年的1.65亿部，全球市场份额将扩张0.9%。目前全球面板价格基本企稳，在此带动下京东方产值将有所改善。随着下游电子产品需求转暖，兆易创新、威讯联合半导体、集创北方、智芯微电子等重点集成电路企业产值将恢复。医药制造业预计和2022年大体持平。目前科兴和北京生物疫苗库存较高，若2023年没有加强针接种计划，预计疫苗生产将进一步减量。同时，一批新型抗体、细胞和基因治疗等前沿领域加快布局，科兴广谱治疗用药单克隆抗体组合"SA58（BD55-5840）"和"SA55（BD55-5514）"有望2023年上市，康龙化成制剂CDMO平台等新药项目2023年有望落地投产。

2. 服务业将保持平稳增长

2023年，信息、金融等重点行业将继续支撑服务业整体保持稳定，接触性行业有望加速恢复，预计全年服务业增长4%左右。信息服务业将增长9%左右。占信息服务业收入一半以上的平台企业虽然无法实现往年超20%的高速增长，但疫情对人们生活方式的改变可能常态化，标普全球预计2023年美团将继续保持在外卖和本地消费者服务领域的强劲市场地位。快手重新开放广告外链之后，2022年第四季度广告及电商交易总额增长将超过20%，2023年有望吸引更多外部广告需求，实现更快增长。电信业务仍可保持20%左右的增速。金融业将增长6%左右。传统金融行业受贷款接续不足、直接融资成本下降、资管产品分流存款、偿还隐性债务等因素影响，增速有所放缓，近五年来北京市金融业增加值平均增速较前五年低6.3个百分点。但证券业增长将明显加快，北京证券交易所有望吸引中关村、经开区更多的高新技术、文化等细分行业龙头企业上市，国际大数据交易所和国家级绿色交易所加快建设，私募股权二级市场和S基金加快发展，市场扩围和要素集聚将带动投融资规模增长。商务服务业将明显回暖。其中，传统广告业务收入有望回暖，同时互联网媒介、短视频及直播等自媒体将继续保持高速增长，带动广告业保持两位数增长。旅行社业务有望逐步恢复，目前国家已经要求跨省旅游经营活动不再与风险区实施联动管理，北京市作为国内主要旅游目的地，有望迎来更多游客。房地产业有望扭转下降态势。首套个人住房公积金贷款利率下调等利好政策相继推出有利于激发刚需，换购住房个人所得税退税优惠、"连环单"并行办理等政策实施将提振二手房换新房的改善性需求，预计2023年房地产市场成交水平将有所回升。

（三）居民消费价格指数预计增长2.5%左右

根据近年CPI走势的规律分析，预计2023年翘尾因素约为1个百分点，新涨价因素约为1.5个百分点，北京市CPI同比涨幅在2.5%左右。一是输入性通胀压力有所缓解，主要经济体通胀水平预计较2022年下降，IMF预测2023年全球通胀有望由2022年的8.8%回落至6.5%左右。同时在欧美等经济体货币政策收紧环境中，投机炒作情绪降温，目前国际油价已基本回到俄乌冲突爆发前的水平，预计2023年价格中枢将下移。二是猪肉价格2023年的上涨压力小于2022年，生猪养殖周期大概10个月，2022年4月开始能繁母猪产能逐渐恢复，预计明年第二季度生猪价格将出现下降拐点。三是蔬菜、鸡蛋价格易受气候、季节、运输等因素影响，波动较大，食品价格不确定性较强。

总的来看，2023年产业端的恢复整体快于需求端，产业支撑由信息服务、金融等少数行业拉动转变为全行业恢复，消费需求对于线上消费的依赖有所减弱，实体消费提质放量，同时在全球通胀背景下，北京市依然能够保持相对温和的物价上涨，经济稳中提质的特征更加鲜明。

[北京市经济信息中心　奚　春]

之二：2022年天津市经济运行分析及2023年展望

2022年以来，国内外环境更趋复杂严峻，超预期突发因素增多，天津始终坚持完整、准确、全面贯彻新发展理念，笃定高质量发展不动摇，坚决落实稳经济各项政策措施，加强经济运行、重大项目、税源建设"三个条线"调度，着力稳住经济大盘，推动经济实现企稳回升，高质量发展韧性进一步增强。

一、2022年天津市经济运行分析

前三季度，天津地区生产总值11896.10亿元，按不变价格计算，同比增长1.0%，国民经济持续恢复向好，总体运行在合理区间。其中，第一产业增加值148.18亿元，同比增长3.0%；第二产业增加值4513.08亿元，同比增长0.2%；第三产业增加值7234.84亿元，同比增长1.3%。

（一）运行特征

1. 制造业立市步伐稳健

一是重点产业链运行平稳。坚持将产业链作为有力抓手，统筹推进各项工作。前三季度产业链增加值同比增长1.9%，快于规模以上工业1.7个百分点，其中信创、生物医药产业链分别同比增长14.3%、14.5%，1—8月利润分别同比高速增长36.5%、44.3%。二是先进制造企业引领突出。唯捷创芯、华海清科、海光信息3家集成电路企业成功上市，中芯国际大二期、力神电池新能源基地、联想创新产业园、麒麟软件等企业项目建设提速。三是数字化转型加快实现。积极推进"津产发"数字经济综合应用平台建设，在全国31个省（自治区、直辖市）2021年数字中国发展水平评估中，天津数字化发展水平居第七位。信息基础设施全国领先，建成5G基站超5万个，提前完成全年目标任务。成功举办第六届世界智能大会，为智能科技发展注入强劲动力。

2. 创新策源能力不断增强

一是科技创新能力持续提升。高教科技产业园建设方案设计和选址工作有序进行，海河实验室成功孵化中合基因等初创企业。关键核心技术攻关实现突破，"天河三号"百亿亿次超算、"神工"脑机交互系统等一批津版"独门绝技"填补空白。全社会研发投入强度达到3.66%，居全国第三位。二是新动能持续发展壮大。创新载体加快建设，制定实施科技企业孵化器高质量发展专项行动方案，新增12个国家级单项冠军企业（产品）进入公示，新增64家国家专精特新"小巨人"企业，新认定506家市级"专精特新"中小企业。三是创新体制机制日益完善。运用"揭榜挂帅"方式成功研制纯太阳能汽车"天津号"，促成12项高校科研成果落地示范应用。科技成果市场化转化加速进行，技术合同成交额超过700亿元。

3. "双中心"城市加快打造

一是消费回补潜力释放。积极培育建设国际消费中心城市，出台促进消费恢复提振19条措施。连续举办第二届"海河国际消费季""品质生活节"等一系列促消费活动，发放消费券3亿元，带动消费超过

41亿元。二是升级商品需求不断恢复。实施新增3.5万辆小客车增量指标、车辆购置税减半等政策，建成小区公共充电桩3500台，带动新能源汽车销售增长1.2倍；开展绿色节能家电、绿色建材下乡活动，家用电器和音像器材类销售同比增长12.8%。三是商贸中心城市加快建设。实施建设区域商贸中心城市行动方案，持续开展跨境贸易便利化专项行动，王兰庄国际商贸城入选国家市场采购贸易方式试点。天津港货物、集装箱吞吐量分别同比增长4.5%、4.7%，以每小时331自然箱的在泊船时效率再破全球纪录。

4. 新动能发展势头向好

一是新产业发展态势良好。高技术制造业增加值同比增长6.8%，快于全市规模以上工业6.6个百分点，占规模以上工业的14.1%；战略性新兴产业增加值同比增长0.4%，占规模以上工业的24.0%。二是线上零售新业态较为活跃。限额以上单位通过公共网络实现的商品零售额同比增长17.9%，比上半年加快2.1个百分点，占限额以上社会消费品零售总额的比重接近30%。三是投资结构不断改善。战略性新兴产业投资同比增长15.6%，其中新材料、节能环保、新一代信息技术等产业投资分别同比增长69.7%、30.3%、29.4%；高技术制造业投资同比增长8.8%，主要投向电子及通信设备制造业和医药制造业。房地产投资占比继续下降，经济发展对房地产的依赖度进一步降低。

5. 绿色低碳发展成效显著

一是"双碳"工作稳扎稳打。出台碳达峰实施方案，加快建立绿色低碳循环发展经济体系实施方案，"双碳""1+N"政策体系持续完善，碳市场交易管理不断健全，139家试点纳入企业全部完成碳配额清缴，履约率连续7年达到100%。二是"871"重大生态工程顺利推进。绿色生态屏障高标准建设，造林绿化工程新造林2600亩，生态路建设41.3千米，"一环十一园"天然植物园链建设全面启动。三是生态环境质量持续改善。242家企业完成涉VOCs低效治理设施升级改造，前三季度PM2.5平均浓度34微克/立方米，创历史最好水平；地表水国控断面优良水质占比58.3%，无劣V类水质。

6. 民生保障水平持续提升

一是就业形势总体平稳。推出"稳就业14条"措施，聚焦高校毕业生、农民工等重点群体实施针对性稳就业政策，新增就业29.9万人；城镇调查失业率稳步下降，第三季度为5.6%，比第二季度回落0.5个百分点。二是民生保障有力有效。全市居民人均可支配收入同比增长3.6%，比上半年加快0.2个百分点，农村居民收入增速持续领先城镇居民。主要农副产品价格稳定，前三季度CPI同比上涨2.0%，继续保持在合理区间。三是粮食安全根基牢固。"米袋子"安全丰盈，夏粮再获丰收，总产量73万吨，平均亩产410千克，再创历史新高；秋粮有序收获，粮食产量预计达到192.7万吨，全年丰收已成定局。

（二）存在的问题

1. 企业投资意愿不强

受疫情多点频发等因素影响，项目推动、审批及现场施工进展滞后，信贷投放进度不及预期，前三季度仅2月、4月、6月制造业PMI位于荣枯线以上，多数月份处于收缩区间，新出口订单指数7月以来均在荣枯线以下，海外市场需求放缓，不少外贸企业在手订单不足，企业生产经营承压，降杠杆意愿明显，投资信心不足，缺乏大项目、好项目。

2. 消费市场复苏乏力

前三季度，社会消费品零售总额同比下降3.2%，低于全国平均水平3.9个百分点，持续处于下行区间。重点商品种类较为单一，汽车、服装、家电类零售额占比较高但增速缓慢，结构优化仍需发力，分散化的农村消费市场仍有待开发。疫情频发给线下消费市场带来反复冲击，实体零售面临困境，市场消费复苏艰难。

3. 房地产市场持续低迷

随着"因城施策"政策持续深化，9月，天津楼市一系列政策红利集中释放，有力激发了房地产市场活力，但整体来看，房地产开发投资和销售仍处下行区间，前三季度全市房地产开发投资同比下降21.1%，新建商品房销售面积同比下降33.9%，新建商品房销售额同比下降37.6%。

（三）2022年预测

前三季度，天津市经济稳中有升、趋势向好，但恢复态势仍不稳固，部分行业增长未达预期，对标全年目标任务和全国发展形势，经济运行压力巨大。预计2022年，天津地区生产总值将增长2%左右，规模以上工业增加值增长1%左右，固定资产投资有望持平，社会消费品零售总额降幅在4%以内，居民消费价格指数增长2.5%左右。

二、2023年经济运行的环境及因素分析

2023年，经济增长面临的外部环境依旧严峻复杂，预计天津经济增速缓慢回升，经济恢复发展呈现不平衡、不充分态势。

（一）经济增长的外部环境复杂多变

当前，全球经济呈现高通胀、高债务、高利率、低增长的滞胀态势，俄乌冲突持续、能源危机严峻，欧美等发达经济体衰退预期不断走强，国际环境愈加复杂严峻，不稳定性不确定性明显增加，全球经济下行压力加大，外部形势不容乐观。新冠变异株仍在全球蔓延，疫情走势错综复杂，对经济发展的影响将持续存在，国际货币基金组织已下调2023年全球经济增速预期至2.7%，在一系列风险挑战和超预期冲击影响下，相关产业、企业的恢复进程受阻，给经济平稳运行带来严峻挑战。

（二）疫情持续影响全市需求恢复

受新冠肺炎疫情的多轮冲击，投资、消费降幅依然较大，下降态势短期内难以扭转，部分重点项目开工迟缓，在建项目进度不及预期，储备项目不足，房地产投资持续低迷，民间投资信心仍显不足。疫情持续反复导致居民预期不够乐观，家庭储蓄动机强烈、消费意愿低迷，2022年以来社会消费品零售总额持续处于下行区间，消费意愿恢复或需更长时间，服装、家电等重点商品消费仍将延续偏弱态势。受海外疫情和经济形势影响，海外需求持续萎缩，传统市场和新兴市场呈现同步下滑走势，外贸稳增长存在较大压力。

（三）动能转换提升发展质效水平

不论外部发展环境如何变化，天津始终保持战略定力和历史耐心，坚持把经济发展的战略重点转到拼质量、拼效益、拼结构、拼绿色度上来，全力推动产业结构向高端迈进，聚焦制造业立市战略，以产业链为核心抓手，着力推动强链补链，逐步完善产业生态。2022年以来，高技术制造业增加值始终保持高于规模以上工业的较快增长，航空航天、信创、集成电路产业链等表现亮眼，高技术产业投资增长较快，为产业后续发展打下坚实基础，预计2023年高技术制造业、战略性新兴产业等新动能将继续保持良好发展势头，对经济发展的支撑作用进一步显现。

（四）经济增长势头逐步企稳回升

2022年以来，在一系列超预期突发因素冲击下，全市经济恢复发展的良好势头被阻断，中小微企业

和个体工商户等市场主体的生产经营受到严重影响，经济下行压力加大，为帮助市场主体渡过难关，天津陆续出台了"助企纾困15条""稳经济35条""接续措施26条"等各项政策举措。从宏观经济景气指标来看，主要经济指标逐季向好，说明政策效应开始逐步显现，有力阻滞了经济下行趋势。同时，2022年经济的低位增长，将对2023年经济形成低基数效应，一定程度上会减轻其经济增长压力。总体来看，预计2023年，天津经济运行趋势将企稳回升。

三、2023年趋势展望及主要指标预测

采用国家统计局、天津统计局等宏观经济数据，综合考虑时间序列分析法、生产函数法、其他经济理论或经济结构分析方法结果，对2023年主要经济指标情况进行了预测，提供了在95%的置信水平下的组合区间预测值，并按照中性预期、乐观预期、悲观预期三种情况给出预测结果。

（一）中性情景预测（较大概率）

未来一段时间，全球经济进入调整期，国际紧张局势一定程度上得到缓解，国内高效统筹疫情防控和经济社会发展。天津市按照"疫情要防住、经济要稳住、发展要安全"的要求，贯彻中央各项宏观调控政策，加力落实稳经济一揽子政策和接续政策措施，经济运行保持在合理区间，主要经济指标平稳、向好、转优。这是一种较为中性的且存在较大概率发生的可能性的情景，预测结果如下。

表1 中性情景下天津市主要经济指标预测

预测指标	预测值
地区生产总值增速/%	[3.7, 4.5]
固定资产投资增速/%	[5.5, 6.4]
社会消费品零售总额增速/%	[4.7, 5.5]
一般公共收入增速/%	[1.9, 2.0]
居民消费价格指数（CPI）	[103.1, 103.7]
居民可支配收入增速/%	[4.1, 4.9]

（二）乐观情景预测（小概率）

2022年，全球疫情防控形势好转，国内疫情防控全面胜利，各地区生产生活秩序或摆脱疫情冲击影响。天津市经济运行上呈现了稳定增长、质效提升的良好态势，新动能发展态势良好，高质量发展步伐坚实稳固，经济社会发展处于快速增长轨道上。这是一种乐观且小概率可能发生的情景，预测结果如下。

表2 乐观情景下天津市主要经济指标预测

预测指标	预测值
地区生产总值增速/%	[5.0, 5.9]
固定资产投资增速/%	[6.2, 7.2]
社会消费品零售总额增速/%	[5.7, 6.3]
一般公共收入增速/%	[4.4, 5.1]
居民消费价格指数（CPI）	[103.1, 103.7]
居民可支配收入增速/%	[5.4, 6.2]

（三）悲观情景预测（小概率）

2023年，在能源价格高企、利率上升以及战争引起的混乱的重压之下，全球经济进入衰退，国际冲突局势升级，防治疫情境外输入压力持续加大。天津市经济同比增速有所放缓，投资、消费内需不振，市场主体信心不足，经济发展处于低水平增长区间。这是一种悲观且小概率可能发生的情景，预测结果如下。

表3 悲观情景下天津主要经济指标预测

预测指标	预测值
地区生产总值增速/%	[1.1, 2.0]
固定资产投资增速/%	[3.8, 4.7]
社会消费品零售总额增速/%	[3.3, 4.1]
一般公共收入增速/%	[0.7, 1.5]
居民消费价格指数（CPI）	[103.9, 104.5]
居民可支配收入增速/%	[2.1, 3.2]

四、政策调控措施建议

为更好完成全年经济发展目标，做好2023年经济发展工作，要坚持以党的二十大精神鼓舞昂扬斗志，以构建新发展格局推动经济实现质的有效提升和量的合理增长，以过硬举措巩固高质量发展态势，统筹疫情防控和经济社会发展，全力稳增长、抓项目、保民生，推动经济恢复向好发展。

（一）稳经济保运行，全力做好企业精准服务

一是有效扩大稳经济政策效应。全面落实"接续措施26条"，围绕落实国家宏观政策、扩大有效需求、稳住市场主体、兜牢民生底线等方面，与"稳经济35条"形成最大组合效应。二是提升经济运行调度实效。持续强化经济运行、财税运行、重大项目"三个条线"调度，聚焦企业高质量运营、项目有效推进、行业健康发展等，深谋细化管用举措，推动运行实现最好效果。三是强化企业精准服务。深入开展"双万双服促发展"活动，健全可持续的为企服务机制，扎实做好"支前"工作，切实解决企业生产经营实际问题。

（二）促疏解强合作，深入推进京津冀协同发展

一是提升承接北京非首都功能疏解水平。持续深化部市、院市、校市、企市合作，强化靠前招商、政策保障、督导问效等落实措施，精准引进新一批优质项目落地。二是深化"一基地三区"功能定位。大力争取汽车芯片、高端医疗器械等区域产业链关键环节来津布局，高标准建设世界一流智慧绿色港口，加快组建环渤海港口联盟。三是持续打造"双城"发展格局。更好发挥"津城"公共服务优势，加快补齐"滨城"基础设施和公共服务短板，推动形成"双城"交通互联、产业互促、优势互补的协调发展格局。

（三）夯基础抓创新，深入实施制造业立市战略

一是加力打好重点产业链攻坚战。实施产业链现代化攻坚行动，持续抓好产业链供应链保通保畅，动态调整重点企业"白名单"制度，做实上下游撮合对接。二是强化科技创新赋能。高水平推进新一代超级计算机等重大平台建设，整合多方资源完善本市国家重点实验室重组方案；大力培育发展新动能，

推动全市国家高新技术企业、国家科技型中小企业均突破1万家。三是加快制造业数字化转型。加紧启动"津产发"数字经济综合应用平台建设，创建智能工厂和数字化车间，打造工业大数据应用试点产业。

（四）抓项目促投资，蓄势赋能高质量发展

一是加快重大项目开工建设。落实以函代证、承诺审批等方式办理重点项目用地、环评手续，充分利用政策性开发性金融政策工具以及专项再贷款、财政贴息等政策，加快推进制造业、服务业等领域设备更新改造。二是强化项目谋划储备。推动各区与专业咨询机构形成谋划项目合力，切实提高新增谋划储备项目投资水平，适时精选展示引领性项目，提振企业投资信心。三是多途径撬动社会资本。建立完善向民间资本推介项目长效机制，支持社会资本参与基础设施REITs试点，充分发挥政府性投资引导作用，吸引社会资本参与项目建设。

（五）增活力扩消费，着力打造"双中心"城市

一是加力建设国际消费中心城市。深入落实各项促进消费恢复提振的政策举措，更好发挥海河国际消费季的引领作用，扩大汽车消费，促进家电消费，推动消费新业态新模式发展。二是全面推进区域商贸中心城市建设。建成投用国家会展中心二期工程，引育更多国内外知名展会，发挥王兰庄国际商贸城纳入国家新一批市场采购贸易方式试点作用，推动形成商贸资源配置高地。三是全力稳住外贸外资大盘。制定支持企业开拓国际市场便利化政策，推广"临境式代参展"数字化境外参展方式争取订单，建设市场采购贸易方式试点，形成出口新增量。

（六）护生态保民生，加快推动绿色低碳发展

一是扎实推进"双碳"工作。落实天津市碳达峰实施方案，加快推进"双碳"政策体系编制衔接，完善能耗"双控"制度，稳妥有序推动燃煤锅炉改燃并网、自备燃煤机组改燃关停工作。二是推动产业绿色创新发展。以绿色低碳发展的市场需求引领技术创新，加速发展绿色低碳产业技术，加快对传统落后产能的"减量替代"，打造高质量"双碳环保产业链"。三是持续提升生态环境质量。加快推进"871"重大生态保护修复工程，系统推进造林绿化、水网连通、水生态环境治理、交通路网建设，加力可再生能源项目建设。

[天津市经济发展研究院　丁绪晨　魏泳博]

之三：2022年上海市经济运行分析及2023年展望

2022年以来，面对复杂严峻的外部环境和新冠肺炎疫情的超预期冲击，上海市坚持稳中求进工作基调，按照"疫情要防住、经济要稳住、发展要安全"的要求，高效统筹疫情防控和经济社会发展，上海经济顶住疫情冲击，实现超预期反弹，第三季度经济恢复向好，明显好于上半年，主要经济指标明显改善，总体运行处于修复轨道。2023年，面对更加严峻的外部形势，上海要继续强化内生动能，加快推动经济由非常态向常态化水平回归。

一、2022年上海市经济形势分析

面对突如其来的疫情，上海高效统筹疫情防控和经济社会发展，经济运行经受住了疫情冲击，前三季度实现"V"形反转，除了短期因素支撑，更重要的是背后长期结构性动能发力，包括创新驱动转型、城市功能提升、开放经济引领、国家战略承载等方面的前期布局，已显现出强大的发展效应，成为当前经济韧性的坚实基础。

（一）总体实现"V"形反转

2022年以来，面对前所未有的疫情冲击，上海经济稳住了基本盘。在经历了1—2月平稳开局、3月波动下滑、4—5月深度回落、6月快速反弹之后，第三季度实现了"V"形反转，GDP同比增长6.7%，表现好于预期、好于全国（增长3.9%）、好于疫情前（2019年6%，2020—2021年两年平均4.8%），显示出较强的发展韧性，其中第三季度工业增加值同比增长14.2%，贡献了当季GDP增长的77.8%，占全市GDP比重80%的大部分行业实现正增长。这一反转的背后，除了疫后经济自然反弹回补等短期因素外，更重要的是上海长期坚持创新转型前瞻布局显现出成效，增长动能已经发生巨大变化，长期积累的优势长板成了稳增长的主力担当，多元经济动力结构合理健康。

一是产业新动能快速成长。上海长期深耕新兴领域，前瞻布局产业大项目、着力培育新动能，尤其是2016年以来，工业投资扭转下滑势头，连续快速增长，新兴产业领域大项目陆续投产，如新能源汽车领域的特斯拉超级工厂、集成电路、高端装备等。投资优化带动动力转换，新兴动能发展显出成效，战略性新兴产业占规模以上工业总产值比重从2015年的26%上升至2022年前三季度的42.5%，2022年前三季度工业战略性新兴产业产值同比增长7.2%，集成电路、生物医药、人工智能三大产业总产值同比增长11.9%，均大幅快于工业总产值-2.7%的增速。2014年起成套设备产值规模超越石化及精细化工，2017年起新一代信息技术产业成为规模最大的战略性新兴产业，2018年起生物医药产值规模超过精品钢材，新能源汽车从无到有快速成长，2020年、2021年分别增长1.7倍、1.9倍，2022年前三季度特斯拉产值贡献了汽车制造产值增长的80.4%。

二是功能性服务业坚实支撑。疫情期间，金融、信息服务增长始终保持稳定，是上海经济稳增长的中流砥柱，前三季度金融、信息服务增加值分别同比增长6.2%、6%，分别快于GDP增速7.6个、7.4个百分点，占GDP比重进一步提升至20.3%、8.4%（2011年分别为11.9%、4.0%），稳定支撑的背后是

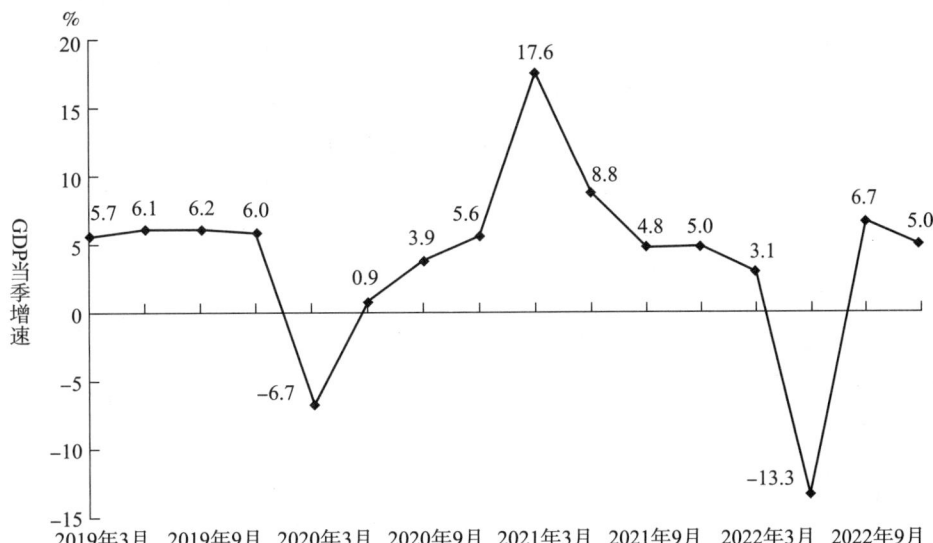

图 1　2019 年以来上海市 GDP 当季增速

注：2022 年第四季度为预测值。

上海城市功能提升和数字化转型等战略发展效应的显现，通过多年的发展，上海"五个中心"建设取得重大进展，金融业增加值占 GDP 比重自 2015 年起超过批发零售，成为规模最大的服务业；在上海全面数字化转型的过程中，无论是与生活消费关系紧密的在线新经济领域，还是支撑传统行业转型升级的产业互联网，机遇都被充分激活和放大，信息服务业领跑 GDP 增长十余年。

三是开放型经济凸显韧性。上海长期坚持开放引领，已牢牢嵌入全球价值链的中高端环节，出口产品结构持续升级，总部经济功能不断强化，国内大循环中心节点、双循环战略链接发展效应显现，特别是疫情期间，其凭借强大的产业链优势在全球范围内赢得时间差，外贸外资均保持强劲增势，第三季度出口同比增长 27.7%，连续 3 个月保持 20% 以上；实际使用外资增长 11.3%，9 月当月大幅增长 36.7%；2020—2021 上海进出口总额平均增长 9.2%，实到外资平均增长 8.8%；跨国公司地区总部和外资研发中心不断集聚，2016 年以来，上海跨国公司地区总部、外资研发中心分别以平均每年 49 家、18 家的速度增加。

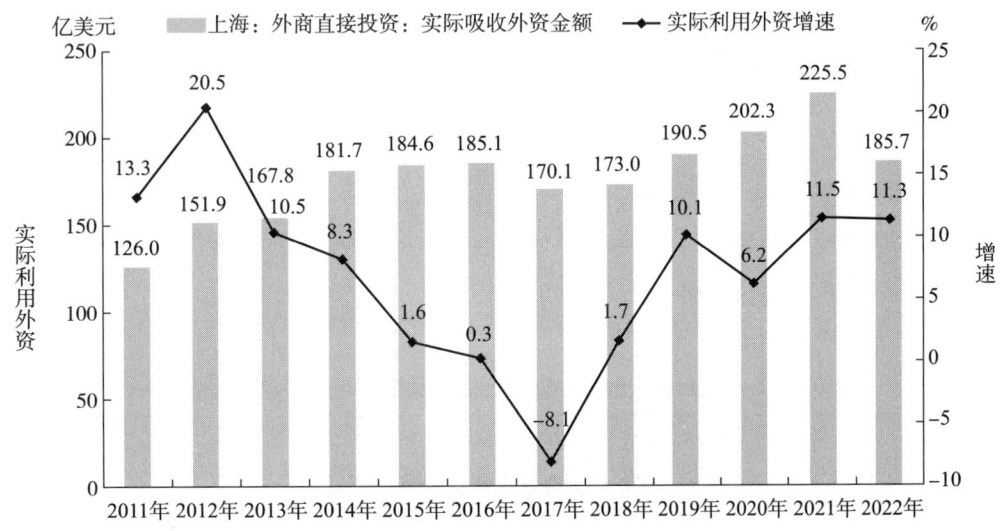

图 2　2011—2022 年上海实际利用外资发展情况

注：2022 年为前三季度数据。

四是区域增长极强力拉动。上海围绕国家战略实施，打造社会主义现代化建设引领区，强化临港新片区、张江科学城、"五大新城"等重点区域对全市经济增长的带动作用，经过多年孕育，若干战略区域已开始显现出强大的发展成效，前三季度浦东新区经济增速高于全市 2 个百分点以上，是少数几个增速转正的区之一，对全市经济贡献率近四成，其中临港新片区跑出加速度，固定资产投资、规模以上工业总产值、税收分别同比增长 42.6%、35% 和 28.2%。近十年来，浦东新区已成为上海经济当仁不让的"压舱石""稳定器"和动力源，占全市 GDP 比重从 2011 年的 28.6% 提高到 2021 年的 35.5%。

（二）动力恢复不同步

疫情打乱了常态化增长轨迹，经济增长短期逻辑发生变化，2020 年以来上海经济增速大幅波动，严重偏离正常轨迹，呈现出显著的"非常态"特征，形成了"非均衡"的增长动力结构，特别是 2022 年以来更为明显，主要体现为三个"不同步"。

一是产业恢复不同步。主要表现为工业、服务业之间不同步，以及工业、服务业内部细分领域明显分化。工业受疫情严重冲击后快速恢复，工业增加值第二季度增长-27.4%，第三季度增长 14.2%，前三季度增长-3.5%，降幅较上半年收窄 9.8 个百分点。细分领域走势分化，其中汽车制造、电子信息、电气机械对规模以上工业产值贡献最大，3 个行业合计贡献了 60.7%（分别贡献了 24.4%、22.5%、13.8%）；通用设备、专用设备、烟草、医药等 4 个行业对规模以上工业产值贡献介于 4%~7%，合计贡献了 21.7%；而石油加工则是最大的下拉因素，对规模以上工业产值增长的贡献为-5.9%。服务业反弹幅度也相对较低，第二季度增加值同比增长-8.7%，第三季度增长 4.4%，前三季度增长-0.5%，降幅较上半年收窄 2.6 个百分点。服务业内部各领域受疫情影响程度及疫后恢复程度也各不相同，其中金融、信息服务业受疫情影响较小，保持稳定支撑，全年各季度增速均保持正增长；而旅游、交通运输等流量型行业受疫情影响大尚未恢复，在疫情阴影下艰难运行，前三季度交通运输增长-8.5%，国际旅游入境人次同比增长-45%；接触性服务业恢复程度低，前三季度住宿餐饮业增长-18.8%，在遭受上一轮疫情重创且尚未恢复的基础上再遭重击（2020—2021 年平均增长-4.1%）。总体看，产业分化不仅是疫后恢复规律使然，还有行业周期发生变化的原因。

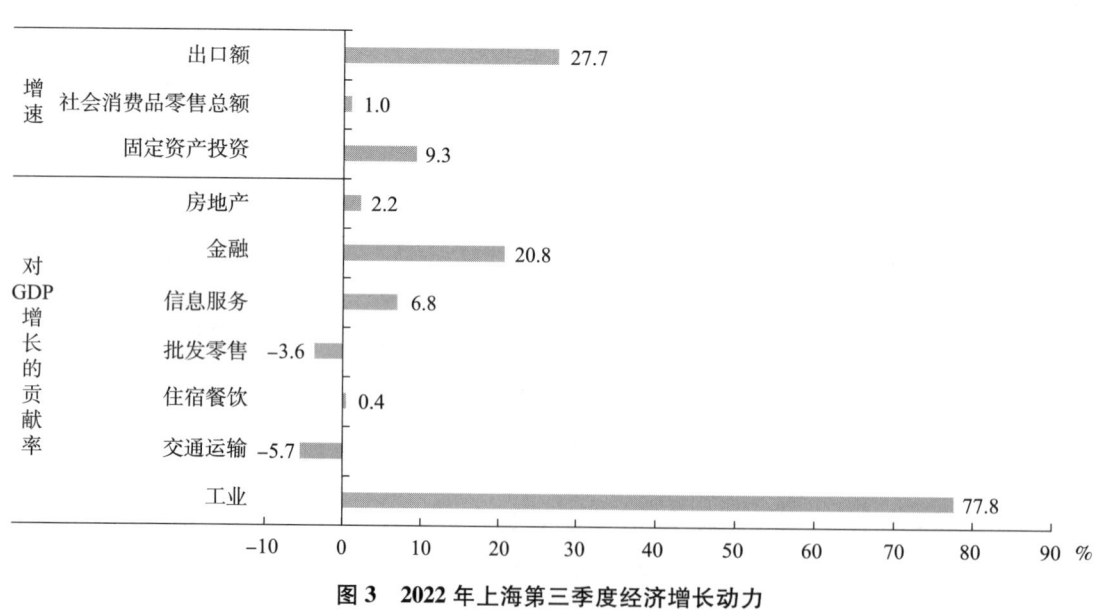

图 3　2022 年上海第三季度经济增长动力

二是需求拉动不同步。需求侧动力整体呈现外需恢复快于内需、投资恢复快于消费的特点，各领域内部也发生分化。第三季度，全社会固定资产投资增长 9.3%，而社会消费品零售总额仅增长 1%；前三季度分别增长-8.6%、-10.7%，均低于出口增速。主要是疫情导致企业、居民预期紊乱，信心不足，抑制投资、消费增长。民间投资活力明显减弱，前三季度个体私营经济投资增长-12.1%，低于国有经济投资增速的-6.5%。汽车消费一枝独秀，第三季度汽车零售额同比增长32.3%，其中9月同比增长40.1%；网络购物交易额仍保持增长（9月当月同比增长11.9%，1—9月同比增长3.1%）；但可选消费、服务性消费恢复较为缓慢，9月通信器材、家用电器、建筑及装潢材料分别同比增长-19.7%、-19.4%、-49%，9月、10月日均电影票房较上年同期大幅回落，分别同比增长-46.2%、-74.4%。消费是经济发展中的"慢变量"，除疫情影响外，还受收入分配机制、房地产结构调整等长期因素制约，需求收缩问题已持续多年，改善需要久久为功，逐步消化。

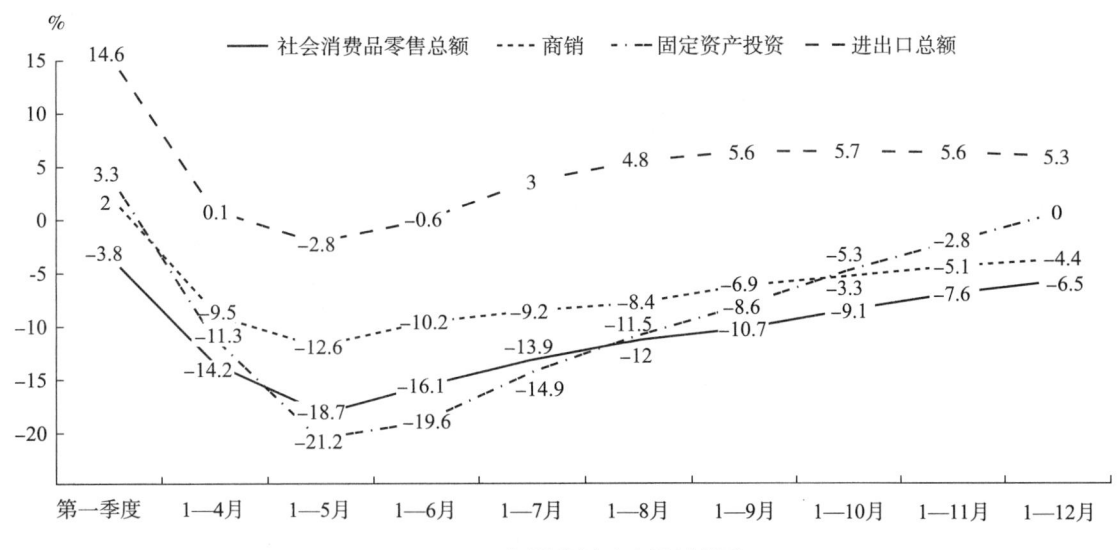

图4　2022年需求侧动力累计增速

注：10—12月为预测值。

三是主体修复不同步。不同规模企业修复程度差异显著，上下游企业受价格影响效益明显分化。中小企业恢复明显弱于大型企业，元气恢复仍需一定时间，1—9月上海大型规模以上工业企业产值增速已回正，同比增长4.9%，远高于中型、小型企业（分别为-3.4%、-10.1%）；中小企业PMI低于大型企业（10月全国大、中、小型企业PMI分别为50.1、48.9、48.2）。上下游不同产业链环节的企业效益冰火两重天，截至9月，上海工业生产者购进价格指数（PPIRM）已连续21个月高于工业生产者出厂价格指数（PPI），对下游工业企业造成巨大成本压力。前三季度，除石油天然气开采业（利润增长3.8倍）、有色金属冶炼加工（52.7%）、黑色金属冶炼加工（7.7%）、化学纤维制造（5.3%）、烟草制品（15.2%）、电子信息（19.6%）等少数行业外，其他大部分行业企业利润同比下降，且多个行业降幅较大。

二、2023年经济运行环境分析

（一）国际环境更趋严峻复杂

2022年下半年以来，全球经济逐步转弱，经济呈现"三高一低"新态势（即高通胀、高利率、高风险、低增长），不稳定不确定性仍较高。在美联储超预期加息、俄乌冲突持久化、欧俄能源硬脱钩、对中科技封锁加剧等背景下，预计2023年国际环境持续复杂严峻，国内经济"风险大于机遇"，外部动能将继续放缓，重点关注三重风险。

一是疫情仍在全球蔓延。疫情的回升或与包含BQ.1在内的多种逃逸能力更强的变异毒株快速传播有关，全球 BQ.1 感染占比快速上升。根据 GISAID 的最新数据，截至 10 月 24 日，欧洲感染 BQ.1 的比例快速上升，其中法国 BQ.1 感染占比已上升到了 28.7%，英国、西班牙和意大利分别为 19.8%、13.5% 和 8.5%。美国 CDC 新冠检测数据显示，近期奥密克戎变异株 BQ.1 与其亚系 BQ.1.1 也在美国持续传播，截至 10 月 29 日，两者在主要毒株中的占比之和已经上升至 27.1%。

二是全球经济衰退风险继续上升。在俄乌冲突持续、流动性加快收紧、中美利差收敛、金融市场动荡等多重因素影响下，全球经济正逐步陷入停滞。综合国际权威机构最新预测，2023 年全球经济增速将进一步放缓至 2%~3%。IMF 指出 2023 年全球 1/3 的国家将发生经济萎缩，美国、中国、欧元区将继续处于增长停滞状态。2022 年 10 月摩根大通全球制造业 PMI 指数录得 49.4，延续 2021 年下半年以来的回落态势，连续两个月落入收缩区间。经济压力下明年全球贸易将明显转弱，WTO 预测 2022 年全球商品贸易量增长 3.5%（较前次预测上调 0.5 个百分点），但 2023 年仅增长 1.0%，远低于此前估计的 3.4%。

表 1 权威机构对 2022 年、2023 年全球及主要经济体经济增长的预测

机构名称	IMF		OECD	
预测时间	2022 年 10 月		2022 年 9 月	
预测年度	2022 年/%	2023 年/%	2022 年/%	2023 年/%
世界	3.2-	2.7↓	3.0-	2.2↓
美国	1.6↓	1.0-	1.5↓	0.5↓
日本	1.7-	1.6↓	1.6↓	1.4↓
欧元区	3.1↑	0.5↓	3.1↑	0.3↓
中国	3.2↓	4.4↓	3.2↓	4.7↓
印度	6.8↓	6.1↓	6.9↓	5.7↓

注：箭头为较机构上一次预测值变动情况，"-"为与上次预测持平。

数据来源：IMF 2022 年 10 月《世界经济展望》；OECD 2022 年 9 月《中期经济展望》。

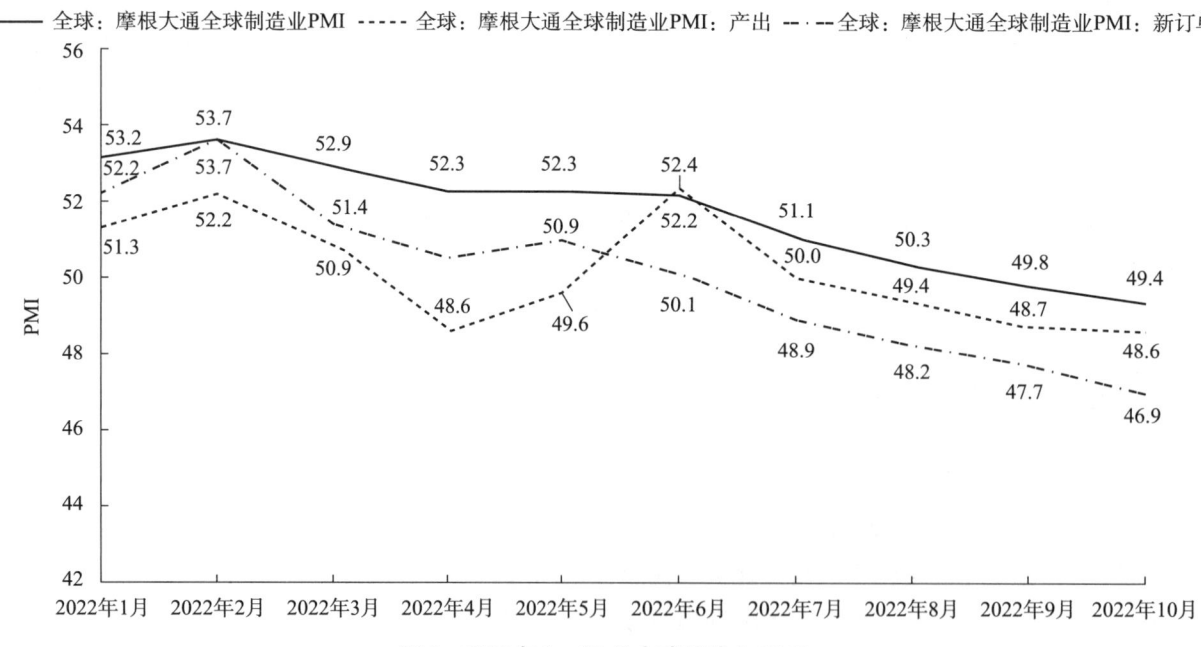

图 5 2022 年 1—10 月全球制造业 PMI

数据来源：Wind 资讯。

三是货币紧缩周期仍将持续。通胀与加息或将继续贯穿2023年。截至11月初，美联储连续四次加息75个基点，年内累计加息375个基点，但9月美国CPI仍维持在8.2%高位，已连续8个月高于8%，通胀缓解并不显著；10月欧元区通胀率达10.7%，连续十二个月创历史新高，即使欧央行已三度加息，但能源危机给通胀提供了更持久的动力。IMF最新报告中指出通胀可能比预期的更持久，预计2022年最高将达到9.5%，而后于2024年降至4.1%。美国之外的经济体被动加息风险攀升，美联储大幅加息助推美元指数创20年新高（美元指数从2021年6月的89.84升至2022年10月的112.52，增长率达到25.2%），以欧元（贬值超15%）、英镑（贬值超20%）、日元（贬值约26%）为代表的非美货币大幅贬值，贬值幅度基本与美元同频共振。人民币汇率阶段性承压（人民币兑美元从3月至9月贬值13%），不过在国内保价稳供举措下，较好抵御了输入性通胀影响，但随着国际货币政策持续紧缩，不排除出现汇率波动、外资流出、资本市场动荡等风险。

（二）国内挑战与机遇并存

前三季度全国GDP同比增长3.0%，比上半年加快0.5个百分点；其中第三季度GDP同比增长3.9%，比第二季度加快3.5个百分点。在欧美出现严重滞胀、宏观经济政策处于全面快速逆转的背景下，中国经济表现亮眼。尤其是在全球贸易大幅下滑时，中国出口增速还保持着相对强劲的态势，展现出中国制造的全球竞争力。前三季度我国汽车出口同比增长67.1%，表现亮眼，其中新能源汽车异军突起，出口38.9万辆，同比增长超过1倍。另外，高技术产品出口和投资也大幅度上扬。但受本土疫情多点散发等因素影响，消费数据放缓。9月，全国社会消费品零售总额同比增长2.5%，增速比8月回落2.9个百分点。其中，商品零售增长3%，增速比8月回落2.1个百分点。旅游、餐饮及娱乐等行业受到疫情散发的影响，餐饮收入增长-1.7%（8月增长为8.4%）。此外，房地产深度回落，导致与房地产相关的消费，比如家具、装潢材料等都出现大幅下跌。

展望2023年，国内疫情多轮冲击叠加需求收缩、供给冲击、预期转弱三重压力，经济恢复重振的内生动力或偏弱，存在较大不确定性。由于全球贸易回落、中国房地产业大幅放缓等因素影响，IMF在其10月发布的《世界经济展望》中认为，中国经济增长面临下行风险，下调2022年中国经济增速至3.2%（前值3.3%），2023年至4.4%（前值4.6%）。主要面临的挑战有以下几个方面。

一是市场预期仍然偏弱。疫情严重打击市场主体对未来收入预期，企业投资意愿不强。从统计局PMI数据来看，10月制造业、服务业景气水平同步回落，中国经济复苏动能趋弱。特别是，中型、小型企业PMI长期处于收缩区间，不仅体现出相比大型企业的生产经营压力更大，发展预期与信心持续较弱，也体现出市场有效需求不足。

二是居民消费能力和消费倾向双降。国内各省份疫情此起彼伏，波及范围几乎遍布全国，就短期冲击后的回弹形势而言，疫后消费恢复的内在动力可能尚不如2020年。收入预期不稳、就业形势严峻都致使消费倾向低位徘徊，而2021年疫后恢复中表现比较好的高端消费、境外消费回流红利等支撑也将减弱，本轮疫后消费复苏可能需要更长的时间。当前消费有所改善但复苏势头正在放缓。前三季度，全国社会消费品零售总额320305亿元，同比增长0.7%，增速较上半年回升1.4个百分点，显示消费已从底部回升；9月单月实现社会商品零售总额37745亿元，同比增长2.5%，增速较上月下降2.9个百分点，除汽车以外增长1.2%。

三是行业下行周期与疫情冲击共振。国内疫情边际升温，对制造业的生产和需求两端再度形成扰动，劳动密集型产品外需回落。受市场调控、行业规范等政策影响，房地产、教育培训、文化影视、网络游戏等领域处于行业调整的下行周期，或难以发挥2020年疫后经济支撑作用。地产维持低迷表现，投资、

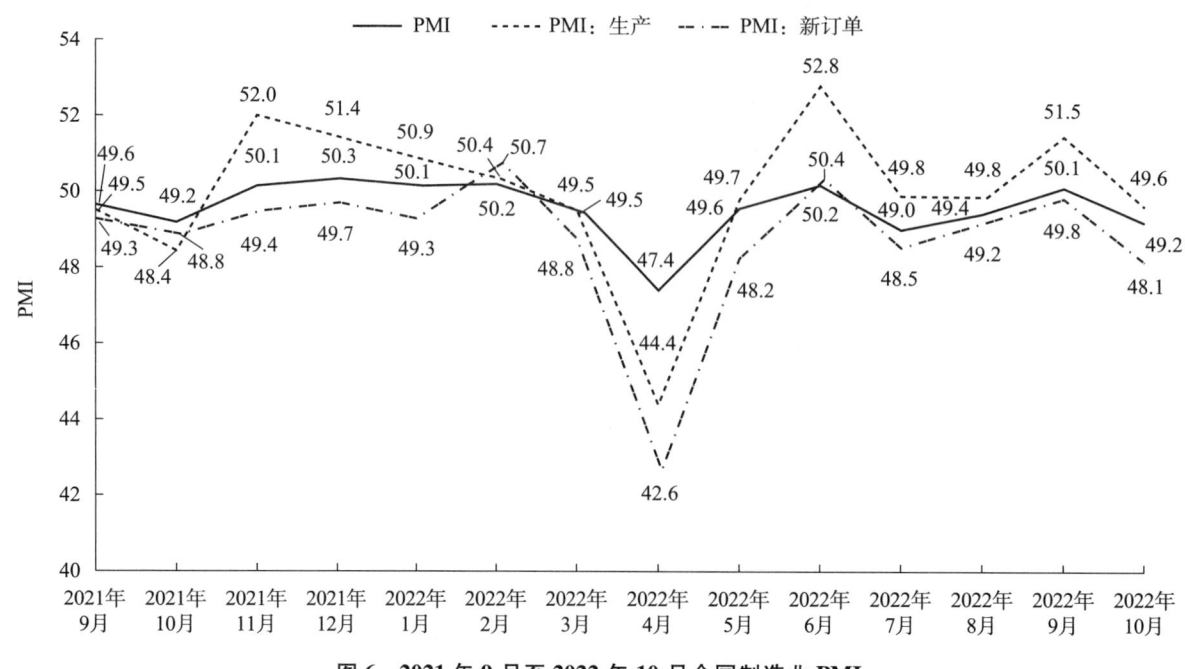

图6　2021年9月至2022年10月全国制造业PMI

数据来源：国家统计局。

销售等主要指标继续承压。前三季度，全国房地产开发投资103559亿元，同比降幅扩大至8%。商品房销售面积101422万平方米，同比下降22.2%。不过值得关注的是，前期政策效应显现，9月单月指标出现边际改善（房地产开发投资环比增长12%，同比降幅收窄1.7个百分点；商品房面积环比上升39%，同比降幅较8月收窄6.5个百分点），但后续市场表现还需观察。若房地产市场持续疲软或将进一步刺激房企现金流恶化爆雷，并拖累上下游地产相关消费表现。

但要看到，在全球经济下行的大背景下，中国仍然是世界上最大的增长引擎，经济增长仍有一定支撑，主要有三大窗口期。

一是外需窗口期。尽管2020年以来的外需超预期支撑逐渐转弱，进出口增速、海运价格、大宗商品价格等指标较快回落，但进一步剖析出口构成与边际变化，发现上海外贸存在结构性新亮点：新能源相关产品和汽车出口热度有望延续。中国汽车产业链韧性凸显，汽车出口呈现爆发式增长，其中新能源车是中国汽车出口的核心增长点，2021年中国的新能源汽车出口占全球的1/3，是全球第一大新能源汽车出口国。上海依托上汽乘用车和特斯拉中国等企业，成为新能源汽车出口主阵地，8月上海新能源汽车出口值占全国同期总值的六成以上，出口优势地位和引领效应进一步凸显。东盟对上海出口的拉动提升。当前经贸格局下越南等东南亚国家在全球供应链中的重要性不断提升，外贸复苏不断加快，但由于这些国家现阶段的供应链尚不完善，且与上海和中国产业链存在一定的互补关系，将为相关元器件等中间品出口提供广阔的市场。上海先进制造业优势明显，通过辐射联通东盟地区，有望强化东盟对全市进出口的持续提升作用，9月对东盟进出口增长46%。外贸新业态蓬勃发展。在自贸区及新片区等制度创新引领下，上海跨境电商、离岸贸易、国际分拨中心等贸易新业态呈蓬勃发展之势，2023年有望继续提供新增量。近年来，上海物流企业、跨境电商企业等积极布局海外仓，目前累计达到110个，前三季度全市跨境电商进出口同比增长64.6%；离岸经贸业务企业名单扩展至573家，前三季度自由贸易账户项下离岸经贸业务规模319.3亿元，同比增长137.8%。新评定60家国际分拨中心示范企业，累计达到100家，占全市进出口的16%。

二是行业窗口期。新能源汽车、高端装备制造（船舶、大型客机等）、半导体及集成电路等行业处于新一轮上升周期。新能源汽车进入快速发展新阶段，逐步脱离补贴实现独立发展。1—9月全国新能源汽车产销分别完成471.7万辆和456.7万辆，分别同比增长1.2倍和1.1倍，市场占有率达到23.5%。上海1—8月新能源汽车产值同比大幅增长63%，主要企业中，特斯拉实现产值1026亿元，同比增长48.9%，8月产销均为7.7万辆，再创新高；上汽集团1—9月新能源车产销分别同比增长55.0%和45.9%。高端装备制造取得新突破，加快迈向全球市场。5月，中国商飞自主研制生产的大型客机C919完成飞行实验，并将于2022年投入市场，有望打破欧美垄断格局（波音、空客占据全球43%、45%的民航市场）。据统计，自立项以来，C919已获得来自全球的570架订单，随着国际社会对疫情敏感度逐渐降低，航空产业也将迎来复苏（8月全球航空客运量恢复至新冠肺炎疫情暴发前的73.7%）。欧洲能源海运需求上升带动船舶制造出现阶段性增长。中国2021年船舶制造在手订单当量同比增长19.7%（全球12.2%），为2014年以来首次两位数增长，截至2022年10月仍保持11.1%的较快增长，且中国占全球份额攀升至历史高点42.7%（此前最高为2011年的41.4%）。芯片国产化进程进一步提速，行业增长空间仍旧广阔。虽然光刻机等高精设备与高性能芯片领域仍受到美国制裁，但成熟制程的半导体设备和半导体零部件的产业机会却也因此强化，在智能汽车、人工智能、物联网、5G通信等领域发展带动下，行业将继续保持快速增长。据IC Insights数据，2021年中国IC产值仅占全市场规模的16.7%，到2026年，预计国产比例将提升至21.2%，国产替代潜在规模超过1500亿美元。上海芯片制造企业总体保持了良好增势，另外，包括国芯科技、复旦微电、中来股份、海光信息、通威股份等多家半导体上市企业实现前三季度净利润同比翻番。

三是政策窗口期。相较于欧、美等国，我国经济体量大、韧性强、运行稳，且前期政策总体谨慎克制，当前政策空间仍较为充足，2023年经济稳增长政策将接续发力：从助企纾困到重塑预期，对企支持政策转型调整加速。疫情冲击以来，国家财政、货币等宏观政策协同配合，加大助企纾困力度，对企业减税降费，加大信贷投放，有效降低了企业运行成本，使企业在危机中得以"存活"；"523"国常会稳增长加码，继续支持总需求扩张和改善市场主体预期，进一步降息、稳定监管政策预期、给市场留下充分的摸索和试错空间等政策接续将为市场改善提供持续利好，让企业重新"活跃"。行业政策优化助力相关领域发展提速。如在"双碳"目标下绿色产业在中国经济中的比重上升，碳减排支持工具等结构性政策工具将持续发挥效应，日前央行公布的2022年三季度末绿色贷款数据显示，2022年第三季度我国绿色贷款持续保持高速增长；房地产、教育、平台经济等行业政策纠偏效应持续释放，如近期房地产政策进一步放松，融资环境趋于改善、市场逐步筑底。上海要牢牢抓住政策显效的"黄金期"，跟进落实稳经济相关配套政策和实施细则，在市场主体预期改善上做细做实，促进投资和就业，改善居民收入，聚焦中长期高质量发展目标不变。

三、2023年趋势展望及主要指标预测

2023年上海经济将在2022年"V"形反转的基础上进一步向常态化水平回归，进入本轮疫后经济复苏的"下一程"。2023年经济发展既要面临疫情冲击带来的低基数效应（多数指标增速相对较高），又要面临疫情持续的长尾效应（疫情影响持续，但对疫情的抗干扰能力和敏感度下降），还要面临党的二十大开新局，以及与"十四五"目标、2035目标衔接等问题。课题组综合考虑上海潜在增长率自然下行趋势、疫情对潜在增速的偏离情况、2023年国内外环境影响等因素，初步预计2023年上海经济将增长6.6%，增速高于全国2个百分点左右（但2022—2023年两年平均增速低于全国0.5个百分点），2021—2023年三年平均增长5.0%，与"十四五"规划目标持平。

（一）需求侧动能：内外需动能轮动接力，外需放缓，内需恢复

外需总体放缓，但部分结构性亮点仍然可期。在后续订单不足（疫情防控导致企业难以及时有效推介新产品、争取新订单）、海外需求放缓（美国居民消费需求下滑，欧盟经济动能衰竭，海运"旺季不旺"）、价格支撑因素减弱（非能源商品价格指数冲高后回落）的制约下，持续三年高速增长的外贸预计大概率掉头向下。但若干亮点仍可期待，如能把握好将形成一定支撑：新能源相关产品和汽车出口热度有望延续。中国是全球第一大新能源汽车出口大国，而上海依托上汽乘用车和特斯拉中国等企业，成为全国新能源汽车出口主阵地，2022年8月上海新能源汽车出口值占全国同期总值的六成以上。东盟对上海出口的拉动提升，东南亚国家在全球供应链中的重要性不断提升，其与上海和中国产业链存在一定的互补关系，将为相关元器件等中间品出口提供广阔市场。外贸新业态呈蓬勃发展之势，跨境电商、离岸贸易、国际分拨中心等贸易新业态2023年有望继续提供增量。

内需总体恢复，但回归常态尚需时日。消费随着疫情影响减弱，消费场景逐步回归，叠加政策加持和新兴热点领域放量，预计将延续2022年第三季度开始的弱复苏态势，因基数原因，数据特别是上半年可能相对较高。消费增长主要体现在消费能力和消费意愿两方面，疫情对两方面均形成冲击，但对消费能力影响相对较小，前三季度上海居民人均可支配收入增长1%，快于GDP增速，快于生产（但可能带来结构性影响，如加剧贫富分化等），对消费意愿影响更为显著，2020年疫情后居民平均消费倾向创历史新低（0.59），2021年仍在0.6左右徘徊，2022年前三季度降为0.55。2023年外部环境恶化和不确定性上升，消费者避险情绪仍高，消费行为较为谨慎，消费意愿提升或将较为缓慢，此应为2023年政策着力的主要方向。投资恢复预计强于消费，保持相对较强支撑，进而发挥经济逆周期调节作用。其中，政府主导下的基础设施投资仍将是主力，在国家政策和全市重大基础设施项目的有力推动下，有望快速提升。

（二）供给侧动能：制造服务均衡发力，工业延续支撑，服务业分化回补

工业在前一轮恢复的基础之上，有望继续发挥支撑作用。在低基数（2022年增长0%左右）和前期工业投资持续快速增长带动下，工业有望保持稳定增长，但要重点应对内外需求不足对供给端的传导以及企业利润持续挤压。其中新能源汽车、高端装备制造（船舶、大型客机等）、半导体及集成电路等行业发展机遇需要重点把握：新能源汽车仍处于快速发展新阶段，在特斯拉、上汽集团等龙头企业的带动下，2023年有望继续贡献增量。高端装备制造取得新突破，加快迈向全球市场，5月，中国商飞自主研制生产的大型客机C919完成飞行试验，并将于2022年投入市场，有望打破欧美垄断格局（波音、空客占据全球43%、45%的民航市场）；欧洲能源海运需求上升带动船舶制造出现阶段性增长，中国2021年船舶制造在手订单当量同比增长19.7%（全球12.2%），且占全球份额攀升至历史高点42.7%（此前最高为2011年的41.4%）。全球消费电子市场有所降温，但国产替代进程仍在加速，光刻机等高精设备与高性能芯片领域仍受到美国制裁，但成熟制程的半导体设备和半导体零部件的产业机会却也因此强化。据IC Insights数据，2021年中国IC产值仅占全市场规模的16.7%，到2026年，预计国产比例将提升至21.2%，国产替代潜在规模超过1500亿美元。

服务业分化回补，金融服务和信息服务稳定增长之势不变，疫情重创行业抬底回升可期，房地产业成为重大变量因素。体现上海城市能级、影响力和辐射力的优势产业领域，将继续保持稳定，其中金融业将延续稳定增长态势，在货币政策宽松、产品类型多元、金融机构集聚等多重优势的带动下，金融服务业趋势总体向好，但需要应对有效信贷需求不足（银行通过各种渠道加推信贷投放，但效果不佳，金融系统"流动性淤积"现象明显）和潜在金融风险（全球金融动荡传导，疫情导致不良率上升）上升等问题；信息服务有望继续领跑GDP增长，在拼多多、美团、抖音等头部企业带动引领下，上海在线新经

济与城市数字化转型步伐有望进一步加快，上海可重点关注工业互联网与5G融合应用等领域，抢抓互联网经济下半场发展机遇。疫情重创行业延续回升态势，批发零售、交通运输、住宿餐饮、居民服务、文化体育等接触性和流量型服务行业是疫情冲击的"重灾区"，在尚未走出2020年疫后恢复周期的情况下再遭二次重创，目前相较疫情期间的底部已有明显回升。2023年，在上海巨大市场潜力和规模效应的支撑下，通过更加精准更大力度的政策激励，预计将保持进一步回升态势，并成为外需下滑压力的有效对冲因素。房地产总体稳定但存隐忧，在疫后需求累积释放、加快新房供给、房贷利率下行、限制政策边际放松等因素推动下，上海房地产市场迅速恢复，但当前全国市场持续探底，消费者预期或发生根本性转变，随着行业进一步调整，2023年或增添上海住房市场不确定性。

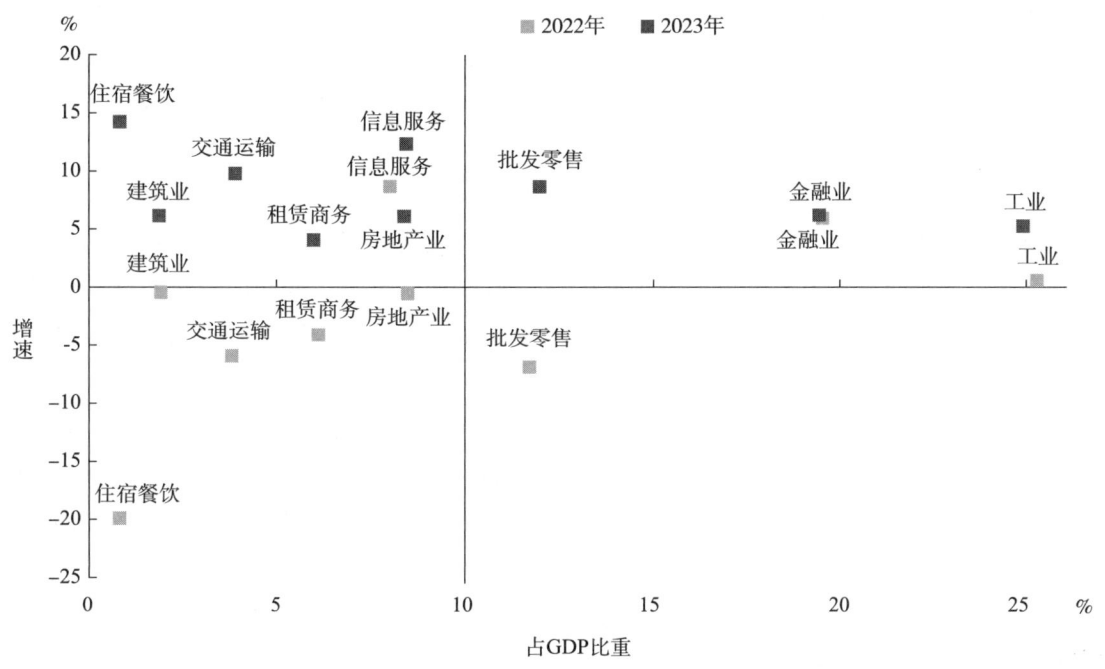

图7 2022年、2023年上海市主要行业增加值占比及增速情况

数据来源：课题组预计。

四、2023年经济稳增长的建议

2023年，上海经济发展的关键是"实现动能接力、做好政策接续"。

从动能接力看，要把握动力演进方向顺势而为。主要是三个方面：一是优势长板延续支撑。体现上海城市能级、影响力和辐射力的优势产业领域，将在前一轮恢复的基础之上，继续发挥稳定支撑作用。其中，工业在低基数和前期工业投资快速增长的带动下有望继续强支撑，上海要在继续保持汽车、石油化工、高端装备等行业领先优势的同时，强化新能源汽车、船舶制造、大飞机、国产替代等新增长点的带动。信息服务业有望继续领跑GDP增长，上海要充分发挥拼多多、美团、抖音等头部企业以及三大基础电信运营商的带动引领作用，加速在线新经济与城市数字化转型发展。金融业有望保持稳定支撑，上海要利用好货币政策宽松、产品类型多元、金融机构集聚等多重优势，加强银行与企业和项目的对接，满足各类主体多层次资本需求，推动存贷款特别是贷款需求快速增长。二是内外需求动能轮动发力。在区域一体化和全国统一大市场建设，以及上海巨大市场潜力和规模效应的支撑下，上一轮尚未完全修复的内需动能，有望回暖并缓解外需下滑压力。其中，投资要发挥好逆周期调节作用，进一步强化投资项目的土地、资金、能耗、环保、用工等要素保障，并从政府主导的基础设施领域转移到调动市场主体和社会资本的积极性上来，增强企业投资信心，稳住市场预期。消费及相关服务业逐步回暖并重新成为经济的重要支撑，上海要进一步优化疫情防控手势，根据疫后消费演进趋势特征，加快推动各类消费场景回归，关注数字消费、服务消费、绿色消费、银发消费等重点领域，积极放大上海在时尚、日化、食品、运动、宠物等"新品牌"领域的崛起之势（上海市网购商会发布首届上海网络新消费品牌TOP50榜单，包括每日黑巧、莫小仙、理象国等，年均销售增长率达到276%，其中22%品牌增速达到5倍以上），全方位释放消费潜能，推动商贸服务、交通运输、商务服务、生活服务等相关领域恢复发展。外贸争取企稳少降，继续强化新能源汽车对出口的支撑作用，拓展对欧新能源相关装备和产品的出口；加快培育外贸新业态发展，持续深化跨境电商综合试验区建设；支持外贸企业国外参展，争取更多订单。三是创新经济蓄势聚能。在多年来上海创新战略实施与新赛道布局的积淀下，新经济将继续成为对冲经济下行的重要支撑。上海要进一步加快前沿技术布局，推动战略性新兴产业和未来产业发展，突破我国产业链短板和痛点，提升产业链自主可控能力，在对外开放、产业融合、数字赋能、消费升级中推动产业向价值链高端提升、向高技术领域升级。

从政策接续看，要用好政策窗口乘势而上。一是用好用足国家政策。利用好国家投资促进相关政策工具，加快推动政策性开发性金融工具、专项债券、绿色金融贷款、设备更新改造贴息贷款、制造业中长期贷款等重点政策的项目储备与申报，争取更多项目纳入支持范围；围绕国家制造业外资稳量提质相关政策，研究制订上海细则，切实为商务人员出入境提供便利，扭转合同外资下滑趋势，助力总部经济发展；把握RCEP落地，探索综合性改革试点，做好自贸试验区先行先试和临港新片区压力测试。二是加强现有政策的评估落实与调整。针对年内出台的一系列稳增长政策，加强政策跟踪评估，对于政策效果较好、显示度高的政策，如快捷网上办理、桩基先行、消费券、"六票统筹"等，考虑延续、优化或加大力度；对完成阶段性目标的政策，如部分行业纾困政策，适当调整或适时退出；对于落实有困难，但市场呼声较高的政策，如消杀补贴、非国有房租减免等，加强政策细则和配套政策的制订。三是研究出台接续新政策。围绕党的二十大对我国未来经济的战略布局，结合上海发展实际，聚焦扩大市场需求、增强企业实力、建立现代产业体系、加快改革放权赋能等，研究制订一批新的政策和行动方案，进一步强化上海竞争优势。

[上海市发展改革研究院　马海倩　杨　波　汪曾涛　邹　俊
徐逸菁　徐惠妍　常思远]

之四：2022年四川省经济运行分析及2023年展望

2022年以来，面对严峻的宏观经济环境和省内频发疫情、高温干旱、缺电保供、地震灾情等多重冲击，四川省上下坚决贯彻"疫情要防住、经济要稳住、发展要安全"的要求，统筹抓好抗击灾情疫情和经济社会发展各项工作，以"拼"的干劲、"抢"的状态、"实"的作风，全力以赴拼经济搞建设，最大程度稳住经济社会发展基本盘，全省经济承压前行、彰显韧性。前三季度实现地区生产总值40432.8亿元，同比增长1.5%，经济基本面总体平稳、总量保持全国第六位。

一、2022年四川省经济运行分析

（一）四川省区域经济发展特征

1. 主干领跑全省

前三季度，成都都市圈实现地区生产总值18789.9亿元，占全省地区生产总值的46.5%，同比增长1.5%，与全省平均水平持平，经济增速有所放缓。规模以上工业增加值、全社会固定资产投资、社会消费品零售总额分别同比增长3.6%、2.9%、-1.7%，较上半年分别回落1.2个、2.7个、1.5个百分点。成都实现地区生产总值14929.7亿元，占全省比重36.9%，与上年同期持平。外贸进出口持续保持增长态势，进出口总额6175.4亿元，同比增长5.3%，占全省进出口总额的84%，成都高新综保区进出口连续54个月居全国第一位，外贸运行继续保持"领头羊"地位。

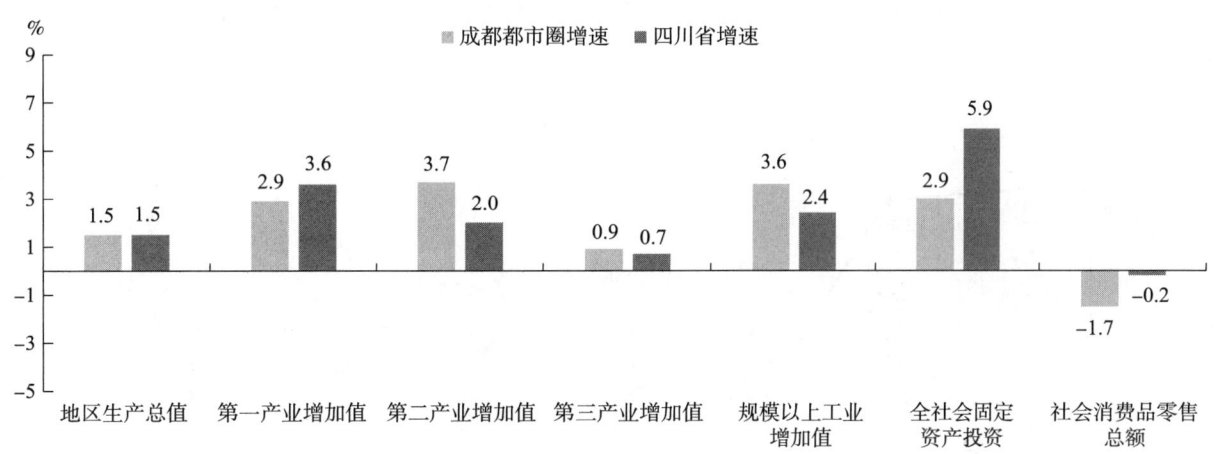

图1　2022年前三季度成都都市圈与四川省主要经济指标增速对比

2. 多支竞相追赶

前三季度，成都平原经济区、川南经济区、川东北经济区、攀西经济区、川西北生态示范区经济均有不同程度的回落，但都好于预期。成都平原经济区实现地区生产总值24680.4亿元，同比增长1.9%，较全省高0.4个百分点，其中环成都经济圈实现地区生产总值9750.7亿元，同比增长2.7%。川南经济区、攀西经济区、川西北生态示范区分别实现地区生产总值 6576.7 亿元、2463.6 亿元、659.3 亿元，同比增长 1.9%、4.3%、2.2%，分别较全省高 0.4 个、2.8 个、0.7 个百分点。川东北经济区实现地区生产总值 6052.8 亿元，同比增长 0.3%，较全省低 1.2 个百分点。

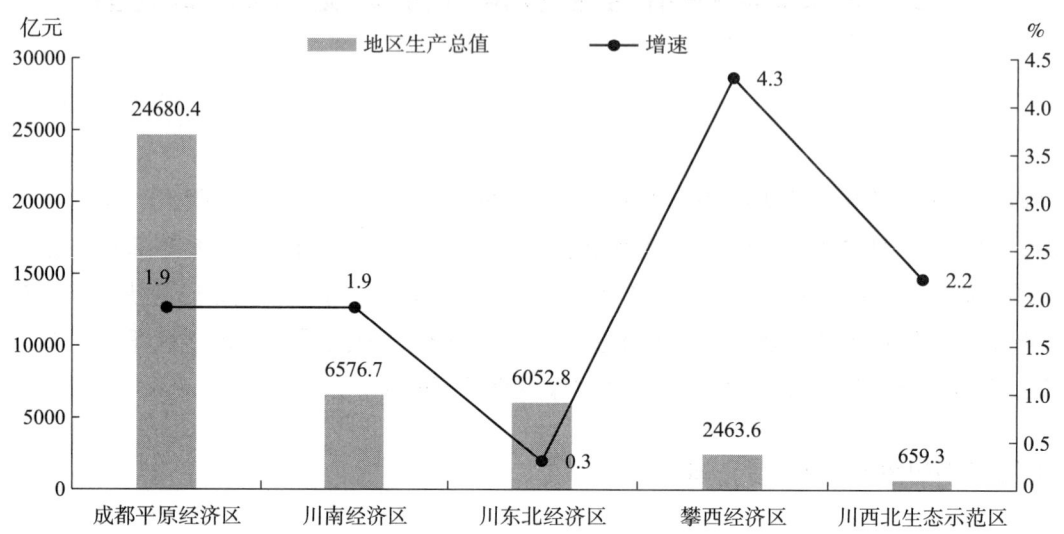

图 2　2022 年前三季度五大经济区地区生产总值及增速

3. 多点支撑强化

前三季度，绵阳、德阳、乐山、宜宾、泸州、南充、达州 7 个区域中心城市经济总量合计 13926.8 亿元，占全省经济比重 34.4%，较上年同期提高 0.2 个百分点，较上半年提高 0.6 个百分点。平均增速达到 2.4%，高于全省 0.9 个百分点，除南充外均高于全省。其中绵阳经济总量超过 2500 亿元，增速高于全省 2 个百分点。宜宾经济总量超过 2300 亿元，第二产业增加值 1095.4 亿元，居全省第二位。德阳工业生产呈现复苏态势，第二产业增加值增速扭负为正达到 0.6%。南充、泸州加快发展白酒、能源化工、汽车汽配等优势特色产业，经济总量均超过 1800 亿元。达州、乐山经济增速分别较全省高 0.4 个、1.4 个百分点。

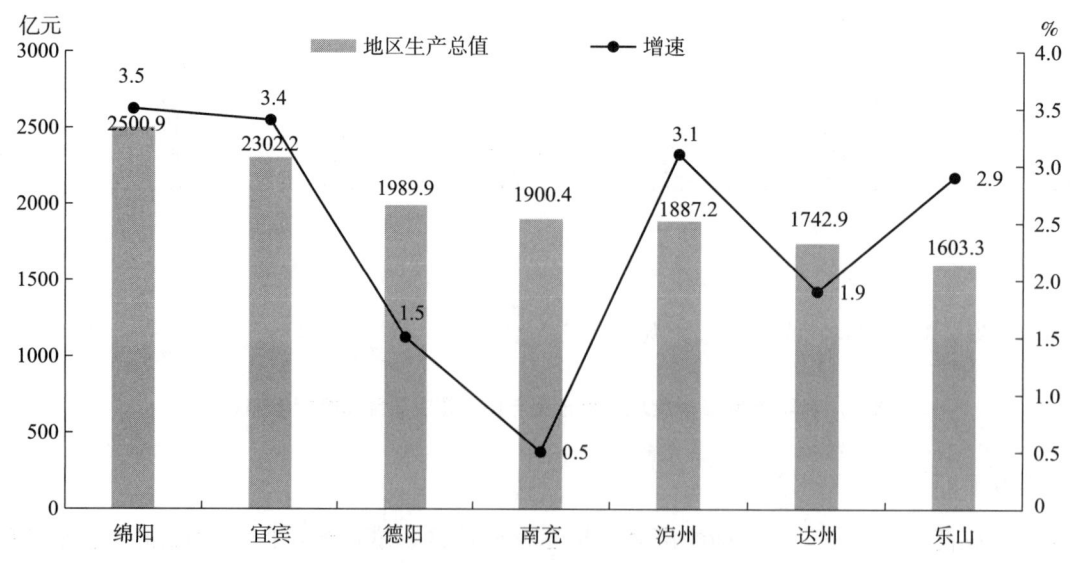

图 3　2022 年前三季度区域中心城市地区生产总值

4. "干""支"协同联动

成都加快建设践行新发展理念的公园城市示范区，天府新区综合实力迈入国家级新区第一方阵，成都东部新区位列全国城市新区"五新"潜力50强榜首，天府机场与双流机场实现"两场一体"运营，国际航空枢纽功能进一步提升，以国家中心城市功能体系为支撑，与其他市（州）建立更加紧密的协作机制，加速构建产业协同、市场共兴、功能共享、交通互联的发展共同体，引领带动作用进一步加强。各片区、各市（州）强化合作布局，围绕基础设施、产业发展、公共服务、生态环保、商贸物流等领域开展务实合作，推进重大协作平台建设，绵阳科技城新区、宜宾三江新区、南充临江新区建设起步成势，横向错位发展、纵向分工协作的发展格局加快构建，全省发展的平衡性、协调性持续增强。

（二）五大经济区发展主要特点

1. 成都平原经济区"压舱石"作用明显

前三季度，成都平原经济区地区生产总值达到24680.4亿元，占全省比重61%，增速同比增长1.9%，高于全省0.4个百分点，较上年同期回落7.9个百分点，较上半年回落1.2个百分点。三次产业结构为7.7∶35.6∶56.8，第二产业增加值增速与上半年持平，较上年同期回落6.9个百分点。地区生产总值、第二产业增加值、第三产业增加值、社会消费品零售总额等均占全省总量3/5以上，继续发挥经济"压舱石"作用。规模以上工业增加值、全社会固定资产投资、社会消费品零售总额增速较上半年均有所回落，分别回落0.6个、2.2个、1.2个百分点。

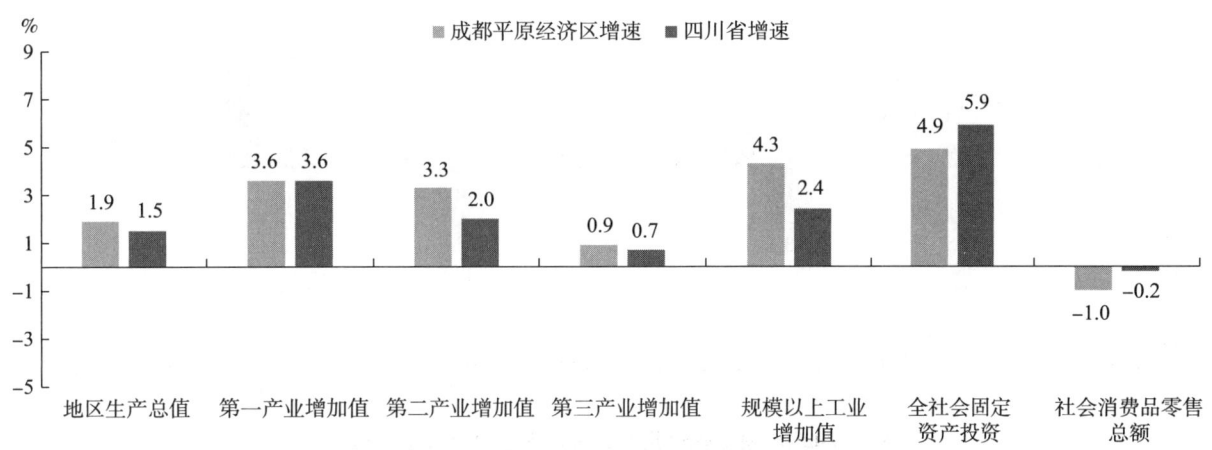

图4　2022年前三季度成都平原经济区主要经济指标增速

2. 川南经济区增势强劲

前三季度，川南经济区地区生产总值达到6576.7亿元，占全省比重16.3%，较上半年提高0.4个百分点，增速同比增长1.9%，高于全省0.4个百分点，较上年同期回落7.9个百分点，较上半年回落1.3个百分点，其中宜宾市同比增长3.4%，居全省各市（州）第四位，较上半年上升1位。三次产业结构为14.3∶43.2∶42.5，第二产业增加值增速较上半年回落1.4个百分点。规模以上工业增加值同比增长2.4%，与全省持平。第一产业增加值同比增长3.8%，较全省高0.2个百分点，居五大经济区首位。全社会固定资产投资、社会消费品零售总额同比增长9%、1.6%，较上半年回落0.4个、1.1个百分点，均居五大经济区第二位。

3. 川东北经济区回升态势良好

前三季度，川东北经济区地区生产总值达到6052.8亿元，占全省比重15%，较上半年提高0.4个百

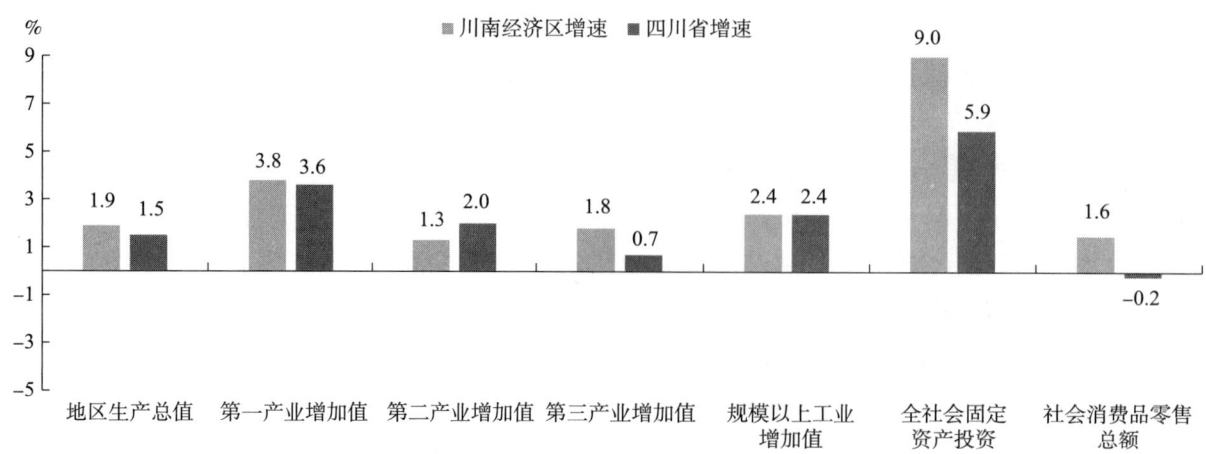

图 5　2022 年前三季度川南经济区主要经济指标增速

分点，增速同比增长 0.3%，低于全省 1.2 个百分点，较上年同期回落 7.9 个百分点，较上半年回落 1.7 个百分点。三次产业结构为 21.2∶32.3∶46.5，第二产业增加值增速较上年同期回落 3.4 个百分点。全社会固定资产投资、社会消费品零售总额分别同比增长 4.8%、0.3%，较上半年回升 0.8 个、0.3 个百分点，其中社会消费品零售总额绝对量居五大经济区第二位。

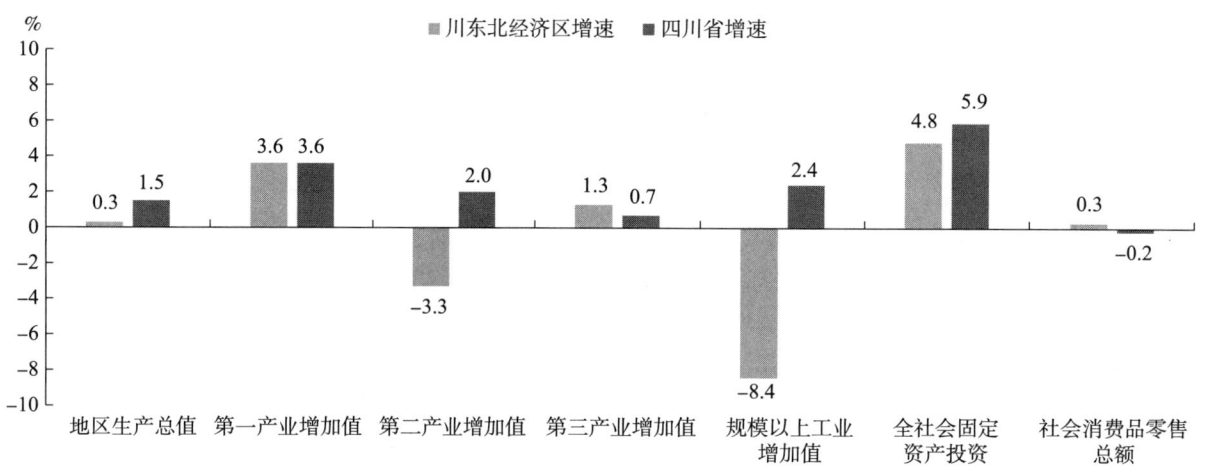

图 6　2022 年前三季度川东北经济区主要经济指标增速

4. 攀西经济区经济增速五大经济区第一

前三季度，攀西经济区地区生产总值达 2463.6 亿元，占全省比重 6.1%，增速同比增长 4.3%、居五大经济区首位，高于全省 2.8 个百分点，较上年同期回落 3.8 个百分点，较上半年回落 0.6 个百分点。三次产业结构为 20∶39.8∶40.3，第二产业增加值、规模以上工业增加值、全社会固定资产投资、社会消费品零售总额增速均居五大经济区之首，其中第二产业增加值、全社会固定资产投资增速分别较上半年回落 0.1 个、1.3 个百分点，规模以上工业增加值、社会消费品零售总额分别同比增长 8.4%、2.0%，较上半年回升 0.5 个、0.8 个百分点。

5. 川西北生态示范区发展特色鲜明

前三季度，川西北生态示范区地区生产总值 659.3 亿元，占全省比重 1.6%，增速同比增长 2.2%，较全省高 0.7 个百分点，较上年同期回落 5.6 个百分点，较上半年回落 1.3 个百分点。三次产业结构为

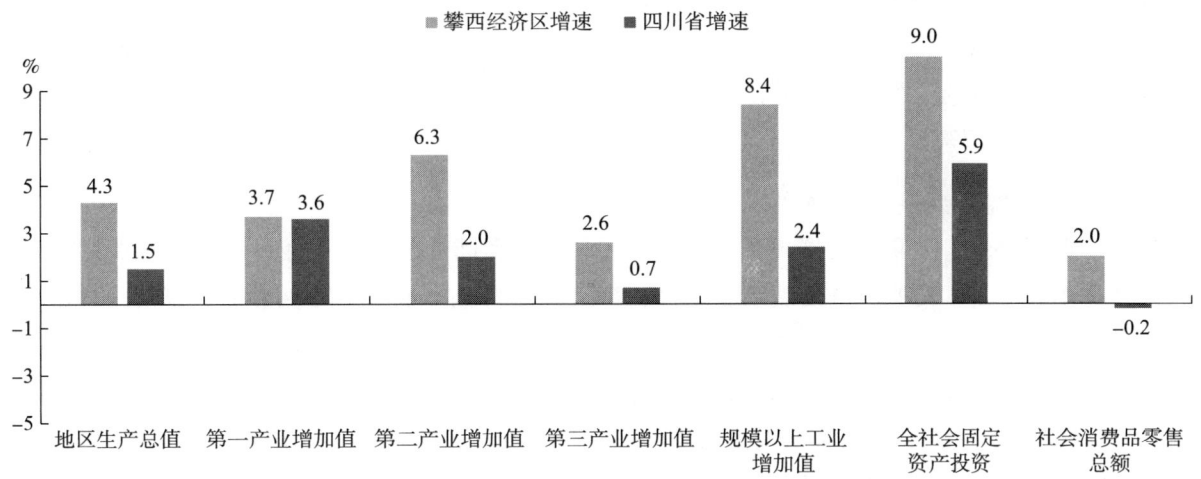

图 7 2022 年前三季度攀西经济区主要经济指标增速

17.5∶26∶56.5，第二产业增加值增速居五大经济区第二位。社会消费品零售总额同比增长 0.4%，较上半年提高 1.4 个百分点，规模以上工业增加值、全社会固定资产投资分别同比增长 6.6%、8.4%，居五大经济区第二位、第三位，较上半年回落 2.8 个、1.1 个百分点。

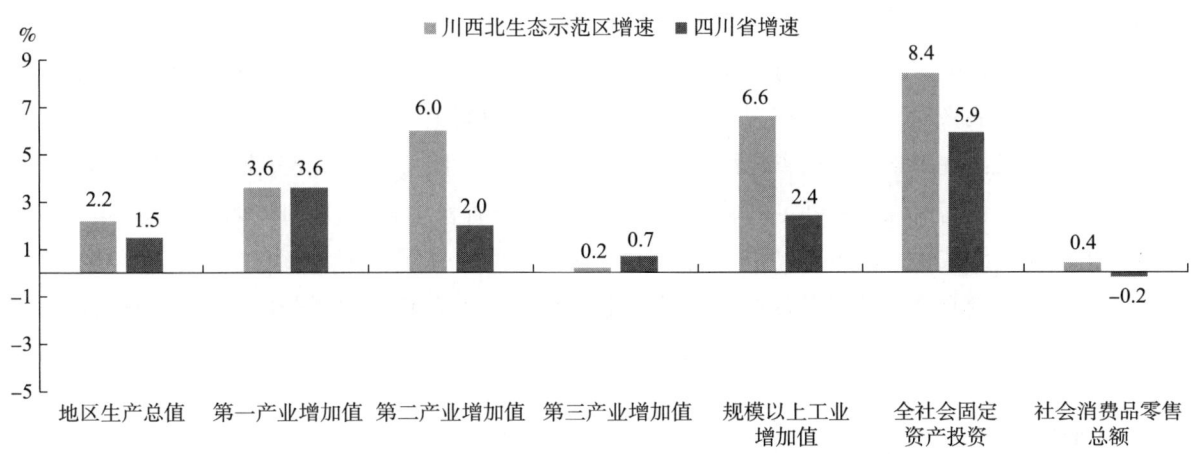

图 8 2022 年前三季度川西北生态示范区主要经济指标增速

二、存在的问题

（一）次级支撑能力不足

与国内经济强省、大省相比，四川省城市梯队结构不尽合理，尚未形成经济总量大、发展能级高，能与首位城市相互协作、功能配套的省域经济副中心。前三季度，经济总量排名第二位和第三位的绵阳、宜宾地区生产总值分别相当于成都的 16.8% 和 15.4%，大力培育的川北、川南、川东北省域经济副中心经济总量仅占全省的 25%，较成都低 11.4 个百分点。与四川省经济体量相当的省份中，河南第二梯队城市洛阳、南阳地区生产总值分别为 4340.6 亿元、3460.8 亿元，相当于郑州的 43.5%、34.7%。湖北第二梯队城市襄阳、宜昌分别为 4028.4 亿元、3687.6 亿元，相当于武汉的 30.5%、27.9%。

（二）区域协调发展底部支撑不强

县域经济"小散弱"状况依旧较突出，四川省 128 个县（市）平均地区生产总值仅为 179.5 亿元，相当于浙江平均水平的 30.1%，2/3 的县（市）地区生产总值不足 200 亿元，经济总量最高的西昌市 630 亿元。大多县（市、区）产业发展水平整体不高，全省县域工业化率仅为 29%，农业占比较高，工业以传统产业为主，对头部企业吸引力偏低，新兴产业培育发展不足。县级财力保障困难，除成都外全省县级财政自给率仅为 28.7%。

（三）区域协作需进一步深化

区域间产业互补性、关联性不强，除汽车、摩托车制造和部分装备制造业外，其他产业缺乏区域统筹，产业协作配套不足，集群成链发展水平不高，围绕优势特色产业跨行政区建链、延链、补链、强链亟待加强。经济区与行政区适度分离改革不够深入，产业园区合作共建、生态产品市场交易等跨区域合作成本共担和财税利益共享机制尚未有效破题。公共服务资源分布不均衡，成都集中了全省 40% 的三甲医院、87.5% 的双一流高校，但优质公共服务资源延伸覆盖不够，区域间公共服务对接共享不足，其他市（州）公共服务水平与成都有较大差距。

三、2023 年经济运行趋势展望

2023 年是贯彻党的二十大精神的开局之年，是实施"十四五"规划承上启下的一年，也是四川省全面建设社会主义现代化开局起步的关键时期。从外部环境看，世界百年未有之大变局加速演进，世纪疫情影响深远，世界经济复苏乏力，不稳定性和不确定性仍旧存在。从全国看，我国把高质量发展作为全面建设社会主义现代化国家的首要任务，坚持高水平开放，加快构建以国内大循环为主体、国内国际双循环相互促进的新发展格局，将成为应对不稳定性不确定性因素的最强稳压器。从全省看，虽然第三季度以来历史罕见的超预期因素对四川省经济造成较大冲击影响，但这些因素是短期的、有限的、可控的，全省经济压力虽大，但韧性强、后劲足的基本面没有改变。随着稳增长一揽子政策和接续政策持续发力、外部因素冲击影响持续减弱，四川省经济下行压力将逐步缓解，发展预期将逐步向好，回稳向好基础将不断得到巩固，初步判断全省经济保持持续回升向上态势，将步入常态化增长阶段，有望恢复到疫情前的增长水平。

四、对策建议

面对复杂严峻的形势和艰巨繁重的任务，必须适应新阶段新变化新要求，深入贯彻党的二十大精神和省第十二次党代会精神，紧紧围绕推动高质量发展首要任务，抢抓成渝地区双城经济圈建设列入国家区域重大战略的机遇，从更高层次构建区域发展空间动力机制，更广范围统筹生产力布局和公共资源配置，更深程度发挥市场作用促进区域分工协作，不断增强区域发展协调性、平衡性、可持续性，厚植全面建设社会主义现代化四川的区域发展新动力。

（一）建设省域经济副中心，强化区域发展次级支撑

立足区位条件、资源禀赋和发展基础，增强对高端产业要素集聚能力，高标准承接成渝双核产业转移，促进"链主+链属"企业跨区域配套，推动本地产业向价值链高端环节迈进，形成相对完整的产业链条和相当规模的产业集群，持续发展壮大城市先进制造业和高端服务业，不断提高城市经济规模和综合实力。打造城市联合体促进组团发展，建设绵阳、宜宾—泸州、南充—达州 3 个省域经济副中心，加快形成带动成渝地区高质量发展重要增长极。协同构建产业联合体，推动产业链上下游在宜宾—泸州、南充—达州城市组团一体布局、就近配套，促进生产要素在城市组团范围内深度融合、高效转化，提高产

业组织效率和综合效益。"一中心一策"制定针对性强的省域经济副中心建设支持政策，优化重大生产力布局和重要公共资源配置，更好发挥省域经济副中心对区域发展的辐射带动作用，增强区域综合承载能力、创新发展能力和区域带动能力，与成都都市圈共同形成多极支撑、协同共兴的区域发展格局。

（二）强化县域功能，夯实区域发展底部基础

坚持"一县一主业"原则，围绕全省农业"10+3"、工业"5+1"、服务业"4+6"现代产业体系，在建链、延链、补链、强链中找准县域产业的发展方向和细分领域，发展壮大特色优势产业，培育关联度大、带动力强的龙头企业，打造百亿级优势产业集群，大力培育工业经济强县和制造业大县。加快推进以县城为重要载体的新型城镇化建设，推动县城公共服务设施提标扩面、环境卫生设施提级扩能、市政公用设施提档升级、产业培育设施提质增效，全面增强县城综合承载能力。完善县域空间布局，适时推动县域行政区划调整，稳妥有序实施撤县并县（市），着力解决四川省县级行政区长期存在的数量多、规模小、功能弱、发展慢等问题，不断提升县域经济社会发展整体效能。

（三）突出重点领域，促进区域联动发展

聚焦基础设施互联互通、产业统筹布局、生态环境联防联治等领域，持续推动成都平原经济区、川南经济区、川东北经济区、攀西经济区和川西北生态示范区错位发展、协同联动。统筹特色优势产业和战略性新兴产业区域布局，完善产业链全域图谱，引导区域间按照大产业、细分工模式加强协作配套，促进产业梯度转移。探索一体建设的组织管理机制、共建共享的公共资源配置机制、市场主导的产业协作机制和互利共赢的利益联结机制，深层次推进经济区与行政区适度分离改革，加强改革协同共建区域利益共同体，推进全省高水平区域协调发展。

［四川省县域经济研究中心　程　娟　曹　洋　黄　馨　胡乔川］

之五：2022年贵州省经济运行分析及2023年展望

2022年以来，在国际环境更趋复杂严峻、国内疫情多发散发、各种超预期因素叠加的背景下，贵州省上下深入学习贯彻习近平总书记视察贵州重要讲话精神和关于"疫情要防住、经济要稳住、发展要安全"的重要指示精神，高效统筹疫情防控和经济社会发展，克服超预期因素不利影响，保持了高质量发展态势。展望2023年，随着国家和贵州系列政策的落地显效，经济复苏动能有望进一步加强，将持续推动全省经济社会高质量发展。

一、2022年贵州省经济运行特征

2022年，贵州省面临供给冲击、需求收缩、预期转弱三重压力，尤其是第三季度以来，贵阳、毕节等部分区域受到突发重大疫情冲击，经济下行压力持续加大。省委、省政府及时作出安排部署、采取坚决有力措施，疫情形势得到有效控制，确保了经济基本盘总体稳定，经济发展长期向好的基本面没有改变。

（一）经济运行总体平稳，发展态势稳中趋缓

前三季度，贵州地区生产总值同比增长2.8%，两年平均增长5.8%，增速较上半年分别回落1.7个、2.5个百分点；与全国平均水平相比，增速低于全国同期水平0.2个百分点，两年平均增速略高于全国1.8个百分点。在基数效应、疫情等因素影响下，全省经济恢复稳中趋缓，增速逐季回落，呈前高后低态势。分产业看，三次产业增加值分别同比增长3.7%、4.8%、1.1%，增速较上年同期有不同幅度提升；两年平均增长5.7%、7.0%、4.9%，平均增速较上半年均有所放缓，其中第二、第三产业增速回落幅度较大。

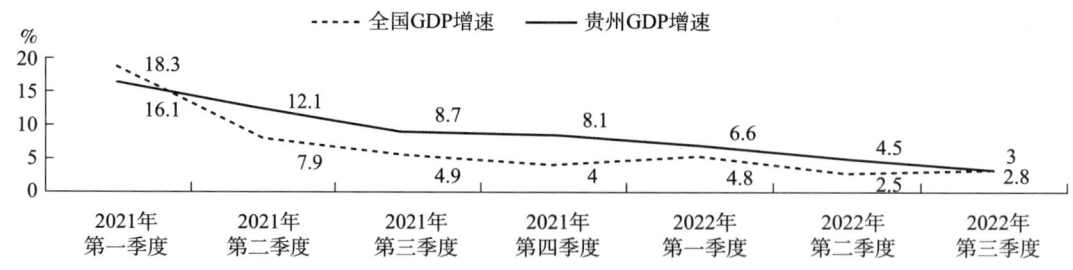

图1　2021—2022年全国和贵州GDP季度累计同比增速

（二）产业经济持续恢复，重点行业生产经营较快增长

农业生产总体平稳。前三季度，全省农林牧渔业总产值3567.34亿元，同比增长4.3%。种植业生产总体稳定。粮食播种面积小幅增加，实施大豆玉米复合种植提高粮食单产，秋粮生产总体稳定。前三季度，园林水果产量同比增长10.8%，食用菌产量同比增长9.1%，茶叶产量同比增长7.9%，中药材产量同比增长5.3%，猪牛羊禽肉产量同比增长7.8%。

工业生产保持增长。前三季度，全省规模以上工业增加值同比增长5.5%，比上半年回落6.6个百分点。分行业看，酒、饮料和精制茶制造业增加值比上年同期增长43.9%，烟草制品业同比增长9.0%，电力、热力生产和供应业同比增长3.5%，计算机、通信和其他电子设备制造业同比增长46.1%。

服务业继续恢复。前三季度，全省服务业增加值比上年同期增长1.1%，规模以上服务业企业营业收入保持较快增长。1—8月，规模以上服务业企业营业收入同比增长14.0%；金融业加快发展，前三季度，金融业增加值910.84亿元，同比增长3.6%，比上半年加快1.1个百分点。

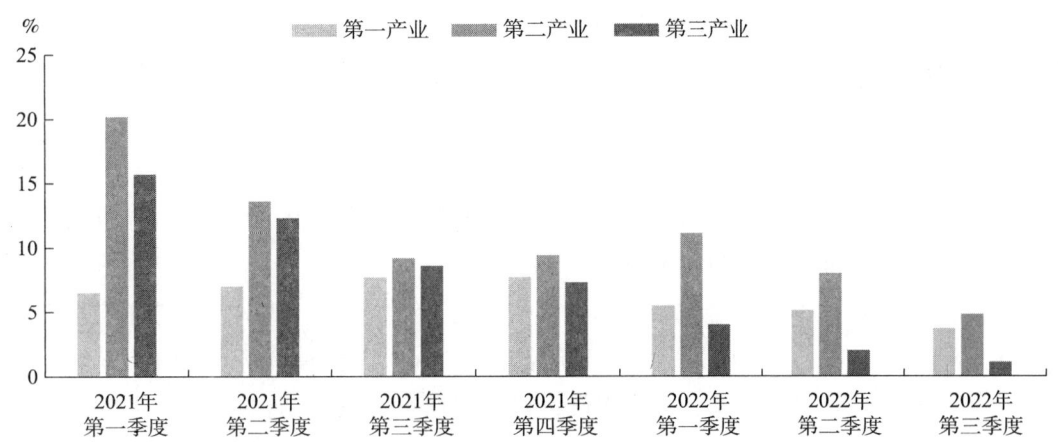

图2 2021—2022年贵州三次产业季度累计同比增速

（三）需求动力稳定恢复，支撑经济持续增长

固定资产投资规模扩大。前三季度，全省固定资产投资同比增长4.5%，比上半年回落3.6个百分点。分领域看，基础设施投资比上年同期增长15.6%，其中，水利、环境和公共设施管理业投资增长13.9%，交通运输、仓储和邮政业投资增长28.5%；工业投资增长21.3%，其中制造业投资增长40.5%。

消费市场总体稳定。前三季度，全省社会消费品零售总额5923.33亿元，同比下降2.1%。限额以上消费品零售额1826.54亿元，比上年同期下降0.1%，升级类商品需求较为旺盛。限额以上单位商品零售额中，新能源汽车同比增长157.9%，化妆品类同比增长48.7%，体育、娱乐品类同比增长35.9%，文化办公用品类同比增长14.2%，家用电器和音像器材类同比增长13.4%。

进口保持快速增长。前三季度，全省进出口总额526.77亿元，同比增长13.2%，上半年为下降2.6%。其中，进口总额187.73亿元，增长71.9%，增速比上半年加快24.9个百分点；出口总额339.04亿元，下降4.8%，降幅比上半年收窄12.2个百分点。

（四）新经济新动能快速成长，发展质量稳步提升

数字经济持续快速增长。1—8月，全省规模以上服务业中互联网和相关服务营业收入同比增长165.4%，持续高速增长。前三季度，计算机、通信和其他电子设备制造业增加值同比增长46.1%，比上半年加快15.7个百分点。

新能源电池和材料产业成为经济发展新动力。前三季度，全省规模以上新能源电池及材料产业增加值同比增长75.5%，对全省规模以上工业增长的贡献率22.4%，拉动全省规模以上工业增长1.2个百分点。其中，正极材料增长158.7%，芯、电池、电池组增长114.3%，负极材料、电解液、辅助材料增长90.2%，前驱体材料及原辅料增长21.1%。

高技术产业保持快速发展势头。前三季度，全省高技术制造业增加值同比增长22.4%，快于规模以

上工业增加值 16.9 个百分点。其中，规模以上软件与信息服务业增速持续保持全国第一，电子及通信设备制造业、航空航天器及设备制造业、计算机及办公设备制造业增加值分别增长 60.9%、18.9% 和 14.3%。

有效投资发挥关键作用。前三季度，全省以新基建为引领的基础设施投资同比增长 15.6%；工业投资增长 21.3%，其中制造业投资增长 40.5%；高技术产业投资增长 78.1%，其中，高技术制造业、高技术服务业投资分别增长 109.7%、47.8%，为产业持续转型升级奠定坚实基础。

（五）居民收入提高，民生福祉改善

居民收入稳步增长。前三季度，全省居民人均可支配收入 18702 元，同比名义增长 7.3%。按常住地分，城镇常住居民人均可支配收入 31327 元，名义增长 5.8%；农村常住居民人均可支配收入 9375 元，名义增长 7.3%。

就业形势总体稳定。前三季度，全省城镇新增就业 55.62 万人，比上半年增加 18.09 万人。失业人员实现再就业 11.78 万人，就业困难人员实现就业 6.44 万人。

消费价格涨势温和。前三季度，全省居民消费价格同比上涨 1.6%。其中，交通通信价格上涨 6.2%，教育文化娱乐价格上涨 1.6%，其他用品和服务价格上涨 1.4%，衣着价格上涨 1.0%，居住价格上涨 0.9%，生活用品及服务价格上涨 0.7%，医疗保健价格上涨 0.4%，食品烟酒价格上涨 0.2%。

二、存在的问题

虽然全省经济运行延续恢复发展态势，但疫情等超预期因素影响冲击较大，尤其是受本轮疫情影响大的贵阳市、毕节市和受疫情有一定影响的遵义市是 GDP 总量排名前三的地州市，从而拉低了全省的经济增长速度。前三季度，全省地区生产总值、投资和消费等关键经济指标增速低于全国水平，经济持续恢复的基础尚不牢固，经济运行还面临不少困难，主要体现在以下几个方面。

（一）工业行业承压运行

一方面部分工业行业支撑减弱。虽然 1—9 月规模以上工业增加值累计增速保持增长，但行业之间增长情况分化明显，白酒、烟草、电力等支柱产业增长的同时，也有部分行业出现增速下降。1—9 月，19 个重点监测的工业行业中，10 个行业为负增长，其中农副食品加工业、化学原料和化学制品制造业、非金属矿物制品业、黑色金属冶炼和压延加工业等行业增加值降幅达到两位数，分别下降 18.9%、13.1%、36.4%、24.6%。另一方面企业面临成本上升压力。大宗商品价格上涨明显带动主要原材料价格上涨，1—9 月，工业生产者购进价格同比上涨 14.6%、工业生产者出厂价格同比上涨 8.2%，购进价格涨幅高于出厂价格 6.4 个百分点，高于全国平均水平 4 个百分点，价格"剪刀差"明显，企业面临成本上升压力，压缩企业利润空间。同时由于成本和人才问题，中小企业数字化转型的主动性还不高、效果还不明显；制造业还比较弱，工业数字化转型升级产业基础不强等；能矿等传统产业节能减排压力大等。

（二）投资稳增长压力依然较大

1—9 月，全省固定资产投资同比增长 4.5%，比 1—6 月回落 3.6 个百分点。前三季度固定资产投资保持增长，但部分投资领域下行压力仍然较大，尤其是占全省投资比重超过两成的房地产开发投资仍在下行，1—9 月，房地产开发投资同比下降 26.5%，降幅比 1—6 月扩大近 3 个百分点，连续 15 个月负增长。受房地产开发投资持续下行等因素影响，民间投资增速由正转负，由 1—6 月的增长 0.5% 转为 1—9 月的下降 12.6%。

（三）消费市场持续增长后劲不足

2022年以来，受疫情对接触性聚集性消费冲击和商品价格上涨影响，消费需求恢复较慢，部分服务业、住宿业、餐饮业业务量下降。疫情的不确定性导致就业压力加大、收入预期下降，居民消费意愿降低。1—9月，全省社会消费品零售总额同比下降2.1%。降幅比1—6月扩大1.6个百分点。限额以上消费品首次出现负增长，同比下降0.1%，其中，城镇消费品零售额下降0.1%，乡村消费品零售额下降0.9%。

（四）经济运行中存在的风险隐患依然突出

一是债务风险，几乎涉及每个区县，前期主要是基础设施建设、后期是脱贫攻坚和乡村振兴，新增了大量政府债务。二是规模性返贫风险，主要涉及毕节、黔东南、黔西南等原本脱贫基础不太稳定和返贫风险较大的乌蒙山、月亮山、滇黔桂石漠化区域等原连片深度贫困区域，受全国疫情持续暴发的影响，这部分区域农民稳收增收难度较大。三是安全生产形势也较为严峻，2022年已经发生了多起重特大安全生产事故。现在全省对安全生产抓得很严，安全生产的风险在2023年应该有所缓解，但债务风险将会长期存在，规模性返贫风险也不可能在短时间内消除。

根据贵州省近年来经济运行趋势，结合外生冲击对当前经济的影响，预计2022年贵州地区生产总值同比增长3.5%左右。第一、第二、第三产业分别同比增长4%、5%、1.5%左右；规模以上工业增加值同比增长6.5%左右；固定资产投资同比增长5%左右；社会消费品零售总额同比增长2%左右；城镇和农村常住居民人均可支配收入分别同比增长5.9%和7.5%左右，居民消费价格涨幅在1.3%左右。

三、2023年经济运行环境分析及预测

展望2023年，贵州经济运行既面临诸多风险挑战和不稳定不确定因素，也将迎来诸多发展新机遇和有利因素，总体上机遇大于变数，经济发展仍将保持总体平稳的态势。

（一）面临的挑战和不利因素

从全球环境看，经济复苏动能有所减弱。根据IMF在《世界经济展望报告》中的最新预测，全球经济增长率预计将从2021年的6.0%下降至2022年的3.2%和2023年的2.7%。这也是自2001年全球金融危机和新冠肺炎疫情严重时期以来的最弱增长。全球经济活动正经历一场广泛且比预期更为严重的放缓，通货膨胀率达到数十年来最高水平。生活成本危机、多数地区财政状况收紧、俄乌冲突以及持续的新冠肺炎疫情都严重影响了经济前景。从全国形势看，经济内生增长动能不足。尽管当前中国经济已处于逐步恢复之中，但三重压力仍然存在，实际经济增速仍显著低于潜在增速水平，产出缺口较大。从贵州发展形势看，经济全面恢复的基础不牢固。受国内外形势多变影响，贵州经济运行也面临着诸多困难挑战，2021年以来，贵州经济增速中断了连续十年全国前三的强势，维持在第一方阵也颇感吃力。

（二）面临的机遇和积极因素

从国内看，面对超预期因素冲击影响，中国经济在较短时间内实现企稳回升，中国经济第三季度"成绩单"亮点颇多，展现出中国经济韧性强、潜力大、活力高，长期向好的基本面没有改变。最重要的是，党的二十大的胜利召开为推动我国经济发展注入了新的动力，随着党的二十大精神深入贯彻落实，高效统筹疫情防控和经济社会发展成效持续显现，宏观政策效应不断释放，中国经济回稳向好的态势必将进一步巩固。从省内看，有党的坚强领导和中国特色社会主义制度的显著优势，特别是习近平总书记关心贵州发展、情系贵州人民，为贵州省加快发展注入了强大动力；国务院出台了《国务院关于支持贵

州在新时代西部大开发上闯新路的意见》（国发〔2022〕2号），赋予贵州"四区一高地"战略定位，给予贵州含金量高、操作性强、支持力度大的政策和项目支撑，国家有关部委也在落实新国发2号文件精神、逐步出台支持贵州发展的相关政策，一些重大政策和工程项目已经或正在落地，贵州也在制定出台建设"四区一高地"的实施方案，必将为2023年经济增长注入更多动力。同时，2022年出台的《贵州省贯彻落实国务院关于扎实稳住经济一揽子政策措施的任务清单》政策效果也会持续释放；贵州省特色产业、基础设施、资源能源、生态环境等方面的优势凸显，为高质量发展奠定了坚实基础。

（三）2023年经济预测

结合当前宏观经济背景、宏观政策化取向，以及贵州经济运行面临的压力与动力，综合判断分析预计2023年贵州地区生产总值同比增长6.5%左右。第一、第二、第三产业分别同比增长5%、8%、4%左右；规模以上工业增加值同比增长9.5%左右；固定资产投资同比增长6%左右；社会消费品零售总额同比增长3%左右；城镇和农村常住居民人均可支配收入分别同比增长5.5%和7%左右，居民消费价格涨幅在1.3%左右。

四、对策建议

贵州要按照省委、省政府工作部署，继续做好"六稳""六保"工作，狠抓相关政策落地见效，多方施力、多措并举，加快推进经济恢复提振，持续推动贵州全省经济社会高质量发展。

（一）推动产业链优化升级，增强经济增长动能

产业是经济增长最核心的动能，加快推动产业链优化升级，打造具有竞争优势的产业集群。一是改造提升传统产业。通过挖掘潜力、促进转型、提升实力，做大做强优质烟酒、现代能源、现代化工、基础材料等占比较大的传统优势产业，增强对经济增长的支撑能力。二是巩固提升特色优势产业。通过发挥贵州特色、推动精深加工、提高附加值，做优做特生态特色食品、健康医药、新型建材、特色轻工等地方特色产业，提高特色优势产业在产业经济中的占比。三是加快壮大新兴产业。依托贵州数据资源和军工技术等优势，做专做精大数据电子信息、先进装备制造、新能源汽车及新能源电池、节能环保等新兴潜力产业，增强贵州高端制造能力，提升产业高端化发展水平。四是着力培育新业态新模式。充分发挥大数据资源，推进数字产业化和产业数字化，布局前沿技术产业，积极拓展工业经济增长空间。五是着力提振服务业，推动服务业补短板上水平。要加快促进旅游业恢复发展，加强与知名旅游平台合作，针对重点客源市场加大宣传推介力度，同时深入挖掘省内旅游市场潜力。积极发展休闲度假康养、山地体育旅游、文化体验、乡村旅游等融合业态。提升金融服务实体经济质效，大力实施"引金入黔""险资入黔""基金入黔"，常态化开展政金企融资对接。加快发展总部经济、现代物流、检验检测、研发设计和家政、养老、育幼等产业。

（二）大力培育市场主体，夯实经济发展根基

市场主体是稳定经济基本盘的重要基础，大力实施培育市场主体行动，下大力营造良好的创新创业环境，让贵州市场主体多起来、大起来、强起来。一是培育引进龙头企业。加快壮大占据产业链中高端的行业领军企业，着力打造一批千亿级、百亿级、十亿级的龙头骨干企业，培育引进一批具有国际影响力、区域竞争力、产业带动力的领航企业。大力发展总部经济，做大做强本土企业总部。二是大力扶持中小企业。积极培育和引进一批"隐形冠军""单项冠军""瞪羚"企业和"独角兽"企业，着力支持一批创新型、成长型企业加快发展。引导中小微企业发挥自身优势，专注发展核心业务，走专业化、精细

化、特色化和新颖化发展道路，打造一批具有潜力的"专精特新"小巨人企业。三是扎实开展产业大招商。创新招商方式，提升招商引资精准度，围绕首位产业、龙头企业开展全产业链招商。建立招商引资重大项目协调机制，统筹要素配置、项目服务，切实提高合同履约率、资金到位率、投产达产率。四是持续优化营商环境。以市场主体需求为导向，持续深化简政放权、放管结合、优化服务改革，打造以企业为贵、以契约为贵、以效率为贵、以法治为贵的贵人服务品牌。落实好国家新一轮组合式减税降费和减租降息、普惠金融等纾困政策，帮助企业解决要素保障及堵点痛点问题，营造稳定、公平、透明、可预期的营商环境。

（三）积极扩大有效投资，促进经济平稳发展

全面落实稳经济一揽子政策措施，积极扩大有效投资，全力以稳投资促进全省经济大盘稳定。一是抢抓国家新一轮基础设施建设机遇，千方百计筹集建设资金，争取将贵州省重大基础设施项目纳入国家基础设施建设配套方案。二是大力实施扩大有效投资攻坚行动，围绕提升产业投资占比，推动"四化"项目落地落实。三是发挥政府投资带动作用，加快专项债、"四化"和生态环保基金拨付进度，加强政金企合作对接，撬动更多社会资本投入，加大投资项目资金保障力度。四是全力促进民间投资发展，进一步贯彻落实鼓励民间投资发展的各项政策措施，提高民间投资意愿。五是努力遏制房地产投资下滑势头，因城施策，用好政策工具，推动房地产市场平稳健康发展。

（四）深入挖掘消费潜力，增添经济发展动力

挖掘消费潜力，一方面要增强居民可持续消费能力，提升就业水平、创新就业方式、优化收入分配结构、拓宽增收渠道等；另一方面要营造舒适满意的消费环境。一是常态化开展促消费活动，采取精准投放消费券等方式，最大限度激发不同群体的消费动能。释放居民消费潜力，提振汽车、成品油等大宗消费。二是壮大新型消费，规范发展直播电商、社交电商、首店经济等新业态，培育新的消费热点。三是推进县域商业体系建设示范县工作，开展绿色智能家电下乡和以旧换新等活动，扩大农村消费市场。四是加强消费者权益保护，深入开展放心消费创建。

[贵州省信息中心　段　倩　秦海旭]

之六：2022年云南省经济运行分析及2023年展望

2022年以来，我国经济发展环境复杂严峻和不确定性增多，国际环境日趋复杂严峻，国内省内疫情仍然面临多点散发的局面，在供给冲击、需求收缩、预期转弱三重压力下，经济下行压力持续加大。云南加大宏观政策调控力度，贯彻落实稳经济一揽子政策措施，在平衡疫情防控、稳定社会秩序和协调经济发展等方面取得明显成效。产业结构持续优化，新动能引领作用凸显，需求恢复出现积极变化，外贸进出口增速逐步加快。第一、第二季度经济增速由高转低，下半年随着稳增长政策效应进一步释放，主要指标恢复回稳，积极因素累积增多。第三季度宏观经济景气进入回升趋势，第四季度经济增速有望继续走高，预计全年GDP增长4.3%左右。

一、2022年云南省经济运行恢复稳中向好

前三季度，云南省实现地区生产总值20817.86亿元，同比增长3.8%。分产业看，第一产业增加值2227.33亿元，同比增长5.1%；第二产业增加值7609.23亿元，同比增长5.8%；第三产业增加值10981.30亿元，同比增长2.2%。一、二、三产业分别拉动前三季度GDP增长0.6个、2.0个、1.2个百分点，第二产业承担起拉动经济增长的重任。从宏观经济景气运行趋势来看，经济运行呈现"V"形反转态势。

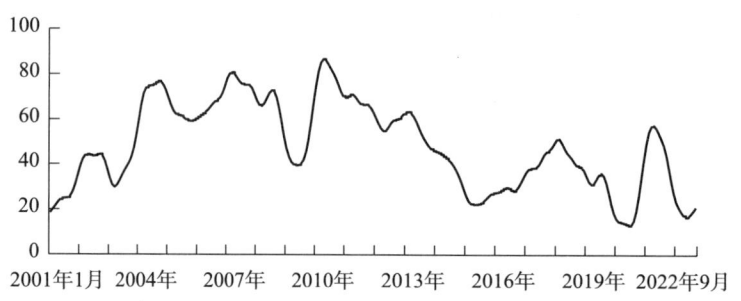

图1 2001年1月至2022年9月云南宏观经济景气指数

（一）工业经济平稳较快增长，服务业经济运行有所改善

随着稳经济一揽子政策和接续政策措施加快推进实施，全省工业经济平稳运行。前三季度，规模以上工业增加值同比增长8.3%。制造业同比增长9.1%，其中，装备制造业、高技术制造业分别同比增长38.3%、33.9%。电子、有色行业贡献持续增强，电子、有色行业增加值分别同比增长48.0%、16.9%；烟草、电力行业发挥支撑作用，烟草、电力行业增加值分别同比增长8.5%、2.2%。工业企业利润保持较快增长。前三季度，全省规模以上工业企业营业收入和利润均保持两位数增长，分别同比增长13.7%、13.3%；符合转型升级方向的高技术制造业利润同比增长111.3%，其中电子及通信设备制造业利润同比增长120.4%。

1—8月，全省规模以上服务业实现营业收入1592.67亿元，同比增长2.7%，增速较上半年明显回

升。重点行业增速加快。多式联运和运输代理业同比增长34.8%，科学研究和技术服务业同比增长17.7%，租赁和商务服务业同比增长10.0%。

（二）三大需求持续平稳回升，恢复发展后劲不断增强

云南加快推进重大产业项目建设，在政策效能不断释放的作用下，固定资产投资保持平稳健康发展。前三季度，全省固定资产投资（不含农户）同比增长8.0%。第一产业投资同比增长20.4%，第二产业投资同比增长49.2%，第三产业投资同比下降1.0%。前三季度产业投资占全部投资的比重和同比增速分别提高至39.7%、44.6%，创历史最好水平，拉动全部投资增长13.2个百分点。其中，工业投资增长49.2%，增速为近10年来最高；农业投资增长33.9%；旅游业投资增长59.8%。工业投资中能源工业投资同比增速高达90.4%。其中，云南省滇中引水二期配套工程项目开工加快建设，为水利投资平稳增长提供有力支撑，前三季度基础设施投资增长5.8%。房地产开发投资降幅仍处高位，前三季度房地产开发投资下降25.2%。

在稳增长促消费政策支持下，消费对经济发展的基础性作用逐步巩固，消费需求延续企稳回升的态势。前三季度，全省实现社会消费品零售总额7948.20亿元，同比增长1.5%。餐饮收入和商品零售额平稳恢复。餐饮收入1110.20亿元，同比增长1.7%；商品零售6837.99亿元，同比增长1.5%。居民对品质化消费、绿色消费的需求逐步增加。金银珠宝类、文化办公用品类、通信器材类商品零售额分别增长27.3%、13.2%、10.5%，新能源汽车零售额增长2倍。限额以上单位超市、仓储会员店、专业店和杂食店商品零售额分别增长12.0%、13.9%、11.3%和50.3%；限额以上单位通过公共网络实现商品销售额82.68亿元，同比增长33.3%。

面对复杂严峻的国际环境，云南省外贸呈现较强发展韧性，为稳定宏观经济大盘作出积极贡献。前三季度，全省外贸进出口2609.1亿元，同比增长16.4%，其中出口1313.8亿元，增长11.4%；进口1295.3亿元，增长21.8%。民营企业实现进出口值1511.6亿元，同比增长24.8%，占全省进出口总值的57.9%。出口机电产品438.6亿元，同比增长6.6%；出口劳动密集型产品215.2亿元，同比增长48.4%。进口能源产品（原油、煤及褐煤、天然气）445亿元，同比增长58.7%；农产品、机电产品进口值分别同比增长15.3%、71.8%。

（三）财政收支总体平稳，金融运行保障有力

前三季度，全省地方一般公共预算收入完成1370.52亿元，扣除留抵退税因素后，同口径增长5.7%，按自然口径计算下降16.6%。税收收入完成822.64亿元，扣除留抵退税因素后，同口径增长7.9%，按自然口径计算下降25.3%；非税收入完成547.87亿元，增长1.1%。全省地方一般公共预算支出完成5449.71亿元，同比增长0.2%。重点领域中，科学技术支出48.82亿元，同比增长16.4%；交通运输支出592.08亿元，同比增长15.5%；教育支出881.60亿元，同比增长2.2%。

9月末，全省金融机构人民币存款余额39638.39亿元，同比增长8.1%。其中，住户存款21322.27亿元，增长11.5%；非金融企业存款8922.98亿元，增长7.2%。金融机构人民币贷款余额41516.36亿元，同比增长9.7%。其中，短期贷款8123.71亿元，增长13.0%；中长期贷款29760.95亿元，增长8.7%。

（四）居民收入稳步增长，价格指数有涨有落

前三季度，云南居民人均可支配收入19339元，同比增长5.0%。其中，城镇居民人均可支配收入31729元，增长3.0%；农村居民人均可支配收入9999元，增长7.1%。居民人均消费支出为14087元，同比增长2.2%。其中，城镇居民人均消费支出19802元，下降1.7%；农村居民人均消费支出9778元，增长7.1%。

前三季度，云南居民消费价格（CPI）同比上涨 1.4%，涨幅比上半年扩大 0.5 个百分点；工业生产者出厂价格（PPI）同比上涨 8.3%，涨幅较上半年回落 2.8 个百分点；工业生产者购进价格（IPI）同比上涨 10.4%，涨幅较上半年回落 2.1 个百分点。市场保供稳价力度加大，叠加 PPI 翘尾因素减弱影响，工业品价格持续震荡走低。

二、存在的问题

（一）我国发展面临的外部环境日趋复杂

世界经济已进入一个各种不确定性、挑战增加的时期，俄乌冲突加剧，全球性通胀进一步攀升、美国加息步伐加快和全球经济加速下行等都是不可忽视的风险。多家机构下调了对经济增长的预期。OPEC 还将其对 2022 年全球经济增长的预期从 3.1% 下调至 2.7%，并对 2023 年经济增长的预期下调至 2.5%。外部环境对我国的对外贸易和投资增长，以及经济复苏的力度都将产生更大的负面影响。超预期的出口增长将难以持续，经济增长将不得不更多地依赖内需，为内需复苏带来更大的压力。

（二）居民消费乏力问题突出

受到新冠肺炎疫情冲击、外部环境变化等多重因素影响，整体消费意愿依然偏弱，消费修复仍面临较大困难，消费品零售增速仍在低位运行。居民收入增长放缓、就业和收入预期边际转弱对消费的拖累仍较显著，居民消费能力对消费增长的支撑作用明显不足。云南前三季度城镇居民人均可支配收入同比名义增长 3.0%，扣除价格因素实际仅增长 1.6%，没有跑赢 GDP 增速，居民收入预期下降继续拖累消费回暖步伐。

（三）地方财政收支平衡矛盾凸显

2022 年全省财政收入持续负增长，受增值税留抵退税影响，财政收入大幅下降，财政收支不平衡的矛盾较为突出。前三季度同比少收 271.81 亿元，财政赤字额高达 4079.19 亿元。云南财政收入总量和增速在全国省市排名中处在落后位置，而赤字金额在全国排名靠前。主要原因还是受疫情影响经济增速明显减缓，财政收入因此也面临较大的减收压力。一方面是减税降费力度加大客观上减少地方税收收入，留抵退税政策下财政明显减收。另一方面是在房地产市场持续走弱的背景下，政府土地出让收入大幅下降。

（四）房地产市场的下滑程度较大

前三季度，房地产开发投资同比下降 25.2%，是固定资产投资的最大拖累项，严重拉低企业生产和收入的增长。2021 年房地产开发投资占全省 GDP 比重达到 15.9%，房地产对投资和经济的拉动作用不可小觑，能否稳定住房地产投资和销售仍是影响第四季度经济复苏力度的一个关键因素。虽然采取纾困楼市的政策，包括促进房地产业转型发展、加大保障性安居工程建设力度、鼓励引导居民住房合理消费、激发房地产市场活力、加强房地产市场监管等多个方面，对稳定市场预期、扭转需求端疲弱态势发挥了积极作用，但当前市场整体预期较弱，房地产投资和销售下滑的局面并未得到明显改善。

（五）小微企业的恢复基础尚不稳固

前三季度，小微型企业利润总额同比下降 4.1%，低于全省规模以上工业 17.4 个百分点；每百元营业收入中的成本为 86.27 元，高于全省规模以上工业 6.28 元；应收账款平均回收期为 64.2 天，高于全省规模以上工业 21.9 天。成本提高、利润下降，资金回收困难，小微型企业经营状况不容乐观。中小微企业与大企业相比，应对外部环境变化的能力更加脆弱，以商业零售、餐饮旅游、文化娱乐等服务业为代表的中小微企业仍举步维艰。虽然已经实施了增值税留抵退税政策、减免房屋租金、延期缴纳保险费等纾困政策，但小微企业生产经营困难增多、预期偏弱等问题仍然突出，由于这些企业数目众多，政策覆盖面和政策实施力度还需持续加力。

三、2022年经济指标预测

前三季度，全国分季度GDP增速分别为4.8%、0.4%、3.9%。四季度经济回稳向上的态势继续稳固，稳经济一揽子政策和接续政策效能不断释放，重大项目建设加快推进，有效投资有望持续扩大，其中制造业和社会领域投资保持较快增长，将有效抵消房地产投资下滑的影响。支持民间投资参与重大项目，有望扭转民间投资的下行态势。预计全国第四季度GDP增速将回升到4.8%，全年增速达到3.5%左右。

分季度来看，前三个季度云南GDP增速分别为5.3%、1.9%、4.4%。除疫情开始的2020年第一季度增速为负值外，2022年第二季度增速达到近3年来低位。随着稳经济一揽子政策措施落地见效，高效统筹疫情防控和经济社会发展取得积极成效，第三季度经济已呈现回升向好趋势。在疫情继续得到稳定控制、稳增长政策效果持续显现，以及房地产有望逐步回稳的前景下，预计第四季度GDP增速将达到5.6%，全年增速达到4.3%左右。

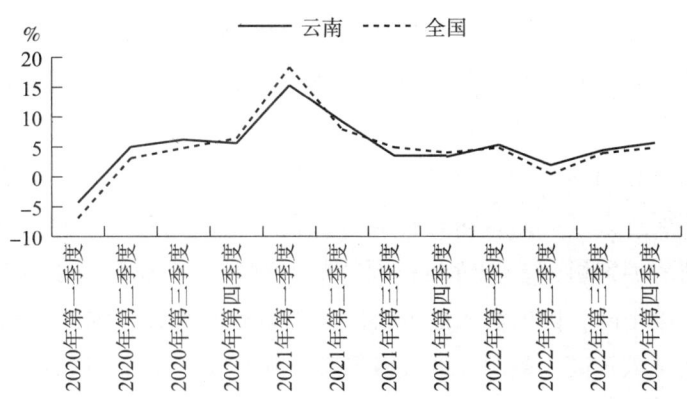

图2 2020年以来全国及云南GDP分季度增速（2022年第四季度为预测值）

（一）工业和服务业经济保持平稳增长

规模以上工业为主的第二产业增长较快，为全省经济稳定起到关键作用。积极推进落实助企纾困和减税降费各项政策，新动能继续领跑工业生产，装备制造业和高技术制造业继续保持较快增长。疏通产业链供应链堵点卡点，工业企业发展信心增强，工业生产平稳运行的基础进一步巩固。但企业生产经营成本依然较高，小微企业经营仍比较困难，企业利润保持较快增长基础有待夯实。预计全年规模以上工业增加值将增长8.4%左右。

重点行业延续恢复态势，加大政策扶持力度，助力困难企业行业恢复发展。规模以上服务业稳定恢复，文娱行业复苏加速，重点行业营业收入增速持续高于全国。但受国内散发疫情等影响，部分行业和地区下行压力较大，跨境、跨省旅游受限，涉旅行业恢复缓慢。预计全年服务业增加值将增长2.8%左右。

（二）产业投资规模继续扩大

大力推进产业强省建设，树立"大抓产业、主攻工业、大抓项目"的鲜明导向，全力抓招商、促落地、保开工、推进度，产业投资规模不断扩大。落实盘活地方专项债结存限额、加快重大基础设施项目开工建设等系列举措，继续推动基础设施投资增长。金融政策继续加大对企业信贷支持，充分发挥能源工业投资的优势，制造业投资将继续拉动全省工业投资较快增长。但房地产投资下降影响房企拿地能力

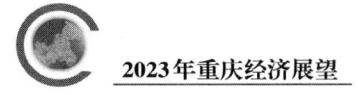

和开发能力，房地产销售和投资回暖依然面临较大压力。预计全年固定资产投资将增长8.2%。

（三）消费和外贸需求企稳回升

继续落实各项助企纾困政策，着力提高居民收入水平，有利于促进消费市场平稳发展。提升消费政策的实效性和针对性，多措并举恢复消费信心，巩固消费能力。延续免征新能源汽车购置税等政策有利于释放社会购车需求，汽车销售将继续回暖，支持刚性和改善性住房需求，房地产消费预期有所改善。但旅游、餐饮等服务类消费还未完全摆脱疫情冲击，消费市场平稳恢复的基础仍不稳固；装修、家具等与房地产相关联的消费行业，仍然受到房地产低迷所带来的影响。预计全年消费品零售总额将增长3.0%左右。

受乌克兰危机、高通胀以及宏观政策转向等因素影响，全球经济增长趋于放缓，中国出口的海外市场需求进一步收缩。随着周边国家生产端的逐步恢复，我国贸易替代效应有所减弱，给云南外贸增长带来新压力。第四季度云南进出口增速回升力度趋缓，预计全年进出口总额将增长18.7%左右。

（四）物价涨幅总体平稳

居民消费价格温和上行。从食品价格看，猪肉价格因上年9月探底，9月价格同比涨幅已达42.8%，影响CPI上涨约0.55个百分点。第四季度随着猪价逐步回升，对食品价格上涨的影响明显加大。从非食品价格看，国际原油等大宗商品虽已出现市场调整，但价格仍将处于较高水平，部分产品进口价格提高带来价格上涨压力。汽油、柴油和液化石油气价格回落，受原材料价格上涨影响，平板电脑、新能源小汽车价格继续上涨。预计CPI全年上涨2.0%左右。

工业生产者出厂价格持续回落。2022年以来，全球能源供求关系持续紧张，产业链供应链面临较大压力，国际原油、有色金属等大宗商品价格保持高位震荡，给国内带来一定的输入性通胀压力。受国际通胀高企、新冠肺炎疫情等因素影响，物价运行面临的不确定、不稳定因素仍然较多。第四季度随着国际原油等大宗商品价格继续下降，国内输入性价格传导压力有所减轻；水泥、钢材等行业需求有所回升，价格同比下降；上年同期基数较高，第四季度价格仍有下降空间。预计PPI全年上涨5.8%左右。

四、2023年经济预测

2023年全球经济面临衰退压力，按照国际货币基金组织预测，2023年全球经济增速将低于2022年。预期中国经济增速将明显领先于全球主要经济体。中国继续坚持高质量发展和"扩内需"的发展方向，城镇化率仍有较大提升空间，中等收入群体消费需求稳步增长。科技创新蓬勃发展，供给侧结构性改革不断深化，经济增长动能持续增强。2023年GDP同比增速有望进一步向潜在增长水平回归，预计全国GDP增速达到5.5%左右。预期云南经济增速将明显回升。现代农业和高原特色农业带动农业经济发展加快，新能源、新动能继续带动工业投资和工业经济较快增长，疫情防控效率提升将带动服务业加快恢复发展。预计2023年云南GDP增速将达到6.5%左右。

五、政策措施建议

一是做好应对全球经济新一轮深度衰退、欧洲可能爆发全面经济金融危机的准备，扩大内需、稳住国内经济基本盘的重要性凸显。发力新基建新能源和稳住房地产市场是重要抓手，继续深化市场化改革、激发民营经济活力，是有效提振市场信心的关键。更加注重交通、水利、医疗、教育等基础设施的高质量规划建设和民生领域补短板，有利于基础设施投资平稳增长。采取切实措施稳定房地产投资和销售，通过下调房贷利率、公积金贷款利率、置换个税优惠，引导房地产市场稳信心。继续推动稳经济"一揽子"政策举措全面落地、充分显效,促进经济平稳健康可持续发展,保持经济运行在合理区间。

二是继续把稳住经济大盘各项政策落实到位,着力做好餐饮、旅游、运输等服务行业小微企业的纾困工作;加强疫情防控执法督查,科学精准防疫,保障物流通畅、供应链不断链;保证中小企业对出台的政策应享尽享,坚持纾困与培优并举,帮扶中小企业渡过难关、健康发展。多措并举解决中小微企业融资难题。积极推动金融机构加大对中小微企业的融资支持,设立稳企稳岗贷款担保专项基金,支持中小微企业信用担保贷款,简化贷款程序,建立更加灵活有效的中小微企业融资机制。推动中小民营企业人才与创新能力的培育,健全全方位支持民营经济高质量发展的政策支撑体系。

三是要强化企业创新主体地位,强化科技创新对产业发展的核心引领作用。聚焦新一代信息技术、高端装备、新材料、生物医药、新能源、汽车制造等产业链条,加快培育产业链、优化价值链、提升创新链。抢占新一轮科技革命和产业变革制高点的有效途径,是落实创新驱动发展战略、培育壮大新增长点的重要抓手。在新旧动能转换、提高自主创新能力等政策导向之下,推动科技型企业加快成长,传统产业受到周期影响竞争力减弱,必须提升科技含量才能提高竞争力。继续培育壮大新兴产业,营造与未来发展阶段相匹配的发展环境,通过建立良好的产业生态来鼓励和保障创新。

四是持续扩大有效投资、发挥投资的关键作用,是应对外部环境变化、保持经济平稳发展的重要支撑。着力推进重大项目建设,更好发挥有效投资补短板调结构、稳就业带消费的综合效应。扎实落实盘活地方专项债结存限额、专项再贷款与财政贴息配套支持部分领域设备更新改造、加快农业农村基础设施建设等系列举措,适度超前开展基础设施和重大产业投资项目。发挥政府资金引导带动作用,吸引民间资本参与市政、交通、生态环保、公共服务、安全保障等补短板固底板领域建设。打破各种"玻璃门""隐形门",建立更加公平开放的投资环境,充分调动民间投资积极性。

表1 2022年、2023年云南主要宏观经济指标预测表

指标	2022年前三季度		2022年预测		2023年预测	
	绝对数	增长率/%	绝对数	增长率/%	绝对数	增长率/%
GDP/亿元	20817.86	3.8	28965.6	4.3	31427.7	6.5
第一产业	2227.33	5.1	4101.2	5.6	4355.0	6.9
第二产业	7609.23	5.8	10558.5	6.0	11658.3	7.1
第三产业	10981.30	2.2	14305.9	2.8	15414.4	6.0
规模以上工业增加值/亿元		8.3		8.4		8.3
固定资产投资/亿元		8.0		8.2		8.2
房地产开发投资		-25.2		-22.5		5.2
社会消费品零售总额/亿元	7948.20	1.5	11053.7	3.0	11860.6	7.3
进出口总额/亿元	2609.1	16.4	3731.7	18.7	4347.4	16.5
出口额	1313.8	11.4	2005.3	13.5	2314.1	15.4
城镇居民可支配收入/元	31729	3.0	42541	4.0	45817	7.7
农村居民可支配收入/元	9999	7.1	15304	7.8	16880	10.3
居民消费价格指数/%	101.4	1.4	102.0	2.0	102.2	2.2
工业品出厂价格指数/%	108.3	8.3	105.8	5.8	104.3	4.3

注:GDP、工业增加值增速为可比增速,其余指标增长速度为名义增速。

[云南省经济信息中心 孔 莉 阚祥伟 何 昆]

之七：2022年陕西省经济运行分析及2023年展望

2022年以来，面对复杂严峻的国内外形势和多重超预期因素冲击，陕西省深入贯彻习近平总书记来陕考察重要讲话、重要指示精神和党中央决策部署，全面落实疫情要防住、经济要稳住、发展要安全重要要求，坚持稳中求进工作总基调，完整、准确、全面贯彻新发展理念，推动稳经济一揽子政策和接续政策措施落地见效，前三季度经济运行呈现稳中向好、质效提升之势。

一、2022年陕西省经济增长稳中有升

2022年，陕西省生产总值季度增速分别为5.1%、4.2%、4.8%，年内各季度分别高于全国平均水平0.3个、1.7个、1.8个百分点，不仅扭转了前两年增速低于国家平均增速的情况，而且上半年和前三季度增速高于国家均值的态势已经恢复甚至超过疫情前水平。

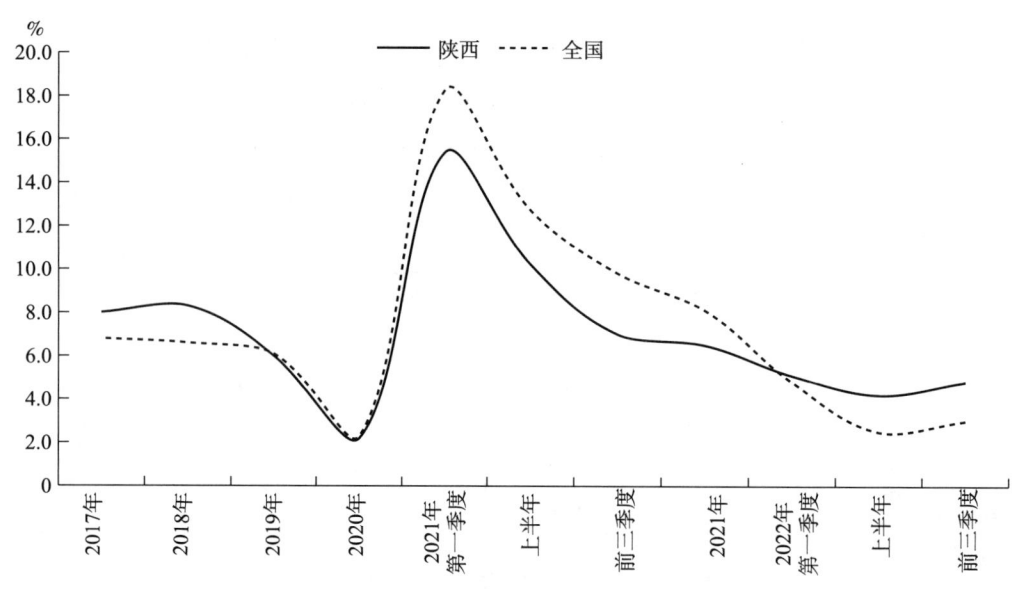

图1　2017年以来陕西省和全国生产总值累计增速

（一）农业生产总体平稳

前三季度，全省农林牧渔业增加值同比增长4.6%。农业产值同比增长3.5%。夏粮总产量475.9万吨，创2000年以来最高水平，同比增长1.1%。秋粮面积平稳增长，气象条件总体有利，整体看陕西秋粮单产呈增长态势，预计秋粮总产量将稳中有增。畜牧业支撑有力，产值同比增长7.5%。其中，猪牛羊禽肉产量和牛奶产量分别增长3.7%和2.6%。

（二）工业增长稳中提质

前三季度，规模以上工业增加值同比增长8.7%，年内各月增速波动较小，高于全国平均水平4.5~

5.2个百分点，领先于全国均值的态势明显超过疫情前水平，在一定程度上表明陕西生产总值增长主要来源于实体经济生产经营的支撑和带动。40个工业行业大类中，32个行业保持增长，增长面为80%。从主要行业看，能源工业增加值增长10%，拉动规模以上工业增长5.3个百分点，继续发挥带动规模以上工业增长的正向作用，其中煤炭采选增加值增长13.2%。非能源工业增加值增长7.1%，低于规模以上工业增加值增速，其中电器机械、汽车、计算机通信等行业增加值分别增长33%、15.4%、8.9%，增速高于规模以上工业增加值。实体经济生产经营效益水平较高，1—8月，规模以上工业利润总额增长45.7%，主营业务收入增长20.9%。具体来看，9月末陕西省实有市场主体达到518.02万户，同比增长8.9%，其中企业135.07万户，同比增长11.8%；全省"五上"单位29660个，在库单位数稳居西部第二，同比增长38.3%。10家企业跻身2022年"中国企业500强"，显示出陕西省企业规模整体发展迈上新台阶。秦创原总窗口科创产业发展联盟揭牌成立，总窗口共新增入库科技型中小企业2044家，认定国家高新技术企业505家，实现技术合同交易额129.2亿元，分别是2021年同期的2.74倍、2.69倍、1.45倍，表明陕西省实体经济的科技创新水平不断提升。

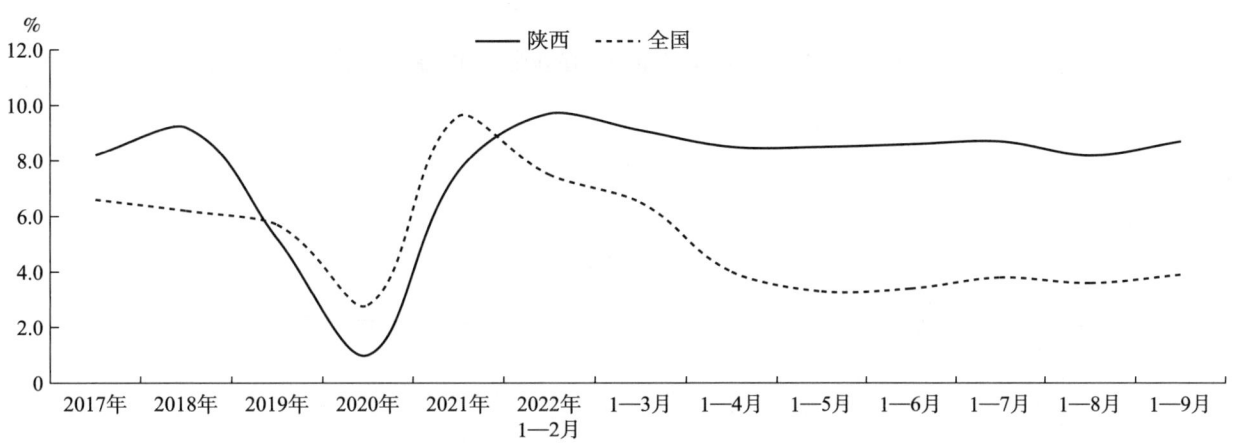

图2　2017年以来陕西省和全国规模以上工业增加值累计增速

（三）服务业增长势头稳

前三个季度，服务业增加值增速分别为4%、2.6%和3.1%，总体呈现增长稳定恢复、结构持续改善特征，与全国平均相比，分别为持平、高0.8个百分点和高0.8个百分点，显现出近四年来领先于国家均值的较好态势。分行业看，金融业、交通运输仓储和邮政业分别增长7.8%、3%，住宿和餐饮业由负增长转变为增长0.4%。累计完成营业性货运量和货物周转量分别增长5.5%和14%。接待国内旅游人数和实现旅游收入分别恢复至疫前同期的57.38%和43.35%，恢复情况略优于全国。陕西小微企业金融服务信息平台8月正式上线，有效缓解银企信息不对称以及融资难、融资贵问题，助力小微企业发展。

（四）投资增长稳中向好

前三季度，固定资产投资增长9.8%，年内除2月以外，各月累计增速均高于全国平均2.7~3.9个百分点，领先于全国均值的态势接近疫情前（2018年）水平。在隆基15GW高效单晶电池、西安奕斯伟硅产业基地一期二阶段等项目带动下，全省工业投资稳步增长，亿元及以上工业项目投资占工业投资比重达74.1%，同比增长11.6%。进入第三季度，本年施工项目个数、本年新开工项目个数、全部投产项目个数等指标增速均呈两位数增长。3月份以来，基建投资均发挥引领固定资产投资增长的正向作用。

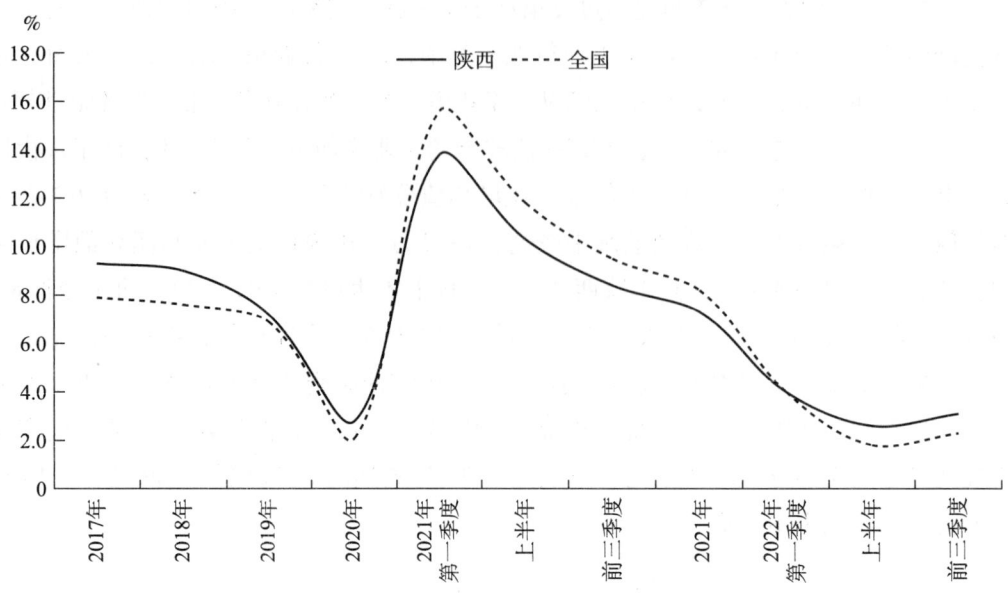

图 3　2017 年以来陕西省和全国服务业增加值累计增速

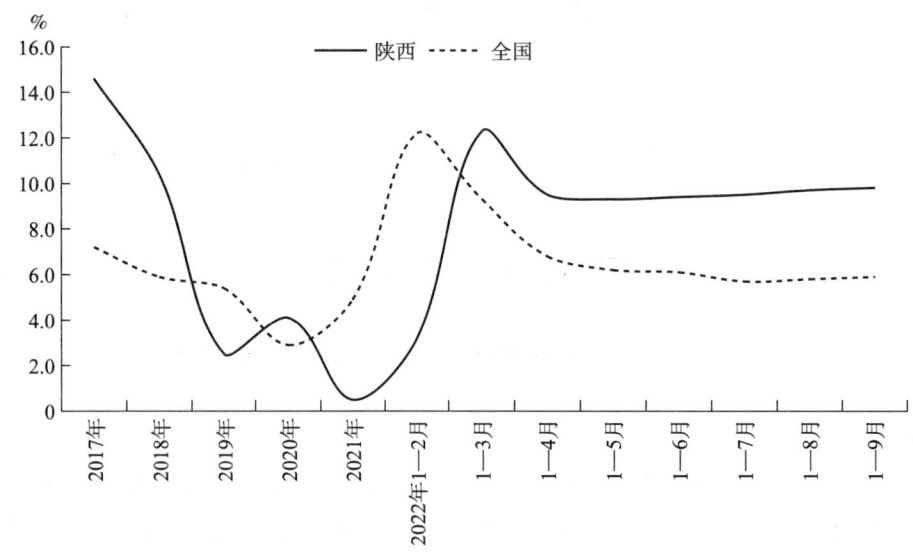

图 4　2017 年以来陕西省和全国固定资产投资累计增速

（五）消费市场逐渐回暖

2022 年第一季度、上半年、前三季度，陕西社会消费品零售总额分别增长 0.2%、0.3%、1.9%，与全国平均相比分别低 3.1 个、高 1 个、高 1.2 个百分点。限额以上消费品零售额中商品零售的 23 个大类中 14 类商品零售额保持正增长。通过公共网络实现的商品销售增速持续高于限额以上社会消费品零售总额增速。

（六）出口贸易高速增长

前三季度，长安号累计开行量突破 1.4 万列，开行量、重箱率、货运量等核心指标持续位居全国前列。在长安号的带动下，陕西省内外需求对经济的拉动作用进一步增强。出口各月累计增速超过 20%；民营企业进出口占比 37.1%，较上半年提高 2.6 个百分点。具体来看，8 月，全国唯一农业特色综合保税

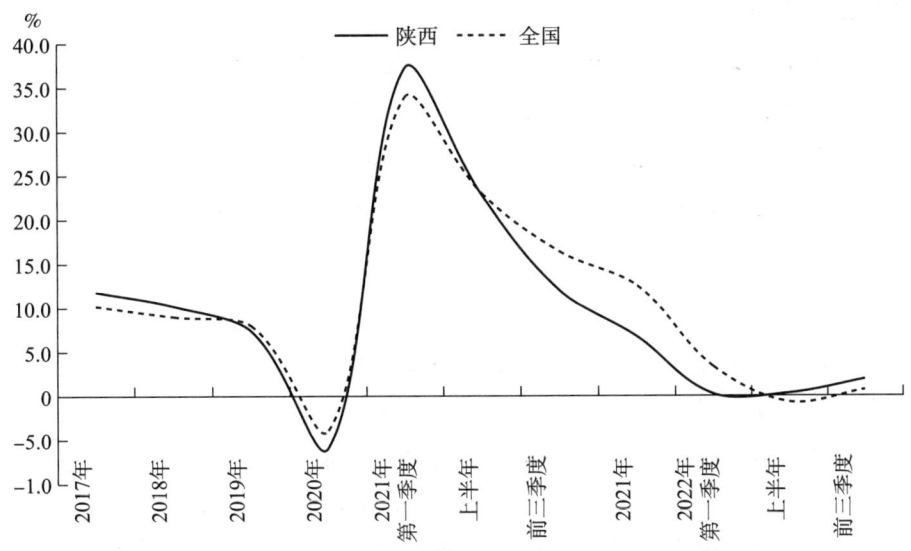

图5　2017年以来陕西省和全国社会消费品零售总额累计增速

区陕西杨凌综合保税区封关运行。首列长安号中越国际货运班列（西安—河内）从西安国际港站始发，标志着陕西西安打通了连接东盟的陆路贸易通道。9月，中欧班列长安号运邮专线开行电子关锁在中欧班列（长安号）集拼中心正式上线应用，标志着集拼中心散货集运向"抵港直装"迈出实质性的一步。

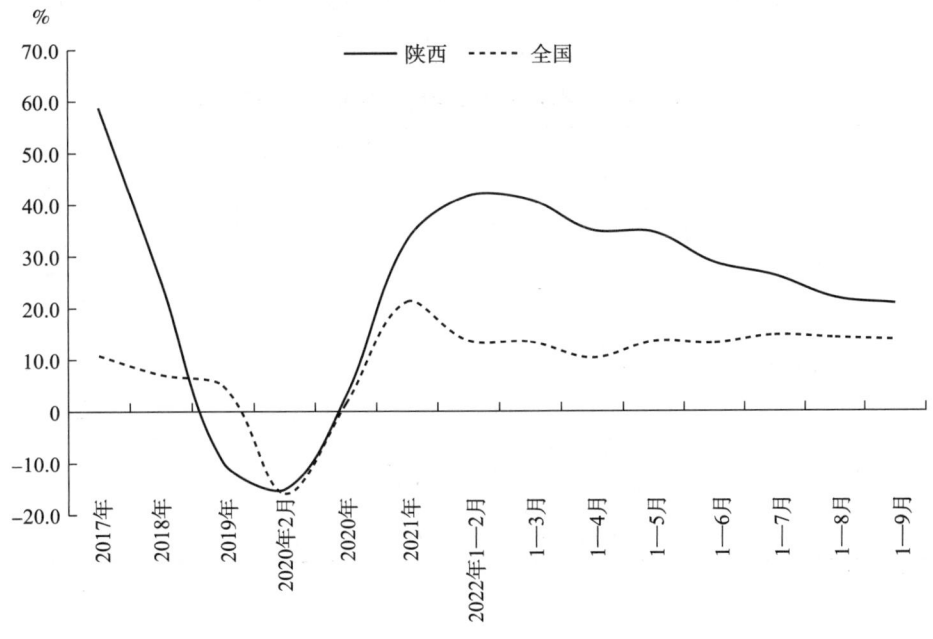

图6　2017年以来陕西省和全国出口累计增速

（七）经济运行存在的问题

1. 部分行业生产恢复增长难度较大

工业持续较快增长的基础不够牢固。目前主要靠比亚迪、隆基、三星等部分大企业支撑，行业发展不平衡，特别是重卡行业负增长，陕汽、法士特仍为负增长。中小企业存在诸多困难，停产半停产企业较多。

2. 投资主要靠基建拉动增长不均衡

陕西民间投资已经占到固定资产投资的一半以上，2022年3月以来民间投资增速均不同程度低于固定资产投资，民间投资积极性受挫。受疫情、经济下行等因素影响，全省住房消费预期下降，市场购房信心不足，购买意愿以及消费能力明显减弱，销售面积持续下滑。从工业行业看，油气开采、黑色金属采选、纺织、化学原料、非金属矿物制品、计算机通信等行业投资增速仍为负增长，都在一定程度上对投资增长形成制约。

3. 消费及服务业恢复不确定性较多

社会消费品零售总额累计增速虽逐季回升但比较艰难，主要是占陕西消费比重最大的西安市由于受多轮疫情影响，旅游带动外来消费减少，接触性消费受到制约，餐饮、住宿、零售持续负增长，影响全省消费及服务业回升。汽车客运场站受疫情影响反复关停，企业亏损严重，部分濒临倒闭，中小微货运企业货源减少、业务量下降，油料人工等运营成本提升，消费市场总体信心不足。

总的来看，新冠肺炎疫情对国内外经济社会发展的影响仍在延续，中国始终坚持科学把握疫情防控和经济社会发展的关系、高效统筹疫情防控和经济社会发展，力争在抗击疫情和推动经济社会发展中寻求最优路径并取得良好成效。从各大机构对全球及中国经济2022年和2023年经济增速的预测可见，中国经济增速不仅高于全球，而且在普遍认为在2023年全球经济继续下行的大环境下，对中国经济增速的预计均高于2022年，中国仍是全球经济增长的稳定器。就陕西省前三季度数据来看，经济恢复好于全国平均水平，预计2022年生产总值增速将继续高于全国均值，有望超过5%。规模以上工业增加值增速在9%左右，投资增速达到10%左右，社会消费品零售总额增速向3%努力。

表1 各大机构对全球及中国经济增速的预计

机构	时间	2022年预计增速/%		2023年预计增速/%	
		全球	中国	全球	中国
国际货币基金组织（IMF）	7月	3.2	3.3	2.9	4.6
	10月11日	3.2	3.2	2.7	4.4
经济合作与发展组织（OECD）	6月8日	3	4.4	2.8	4.9
	9月26日	3	3.2	2.2	4.7
惠誉评级	6月	2.9	3.7	1.8	5.3
	9月16日	2.4	2.8	1.7	4.5
联合国	10月	2.5	4.5	2.2	—

二、经济发展内外环境分析

（一）世界经济衰退风险加大

2022年，全球范围内的气候异常、俄乌冲突、食品和能源价格上涨、供应链中断、通货膨胀以及各国央行收紧货币政策等多重因素，使得全球整体经济的企稳回升进一步受到不利影响。其中俄乌冲突对全球经济和地缘政治的影响不仅持续而且深远，新冠肺炎疫情反复和病毒变异的不可预测性也加重着国际经济的衰退。2023年，预计全球商品贸易将大幅放缓，虽然有望缓解通胀压力，但是会加大全球经济衰退的风险。如果各国央行加息力度过大，经济增速会出现更大幅度的减缓。

（二）中国经济增长韧性可期

从当前看，中国经济发展面临的需求收缩、供给冲击、预期转弱三重压力更加突出，2022年前三季度生产总值分别增长4.8%、2.5%、3%，表明我国稳经济一揽子政策和接续措施正逐渐落地显效。从长远看，中国经济发展仍具韧性强、潜力大、活力高等诸多有利条件，长期向好的基本面没有改变。特别是党的二十大的胜利召开，回应了时代命题，传递了新发展理念的重大信号。未来要紧紧围绕以中国式现代化全面推进中华民族伟大复兴的中心任务，注重经济发展的质量、平衡、安全和可持续性，经济筑底期需要在持续加大两新一重的投资力度和有效性、助力民营经济重拾信心、激发平台经济释放创新活力、稳楼市房地产软着陆等方面作出科学引导，我国经济将更高效地向高质量发展转型。

三、2023年主要指标预测及展望

2022年，陕西主要宏观经济指标均处于正增长区间，且多数指标增速高于全国平均值。考虑到全国大势是2023年好于2022年，预判陕西的经济走势也大概率是向好。预计2023年主要指标增长不低于2022年，在逐步落实国家优化疫情防控措施的过程中，生产总值增长5%~6%，规模以上工业增加值和固定资产投资增速向10%左右甚至更高努力，力争社会消费品零售总额增速逐渐恢复到两位数。

四、政策建议

（一）聚力创新促进产业优化升级

认真贯彻落实党的二十大精神，持续抓好创新驱动，紧盯国家打造原创技术策源地机遇，用好秦创原平台和各项政策，围绕"搭平台、育主体、造生态、抓统筹"四大方向，建设以需求为导向、以创造为动力、以项目为载体、以转化为重点、以产业为目标的秦创原总窗口。加大企业研发投入，扎实开展科研项目攻关，加快促进技术成果转化，不断增强自身创新能力建设。建立健全亏损企业退出机制，全面摸底省属各级企业经营状况，对于长期亏损、"僵尸企业"采用重组、注销等方式处置，确保亏损企业亏损额、亏损面持续下降。

（二）聚力项目引领有效投资增长

梯次推进重大项目及新开工项目，努力形成更多实物量。系统谋划2023年重点项目储备工作，做好专项债券、中央预算内资金项目申报工作。推动有条件的企业挖潜增效，其他企业争取多做贡献。聚焦先导性战略性产业，加快推进8寸线、氢能、分布式能源、生物医药、新材料等新兴产业布局，创造条件推动重大项目落地见效。

（三）聚力消费带动服务业快恢复

力促消费能力恢复提振，坚持以政策带消费、以营销促消费、以配套稳消费，持续激活消费潜力。鼓励新能源汽车和智能（绿色）家电消费，大力开展线上线下各类促销活动。支持陕西省国家级文化和旅游消费集聚区与省级夜间文化和旅游消费聚集区加快发展，促进文旅产业繁荣。积极推进西安、宝鸡、铜川、汉中一刻钟便民生活圈全国试点建设。加快推进商贸流通体系建设，引导商贸流通企业、电商平台向农村延伸，促进城乡消费持续恢复。着力稳定房地产市场，加快完善县域商业体系，进一步释放消费潜力。

[陕西省信息中心　田静莉　江　果]

之八：2022年甘肃省经济运行分析及2023年展望

2022年以来，面对复杂严峻的国内外形势和多重超预期因素冲击，甘肃省高效统筹疫情防控和经济社会发展，持续推动稳经济一揽子政策和接续措施落地见效，经济发展呈恢复向好态势，初步预计全年经济增长5%左右，2023年经济增速在6%左右。

一、2022年甘肃省经济运行分析

前三季度，甘肃省地区生产总值8124.2亿元，同比增长4.1%。其中，第一产业增加值1154.6亿元，同比增长5.1%；第二产业增加值2873.9亿元，同比增长4.2%；第三产业增加值4095.6亿元，同比增长3.7%。

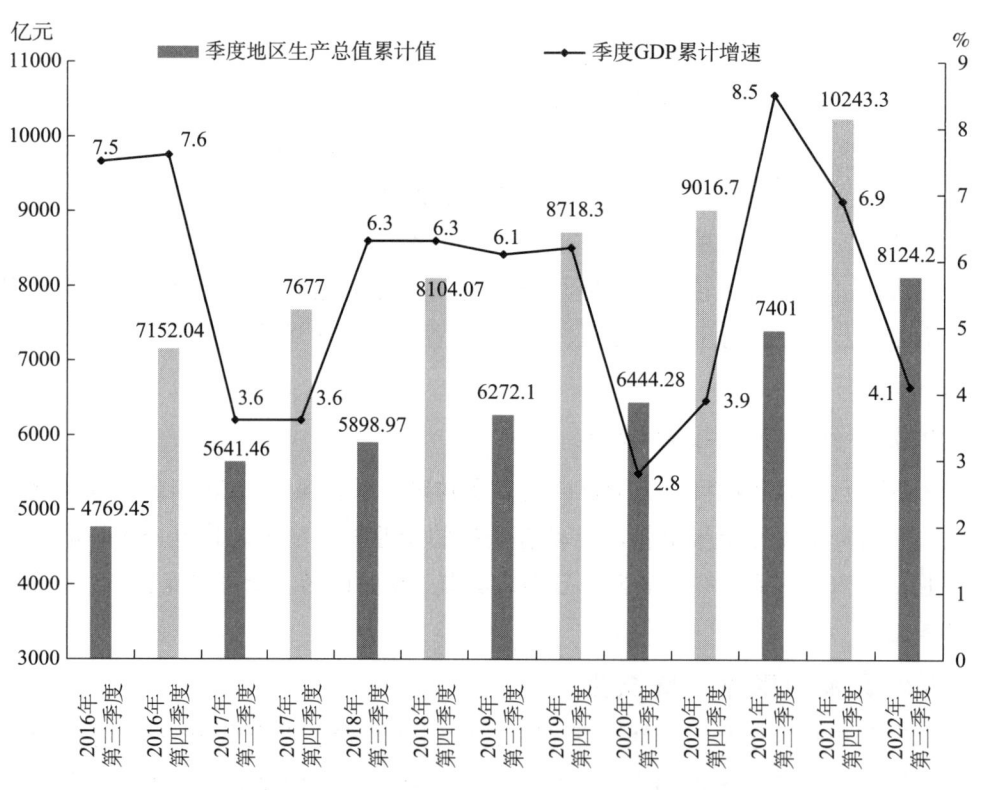

图1　2016—2022年前三季度甘肃省GDP及增速

（一）政策举措持续发力见效

出台了53条稳经济政策措施和24条接续政策，营商环境上轨道、上台阶、上水平，带动市场活力、投资吸引力和经济发展韧性增强。截至9月底，全省新设立企业5.94万户，日均新设217户，企业总数达57.46万户。强科技、强工业、强省会和强县域"四强行动"稳步推进，登记科技成果1563项，技术合同成交额227.9亿元,同比增长64%;工业固定资产投资增长56.3%,规模以上工业增加值增长5.9%;"一核三带"区域发展格局夯实推进,印发实施强县域行动实施方案和强县域行动若干措施。民生福祉不断增进,11类民生支出占一般公共预算支出近80%,10件为民办实事项目进展顺利,新增城镇就业27.1万人,输转城乡富余劳动力526.8万人次,人均可支配收入达到16732元。民生商品供应畅通充足,CPI同比上涨1.9%。

(二)现代寒旱特色农业健康发展

粮食安全稳步提升,播种面积4046.65万亩,超额完成国家下达任务。撂荒地复耕复垦123万亩,完成高标准农田建设276万亩。小麦机收水平达到90%,主要农作物耕种收机械化率63.5%。农业特色产业加快发展,蔬菜产量1534.01万吨,同比增长8%,猪牛羊禽肉产量100.3万吨,同比增长6.4%。深入开展地理标志助力乡村振兴行动和农业品牌精品培育计划。围绕粮食、油料等建成万亩示范片50个,千亩示范田373个。启动实施了百万亩、百万头(只)产业大县建设和绿色标准化抓点示范行动,已建成绿色标准化基地1189个,建设万头(只)以上标准化养殖场256个。种业振兴行动取得新成效,建成标准化、规模化、机械化、水肥一体化玉米制种基地23万亩、马铃薯良种繁育基地30万亩、瓜菜花卉制种基地5万亩,征集农作物种质资源3037份。

(三)工业发展提质增效

规模以上工业稳定运行,规模以上工业增加值同比增长5.9%,其中采矿业增长12.6%,制造业增长4%,电力、热力、燃气及水生产和供应业增长3.7%。重点企业顶梁柱作用凸显,省属企业累计实现工业总产值2993.63亿元,同比增长22.37%;营业总收入6445.16亿元,同比增长4.72%,利润总额、上缴税费分别增长2.49%、15.88%。大企业"稳定器"作用显著,兰州石化、金川公司对全省经济增长的拉动均在1个百分点以上。工业发展后劲增强,实施500万元以上工业和信息化项目1039项,已开工建设881个。新入规企业400多户,全省电网新能源装机达到3258万千瓦,十大生态产业增加值2077.8亿元,占地区生产总值的25.6%。

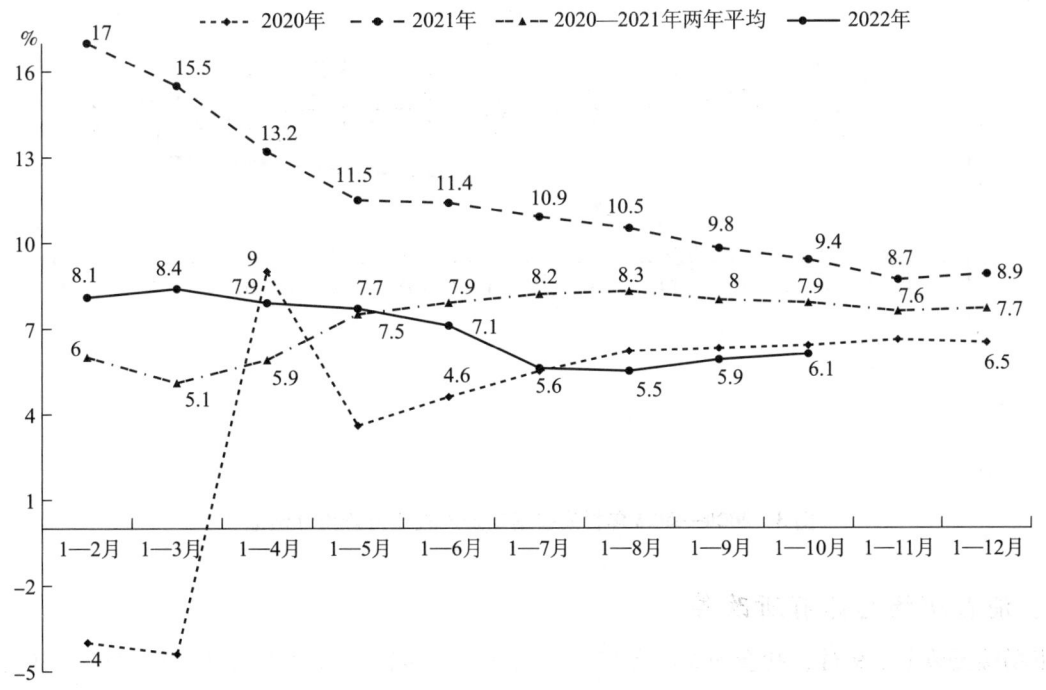

图2 2020—2022年甘肃省规模以上工业增加值月度累计增速

（四）第三产业稳步发展

现代服务业保持恢复增长，交通运输、仓储及邮政业增加值同比增长10.9%，金融业同比增长3.5%，1—8月规模以上服务业企业营业利润增长10.5%。文化旅游业行稳致远，官鹅沟景区成功创建国家5A级旅游景区，开工建设文旅康养项目209个。乡村旅游持续复苏升温，共创建乡村旅游示范县14个，打造乡村旅游示范村310个，38个村入选全国乡村旅游重点村，3个乡镇入选全国首批乡村旅游重点乡镇。铁路货运量同比增长29.4%，成功组建甘肃省物流集团，积极服务和融入全国统一大市场，实现全省陆港、空港和物流企业协同发展。

（五）固定资产投资平稳增长

固定资产投资同比增长10.9%，对经济恢复的关键作用增强，基础设施投资实现恢复性增长1.8%。第二产业投资增长56%，工业投资强劲增长46.5%。累计下达中央预算内投资213.7亿元、专项债券780亿元。省列重大项目稳步实施，中兰铁路、兰州市城市轨道交通2号线等一批重大标志性工程即将建成投运，白龙江饮水工程可研报告通过水利部审查，甘肃省公共卫生医学中心项目开工建设。黄河流域兰西城市群甘肃片区生态建设亿元以上重点项目集中开工46个。234个省列重大项目累计完成投资1978.13亿元，年度计划投资完成率88.92%。出台《关于推行企业投资建设项目信用承诺制改革的若干意见》，切实树立"大干大支持、多干多支持、不干不支持"工作导向，投资环境持续优化，民间投资总体稳定，增长8.7%。

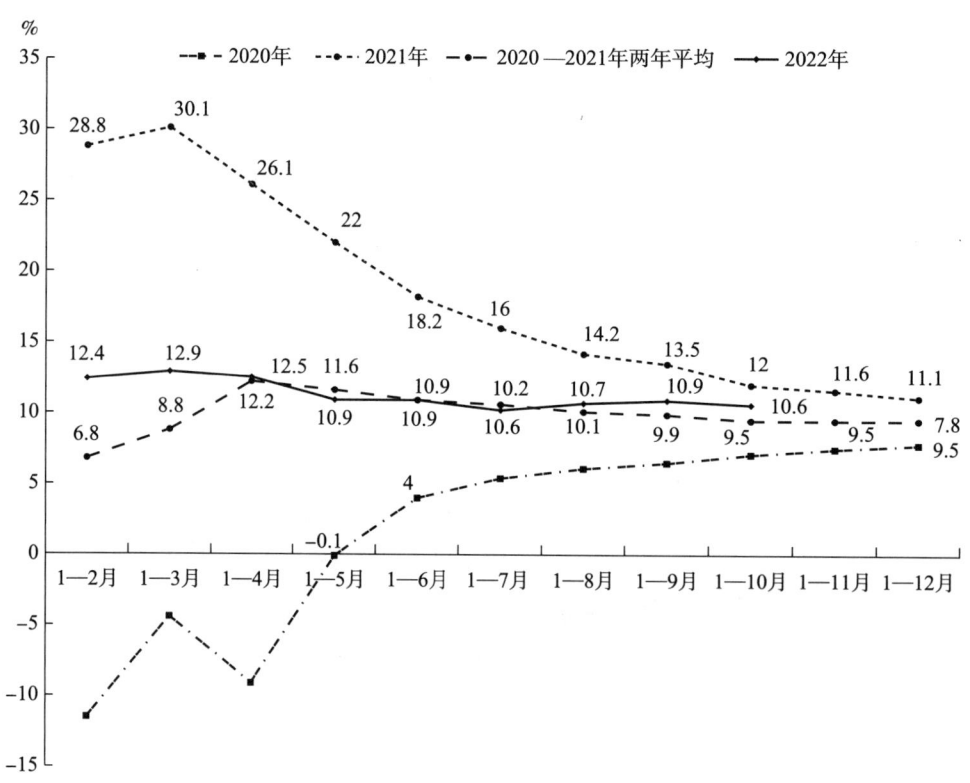

图3　2020—2022年甘肃省固定资产投资月度累计增速

（六）消费市场总体有所改善

消费市场缓慢恢复，9月，社会消费品零售总额增速由负转正，呈缓慢恢复增长态势。前三季度，社会消费品零售总额2981.7亿元，同比下降1.4%，降幅较1—8月收窄0.3个百分点。基本生活类消费稳定增长，限额以上单位粮油食品类、饮料类、烟酒类商品零售额分别同比增长 15.3%、13.5%、1.5%。限额以上批零住餐业通过公共网络实现零售额同比增长 27.6%。临夏自治州八坊十三巷街区、兰州创意文化产业园商业区入选第二批国家级夜间文化和旅游消费集聚区。"2022'甘味'"特色农产品贸易洽谈会签订农产品采购和农产品加工投资合作协议 58.28 亿元，成功举办"2022 全国农产品产销对接助力乡村振兴"等活动，"甘味"农产品品牌知名度和影响力进一步提升。

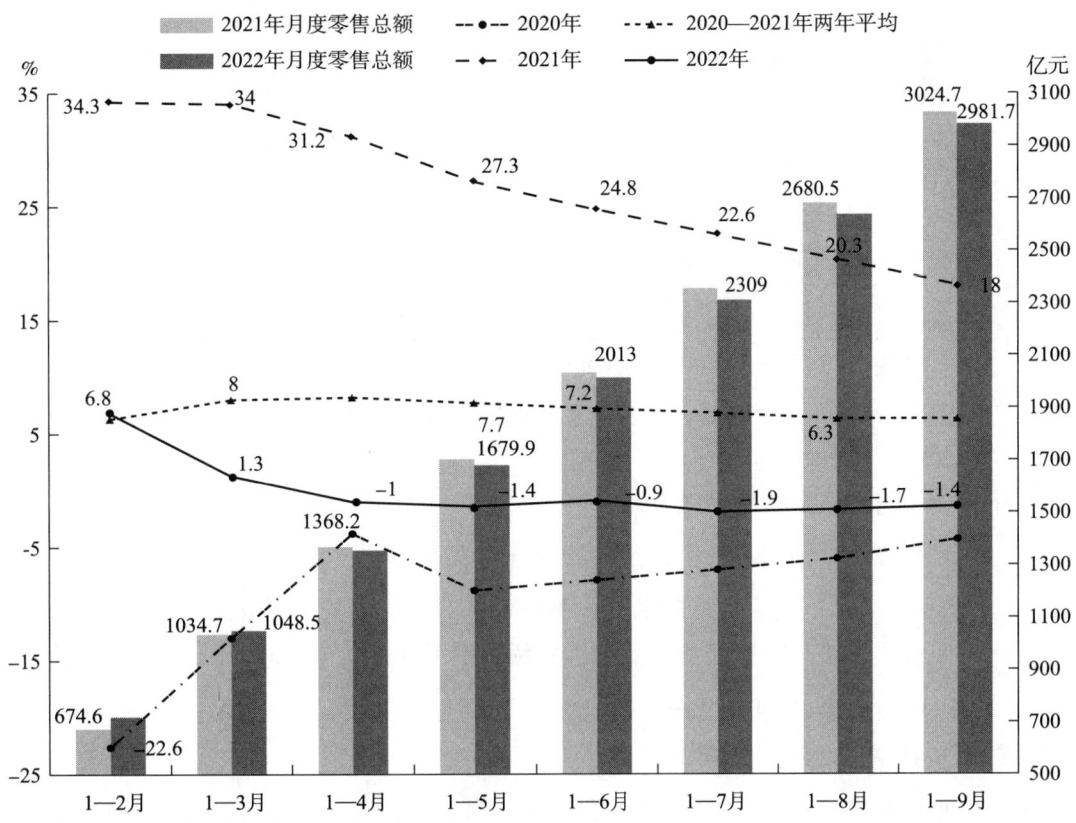

图 4　2021—2022 年甘肃省月度累计社会消费品零售总额值及 2020—2022 年增速

（七）外贸进出口增长较快

外贸进出口快速增长，进出口总额 463.4 亿元，在高基数基础上，同比增长 21.7%。其中，出口值 94 亿元，同比增长 49.3%；进口值 369.4 亿元，同比增长 16.2%。特色产品进出口实现新突破，敦煌首次通过铁海联运出口石棉，金徽酒、陇南西蓝花首次出口韩国，冷冻禽肉首次出口欧洲市场，"中国天水—南非开普敦"国际班列顺利发运。对外经济合作迈出坚实步伐，上半年省外招商引资项目 1510 个，到位资金 1931 亿元，同比增长 26.85%。深化口岸、属地合作，兰州海关与南京海关签署深化推进"一带一路"建设促进"双循环"新发展格局协议，持续举办"津陇共振兴""鲁企走进协作地"活动。

二、存在的问题

（一）完成全年目标任务困难较大

地区生产总值增速低于年初预期目标 2.4 个百分点，规模以上工业增加值低 1.1 个百分点，社会消费品零售总额低 9.4 个百分点，城乡居民人均可支配收入分别低 3.7 个、3.8 个百分点；兰州、庆阳等经济占比较大的市州主要指标低位运行。

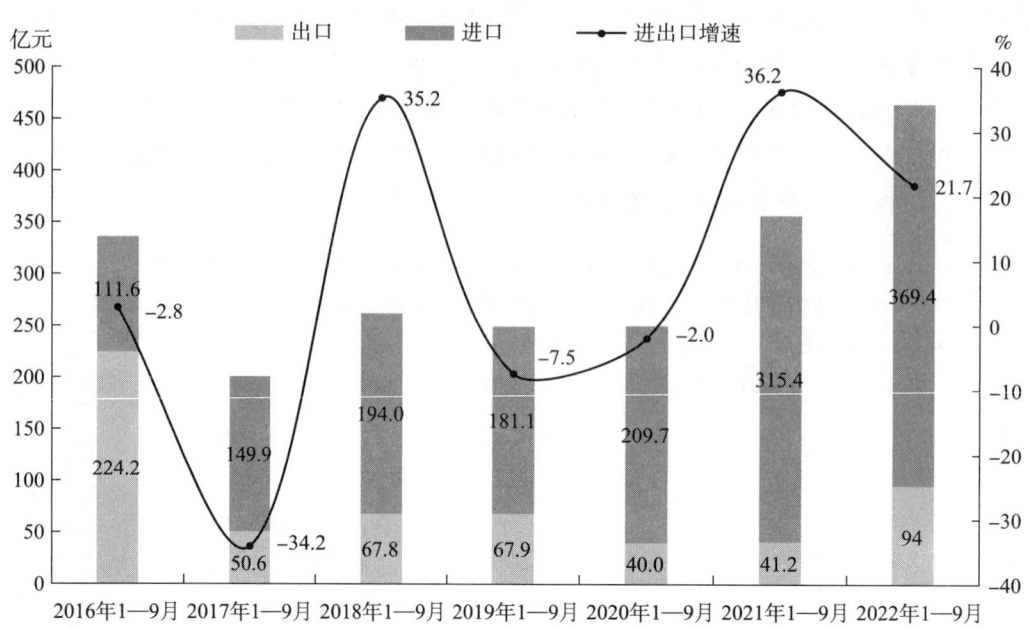

图5 2016—2022年前三季度外贸进出口额及增速

（二）消费是经济发展的最大短板

疫情多发、频发导致消费预期不稳定，经济增速下降主要是由于消费下滑。社会消费品零售总额同比下降1.4%，服装鞋帽、化妆品类、家用电器音响器材类、文化办公、家具类等限额以上零售降幅均在10%以上。兰州、天水"大块头"社会消费品零售总额分别下降6.9个、5.4个百分点。城镇消费品零售额下降1.5%，乡村消费品零售额下降1.2%。

（三）稳定房地产市场压力巨大

前三季度，房地产开发投资增速直线下降到1.1%。房地产销售持续疲软，第一季度销售面积同比下降10.7%，上半年商品房销售面积下降20.6%，前三季度降幅扩大至-29.6%，从中央到省上陆续释放利好政策，但房企投资信心未见明显恢复。

（四）乡村振兴基础薄弱

农业产业还处在由初级向中高端迈进阶段，科技含量低、产业链条短、附加值不高，2021年农产品加工转化率不到60%，3000多家龙头企业总产值仅1600亿元，农产品精深加工业发展不充分；据《2021乡镇综合竞争力报告》，西部百强镇中陕西省、内蒙古各20个，四川12个，云南9个，贵州7个，宁夏和新疆各1个，甘肃无一乡镇入围。

三、2023年趋势展望及主要指标预测

（一）全球通胀高企延续，世界经济下行压力加剧

世界经济饱受新冠肺炎疫情、通胀、地缘冲突等因素拖累，贸易保护主义持续升温，结构性矛盾叠加流通性障碍导致供需矛盾跌宕升级，疫情影响和俄乌冲突影响超预期，全球"滞胀"格局仍将延续。世界银行称"全球经济发展正处于数十年来最严重的减速期"，IMF预测2023年全球经济增长将放缓至2.7%，称2023年将是自2001年以来最疲软的增长状况。

（二）全国经济正回稳向上，展现出强大韧性和巨大潜力

我国经济总量大、市场广阔、韧性好、潜力足、回旋余地大，发展"形有波动、势仍向好"，长期向好的基本面不会改变。随着高效统筹疫情防控和经济社会发展政策举措更加科学精准，新冠肺炎疫情对经济运行的干扰有望大幅减弱，全国经济总体延续恢复增长态势。国内大循环内生动力和可靠性将有力增强，国际循环质量和水平将有效提升，持续深化供给侧结构性改革，不断为稳健的货币政策和积极的财政政策拓展新空间。国内供给侧生产形势稳定向好，消费基础动力稳固恢复，有效投资将持续发力，物价将继续保持平稳态势，稳步推进高水平对外开放，将有效提升外贸对宏观经济的拉动作用。

（三）甘肃发展机遇挑战并存，重大战略和发展势能叠加交汇

随着"一带一路"建设、西部大开发、黄河流域生态保护和高质量发展、青藏高原可持续发展等重大战略加快实施，甘肃资源禀赋优势、工业基础优势、地理区位优势越来越凸显，叠加倾斜政策、市场利好的振兴机遇越来越凸显，2023年全省经济形势总体判断是"逆势而进、稳中向好"。着力推动构建"一核三带"区域发展格局和实施"四强"行动，稳经济增长的动力基础将更加牢固。中央倾斜支持力度持续加大，兰州入选首批气候投融资试点城市，金昌、天水、兰州新区纳入"十四五"时期"无废城市"建设，中央继续实行东西部协作和中央定点单位帮扶机制。固定资产投资形势稳定向好，重大项目迎来重大利好，产业链链长制开局良好，产业发展新动能势头强劲。但同时高质量发展还面临"大块头"企业产能受限、小微企业活力不足、链孤岛型产业偏多、隐性债务风险偏高、人口净流出严重、生态环保任务重、营商环境有差距等短板制约。

（四）主要指标预测

初步预计，2023年全省经济增速在6%以上，规模以上工业增加值增速7%以上，固定资产投资增速10%以上，社会消费品零售总额增速10%以上，外贸进出口总额达到700亿元，就业形势和物价水平保持总体稳定。

四、对策建议

（一）深入贯彻落实党的二十大精神

2023年是全面贯彻落实党的二十大精神的关键之年，要始终坚持以推动高质量发展为主题，坚持社会主义市场经济改革方向，着力建设现代化经济体系，全面推进乡村振兴，促进区域协调发展，坚持高水平对外开放，加快构建以国内大循环为主体、国内国际双循环相互促进的新发展格局。以实际行动贯彻落实党的二十大精神，高效统筹疫情防控和经济社会发展，科学精准、与时俱进、实事求是改善提升防控措施，增强"疫情要防住、经济要稳住、发展要安全"能力水平。坚持在高质量发展中改善民生，巩固拓展脱贫攻坚成果，扎实推进共同富裕，实施就业优先战略，做好保供稳价，推动城乡教育、医疗服务均等化发展。

（二）持续打造一流营商环境

深化放管服改革，加快打造市场化法治化国际化营商环境，着力培育壮大市场主体，扶持中小微企业体量规模稳步扩大、质量效益明显提升，依法平等保护各类市场主体合法权益，降低市场主体制度性交易成本。全面实施市场准入负面清单管理，深入推进告知承诺等改革，积极探索"一业一证"改革。全面提升线上线下服务能力，加快打造高效便捷、优质普惠的线下"一窗综办"和线上"一网通办"平台。扩大政务服务"跨省通办"范围，加快推进"一件事一次办"，提升面向市场主体和人民群众的政务

服务效能。积极复制推广国务院印发的 50 条营商环境创新试点改革举措。

（三）积极构建现代化产业体系

坚持不懈地发展现代寒旱特色农业，实施好优势特色产业三年倍增行动，积极开展"甘味"品牌建设，加快实现从特色农业大省向特色农业强省转变。全面落实藏粮于地、藏粮于技战略，逐步把永久基本农田全部建成高标准农田，深入实施种业振兴行动。围绕不断提升产业链供应链韧性和安全水平，加快实施制造业核心竞争力提升五年行动计划，改造提升传统优势产业，培育发展战略性新兴产业，加快"产业生态化、生态产业化"步伐，在绿色低碳发展上取得新突破。充分发挥国有企业在全省经济发展中的"顶梁柱"作用，充分释放产能。发挥链主企业作用，融通上下游全产业链提质增效。坚持把发展经济的着力点放在实体经济上，构建新一代信息技术、人工智能、生物技术、新能源、新材料、高端装备、绿色环保等一批新的增长引擎。推动现代服务业与寒旱农业、先进制造业深度融合，建设高效顺畅的流通体系，推动降低物流服务收费，提升擦亮"交响丝路·如意甘肃"文旅主品牌。

（四）着力实施扩大内需战略

坚持"资金、要素跟着项目走"的原则，继续发挥"项目集中开工""标准地改革""区域评估""协同推进""四优先"等机制作用，优先支持基础设施领域、规划内和前期工作成熟的项目，着力破解要素保障问题。鼓励民间投资和扩大外商投资范围，加大外商投资的支持力度。支持刚性和改善住房需求，借鉴刺激住房需求经验做法。统筹推动消费提质扩容，开展商旅文体融合，加快餐饮企业数字化赋能，鼓励发展智慧商店，积极发展特色街区、特色商圈和夜间经济。大力实施消费帮扶，培育一批消费帮扶示范企业和社会组织。推动大型综合生活超市进驻乡镇、中心村，释放农村消费潜力。持续推进"放心消费在陇原"示范创建活动，打造全国一流消费环境。加大稳市场主体力度，改善消费预期，防止教育、医疗、养老等高端服务性消费外流。

（五）不断扩大进出口贸易规模

抓实"一带一路"最大优势，用足 RCEP 最新机遇，构建以"一带一路"沿线国家和 RCEP 成员国为牵引的强外贸双轮驱动模式。深入挖掘"一带一路"沿线国家消费需求，巩固提升工业品、服务贸易、特色农产品等出口"一带一路"沿线国家的规模优势，把出口这驾"弱马车"转化为促进经济增长的强动力。鼓励传统外贸企业、跨境电商和物流企业等参与海外仓建设，培育一批优秀海外仓企业。加快推进国家物流枢纽建设再上新台阶，完善综合运输体系，力争国际班列开行数和运营效率稳定提升。用好降税、区域原产地累计规则，做大做强与 RCEP 成员国新材料、通用设备、种子等特色产业的商贸合作，扩大优势产品出口。稳定扩大"一带一路"国家矿产资源、化石能源等资源性产品进口，建设双循环能源资源战略支点，保障全省以及全国原材料供应链安全稳定。

[甘肃省经济研究院　张　帆　马红祥]

之九：2022年青海省经济运行分析及2023年展望

2022年以来，面对外部环境复杂严峻、多轮疫情冲击以及极端天气等超预期因素影响，青海省委、省政府认真贯彻落实党中央、国务院"疫情要防住、经济要稳住、发展要安全"的重大要求，全省经济顶压前行，生产持续改善，就业形势稳定，保供稳价成效明显，民生保障力度加大。展望2023年，党的二十大指路领航，经济发展预期稳定，扩内需战略和供给侧结构性改革有机结合，稳增长政策措施有力有效，全省经济平稳增长具备较好基础，但经济运行中的长短期问题仍对全省经济增长形成一定扰动。初步预计，2023年青海省地区生产总值同比增长3.5%左右。

一、2022年青海省经济运行分析及预测

（一）主要特征

1. 经济恢复有所放缓

前三季度，青海省地区生产总值同比增长2.6%，增速较第一季度放缓2.5个百分点，较上半年回升0.1个百分点，低于全国同期水平0.4个百分点。受疫情散发、频发影响，全省经济稳定恢复进程受到冲击，经济运行呈现前高后低态势，增长动能有所弱化。分产业看，第一、二产业增加值分别同比增长4.6%、7.9%，二者占GDP比重较上半年提升，拉动GDP增长3.5个百分点；第三产业受生活性服务业下降影响，其增加值同比下降1.6%，降幅较上半年扩大，占GDP比重降低2.3个百分点。

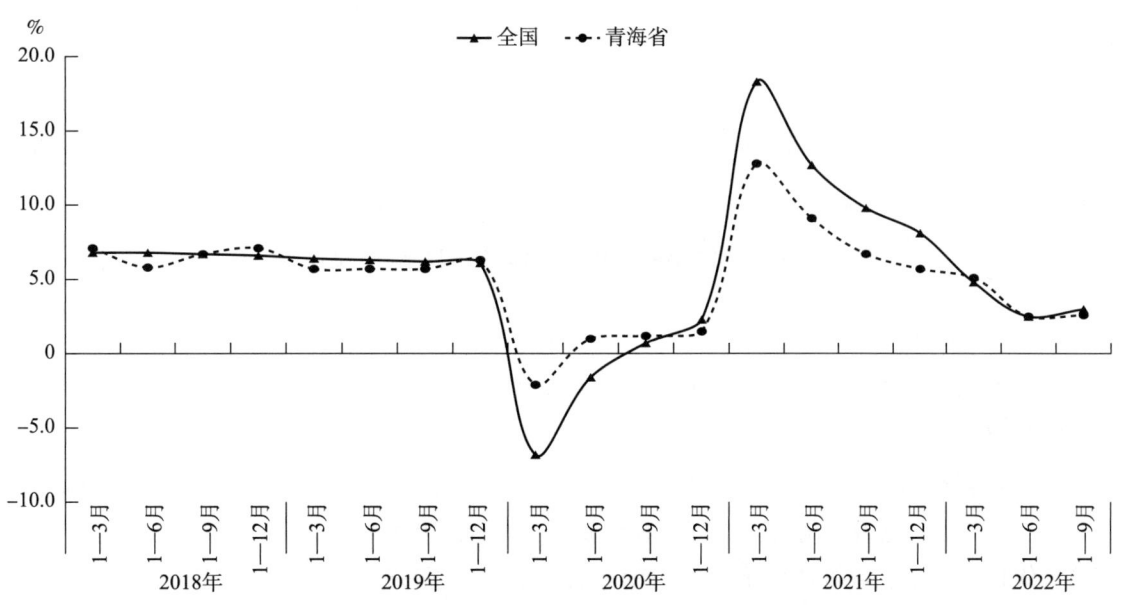

图1 2018年以来全国和青海省GDP季度累计同比增速变化

2. 供给恢复不均衡

工业生产较快增长。 前三季度，在工业企业闭环生产、产品价格上涨、新建企业达产等因素带动下，全省规模以上工业增加值同比增长 14.7%，延续 2022 年以来的两位数增长态势。重点行业拉动明显，占比近五成的化学、电气机械和计算机通信业分别同比增长 27.7%、93.4% 和 2.2 倍，对工业生产贡献较大。在企业产能趋于充分挖掘、市场需求增加背景下，多晶硅、太阳能电池、光纤、碳纤维和单晶硅产量分别同比增长 67.6%、97.1%、1.3 倍、2.3 倍和 11.8 倍，企业利润成倍增长，主要产品量价齐升带动工业企业经营效益持续改善。高技术、装备制造业增加值分别同比增长 1.2 倍、1.4 倍，盐湖化工、新能源产业增长 35.2%、62.4%，特色优势产业快速成长，工业新动能加快培育。

服务业恢复不及预期。 在 8 月下旬全省突发疫情波及范围广、影响程度深情形下，前三季度全省服务业增加值持续下降，降幅较上半年扩大 0.4 个百分点。生活性服务业在居民出行受限、收入增长放缓等因素影响下修复力度不足，文化旅游、住宿餐饮、体育娱乐等行业增加值均延续负增长，且降幅较 1—8 月有所扩大；生产性服务业在要素保障强化、生产经营有序、物资流动畅通等有利条件下稳步恢复，公路货运量两位数增长，带动总体货运量同比增长 9.1%，金融业、信息传输和信息技术服务业增加值分别同比增长 0.3%、12.0%，生产性服务业恢复进程快于生活性服务业。

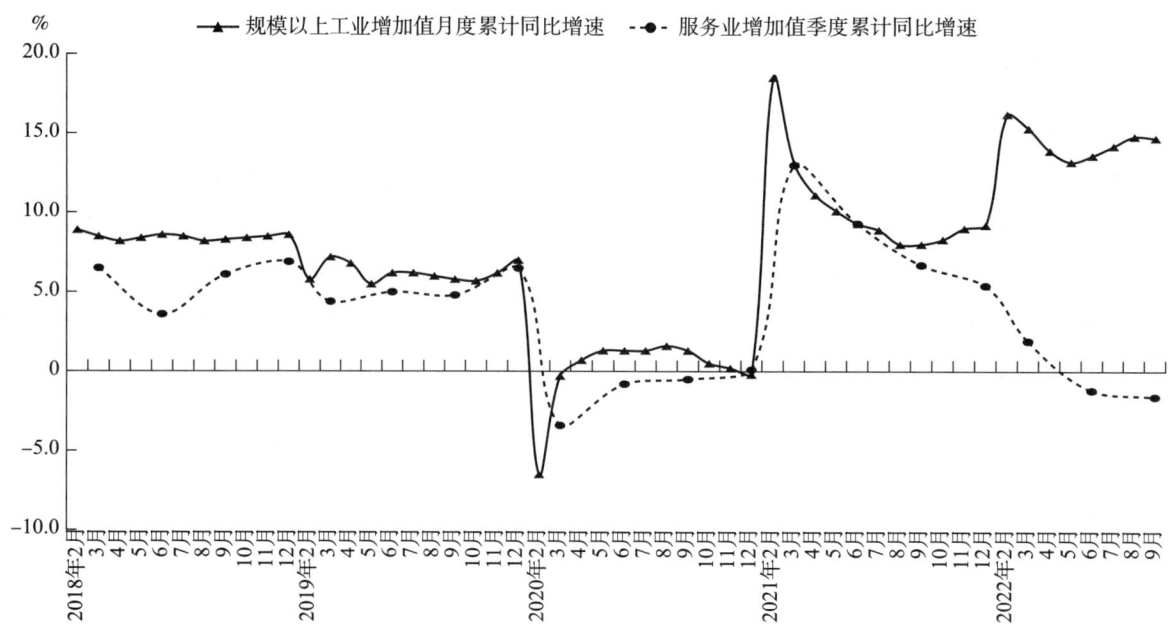

图 2　2018 年以来青海省工业、服务业增加值同比增速变化

3. 需求复苏动能趋缓

投资保持增长态势。 前三季度，全省固定资产投资同比增长 1.8%，增速较上半年提升 1.7 个百分点。三次产业投资分化增长，第一、第二产业投资增速分别达到 48.9%、39.4%，较上半年加快，第三产业投资下降 14.9%，降幅有所收窄。工业投资"压舱石"作用持续显现，占比四成的工业投资同比增长 39.6%，其中，采矿业、电力、制造业投资增速分别为 9.2%、39.6%、52.2%，重点行业投资支撑有力。投资结构趋于优化，占制造业投资比重近七成的高技术制造业投资同比增长 96.5%，电气机械、计算机通信设备制造业投资均增长 1.1 倍；占整体投资比重近两成的新能源项目投资增长 48.9%，投资新增长点加快形成。

消费恢复有所放缓。前三季度，全省社会消费品零售总额同比下降7.4%，降幅较上半年收窄0.2个百分点，受8月下旬突发疫情影响，9月消费同比下降19.1%，降幅较8月扩大14.4个百分点，消费恢复进程受到一定抑制，占比较大的住宿、餐饮、旅游等服务消费延续下降态势。实物消费方面，粮油食品、烟酒、饮料等基本生活类商品零售额分别同比增长5.8%、14.0%、31.7%；体育娱乐、电子出版及音像制品等升级类商品零售额分别增长1.1倍、1.3倍；大宗商品中，石油及制品类零售额保持增长，新能源汽车零售额大幅增长拉动汽车类消费降幅收窄；限额以上批发零售业通过公共网络实现商品销售额增长10.3%，线上消费增势良好。

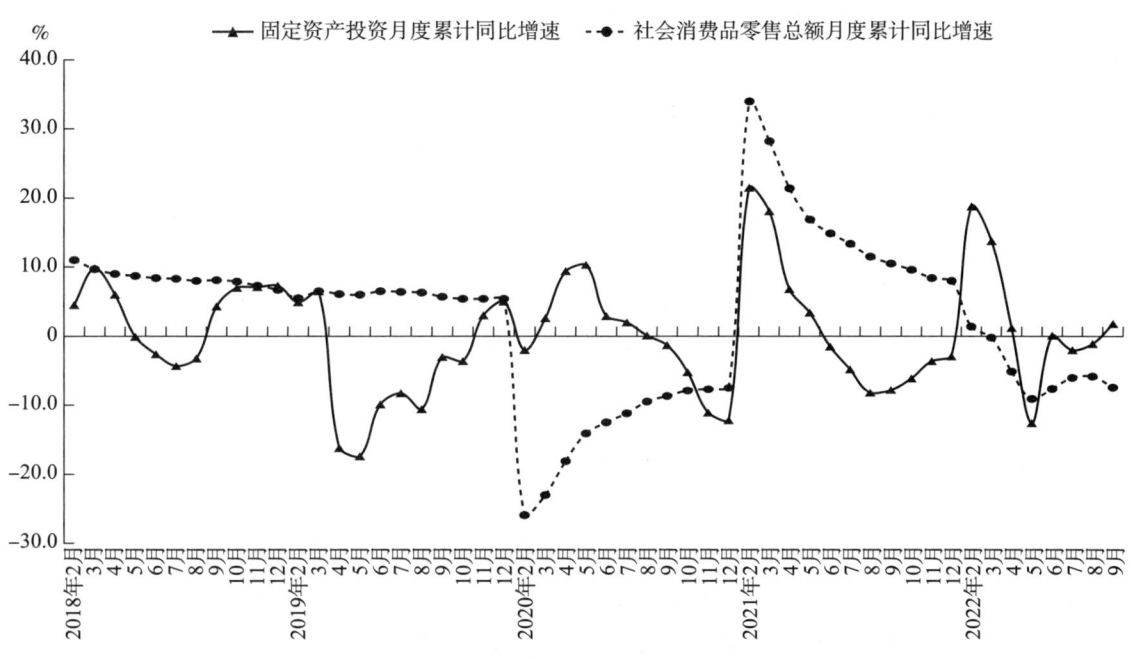

图3 2018年以来青海省投资和消费变化

4. 基本民生有效保障

居民收入平稳增长，城镇和农村居民人均可支配收入分别增长3.4%、6.1%，农村居民收入增速快于城镇，城乡居民收入比为2.87，同比缩小0.07。重点领域保障有力，前三季度全省灾害防治及应急管理、城乡社区、交通运输及商业服务领域支出呈两位数增长，民族自治州教育、基础设施和文体娱乐业投资分别增长14.7%、17.3%和40.5%。就业市场总体稳定，前三季度全省城镇新增就业5.44万人，农牧区劳动力转移就业104.96万人次，分别完成年度目标的90.7%、99.96%。居民消费价格同比上涨2.4%，涨幅较上半年有所扩大，八大类商品及服务价格中，交通通信、教育文化娱乐、食品烟酒类涨幅居前，衣着、医疗保健、居住等类别价格涨幅较小。

（二）主要问题

1. 供给冲击持续存在

工业方面，前三季度规模以上工业35个大类行业增长面仅为31.4%，较上半年下降8.6个百分点，23个行业增速较上半年回落或降幅扩大；受黄河来水偏少、极端天气影响，占比两成左右的电力行业增加值同比下降4.2%，延续上半年以来的负增长态势；在产业优化布局、节能减排力度加大背景下，黑色金属冶炼、非金属矿物制品业增加值分别同比下降8.1%、10.4%，降幅均较上半年扩大，工业增长支撑点趋于减少。同时，防疫支出、原材料、物流等综合成本上升，企业生产成本持续承压、经营压力不断加大。服务业方面，疫情影响持续存在，接触性、聚集性行业修复放缓，前三季度全省旅游人数、旅游收入和客运量均下降50.0%左右，降幅较1—8月有所扩大，9月住宿、餐饮业营业额分别下降50.5%和59.7%，降幅较8月扩大；1—8月规模以上文体娱乐、居民服务修理、租赁商务服务业营业收入均两位数下降，生活性服务业恢复进程再受冲击。此外，三季度全省规模以上服务业企业景气指数和企业家信心指数低于临界值，较一季度分别下降17点和18.8点，服务业稳步恢复的预期和信心不足。

2. 有效需求恢复偏弱

投资方面，前三季度受互联网服务、生态环境保护治理和公共设施管理业投资下降影响，全省基础设施投资（不含电力）同比下降7.9%，延续负增长态势，基建投资发力不足；房地产市场持续低迷，商品房销售面积、销售额降幅均超35.0%，房地产开发投资连续6个月下降，重点投资增长乏力。亿元及以上施工项目、新开工项目分别下降10.5%、5.1%，重大项目平均规模下降10.2%，投资接续增长动力偏弱。此外，民营企业预期不稳、信心不足，占比近四成的民间投资同比下降3.5%，降幅较1—8月扩大，社会投资活力弱化。消费方面，前三季度全体居民人均可支配收入同比增长4.7%，消费支出下降2.7%，住户存款余额增长13.1%，居民增收难度加大、预防性储蓄增加、消费倾向降低，加之房地产不景气影响关联消费下降、居民外出消费受限，消费修复基础不牢。城乡居民消费品零售额分别下降6.8%、10.0%，商品零售、餐饮收入分别下降6.9%、13.5%，消费恢复增长动能不足。

3. 潜在风险有所上升

一方面，疫情持续散发背景下，中小微企业持续经营受限、经济效益不佳、生存困难加大，制造业、住宿餐饮、批发零售等行业贷款回收难度加大，相关企业现金流不畅、经营预期下降，企业债务存在向金融机构外溢传导风险。同时，房地产市场走弱导致房地产领域金融风险隐现，受预期转弱影响，房地产企业与居民加杠杆意愿和能力下降，房地产销售延续下滑态势，房地产市场存在一定的房企经营亏损加大、流动性短缺和债务违约等风险。另一方面，在经济恢复放缓、疫情影响尚存、政策性减税背景下，全省财政收入持续承压，4月以来实施大规模留抵退税政策，财政收入增速大幅下滑，前三季度全省一般公共预算收入同比下降16.5%。一般公共预算支出增长9.0%，交通运输、城乡社区和节能环保等领域支出大幅增长，财政收支矛盾凸显。

（三）主要指标预测

根据2022年以来全省经济运行趋势，结合外生冲击对当前经济的影响，预计2022年全省地区生产总值同比增长2.6%左右，农牧业增长4.5%左右，工业增长10.0%左右，服务业下降1.6%左右；固定资产投资有望保持正增长，社会消费品零售总额下降7.6%左右；城镇和农村常住居民人均可支配收入分别增长3.5%和6.5%左右，居民消费价格涨幅在2.6%左右。

二、2023年经济运行环境分析

（一）世界经济下行压力加大

2023年全球经济增长或低于预期，IMF最新预测再度下调2023年全球经济增长预期至2.7%，较2022年预测值低0.5个百分点，这一增速或是2001年以来除金融危机和新冠肺炎疫情最严重阶段外最疲弱的增长表现；联合国贸发会预测下年全球经济增速将放缓至2.2%，世界经济增长或由放缓转变为下行，硬着陆风险上升。一方面，疫情影响尚存、局部冲突频发、地缘政治风险高企，全球供应链产业链冲击加剧，能源成本上升、粮食价格上涨逐步传导至其他商品和服务，多数经济体面临较大通胀压力；

另一方面，全球主要央行跟进美联储加息，国际金融环境收紧，避险情绪升温，债务风险抬头，需求受到抑制，世界经济恢复步伐放缓、下行压力将加大。总体来看，全球进入新一轮动荡变革期，国际政治、经济环境越发复杂严峻，干扰经济正常运行的长短期因素交织，下年世界经济运行态势难言乐观。

（二）国内经济增长动能优化

展望2023年，党的二十大指路领航，擘画未来经济发展蓝图，新发展格局加快构建，高质量发展深入推进，扩内需战略和供给侧结构性改革有机结合，稳增长政策措施有力有效，国内经济有望在全球经济趋于疲弱的大环境中逆势增长。供给方面，要素市场化配置加快推进、全国统一大市场加快构建，高技术制造、新能源、新材料等工业新动能引领作用继续凸显，微观主体活力持续激发，供给结构优化调整适配有效需求。需求方面，随着疫情防控形势好转，消费和投资需求回补挖潜，消费升级和科技创新双重驱动新兴需求不断扩大，内需对经济增长的贡献率有望进一步扩大。但同时，外部冲击对国内经济增长的影响持续加大，外需趋于下降，市场预期回温滞后，微观经济行为仍偏谨慎，国内经济回升至趋势增长水平仍有一定制约。综合以上因素，随着扩内需调结构持续推进、增长动能不断优化，加之2022年基数相对较低，2023年国内经济有望延续平稳增长态势。

三、2023年经济运行趋势展望及主要指标预测

（一）经济运行趋势展望

2022年以来，疫情反复、极端天气等超预期因素对全省供需两端形成较大制约，加之2021年基数较高，青海经济运行明显承压。在全球经济趋于下行、宏观环境复杂严峻、疫情影响持续背景下，工业引领全省经济增长的单引擎作用边际减弱，服务业、消费恢复趋缓，投资增长波动性加大，农牧业及对外贸易贡献有限，短期内全省经济下行压力依然不减。2023年，随着党的二十大精神全面贯彻落实，各类市场主体预期趋于稳定，稳增长接续政策持续发力显效，常态化防控措施继续优化调整，生态文明高地和产业四地建设加快推进，全省经济恢复力度将有所提升。需求侧，基建投资增长具备一定要素支撑，地产投资或逐步企稳，2023年全省固定资产投资有望平稳增长。随着各类消费场景不断恢复，扩内需促消费政策举措持续挖潜增效，消费需求或止跌企稳。供给侧，工业增长的需求支撑短期内仍较稳定，省内重点地区和优势产业集聚效应继续发挥，工业或延续稳步增长态势。住宿餐饮、交通运输、文化旅游等占比较高的服务业有望实现恢复性增长，信息技术、商务服务、物流等生产性服务业平稳增长，带动服务业回暖。但疫情演变仍存不确定性，微观主体预期和信心受影响较大；铜、铝等大宗商品上涨周期趋于结束，工业增长的价格支撑减弱；供需恢复不均、创新支撑不强、内生增长动能趋弱等问题仍存，下年全省经济稳步增长、回归趋势水平面临较大挑战。结合计量模型分析结果，初步预计2023年青海省地区生产总值同比增长3.5%左右。

（二）主要指标预测

工业方面，一是本轮大宗商品价格上涨逐步见顶，PPI增幅趋于收窄，而原材料购进价格仍将高位波动，工业企业利润空间趋于缩减，价格因素对全省工业增长的贡献程度或有所下降。二是工业增长的行业支撑较为单一，在2023年外部环境更趋复杂、需求回升或不及预期背景下，2022年以来依靠化学、电气机械、计算机三个行业增长的支撑格局或不可持续。三是长期以来省内存量工业企业产能趋于充分挖

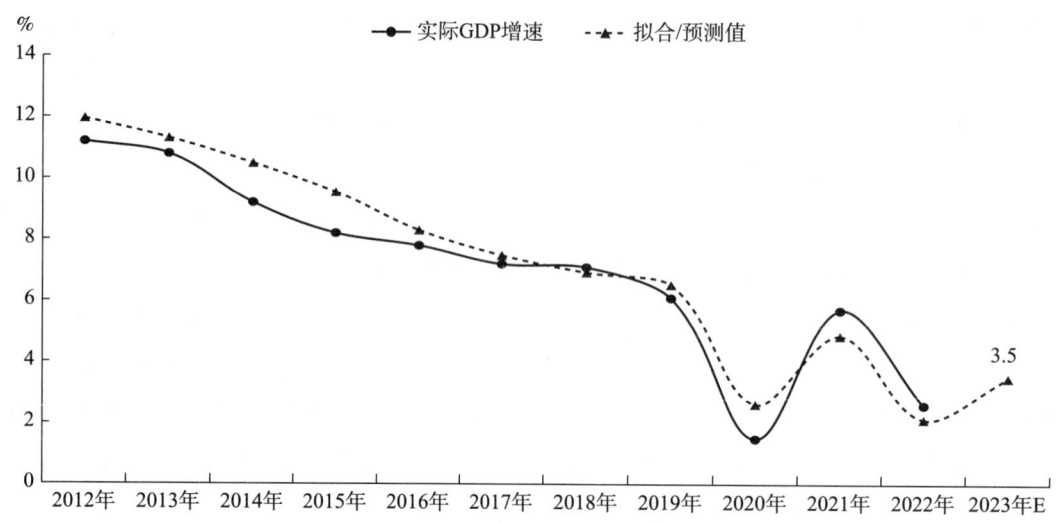

图4 2023年青海省地区生产总值同比增速预测①

掘,新建入库企业对工业增长的拉动作用有限,加之要素保障基础仍不稳固、工业领域招商引资难度仍然较大,工业较快增长或缺乏有效接续动能。但同时,随着实体经济政策支持力度不断加大,工业高质量发展有力推进,战略性新兴产业加快培育,全省工业增长仍有一定支撑。初步预计,2023年青海省规模以上工业增加值同比增长7.5%左右。

投资方面,一是省内多数项目难以匹配信托基金、专项债等资金要求,主体自筹资金难度随着宏观环境趋紧而不断加大,加之近两年亿元及以上项目平均规模较往年缩小、重大项目数量趋于减少,投资稳增长的资金、项目等要素基础不实。二是全省投资环境仍存在政务服务便利度不高、要素市场化配置效率较低、市场准入限制较多等问题,招商激励政策不够完善,引项目扩投资压力较大。三是省内重点地区投资稳增长支撑作用弱化,受建设用地不足、环境约束加大、资金渠道有限等因素影响,重点地区投资效率边际下降。但同时,随着新兴领域投资增长点加快培育,"十四五"规划重点项目建设实施,统筹推进投资稳增长力度持续加大,加之低基数效应,全省固定资产投资有望改善。初步预计,2023年青海省固定资产投资将保持正增长。

消费方面,一是在经济下行压力加大、疫情形势不确定背景下,微观主体预期和信心改善难度较大,居民消费意愿下降、消费市场主体减少,消费供需两端均面临增长困难。二是消费增长点不足,居民储蓄意愿增强导致升级类、改善类消费提升有限,全省消费类型仍将以必需品消费为主,房地产市场低迷导致建材、家具等住房关联消费减少,占比较大的汽车消费仍趋回落。三是居民就业增收难度加大,各年龄群体消费能力和意愿走低,人均消费支出趋于下降。但随着一系列扩内需、稳就业、增收入、促消费以及支持中小微企业政策措施不断落地实施见成效,2023年全省消费或止跌企稳。初步预计,2023年青海省社会消费品零售总额将实现正增长。

物价方面,一是2023年俄乌冲突及其对国际能源和粮食市场造成的次生冲击局面若无根本性扭转,供应链产业链堵点仍存,加之强美元周期持续,国内整体物价具备一定上涨动力。二是在原油价格或维持高位震荡态势、物流运输成本上升等因素影响下,省内非食品项实物消费价格仍将温和上涨。三是疫情形势或逐步好转、就业形势回稳向好以及低基数效应带动下,交通、旅游等服务价格或逐步回升。但同时,居民收入及预期改善仍需时日,总需求恢复力度或将有限,猪周期逐步见顶回落,保供稳价工作

---

① 模型测算过程中,2022年青海省地区生产总值同比增速以前三季度值(2.6%)代替。

有力有序，全省物价上涨仍受一定抑制。初步预计，2023年青海省居民消费价格同比上涨2.0%左右。

四、政策建议

（一）深化供给侧结构性改革，提高供给能力

坚持以深化供给侧结构性改革为主线，大力发展实体经济，着力建设现代化特色经济体系，加快推进产业四地建设，加大盐湖资源开发、清洁能源利用、旅游品牌打造和绿色有机产品生产，加大科技研发、改进生产工艺，推动产业链向中下游延伸，积极培育产业新增长点，提升产品市场竞争力，构建产业发展新格局。持续认真落实稳经济一揽子政策和接续措施，精准帮扶服务业困难行业，有效解决市场主体经营难题，推动住宿餐饮、文化旅游、体育娱乐等生活性服务业稳步恢复，交通运输、现代物流、商务服务等生产性服务业平稳增长，不断夯实经济发展的产业基础。

（二）坚持实施扩大内需战略，深挖需求潜力

坚持实施扩大内需战略，加快项目前期工作，谋划储备一批补短板增后劲优质项目，适度超前推进基础设施和民生领域项目建设，着力稳定投资增长，聚焦制造业和高技术产业重点领域、薄弱环节，积极扩大有效投资，提升投资效率。着力优化营商环境，改善市场预期，提振民间投资信心，激发民间投资活力，灵活运用各项政策措施，促进刚性和改善性住房需求释放，推动房地产市场平稳运行。多措并举扩大居民就业，提高中低收入群体收入水平，加大困难群体基本生活保障力度，稳定居民消费预期，加快恢复消费场景和消费有效供给，促进消费需求回补和潜力释放。

（三）着力防范化解潜在风险，确保安全发展

政府债务要坚决遏制隐性增量、稳妥化解存量，全力防范化解债务风险，加快专项债支出、加大招商引资、盘活资源资产，积极挖掘非税收入增收潜力，有效缓解政策性减收压力。基层"三保"底线兜牢兜实、开源节流，强化财力保障、预算审核、库款调度，让有限资金为发展助力、民生纾困、治理增效。金融领域风险要优化服务、稳控杠杆，加强区域金融形势分析研判，开展金融领域风险监管专项行动，深化金融体系和监管体系改革，推动金融行业安全稳健运行。企业债务风险要闭环管控、合力化解，加强事前事中事后监管，强化资产负债约束管理，确保企业健康安全发展。

[青海省信息中心　李秀阳　韩　锐]

之十：2022年宁夏回族自治区经济运行分析及2023年展望

2022年以来，面对复杂严峻的发展环境，在自治区党委和政府的正确领导下，宁夏回族自治区上下深入贯彻习近平总书记视察宁夏重要讲话和重要指示批示精神，坚决落实党中央、国务院决策部署，高效统筹疫情防控和经济社会发展，按照习近平总书记关于"疫情要防住、经济要稳住、发展要安全"的重要指示精神，坚决打好"七大战役"，2022年1—9月，全区经济承压而上、逆势而进，"稳"的基础持续拓展、"进"的态势持续巩固、"好"的效益持续增强，全区经济运行继续保持总体平稳、民生福祉持续改善，稳中有进、进中向好、量质齐升的态势。

一、2022年宁夏回族自治区经济运行主要特征

（一）经济运行总体平稳，第二产业贡献突出

全区上下按照"大抓发展、抓大发展、抓高质量发展"的工作要求，紧盯发展目标任务，狠抓工作落地见效，不断补齐短板弱项，全区经济继续保持较快增长态势。根据地区生产总值统一核算结果，2022年前三季度，全区实现生产总值3599.18亿元，同比增长4.9%，高于全国1.9个百分点，居全国第四位，排名为历史同期最好水平。其中，第一产业增加值258.56亿元，同比增长5.3%；第二产业增加值1690.05亿元，同比增长7.6%，对经济增长的贡献最突出，贡献率达到64.7%；第三产业增加值1650.57亿元，同比增长2.6%。

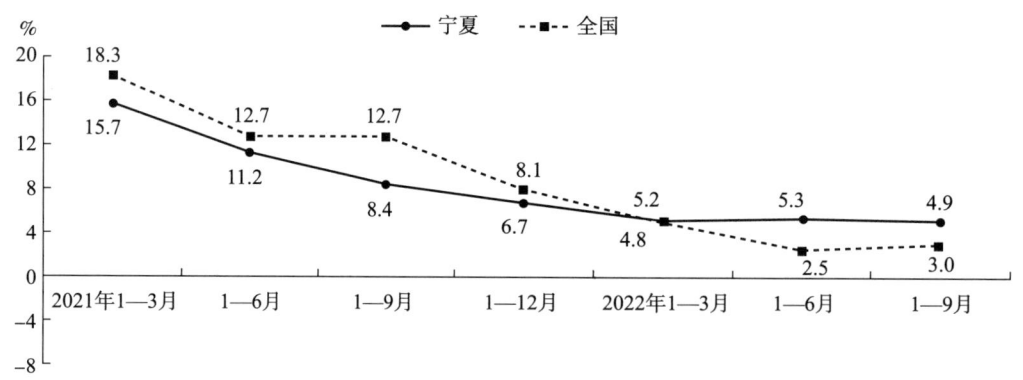

图1 2021年以来宁夏回族自治区季度累计GDP增速与全国对比

（二）生产供给稳定增长，加快优化产业结构

加快优化经济结构，稳定一产、做强二产、繁荣三产的力度持续加大，三次产业占比为7.2∶47∶45.8，分别拉动经济增长0.4个、3.2个、1.3个百分点。一是农业保持较快增长。前三季度，全区农林牧渔业总产值548.92亿元，同比增长5.9%，比上年同期加快1.0个百分点。夏粮增产丰收，全区夏粮播种面积127.87万亩。二是工业生产稳定增长。2022年1—9月，全区规模以上工业增加值同比增长

8.8%。其中,轻工业增加值同比增长14.4%,比1—8月加快1.3个百分点;重工业同比增长8.2%。全区制造业增加值同比增长9.7%,比1—8月加快0.9个百分点;采矿业同比增长8.6%;电力、热力、燃气及水生产和供应业同比增长5.3%。

(三)市场需求稳定恢复,投资出口持续向好

一是有效投资持续发力。全区扎实开展"扩大有效投资攻坚年"活动,以"非常之心"引项目、以"非常之力"抓投资、以"非常之举"促投资,投资增速连续8个月保持两位数以上。2022年1—9月,全区固定资产投资同比增长11.4%,比1—8月加快0.3个百分点,居全国第三位,投资对全区经济稳增长的拉动作用进一步显现。"六个一百"重大项目开工率99.6%,自治区100个重点建设项目开工率98%,225个中央预算内投资项目开工率89%,全区三批集中开工重大项目2499个,开复工率94.9%,累计完成投资1657亿元。区域投资全面增长(银川市不含宁东增长6%,石嘴山市增长19%,吴忠市增长12%,固原市增长20%,中卫市增长8%,宁东增长20%),民间投资增长12.5%,高于全国平均水平10.5个百分点。二是市场消费稳定恢复。9月,新增发放各类消费券41.5万张(核销消费券27万张),形成扩大消费有效支出0.24亿元,促进消费加快恢复。2022年1—9月,全区社会消费品零售总额1019.06亿元,同比增长2.3%,增速比全国高1.6个百分点。三是对外贸易大幅增长。积极融入和服务共建"一带一路",对沿线国家进出口增长69%,占比31%,对RCEP成员国进出口增长25%,占比24%。外贸进出口总额199.5亿元(占GDP比重为5.5%),连续15个月保持30%以上的高位增长。其中,出口增长76.1%。实施招商引资项目1530个,实际到位资金1503亿元。

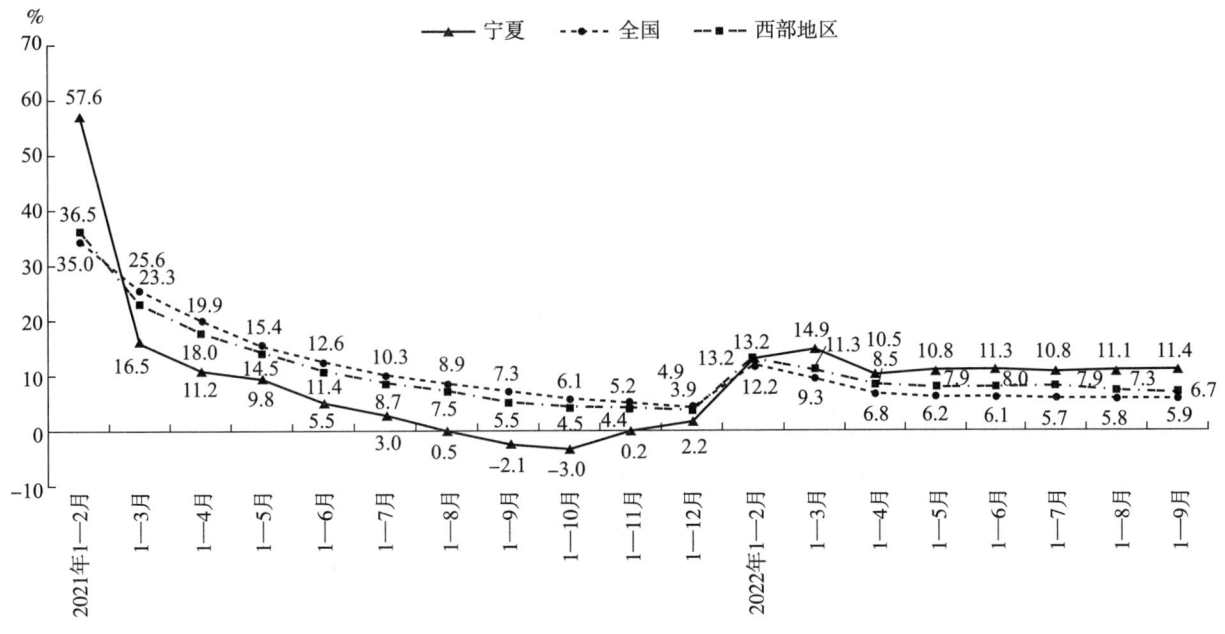

图2　2021年以来宁夏回族自治区固定资产投资增速与西部地区、全国对比

(四)转型升级步伐加快,发展动能持续增强

一是高技术产业快速发展。2022年1—9月,全区高技术产业投资同比增长43.0%,其中,高技术制造业投资增长58.0%,高技术服务业投资增长16.7%。规模以上工业装备制造业增加值增长21.9%,高技术制造业增加值增长27.3%,分别高于规模以上工业13.1个和18.5个百分点。二是信息产业较快增长。1—8月,全区规模以上信息传输、软件和信息技术服务业营业收入同比增长12.0%,比规模以上服

务业营业收入高 1.9 个百分点。其中，电信、广播电视和卫星传输服务业营业收入增长 7.8%，软件和信息技术服务业营业收入增长 55.6%。"六新""六特""六优"产业产值分别占农业、规模以上工业、服务业总产值比重 88%、77.7% 和 72.6%。

（五）质量效益稳步提升，民生福祉继续改善

一是居民收入加快增长。全体居民人均可支配收入同比增长 6.4%，比上半年加快 1 个百分点，比全国高 1.1 个百分点。城镇居民收入增长 5.3%，居全国第九位，比上半年加快 1.1 个百分点；农村居民收入增长 7.3%，居全国第六位，比上半年加快 0.4 个百分点，增速快于城镇 2 个百分点。二是城乡就业总体平稳。2022 年 9 月末，全区城镇新增就业 7.55 万人，完成全年目标任务的 100.6%；农村劳动力转移就业 82.11 万人，完成全年目标任务的 109.5%。9 月，城镇调查失业率为 5%，环比回落 0.3 个百分点，比全国低 0.5 个百分点。高校毕业生毕业去向落实率 95.6%，高于上年 0.44 个百分点，位居全国前列。三是脱贫成果稳步拓展。全力推进巩固拓展脱贫攻坚成果同乡村振兴有效衔接，健全"三保障"和饮水安全问题动态清零机制。全区脱贫人口人均纯收入 1.4 万元，同比增加 2375 元，增长 20.5%。农村人居环境持续改善，卫生厕所普及率达到 62.2%。

（六）运行环境总体稳定，先行指标回升向好

一是金融存贷总量持续增加。2022 年 9 月末，全区人民币各项存款余额 8319.33 亿元，同比增长 11.4%。人民币各项贷款余额 8871.62 亿元，同比增长 8.7%。二是消费指数涨幅平稳。2022 年 9 月，全区居民消费价格同比上涨 2.8%，涨幅比 8 月扩大 0.1 个百分点。三是工业用电平稳增长。2022 年 1—9 月，全区全社会用电量 931.25 亿千瓦·时，同比增长 6.1%。工业用电量 817.78 亿千瓦·时，同比增长 5.6%。其中 9 月工业用电增长 5.4%。

二、存在的问题

全国疫情呈现"点多、面广"特点，全区受"9·20"疫情影响，市场需求和生产供给骤降，投资、消费、出口均受到一定冲击，企业特别是中小微企业生产经营的困难比较突出，短期失业上升和物价上涨，统筹疫情防控和经济社会发展难度增加。全区经济在多重超预期因素影响下，主要存在以下几个突出问题。

（一）市场有效需求疲乏，投资增长压力较大

一是 2022 年前三季度，规模以上工业增加值增速较 1—8 月回落 0.4 个百分点。生产指数和新订单指数均处于紧缩区间，企业生产经营活跃度和投资意愿明显减弱，随着第四季度生产淡季来临，企业普遍对市场预期有所下降。二是房地产需求疲软，房地产持续低迷。居民购房意愿下降，叠加疫情和收入不稳定等因素，商品房成交量明显下降。1—9 月，全区实现商品房销售面积下降 22.2%，销售额下降 19.1%。三是生产成本倒挂依然突出。2022 年 9 月，工业生产者出厂价格（PPI）上涨 1.4%，购进价格（IPI）上涨 11.2%，全区购销"剪刀差"在 6 月达到最高点后，呈逐步收窄趋势，表明产业链中下游价格传导途径略有改善，企业利润空间有所回升。但是 9 月由于疫情的影响，差距又有所扩大。连续 10 个月倒挂，企业"高进低出"状况加剧，利润空间受挤压，盈利能力减弱。四是服务业受损。突发疫情对接触型、聚集型服务业的冲击巨大。大型餐饮企业基本处于关停状态，营业收入断崖式下滑，9 月，餐饮业营业额下降近 80%；A 级以上旅游景区游客人数和旅游收入均下降 95% 左右。机场客运量下降 46%，公路客运量下降 6.7%。

（二）政府投资能力将长期偏紧

长期看，自治区经济增速与全国一样，将保持相对较长一段时间中速增长的新常态。受疫情财政刚性支出增加、地方政府债务达到"天花板"、财政收支平衡压力大等因素影响，政府在基础设施领域投资因持续面临资金筹措困境而维持较低水平，对全社会固定资产投资贡献减弱。

政府类投资物资运输受阻。由于多省区对交通物流强化管控，区内火电、新能源项目建设及检修设备不能及时运达，造成部分项目停工停产，市、县（区）普遍反映因采购设备、原料无法到位，30%项目建设进度滞后。

三、2023年经济预测

2023年，外部环境依旧严峻复杂，受国内环境疫情长期影响，经济运行稳中有变，经济下行压力仍然较大，预计2023年全区地区生产总值增长5.5%左右。

四、政策建议

2022年以来，面对百年未有之大变局和世纪疫情的叠加影响，全区上下顶住压力、奋勇争先，稳经济、保增长、促发展，推动经济增长逆势上扬、跃升前列，发展质量持续向好。同时我们看到，当前国内外经济环境错综复杂，保持经济持续稳定增长仍面临诸多困难和挑战，推动经济发展的压力更大、任务更重、挑战更多。今后，要认真学习贯彻党的二十大精神，按照习近平总书记"疫情要防住、经济要稳住、发展要安全"三项要求，深化疫情防控长期性、经济发展重要性、民生保障根本性"三个认识"，强化超常规、跨周期、高频次"三个调度"，做到疫情防控、经济调度、民生保障"三个精准"，围绕"稳保促"继续打好"七大战役"，具体建议是：

（一）进一步扩大精准有效投资，重点做到"三个强化"

强化重点领域投资，立足发挥投资对优化供给结构的关键性作用，围绕"六个一百"重大项目，抓住建设黄金期，加快黄河黑山峡枢纽、抽水蓄能电站、光伏基地等20个重大工程前期和建设进度；强化投资项目管理，紧盯国家政策导向、宏观政策取向、中央资金投向，让更多的大项目、好项目列入国家规划的大盘子；强化项目要素保障，落实"要素跟着项目走"要求，加强用地、用水、用能、资金等要素保障，强化资源要素保障，形成更多实物工作量，切实扩大有效投资。

（二）加快产业转型升级，增强产业链供应链韧性

聚焦"六新六特六优"产业，大力实施"四项计划"，培优扶强存量企业，加快存量企业转型升级步伐，培育壮大新兴企业，推动新旧动能转换。在做大做强传统优势产业的同时，着力提升数字经济、清洁能源、先进装备等行业和新业态、新经济、新商业模式等发展水平和能效，打造经济新增长极。深入实施"东数西算"工程，高质量建设全国算力一体化网络宁夏枢纽，加快建设电信、广电、中电算力、西云等10个大型超大型数据中心项目，形成一批"东数西算"典型示范场景和应用。

（三）在实施扩大内需战略上下功夫，加快促进消费恢复

进一步优化具体措施，及时增补措施，继续减税降费、减租降息，帮助更多消费服务市场主体恢复发展。加大对100户重点骨干企业监测和月度调度力度，及时跟踪解决难点、堵点问题。提早安排商场促销、汽车展销、家电下乡等消费活动，努力把疫情影响降到最低，刺激消费回升。加快线上线下消费有机融合，鼓励实体商业通过直播电子商务、社交营销开启"云逛街"等消费新模式，推广农产品"生鲜

电子商务+冷链配送""中央厨房+食材冷链配送"等消费新业态。推动房地产平稳健康发展。全面落实房地产市场平稳健康发展长效机制，因城施策用足用好政策工具箱，促进住房消费健康发展，带动家装、家具、家电等住房领域消费持续升温。

（四）加快绿色低碳发展，推动经济社会绿色转型

统筹抓好"双控""双碳"、生态保护、环境治理等工作，加快经济社会绿色转型、低碳发展。推动能耗双控激励、用能预算管理等政策落地实施，确保完成国家下达的能耗强度下降目标任务。在节能改造上再攻坚，严格能效约束，推动煤化工、焦炭、电石、铁合金、钢铁等重点领域节能降碳技术改造。深化双碳行动，持续推进产业转型、能源消费、交通运输、城乡建设、科技支撑、碳汇经济等重点领域减碳工作。

（五）激发民间投资活力

进一步清理废除与企业性质挂钩的不合理规定，落实各类投资主体一视同仁的要求，保障民间投资平等获取生产要素和政策支持。引导和鼓励民营企业加大在资本市场融资力度，推动金融机构推出符合民营企业特点的信贷产品。进一步完善政策措施，规范创新推进 PPP 模式，吸引社会资本参与重点领域项目。稳妥推进基础设施领域不动产投资信托基金（REITs），支持符合国家政策导向、社会效益良好、投资收益率稳定且运营管理水平较好的基础设施项目开展基础设施 REITs，形成投资良性循环。

[宁夏回族自治区发展改革委信息中心　马冀平　靳　婧　杨晓庆]

之十一：2022年新疆维吾尔自治区经济运行分析及2023年展望

2022年以来，受疫情影响，消费需求乏力，经济下行压力加大，新疆维吾尔自治区党委、人民政府带领全区，坚持以习近平新时代中国特色社会主义思想为指导，以深入学习贯彻习近平总书记视察新疆重要讲话、重要指示精神为动力，深入贯彻落实党中央、国务院关于稳住经济大盘的决策部署，科学高效统筹疫情防控和经济社会发展，统筹发展和安全，坚持稳字当头、稳中求进，扎实做好"六稳""六保"工作，全力推动高质量发展，实现了农业生产形势稳定，工业生产持续增长，固定资产投资力度持续加大，外贸发展持续向好，经济运行总体平稳。

一、2022年新疆维吾尔自治区经济运行分析

（一）1—9月宏观经济运行特征

1. 经济运行总体平稳

1—9月，新疆实现地区生产总值13023.82亿元，按可比价格计算，同比增长3.9%，增速高于全国0.9个百分点。其中，新疆第一产业增加值1638.08亿元，增长3.4%；第二产业增加值5479.61亿元，增长5.9%；第三产业增加值5906.13亿元，增长2.6%。三次产业贡献率分别为11.7%、53.7%和34.6%，分别拉动经济增长0.5个、2.1个和1.3个百分点。从一、二、三产业增长看，第二产业增长最快、贡献最大。

2. 农业生产形势稳定

1—9月，新疆实现农林牧渔业总产值3551.34亿元，按可比价格计算，同比增长4.1%，增速低于全国0.3个百分点。其中，农业、林业、畜牧业、渔业、农林牧渔专业及辅助性活动产值分别同比增长4.2%、9.2%、2.7%、2%、9.4%。

粮棉生产丰收在望。全年实现夏粮总产655.17万吨，同比增长2.2%，其中，小麦总产量达到653.49万吨，增长2.1%；秋粮产量预计同比增长4%左右；全年粮食产量有望达到1780万吨左右，同比增长约3%。棉花长势好于上年，全年棉花种植面积同比增长1%，预计产量达到520万吨以上，同比增长4%左右，产量有望创1993年以来的新高。

畜牧存栏、肉蛋奶均稳步增长。截至9月末，牛羊猪存栏达到6116.3万头（只），同比增长10.1%，增速比上半年提高3.6个百分点，为2017年以来新高。牛羊猪共出栏3149.45万头（只），活禽出栏8318.6万只，同比增长0.6%。牛羊猪禽肉产量132.48万吨，禽蛋产量27.2万吨，生牛奶产量163.85万吨，同比增长4.3%。果蔬生产平稳增长。蔬菜产量1276.15万吨，同比增长6.7%；据林业部门初步统计，水果产量932万吨左右，同比增长1.9%。

3. 工业生产持续稳定增长

1—9月，新疆规模以上工业增加值同比增长7.7%，增速比上半年提高0.1个百分点，高于全国3.8

个百分点。增速排名由第一季度全国第17位逐季上升到前三季度的全国第九位。工业对全区生产总值增长贡献率由一季度的28.4%逐季上升到前三季度的41.7%。

工业三大门类稳定增长。采矿业增加值同比增长12.1%，拉动规模以上工业增长3.8个百分点；制造业增加值同比增长4.7%，拉动规模以上工业增长2.4个百分点；电力、热力及水的生产和供应业增加值同比增长8.7%，增速比上半年提高0.5个百分点，拉动规模以上工业增长1.5个百分点。在11个重点行业中，煤炭开采和洗选业、非金属矿物制品业、化学原料和化学制品制造业等8个主要行业保持增长，合计拉动规模以上工业增长7.6个百分点。工业投资引领作用增强。1—9月，新疆工业投资同比增长33.1%，增速比上半年提高1.2个百分点，拉动固定资产投资增长10.7个百分点。

4. 固定资产投资力度持续加大

1—9月，新疆全社会固定资产投资总额（不含农户）同比增长10.3%，增速较上半年回落4.6个百分点，但仍高于全国4.4个百分点，居全国第五位。其中，第一产业投资370.08亿元，下降8.9%，拉低固定资产投资增速0.6个百分点；第二产业投资2595.13亿元，增长33.2%，增速较上半年提高1.1个百分点，拉动固定资产投资增长10.7个百分点；第三产业投资3714.92亿元，增长0.3%，拉动固定资产投资增长0.2个百分点。

重大项目建设力度加大。计划总投资500万元以上施工项目13660个，同比增加1382个，增长11.3%。2022年新开工项目7617个，同比增加848个，增长12.5%；新开工项目完成投资2917亿元，同比增长25.7%，拉动固定资产投资增长6.5个百分点。工业投资强劲拉动。工业投资同比增长33.1%，拉动固定资产投资增长10.7个百分点。其中，钢铁工业投资同比增长75.1%。基础设施投资同比增长18%，高于固定资产投资7.7个百分点，拉动投资增长6.5个百分点。

5. 社会消费品零售总额增速下行，消费持续低迷

1—9月，全区实现社会消费品零售总额2447.31亿元，同比下降4.4%，增速较上半年回落5.9个百分点，低于全国（0.7%）5.1个百分点，居全国第25位，居西部12个省（自治区、直辖市）第10位。全区限额以上社会消费品零售总额1131.97亿元，同比下降3.5%，较上半年回落10.3个百分点。

按消费形态看，商品零售额2124.1亿元，同比下降4.3%。其中，限额以上单位商品零售总额1073.22亿元，同比下降3.2%；餐饮收入323.21亿元，同比下降5.4%。其中，限额以上单位餐饮收入58.76亿元，同比下降8.9%。按经营单位所在地看，全区限额以上城镇单位实现消费品零售总额1063.14亿元，同比下降3.3%；限额以上乡村单位实现消费品零售额68.84亿元，同比下降6.1%。

6. 外贸发展持续向好

1—9月，新疆外贸进出口总值1723.1亿元，同比增长55.6%，高于全国增速45.7个百分点，增速居全国第二位，提前三个月超过2021年全年1569.1亿元的外贸总值，创2013年以来同期外贸最高值。其中：出口值1440.5亿元，同比增长64.6%；进口值282.6亿元，同比增长21.8%。新疆双口岸进出境中欧（中亚）班列数量呈稳定增长态势，占全国班列开行数量的五成以上。其中，阿拉山口铁路口岸进出境中欧（中亚）班列达到4617列，同比增长4.6%；霍尔果斯铁路口岸进出境中欧（中亚）班列达到5246列，同比增长10.6%。

北疆作为新疆外贸主力军，进出口值占全疆进出口总值的比重达到73.7%。其中，伊犁哈萨克自治州进出口值2022年首次位居全疆首位；南疆五地州外贸持续发力，喀什地区进出口值居全疆第三位。进出口商品结构持续优化。新疆出口商品主要集中在纺织服装、鞋靴等劳动密集型产品和机电产品，二者合计占同期新疆出口值的83.4%。

中亚五国仍然是新疆最重要的贸易伙伴。前三季度，新疆对中亚五国进出口值1321.7亿元，同比增长60.8%，占新疆进出口总值的76.7%；对"一带一路"沿线国家进出口值1563.9亿元，同比增长60.2%，占新疆进出口总值的90.8%；对RCEP（区域全面经济伙伴关系协定）国家进出口值81.1亿元，同比增长23.6%。

民营企业仍然是新疆外贸发展的"引擎"。前三季度，新疆民营企业进出口值1557.3亿元，同比增长65.7%，占新疆进出口总值的90.4%，拉动同期新疆外贸进出口总值增长55.8个百分点。

公路运输主渠道作用凸显。前三季度，新疆外贸以公路运输方式进出口1060.4亿元，同比增长158.4%，占新疆进出口总值的61.5%，同比提升24.4个百分点，成为新疆外贸进出口最主要运输方式。

7. 能源产量稳步增长，保供扎实有力

1—9月，新疆发电量达3505.98亿千瓦·时，同比增长1.2%，增速比上半年提高0.7个百分点。全社会用电量2597.56亿千瓦·时，同比增长2.4%，其中工业用电量2084.32亿千瓦·时，同比增长4.2%；规模以上工业原煤产量29132.39万吨，同比增长31.1%，增速比上半年提高2.3个百分点，居全国第二位；原油产量2428.72万吨，同比增长8.2%，增速高出7.1个百分点；天然气产量302.29亿立方米，同比增长5.1%；西气东输493.65亿立方米，同比增长3.4%。

1—9月，新疆形成政府可调度煤炭储备271万吨，电煤平均可用天数达43天的历史高位，特别是实现疆煤外运5833.1万吨，同比增长1.08倍；疆电外送925.9亿千瓦·时，同比增长4.3%，为全国能源供应提供了有力保障。

8. 居民消费价格温和上涨

1—9月，新疆居民消费价格总指数（CPI）同比上涨1.4%，涨幅提高0.6个百分点，涨幅低于全国（2%）0.6个百分点。其中，城市上涨1.4%，农村涨1.2%。分类别看，交通和通信价格同比上涨5.4%，居住价格同比上涨1.6%，教育文化和娱乐价格同比上涨0.7%，食品烟酒价格同比上涨0.4%，其他用品和服务价格同比上涨1.7%，生活用品及服务价格同比上涨0.8%，医疗保健价格同比持平，衣着价格同比下降0.2%。

1—9月，新疆工业生产者出厂价格指数（PPI）同比上涨18%，涨幅较上年同期提高3个百分点，高于全国（5.9%）12.1个百分点。工业生产者购进价格指数同比上涨19.7%，涨幅提高8.9个百分点，高于全国（8.3%）11.4个百分点。

9. 财政收入增长较快，金融市场保持平稳

1—9月，新疆一般公共预算收入累计完成1375.63亿元，同比增长15.9%，增速高于全国（-4.9%）20.8个百分点，居全国第三位，居西部12个省（自治区、直辖市）第二位。扣除留抵退税同比增长33.3%，其中：税收收入同比增长14.4%，扣除留抵退税增长40%，非税收入同比增长19%。一般公共预算支出4382.81亿元，同比增长6%，低于全国（6.1%）0.1个百分点。其中，粮油物资储备支出同比增长94.2%，节能环保支出同比增长25.5%，交通运输支出同比增长24.6%，教育支出同比增长17.7%，商业服务业等支出同比增长17.5%。

1—9月，新疆金融机构人民币各项存款余额29944.8亿元，同比增长13.1%，高于全国（10.9%）2.2个百分点。金融机构人民币各项贷款余额27724.3亿元，同比增长11.2%，高于全国（10.7%）0.5个百分点。

10. 城乡居民收入稳步增长，就业形势不容乐观

1—9月，新疆城镇居民人均可支配收入28971元，同比增长4.3%，增速与全国保持一致，扣除价格

因素实际增长2.9%。农村居民人均可支配收入5222元，同比增长7.4%，增速高于全国1个百分点，扣除价格因素实际增长6.1%。城镇新增就业41.16万人（含兵团6.93万人），完成全年目标任务（46万人）的89.47%；就业困难人员实现就业2.5万人（含兵团0.71万人），完成全年目标任务（2.9万人）的86.12%；农村劳动力外出务工297.96万人次（不含兵团），完成全年目标任务的108.3%。9月城镇调查失业率为9.2%，环比上升3.7个百分点，为2019年有统计以来的新高。

（二）2022年主要经济指标预测

前三季度，新疆深入贯彻落实"疫情要防住、经济要稳住、发展要安全"的重要要求，积极克服各种超预期因素的不利影响，经济运行基本平稳。从三次产业来看，自治区各级农业农村部门统筹疫情防控和农业生产，粮食生产保持良好势头，粮食安全基础牢固；持续优化棉花品种结构，棉花质量稳步提升，棉花生产优势持续巩固；强化生产指导和产销对接，综合施策，实现果蔬等"菜篮子"产品稳产增产，市场供应保障有力，农业生产保持稳中向好良好态势。精准施策"护航"实体经济，推进经济稳增长9个方面46项一揽子政策措施落实，积极应对疫情带来的不利影响，工业生产在能源保供等产业带动下保持平稳较快增长，为经济稳定增长提供了重要保障。持续推进重大项目建设，不断扩大投资规模，优化投资结构，发挥重大项目牵引带动和有效投资关键作用，为保持全区经济运行在合理区间提供了关键支撑。外贸更是逆疫情而上保持高速增长，拉动经济增长作用表现抢眼。总的来看，全区经济运行基本平稳，主要经济指标持续增长，发展韧性不断增强。

但也要看到，8月初以来，疫情对经济增长特别是消费和服务业的恢复带来较大冲击，市场预期明显转弱，消费需求乏力。目前，疫情仍在持续演变，外部环境更趋复杂严峻，经济下行压力进一步加大。下一步，全区上下要坚持以习近平新时代中国特色社会主义思想为指导，深入学习贯彻党的二十大精神，贯彻落实习近平总书记视察新疆时的重要讲话重要指示精神，统筹疫情防控和经济社会发展，着力持续推动稳经济一揽子政策落地见效，抓好有效投资和项目建设，抓好消费回补，巩固外贸向好态势，确保全年经济运行在合理区间并力争实现最好结果。初步预计，2022年新疆生产总值增长4.3%左右；规模以上工业增加值增长7.5%左右；固定资产投资增长12%左右；居民消费价格涨幅控制在1.6%以内。

二、2023年经济运行环境分析及主要指标预测

2023年新疆稳定发展改革面临不少困难和挑战，也面临一系列重大机遇和优势。一方面，世界百年未有之大变局加速演进，新一轮科技革命和产业变革深入发展，国际力量对比深刻调整；新冠肺炎疫情影响广泛深远，世界经济复苏乏力，局部冲突和动荡频发，全球性问题加剧，世界进入新的动荡变革期；我国经济发展面临需求收缩、供给冲击、预期转弱三重压力，美西方反华势力对我国的污蔑打压有增无减；自治区经济发展中产业结构偏重、生态环境约束趋紧、高层次高技能人才短缺等瓶颈制约依然突出，受经济下行压力和疫情反复冲击，居民消费信心减弱、消费需求受限。但另一方面，以习近平同志为核心的党中央高度重视新疆工作。2022年7月12—15日，习近平总书记再次亲临新疆视察，发表重要讲话、作出重要指示，为做好新形势下新疆工作注入了强大的政治动力、精神动力和工作动力，为新疆发展指明了前进方向、提供了根本遵循。我们相信，在党中央的坚强领导下，在自治区党委的团结带领下，认清面临形势，把握重大机遇，坚定决心信心，主动作为，乘势而上，在新的历史起点上，一定会不断开创新时代新疆工作的崭新局面！总体上，经济增长不稳固不均衡的主要诱因有望逐步减弱，2023年经济增长将更趋稳固、更趋均衡。初步预计，2023年新疆生产总值增长5.5%左右；规模以上工业增加值增长7%左右；固定资产投资完成额增长10%左右；居民消费价格涨幅控制在3%以内。

三、政策措施建议

（一）持续做好"两个统筹"，防范化解风险

党的二十大报告指出，"提高公共安全治理水平。坚持安全第一、预防为主，建立大安全大应急框架，完善公共安全体系，推动公共安全治理模式向事前预防转型。"我们要持续落实"疫情要防住、经济要稳住、发展要安全"重要要求，科学统筹疫情防控和经济社会发展、统筹发展和安全，为经济高质量发展创造良好环境。毫不放松抓好社会稳定工作。聚焦总目标，高举社会主义法治旗帜，打造共建共治共享的社会治理格局，保持社会大局持续稳定长期稳定。毫不放松抓好常态化疫情防控工作。坚持依法科学精准防控，贯彻疫情防控"新十条"，坚持全疆"一盘棋"、兵地"一盘棋"，联防联控、群防群控。毫不放松抓好安全生产工作。严格落实安全生产责任，加强安全监管。毫不放松抓好财政金融风险防控工作，坚决守住不发生系统性风险的底线。

（二）发展壮大实体经济，优化产业布局

党的二十大报告指出，"建设现代化产业体系，坚持把发展经济的着力点放在实体经济上。"实体经济水平越高，经济实力就越强，抵御风险的能力也越强，发展壮大实体经济，是全面建设社会主义现代化国家的必然要求。我们要立足新疆资源禀赋和区位优势，做大做强油气生产加工、煤炭煤电煤化工、绿色矿业、棉花和纺织服装等特色优势产业集群以及新能源新材料等战略性新兴产业集群，加快建设一批高水平的企业技术中心、制造业创新中心，培育一批创新型中小企业、专精特新中小企业、专精特新"小巨人"企业和单项冠军企业，促进数字技术与实体经济深度融合，推动数字产业化、产业数字化，赋能传统产业转型升级，以碳达峰碳中和牵引产业绿色低碳发展。构建优质高效的服务业新体系，优化基础设施布局、结构、功能和系统集成，推动现代服务业同先进制造业、现代农业深度融合，着力建设具有新疆特色的现代产业体系。

（三）持续深入扩大内需，抓项目促消费

党的二十大报告再次强调，"加快构建以国内大循环为主体、国内国际双循环相互促进的新发展格局。要着力扩大内需，增强消费对经济发展的基础性作用和投资对优化供给结构的关键作用。"深入扩大内需，我们一要着力激发消费潜力。一方面，加强需求侧管理，促进消费繁荣。通过增加居民收入，改善消费环境，采取一些促消费政策，尽可能稳定住接触型、聚集型、流动型消费，有效扩大汽车、住房等大宗消费，不断提高消费能力；培育支持直播电商新业态，鼓励传统商贸流通企业向多功能综合性新型消费载体转型，积极拓展信息、绿色等新型消费，持续扩大新兴消费规模。另一方面，要发挥供给对消费的促进作用。通过改革和创新，企业生产更多满足现在和未来消费的产品，有助于使得消费真正成为拉动经济增长的基础动力，最终形成需求牵引供给、供给创造需求的动态平衡。二要着力扩大有效投资。切实发挥重点项目牵引作用，更好发挥重大项目对经济稳定运行压舱石的作用，适度超前开展基础设施投资，努力构建现代化交通基础设施体系，增强消费的基础性作用，为经济高质量发展提供动力。

（四）加快丝绸之路经济带核心区建设，以高水平开放推进高质量发展

党的二十大报告指出，"推进高水平对外开放，稳步扩大规则、规制、管理、标准等制度型开放，推动共建'一带一路'高质量发展。"开放，是当代中国的鲜明标识。习近平总书记2022年7月考察新疆时说，"随着共建'一带一路'深入推进，新疆不再是边远地带，而是一个核心区、一个枢纽地带。"我们要充分把握新疆在国内大循环和国内国际双循环中的位置和比较优势，创新开放型经济体制，加快建

设对外开放大通道，更好利用国际国内两个市场、两种资源，积极服务和融入新发展格局，稳步推进乌鲁木齐国际陆港区建设，加快推动喀什、霍尔果斯经济开发区高质量发展，加快打造口岸经济带。要深入贯彻第三次"一带一路"建设座谈会精神，坚持"五个统筹"，以高标准、可持续、惠民生为目标，顺应低碳化、绿色化、数字化、透明化的发展趋势，持续推进丝绸之路经济带核心区高质量发展，塑造发展的新动能新优势。对内，立足霍尔果斯区位优势，打造贸易集聚区、产业集聚区，加强东西部合作，并做好配套的制度建设和政策支持。此外，要发挥欧亚大陆桥的双向辐射作用，不断优化营商环境，吸引投资。对外，应抓住中巴经济走廊高质量发展和中阿巴互联互通赋予新疆的新机遇，进一步落实中央对外开放总体部署，为维护多元稳定的国际经济格局和经贸关系贡献力量。

[新疆维吾尔自治区信息中心　马天平]

之十二：2022年内蒙古自治区经济运行分析及2023年展望

2022年，面对严峻复杂的外部环境，内蒙古自治区坚持稳中求进工作总基调，统筹疫情防控和经济社会发展，加快推进产业绿色低碳转型，经济发展呈现平稳向好态势。2023年，内蒙古自治区经济发展外部环境总体趋好，但不稳定不确定因素仍然存在，特别是一些长期存在的结构性矛盾与短期出现的外部冲击相互叠加，增加了保持经济平稳运行的难度，需要抓住工作主动权，坚持稳字当头、稳中求进，推动经济发展实现质的稳步提升和量的合理增长，在高质量发展上不断取得新进展。

一、2022年内蒙古自治区经济运行的主要特征

当前，内蒙古经济正处在一个极其艰难又极为重要的转型期，2022年又是全区经济运行困难多、挑战大的一年，在自治区党委政府的正确领导下，按照疫情要防住、经济要稳住、发展要安全的要求，统筹疫情防控和经济社会发展，加大保供稳价、助企纾困、优化营商环境等各项工作落实力度，确保了主要经济指标运行在合理区间，经济发展稳中向好的态势。

（一）经济运行整体平稳

一是经济总量增速高于全国平均水平。前三季度，全区地区生产总值16209亿元，按不变价格计算，同比增长5.0%，较上半年高0.7个百分点，比全国平均水平高2.0个百分点。分产业看，第一产业增加值769亿元，同比增长4.4%；第二产业增加值8164亿元，同比增长7.3%；第三产业增加值7275亿元，同比增长3.2%。三次产业增加值占GDP比重分别为4.7%、50.4%和44.9%，对经济增长贡献率分别为5.2%、61.0%、33.8%。

二是产业平稳增长。农林牧渔业稳中有增，农业生产形势较好，秋粮生产稳定，畜牧业生产企稳向好。前三季度，农林牧渔业增加值同比增长4.5%，较上半年提升1.0个百分点，拉动经济增长0.3个百分点。工业建筑业带动作用明显，前三季度，全区工业增加值6981亿元，同比增长7.3%，较上半年提升0.5个百分点，拉动经济增长2.5个百分点。建筑业增加值同比增长7.5%，拉动经济增长0.6个百分点。服务业持续恢复，前三季度，全区服务业增加值同比增长3.2%，比上半年加快0.9个百分点，服务业重点行业均呈现复苏态势。其中，信息传输、软件和信息技术服务业增加值同比增长11.9%，交通运输业增加值同比增长5.9%，金融业增加值同比增长4.2%，批发零售业增加值增速由负转正，同比增长0.7%。

（二）经济结构优化升级

一是产业转型升级成效明显。制造业对工业增长的支撑能力不断提升，1—10月全区规模以上采矿业增加值同比增长8.6%，增速较1—9月回落0.9个百分点；制造业同比增长10.2%，增速提高0.8个百分点；电力、热力、燃气及水生产和供应业同比增长5.6%，增速提高0.2个百分点。新兴产业高位运行，新旧动能转换加速，1—10月全区规模以上工业战略性新兴产业增加值同比增长18.9%，增速较1—9月提高0.8个百分点；高技术制造业同比增长28.7%，增速提高0.9个百分点；装备制造业同比增长

42.2%，增速提高 0.1 个百分点。工业新产品中，单晶硅产量 33.8 万吨，同比增长 23.4%；多晶硅产量 9.7 万吨，同比增长 83.9%；液晶显示屏产量 8500 万片，同比增长 19.9%。二是投资结构进一步优化。从资金投向上看，制造业投资"引擎"作用提升，1—10 月全区制造业投资保持快速增长态势，同比增长 50.3%，高出全部投资增速 27.5 个百分点，占全部投资的比重为 24.7%，较上年同期提高 4.5 个百分点，对全部投资增长的贡献率达 44.6%。其中，消费品制造业投资增长 31.8%，原材料制造业投资增长 46.6%，装备制造业投资增长 104.1%。

（三）工业企业质量效益持续提升

一是企业经营质效提升。随着自治区持续推进稳经济一揽子政策落地生效，企业生产经营压力有所缓解。1—9 月，全区规模以上工业企业每百元营业收入中的成本为 76.1 元，同比减少 0.6 元；每百元营业收入中的费用为 6.4 元，同比减少 1.3 元；营业收入利润率为 15.1%，同比提高 1.9 个百分点；工业企业杠杆率有所下降，9 月末，全区规模以上工业企业资产负债率 55.1%，同比下降 2.9 个百分点。

二是企业利润稳步增长。1—10 月，全区规模以上工业企业实现利润总额 3555.1 亿元，同比增长 31.9%。全区 38 个工业大类行业中，19 个行业利润总额同比增加，增长面 50.0%。重点行业中，煤炭开采和洗选业利润同比增长 49.0%，电力、热力生产和供应业同比增长 158.8%，石油和天然气开采业同比增长 70.6%，非金属矿物制品业同比增长 102.9%，食品制造业同比增长 83.8%。

总体来看，2022 年，全区经济保持了平稳恢复态势，预计可以实现年初确定的经济增长预期目标，但需求拉动不足、新兴产业支撑不力、经济恢复基础不牢等仍是全区经济发展不容忽视的问题。一是投资对经济增长的拉动作用发挥不足。虽然前 11 个月投资增速高于全国平均水平 3 个百分点，但两年平均增速仅 2.2%。特别是占投资总额比重 6 成以上的基础设施投资下降、房地产投资低迷。1—11 月，全区基础设施投资同比下降 1.6%；房地产开发投资同比增长 3.3%，较前三季度回落 1 个百分点。二是消费恢复步伐缓慢。全区限额以上消费品市场虽然延续了恢复态势，但受疫情影响，住宿餐饮行业营业额持续下滑，传统零售业经营压力不断加大。三是传统动能不优与新动能不足问题并存。能源原材料行业仍然是工业经济增长的主要支撑力量，但这些传统优势产业链条较短，资源低配、能耗偏大、污染较高、效益不高，特别是煤炭清洁高效利用"卡脖子"问题亟待突破。同时，新兴产业发展不足，1—11 月，能源、化工、冶金建材行业对规模以上工业增加值增长贡献率达到 86.8%，高新技术产业贡献率不足 10%。

二、2023 年发展环境

2023 年是"十四五"的关键年，疫情不确定性影响、大宗商品价格高位运行压力持续传导等多重因素导致外部环境更趋严峻复杂，同时产业转型困难等结构性问题仍然存在，增加了内蒙古保持经济平稳运行的难度。国家将继续实施积极的财政政策和稳健的货币政策，这将为内蒙古经济在稳的基础上实现质的提升、量的合理增长创造有利条件。从有利方面看：一是国家实施积极的财政政策，将赤字率保持在 3% 及以上水平，基建等相关专项债新增额度有望大幅增加，有力支撑全区固定资产投资平稳增长。二是国家实施新的减税降费政策，继续给予中小微企业税收优惠，将对全区激发市场主体活力产生促进作用。三是国家稳增长、促就业和扶持中小企业发展的跨周期调节政策，将进一步改善居民收入状况，增强全区消费市场复苏动力。四是国家将进一步完善能耗控制政策，创造条件尽早实现能耗"双控"向碳排放总量和强度"双控"转变，新增可再生能源和原料用能不纳入能源消费总量控制，这将在加快形成减污降碳激励约束机制基础上，拓展全区产业发展空间，对全区保障产业链供应链安全、稳定经济增长形成重大利好。

从不利方面看：一是大宗商品价格大幅波动对全区经济产生影响。原材料行业不但是内蒙古工业经济增长的重要支撑力量，也是企业利润增长的重要动力。能源、化工、冶金建材行业对规模以上工业企业利润增长的贡献率达80%以上。据多家研究机构预测，未来大宗商品价格将面临大幅度波动的可能性，对企业利润增长和财政增收形成一定影响。二是疫情对消费的抑制作用难以在短期内完全消除。我国疫情仍将处于零星散发状态，不排除局部地区甚或发生聚集性疫情的可能，常态化防控举措仍将持续实施，休闲、旅游、娱乐等传统消费需求会在不同时点、地点受到不同程度限制。三是投资带动产业转型作用发挥不足。产业投资仍集中在能源、冶金等传统产业，新兴产业投资比重总体偏小，转型升级后劲不足。从新建企业看，月度新建入库企业主要集中在电力、煤炭等传统行业，高新技术行业较少，这表明短期内全区很难在产业转型方面有较大改观。

三、对策建议

（一）抓好国家政策落实

把握党中央确定的经济工作总要求，完整、准确、全面理解国家重大政策精神实质，快速反应、精准对接，争取更多大项目纳入国家"大盘子"。落实国家适度超前开展基础设施投资相关政策，围绕国务院确定的九大投向领域，加紧策划一批符合条件的专项债券项目。落实国家减税降费政策，进一步扩大增值税留抵退税范围、研发费用加计扣除的适用范围、中小微企业税收优惠覆盖面，加大对实体经济特别是小微企业的支持，激发市场主体活力。强化政策实施时效度，坚持先立后破、稳扎稳打，提升政策实施的精准性、协调性。完善贯彻落实重大决策部署的任务分工、督促检查、情况通报、监督问责等制度机制，以严的要求和实的作风抓部署、抓落实、抓督查，确保条条落实、件件落地、事事见效。

（二）抓好工业经济振作

抓住能耗"双控"向碳排放总量和强度"双控"转变的重大机遇，围绕"两个率先""两个超过"目标，大力推动技术、工艺、系统、装备、材料、平台的研发和应用，加快推进现役煤电机组灵活性改造，科学规划建设先进煤电机组，提高煤炭清洁高效利用水平，同时积极推进电源侧储能发展，建设"风光储一体化""源网荷储一体化"项目，加快发展新能源产业。深入实施延链补链强链行动和质量提升行动，构建数字经济、生物制药、稀土、有色金属、现代煤化工、风电装备、光伏装备、奶业、肉羊、肉牛、马铃薯、羊绒、文化旅游、新能源汽车等重点产业链，实施好重点产业链"链长制"，加快推动产业链现代化。落实《坚决遏制"两高"项目盲目发展工作方案》，组建自治区坚决遏制"两高"项目盲目发展厅级联席会议机制，严控"两高"行业新增产，坚决有序淘汰高耗能行业落后产能。

（三）抓好固定资产投资

全力抓好稳投资工作，推动具备冬季施工条件的项目稳步建设、新建项目尽早入库，支撑投资实现"开门稳、开门红"。适度超前开展基础设施投资，按照国家确定的重点投向领域和全区实际情况，重点推进交通、物流、生态环境、城市管网、农村人居环境整治、养老托育、文旅体育、能源生产储销保障体系、粮食生产储备设施等领域基础设施建设，加快推进5G、工业互联网、人工智能等新型基础设施建设。鼓励支持企业加大技改、研发投入力度，增加财政对短板领域的资金支持，加快谋划建设一批既利短期稳增长，又利长远促转型的好项目。强化补短板项目建设，加快推进"引绰济辽"二期、辽西北供水内蒙古支线工程、呼和浩特新机场、集大高铁、包银高铁、鄂尔多斯—榆林—延安高铁等项目进度。积极开展"冬季行动"，集中精力解决重点项目推进过程中存在的问题，利用冬季停工期加紧协调推动项

目前期手续办理,变"冬闲"为"冬忙",确保项目在进入施工季后按时开复工。在项目推进上靠前发力,推动建立实施重大项目厅际联席会议和自治区、盟市、旗县"三级领导"包联重大项目、前期手续三级部门包联等制度。

(四)抓好优化营商环境

组织开展营商环境评估工作,查找优化营商环境存在的问题并积极整改,总结推广好经验好做法。深入落实《优化营商环境条例》《内蒙古自治区优化营商环境行动方案》等政策,抓好营商环境"一把手工程"。全面落实市场准入负面清单,扎实推进"证照分离"改革全覆盖,实施好告知承诺制,严格清理变相审批,动态调整涉企经营许可事项清单。进一步拓展"互联网+政务服务",持续推进"一网办、掌上办、一次办、帮您办"工作,实施"一网通办"2.0建设,提升"蒙速办"App服务功能。构建"亲""清"新型政商关系,进一步拓宽政企沟通渠道,完善政企交流机制,通过企业建议征集、企业参与涉企政策制定、投诉举报快速受理等方式,畅通市场主体提出意见、参与监管的渠道。抓好现有政策的跟踪问效,把行之有效的好政策、好措施坚持下去、落实到位,把不够具体明确、不符合形势变化和发展需要的政策内容进行修改完善。扩大高水平对外开放,抓好各类开发区、跨境电商综合试验区和综合保税区等平台建设,积极申建自贸区。

(五)抓好招商引资工作

实践证明,招商引资是促进地区经济发展的重要一招。在新的发展阶段,要将招商引资作为经济工作的第一抓手,切实发挥其稳增长、调结构、促转型的支撑带动作用。实行招商引资顶格推进机制,构建"主要领导亲自抓、分管领导具体抓、条块结合共同抓、职能部门合力抓"的工作格局,推行盯牢盯紧、挂图作战、一事一策、统筹推进的工作方法,全力推动招商引资工作。优化招商引资干部队伍结构,提高工作人员专业水平和综合能力,打造一支思想解放、业务过硬、素质过硬、创新实干的专业队伍;健全选人用人机制、考核奖励机制,激励干部发扬"钻劲、盯劲、争劲、拼劲"精神。编制重点产业链招商图谱,用好以商招商、产业招商、活动招商等方式,把项目推出去,把投资人引进来。明确各专业招商队伍引资目标任务,建立招商引资的"线索库、对接库、签约库和开工库"四库管理模式,加大督查考评力度,以考核抓落实、以绩效促实效。搭建企业交流、项目推荐、银企对接综合招商服务平台,建设"项目超市",吸引和推动符合自治区产业发展方向的项目落地运营。支持盟市根据实际情况出台充分发挥自身优势、更具吸引力的招商引资政策,培育优良引商生态圈。

[内蒙古自治区宏观经济研究中心　司咏梅　佟成元]

之十三：2022年广西壮族自治区经济运行分析及2023年展望

一、2022年广西壮族自治区经济运行特征

2022年以来，面对错综复杂的外部环境和持续下行的严峻形势，广西壮族自治区全面贯彻落实中央"疫情要防住、经济要稳住、发展要安全"的重要要求，高效统筹疫情防控和经济社会发展，多措并举稳住经济大盘，全年经济运行保持总体平稳。

（一）经济承压前行，增速总体处于合理区间

2022年以来，受外部复杂多变形势影响，广西宏观经济走势波动较大，但总体处于合理区间。第一季度，广西经济平稳开局，全区生产总值同比增长4.9%，高于全国平均水平0.1个百分点；第二季度，受到超预期因素影响，经济增速放缓明显，上半年全区地区生产总值同比增长2.7%，低于第一季度2.2个百分点，但仍高于全国0.2个百分点。进入下半年以来，稳经济一揽子政策和接续政策措施效能加快释放，经济企稳回升的势头持续显现，前三季度全区生产总值同比增长3.1%，比上半年提高0.4个百分点，高于全国0.1个百分点，增速排全国第16位，排位比上半年上升5位。总的来看，尽管2022年广西经济下行压力持续较大，但经济运行总体处于合理区间，经济长期向好的基本面没有改变、恢复发展的总体态势仍在持续。

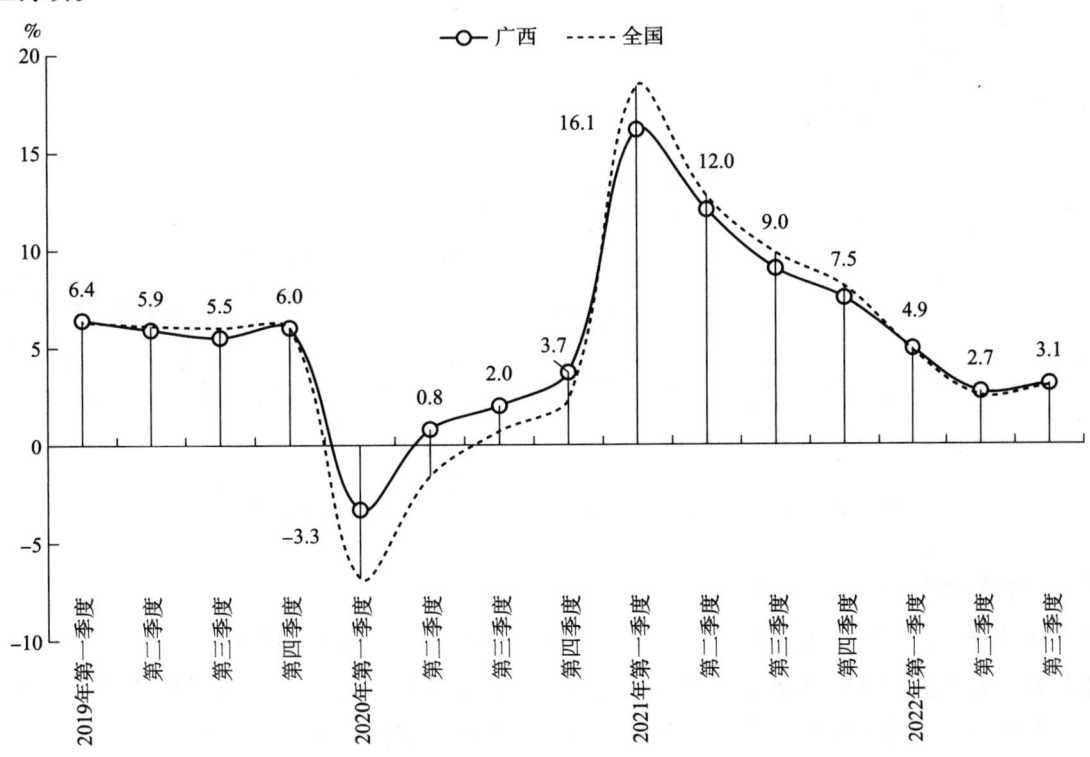

图1 2019年以来广西壮族自治区与全国GDP增速走势

（二）农业生产稳定，多个领域保持全国前列

近年来，广西农业经济持续稳定增长，粮食产量连续丰收，特色农产品产量大幅提升，为促进经济社会健康发展发挥了"压舱石"作用。前三季度，全区第一产业增加值2323.03亿元，同比增长4.2%，对经济增长贡献率为18.3%。粮食实现稳产增收，2022年广西早稻总产量480.4万吨，播种面积1216.05万亩，早稻单产95.11公斤/亩，早稻总产量和面积全国排名继续稳居第四，单产全国排名第八位，夏粮播种面积、单产、总产保持"三增长"。生猪生产和供应形势持续向好，生猪存栏量从5月开始连续5个月增长，截至9月末全区生猪存栏2142.48万头，同比增长5.3%，1—9月生猪出栏2659.22万头，同比增长6.8%。

（三）工业加快恢复，新兴行业增速加快回升

2022年以来，受长三角疫情对全国产业链供应链的冲击影响，广西工业增速发生明显波动，但随着各项稳工业政策措施落实落地，下半年以来工业生产明显回升。前三季度，全区规模以上工业增加值同比增长5.5%，比上半年提高1.5个百分点，高于全国1.6个百分点。从细分行业看，前三季度全区规模以上工业高技术产业同比增长8.8%，比规模以上工业增加值增速高3.3个百分点，装备制造业同比增长7.9%，对全区规模以上工业增长贡献率达21.8%；其中，电子及通信设备制造业增长10%，计算机及办公设备制造业增长26.9%。从工业用电量看，高新技术产业、电气机械和器材制造业、其他制造业用电分别同比增长116.4%、80.7%、32.9%。

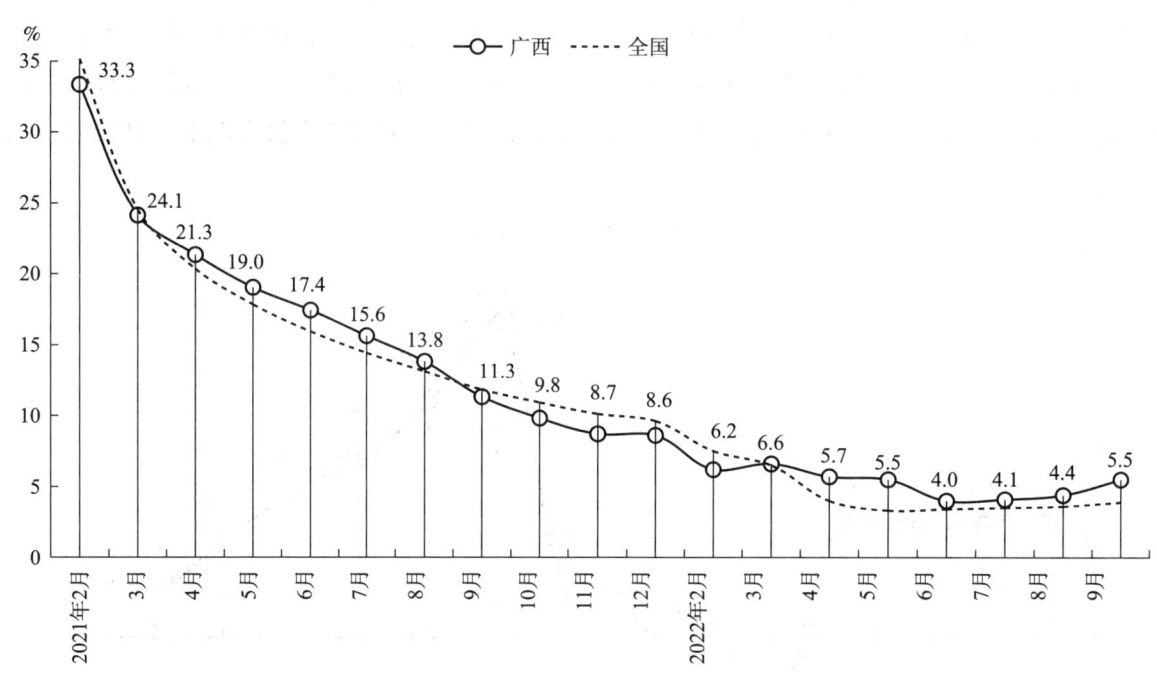

图2 2021年以来广西壮族自治区与全国规模以上工业增加值增速走势

（四）消费逐步恢复，市场销售规模继续扩大

2022年上半年，广西防城港、百色、崇左、北海等地陆续发生疫情，防控措施持续升级，导致消费市场增速遭遇较大波折。2022年下半年以来，随着促消费政策持续发力，重点领域消费潜力逐步释放。前三季度，全区社会消费品零售总额同比增长1.0%，比上半年提高0.9个百分点，其中实物商品网上零售额同比增长13.2%，比上半年提高2.9个百分点，拉动消费增长1.1个百分点，占社会消费品零售总额

的比重为 8.8%，比上半年提高 0.1 个百分点。汽车消费需求加快回升，新能源汽车销售旺盛，前三季度新能源汽车零售额累计增长 1.8 倍，拉动限额以上消费品零售额增长 4.3 个百分点，新能源汽车销量累计超过 110 万辆，占全国总销量的 9.6%。

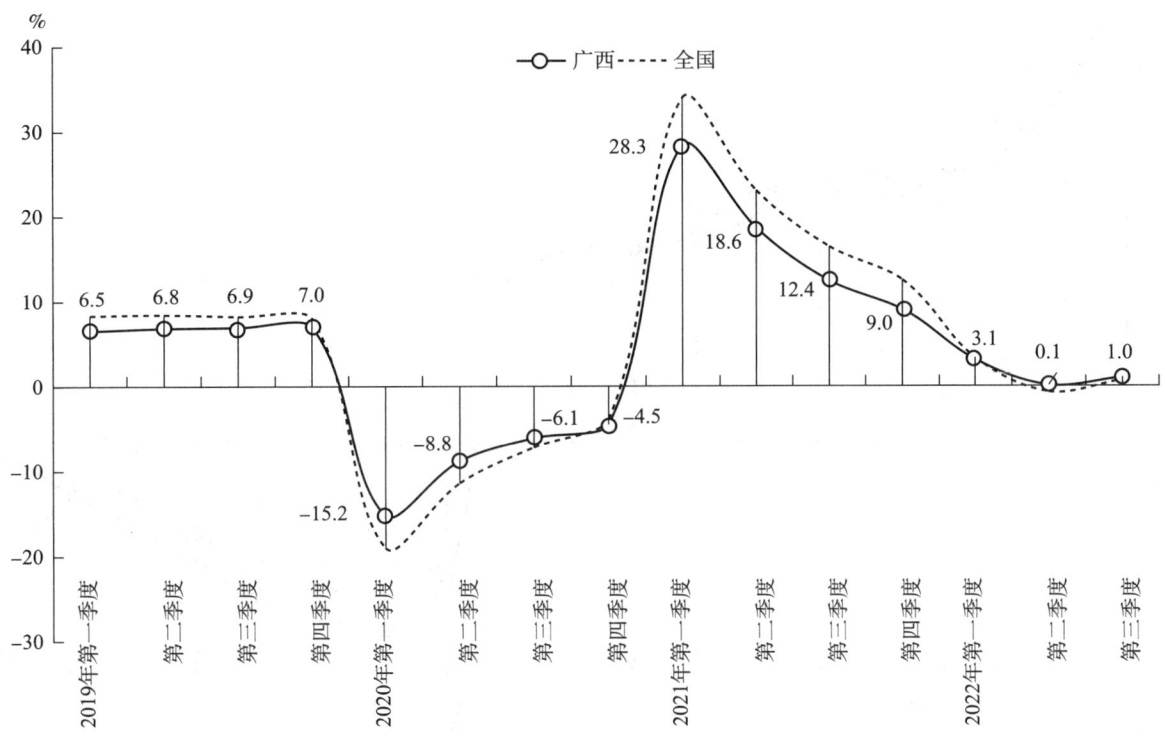

图 3　2019 年以来广西壮族自治区与全国社会消费品零售总额增速走势

（五）投资降幅明显，工业和基建成主要支撑

2022 年以来，广西固定资产投资波动明显，主要受广西房地产市场持续低迷影响，房地产开发投资大幅下滑，明显拉低了全区固定资产投资增速。前三季度，全区固定资产投资同比增长 1.6%，剔除房地产项目影响，全区项目投资累计同比增长 19.4%，比上半年提高 1.2 个百分点。其中，工业投资延续高速增长态势，前三季度工业投资同比增长 37.4%，比上半年提高 1.6 个百分点，拉动全部投资增长 8.6 个百分点，增速高于全国 26.3 个百分点；制造业投资同比增长 34.7%，电力热力燃气及水生产供应业投资同比增长 61.8%，有力推动了工业投资快速增长。基础设施投资保持较快增长，基础设施投资同比增长 9.2%，比上半年提高 1.2 个百分点，拉动全部投资增长 2.7 个百分点，其中道路运输业投资增长 7.3%，铁路运输业投资增长 26.6%。重点领域投资增速加快恢复，医药、电力、机械、食品、电子、造纸与木材、石油化工、汽车等 8 个行业投资增速超过 20%。

（六）港口规模扩大，外贸增速降幅持续收窄

受主要发达经济体高通胀、俄乌冲突、海外需求回落等外部环境影响，叠加上年高基数等因素，2022 年以来广西外贸增速持续走低，但随着疫情防控精准有序，边境口岸陆续开放，全区外贸进出口增速降幅持续收窄。2022 年前三季度，全区外贸进出口总额下降 2.1%，降幅比上半年收窄 15.9 个百分点，比 1—8 月收窄 5.7 个百分点，已连续 6 个月收窄。北部湾国际门户港货物贸易规模持续扩大，前三季度北部湾港完成货物吞吐量 2.69 亿吨，同比增长 1.3%，完成集装箱吞吐量约 498 万标准箱，同比增长 19%；西部陆海新通道海铁联运班列发运集装箱 32.8 万标准箱，折合到发 6557 列，同比增长 46%，其中中越跨

境集装箱班列发运集装箱 6662 标准箱,折合到发 225 列,同比增长 4.26%。

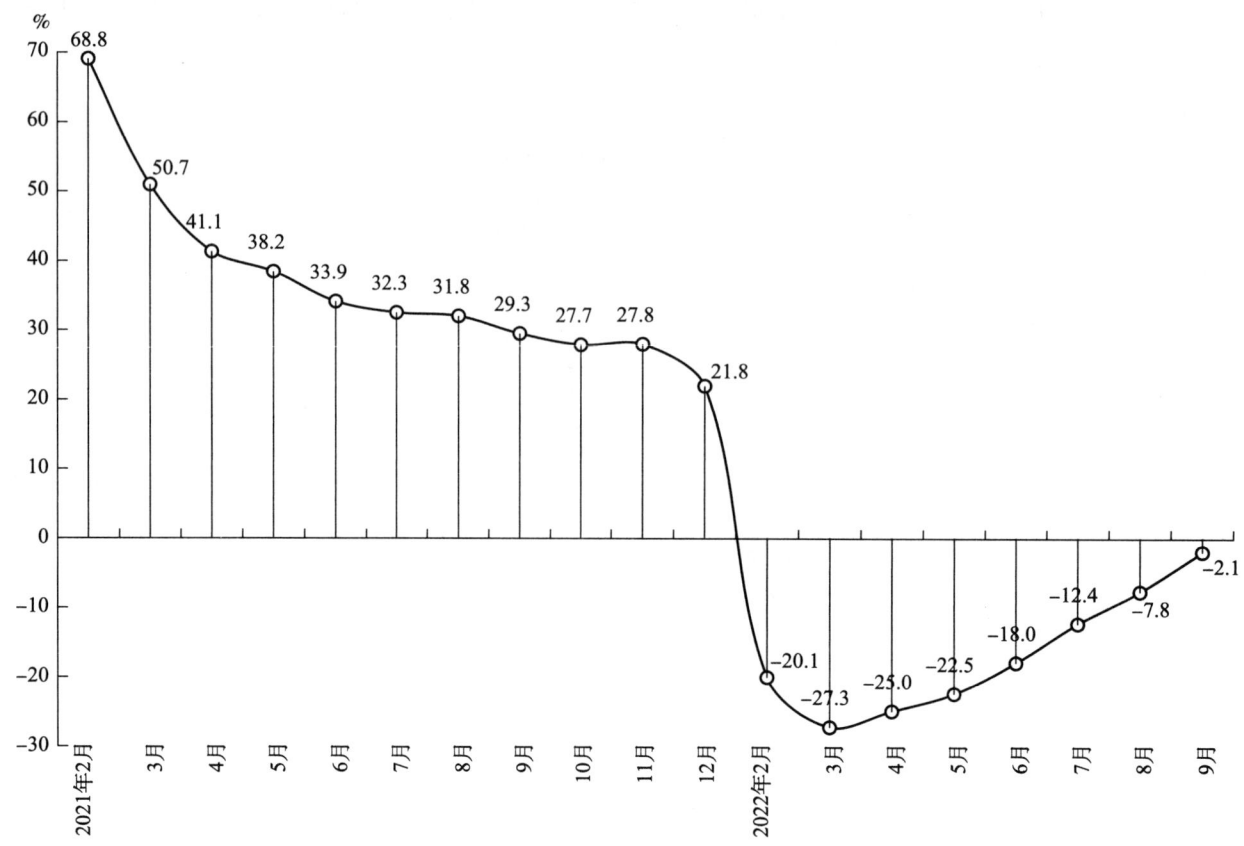

图 4　2021 年以来广西壮族自治区外贸进出口总额增速走势

(七)宏观政策积极稳健,民生保障持续加固

物价方面,受"猪周期"、石油价格上涨、大宗商品价格波动等因素影响,广西居民消费价格指数略有上涨,2022 年前三季度全区居民消费价格同比上涨 2%,比上半年提高 0.4 个百分点,与全国平均水平持平,呈温和上涨、平稳运行态势。民生保障方面,财政民生支出为稳大盘提供有力支撑,2022 年前三季度全区一般公共预算支出 4715.6 亿元,同比增长 1.2%,民生领域财政投入支出达到 3671.4 亿元,占一般公共预算支出的比重为 77.9%,其中社会保障和就业支出、教育支出分别增长 7.5% 和 3.2%。就业方面,2022 年前三季度,全区城镇新增就业人数 30.28 万人,失业人员再就业人数 9.73 万人,就业困难人员实现就业人数 3.5 万人;城镇调查失业率为 5.7%,其中 9 月为 5.6%,比 8 月下降 0.3 个百分点,就业形势总体稳定。居民收入方面,2022 年前三季度,全区居民人均可支配收入实际增长 2.6%,其中城镇居民人均可支配收入实际增长 1%,农村居民人均可支配收入实际增长 4.2%。

二、2023 年经济运行的环境及趋势展望

(一)国外形势:全球经济放缓传导压力持续加大

2022 年以来,受疫情多点散发和反复波动、俄乌冲突危机持续发酵、美国加息缩表步伐提速、逆全球化趋势仍在加剧等影响,导致国际大宗商品价格高位运行,加之物流运输成本快速增加,上游原材料对下游消费端价格的传导仍在持续,全球贸易增长仍受到扰动,经济恢复面临较大不确定性。经济"滞"的同时还带来"胀"的风险,国际食品和能源价格大涨、需求反弹、供应链瓶颈等已成为全球性问题,

未来经济放缓叠加通货膨胀,大滞胀正成为潜在的全球经济头号风险。

(二)国内形势:各领域稳增长政策效果加快显现

当前,我国需求收缩、供给冲击、预期转弱等三重压力仍持续,但稳经济一揽子政策和接续政策已形成组合效应,稳经济系列政策效能仍可释放较大潜力,伴随稳增长政策效果持续显现、疫情影响逐步减弱,2023年国家将加大力度统筹做好跨周期和逆周期调节,为经济稳增长提供重要支撑。同时,习近平总书记在党的二十大报告中对当前和今后一个时期经济社会发展作出统筹谋划部署,特别是习近平总书记在参加广西代表团讨论时发表的重要讲话,为广西贯彻落实二十大精神、做好广西工作指明了前进方向、提供了根本遵循,为广西加快发展提供重要动力支撑。

(三)广西形势:多重政策利好推动经济增速加快恢复

2022年以来,尽管受疫情反复波动、房地产市场持续低迷等多重不利影响,广西经济下行压力依然较大,但在国家和自治区一系列稳增长措施的有力推动下,全区经济企稳回升基础逐步巩固。2023年,广西将积极贯彻落实党的二十大精神,强化"稳"字当头的预期,经济发展的积极因素将逐渐增多,经济增速有望走出"筑底"阶段,逐步恢复至潜在增长区间。初步预测,2023年广西GDP同比增长5.5%左右,其中一、二、三产业分别增长4%、7%、5%左右,规模以上工业增加值增长7.5%左右,固定资产投资增长6%左右,社会消费品零售总额增长5%左右,外贸进出口总额增长10%左右,CPI增长1.5%左右。

三、政策调控措施建议

(一)加强宏观经济运行调度

推动宏观政策与各领域高效联动,全面推动财政政策和货币政策与就业、产业等政策高效联动,加快形成集成效应。强化跨周期预算绩效评价,将财政行为活动内嵌于宏观经济周期中的若干小周期内,并结合经济周期的波动趋势进行全面有效的预算绩效评价,从而进一步提高宏观调控的科学性和有效性,以短期政策的高效落实推动经济发展中长期目标的实现。加强经济运行监测分析预警,建立周调度、旬监测、月报告制度,及时掌握经济运行状况,提前预测预判走势,并完善各市各部门年度工作的目标清单、问题清单、措施清单,细化工作举措,做好政策储备,持续做好经济工作的预见性、主动性、针对性、有效性。

(二)优化工业产业链升级政策

加快"强旧补新"促进新旧动能同频共振,深入推进产业链协同,培育完善双循环产业链供应链体系,着力突破供给约束堵点,助力形成更强创新力、更高附加值、更具发展韧性的产业体系。设立多元化的产业发展基金,加大地方专项债对产业发展项目的支持,重点用于支持重大招商引资、传统产业改革升级、新兴产业培育、新能源产业、节能减排等领域项目。以构筑设施完善、服务到位的全产业链园区为载体,围绕东融城市群、北部湾沿海城市等重点区域,全产业链引进粤港澳大湾区的五金水暖、日用化工、家具家装建材、照明电器等消费品产业,以及新一代信息技术、新材料、先进轨道交通装备、生物医药、新能源汽车等新兴产业,逐步培育形成特色鲜明、配套齐全的完整产业链。加强产业集聚区、城市新区、工业园区的统筹规划和顶层设计,围绕制造企业供应链布局服务链,主动引进大湾区技术、金融、物流和管理咨询等领域的生产性服务业。

（三）优化培育新经济新动能

积极推动一、二、三产业融合发展，大力发展农产品精深加工业、大健康产业、农产品冷链物流、工业设计等融合产业，提升发展现代金融、现代物流、电子商务、文体医疗等生活性服务业，推动"农业+旅游""文化+旅游""生态+旅游"等融合业态发展。在强化创新中引领催生新动能，突出市场导向，把应用创新、集成创新、产业创新作为主攻方向，让创新"跟着市场跑、围着产业转"，在稳增长、调结构、促转型、提质量上发挥引领作用。加强创新链与产业链协同，促进产业链与创新链精准对接，推动产业链创新链"双向融合"，打造产业链为基础、创新链为引领的产业升级版。发挥数字化对产业的赋能作用，着力推动科技与产业融合集聚发展，实施重大产业技术研究和产业链强链、补链、延链工程，引导企业开展产业关键技术攻关及其应用，培育创新型产业集群。

（四）加快激活消费外贸市场活力

通过"政策+活动"双轮驱动，持续举办广西"33消费节"，瞄准不同品类的主力消费人群，采取更加有针对性的消费券投放策略，带动零售、餐饮等重点行业销售提升。进一步完善"互联网+"消费生态体系，持续开展"壮族三月三·e网喜乐购"活动，引导实体商业企业发展社群营销、直播带货、"云逛街"，打造一批"云上电商"产业园。把扩内需与稳外资结合起来，探索建立抗压能力强的跨境产业链供应链，打造内外贸贯通、要素有序流动、规则有效对接的大市场。依托新型消费拓展国际市场，加快南宁、桂林等区域性国际性消费中心城市建设，统筹推进国际物流供应链建设，开拓国际市场特别是"一带一路"沿线业务，培育一批国际一流平台企业和物流供应链企业。

[广西壮族自治区宏观经济研究院　李美莲　杨豫萍　陈　斌　张卫华　尚毛毛]

综合卷
专题篇

之一：2022年重庆市农村经济运行分析及2023年展望

2022年以来，重庆市持续深化实施乡村振兴战略和乡村建设行动，强化粮食生产安全保障，积极克服新冠肺炎疫情反复带来的影响，加快推进农业农村现代化建设，确保农业农村经济总体运行平稳。预计2022年全市农业增加值同比增长2.8%左右，农民人均可支配收入同比增长6.5%左右。

一、2022年重庆市农村经济运行分析

（一）总体情况

随着乡村振兴战略和乡村建设行动深入实施，农业农村发展环境持续改善，全市农村经济总体保持稳定运行。1—9月全市第一产业实现增加值1366.26亿元，同比增长3.7%，较上半年和上年同期分别回落2.1个和4.6个百分点，比全国平均水平低0.5个百分点；农村居民人均可支配收入14727元，同比增长7.5%，比全国平均水平高1.1个百分点，城乡居民收入比为2.44，较上年同期缩小0.04。

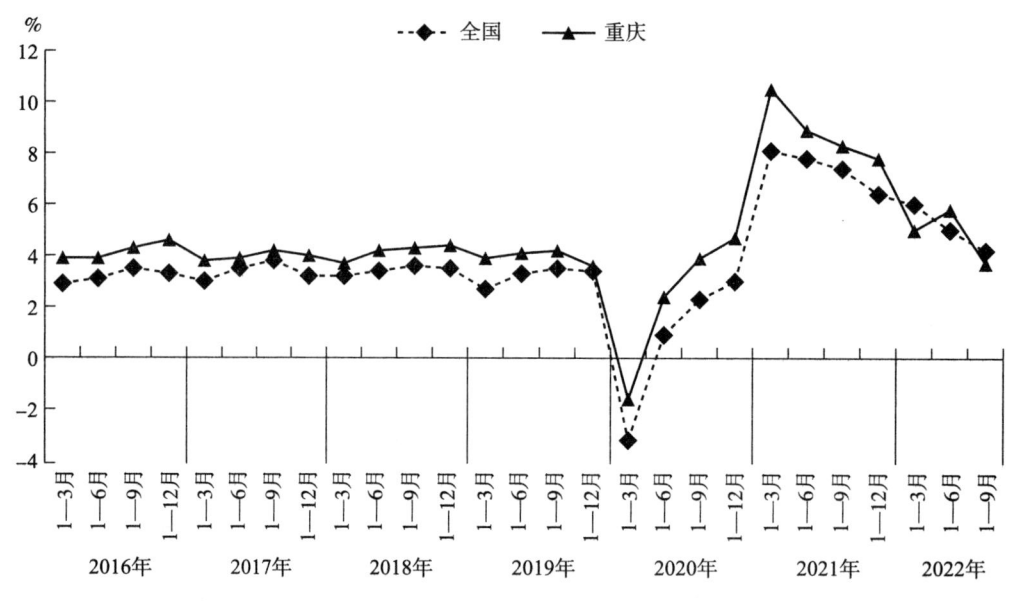

图1 2016年以来全国和重庆市农业增加值增速比较

（二）主要特点

1. 农业生产保持稳定

2022年以来，全市农业生产克服疫情、旱情影响，总体保持稳定，农产品供给保障有力。一是粮油生产保持稳定。全市夏粮种植面积562.5万亩、产量122.9万吨，分别同比增长0.86%、1.57%；油菜实现面积、单产、总产"十五连增"。截至9月末，水稻、玉米等秋粮已全部收获完毕，晚秋粮食长势良好。预计全年粮食播种面积有望达到3068.3万亩，同比增长1.61%。二是蔬菜市场供给充足。随着蔬菜

保供基地标准化改造持续推进及设施蔬菜产业的加快发展，全市蔬菜生产实现面积和产量"双增"。1—9月全市蔬菜播种面积914.2万亩、产量1736.7万吨，分别同比增长1.4%和2.7%。三是畜禽生产形势良好。在能繁母猪存栏稳步增长和规模养殖场潜力充分挖掘助推下，全市生猪产能较快提升，累计出栏1365.1万头，同比增长8.9%。牛羊禽生产和供应形势持续向好，全市牛、羊、禽分别出栏29.4万头、231.2万只、35.3万吨，分别同比增长3.7%、0.9%、5.8%。

2. 农民收入持续增长

2022年以来，为应对疫情和经济持续下行影响，全市通过动态监测、定向输送、援企稳岗、线上培训等多措并举，积极推进稳岗就业，拓宽返乡创业渠道，不断深化农村改革，助力农民增收。1—9月全市农村常住居民人均可支配收入同比增长7.5%，增幅虽较上年同期有所回落，但明显高于全国平均水平，城乡收入比也进一步缩小。从收入来源看，工资性收入仍是农民收入的主要来源，全市积极推进劳务输出及农业农村基础设施建设项目以工代赈等，稳定农民工外出就业和就近就业，全市农民工就业人数稳定在818万人左右，回引农民工返乡就业创业约16.1万人，助推工资性收入同比增长7.6%。随着乡村人居环境持续改善、产业稳定发展，全市农民经营性收入同比增长7%。同时，由于2022年以来农村集体经济加快发展及农村生态价值加快转化，农民财产性收入也保持较快增长。

3. 农村消费潜力不断释放

2022年以来，重庆聚焦县域商业体系建设，积极补齐县域商业基础设施短板，不断完善包括"快递进村"在内的县域物流体系，着力畅通县域商品流入流出渠道，农村消费潜力持续释放。1—9月全市乡村消费品零售总额1504.64亿元，同比增长3.2%，比城镇消费高2个百分点；全市农村常住居民人均消费支出11301元，同比增长5.7%，比城镇居民人均生活消费支出增速快0.8个百分点。从消费总额看，全市农村居民人均消费支出稳步上升，同比增加610元，增幅同比下降8.7个百分点。从消费结构看，与上年同期比较，各项支出均有所增加，但除医疗保健外增速明显放缓，其中生活用品及服务、交通和通信增长最快，分别为9.7%、9.5%；食品烟酒和居住消费仍是农村居民的主要消费支出，两者占总消费支出比重达50%。

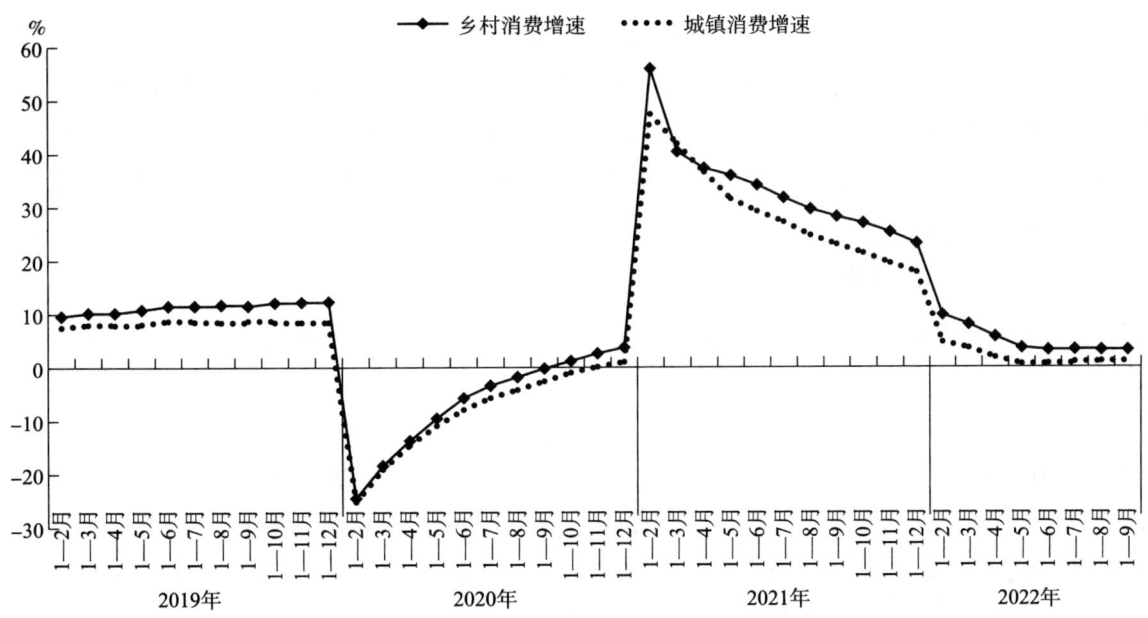

图2 2019年以来重庆市城乡消费增速比较

4. 农业农村投资保持较快增长

2022年以来，在政府投入和社会资本投入共同推动下，全市农业农村投资保持两位数（17.1%）增长，总体形势好于第二、第三产业投资，比全市全社会固定资产投资增速快13.8个百分点。1—9月全市乡村振兴招商引资已完成签约项目374个，合同金额近500亿元。同时，通过常态化开展信贷直通车、发行"三农"领域地方政府专项债等方式，助推乡村产业、水利、道路、公共服务及高标准农田改造提升等领域项目加快建设，全市在建的226个乡村振兴项目正有序推进。1—9月，全市在建重点水利工程累计完成投资90.2亿元，政府投资带动社会资金超过60亿元；累计新建高标准农田133.77万亩、"四好农村路"3027千米；新建及改造农村电网10千伏、线路681千米、低压线路811千米；完成3271户农村低收入群体等重点对象危房改造。

5. 乡村建设扎实推进

随着乡村建设行动的稳步实施，全市乡村生产生活生态空间持续优化，村容村貌和人居环境持续改善，乡村宜居宜业水平进一步提高。一是乡村人居环境持续改善。全市深入实施"千村宜居"计划，以示范镇、示范村为基点，持续开展"农村清洁周"活动，深入推进农村"厕所革命"和"五清理一活动"专项行动等，构建起"户集、村收、乡镇清运、区域处理"四级农村垃圾收运处理体系，农村生活垃圾有效治理率达99%，村庄环境基本实现干净整洁有序。二是美丽乡村和特色小镇加快创建。伴随乡村全面振兴和农业农村现代化加快推进，业新民富生活美的宜居宜业宜游美丽休闲乡村加快建设，渝北大盛镇天险洞村、大渡口跳磴镇石盘村、彭水善感乡周家寨村等12个村落入选2022年中国美丽休闲乡村，累计创建市级美丽宜居乡村1239个、最美庭院7.8万户；全市2022年度新增命名类特色小镇2个、创建类特色小镇20个。

6. 农村改革持续深化

随着脱贫攻坚成果持续巩固和乡村振兴战略深入实施，全市农业农村改革持续发力纵深推进，乡村发展活力进一步凸显。一是农村"三变"改革全面推广。截至8月底全市农村"三变"改革试点范围已扩大到3396个村，占全市行政37.2%。二是新型集体经济不断壮大。上半年全市村级集体经济组织实现经营性收入9.52亿元，村均10.4万元。因成为股东而陆续获得分红的农民不断增多，如渝北区大盛镇青龙村人均分红916元，涪陵区荔枝街道蒿枝坝村人均分红443元。三是"三社"融合创新推进。市供销合作社累计带动发展农民专业合作社2.8万家，其中3800家合作社与基层供销社实现了股份、生产、服务合作。重庆"三社"融合发展改革经验，被中华全国供销合作总社作为深化供销合作社综合改革典型案例在全国推广复制。

（三）存在的主要问题

2022年以来，全市农村经济发展总体稳定，农村改革成效显著，但同时农村经济运行也面临一些问题。

一是农民持续增收难度加大。从增收来源看，新冠肺炎疫情反复频发和国内经济下行压力持续，农民工回流就业压力加大，但县域经济支撑就业能力明显不足，农民工就业稳定性降低、就业时间缩短，务工收入下降趋势明显。调查显示，超过50%的农民工收入水平较正常年份明显下降。从生产成本看，9月末市内25%复合肥、0号柴油、国产尿素、碳酸氢铵、过磷酸钙、蛋鸡全价料、育肥猪饲料等农资价格分别同比上涨47.9%、22.9%、24.5%、24.6%、15.9%、10.7%、10.2%，农业生产资料价格持续大幅上涨，加之农村老龄化程度加深，农村用工成本持续走高，严重挤压农民种植、养殖增收空间，一定程度上制约农民经营性收入稳定增长。

二是乡村投资持续增长压力加大。全市农业农村投资在经历2021年的快速增长后，呈逐步回落态势。1—9月全市第一产业固定资产投资增速较上年同期回落11.9个百分点。随着经济下行压力增大，企业盈利能力减弱，加之农村土地等要素制约，社会资本投资乡村振兴的意愿下降，农业农村发展的招商引资难度较大。同时，乡村振兴的有关财政资金分散在各个涉农部门，统筹协调和有效整合力度不够，使得有限资金投入未形成较好的集成效应，对社会资本的撬动作用有待增强，扩大农业农村有效投资任务重、难度大。

三是农村集体经济发展面临较多困难。多元化发展村级集体经济是促进乡村全面振兴、带动农民共同富裕的重要保障。当前重庆农村集体经济呈现较快发展态势，但受自然资源条件、地理位置、农村产业经济效益、青壮年劳动力流失等诸多因素制约，全市多数农村集体经济组织实力较弱，有的甚至名存实亡，部分集体经济组织仍以政府政策和资金支持为主。1—9月，全市经营性收入超过5万元的村级集体经济组织仅占50%左右，特别是渝东北、渝东南"两群"地区，集体经济组织自主实施项目和开展经营活动的能力普遍较弱。同时，全市农村集体经济组织普遍缺乏专业经营管理人才和激励机制，村集体经济组织负责人多为村支书、村主任兼任，且未获取相应的集体经济组织管理工资收入，这些都不利于激发集体经济发展带头人的积极性，很大程度上制约了农村产业的发展，壮大农村集体经济组织必须引起高度重视。

二、2023年发展趋势展望

（一）世界经济的不确定性将影响全球农产品供需平衡

2023年世界经济增长依然面临诸多不确定性因素影响，2022年10月以来，IMF、OECD等权威机构纷纷下调了全球2023年经济增长预期。一方面，考虑到全球新冠肺炎疫情仍将持续，叠加国际贸易保护、单边经济制裁、俄乌冲突等国际地缘政治冲突等诸多因素，全球农产品流通、农业生产原料供应将会受到一定冲击，可能导致全球农产品供应减少、生产成本增加，进而引发全球农产品价格高涨。另一方面，2022年以来全球异常灾害天气频发，对农业生产的影响持续加重。据国家气候中心报告显示，拉尼娜带来的干旱已导致非洲、印度、南美等地区粮食减产，而赤道中东太平洋拉尼娜事件仍在持续，预计将延续到2023年初。2022年10月联合国粮农组织发布的最新《谷物供求简报》再次下调2022年谷物产量预期至27.68亿吨，同比下降1.7%，短期内全球粮食供应紧张趋势将进一步加剧。

（二）我国促进乡村振兴的政策举措将更加聚焦和务实

2023年作为全面贯彻落实党的二十大精神的开局之年，中央将继续农业农村优先发展的政策导向，强化粮食生产安全保障能力，围绕建设"农业强国"和促进乡村振兴的相关政策举措将更加务实。一方面，随着新型城镇化和乡村振兴战略深化实施，特别是随着以县城为重要载体的新型城镇化建设的加快推进，城市对乡村发展的带动能力将会持续增强，有利于促进我国城乡融合发展，改善农业农村发展环境，促进各类要素在城乡之间、区域之间的双向流动。另一方面，对农业农村投资力度将有所增强。为扩大农业农村有效投资、提升农业综合生产能力，2023年国家将全面落实《关于扩大当前农业农村基础设施建设投资的工作方案》部署要求，突出推进农业农村基础设施项目建设，将助推各省（市、自治区）在投融资机制、资金筹集、项目运营、还款来源等方面探索创新，有序推进农业农村项目开工、建设。同时，农业农村基础设施以工代赈投资规模将进一步扩大，有利于促进农民就业增收。此外，围绕"三农"发展关键领域的改革将继续深化，特别是在发展壮大新型集体经济、改善农村消费流通环境、促进农民创业增收等方面的政策效应将进一步释放，促进农业农村经济稳定运行。

（三）重庆市农业农村经济发展的综合环境将持续改善

2023年是重庆市推进农业农村现代化"十四五"规划任务落实落地的中期评估之年，也是巩固脱贫攻坚和乡村振兴有效衔接的关键之年。一方面，围绕重庆城乡融合发展试验区建设及区（县）城综合承载能力提升，2023年全市将在重点聚焦的产业发展、生态建设、基础设施、农田水利等领域继续发力，持续加大农业科技、资金、人才等投入力度，着力补齐县城短板，强化乡村振兴弱项，加快推进农业农村现代化。另一方面，全市将更加注重农村消费环境改善。全市安排县域商业建设行动专项资金支持县域商业体系建设，重点完善县域商业基础设施、县乡村三级物流配送体系、县域消费渠道，加快推动重庆县域商业扩容提质、农村商贸流通基础不断夯实，改善农村消费环境，为重庆全面促进农村消费、更好地融入国内大循环奠定坚实基础。此外，随着重庆防止规模性返贫23条措施和支持脱贫地区产业发展10条措施的落实落地，各区县将聚焦农村公共服务、饮水安全、特色产业发展等领域持续巩固脱贫攻坚成果。

（四）2023年趋势预测

综合考虑以上因素，运用《重庆市宏观经济预警系统》和《重庆市宏观经济短期预测系统》测算，预计2023年全市农业农村经济将延续平稳运行。脱贫成果将持续巩固，城乡区域差距将持续缩小，农业总产值和农产品供给质量将稳步提高，农村居民幸福感、获得感、安全感将不断增强。预计全年第一产业增加值同比增长约6.5%~7.5%，农村常住居民人均可支配收入增速约7.5%~8.5%，乡村旅游、农村电商等新兴经济提速发展。

三、对策建议

（一）多措并举促进农民就业增收

高度重视经济运行中存在的投资下滑、消费复苏缓慢、企业经营压力增大等突出问题，坚持"短期对策+长期举措"相结合，多措并举稳定农民工就业，着力降低新冠肺炎疫情、经济下行等对农民收入的影响。一是促进农民工稳定灵活就业。依托助企纾困政策，引导建筑业、制造业、服务业等重点行业稳岗拓岗。积极开发新经济领域就业机会，鼓励农民工参与"小店经济""夜经济""平台经济"经营，放宽准入条件引导农民从事直播、电商、团购、配送和网约出行等新就业形态。推广九龙坡区"零工驿站"模式，探索开展农民合作社和家庭农场季节性零工用工专线服务，鼓励农民灵活就业。二是促进农民就近就地就业。充分发挥县域的就业"蓄水池"作用，加快发展区县城工业园区及产业强镇、重点镇、中心镇等小微企业集聚区，推进农村基础设施以工代赈，大力发展山地特色效益农业及农产品加工、仓储保鲜、冷链物流、产销对接等产业，积极拓展县域就业空间，增强县域就近就业吸纳能力。三是鼓励农民工返乡创业。加快推动营商环境优化举措向农村延伸，加强农民工返乡创业园和农村创业孵化园（基地）建设，优化农民工创业政策咨询、开业指导、创业培训等全方位"一站式"服务。

（二）积极扩大农业农村有效投资

深入贯彻党的二十大报告及国家关于扩大有效投资、稳住经济大盘的一系列政策文件精神，进一步扩大农业农村有效投资，为扎实推进农业农村经济稳定发展、全面推进乡村振兴提供有力支撑。一是加强涉农项目策划。贯彻落实国家《关于扩大当前农业农村基础设施建设投资的工作方案》，在此基础上加快制定出台《重庆市农业农村重点项目储备库管理制度》，加快策划、储备一批投资超亿元的涉农重大项目。二是加大招商引资力度。引导推广股权融资方式，积极协调解决涉农重点项目、重点企业融资难题，加强对项目落地开工、在建项目顺利实施、项目审批进度等方面的快捷优质服务，推动项目尽快落地投产达效。三是加强农业基础设施建设。尽快启动新一轮农村公路建设改造，统筹推进高标准农田建设和农田宜机化示范改造，提档升级农田水利基础设施。

（三）持续发展壮大农村集体经济

发展壮大村级集体经济是推动乡村振兴战略的有效抓手，应坚持因村施策、全面提升，不断激发集体经济发展活力。一是加强人才培养。坚持党的全面领导，大力推进村干部队伍建设，培育引进能力强、懂经济、懂管理的各类人才领办集体经济，强化专业培训，提高村干部的政治素质和经营管理能力，为村级集体经济发展提供人力资源保障。二是加大财政资金扶持。探索设立农村集体经济发展专项资金，通过贴息、补助、奖励等方式，扶持村集体依据地方实际发展现代农业、特色农业、特色产业基地、统一经营的高效农业项目和休闲观光农业项目。三是加强金融支撑力度。引导涉农金融机构创新金融产品和服务，逐步实现行政村金融服务全覆盖。创新设立发展村级集体经济专项信贷资金，对符合条件的村级集体经济项目在信贷支持上实行计划优先、利率优惠。稳步推进农村集体建设用地使用权、土地承包经营权、村集体资产、农房等抵押贷款试点。

（四）稳定农业生产和农产品价格

聚焦"米袋子""油瓶子""菜篮子"，着力稳定农业生产，保障粮食等重要农产品供给。一是加强农业生产服务。积极组织农业技术指导专项服务，加强良种"育、繁、推"一体化建设，开展大豆玉米带状复合种植、粮菜轮作、稻渔综合种养等技术培训。加强农资市场监测，保障农资供应，稳定农资价格。及时提供农产品市场供求及价格情况，合理引导预期，有效规避市场风险，确保农产品供求平稳。二是稳定生猪生长。继续落实金融、用地、环保等政策，着力提升强化生猪监测预警质量，加强生猪产能调控和疫病防控，确保生猪产能稳定在合理区间。三是强化灾害预报预警。密切关注天气和作物长势，加强灾害性天气预报分析，及时发布暴雨、大风等灾害预报预警，做好灾后灾情统计上报，及时指导农民开展灾后补救，降低损失。

[重庆市综合经济研究院（重庆市经济信息中心）宏观经济研究课题组
主研：易小光　丁　瑶　苟文峰　赵炜科　邓吉敏
执笔：邓吉敏]

之二：2022年重庆市工业经济运行分析及2023年展望

2022年以来，在稳经济一揽子政策和接续政策措施的作用下，国内工业经济总体呈现积极恢复向好态势。在此宏观背景下，重庆市工业经济总体保持良好运行态势，数字化智能化发展取得明显成效，科技创新能力不断提升，新动能引领带动作用凸显。预计重庆工业经济将保持稳定恢复态势，全年工业增加值同比增长2.1%左右。

一、2022年重庆市工业经济基本情况和主要特点

（一）总体情况

2022年以来，在一系列稳经济大盘政策措施靠前发力的作用下，上半年全市工业生产总体保持良好运行态势。但受到疫情散发、极端连晴高温、电力紧张等因素影响，8月全市规模以上工业增加值同比大幅下降，9月全市工业企业全力抓生产、抢进度，工业生产随之企稳回升。1—9月，重庆全口径工业增加值实现5949.83亿元，同比增长3.3%。其中规模以上工业增加值累计增长4.0%，较上半年回落2.3个百分点，但仍高于全国平均水平0.1个百分点，其中9月同比增长13.1%，居全国第三位。

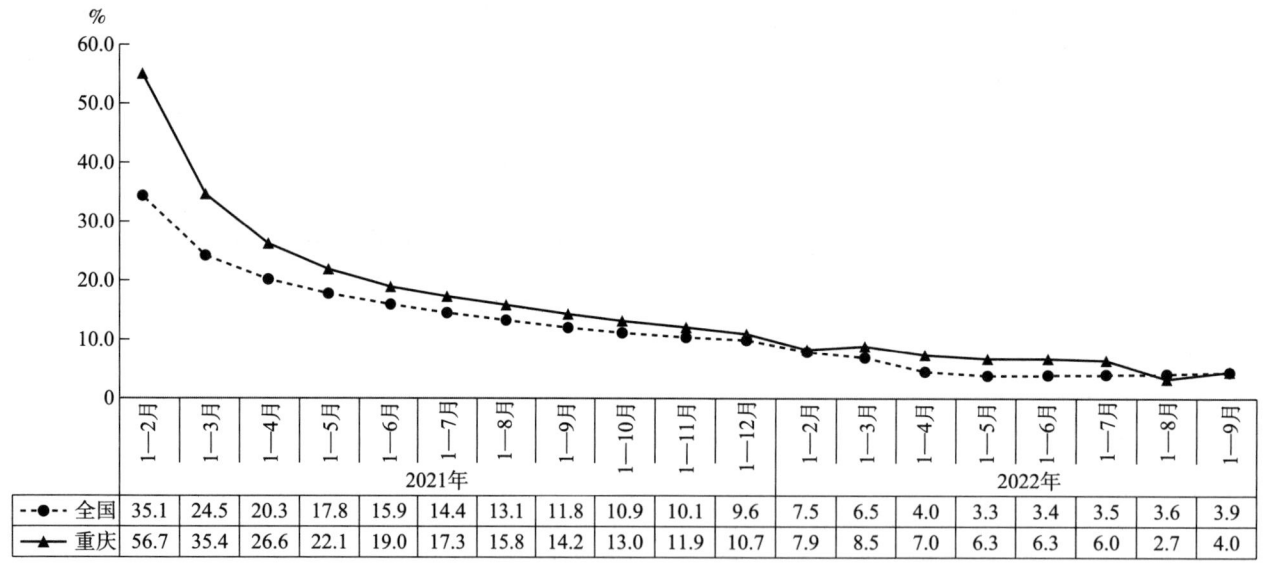

图1　2021年以来全国和重庆市规模以上工业增加值累计增速对比

（二）主要特点

1. 支柱产业发展态势分化

前三季度，全市八大支柱产业"六增两降"，发展态势有所分化。随着国家及地方稳生产、保供应链通畅等政策逐步落地显效，加之购置税优惠等政策带动汽车消费逐步回暖，1—9月全市汽车产业增加值

增长10.8%,拉动全市规模以上工业增长1.6个百分点,是对工业增长贡献最大的产业。受夏季极端高温天气下电力需求旺盛带动,全市能源工业增加值累计同比增长12.0%,自5月以来保持增速逐步扩大态势,在八大支柱产业中增长最快。疫情时有散发,防疫物资需求持续旺盛,医药产业保持7.0%的较快增长。受益于新九龙万博、金田铜业等新建大型企业的拉动,材料行业增速回升。在轻工、烟草行业较快增长的带动下,消费品工业增加值同比增长2.4%。受手机、液晶面板等主要电子产品市场需求持续低迷影响,电子产业增长动力偏弱,1—9月增加值同比仅增长0.8%。此外,摩托车和装备产业继续负增长,但降幅均有所收窄。

表1 2022年重庆市工业支柱产业增加值增长情况

单位:%

工业支柱产业	1—2月	1—3月	1—4月	1—5月	1—6月	1—7月	1—8月	1—9月
汽车	12.1	16.8	9.9	7.7	9.1	10.8	7.8	10.8
摩托车	-0.2	-5.4	-5.3	-2.5	-1.9	-2.5	-5.5	-3.9
电子	7.2	8.7	6.9	5.4	4.7	4.8	1.0	0.8
装备	11.7	11.0	9.1	6.4	5.8	3.6	-0.7	-0.1
医药	17.7	18.2	17.0	19.0	18.4	18.4	6.9	7.0
材料	0.5	1.4	2.2	1.9	2.8	3.3	0.8	3.0
消费品	11.5	9.0	9.2	9.5	8.0	5.2	1.1	2.4
能源	7.1	8.4	7.6	8.0	8.7	9.0	11.6	12.0

2. 新动能引领带动作用凸显

战略性新兴产业保持快速发展,规模化集群化发展成效显现,对工业经济的引领带动作用进一步凸显。1—9月,全市战略性新兴产业增加值同比累计增长7.7%,高于全市规模工业3.7个百分点。其中,智能网联新能源汽车产业发展态势良好,新能源汽车产量增长1.5倍,问界M5/M7、长安深蓝SL03等新车型表现强劲,动力电池、电驱电控等领域加速建链成群,核心环节配套能力显著增强。电子信息产业12英寸电源管理芯片、硅光工艺、MicroLED等新兴领域取得重大突破,行业总规模近万亿元。高端装备产业集群不断壮大,工业机器人、服务机器人产量分别同比增长38.9%、41.1%,重庆中车长客轨道车辆有限公司生产的全国首创"双流制"轨道车辆下线。此外,生物医药、先进材料、节能环保等其他新兴产业也呈现出规模化集群化发展态势。

3. 工业经济创新能力不断提升

随着创新资源加快集聚和创新主体量质双升,全市工业经济创新成果不断涌现,创新能力进一步提升。创新资源加快集聚。新引进智能网联汽车创新中心等知名创新机构17家,成功获批西南地区首个国家级制造业创新中心,新建高端轻合金等3家市级制造业创新中心。创新主体量质双升。成功孵化化合物半导体、无线充电等一批高成长性科技型企业。新增市级"专精特新"企业1579家,为历年之最,累计已达2365家,其中国家级专精特新"小巨人"企业数量达到257家,上市"专精特新"企业达到16家。三成多新增专精特新产品帮助补齐全市关键领域短板,有些甚至填补了国内外产业空白,部分企业的产品质量在全国乃至全球市场上都名列前茅。重点领域关键核心技术取得突破。汽车领域,长安实现L2级智能驾驶技术国内首发量产;集成电路领域,声光电实现5G通信射频芯片国产自主可控;高端装备领域,海装风电完成国内首台深远海浮式风电装备设计制造。

4. 数字化智能化发展取得明显成效

平台培育成效突出，"智改数转"步伐加快，工业经济发展质量效益进一步提升。工业互联网体系更加完善，目前标识解析国家顶级节点（重庆）已接入西部9个省市二级节点33个，接入企业节点2827个。忽米网、广域铭岛入选国家级"双跨"工业互联网平台，吸引了15个国家级跨行业跨领域工业互联网平台在渝布局。示范标杆培育力度加大，全市共遴选出40个市级智能制造示范标杆，建设30个创新示范智能工厂和30个"5G%2B工业互联网"先导示范场景。在标杆企业的示范作用下，全市累计推动实施4800余个智能化改造项目，累计认定数字化车间和智能化工厂的数量分别达到734和127个，累计推动11.3万家企业"上云上平台"，带动全市制造业单位生产能耗、运营成本、产品不良率分别平均降低19.7%、21.5%和40.7%。

5. 重点企业、重点项目贡献突出

重点企业较快增长，重点项目有序推进，共同支撑工业经济稳步回升。全市100户重点工业企业和100户成长型企业（简称"双百企业"）充分发挥了支撑引领带动作用。1—9月，"双百企业"完成产值10913.3亿元，占全市规模工业的53.9%，累计同比增长10.1%，高于全市规模工业3.0个百分点，对全市工业总产值增长的贡献率为73.4%。其中100户重点企业完成产值占"双百企业"的88.9%，是"双百企业"乃至全市规模工业的主要支撑；100户成长型企业产值增速高达15.9%，分别高于"双百企业"和全市规模工业5.8和8.8个百分点，较好地发挥了对全市工业经济的引领带动作用。新投达产项目为工业经济增长注入了新动力。1—9月，全市重点监测的219个工业投达产项目实现投产127个、达产49个，投达产面为80.4%，合计完成产值1713.3亿元，净增产值1167.9亿元，对全市工业总产值增长的贡献率达到75.0%。

（三）主要问题

1. 工业产品市场需求持续疲弱

需求偏弱是当前工业经济稳增长面临的主要挑战，将持续制约工业经济恢复的效率。1—9月，全市工业产品销售率为97.6%，同比回落1.6个百分点。从内部需求来看，受到疫情扰动、信心不足、房地产市场整体下行等因素影响，工业品市场需求恢复滞后，市内手机、智能手机、液晶显示屏、水泥、笔记本计算机等主要工业品产量均呈现同比下降态势。从外部需求来看，受到全球通货膨胀、经济疲软以及过去两年购买量激增等因素的共同影响，电子产品消费需求大幅下降。根据IDC全球季度个人计算设备的最新预测，2022年全球PC出货量下降12.8%，全球手机销量将下降6.5%。重庆是全球电子产品制造高地，在需求下降的形势下，全市加工贸易主要出口产品——机电产品、高新技术产品以及笔记本电脑出口增速呈现持续回落态势。

2. 工业企业经济效益增长困难

在疫情反复、大宗商品价格居高不下的形势下，全市工业企业经济效益增长更加困难。一是运营成本持续攀升。2022年以来，国际大宗商品价格居高不下，又遭遇极端高温天气，市内工业原材料、能源价格高位运行，工业企业运营成本不断上涨。数据显示，全市规模以上工业企业营业成本累计同比增长8.7%，高于营业收入增速1.1个百分点。二是收入增长压力加大。受到疫情散发临时管控等因素影响，2022年以来市内笔电、家电、消费品等领域企业均遭受了订单流失。同时在高温限电、物流不畅的形势下，部分企业前期订单交付不及时，产品回款周期延长。加之三角债、坏账等问题持续存在，工业企业资金压力进一步加大。受到双重挤压，全市规模以上工业企业实现利润总额累计同比仅增长1.6%，低于

上半年2.8个百分点，呈现持续回落态势。

3. 工业经济增长后劲不足

当前全市传统产业运营压力较大，新兴产业规模较小支撑不足，工业经济后期增长动力偏弱。一是传统产业运营困难较多。市内传统产业多处于产业链供应链的中下游，受限于人才、资金、技术等条件约束，转型升级的压力本身较大。在疫情时有散发的冲击下，装备、材料、消费品等行业投资增势远不及预期，其中材料产业投资累计同比下降6.6%，装备产业投资也仅增长0.3%，短期内复苏动力不足。二是新兴产业支撑不够。市内新兴产业发展仍面临档次不高、规模不大、配套不强等问题。智能网联新能源汽车领域缺乏汽车电子、芯片等高附加值零部件配套。电子领域集成电路、CPU、主板、内存等关键核心零部件基本依赖进口，在"3C"消费退坡影响下，智能终端、液晶面板等电子产品量价齐跌，相关产业下行风险加大。人工智能、新材料、生物医药等新兴产业规模仍然偏小。

二、2023年经济运行环境分析及趋势展望

（一）世界经济形势更加复杂严峻，工业经济稳定恢复的机遇与挑战并存

世界进入新的动荡变革期，新冠肺炎疫情大流行的冲击以及地缘政治冲突加剧等因素，已经并将继续深刻影响全球制造业发展态势和格局，国内制造业发展机遇和挑战并存。一是全球能源危机背景下，新能源相关产业发展面临重大历史机遇。俄乌局势持续紧张，全球尤其是欧洲能源危机愈演愈烈，国内光伏、锂电、新能源汽车、新材料等产业市场空间广阔，相关产品制造业发展将进入快车道。二是全球供应链体系和国际分工秩序正在重构，本土化、多元化成为各国产业布局优先选项。新冠肺炎疫情暴发后，全球产业链供应链安全性和可靠性受到严重冲击，各国纷纷考虑在关系人民生命、产业和国家安全的应急物资生产上进行更多的本地化和多元化布局，相关产业国际竞争将更加激烈。三是贸易和投资保护主义花样翻新，国内制造业参与全球分工和全球产业治理面临严重挑战。以美国为首的西方国家对华进行了技术、市场等多方面的全方位遏制，且所涉及的领域越来越广，遏制力度明显加大，清洁能源、芯片、人工智能、量子技术等产业发展将受到一定影响。总体来看，在全球通胀高企、能源危机、加息周期、供应链梗阻的形势下，全球制造业复苏步伐将放缓，国内工业经济恢复的外需动力偏弱。

（二）国内经济运行环境总体向好，工业经济高质量发展步伐将进一步加快

在高效统筹疫情防控和经济社会发展的导向下，稳经济大盘政策持续加码并加快落地见效，国内经济将持续恢复发展，工业经济发展质量效益将进一步提升。一是产业链供应链韧性和安全水平将不断提升。党的二十大报告多次提及"产业链供应链安全"，国内将大力提升重点领域全产业链竞争优势，优化重大生产力统筹布局，核心基础零部件（元器件）、关键基础材料、先进基础工艺和产业技术基础等产业基础能力将不断提升，新一代信息技术、高端装备、新材料、新能源、生物医药等新兴产业将持续快速发展。二是工业经济数字化、智能化特征将更为明显。新科技革命和产业变革更加深入，新一代信息技术不断取得新突破，数字化制造正成为提高制造业效率的重要手段，网络化协同制造、个性化定制、柔性制造等新模式、新方式层出不穷，制造业发展质量效率将进一步提升。三是工业经济绿色低碳发展步伐将进一步加快。近日工信部提出加快构建绿色低碳技术体系和绿色制造支撑体系，将加快推动产业结构高端化、能源消费低碳化、资源利用循环化、生产过程清洁化、产品供给绿色化、生产方式数字化，新能源、新材料、节能环保等领域发展环境持续向好。

当前，国内制造业产业链供应链仍面临多重安全风险，标准、品牌、核心技术、关键零部件等仍然

受制于人。加之在疫情散发时有管控、原材料和能源价格高企等形势下，工业企业运营困难增多，工业经济持续恢复的不稳定不确定性因素仍然较多。

（三）市内经济发展的韧性较强，工业经济发展新优势将逐步形成

围绕建设国家重要先进制造业中心的目标任务，重庆将全力推动制造业提质扩量增效，工业经济发展环境进一步优化。一是新领域新赛道将逐步形成新优势。聚焦培育世界级智能网联新能源汽车产业集群，重庆将大力推动整车高端化、供应链高级化、创新自主化，重构汽车产业竞争优势。围绕轨道交通、航空航天材料、生物技术药物、清洁能源等赛道，高端装备、新材料、生物医药、节能环保等领域新兴增长点将加快形成。二是工业互联网高速发展将为工业经济插上"数字化"翅膀。依托工业互联网标识解析国家顶级节点（重庆）和超级节点新型基础设施，重庆将加快完善"一链一网一平台"工业互联网产业生态体系，节点服务区域范围和标识解析体系应用的行业领域均将不断拓展，将进一步带动制造业降本增效、转型发展。三是创新引领工业发展的格局将逐步形成。西部（重庆）科学城、两江协同创新区、广阳湾智创生态城等创新平台建设成效将逐步显现，创新资源将不断集聚，创新版图将逐步优化，"产业研究院+产业园区+产业基金"的创新生态加快完善，科技赋能、创新引领的发展格局将逐步形成。

在订单转移、能源和原材料成本上升等形势下，工业企业尤其是中小企业经营困难仍然较多；受制于国内外工业产品市场需求偏弱，加之市内工业招商项目接续不足，后期全市工业经济稳增长的压力仍然较大。

（四）2023年工业经济运行趋势展望

综合看来，2023年重庆工业发展仍面临较多困难和挑战，但工业稳增长的积极因素较多，工业总体将保持恢复发展态势。由于2022年基数较低，2023年工业经济增长形势将略好于2022年。预计2023年全市工业增加值同比增长约6.8%~7.0%。

三、对策建议

（一）不断提升工业产品市场竞争力

在市场需求持续疲弱的环境下，需不断提升市内工业产品市场竞争力，增强抵御风险的能力。一是加快释放有效产能。积极引导和支持有订单、有市场的整车企业开展夜班生产、周末生产、委托生产，促进有效产能尽快释放。加快重点投达产项目建设，推进新增产能尽快转化。二是多举措稳定和扩大市场。引导汽车、电子、消费品等行业企业强化与电商平台、专业营销公司的合作，"线上""线下"发力扩大市场。引导本地生产的装备、材料行业产品进入本地市场。三是着力提振市场信心。建立健全工业品市场供需平台，及时发送市场供需信息。推动实施干部入企帮扶工程，加强与企业的常态化结对联系。倡导主流媒体报道工业稳增长情况，广泛宣传有益经验做法，提振市场信心。

（二）持续优化工业企业发展环境

为减轻工业企业运营压力，需加大助企纾困力度，持续优化工业企业发展环境。一是全面推动助企纾困政策落地。落实企业家参与涉企政策制定机制，进一步深化、细化已出台政策，研究出台更具针对性、更加精准有效的政策措施。搭建推广"不来即享"惠企政策服务平台，加强惠企政策落实情况监管，确保政策"能享尽享、标准直达"。二是强化原材料、能源等重点产品保供稳价。加强重点工业品种价格监测分析，完善工业品价格动态监测预警体系，建立和完善重点大宗商品收储制度和政策保障体系，加强市场价格监管。三是多措并举降低企业生产成本。减少大宗商品中间流通环节及采购成本，支持企业

抱团集中采购。深入落实新一轮减税降费政策,积极争取天然气优惠价格、电价优惠。加快发展多式联运,推进通关便利化改革和智慧物流发展,降低出口产品的物流综合成本。

(三)着力增强工业经济发展动力

针对当前工业经济整体竞争力偏弱的问题,需不断提升产业链韧性,着力培育新增长点,增强工业经济发展动力。一是不断增强产业链韧性。围绕新型智能终端、新型显示、新能源汽车和智能汽车、先进材料、生物医药等重点领域,加快引进培育一批具有生态主导力的产业链"链主"企业和骨干企业。落实领军企业保链稳链日监测、日调度制度,引导企业科学制定应急预案,全力稳定企业生产。二是着力培育新增长点。积极培育工业互联网平台企业,推动工业企业"上云上平台",继续鼓励和支持传统产业智能化数字化转型,不断提升支柱产业生产效率。着力推动核心元器件、半导体材料、新能源汽车"大小三电"、汽车软件、人工智能等新兴领域技术突破,强化应用场景搭建和开放,加快培育一批高成长性企业。

[重庆市综合经济研究院(重庆市经济信息中心)宏观经济研究课题组
主研:易小光　丁　瑶　苟文峰　张　超　贺诗倪
执笔:贺诗倪]

之三：2022年重庆市投资形势分析及2023年展望

2022年以来，面对复杂严峻的国内外形势和经济下行压力，重庆市积极落实国家系列稳投资政策，全力推动重大项目建设，全市投资总体呈现平稳增长态势，对经济恢复发展的关键性作用进一步增强。预计2022年全市固定资产投资完成12720亿元，同比增速在2.7%左右。

一、2022年重庆市投资运行情况

（一）总体概况

在国家稳投资政策发力以及重庆"抓项目稳投资"专项行动深入开展的带动下，全市投资保持平稳增长态势。1—9月，重庆市固定资产投资同比增长3.3%。其中，市级重大项目完成投资突破3000亿元，投资进度达到82.8%，领先时序进度7.8个百分点。从三大投资板块看，基建投资、工业投资增速持续快于整体投资，仍是全市固定资产投资的主要支撑；房地产开发投资低位运行，逐步滑入负增长区间。

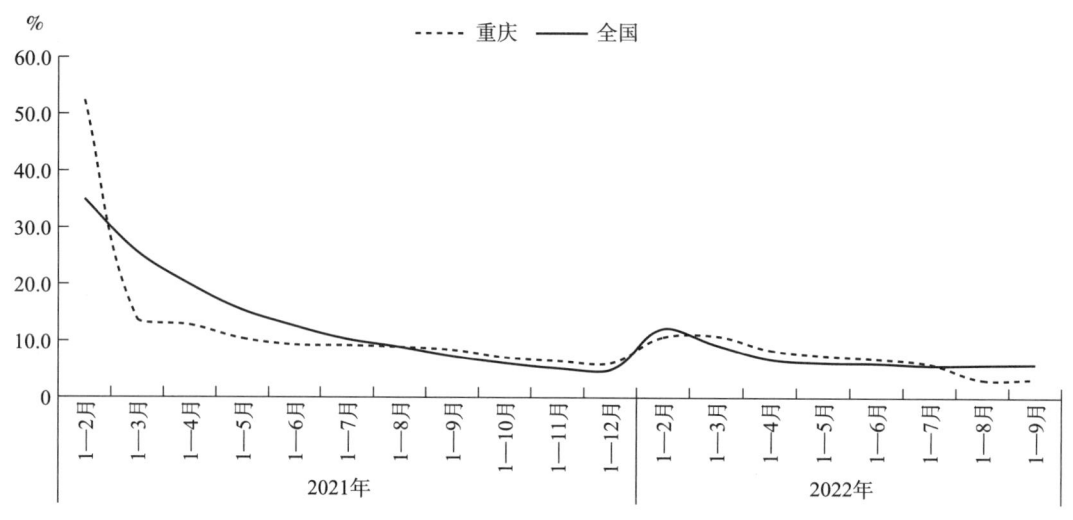

图1　2021年以来全国及重庆市固定资产投资累计增速比较

（二）主要特点

1. 基建投资缓中趋稳

重庆抢抓国家适度超前开展基础设施建设机遇，充分利用政府专项债和政策性开发性金融工具，加速推进重大项目建设，基建投资总体缓中趋稳。1—9月，基建投资同比增长8.0%，结束了5月以来逐月回落态势，拉动全市投资增长2.4个百分点。分领域看，城建、农林水利等领域投资增长较快、增速持续高于基建投资，交通领域投资低位运行。在"两江四岸"综合治理、老旧小区改造等城市更新建设加快带动下，城建领域投资同比增长10.6%，较基建投资高2.6个百分点，其中"两江四岸"综合整治等城市提升、城市更新项目投资同比增长45.5%。随着全国重大引调水项目——重庆渝西水资源配置工程的建设提速，农林水利领域投资同比增长15.0%，已连续25个月保持两位数以上；其中在建重点水利工程累计完成投资90.2亿元，时序进度达102.2%。伴随郑万高铁等一批存量项目陆续完工，叠加新建项目投资放量不足影响，交通领域投资增速由年初的9.3%逐步放缓至3.9%，低于基建投资2.6个百分点。

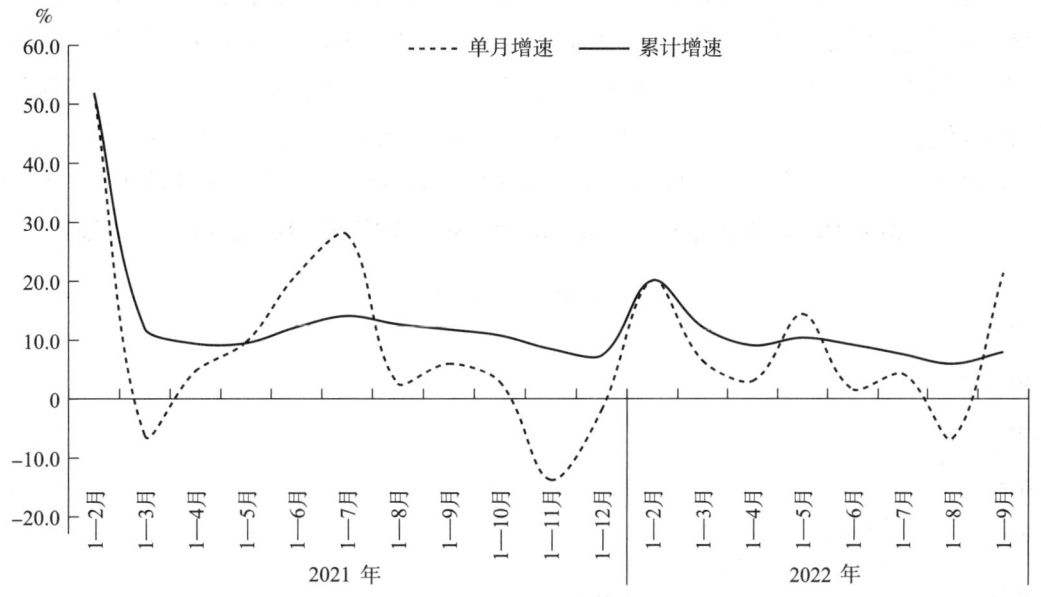

图2 2021年以来重庆市基础设施投资运行情况

2. 工业投资增势平稳

重庆聚焦智能化改造、数字化转型、绿色化提升"三大方向"，大力推进重点产业项目建设及技术改造专项行动，工业投资保持平稳增长。1—9月，工业投资同比增长9.5%，高于整体投资6.2个百分点。其中，高技术制造业投资同比增长10.2%，高于工业投资0.7个百分点；工业技改投资同比增长19.1%，自2021年4月以来持续保持两位数增长。分产业看，在传统车企改造升级投资以及新能源汽车相关项目建设带动下，汽车产业投资同比增长31.1%，对工业投资支撑明显，其中新能源汽车产业项目投资完成25.8亿元，是上年同期的2.7倍。受大足台铃、铜梁爱玛等重大项目带动，摩托车产业投资同比增长27.5%，高于工业投资18个百分点。随着重庆脑与智能科学中心、璧山比亚迪动力电池全球总部等项目加快开工建设，电子产业投资同比增长7.4%，较上半年高3.6个百分点，其中电子信息项目投资进度达125.8%，超时序进度50.8%。在核酸检测、新冠疫苗接种、应急生活物资储备等需求拉动下，医药、消费品产业投资分别同比增长21.3%和17.2%，均大幅高于工业投资增速。装备、材料产业投资低位运行，分别同比增长0.3%、-6.6%。

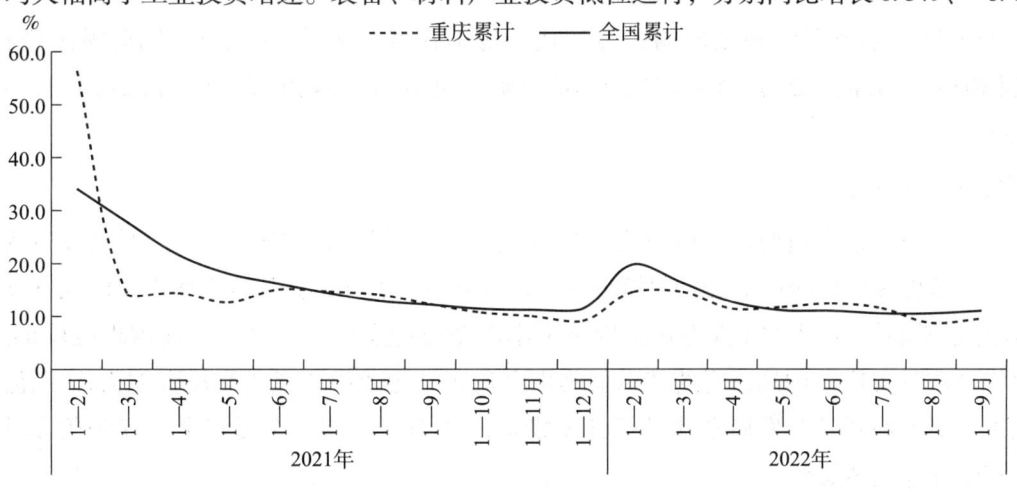

图3 2021年以来全国及重庆工业投资增速变化

3. 房地产投资降幅加深

受市场需求持续疲软影响，重庆房地产开发投资逐步回落至负增长区间。1—9月，全市房地产开发投资完成2880.4亿元，同比下降12.5%，自5月进入负增长以来降幅逐月加深，并低于全国4.5个百分点。其中，住宅投资同比下降11.8%，降幅较1—2月扩大6.7个百分点，办公楼、商业营业用房投资分别比上年同期下降了13.4%和10.2%。由于开发企业新拿地、新开工施工积极性不足，加之恒大系及类恒大项目仍多数处于停工半停工状态，全市土地购置面积、商品房新开工面积和施工面积分别累计同比下降73.3%、53.1%和14.6%，降幅呈现持续加深走势，对房地产开发投资造成明显拖累。

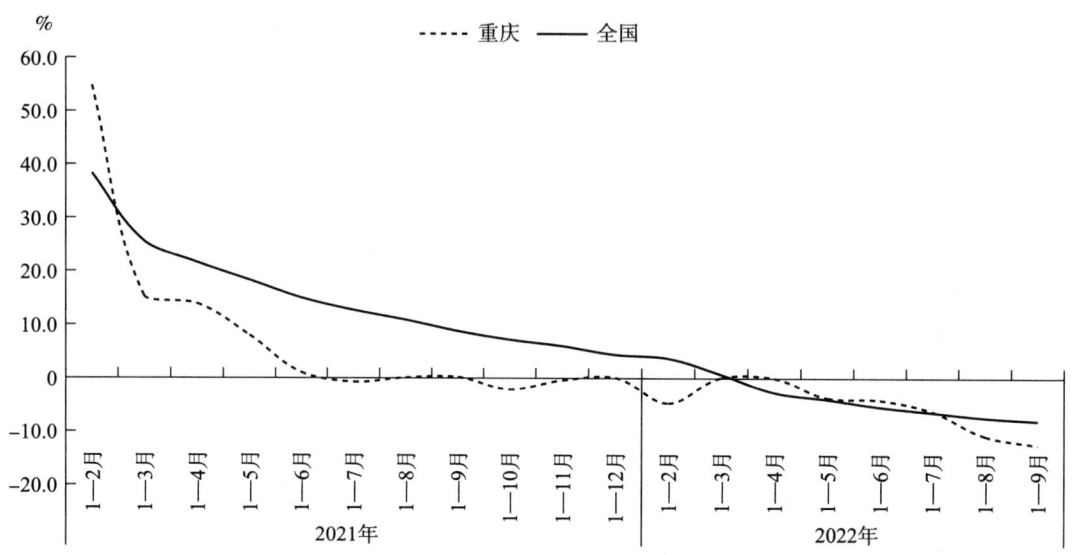

图4　2021年以来全国及重庆市房地产投资增速变化

4. 服务业投资低位运行

由于经济下行、疫情反复等导致市场需求疲弱，重庆服务业投资保持低位运行，内部细分产业投资呈现分化走势。1—9月，全市服务业投资同比增长0.6%，增速自年初以来逐月回落，并低于整体投资2.7个百分点。分领域看，随着疫情推动服务业逐步向线上变革，数字化、高端化服务业投资放量加快，软件信息、科学技术服务业投资分别同比增长40.2%、1.5倍；在民生补短板投资力度加大带动下，卫生、文体领域投资提速，分别同比增长29.3%、62.8%，较上年同期提高6.7个、13.8个百分点；由于市场信心不足、预期转弱，金融业、房地产业投资大幅放缓，分别同比增长-97.3%、-11.2%，降幅逐步加深；受本土疫情多点散发影响，批发零售业投资同比增长0.1%，低于上半年27.8个百分点。

5. 民间投资持续下行

受市场需求收缩、企业预期转弱以及生产经营成本上升等因素影响，企业扩产投资行为趋于谨慎，重庆民间投资持续放缓。1—9月，民间投资同比下降4.4%，分别低于上半年和全国同期6.0个、6.4个百分点。从重点领域看，重庆的工业企业特别是中小微企业遭受成本上升和市场需求疲弱的影响更为严重，普遍面临"收减支增"困局，有的甚至面临生存危机，导致投资意愿和投资能力都不足；而房地产市场持续低迷，更是抑制了开发商拿地进行开发投资，特别是民营房企受资金链紧张等制约更为突出，整体开发投资呈加速放缓势头。

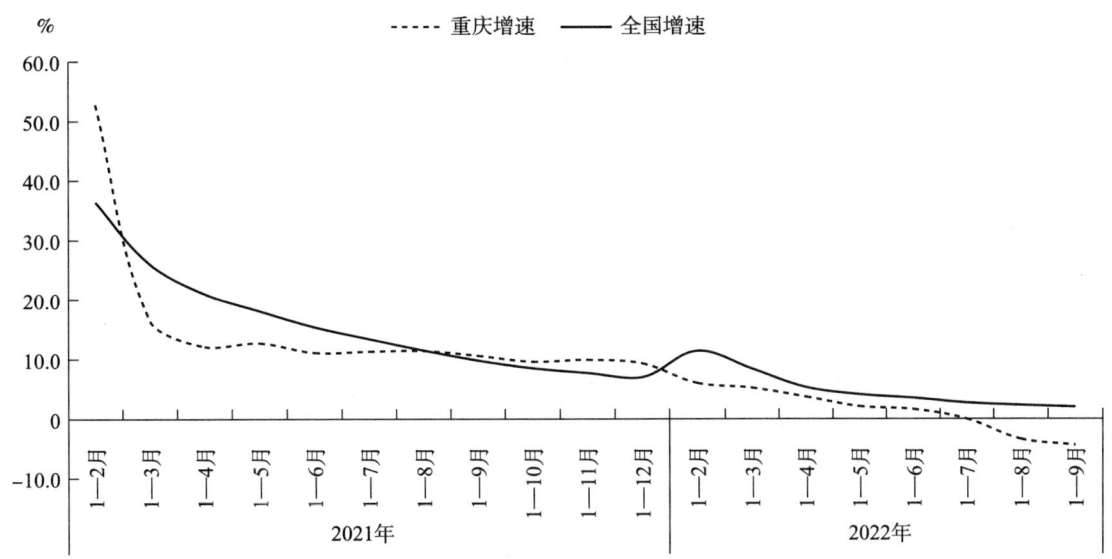

图 5　2021 年以来全国及重庆市民间投资运行情况

（三）存在问题

1. 基建投资增长后劲不足

当前，基建投资仍是拉动固定资产投资增长的主要力量，但其增长缺乏稳定性持续性。一是项目接续压力凸显。2022 年以来，全市基础设施新开工项目计划总投资额降幅已连续 7 个月超 40%，新开工、在建项目个数、平均规模等指标均呈现负增长态势，基建项目接续较为乏力。特别是随着郑万高铁等一批重大项目陆续完工，加之渝西高铁重庆段、轨道交通 6 号线东延伸段等项目开工放量不足，交通领域项目接续不力，对基建投资增长的支撑较弱。二是投资资金来源受限。阶段性减税降费、土地出让收入骤降等挤压财政增收空间，区县财政资金在维系"三保"等刚性支出外很难调拨资金用于项目建设。同时，由于区县有一定收益的公益性项目相对较少，能争取的专项债券资金较为有限，加之中央预算内资金难以完全保障项目资金需求，地方基建项目投资仍面临一定资金缺口。

2. 产业投资缺乏信心支撑

随着经济三重压力不断增大，工业、服务业领域投资面临较多制约。一是投资回报不足抑制工业企业投资意愿和能力。2022 年以来，原油、金属等原材料价格高位震荡，1—9 月重庆 PPIRM 同比上涨 6.2%，达到 2011 年以来同期最高水平。受企业生产成本压力凸显以及市场需求持续疲弱等影响，市内工业企业利润空间受到挤压，投资扩产更趋谨慎。二是疫情反复导致部分服务企业投资预期不稳。服务企业经营活动多次遭受本土疫情多点散发冲击，特别是批发零售业、住宿餐饮业、文化旅游业等接触性聚集性服务企业客流量明显减少、营业收入大幅下降，在房屋、场地租金以及员工工资等刚性开支约束下，企业运转艰难、投资乏力。

3. 房地产开发投资企稳难度较大

重庆房地产市场仍处于信用和信心双重修复过程，房地产开发投资下行态势短期难以改善。一是开发主体资金紧张导致投资能力下降。受开发企业融资尚未实质性改善，以及销售回款深度下滑等影响，房企资金面仍较紧张，1—9 月全市房地产开发资金来源中国内贷款、定金及预收款、个人按揭贷款降幅均超过 30%，对房地产开发投资能力制约较大。二是需求疲弱制约企业投资信心。经济下行、疫情冲击导致居民就业质量下降、增收困难，购房能力和意愿均有所减弱。虽然国家及重庆近期围绕提振房地产市场需求出台了诸如降低首付、贷款利率等政策，但目前尚未对需求端形成明显激励，2022年以来，全市商品房销售面积、销售额持续负增长且呈现降幅加深走势，不利于房企投资信心恢复。

二、2023年投资运行环境分析

（一）国际投资形势复杂严峻

随着俄乌冲突、通胀高企、能源危机等负面因素持续演化，叠加美欧等发达经济体货币紧缩政策外溢影响，导致全球经济衰退风险加剧，诸多不利因素给跨境投资前景蒙上阴影。全球供应链重塑加剧跨境投资环境复杂性。俄乌冲突等国际地缘政治风险上升，对全球供应链形成持续干扰，发达经济体及主要跨国公司出于增强供应链韧性和安全性目的，将加快推动产业链高端环节回流，低端环节向东南亚等资源、劳动力低成本地区转移，包括中国在内的发展中经济体吸引外资将面临全方位国际竞争。投资保护主义抬头使得跨境投资阻力加大。美欧等发达国家泛化国家安全概念，加大外资投资审查力度，监管、限制国际资本流动的措施不断增加，跨境投资将面临重重阻碍。同时，全球货币紧缩影响加深，国际金融市场及大宗商品市场波动频繁，能源危机、粮食危机、气候变化等系列挑战增多，将极大影响跨国投资预期、加剧国际资本流动的不稳定性。

（二）国内稳投资积极因素增多

随着稳经济大盘系列政策措施发力显效，我国经济将延续恢复态势，支撑投资的有利因素不断增多。经济逐步恢复助力市场信心修复。随着我国经济企稳回升态势的持续巩固，主要指标呈现改善趋势，市场信心将获得一定修复，有助于增强投资内生动力。财政货币政策协同发力稳投资。积极的财政政策加力提效，将强化地方政府专项债资金对基建投资的保障作用，继续落实税费退减缓免、稳岗扩岗等支持政策，提振市场主体投资信心。货币政策保持流动性合理充裕，对实体经济的信贷支持力度加大，政策性开发性金融工具、制造业设备更新改造专项贷款等将有力保障重大项目资金需求。区域合作深化激发投资活力。我国坚定不移推动高水平对外开放，RCEP深入实施、持续推进加入CPTPP和DEPA等，将极大促进我国与相关国家扩大经贸投资合作。国内更加注重发挥城市群都市圈的协同作用，加快形成区域间要素流动、发展动力传导通道，跨区域投资合作将更趋紧密。有效投资空间不断拓展。我国将持续发挥投资对优化供给结构的关键作用，一批先进制造业、数字经济、乡村振兴等领域重大项目建设将提前启动并发力优结构、稳增长。但我国稳投资仍面临国际投资形势复杂变化以及国内疫情反复、地方政府财力减弱、实体经济信心疲弱等不利影响。

（三）重庆投资增长仍有潜力

重庆将着力推动国家稳经济大盘系列政策措施落地见效，把积极扩大有效投资作为政策发力重点，市场投资信心有望得到修复和提振，投资对稳定经济发展的支撑作用将不断增强。基建投资继续发挥托底作用。在专项债发行提速扩容、政策性开发性金融工具等支持下，重大项目策划储备、开工建设进度将明显加快，城市基础设施、新基建、新能源等领域将获重点支持，并将充分发挥政府投资对社会资本的撬动作用。产业投资更加聚焦转型升级。重庆将大力打造世界级智能网联新能源汽车产业集群、联动川渝共建世界级电子信息产业集群，聚焦相关领域补链强链延链的投资支持力度将不断加大。同时，随着专项再贷款、财政贴息等政策逐步落地，制造业领域企业技改及设备更新改造等方面的投资推进力度将明显加强。吸引内外资水平逐步提高。两江新区、高新区等开发平台带动作用增强，西部陆海新通道、中欧班列（成渝）等开放通道功能持续释放，叠加成渝地区双城经济圈建设机遇，将为重庆吸引内外资营造良好环境。《重庆市建设高质量外资集聚地三年行动计划（2022—2024年）》实施，更将促进外资项目投资落地。但招商引资竞争加剧、市场主体预期不稳等仍将制约全市投资稳定运行。

（四）2023年投资预测

展望2023年，扩大有效投资仍是稳定经济增长的重要抓手，在稳投资政策持续发力以及各项重大战略加快实施带动下，全市基础设施、产业升级、社会民生等领域重大项目提速增效，将推动固定资产投资继续保持稳步恢复态势，预计2023年全市固定资产投资同比增长7.0%~8.5%左右。其中，得益于政策性开发性金融工具以及专项债等持续支持，基建投资将提速放量；在传统产业升级改造以及新兴产业投资加快带动下，工业投资将保持平稳增长；房地产市场疲弱态势难见明显改善，房地产开发投资仍将保持低位运行。

三、对策建议

（一）强化基建投资托底作用

一是加大基础设施建设资金保障。充分运用政策性开发性金融工具补充重大基建项目资本金或为专项债项目资本金搭桥，引导商业银行加大相关项目配套融资力度，为基建项目提供有力资金支持。聚焦交通、水利、保障性租赁住房等存量规模大、收益好或增长潜力大的基础设施项目资产，创新运用REITs、PPP等投融资模式，形成增量、存量投资良性循环。同时，谋划包装一批符合国家政策导向及重庆发展实际的专项债项目，强化基建投资资金保障。二是加强基建项目策划储备。持续抢抓国家政策窗口期和成渝地区双城经济圈建设机遇，锚定国家、重庆及各区县"十四五"规划重点方向，聚焦城际交通、科技创新、开放通道、乡村振兴及生态环保等领域，前瞻性策划储备一批具有区域影响力的重大项目，并积极争取纳入国家专项支持。

（二）大力提振企业投资信心

一是推动助企纾困政策落地见效。全力落实国家稳经济大盘系列政策，推动具备条件的惠企政策实现"智能匹配、免申即享、自动兑现"，提升政策知晓度和惠及面。结合企业政策获得感和问题反馈，及时动态调整和细化政策举措，促进政策精准匹配企业需求，切实缓解企业生产经营压力。二是促进市场需求恢复以提振企业信心。抢抓经济恢复的重要窗口期和机遇期，落实职工工资正常增长机制，充分发挥稳就业、促消费政策组合效应，多措并举激发消费活力、稳定市场需求，增强市场主体投资预期。

（三）着力稳定房地产开发投资

一是防范化解房企资金断链风险。引导金融机构增加对资信良好房地产企业和项目的信贷投放额度，给予评估后资可抵债的已出险房地产企业债务适当展期。鼓励金融机构开发并购贷款、并购票据、并购基金等产品，重点支持国有企业兼并收购困难房企优质项目。优化预售资金和项目资本金使用，保障在建项目按时序推进。二是多举措促进市场需求释放。持续办好春、秋季房交会，联动企业开展住房与车位、装饰装修、家电家具等联动促销活动，有效释放潜在需求。引导区县统筹整合各方力量，积极争取更多促销优惠政策，支持刚性和改善性购房需求。同时，强化房地产正面宣传引导和政策解读，增强购房者信心。三是引导开发企业转型发展。鼓励房地产企业探索建立"重资产开发+轻资产运营"的轻重并举的发展模式，推动企业积极拓展代建、租赁住房、城市更新、资产管理等领域，充分激发企业投资潜力与活力。

(四）持续优化投资兴业环境

一是深化投资领域"放管服"改革。选取有条件的区县、开发区为载体，推进"工业标准地""社会投资项目用地清单制"改革，持续推动以"告知承诺+事中事后监管"为核心的企业投资项目承诺制改革，提高企业投资便利度。充分运用"数据字典"治理思维，以"多维""智能"的数据治理促进审批流程再造优化，提升投资项目审批管理效能。二是进一步优化外商投资环境。全面落实外商投资准入前国民待遇加负面清单管理制度，保障外商投资企业平等适用国家各项政策，促进外商投资企业公平参与政府采购招投标、标准制定，促进外商投资扩增量、稳存量。

[重庆市综合经济研究院（重庆市经济信息中心）宏观经济研究课题组
主研：易小光　丁　瑶　苟文峰　罗丛生　张　佳　施小兰
执笔：施小兰]

之四：2022年重庆市消费商贸形势分析及2023年展望

2022年以来，全球环境更加严峻复杂，国内经济延续恢复性增长态势，但疫情散点多发、预期走弱、内需疲软等负面因素对全国及全市消费品市场的不利影响有所加剧。在此形势下，重庆市高效统筹疫情防控和经济社会发展，聚焦国际消费中心城市建设，全力推动各项促消费政策落地生效，消费运行有所趋稳。预计2022年全市社会消费品零售总额将达到13900亿元左右，同比约下降0.5%左右。

一、2022年重庆市消费商贸运行分析

（一）总体情况

2022年以来，在疫情冲击叠加居民消费信心不足、供应链物流紧张等多项超预期因素影响下，全市稳定消费增长压力有所增大。但随着全国及全市各类稳增长、促消费政策加快发力见效，第三季度以来，全市消费品市场在波动中缓慢修复。1—9月，全市批发零售业销售额、住宿餐饮业营业额增速虽比上年同期显著放缓，但较二季度有所改善，消费品市场修复态势不变。

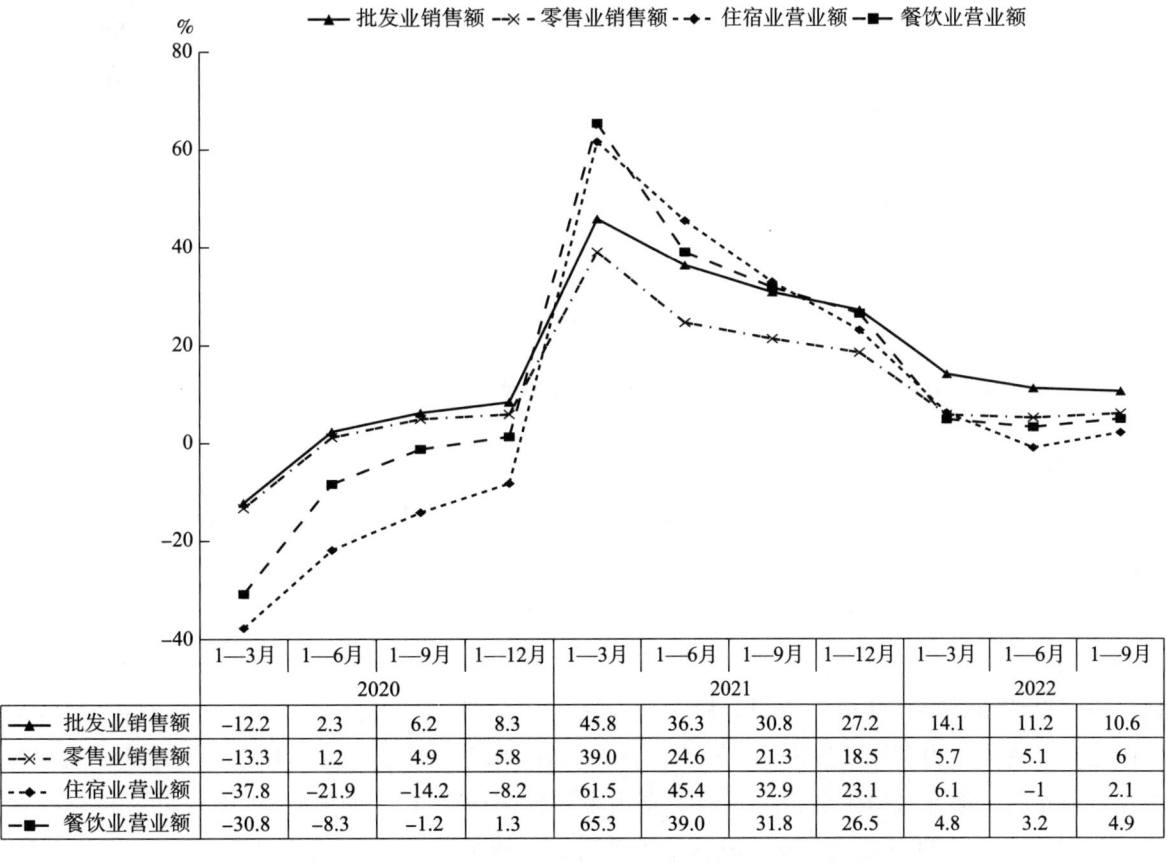

图1　2020年以来重庆市批发、零售、住宿、餐饮业季度累计增长情况

（二）主要特征

1. 超预期因素冲击消费品市场，社会商品零售总额增速波动明显

2022年以来，在国内外超预期突发因素冲击和经济下行压力加大等影响下，全市社会商品零售总额增长较上年明显放缓，部分月份甚至出现负增长，消费品市场稳增长压力较大。1—9月，全市实现社会消费品零售总额1.05万亿元，名义、实际增速分别为1.5%、-1.2%，虽远低于上年同期水平，但分别高于全国0.8个、0.9个百分点。随着中央和重庆一揽子稳经济增长政策和促消费措施加速落地显效，第三季度以来全市社会商品零售总额有所修复，但实际增速已连续5个月运行处于负增长区间，反映消费复苏动力依然偏弱。从对GDP的贡献看，批发和零售业、住宿和餐饮业增加值占GDP比重达到11.8%，共同拉动GDP增长约0.3%，较上年同期减少1.5个百分点，消费商贸对GDP的支撑作用有所降低。

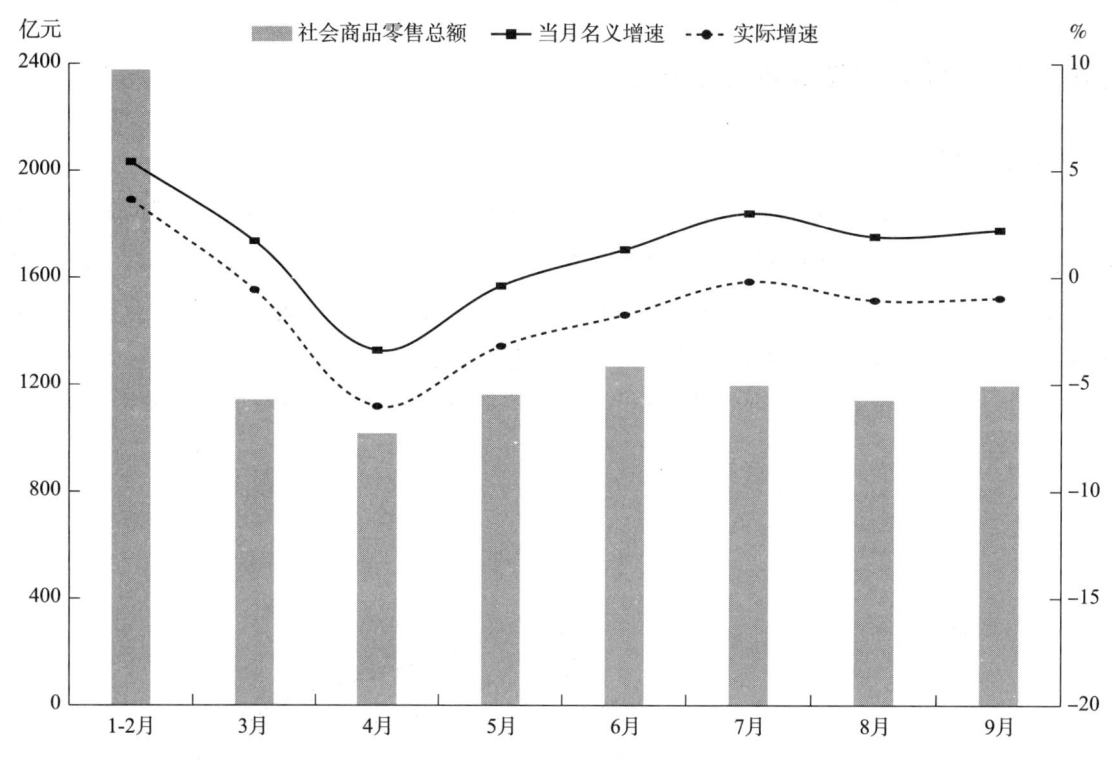

图2　2022年以来重庆各月社会商品零售总额绝对量及名义增速、实际增速（当月）

2. 城乡区域消费缓中趋稳，消费市场韧性犹存

在疫情冲击下，全市城乡、区域消费均较上年同期大幅放缓，但全市消费市场韧性强、潜力足的特点没有改变，消费亮点不断凸显。从城乡消费看，1—9月，全市城镇、农村社会商品零售总额分别同比增长1.2%、3.2%，增速较上半年有所改善，且分别高于全国平均水平0.5个、2.3个百分点。"农旅融合"加速发展为乡村振兴注入新活力，乡村消费增速继续高于城镇。全市12个村入选2022年中国美丽休闲乡村，乡村度假研学游、壮美三峡观光游两条线路入选全国"乡村是座博物馆"乡村旅游精品线路，乡村休闲旅游品牌影响力和知名度进一步扩大。同时，在2022年极端高温影响下，全市高山避暑纳凉火爆，带动乡村休闲旅游业快速发展，1—9月，全市乡村休闲旅游业经营收入817.8亿元，接待游客2.29亿人次，分别同比增长11.3%、9.9%。从区域消费看，1—9月，重庆主城都市区、渝东北、渝东南社会商品零售总额分别同比增长1.4%、1.9%、1.4%。主城都市区继续优化消费供给，其中，江北区加速打造国际消费中心城市核心承载区，新引进 Boucheron 宝诗龙（珠宝）、LANVIN 浪凡（服饰）等首店品牌 47 个。大渡口以万吨商旅融合总部基地、特色街区打造、九宫庙商圈升级改造等重点项目为抓手，实施城市消费提升行动，新能源汽车消费、绿色消费成为新亮点。1—9 月江北区、大渡口区社会商品零售总额分别增长 6.2%、4.0%，增速分别居全市第一位、第二位。"两群"地区服务消费快速回升。在生态旅游业带动下，1—9 月渝东北、渝东南住宿业、餐饮业营业额增速均高于全市及主城都市区水平，为促进全市消费持续复苏发挥了积极作用。

3. 国际消费中心城市加快培育，消费供给更加丰富优质

2022 年以来，重庆继续统筹推进国际购物、美食、会展、旅游、文化五大名城打造，国际消费中心城市建设成效显著。一是消费平台体系进一步完善。累计建成 49 个城市核心商圈（百亿级 12 个）、23 条市级特色商业街，形成来福士广场、砂之船奥特莱斯、江北国际机场三个国际消费地标，初步构建起以中央商务区为龙头、城市核心商圈为主体、社区便民商圈为补充的三级商圈发展格局，对国际消费中心城市建设支撑作用进一步增强。二是首店经济不断壮大。全球顶奢商场法国老佛爷百货、法国顶级餐具品牌 Christofle（昆庭）、开心麻花、长沙网红奶茶茶颜悦色等首店纷纷落地，解放碑、观音桥、杨家坪等商圈成为品牌首店集聚区。三是消费活动浓厚氛围。以"爱尚重庆·渝悦消费"为主题，陆续举办中国（重庆）国际消费节、成渝双城消费节等各类促消费活动上万场，消费潜力不断激发。四是夜经济蓬勃发展。初步形成了富有特色的 16 个夜间经济集聚区、33 条市级夜市街区，夜经济业态、产品不断丰富，连续三年居"中国十大夜经济影响力城市"榜首。

4. 重点商品消费走势分化，汽车消费支撑作用显著

从限额以上单位商品零售看，重点商品消费分化明显。一是基本生活类商品增长保持较强韧性。随着疫情下居民囤货需求增加，粮油食品类、饮料类消费品 2022 年以来延续较快增长态势，1—9 月分别同比增长 11.7%、11.9%。二是出行类消费实现较快增长。在汽车购置税减半政策、商家促消费活动等拉动下，汽车类商品零售额同比增长 8.4%。其中新能源汽车销售同比增长 1.5 倍，石油及制品类消费在油价上涨带动下同比增长 11.8%，两者合计拉动消费增长 1 个百分点。三是居住相关商品消费有所降温。在房地产市场趋冷的影响下，家电、家具类零售额持续低位运行，1—9 月同比增速分别为-2.0%、1.3%，远低于往年同期水平，对消费品市场的支撑作用明显降低。四是部分可选类消费增长乏力。受疫情影响，居民消费心理趋于谨慎，烟酒、饮料、服装、化妆品、金银珠宝等消费不同程度放缓。其中，服装、化妆品类消费增速自年初以来持续负增长，且跌幅不断加深。

5. 商业数字化转型加快推进，线上消费延续快于线下格局

重庆加快推进商贸企业数字化转型、构建电商新业态，线上消费增速继续超过线下消费。2022 年以来，重庆加快推进电商基地打造、积极培育本地电商品牌，已建成大足五金、江津休闲食品、秀山特色商品、大渡口小面等多个网货基地，打造"一江津彩""寻味武隆"等 26 个区域农村电商公共品牌，成功培育脐橙、腊肉、牛肉等 180 余个主打农产品网货，本地化、特色化电商消费新增长点加快形成。其中，1—11 月电商产业园入驻企业实现重庆小面预包装产品销售额超过 2 亿元，重庆小面速食品牌"辣来主义"全年销售有望突破 8000 万元、成为"重庆小面重庆造"的线上顶流。随着全市电商主体加快培育打造，线上消费延续了一直以来的较快增长态势。1—9 月，全市限额以上单位通过公共网络实现的零售额同比增长 37.3%，分别比上年同期和上半年加快 10.1 个和 4.4 个百分点，拉动全市社会商品零售总额增长 1.4 个百分点，网络消费已成为促进全市消费市场恢复发展的重要动力。

（二）主要问题

1. 消费修复韧性有所下降

随着疫情持续时间拉长，其对消费的负面影响更加显著，消费修复压力进一步增大。一是消费倾向、消费意愿和消费能力有所降低。疫情加大了居民未来收入的不确定性，并推高了预防性储蓄意愿，加之在2022年超预期因素冲击下，全市城镇调查失业率趋于走高，居民收入增长趋缓。1—9月，全市城镇、农村居民人均可支配收入分别同比增长5.6%、7.5%，分别较上年同期收窄4.5个、4.2个百分点，对消费能力形成负面影响，进而影响消费意愿和消费预期。二是疫情对接触性、聚集性服务消费的影响持续存在。2022年以来重庆疫情呈现散发多发的态势，举办的大型文体活动数量及外来游客大幅减少，餐饮、文旅、娱乐等服务消费受到较大冲击。1—9月，全市城市票房收入、接待境内外游客数量降幅均在30%左右。三是商贸企业经营更加困难。在消费低迷、市场收缩的影响下，全市商贸流通企业运营压力增大，当前销售额下降50%以上的"停工半停工"商贸企业超过600家，占全市限额以上零售企业近10%，不利于消费市场恢复。

2. 促消费支撑政策有待优化

促消费政策对全市消费回稳起到关键性作用，但相比其他地区，我市消费政策仍有优化空间。一是财政对促消费政策的支持力度相对较小。2022年以来，全市陆续发布"促进消费恢复发展若干政策措施""培育建设国际消费中心城市若干政策"等稳消费文件，统筹市级商务发展资金5300万元开展消费促进活动，同时有超过20个区县发放消费券，市区两级联动发放消费券金额超1亿元。相比其他省市，如江苏发放27.1亿元消费券撬动近300亿元消费、宁波发放6.6亿元消费券撬动71.57亿元消费，重庆财政对消费券的支持偏低，导致财政政策的撬动效应未充分发挥，消费券对消费的拉动并不显著。二是对困难企业的帮扶政策有效性不足。针对服务业困难企业"房土两税"减免政策，税务部门将"困难企业"界定为大型国有特困企业，且近三年全面停产、停业、无经营收入来源，这与重庆95%以上文旅企业为民营、2019年为正常经营年份的实际情况相悖，导致多数困难企业难以获得政策支持。此外，部分受调研商贸企业反映，疫情影响下时常遭遇停工但未享受到房租优惠政策，生产经营压力较大。

二、2023年环境分析及展望

（一）国际环境更加复杂严峻，稳消费面临的海外环境不确定性增多

国外政经形势更加复杂多变，叠加疫情影响，海外环境的不稳定性不确定性更加突出，对全市消费品市场的负面影响依然存在。一是全球跨境消费将延续低迷态势。尽管国际航班熔断标准和对入境人员的隔离标准均有所放松、国际航线也开始有序恢复，但疫情对接触式消费的负面影响将导致国际会展、国际旅游等行业持续疲软。同时，全球经济复苏动力趋弱，外需依然疲软，外部消费主体的消费能力也将受到一定影响，预计国际旅游消费、承办国际会展赛事活动等涉外消费将保持低位。二是供应链紧张将继续制约消费恢复。由于汽车智能化、网联化的需求，汽车产业对芯片的需求不断扩大，而我国芯片自给率较低，对芯片的进口需求依然较大。全球疫情、地缘政治局势复杂多变，NXP（恩智浦）、TI（德州仪器）、ST（意法半导体）以及英飞凌等传统汽车芯片企业产能释放依然具有较大不确定性，同时美国出台《2022芯片与科学法案》，收紧对我国芯片出口政策，预计汽车芯片将继续处于供不应求状态，并对汽车相关消费形成制约。此外，疫情下"走出去"招商依然受限，影响国际消费品牌、"首店"等引进，也对全市增加消费供给的多样化形成一定制约。

（二）国内经济持续复苏，消费修复的经济基础和政策环境将继续向好

随着国家对疫情防控和经济社会发展的统筹力度更加高效，经济将延续恢复性增长态势，并对全市消费品市场形成积极影响。一是国家对消费的政策支持将更具针对性。党的二十大报告提出"增强消费对经济发展的基础性作用"，国家明确下一步稳消费的政策方向包括促进重大项目建设、设备更新改造与扩消费结合，扩大以工代赈，以促就业、增收入、带消费等，预计上述领域的政策将继续向好，有助于促进相关消费需求释放。二是随着国内经济持续恢复和"稳就业"政策扎实推进，居民消费能力和消费预期有望改善。央行2022年前三季度城镇储户问卷调查显示，城镇储户收入感受指数由降转升、购房意愿有所提升。随着未来国内疫情防控更加精准有效、"稳就业"政策继续发力见效，预计经济将持续修复，并带动居民就业及收入改善，消费能力和消费预期将逐渐提振。三是消费供给将持续优化，消费活力有望得到持续激发。在"双碳"目标驱动下，绿色家电、新能源汽车将成为重要增长点，服务消费和实物消费将持续更新迭代和提质升级。同时，随着消费者个性化、多样化消费需求持续释放，智能家电、个人护理、电子消费品、功能服饰等创新型产品及非刚需消费品也将有较大增长空间。但疫情对跨省游、会展、市内娱乐等接触型消费的负面影响仍将持续，消费需求依然难以完全改善。

（三）国际消费中心城市建设将持续发力，全市消费供给将继续优化

随着外部扰动因素负面影响逐渐减弱或消退，全市消费市场将继续保持复苏态势。一是消费环境将继续改善。重庆将继续以国际消费中心城市培育建设为引领，以优化消费供给为主线，统筹推进"五大名城"建设，推动实施"十大工程"，并联动成渝地区共建富有巴蜀特色的国际消费目的地，将吸引资金流、人流、商品流汇聚，促进消费提质扩容。同时，社区食堂、供销社等基层销售网点将加快普及，消费"堵点"有望加快打通。二是支持消费的政策更加丰富有力。《促进服务业领域困难行业恢复发展56条》《促进消费恢复发展19条》等政策措施效应将持续释放，汽车更新换代、家电以旧换新等促销活动将继续发力。同时，随着服务业扩大开放综合试点加快推进，"允许设立符合条件的外资投资的旅行社从事除台湾地区外的出境游""允许放宽外资捐资举办非营利性养老机构"政策效应逐步显现，消费市场恢复基础将更加牢固。三是居民消费意愿将继续改善。房地产相关政策利好有望推动居住相关消费倾向提高，对新能源车的消费需求依然旺盛并将持续释放，疫情防控更加精准有效，有望促进居民对化妆品、服装等日常消费，金银珠宝、体育娱乐等可选消费需求的消费意愿也有所改善。此外，夜经济、网红经济、首店经济、直播经济等时尚消费、潮流消费加快发展也将继续激发相关消费潜力。但疫情继续限制接触式消费需求释放、汽车消费依然面临"缺芯"制约等负面影响仍在持续，消费品市场短期内难以恢复至疫情前水平。

（四）2023年消费商贸运行趋势展望及预测

2023年，全市消费品市场在国际消费中心城市加快培育、稳消费政策持续发力、消费新业态新模式加快发展、消费环境继续优化等利好因素的带动下，将延续稳定修复态势，叠加2022年低基数影响，2023年社会商品零售总额有望实现较快增长。综合分析全市消费品市场的发展环境和发展趋势，预计2023年实现社会消费品零售总额15010亿~15150亿元左右，同比增长8%~9%左右。

三、对策建议

（一）加大促消费政策力度，改善居民消费信心

防疫政策转向后，部分居民存在观望情绪，有必要通过发放消费券等方式开展促消费活动，以激发

消费活力、修复消费信心。一是建立市级统筹机制，加大促消费政策力度。安排市级财政专项资金，通过发放市级惠民消费券、延长购车补贴、实施家电家具补贴促销活动、联动购物中心举办主题购物活动、鼓励户外露营旅游休闲活动、延长商户营业时间繁荣夜间经济、举办大型文化体育艺术活动等方式，鼓励居民"走出去"消费，促进消费信心加快恢复。二是强化促消费政策的评估与修正，提升政策撬动作用。建立和完善各类促消费全流程的评估制度，对评估过程中发现的问题进行及时修正、整改，根据评估结果对政策实施方式、手段进行动态修正，不断提升促消费政策的政策效应和作用。

（二）营造良好的收入预期，不断提振消费信心

强化居民就业、收入等保障力度，增强居民消费底气，促进消费信心不断修复。一是坚持就业优先。加大助企纾困政策力度，推动社保费缓缴、失业保险稳岗返还、一次性扩岗补助等政策"免申即享"落地兑现，畅通助企纾困政策兑现的"最后一公里"，千方百计促进企业正常生产运营、稳定和扩大就业，稳定居民工资性收入和就业。二是加大对小微企业和中低收入群体的收入补贴。鼓励各银行机构推出线上经营性贷款等系列产品，为商户提供多样化、纯信用的信贷支持服务。鼓励金融机构支持受疫情影响较大的居民灵活采取延长贷款期限、延期还本付息等方式调整个人住房和消费贷款还款计划。三是促进共同富裕。持续深化扶贫成果，促进农民增收致富。加大税收、社保、转移支付等调节力度和精准性，引导不同群体的收入差距保持在合理水平。

（三）优化消费供给体系，推动消费潜力加快释放

把扩大消费同改善居民生活品质结合起来，构建高质量供给体系，优化供给结构，改善供给质量，提升消费供给对本地需求的适配性。一是构建多样化的供给体系。针对不同消费群体的差异化消费需求，提升细分消费领域供给能力。顺应消费品质化、智能化、绿色化、个性化、国际化升级趋势，大力发展个性化定制化消费，增加中高端商品和服务供给。加大针对老年人、身心障碍人士等特殊消费者群体的产品供给，提供更多便利化服务。二是完善城乡供给平台。继续推动核心商圈提档升级，支持"首店经济"和"首发经济"，推动国内外知名品牌在重庆首发或同步上市新品，打造国际时尚品牌商品、服务和新型消费体验登陆西南、登陆中国的首选地。加强乡镇商贸设施建设，布局完善村级生活消费服务综合网点和新型便利店，提供生活必需品、日常缴费、初（末）端物流汇集（分送）等服务。三是培育壮大新型消费。推广5G+VR/AR、赛事直播、游戏娱乐、虚拟购物等应用，开发蕴含山城元素、巴渝文化符号、时尚潮流的新消费场景。通过发展消费新业态、新模式，培育挖掘新兴消费热点，增强消费体验，不断提升群众消费热情。

[重庆市综合经济研究院（重庆市经济信息中心）宏观经济研究课题组
主研：易小光　丁　瑶　余贵玲　张　超　陈　可
执笔：陈　可]

之五：2022年重庆市对外开放与区域合作情况及2023年展望

2022年以来，全球政经形势更趋复杂严峻，我国加快构建双循环新发展格局，推动实施高水平对外开放，重庆市深入推进内陆开放高地建设，着力优化营商环境，多措并举稳外贸、稳外资，扩大国际国内经贸合作，全市开放经济展现出较大发展韧性。预计2022年重庆外贸进出口8200亿元左右，同比增长约2.5%；实际使用外资20亿美元左右。

一、2022年重庆市对外开放与区域合作情况

（一）主要特点

1. 进出口增速有所放缓，出口保持两位数增长

受全球"宅经济"效应退场及消费电子产品需求减弱等影响，下半年以来，全市笔电、电子元器件等产品出口乏力，导致进出口增速呈现放缓走势。1—9月，重庆外贸进出口实现6259.55亿元，同比增长8.5%，分别较上半年、全国同期水平低4个、1.4个百分点。电子产品出口仍占据主导地位。1—9月重庆实现出口4074.56亿元，同比增长11.5%，高于全国水平1.6个百分点。电子产品出口2517.6亿元，占全市出口总值比重达到61.8%，其中笔电出口量、值位居全国首位，手机、液晶显视器出口值分别同比增长19.0%、15.0%。随着国产汽车加速"出海"及沿海服装、玩具等外贸订单向中西部转移，重庆汽车、劳动密集型产品出口增势较强，分别同比增长73.4%、2.3倍。大宗商品成为进口增长亮点。重庆实现进口2184.99亿元，同比增长3.3%；其中，大宗商品粮食、金属矿砂进口值分别同比增长29.0%、31.3%，增速较为亮眼。此外，占比四成左右的集成电路进口同比增长4.0%，略高于全市进口平均水平。

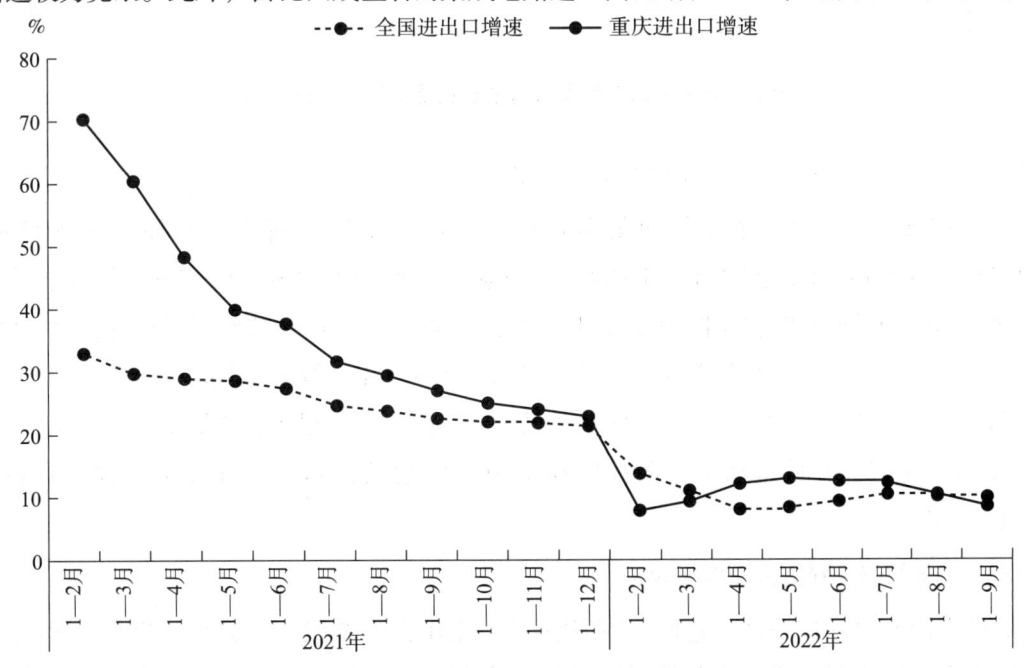

图1 2021年以来重庆市及全国外贸进出口累计增长趋势（人民币计价）

2. 通道对贸易带动较强，外贸市场更加多元化

随着国际线路持续拓展，西部陆海新通道、中欧班列（成渝）等对重庆进出口带动作用明显。1—9月，重庆对"一带一路"沿线国家进出口1687.8亿元，同比增长6.9%。其中重庆经西部陆海新通道货物运输量、货值分别同比增长29%、46%。同时，在口岸功能不断完善的作用下，综保区对国际贸易支撑更加突出。1—9月海关特殊监管区实现进出口4054.9亿元，增长2.9%，占同期重庆外贸总值的64.8%；其中果园港综保区进出口同比增长2.4倍，在西部地区保税物流中心中排名第一。主要贸易伙伴进出口平稳增长，对东盟、欧盟、美国进出口946.6亿元、940.2亿元、877.4亿元，分别同比增长1.8%、4.0%、3.1%，占全市进出口总值的44.2%；随着RCEP、上海合作组织成员国间经贸合作深化，重庆对两大国际组织进出口分别同比增长12.8%和19.7%，对全市进出口增长贡献率接近30%。

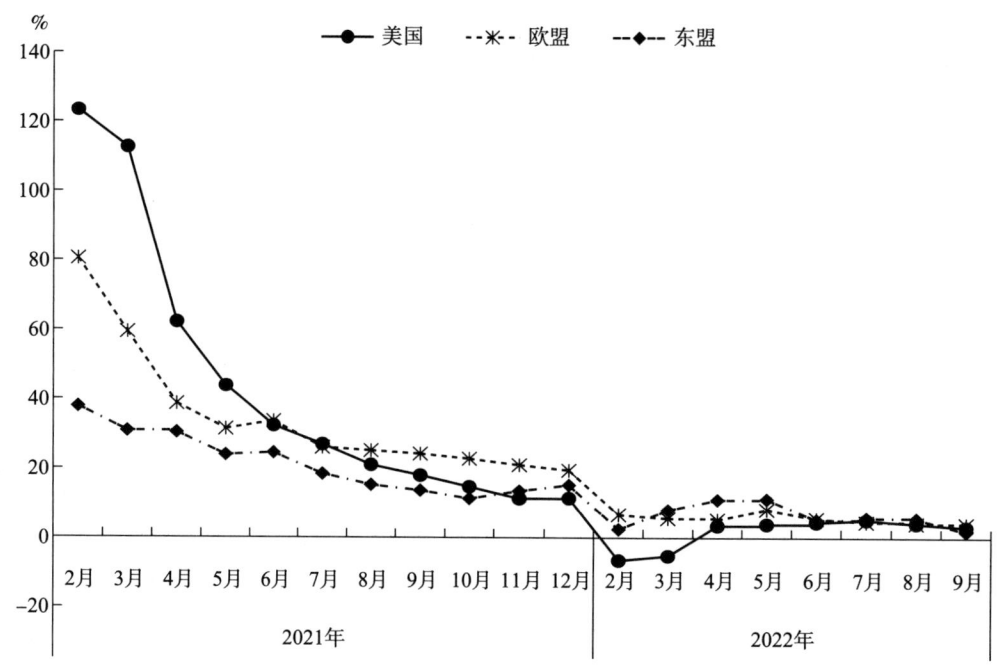

图2　2021年以来重庆市对主要贸易伙伴进出口情况

3. 非公企业进出口增长较快，一般贸易比重有所提升

在京东方、OPPO等外向型企业加快集聚带动下，重庆非公有制企业对外贸易增长势头较好。1—9月，重庆外商投资企业、民营企业进出口额分别同比增长8.2%、12.7%，均保持较快增长态势。在新能源汽车、智能手机等国潮商品出口带动下，重庆一般贸易持续较快增长。1—9月，一般贸易进出口同比增长16.1%，占全市外贸进出口比重为36.1%，较上年同期提高1.8个百分点。受外需疲软、订单外移等影响，加工贸易、保税物流平稳增长，分别同比增长9.1%和4.0%，增速均有所放缓。在服务业扩大开放带动下，服务贸易实现较快增长，其中两江新区保税港区跨境电商交易额同比增长16%。

4. 利用外资总体较好，对外投资增长较快

重庆全面融入国家"一带一路"建设，"引进来""走出去"步伐持续加快。营商环境持续优化，外资吸引力持续增强。1—9月，重庆实际使用外资12.2亿元，同比增长13.9%。其中，中国香港仍是重庆

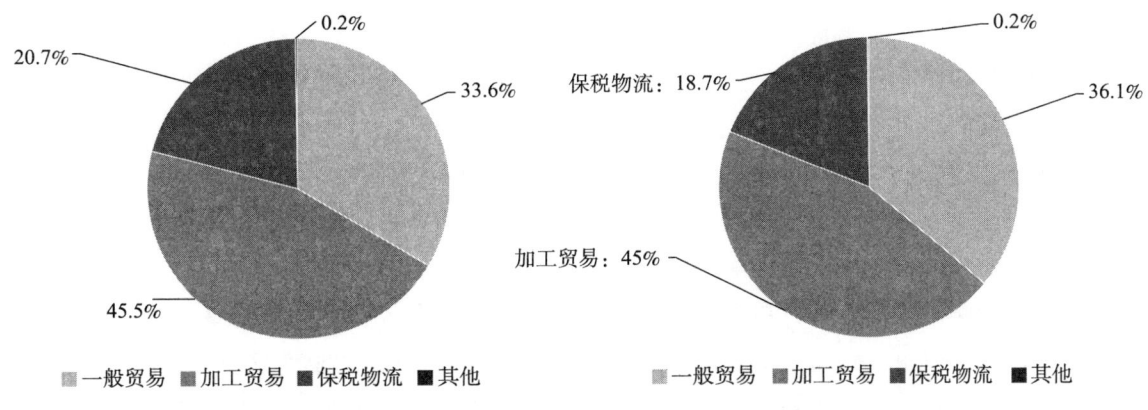

图 3 2021 年（左）与 2022 年 1—9 月（右）重庆贸易方式占比情况

外资主要来源地，占全市外资利用总量的 80% 左右；开放平台外资集聚效应突出，两江新区、重庆高新区、重庆经开区利用外资占比达 70% 左右；外资重点投向商贸服务业、制造业、金融等领域，占全市外资利用总额的 98.6%。对外投资保持较快增长。随着重庆与"一带一路"沿线国家产业、贸易等合作持续深化，1—9 月重庆非金融类对外直接投资同比增长 11.7%。其中对非洲、亚洲投资占比分别为 54.9%、39.5%；国有企业占全市对外投资比重达 86.9%，仍是走出去"主力军"。

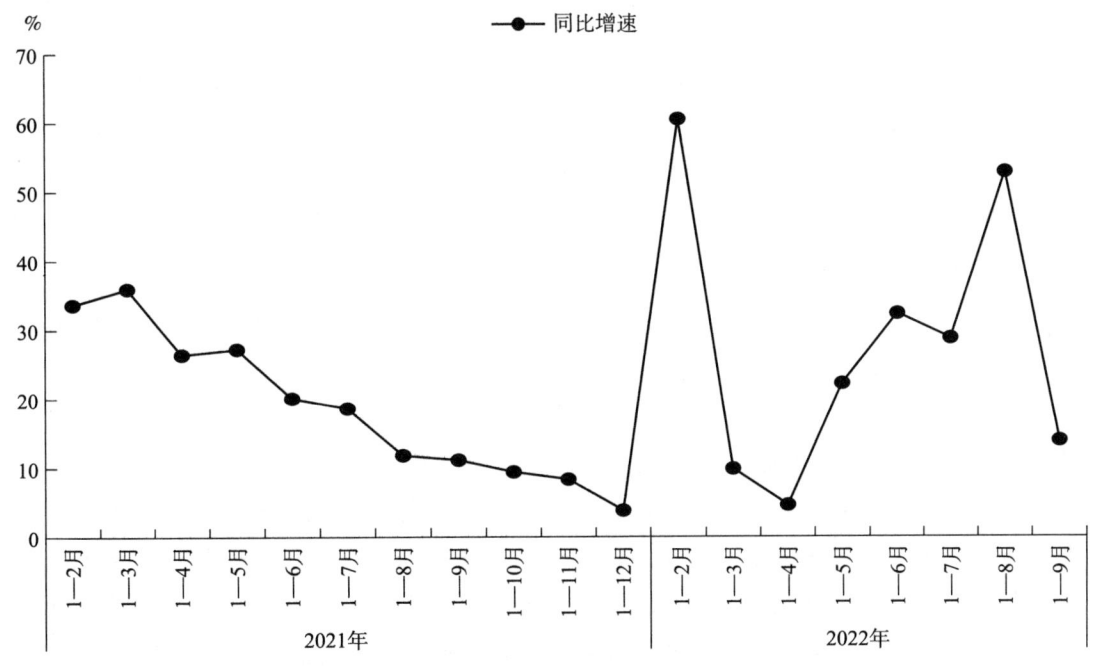

图 4 2021 年以来重庆市实际利用外资增长情况图

5. 重点区域合作不断深化，川渝开放协同度提升

国内区域合作不断深化，对重庆内陆开放高地建设助推作用增强。跨区域合作水平不断提升。重庆注重与长三角、京津冀、粤港澳等东部地区在产业转移、供应链、生态保护等方面联动合作；渝鲁对口帮扶力度加大，实现消费协作帮扶 10 亿元左右，重庆 300 余个农特产品进入山东市场销售。毗邻区域融合发展持续深化。强化与贵州、陕西、四川、新疆等周边地区国际物流通道建设、能源保障等合作，其中陕西、山西等周边省份电煤入渝量 1400 万吨左右。川渝自贸区协同创新、国际物流通道建设、联合招商引资等成果丰富，中欧班列（成渝）开行数同比增长 7.0%。

（二）存在的问题

1. 外贸出口增长后劲不足

随着全球需求转弱，重庆进出口下行压力增大。一是电子产品出口增长乏力。受全球"宅经济"效应减弱、发达经济体通胀压力下消费能力下降等影响，2022年全球PC、手机等需求出现阶段性回调[①]，前三季度，重庆电子产品出口虽然保持了增长态势，但笔电、手机、电子元器件出口量分别同比下降22.5%、17.7%、15.7%，均呈现大幅下滑之势，不利于未来全市进出口稳定增长，也为全市电子产业及工业运行带来负面影响。二是外贸订单获取难度增大。受中美经贸摩擦、国际地缘政治因素等影响，重庆电子、服装、汽摩、机械等行业企业反映存在订单向越南、菲律宾、印度尼西亚等国家转移的情况。同时，由于出国拜访客户、商务谈判等活动的减少，外贸企业也面临老客户流失和新客户难开发的两难困境。三是汇率对进出口影响较大。1—9月，美元兑人民币汇率升值12.9%，美元升值增大了进口成本、削弱外贸企业进口需求。同时人民币对日元、欧元等仍保持总体升值、双向大幅波动走势，外贸企业结汇风险较大，接单意愿有所减弱。

2. 引外资稳外资形势严峻

受全球经济低迷、疫情反复等因素影响，招商引资更加困难。一是外商投资意愿减弱。随着欧美等经济体通胀高企，全球经济衰退风险逐步增大，影响外资企业投资信心。1—9月，重庆外商直接投资合同额同比下降14.5%，连续18个月负增长。二是招商引资渠道不畅。受疫情影响，各类线下招商引资活动减少，外商考察及项目谈判受阻，新引进的外资项目减少，外资利用下行压力持续增大。1—9月重庆新设立外资企业、5000万以上外资项目个数降幅均超过10%。三是存量外资流出风险初现。在美元升值、中美经贸摩擦、发达国家再工业化、供应链断链风险增大等影响下，全球产业链收缩和跨国公司产业链"中国+N"平行布局较明显，重庆部分电子、通机等外资企业加速海外布局，存量外资流失压力较大。

3. 开放经济短板较为突出

当前重庆对外贸易、产业发展等仍存在短板，制约开放经济高质量发展。一是跨境电商培育滞后。跨境电商已成为对外贸易重要渠道，但重庆跨境电商产业规模小、产业生态不完善，1—9月，重庆跨境电商进出口值为140.9亿元，占全市进出口总额的2.3%左右，低于全国水平2.7个百分点，制约了重庆对外贸易潜力释放。二是外贸产品附加值不高。重庆汽车、摩托车等出口以中低端产品为主，市场主要集中在发展中国家，对外贸易发展质量相对较低。例如，1—9月重庆汽车出口平均单价仅7万元/辆左右，较全国平均水平低4万元/辆左右，其中新能源汽车出口单价为8.9万元/辆左右，占全市汽车出口总量5.1%，分别低于全国水平5.2万元/辆和26.6个百分点。三是内陆开放优势转化不充分。重庆大通道、大枢纽等优势尚未完全发挥，保税加工、融资租赁、保税物流、商品展销、市场采购贸易等业态发展滞后、规模较小，影响内陆开放高地建设。

二、2023年开放经济发展环境及展望

（一）国际环境错综复杂，贸易投资增长压力较大

在全球经济衰退风险上升、地缘政治冲突加剧、美国加息政策等影响下，国际贸易和投资增长总体乏力。一是欧美经济衰退风险加剧，制约全球贸易增长。受物价高企及经济衰退风险增大的影响，欧美

---

① IDC预测2022年全球PC出货量将同比下降12.8%；TrendForce预测2022年全球手机销量同比下降6.5%。

国家内需增长乏力，对全球经济及国际贸易拉动效应减弱。IMF预计2023年全球GDP、货物及服务贸易分别同比增长2.7%、2.5%[①]，增速显著低于2022年水平。二是国际投资增速减缓，但新兴产业投资保持活跃。受全球经济低迷、大国博弈、美元加速回流等因素影响，全球跨境投资增长动能将有所减弱。在气候问题、能源危机等影响下，能源开发利用、节能环保治理等领域投资力度加大；同时新能源汽车、数字经济、生物医药等新兴产业投资较活跃。我国沿海地区、欧盟国家产业加速向外转移，重庆招商引资面临较多机遇。三是全球货币紧缩以及贸易政策、地缘政治格局调整，将不利于国际投资贸易稳定。在美国加息及美元升值虹吸效应下，全球多数国家面临资本外流、本币贬值、出口收入减少等风险及压力；随着俄乌冲突升级以及美国印太战略加速推动，将影响全球粮食、能源贸易及供应链安全稳定。同时，美国限制中国芯片进口的行为，将影响重庆电子元器件进口及电子产品出口。

（二）国内推动高水平开放，双循环更加顺畅联通

我国将着力构建双循环新发展格局，稳步扩大高水平制度型开放，参与国际开放合作竞争新优势加快形成。一是对外贸易稳中提质发展，开放新动能不断壮大。我国与RCEP成员国及非洲、南美洲、东欧等国家经贸合作持续深化，稳外贸财税、金融、人民币结算等政策力度增大，市场采购贸易方式试点、进口贸易促进创新示范区等加快推进，有利于促进供应链安全和进出口稳定增长。随着新能源汽车、光伏电池等产品出口及数字服务贸易快速增长，海外特色食品、医药品等优质消费品进口需求扩大，将助推对外贸易高质量发展。二是外商投资环境优化，企业走出去步伐加快。我国将扩大制度型开放，降低先进制造业、现代服务业等准入门槛，叠加营商环境持续优化、产业和消费升级，对全球外资吸引力将进一步增强。继续大力支持国内企业走出去开展海外资源开发、基础设施建设、海外市场共建等合作，有利于带动我国资本、技术、产品和品牌等对外输出。三是区域联动水平提升，对外开放活力增强。国家将继续推进粤港澳大湾区、京津冀、成渝地区双城经济圈等建设，强化区域产业梯度转移、国际通道建设等合作支持引导，区域开放协同联动水平进一步提升。但制造业转移、外贸订单流失、供应链风险等将对国内开放经济发展带来较大不确定性。

（三）市内深化内陆开放高地建设，对外开放潜能不断释放

重庆紧扣内陆开放高地建设，深化开放体制机制创新，增强优质开放资源要素集聚力、辐射能力。一是国际市场持续拓展，对外贸易充满潜力。随着RCEP、中新互联互通项目等纵深推进，西部陆海新通道、中欧班列（成渝）和国家级物流枢纽等加快建设，国际市场进一步拓展，有助于扩大国际消费品进口和市内商品出口。市场贸易采购试点、跨境电商试点、铁路运输新能源汽车等深入实施，将激发进出口潜力。二是开放环境持续优化，开放要素吸引力增强。重庆将继续推进国际消费中心城市、中西部国际交往中心、"1279"开放平台[②]等建设及功能完善，营商环境创新、服务业扩大开放等试点持续深入，重庆对全球资金、企业、人才等开放资源要素吸引力、承载力增强，在中西部地区开放示范带动作用更加突出。三是开放型产业加速发展，开放新动能持续壮大。随着集成电路、新能源汽车、光伏等开放型新产业兴起，以及跨境电商、保税商品展销等服务贸易新业态加速发展，重庆开放新动能将持续增强。同时，成渝自贸区协同创新、开放通道共建等合作不断深入，将进一步激发区域开放经济活力。但在全球需求不足、中美经贸摩擦、产业及订单转移等背景下，重庆对外开放合作压力增大。

---

① 数据来源wind数据库，为2022年10月预测值。
② "1"指国家级开发区——两江新区，"2"指中国（重庆）自贸试验区和中新互联互通项目，"7"指3个国家级经开区和4个国家级高新区，"9"指万州、涪陵、西永、江津、南彭、永川、果园港、黔江、寸滩9个海关特殊监管区域。

（四）2023年开放经济发展展望

2023年，全球政经形势依然复杂严峻，经济衰退风险增大；国内将围绕高水平制度型开放，着力营造国际化营商环境，加大稳外贸、稳外资政策力度，促进区域开发开放合作，加快构建双循环新发展格局。重庆继续深化内陆开放高地建设，推进服务业扩大开放、市场采购贸易等试点，扩大区域经贸合作，加快开放资源要素集聚，推动货物贸易、服务贸易高质量发展。预计2023年重庆外贸进出口同比增长约6.5%~7.5%；实际利用外资25亿美元左右。

三、对策建议

（一）多措并举稳定外贸出口

加强进出口运行监测、调度及政策支持，为进出口增长营造良好环境。一是稳定和扩大对外贸易。学习浙江宁波的经验，适时推出涉外商务直达包机，帮助外贸企业赴海外争取订单。推进大足龙水五金市场采购贸易试点，稳定笔电、手机等电子产品出口，鼓励新能源汽车等优势产品出口，支持矿产、粮食、芯片等大宗商品进口，鼓励外贸企业开展人民币结算。二是加快新兴市场开拓。发挥西部陆海新通道、中欧班列等开放大通道优势，加快RCEP成员国、非洲、东欧等市场开拓，加快形成多元化市场格局。三是推动服务贸易创新发展。依托重庆大数据、智能化优势，壮大数字内容服务外包规模，加快教育、医疗等线上服务贸易发展，加强全球领军企业引进及本土企业培育，提升服务贸易规模水平。

（二）积极扩大外资利用水平

全面优化营商环境，拓展外资利用渠道，提升外资吸引力。一是加大招商引资力度。抢抓国际消费中心城市建设、服务业扩大开放综合试点等重大机遇，深化电信、金融、医疗等领域开放，加大现代服务业、先进制造业、战略性新兴产业等招商引资力度，积极引进外资总部企业，加强对欧盟企业对接及招商引资。二是创新外资利用方式。探索发布外资并购项目机会清单，鼓励外资开展设立私募基金、风险投资基金、创业投资等战略投资，推动市内企业以跨境并购、境外上市等方式引进国际资本。利用进博会、智博会等平台开展精准招商，常态化开展线上招商、云上签约活动，加速优质外资资源集聚。三是强化外资精准服务。落实外商投资国民待遇，深化"放管服"改革，优化外商投资环境，为外商投资企业和项目提供全流程服务，完善外商投资企业问题解决机制，切实维护外商投资合法权益。

（三）提升开放经济发展质量

聚焦开放经济发展短板，支持新业态、新模式多元化发展。一是大力支持跨境电商发展。加大国内龙头电商企业引进、本土电商培育等力度，加快打造一批跨境电商示范园区，支持与电商配套的电子、食品、玩具、服装等消费品产业发展，完善跨境电商物流、仓储、广告、人才等发展生态，为跨境电商发展营造良好环境。二是提升外贸出口附加值。全力打造一批国际知名品牌，推动开放产业及产品升级，支持阿维塔、赛力斯、坦克等中高端品牌加快拓展海外市场，加强出口保险等推广应用，提升国际市场竞争力。三是加快开放经济新业态新模式发展。发挥重庆开放大通道、大平台、大枢纽等优势，围绕服务业扩大开放试点，全面推动开放经济"数字+"深度融合，大力引导加工贸易、保税物流、市场贸易采购等新业态发展及壮大。

（四）深化国际国内区域合作

以扩大投资贸易为重点，深化国内、国际合作，着力构建全方位开放新格局。一是扩大国际经贸合作。依托中新互联互通项目、重庆自贸试验区、两江新区、重庆科学城等开放平台，积极开展与RCEP、上合组织等成员国贸易、投资等合作，发挥西部陆海新通道、中欧班列（成渝）等国际开放大通道作用，深入开展产业发展、资源开发、海外仓建设等国际合作，进一步提升国际经贸合作水平。二是积极开展国内跨区域合作。加强与粤港澳、京津冀等城市群经贸交流，加大异地园区共建、产业转移、科技创新等方面战略合作；深入开展与山东等省的对口支援活动，强化对口支援省市对重庆乡村振兴、科技创新、产业发展等带动作用，助推重庆经济社会发展。三是深化毗邻区域合作。强化与周边省市在通道建设、平台打造、产业发展等方面的协作，重点推进川渝自贸试验区协同开放示范区建设，强化联动试验协同创新，大力推进自贸试验区高质量发展，增强开放平台对区域经济发展带动作用。

[重庆市综合经济研究院（重庆市经济信息中心）宏观经济研究课题组
主研：易小光　丁　瑶　罗丛生　张　超
执笔：张　超]

之六：2022 年重庆市财政金融运行分析及 2023 年展望

2022 年以来，为有效应对经济下行三重压力，重庆市积极落实国家稳经济大盘政策举措，强化财政政策与金融工具协同联动，组合式减税降费力度加大，以专项债为主的财政支出加快，社会融资规模实现稳步增长，对重点领域、薄弱环节资金需求起到明显支撑。预计 2022 年重庆一般公共预算收、支分别同比增长-6.0%、4.0%左右，金融机构人民币存、贷款余额分别同比增长 8.3%、6.8%左右。

一、2022 年重庆市财政金融运行分析

（一）财政运行特点和问题

2022 年，随着减税降费、支出前置等稳经济政策深入实施，重庆财政收支总体呈现减收增支态势。1—9 月，全市一般公共预算收入完成 1477.0 亿元，同比下降 4.3%①，低于上年同期 15.2 个百分点。其中，税收收入减收明显，收入规模仅完成上年同期的 77.6%，占一般公共预算收入比重下降至近三年低点；非税收入高位运行，同比增长 12.7%，高于上年同期 7.6 个百分点。一般公共预算支出同比增长 3.9%，高于上年同期 1.9 个百分点。

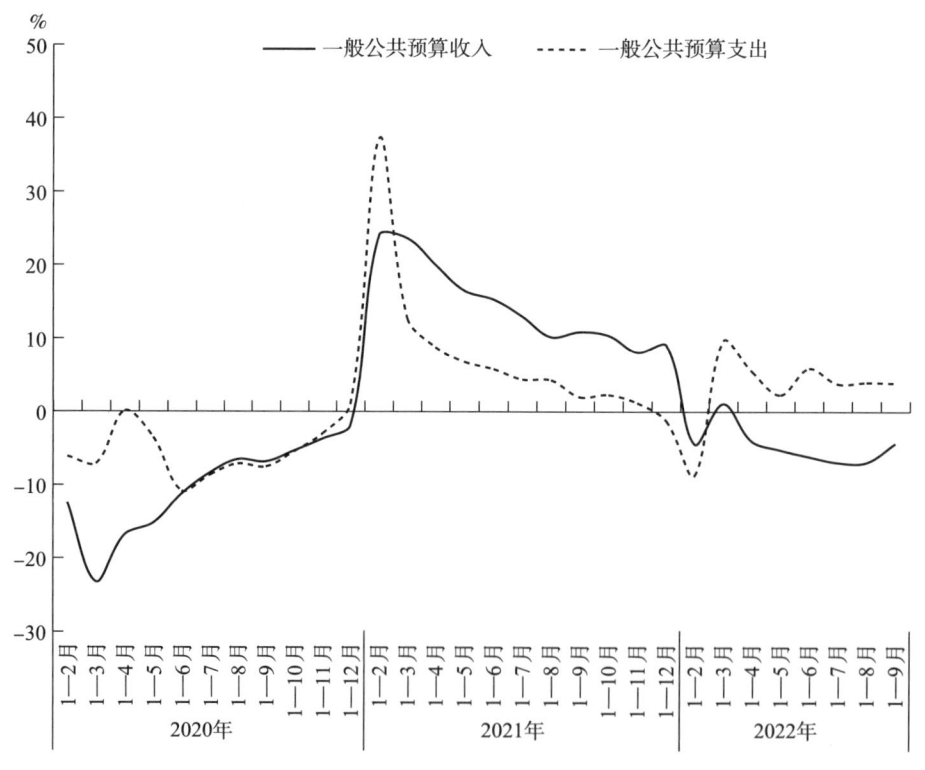

图 1　2020 年以来重庆市一般公共预算收支同比增速比较

---

① 扣除留抵退税因素口径。

1. 税收收入降幅扩大，减税政策效应明显

受经济运行放缓以及组合式税费支持政策等因素叠加影响，税收收入大幅下降。1—9月，重庆税收收入完成909.1亿元，同比下降11.2%[①]，降幅自年初以来总体扩大，并低于全国水平12.2个百分点。主体税种减收明显。由于留抵退税等政策性因素影响，增值税同比下降10.7%，自年初以来持续负增长，是税收减收的主要拖累因素。随着企业经营效益走低，企业所得税同比下降9.7%，降幅呈逐季扩大态势。受房地产市场惯性下行影响，契税大幅下降51.1%，收入规模仅完成上年同期的48.9%。由于居民工资性和财产性收入增长放缓，个人所得税同比增长3.6%，增速自年初以来总体回落，并低于上年同期21.2个百分点。

2. 土地市场延续疲态，基金预算收入大幅下滑

受房地产市场持续低迷影响，重庆土地市场交易整体趋冷。2022年以来，重庆商品房销售面积降幅持续加深，叠加市场预期偏弱、资金链紧张等因素交织影响，开发商购地积极性明显不足，1—9月购置土地面积同比减少73.3%。受此影响，全市土地出让收入大幅缩减，1—9月仅完成812.1亿元，是上年同期收入的60.7%；同比下降39.3%，低于上年同期43.6个百分点。基金预算收入同步大幅下跌，1—9月同比下降40.9%，各月降幅均超过40%。

3. 财政支出保持强度，地方债发行规模扩大

财政支出加快靠前发力。1—9月，重庆一般公共预算支出完成3474.2亿元，同比增长3.9%，高于上年同期1.9个百分点；基金预算支出完成1936.7亿元，同比增长28.2%。一般公共预算支出中，交通运输、科学技术、节能环保、农林水等领域支出保持较快增长，教育、卫生健康、住房保障等民生支出均快于全市平均水平。地方政府债券发行规模扩大，全年新增政府债券1447亿元，较2021年增加106亿元，新增债券主要投向交通基础设施、市政和产业园区、社会事业、生态环保等领域，为重大项目建设提供了有力支持。

4. 需要关注的问题

财政收入形势严峻。受经济下行压力加大、房地产及土地市场低迷以及新增退税减税、减收较大等因素叠加影响，全市财政增收十分困难。一般公共预算收入仅完成年初预算的62.7%，差序时进度12.3个百分点；由于房地产市场低迷态势短期难以扭转，基金预算收入持续维持颓势，对财政收入拖累较大。收入端约束持续对支出端造成压力，进而制约财政支出效力。

财政平衡压力空前。2022年以来，重庆财政收支缺口明显拉大，9月末一般公共预算支出增速快于预算收入8.2个百分点；支出规模达到收入的2.4倍，高于上年同期（2.0倍）水平。在财政收入大幅减收的情况下，"三保"等刚性支出不断增长，重点项目、政府投资等资金需求不断增加，财政收支矛盾明显加大。特别是部分区县经济运行压力较大，自身造血功能不足，过度依赖非税收入、转移支付，应对减收增支的能力较弱，财政收支矛盾更为突出。

（二）金融运行特点和问题

2022年，央行实施1次全面降准和3次降低LPR利率，并通过多次公开市场操作释放流动性。在国内资金较为充裕的背景下，重庆金融市场保持稳定运行，重点领域融资规模稳步增长。截至9月末，全市人民币存、贷款余额分别为4.8万亿元、4.9万亿元，同比增长9.5%、7.8%。

---

① 扣除留抵退税因素口径。

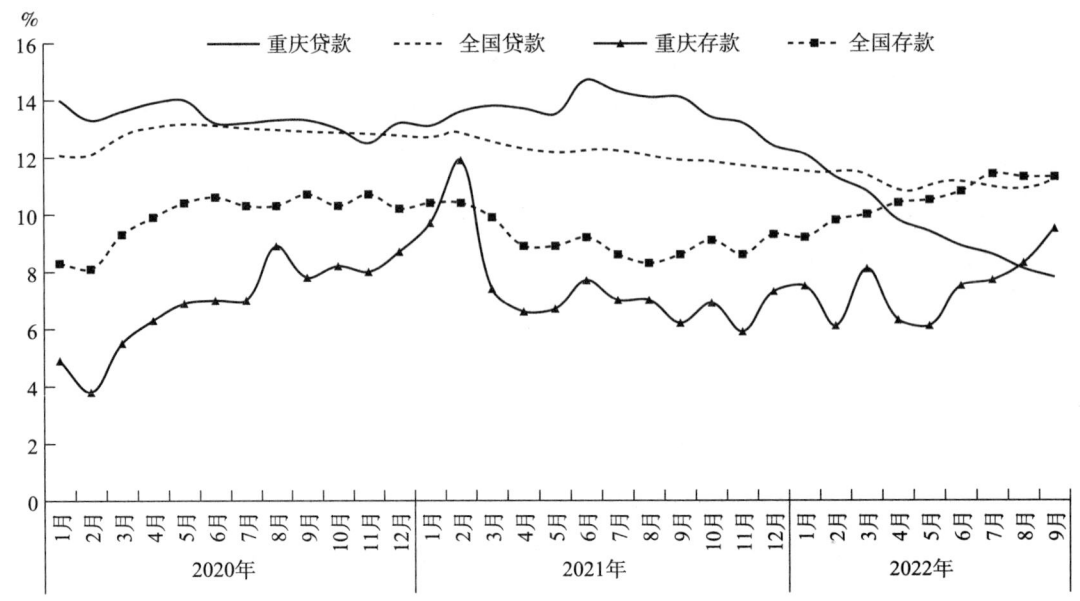

图 2　2020 年以来重庆市和全国人民币存、贷款余额同比增速比较

1. 信贷增长总体放缓，中长期贷款有所企稳

截至 9 月，重庆人民币贷款余额同比增长 7.8%，增速自年初以来逐月放缓，并分别低于上年同期和全国水平 6.3 个和 3.4 个百分点，显示出实体经济融资需求尚不足。从期限结构看，受企业经营周转资金需求减少影响，短期贷款余额同比增长 3.1%，增速呈现逐季放缓态势，并低于上年同期 13.3 个百分点。由于房地产贷款、个人房贷规模缩减较大，中长期贷款余额同比增长 5.1%，低于上年同期 6.5 个百分点，但随着基建、制造业领域融资支持力度加大，第三季度以来中长期贷款呈现企稳迹象。

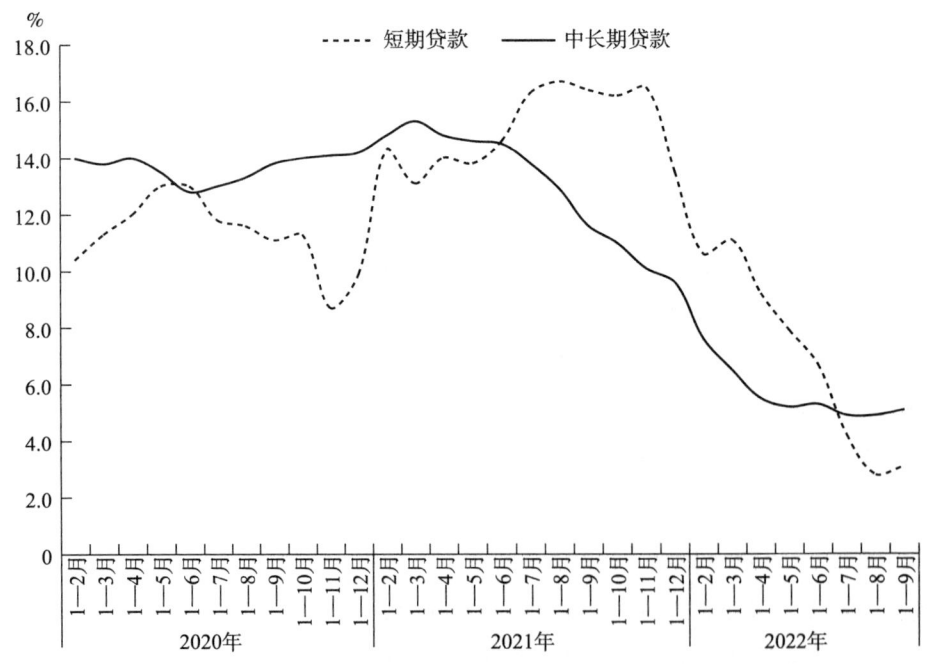

图 3　2020 年以来重庆市人民币短期贷款和中长期贷款余额同比增速比较

2. 存款增速加快回升，企业和居民存款增势较好

截至9月末，重庆人民币存款余额同比增长9.5%，高于上年同期3.3个百分点。非金融企业和居民是拉动存款增长的主要部门。在居民购房支出减少、预防性储蓄增多、资本市场资金回流等带动下，住户存款同比增长12.5%，高于上年同期3个百分点。受企业投资和生产意愿不强，以及各类政策性融资增加企业派生存款等因素影响，非金融企业存款同比增长12.0%，较第一季度和上半年分别高6.5个、4.2个百分点，呈逐季攀升走势，并高于上年同期13.7个百分点。随着财政支出力度加大，政府存款同比增长2.9%，低于各项存款平均增速。在资本市场低迷背景下，非银行金融机构存款同比减少3.4%，低于上年同期34.9个百分点。

3. 金融开放创新深入推进，金融生态持续优化

重点领域金融开放创新取得积极进展。国家绿色金融改革创新试验区建设有序推进，在绿色金融基础设施、产品和市场体系建设等方面取得积极成效，全市首个气候投融资国家试点在两江新区正式启动。中新互联互通项目数字人民币试点启动，支付结算应用场景不断丰富。成渝金融法院揭牌运营，作为全国首个跨省域管辖法院，有助于成渝地区良好金融法治环境加快形成。资本市场培育加快，西部首单基础设施REITs项目（国金铁建重庆渝遂高速公路）成功上市；北交所、全国股转系统重庆服务基地成立。截至9月底，重庆A股上市公司新增4家，数量达到67家。

4. 需要关注的问题

企业融资需求不足。2022年，央行持续加大流动性投放力度，以宽信用支持实体经济融资，但受经济下行、疫情多发等影响，企业发展信心不足，预期转弱较为明显。1—9月全市新增社会融资规模4929亿元，同比少增942亿元；其中，企业扩大生产类融资需求总体不旺，企业经营贷款同比少增，资金找项目等项目情况较为突出。

局部领域金融风险隐患增多。房地产市场仍处于信用和信心双重修复过程，开发企业到位资金持续负增长，恒大、类恒大等风险项目资金缺口大、资产变现难、施工推进慢，风险敞口加快暴露和蔓延，引致的金融风险不容忽视。同时，区县普遍面临较大债务偿还压力，由于财政增收能力下降、存量债务化解手段少，债务风险隐患有所增加。若不加以妥善防范，债务风险会通过金融机构向金融风险转化，进而影响区域金融环境。

二、2023年运行环境及展望

（一）世界政经形势错综复杂，金融市场震荡加剧

在俄乌冲突、通胀压力、欧洲能源危机等因素影响下，加之美国激进加息引致的全球流动性收紧，将抬升全球经济衰退风险、加剧金融市场震荡。美欧经济衰退风险加大，政府、私人和信贷流动性均面临收缩压力；日本经济复苏疲弱，将维持宽松货币政策，金融体系面临日元贬值、债务高企等挑战；新兴经济体普遍遭受地缘政治、疫情反复和全球流动性收紧等影响，特别是随着美欧等主要经济体同步加息，亚洲、中东、非洲等地区将面临较大资本外流、本币贬值压力，部分地区将被动跟进加息，增大主权债务违约风险。全球利率中枢趋势性抬升，将导致全球金融市场陷入流动性危机，叠加全球经济衰退、地缘政治冲突和安全局势的高度不确定性，将对跨境资本流动造成较大冲击，加剧全球股市、债市、汇市、大宗商品市场震荡，增加金融市场脆弱性。

（二）我国经济加强宏观调控，财政货币政策协同发力

我国经济总体延续恢复态势，但恢复基础尚不牢固，仍需要加强财政和货币政策的联动协同，共同发力夯实经济基础。为满足市场主体需求，财政政策将继续靠前发力、精准发力，注重财政可持续性和政策效能提升，将强化组合式税费支持、优化专项债券投向领域等多种政策工具协同组合，加大助企纾困、投资、民生等领域支出，提振市场主体发展信心。货币政策将维持宽货币、宽信用组合，综合运用数量型和价格型金融工具，保持流动性合理充裕、信贷总量稳中有增，将充分运用结构性货币政策工具，强化小微企业、科技创新、绿色发展等领域支持；为促进资本市场更好赋能实体经济，股市、债市等领域金融改革将深化推进；将密切关注美联储货币政策调整，保持人民币汇率基本稳定，维护跨境资金流动基本平稳。

（三）重庆经济稳增长动力较强，资金需求较旺盛

重庆深入贯彻落实国家重大发展战略，积极推动成渝地区双城经济圈建设，促进"一区两群"协调发展，在经济稳增长和促转型过程中，重点领域资金保障需求较大。产业方面，世界级智能网联新能源汽车产业集群的聚力打造，特别是新能源汽车、电子核心部件等供应链重点环节的培育壮大，高新技术企业、"专精特新"企业等培育发展，均需要财政金融资源倾斜支持。创新方面，西部（重庆）科学城、两江协同创新区在创新主体培育、政产学研用协同创新等方面将持续加力，创新载体、创新平台以及创新型企业的外引内培，需要财政金融给予大力支持。稳经济政策落地方面，重大项目建设、助企纾困政策细化落地需要财政资金给予全力保障，成渝地区双城经济圈多领域合作、"一区两群"分工协作等，均需要财政和社会资本给予大力支持和方向引导。此外，资金供给保障仍将有力。专项债资金、中央预算内资金、政策性开发性金融工具等将支撑重大项目建设，重庆扩大信贷投放力度，绿色金融、科技金融等金融生态不断完善，股权投资基金加快市场化运作，将进一步增强资金供给能力。

（四）2023年重庆市财政金融运行趋势展望及主要指标预测

财政收入将低位运行，财政支出保持强度。2023年，重庆经济稳步复苏将带动税基改善，留抵退税等减税政策因素消退，也将对财政收入增速形成支撑。但房地产市场走势仍不明朗、土地市场大概率延续低迷状态、减税降费政策持续实施，仍将对财政收入形成拖累，预计全市财政收入将保持低位运行态势。财政支出方面，在稳增长背景下，财政支出将保持一定强度，强化助企纾困、科技创新以及"三保"等领域支持，地方政府债券将保持发行规模，保障重大项目建设资金需求。预计2023年重庆一般公共预算收、支分别同比增长3.0%~4.0%和5.0%~6%左右。

金融运行总体稳定，融资规模稳步扩大。2023年，重庆将继续运用好结构性货币融资工具，加大对实体经济特别是中小微企业、科技创新、绿色发展等领域的支持力度。注重资本市场发力，将进一步支持科技型企业在多层次资本市场上市融资。随着重庆获批国家绿色金融改革创新试验区，绿色金融将得到大力发展，金融开放创新活力将明显增强。预计2023年重庆金融机构人民币存、贷款余额分别同比增长7.5%~8.5%和9%~10.0%左右。

三、对策建议

（一）着力稳定财政收入增长预期

一是做好税源研判调度工作，在落实组合式税费支持政策、促进经济稳步复苏的基础上，最大限度挖掘税收潜力，加强对制造业、金融业、房地产业等重点行业重点企业的运行监测，切实保证存量税源稳定。二是加强房地产市场和土地市场研判，着力稳定市场预期，持续优化土地供地方式、时序和结构，

做好年度土地出让计划，引导头部企业积极参与拿地，促进土地收入稳步增长。三是抓紧启动财政体制改革前期研究，审慎稳妥推进市和区县财政体制改革，稳步推进和完善地方税体系建设。

（二）切实提高财政资金使用效能

一是加强政府债券资金、存量资金、专项资金统筹力度，灵活利用贷款贴息、再担保、政策性金融工具、政府产业基金等准财政工具，加强财政资金与金融资金、社会资本的有效联动，扩大资金供给来源。二是加快财政预算管理一体化建设，着力完善财政资金直达机制，增强财政部门预算统筹安排、资金统一分配能力，强化预算执行力度。三是提前部署2023年重大项目投资计划，做好重大项目策划、审批等前期工作，加大资金统筹安排力度，避免项目等资金情况发生。

（三）加大重点领域融资支持力度

一是加大对科技型中小企业的上市辅导和培育力度，充分发挥上交所、深交所、北交所重庆服务基地作用，积极拓展企业股权融资渠道，增强直接融资能力。二是充分利用政策性融资工具，加大对制造业设备更新改造、中小微企业及个体工商户的融资支持力度。持续推广知识价值信用贷款、商业价值信用贷款、科技成长贷款、科技担保贷款、科技跨境贷款等融资产品，以风险补偿、贴息等方式助力企业发展。三是大力发展绿色金融，加快完善绿色金融应用场景，丰富绿色金融产品体系，强化绿色金融与绿色产业互动发展。

（四）稳妥化解各类金融风险隐患

一是着力稳定房地产企业贷款及融资支持，加强商品房预售资金管理，区别对待房地产企业风险和项目风险，对项目资产能够覆盖保交楼所需资金的项目确保不抽贷、不断贷。二是加强区县债务常态化动态监控，加强与金融机构对接，规范开展区县债务展期重组，坚持债务风险定期排查，统筹调度各方资源，防范化解债务违约风险。三是针对市内经营困难国有企业，加大兼并重组金融支持力度，鼓励利用资本市场开展资本运作，增强国企资本实力。

[重庆市综合经济研究院（重庆市经济信息中心）宏观经济研究课题组
主研：易小光　丁　瑶　罗丛生　张　佳
执笔：张　佳]

之七：2022年重庆市社会事业发展情况及2023年展望

2022年以来，重庆市有效统筹疫情防控和经济社会发展工作，坚持在发展中保障和改善民生，问需于民与问计于民相结合，努力在稳定经济大盘中稳就业、保民生，着力促进公共服务提质增效、均衡发展，不断兜牢基本民生底线，民生领域财政支出稳健有力，重点事项扎实推进，体制机制不断健全，基层需求表达渠道持续畅通，群众诉求关切回应更加及时，就业总体平稳，教育、卫生、文化、体育、民政等领域发展取得积极进展，社会事业高质量发展呈现良好态势。

一、2022年重庆市社会事业发展现状

（一）社会事业发展特点

1. 教育事业发展稳步提质

1—9月，全市一般公共预算支出中教育支出完成594.1亿元，同比增长5.9%，教育领域投入保持稳健增长，教育领域群众反映集中、长期固化的一些突出问题得到有效纠治。一是学前教育普惠性资源扩容增效。普惠性民办幼儿园管理和支持政策持续优化完善，民办园转普惠园积极性不断增强。截至目前，全市学前教育普惠率达到93.15%、公办园在园幼儿占比54.45%。二是义务教育"双减"工作扎实推进。校内校外综合施治一体推进，学科类校外培训机构压减成效显著，根据教育部调查显示，全市约166万中小学生及家长对"双减"满意度达97.8%以上。三是职业教育高质量发展持续推进。推动现代职业教育高质量发展的针对性措施加快出台，重庆工业职院与长安汽车合作共建汽车产业学院，重庆大学与两江新区、明月湖国际智能产业科创基地三方共建重庆卓越工程师学院，产教融合态势良好。四是高等教育发展多点突进。重庆大学材料科学首次进入ESI排名前1‰，截至9月全市进入ESI排名前1%学科的高校数累计达到9个，"双一流"建设成效明显。全市新增104个国家级一流本科专业建设点，累计达到302个、占现有本科专业点数比例达到23.4%。重庆中医药学院、重庆工商大学茶园校区、重庆国家应用数学中心等一批重点项目加快建设。在渝高校深化与国企产学研战略合作，有效支撑建设具有全国影响力的科技创新中心。

2. 卫生健康服务提质增效

1—9月，全市一般公共预算支出中卫生健康支出完成343.7亿元，同比增长3.9%，确保了疫情防控和基本医疗卫生服务需求，一批促进优质医疗资源扩容、城乡区域均衡布局以及补齐短板、提升质量、深化改革的系列举措加快落地。一是疫情防控科学有效。积极应对病毒变异及传播特征，全面落实以快制快、科学精准、规范有序、从严从实从细等防控新要求，多起本土疫情得到有效处置，疫情形势总体趋稳。二是公立医院持续提档升级。重医附一院、市中医院、重大附属三峡医院等15家公立医院率先推进高质量发展试点。重庆医药高专附一院成功创建国家三级甲等综合医院，全市第一所市属三甲妇女儿童医院重庆医科大学附属妇女儿童医院正式揭牌，医疗服务能级不断提升。三是智慧医院扎实建设。累

计已建成57家智慧医院,近80%的二级及以上医院已开展各类"互联网+"预约诊疗服务,医疗服务流程持续改善,群众就医体验有效提升。四是医改向纵深推进。全市深入推广"福建三明医改经验",加快启动紧密型城市医疗集团试点,医改惠民便民水平不断提升。五是医疗领域多方合作持续深化。"川渝通办"机制一体化、平台畅通化、事项精准化水平不断提升,已实现往来人员"扫码就医""一码通用"。鲁渝两地卫生健康对口协作帮扶工作有序开展,乡村振兴健康帮扶实施成效明显。

3. 文化体育事业深入推进

1—9月,全市一般公共预算支出中文化旅游体育与传媒支出完成39.1亿元,同比下降8.8%,非急需支出有所压减,文体领域区域合作的深度、融合创新的力度、亲民惠民的程度不断取得新进展。一是巴蜀文化旅游走廊建设深入推进。重庆四川两省市共同启动共建巴蜀文化旅游走廊重大活动,"川渝一家亲—景区惠民游"活动、巴蜀文化旅游走廊十大主题游产品相继推出,国际消费目的地和世界级休闲旅游胜地建设加速推进。二是重大公共文体设施加快建设。重庆图书馆分馆、重庆博物馆及美术馆等加快前期工作,重庆开埠遗址公园建设有序推进,大田湾体育场工程建设稳步实施,一批体现国际化、现代化的城市人文地标加快打造。三是文物科技创新成效明显。重庆中国三峡博物馆成为国家文化和科技融合示范基地,白鹤梁水下题刻保护工程实现原址原样安全保护,被联合国教科文组织誉为"世界首座非潜水可到达的水下遗址博物馆"。四是城市社区体育公园建设富有特色。各区县充分利用边角地块建设社区体育服务设施,两江新区有效选用老旧社区、公租房统一打造城市社区体育公园,礼嘉街道嘉和社区、桂花园新村、曾家岩社区等一批社区体育公园正式投用。五是体教融合不断深化。两江新区、涪陵区等区县相继出台深化体教融合促进青少年健康发展的政策举措,重庆成功入选"十四五"期间首批九个全国足球发展重点城市,为校园足球开展营造了良好社会氛围。

4. 就业创业帮扶扎实推进

1—9月,全市一般公共预算支出中社保和就业支出完成741.9亿元,同比增长3.1%,促进高质量充分就业与加强困难群体就业兜底帮扶协同推进,稳就业促增收工作成效明显。一是就业形势总体平稳。积极应对疫情延宕、经济下行等多重压力,坚定实施就业优先战略和更加积极的就业政策,重点行业延续执行减负稳岗扩就业相关举措,1—9月全市城镇新增就业60.46万人,提前完成年度目标任务,城镇调查失业率保持在调控目标范围内,就业形势基本稳定。二是脱贫人口稳岗就业成效明显。动态监测、定向输送、援企稳岗、公益岗位安置等多种方式协同发力,"雨露计划+"行动不断完善从教育培训到促进就业的一体式帮扶,截至8月已帮助77.9万脱贫人口就业,提前完成全年目标任务。三是困难人员就业援助扎实开展。针对脱贫家庭、最低生活保障家庭、零就业家庭以及长期失业人员等就业困难群体,通过岗位信息定向推送、岗位技能预早储备以及设立一批低门槛有保障的托底安置型岗位等举措,就业援助成效不断提高。举办春风行动、就业援助月等活动943场次,提供岗位39.8万个,1—9月累计帮扶困难人员就业11.6万人,同比增长17.1%。

5. 民生基本保障切实加强

稳步提高基本民生保障水平,有效化解疫情、灾情对低收入群体和困难群众的不利影响,保基本兜底线更加精准有效。一是城乡低保等社会救助保障标准进一步提高。全市城市居民、农村居民最低生活保障标准分别提高到每人每月717元和581元,特困人员基本生活标准提高到每人每月932元,较上年分别同比增长12.7%、12.8%、12.7%,孤儿、乞讨人员等基本生活标准也同步有所提高,救助保障水平稳步提升。二是及时向困难群众增发一次性生活补贴。为降低新冠肺炎疫情、高温极端天气等对困难群体的不利影响,截至9月全市已发放一次性生活补贴1.13亿元,惠及95.6万名城乡困难群众,困难群众基本生活得到切实保障。高龄独居老人、无人照护老人及未成年人等救助照护责任落实更加有力。三是15件重点民生实事总体进展良好。农村公路生命安全防护工程、老年人照顾服务计划、农村社区居家养老服务全覆盖工程3件重点民生实事已提前完成年度目标任务。百千万惠残助残行动、社区体育文化公园、中心城区轨道站点步行便捷性提升等6件重点民生实事超额完成第三季度的节点目标任务，其余6件重点民生实事达到时序进度。

（二）存在的问题

1. 重点群体就业创业帮扶有待加强

受疫情延宕反复与经济下行压力增大影响，市场就业难度总体加大，针对重点群体就业创业的帮扶力度和精准度亟待提升。一是农民工群体返乡就业创业支持生态有待优化。随着高龄化农民工群体加快返乡，及时提高其返乡就业创业政策引导水平、要素支持力度，营造友好、包容、更具活力的城乡宜居宜业宜创环境十分迫切。二是低技能高龄化失业群体再就业与权益保障的难度明显增大。受房地产行业深度调整等影响，年龄偏高的一般性建筑行业从业人员失业增多且换岗再就业难度较大，存在失业长期化风险，同时在再就业过程中养老、医疗、工伤等权益保障的制度落实存在漏洞，面临着收入下降与权益受损的双重风险。三是脱贫人口稳岗就业有待提质增效。对接全面推进乡村振兴和扎实推进共同富裕的要求，推动脱贫人口由帮扶式就业向自主型择业转变仍需加快突破，实现从脱贫式就业向致富型就业过渡还面临不少挑战。四是县域就业拓展容量提升质量有待深化。部分区县受制于县域经济发展不充分，县域就业岗位拓展受限，就业收入提升空间较小，促进就业增收与经济发展良性循环的难度较大。

2. 教育领域部分问题群众诉求较多

教育领域进一步呈现诉求多元化趋势，市民对教育资源的获取正加快从"有没有"向"好不好"转变，对各阶段教育高质量发展高水平供给的期待较大。一是学前教育普惠性和品质化仍需协同提升。部分人口密集的城区仍然存在供给不足，市民对普惠性幼儿园的办学质量也在提高期待，普惠性学前教育面临着扩面与提质的双重压力。二是义务教育阶段"双减"的成效仍需巩固。前期"双减"工作在推动教育去功利、去应试化方面取得了阶段性成效，但部分存在的"双减"变相反弹仍需引起高度关注。三是高中教育阶段普职融通仍面临阻力。职业教育的办学质量离群众的普遍期待与经济社会发展的内在要求仍存在较大差距，高中阶段学生及家长不愿向职业教育"分"的倾向明显，推进普通高中与职业教育"融"的阻碍较多。四是高等教育面向经济主战场的渗透性及延伸性仍显不足。校企合作互动的稳定性和可持续性有待增强，教产研协同推动人才链、创新链、产业链深度融合的空间仍较大。

3. 医疗卫生改革仍需持续深化落实

随着医疗卫生体制改革步入深水区，群众对医疗、医保、医药等领域联动改革成效以及优质医疗资源均衡布局的呼声更加强烈。一是区县"三通"医共体建设仍需提质增效。"三通"医共体建设成效亟待跟进评估，以促进"人通"为核心的激励引导水平仍需提高，推动从"医共体"到"健共体"创建的力度还不强。二是紧密型城市医疗集团试点与城市建设的联动性还需强化。"一区两群"协调发展以及重庆都市圈建设，对城市医疗资源优化布局提出了更高要求，部分城区医疗资源短板弱项仍较突出，城市功能提升与医疗资源优化有机衔接的紧密度还不高。三是公立医院的核心竞争力有待提升。公立医院高质量发展对满足市民高品质生活就医需求的支撑作用有待增强，医疗服务质量仍需进一步提升，管理精细化水平还有欠缺，智慧医院、美丽医院建设与公立医院高质量发展的协调度有待增强。

4. 文化体育综合供给能力仍需增强

高质量的文体产品供给与人民群众日益增长的文体消费需求仍不匹配，文化体育领域综合供给能力仍显不足。一是文化领域创新赋能仍需增强。巴渝文化、三峡文化、抗战文化、革命文化、统战文化和移民文化等重点文化的数字化开发滞后，文化的传播效率低、感染力不强，文化新业态迭代缓慢，满足青年群体文化消费的创意创新尤显欠缺。二是建设体育强市的关键支撑有待增强。大型公共体育设施和场馆还比较缺乏，重点体育赛事申办举办有待突破，体育强市建设缺乏顶级型、标志性重大赛事活动的引领。三是文化体育领域事业与产业良性互促生态有待优化。重点文体场馆市场化运营、重要文体赛事活动举办社会力量引进不足，促进社会效益与经济效益相统一的体制机制构建滞后，政策体系与市场体系协同促进文化产品创新供给的联动共振效应不强。

二、2023年发展环境分析及前景展望

（一）社会事业发展环境总体稳健

2023年是全面建设社会主义现代化国家开局起步的重要一年，"十四五"规划实施即将过半，社会事业高质量发展将更好支撑人民对美好生活的向往。从国际看，全球经济增长乏力，经济衰退风险增大，行业性规模性失业挑战加大，地缘政治冲突外溢影响延宕扩散，能源、粮食等涉及大众民生的大宗商品供给持续短缺、价格不断攀升，部分经济体通胀高企，面临着经济风险与社会风险的叠加影响，群众对发展和改善民生的诉求强烈。从国内看，党的二十大鲜明提出以中国式现代化全面推进中华民族伟大复兴，共同富裕将扎实推进，物质文明与精神文明建设将更趋协调，在发展中保障和改善民生的力度将持续稳步提升，收入分配、就业优先等增进民生福祉的政策体系将更趋完善，民生改善和兜底保障投入力度将稳健有力。从市内看，推动成渝地区双城经济圈建设逐步成势见效，重庆都市圈建设加快推进，经济持续稳定恢复态势良好，高质量发展高品质生活新范例建设加快推进，居民收入和经济同步增长将呈现良好态势，社会事业领域建设与关联产业发展的融合互嵌与联动互促水平将不断提升，城乡及区域之间基本公共服务供给将更趋优化均衡，社会事业将持续保持稳健向好的发展态势。

（二）2023年社会事业发展展望

2023年，全市将全面贯彻落实党的二十大精神，按照全面建设社会主义现代化国家的目标任务，落实落细以需求为导向的保障和改善民生行动计划，协同推进经济增长与居民增收，加快提升基本公共服务均等化水平，不断健全多层次社会保障体系，滚动实施好重点民生实事，加快补齐民生领域短板弱项，扎实推进共同富裕，突出城乡统筹、区域协同、同城化等政策导向，不断增进民生福祉，不断提高人民生活品质，不断实现市民对美好生活的向往。就业领域，将坚定贯彻实施就业优先战略，进一步健全就业公共服务体系，增强对农民工、大学生、个体工商户、脱贫人员等重点群体就业创业的支持帮扶力度，灵活就业群体权益保障持续加强，县域就业容量将不断深化拓展。教育领域，基本公共教育服务优质均衡发展稳步推进，学前教育普惠扩面和品质提升将齐头并进，义务教育"双减"成效持续巩固，普职融通和职业教育高质量发展将提速突破，"双一流"建设成效不断显现。医疗领域，公立医院高质量发展将取得阶段性成效，区县"三通"医共体建设成效持续显现，紧密型城市医疗集团建设加快试点突破，医药卫生体制改革持续深化推广，重点医院升级创建工作扎实推进，疫情防控工作更加精准有效。文化体育领域，社会效益与经济效益协调统一水平将不断提升，文化惠民、体育惠民力度不断增强，文化数字化创新加快推进，体教融合持续深化。民生保障领域，困难群众基本生活保障进一步精准落实，应对疫情、灾情等影响的惠民生举措将动态跟进实施，城乡低保群众、社会救助群体的基本生活保障水平将稳步提高。

三、对策建议

（一）提高就业创业促进帮扶精准水平

一是对接国家稳定经济系列政策部署，衔接落实好"减免缓返补"等纾困惠企稳就业举措，重点强化针对中小企业、个体工商户以及劳动密集型行业政策倾斜支持，有效拓展县域就业容量，稳住社会就业基本面。二是优化农民工返乡就业创业政策体系，顺应群体高龄化、返乡长期化、定居城镇化等趋势性特征，强化金融、财政、住房等政策精准供给，提高返乡农民工就近就业可及性和进城入乡创业便利性，加强低技能高龄化群体再就业过程中的劳动权益保障，提高重点群体社会保险制度覆盖面，推动区县积极营造农民工友好型就业创业环境。三是加强建筑、餐饮、家政等行业低技能高龄化失业群体再就业技能培训，积极利用 APP 等开发一批易学易懂易参与的线上培训课程，按需动态举办小规模、专题性、短期化的线下教学，创新制度供给、强化激励引导，健全完善各行业灵活就业劳动者权益保障的体制机制。四是强化脱贫人口、就业困难群体个性化定制式帮扶，多措并举提升脱贫人口自主择业就业能力，针对最低生活保障家庭、零就业家庭以及身有残疾人员开展托底型帮扶。

（二）推动教育事业提质增效稳步发展

一是稳步提升幼儿园普惠率，继续提高公办园和普惠性幼儿园覆盖面，加快补齐人口密度高区域学前教育学位紧张短板，提升幼儿园管理精细化、制度规范化、环境育人化、队伍专业化水平，努力办好让群众满意的学前教育。二是持续巩固义务教育阶段"双减"成果，围绕提升教学质量、拓展兴趣培养、增进家校共育效率等做好"双减"之后的增量篇文章，形成减负与增效的良性循环，有效化解家长群体"一减了之"的后续焦虑。三是推进《重庆市推动现代职业教育高质量发展的若干措施》相关政策举措落地见效，加快提升职业教育发展水平，积极探索普职融通在课程标准、学历标准、学籍管理等方面育人新模式，着力打通产教融合、职普融通卡点堵点。四是面向经济主战场强化高校科技创新支撑能力和科技成果转化水平，推动高校与政府、企业联合设立具有牵引作用的重大项目，推动科技创新研究精准"滴灌"，协同打通科技创新"最初一公里"和成果转化"最后一公里"。

（三）提高医疗卫生改革协同性联动性

一是稳步推进公立医院高质量发展建设试点，提升公立医院核心竞争力，增强公立医院高质量发展新效能，协同推进智慧医院、互联网医院、美丽医院建设，加快打造区域级高水平医院和市级区域医疗中心，带动民营医院高水平发展，强化优质医疗资源总量上充分供给、区域间平衡分布。二是持续跟进区县"三通"医共体建设成效评估，瞄准医通的质量、财通的效益、人通的效率加快补齐制度短板，强化考核激励，继续推动"医共体"提质增效，强化政策引领和制度配套，稳步探索从"医共体"到"健共体"的转型。三是推进紧密型城市医疗集团试点建设并有序扩面，围绕"一区两群"协调发展和重庆都市圈建设，引导城市医疗资源优化布局，以优质医疗资源注入助推城市功能提升，强化新城建设、老城疏解与医疗资源统筹整合的紧密衔接。四是落实精准防控，优化常态化核酸筛查，一体提升疫情防控的精度、效度、温度，牢牢守住不发生规模性疫情的底线。

（四）持续增强文化体育综合供给能力

一是加快推进文化领域数字化创新赋能，顺应新时期文化消费新模式新业态，结合群体消费新特征，深入推动主流文化数字化创新、体验化延伸、亲民化推广，重点提升主流文化对青年群体的感染力和感受性。二是加快培育壮大新型文化市场主体，大力引进培育文化创意企业和数字文化龙头企业，进一步理顺机制，释放文化艺术院团发展活力，持续推动文化企业创精品塑品牌，提升市内文化企业、文化产品市场竞争力。三是夯实体育强市建设基础，进一步升级打造全国户外运动首选目的地，加强重大体育设施的规划布局与用地保障，积极筹划申办具有国际性全国性影响力的品牌赛事活动，努力打造重庆自有IP的代表性赛事，稳步推广群众参与度高的体育健身项目，更好推动全民健身与赛事体育融合联动，让体育更惠民更亲民。四是坚持事业、产业两手抓，促进社会效益与经济效益相统一，积极引进社会化专业化主体参与公益性文体场馆管理运营。强化政策引领，健全市场体系，更多采用市场化竞争与激励的手段提升文化文艺事业组织的发展活力，提升文化体育市场主体的规范性，增强龙头企业的带动性，发挥重大项目的示范性。

[重庆市综合经济研究院（重庆市经济信息中心）宏观经济研究课题组
主研：易小光　丁　瑶　苟文峰　赵　伦　曲　燕　孙茂曦
执笔：赵　伦　苟文峰]

之八：2022年重庆市就业创业发展情况及2023年展望

就业是最大的民生。2022年以来，受新冠肺炎疫情的持续影响和国内外环境的深刻变化，全市坚持就业优先战略，强化就业优先政策，健全就业促进机制，延续执行减负稳岗扩就业相关举措，全市就业形势保持总体稳定。预计2022年城镇新增就业人数将超过70万人，城镇调查失业率将低于年度控制目标。

一、2022年重庆市就业创业发展情况

（一）总体情况

2022年以来，全市积极应对疫情、高温等多重挑战，全力推动就业工作高质量发展，各项就业目标任务完成情况良好。1—9月，全市城镇新增就业60.5万人，同比增长1.3%，已完成全年目标任务，城镇新增就业人数基本恢复到2019年同期水平（60.72万人）。1—9月，城镇调查失业率平均值为5.4%，分别比调控目标和全国水平低0.1个和0.2个百分点，但仍处于历史高位，就业形势不容乐观。

表1 2021年以来年各季度重庆市主要就业指标

分类	2021年				2022年		
	1—3月	1—6月	1—9月	1—12月	1—3月	1—6月	1—9月
城镇新增就业人员/万人	16.26	40.99	59.68	75.08	19.46	40.07	60.5
同比增长/%	47.68	27.69	21.25	14.52	0.37	-2.2	1.3
城镇登记失业率/%	4.62	3.9	3.9	2.92	2.94	5.4	—
同比增长/%	2.1	-1.2	-1.2	-1.6	-1.7	-1.5	—

（二）主要特点

1. 援企政策落实有力

全市深入贯彻落实援企稳岗就业政策，助力市场主体纾困解难。市级层面，综合就业创业、社会保险、劳动关系等各方面政策，形成市级"降、缓、返、补、扶"首批79项政策服务包，为企业送政策上门。一是社保费减免缓政策落实有力。1—9月延续执行阶段性降低失业保险费率至1%，为27.9万户企业降低失业保险费22.1亿元。将阶段性缓缴社会保险费政策进一步扩大到汽车制造业、通用设备制造业等17个其他特困行业，为近7000户困难企业阶段性缓缴养老、失业、工伤保险费超过4亿元。二是稳岗返还政策持续实施。将大型企业失业保险稳岗返还比例从30%提升至50%，通过"免申即享"为14.1万户企业稳岗返还12.5亿元，切实减轻企业负担。三是政策资金撬动作用加快释放。联合银行实施"减息让利援企稳岗"专项行动，撬动近3亿元社会资金稳就业；发放社保补贴、一次性吸纳就业补贴等政策资金7.7亿元，切实稳定了企业就业岗位。

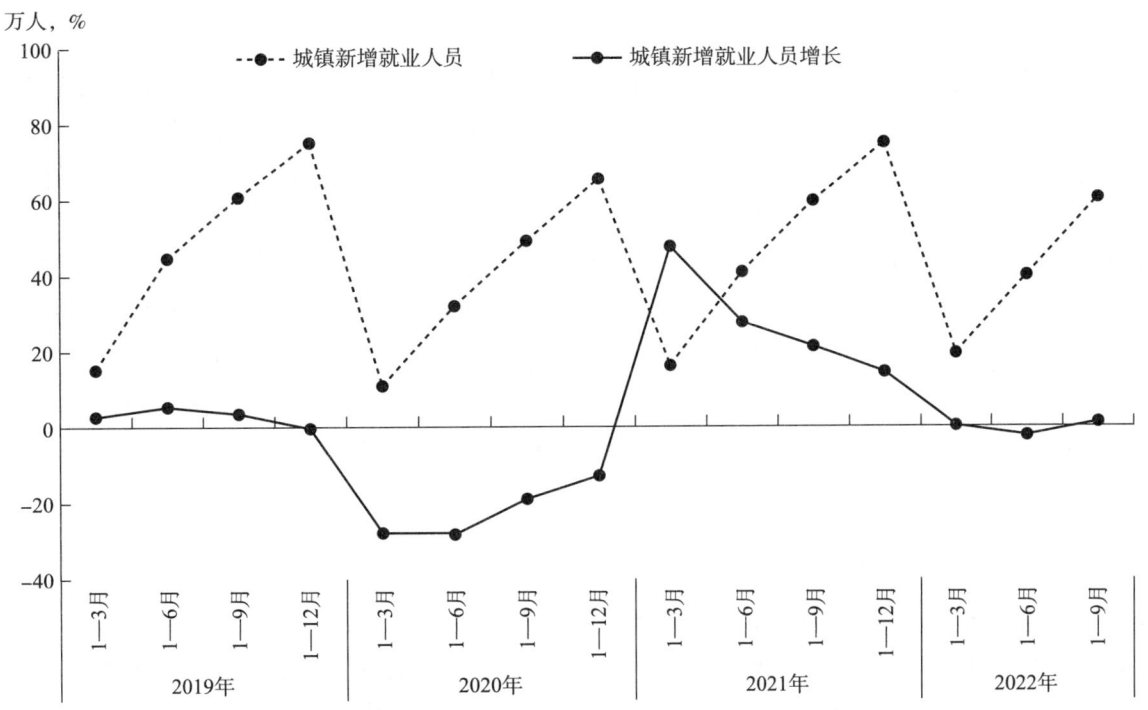

图1 2019年以来重庆市城镇新增就业及增长情况（累计）

2. 重点群体就业平稳

2022年以来，全市深入开展就业援助月、春风行动、困难人员就业帮扶、高校毕业生就业服务攻坚行动等专项行动，高校毕业生、农民工、就业困难人员等重点群体得到精细化帮扶。一是高校毕业生促就业有力推进。开展"公共就业服务进校园"、2022届高校毕业生"就业促进周"等活动，全市新增见习基地1545家。1—6月，全市30.5万应届高校毕业生去向落实人数同比增加3.8万人，去向落实率78.4%，好于全国平均水平。二是农民工稳岗复工持续强化。"点对点"开设专车（列/机）532趟次，191.2万市外回乡农民工顺利外出返岗复工。鲁渝劳务协作持续深化，截至2022年6月已向山东省转移就业超过2万人。三是困难群体就业援助机制持续完善。"四优先"① 促进脱贫人口稳定就业，脱贫人口务工规模达到79.4万人，超年度目标任务4.3万人。兜底保障困难群体就业，新开发公益性岗位6212个，举办春风行动、就业援助月等活动943场次、提供岗位39.8万个，1—9月累计帮扶困难人员就业11.6万人，同比增长17.1%。

3. 技能培训持续强化

全市坚持服务产业、服务人才和服务就业导向，大力实施职业技能提升行动，促进技能培训提质增效。一是培训需求对接更加精准。通过"人社服务专员"、主动走访调研等方式，摸清八大支柱产业规模以上工业企业用工培训需求，精准开展161个职业（工种）技能培训。围绕经济社会特别是新兴产业发展和就业需要，推行急需紧缺项目制职业技能培训，以提高技能人才职业素养、就业能力和岗位技能为主要目的开展培训。二是新职业培训持续更新。针对疫情后数字经济蓬勃发展趋势，围绕全市"智能+技能"数字技能人才培养试验区建设，组织实施数字技术工程师培育项目。推动开展人工智能训练师、碳排放管理员等新职业培训，将10余个新职业技能竞赛纳入"巴渝工匠杯"市级竞赛计划，以赛促训培养更多高素质技术技能人才。上半年累计开展职业技能培训11.5万人次，其中企业职工培训5.2万人次、重点群体培训6.3万人次。截至9月底，全市开展补贴性职业技能培训21.7万人次，完成目标任务的86.8%。

---

① 优先采集意愿、优先组织外出、优先吸纳奖补、优先公益岗位安置。

4. 就业服务不断优化

聚焦数字思维、智慧赋能、科技助力，全市就业服务体系不断优化，就业服务更加便捷精准。一是供需对接更加有效。推行"一库四联盟"① 就业服务机制，吸纳整合全市 2100 余万劳动力和 3 万家重点监测企业人力资源数据。1—9 月，开展多频次、全方位就业帮扶，按需推送政策、岗位、培训信息 10 万余条，提供职业指导、职业介绍服务 51.2 万人次。二是就业服务体系更加便民。打造城区步行 15 分钟、乡村辐射 5 千米的人社便民服务圈，培育就业创业指导队伍 2419 人，提供职业指导、职业介绍服务 85.1 万人次。聚焦促进多渠道灵活就业，提升零工群体就业服务质量，建成零工市场（驿站）67 家，促进就业近 6000 人。三是创业带动效应持续发挥。举办全市创业联盟服务活动暨乡村振兴分盟发展对接会、"渝创渝新"创业创新大赛等系列大赛，挖掘创业项目 1666 个，8 个项目晋级全国总决赛。1—9 月，累计发放创业担保贷款 44.2 亿元，超额完成目标任务，直接扶持创业 2.4 万人。

（三）存在的问题

1. 企业用工需求有所下滑

受经济下行、疫情反复、高温限电等多重因素叠加影响，实体经济生产经营困难有所增大，企业在岗人数和用工需求呈现"双降"。尤其是房地产行业持续下行，导致建筑行业农民工用工明显减少，8 月末房地产行业用工人员同比下降 12.4%。特别是 11 月以来，受近三年来最严峻疫情形势影响，中心城区大面积线下经济活动受限，招聘求职活动无法正常开展，部分企业为减轻经营压力可能进一步采取暂缓招聘计划或减少存量用工等措施压减成本。

2. 区域就业不均衡性凸显

受限于区位条件和产业基础等因素，全市县域经济发展相对滞后，县域就业岗位扩展空间受限。特别是受疫情因素影响，丰都、奉节、彭水等传统劳务输出大县返乡人数明显增多，2022 年初至今，三地返乡农民工人数分别达到 2021 年全年人数的 78.6%、89.7%、96.4%。2022 年第二季度 12 个县调查失业率均达到或超过控制目标，县域就业承压明显。

3. 青年群体就业压力较大

受总量性、结构性与季节性等因素交织叠加，2022 年以来青年群体就业面临较大压力。一方面，服务业等行业吸纳就业能力有所下降，部分企业出现减招缩招现象。另一方面，2022 年全市高校毕业生达到 30.5 万人，较 2021 年增加约 6.8 万人，再创历史新高，客观上加大了求职难度。加之部分毕业生求职期待和现实岗位需求存在落差，导致青年群体失业率出现较大幅度上升。7 月，16~24 岁青年群体调查失业率比全国高 2.8 个百分点。

二、2023 年发展环境及趋势展望

（一）全球经济复苏艰难，支撑就业增长难度加大

近期，世界主要经济体的经济增速出现了明显回升，但全球通货膨胀上行压力愈发明显，未来复苏进程依然艰难曲折。IMF（10 月）把目前世界经济增长的速度由 4 月的 3.6% 下调到 3.2%，2023 年全球经济增速将进一步放缓至 2.7%。通胀危机、能源危机引致的经济下行风险正加快显现，地缘政治危机、俄乌冲突更加紧张，主要经济体在稳增长、抑通胀、稳就业等方面面临严峻考验。2022 年以来，主要经

---

① 人力资源信息库、就业服务联盟、培训联盟、创业联盟和人力资本联盟。

济体就业形势不容乐观，受经济形势影响，企业招聘信心下降。近期英国劳动力市场的长期员工指数持续下降，美国职位空缺率从3月7.3%下降至6.6%，劳动力需求出现放缓的迹象。英国新出台"就业支持方案"的措施，直接补贴雇员因工时减少而下降的工资；日本在持续补充和调整"雇佣调整补助金"[①]的基础上，新出台扩大外国留学生就业范围政策，强化对非正式员工和弱势群体的多方面援助。全球劳动力市场恢复缓慢，国内就业政策发力方向也应进一步强化前瞻性和精准性。

（二）国内经济恢复基础不牢，就业形势承压明显

2023年，我国经济将延续恢复态势，但仍面临疫情反复、外部环境更趋复杂、内生动力不足等制约，给就业增长带来不小压力。一是疫情反复恐将持续影响经济恢复。当前及未来一段时间我国仍面临短时间内多源多点散发疫情的复杂局面，将对旅游、文化、住宿和餐饮等为代表的服务业恢复产生不利影响，重点群体稳就业稳收入挑战加大。二是中小企业经营仍面临较大困难。能源、原材料、物流成本的持续大幅上涨推高了经营成本，加之订单需求不足，部分中小企业经营困境加剧。相关调查显示，全市有近六成的中小微企业经营困难甚至陷入亏损[②]，有近四成的农民工用工企业用工量较去年同期不同程度减少。三是农民工就地就近就业趋势明显。受沿海地区企业停工停产或开工不足，就业吸纳能力减弱，叠加疫情不确定性及东西部地区工资水平差距缩小等因素影响，2022年前三季度，全国农村外出务工人数同比减少0.6%。农民工返乡回流态势持续增强，将进一步带动对县域地区就近就地就业岗位需求的快速增长。

（三）市内经济强化"稳大盘"力度，政策红利继续释放

重庆深入贯彻落实国家重大发展战略，积极推动成渝地区双城经济圈建设，促进"一区两群"协调发展，随着稳经济大盘政策加快精准落地，有望修复和提振市场信心，进一步释放就业活力和潜力。一是助企纾困政策持续发力。市级层面将切实贯彻落实好一揽子助企纾困解难优惠政策，实施好政策落实快办行动，尽早释放更大政策效益，助力企业纾困解难、稳岗扩岗。二是促消费政策密集出台。随着培育建设国际消费中心城市23条、促进消费恢复发展19条、进一步释放消费潜力促进消费持续恢复30条等政策落细落实，消费市场有望实现平稳发展，服务业企业发展预期将有所改善。三是政府投资步伐加快。重大项目建设在专项债资金、政策性开发性金融工具以及项目审批等方面的政策支持下进度将明显加快，城市更新等领域将获重点支持，政府投资和重大项目建设对农民工就业的带动促进作用将进一步发挥。四是就业政策体系持续完善。市级层面持续推动重点群体就业，扩宽基层就业渠道，提升就业服务质量，不断促进就业"量"的扩大和"质"的提升。

（四）2023年重庆就业创业发展趋势展望

展望2023年，世界经济复苏、国内经济恢复的可持续性面临风险挑战，国家稳就业的政策支持力度不减，市内经济继续强化"稳大盘"力度，坚持把就业作为经济社会发展的优先目标，推动财政、货币、产业等政策聚力支持稳就业，着力保障重点群体就业，持续优化创业创新环境。综合分析上述因素，预计2023年，全市城镇新增就业人数将保持稳定，失业率稳中趋降，新增就业人数将保持在60万人以上，城镇调查失业率控制在5%以下。

三、对策建议

（一）着力稳住经济大盘保就业

推动加强就业优先导向的宏观调控，切实贯彻落实好一揽子助企纾困政策，确保全市经济在合理区

[①] 对于配合应对疫情而缩短营业时间或停业的员工提供相应补贴政策。
[②] 重庆市综合经济研究院上半年全市中小微企业情况网上问卷调查。

间稳定运行。一是继续扩大有效投资。加大重大项目投资力度，支持适度超前开展基础设施建设。在重点工程项目中大力实施以工代赈，形成以工代赈劳务需求人员实名制台账，确保农民工等重点群体"应用尽用、能用尽用"。二是推动重点行业加快恢复。加大基建投资力度和房地产以供地促开工力度，推动房地产开发投资回稳，稳定建筑行业就业岗位。三是大力发展新经济业态和新就业形态。鼓励发展"小店经济""夜市经济"和平台经济，支持劳动者从事个体经营或直播销售、网络配送等增加收入。鼓励农户、大学毕业生、乡村工匠、返乡人员等大力发展庭院经济，落实好产业帮扶政策。

（二）倾斜支持县域地区扩就业

强化对县域经济一揽子宏观政策的倾斜支持，发挥政策集合效应，筑牢县域经济就业"蓄水池"。一是加快以县城为重要载体的新型城镇化建设，推进县城公共服务设施、环境卫生设施、市政公用设施、产业配套设施等优先建设，提高"两群"地区县城对就业人口的承载力和吸引力。二是加大县级财政金融支持。加大对县级财政的转移支付力度，扩大市级层面用于县域经济发展的各类专项资金规模，提升县级整体发展能力和水平。通过中央财政衔接推进乡村振兴补助资金，加大对国家级乡村振兴重点帮扶县和市级重点帮扶乡镇的倾斜支持，推动形成财政产业专项投入与税收贡献、带动发展和创业就业等挂钩的新机制。

（三）瞄准两大重点群体促就业

聚焦青年和农民工两大重点群体，加大就业支持和援助力度，拓宽就业渠道。一是鼓励高校毕业生到基层就业。适度扩大国有企事业单位、基层"三支一扶"项目等招录规模。借鉴广东给予毕业生在粤基层就业一次性现金补贴的经验，出台支持大中专毕业生到主城都市区以外的区县、乡镇就业的专项补贴。二是支持重点领域失业青年向"两群"地区转移就业。针对市内旅游行业从业者、旅游专业大中专毕业生，鼓励其向武隆、石柱、酉阳、彭水等特色旅游区县城就业。鼓励市内部分教育培训行业分流人员等向"两群"或者农村偏远地区实现转移就业。三是支持农民工返乡就业创业。推进"一县一品"劳务品牌建设，深化鲁渝、川渝劳务协作和对接机制。加强进城农民工就业服务和技能培训，提升进城农民工就业创业能力。定期遴选发布一批农民工优秀创业项目，为农民工返乡创业提供培育、孵化、加速等创业扶持。

（四）强化就业公共服务帮就业

构建"覆盖全民、贯穿全程、辐射全域、便捷高效"的全方位、全周期就业服务体系，进一步促进就业信息的互通共享，推进就业公共服务均等化和标准化。一是切实提高政策知晓度。运用多种方式加大对全市"降、缓、返、补、扶"政策服务包的宣传解读力度。应用大数据等手段精准锁定符合援企稳岗条件的企业名单，推进援企稳岗政策免申即享。二是构建信息传导机制。加强有意愿继续外出务工人员的就业登记和就业信息指导，依托大数据促进回流农民工与企业岗位的双向智能匹配，提升人岗匹配能力。优化零工服务，建立零工信息服务制度和"即时快招"服务机制。三是拓展"15+5"人社便民服务圈。充分发挥劳务经纪人、职业指导员队伍作用，加强劳务经纪人的培育管理，实现村（社区）农民工就业服务全覆盖。

[重庆市综合经济研究院（重庆市经济信息中心）宏观经济研究课题组
　　主研：易小光　丁　瑶　苟文峰　赵　伦　曲　燕　孙茂曦
　　执笔：曲　燕]

之九：2022 年重庆市信息化发展情况及 2023 年展望

2022 年，重庆市按照国家信息化战略，稳步推进经济与社会各领域信息化建设和应用，信息化助推制造业转型升级，电子信息产业创新发展，农村信息化稳步发展，电子商务发展势头强劲，电子政务建设取得积极进展，新一代信息基础设施建设提速，高质量发展和高品质生活之路越走越宽广。

一、2022 年重庆市信息化发展情况

（一）电子信息产业创新发展

电子制造业增速放缓，软件收入增速较高。前三季度，重庆电子制造业增加值同比增速从年初 7.2% 连续下滑到 0.8%，平均增速低于全市规模以上工业增加值的增速；全市计算机、家用电力器具、其他电子行业增加值分别同比增长 2.6%、2.9%、3.1%，均低于全市规模以上工业增加值同比增速（4%）；全市软件业务收入实现 2010.5 亿元，同比增长 12.6%，高于全国平均 2.8%，预计全年实现营业收入 3000 亿元。

市级电子信息产业重大项目持续推进。惠科显示模组项目开工，预计年底完成主体封顶建设，达产后年产值将超过 50 亿元。华润微电子重庆 12 英寸晶圆制造、功率封装两大项目预计年底投产，京东方第 6 代 AMOLED（柔性）生产线项目、京东方智慧系统创新中心、奥特斯半导体封装载板和系统级封装印制电路板升级项目、康宁前段熔炉项目等项目累计完成投资 21.4 亿元。

电子信息产业创新发展持续加强。重庆坚持科技创新与补链成群"双轮驱动"，"芯屏器核网"全产业链持续发力。截至目前，在"芯"上，全市集聚制造企业 70 家、设计企业 40 余家，建成国内首条 12 英寸电源管理芯片晶圆线；在"屏"上，面板总产能跃居全国前十；在"器"上，全市微型计算机、手机产量均突破 1 亿台，占全国比重分别达到 22.1% 和 6.7%，激光电视等新型终端产品快速壮大；在"核"上，比亚迪"刀片电池"实现全球首次量产，助力成渝地区建设世界级智能网联新能源汽车产业集群；在"网"上，加快建设成渝地区工业互联网一体化发展示范区、工业互联网国家新型工业化产业示范基地、国家工业互联网数字化转型促进中心等。

（二）信息化助推制造业转型升级

制造业智能化赋值增效明显。一是持续开展制造业智能化赋能行动，推动制造业数字化转型。截至 10 月，全市累计实施 4800 多个智能化改造项目，建成 127 个智能工厂和 734 个数字化车间，示范项目生产效率平均提升 59.8%，产品不良率平均降低 40.7%，运营成本平均降低 21.5%，单位生产能耗平均降低 19.7%。二是大力支持有精准定位和发展前景的数字化转型项目，培育数字化转型示范标杆。截至 10 月，全市共遴选 40 个市级智能制造示范标杆和 5 家"灯塔工厂"企业，建设 30 个创新示范智能工厂和 30 个先导示范场景。

工业互联网赋智发展加快。一是工业互联网标识解析体系快速发展。全国首个落地的工业互联网超级节点"星火·链网"超级节点（重庆）和国家顶级节点（重庆）互联网域名 F 根镜像节点上线运行。

截至10月，国家顶级节点（重庆）已接入西部9个省市二级节点33个，累计标识注册量超过125亿个，解析量超过76亿次，服务于19个行业，接入企业节点2827个。二是持续实施工业互联网平台企业培育工程。开展2022年全市制造业"一链一网一平台"试点工作，推进制造业重点企业建设行业工业互联网平台，忽米网、广域铭岛入选国家级"双跨"工业互联网平台，重庆建工、重庆工业大数据、重庆龙易购、中冶赛迪等5个平台入选国家特色专业型工业互联网平台。截至10月，已有15个国家级跨行业跨领域工业互联网平台在渝布局，累计推动11.3万家企业"上云上平台"。三是加快推进成渝地区工业互联网一体化建设。根据《2022年成渝地区工业互联网一体化发展示范区建设工作要点》，年内拟建设20个工业互联网标识解析二级节点，20个"5G+工业互联网"项目，重点培育4个综合型工业互联网平台，打造8个行业型工业互联网平台，新增"上云"企业6.5万家。

软件产业加速为制造业赋能。一是推动软件技术在制造业的深化应用。出台《重庆市软件产业高质量发展"十四五"规划》《重庆市软件和信息服务业"满天星"行动计划（2022—2025年）》等软件产业发展文件，聚焦与制造业发展密切关联的工业软件、人工智能软件等6个方向，为智能制造加速赋能。二是以工业软件带动制造业转型升级。在全国率先建设工业软件产业园，启动国家重点研发计划"工业软件"重点专项，通过发展工业软件为高端制造与高技术行业赋能，为智能工厂提供技术支撑。

（三）农村信息化稳步发展

大力发展数字乡村基础设施。一是完善乡村通信网络建设。截至目前，中国移动已在795个乡镇全部开通5G网络，实现了全市乡镇5G全覆盖，行政村5G通达率80%，为乡村数字化转型发展奠定了坚实基础。二是启动数字乡村网络发展"五提升一补盲"行动。计划到2025年，实现自然村移动网络和光纤网络未覆盖区域动态清零，支持国家乡村振兴重点帮扶县网络建设。

持续推进农村信息化平台建设。一是发布《重庆市数字农业农村发展"十四五"规划》。以数字技术与农业农村经济深度融合为主攻方向，重点开展农业农村基础数据资源采集工作。到2025年，基本建成数据汇聚体系和重要农产品全产业链，农村综合信息服务站行政村覆盖率达到100%，农村互联网普及率达70%以上，数字农业农村发展总体水平超过50%，基本建成西部"智慧农业·数字乡村"示范区。二是打造农村应用平台。启动建设5G数字乡村平台和"渝益农电商服务平台"，助推农产品出村进城、全产业链流动。"6·18"电商节期间，通过实施"渝乡优品产业振兴""热土梦想超能团队""惠邮农品物流支持"等三大计划，带动全市农产品销售额超28亿元，同比增长约30%。

信息化助力农村社会事业发展。一是农村医疗领域。实施5G远程会诊、5G远程超声、5G急救等应用，覆盖石柱、巫溪、黔江等区县的51个四级医疗网点。二是农村教育领域。推动优质教育资源与乡村学校、家庭对接，先后在石柱中益乡、巫溪红池坝搭建了5G"双师教堂"。三是乡村治理领域。率先在巫溪县清泉村开展首个平安乡村示范点，实现"亲情看护、助农益农、创卫环保、综治安防、智能云广播"五大功能。截至目前，平安乡村模式已覆盖全市3000余个行政村。

（四）电子商务发展势头强劲

电子商务行业引领作用持续增强。一是电商零售快速增长。截至9月，全市网络零售额1239.983亿元。其中，实物型网络零售额817.9507亿元，服务型网络零售额422.0322亿元。"6·18电商节"期间，全市共组织开展了100多场惠民惠企消费促进活动，网络零售额共计324.9亿元，同比增长17.9%，其中，实物网络零售额266.2亿元，同比增长26.1亿元。二是跨境电商发展势头良好。全市已构建起"1+N"的跨境电商产业发展体系，进出口总额在西部地区名列前茅，进口额位居西部第一，集聚了天猫国际、京东国际、唯品会等200余家国内跨境电商龙头企业，本土龙头企业"渝欧跨境"成功从区域性进

口跨境电商转型为全国性进口跨境电商平台。

农村电商发展稳步推进。一是政策指引农村电商发展方向。市政府出台《"实施六大工程助力乡村振兴"行动方案》，计划到2025年逐步实施六大工程，畅通农村商贸流通渠道，推动农村商业提质发展，持续巩固拓展脱贫攻坚成果，全面助力乡村振兴。二是多举措助推农村电商发展。城口县举办首届美食文化暨电商直播节，推进"数商兴农"，助推农特产品销售，提高知名度；酉阳县搭建农民工返乡创业平台，采用"保姆式""陪伴式"服务，鼓励当地人返乡创业，引进电商企业进园入驻，其中"致福农民工返乡创业园"成为渝东南最大的以电商为主体的农民工返乡创业园；抖音电商开设"山货上头条"专区，通过短视频、直播、泛商城等形式助力地方特色农产品销售。

（五）电子政务建设取得积极进展

政务服务更加规范化便利化。一是持续推进政务服务改革。市政府先后出台《重庆市深入推进政务服务事项通办改革深化"全渝通办"工作方案》《2022年重庆市政务服务工作要点》《2022年"渝快办"全市一体化政务服务平台优化提升工作方案》等文件，进一步推进政务服务惠企便民。截至8月，"渝快办"服务事项已涵盖26个法人办事领域和27个个人生活领域，"渝快码"实现200余项服务事项"扫码办"、700余项"免证办"。二是政务服务质效显著提升。"渝快办"围绕"住业游乐购"全场景集和服务企业助企纾困，上线"渝悦生活"服务专区、中小企业服务板块、"个体工商户服务直通车"专区；江津、南岸、开州、高新区等区县建设自助式终端设备，实现"24小时不打烊"服务。三是政务云服务体系基本形成。建成"数字重庆"云平台，形成"一云承载"的共享、共用、共连的云服务体系，政务云的上云率100%，在全国处于第一方阵。

跨省通办有序推进。一是推出跨省通办服务。依托全国一体化政务服务平台，重庆与四川、贵州、云南、西藏西南四省区市联袂打造的西南地区"跨省通办"服务专区正式上线，服务涵盖户籍迁移、医保社保、住房公积金办理、道路运输等高频事项，为企业和群众提供更加便利的网上通办服务。二是稳步推进川渝证照互认共享。川渝两地共同发布首批电子证照互认共享清单，居民身份证、机动车驾驶证、居住证、结（离）婚证、营业执照、不动产登记证明、食品经营许可证等34项电子证照实现川渝互认共享。

数据共享开放体系逐步完善。一是出台《重庆市数据条例》。条例实施有利于规范数据处理，保障数据安全，保护个人、组织的合法权益，培育数据要素市场，促进数据应用，推动数字经济发展。二是三级政务数据共享交换体系逐步完善。重庆在全国率先建成"国家—市—区县"三级数据共享交换体系，推进数据资源上传下沉和融合应用，初步建成全市公共数据资源管理平台。截至6月，平台实现数据共享10288项、开放5472项，数据调用量累计超192.5亿条。三是有序推进川渝政务数据共享交换。截至目前，川渝两地144个部门实现跨省共享数据5460项。

公共信用体系持续建设。一是市公共信用平台信用信息数量和质量双提升。截至9月，平台累计归集全市法人和非法人组织信用信息5.5亿条，行政许可、行政处罚"双公示"信息数据合规率、及时率均达到95%以上。二是不断拓展信用信息共享应用。截至9月，"信易贷·渝惠融"平台实名注册企业（含个体工商户）超3万户，为银行提供信用信息查询服务超11万次，辅助放款金额10.69亿元。截至8月，重庆市招标投标信用平台注册市场主体4.6万个，纳入不良行为信用记分管理319个、重点关注名单75个、黑名单7个、红名单184个。

智慧城市建设逐步推进。一是启动建设两江四岸核心区城市信息模型（CIM）平台。形成了轨道交通、城市提升、人居环境等14个专题"一张图"统筹管理，并在渝中区基层治理及东站建设中实现了区域级 CIM+应用。二是升级完成新型智慧城市运行管理中心。通过对数据叠加、建模、分析等数据治理支撑等能力的升级，实现了"一网统管、一网通办、一网调度、一网治理"的城市运行管理。加快构建"8611"一体化场景建设体系，丰富"住业游乐购"应用场景，打造基层智慧治理、城市安全、智慧交通等 10 余个融跨平台。

（六）新一代信息基础设施建设提速

5G 发展走在全国前列。一是 5G 基站规模和乡镇 5G 网络到达率全国领先。截至 10 月，全市每万人 5G 基站数超 17 个，保持西部第一、全国第六；乡镇 5G 网络到达率 100%。二是 5G 规模化应用向深层次全链条拓展。截至目前，全市已实施 5G 融合应用项目超 200 个，建成 32 个 5G 行业虚拟专网。

全国一体化算力网络国家枢纽重庆节点建设扎实推进。一是国家批复的三个起步区发展态势良好。两江新区水土新城成为全国一流数据中心集群和重庆数据中心的核心承载地，是西部集中度最高、规模最大的云计算基地，建成 9 个（超）大型数据中心；西部（重庆）科学城璧山片区成为重庆高性能计算集聚区，已建的中科曙光先进计算中心是集通用计算、异构计算、智能计算于一体的先进数据中心；经济技术开发区建成江南大数据产业园、京东探索研究院超算中心、易华录数据湖等。二是加快算力中心建设与部署。加快华为人工智能计算中心、西部（重庆）科学城先进数据中心等项目建设，启动中国移动成渝（重庆）江南数据中心建设，加速京东探索研究院超算中心、中国移动边缘计算平台等算力部署。

中新（重庆）国际互联网数据专用通道加速应用。一是加强国际陆海贸易新通道的信息交互。该通道作为国际合作的重要基础设施，已促成全市 3000 多人次的跨国交流对接，实现"点对点"到"面对面"的合作，成为稳定高效的国际交流平台，并拓展到四川、广西、贵州、云南等西部四省。二是打造云网一体化服务平台。围绕跨境云服务、协同办公、联合研发、数字内容等领域创新通道应用，采用"区块链"技术支撑信息交互与单证互认，实现数据安全、高效交互。

二、2023 年发展环境及展望

（一）世界各国加快新一代信息技术发展布局

一是 6G 研发进入"快车道"。美国利用"星链"卫星制定 6G 研发计划，联合日本共同投资 45 亿美元开展技术开发，预计 2025 年启动标准化，2028 年投入商用；德国计划 2025 年前投资 8.33 亿美元开展有关 6G 技术的研发；韩国组建 6G 研究小组，计划在 2026 年前投资 1.69 亿美元开展 6G 核心技术开发。二是芯片投入"层层加码"。美国为推动芯片制造"回流"本土，出台《2022 年美国竞争法案》和《2022 年芯片和科学法案》，拟投入 390 亿美元支持芯片生产与研发，投入 105 亿美元实施国家半导体技术中心、国家先进封装制造计划和其他研发项目。欧盟为减少在半导体方面对美国和亚洲的依赖，出台《欧洲芯片法案》，计划在 2030 年前投资 430 亿欧元大力发展芯片产业。三是量子信息发展"崭露头角"。美国定制第一个量子技术制造路线图（QTMR），确定量子信息相关领域的发展和供应链；欧盟制定"量子旗舰计划"，重点发展通信、计算、传感和模拟四个领域的量子技术；日本实施"国家量子技术计划（NQTP）"，加速整个硬件和软件堆栈的量子计算研究，创新量子安全技术，开发量子传感器，引导尖端科学裂变成新产品和服务。

（二）国内加快推进数字化发展

一是"数字政府"建设加速推进，政务服务能力显著提升。中央全面深化改革委员会第二十五次会议审议通过《关于加强数字政府建设的指导意见》，数字技术广泛应用于政府管理服务，"掌上办""指尖办"成为政务服务标配,"一网通办""异地可办""最多跑一次""不见面审批"渐成趋势,电子政务整体水平步入世界"第一梯队"。《2020联合国电子政务调查报告》显示,我国电子政务发展指数排名全球第45,其中"在线服务"居全球第九位,达到国际领先水平。二是"数字计算"建设加快,全力打造全国算力"一张网"。国家高度重视算力产业发展,加强统筹布局和顶层设计,发力算网原创技术研发,济南人工智能计算中心、青岛人工智能计算中心、武汉超算中心正式接入"中国算力网",加速算力网络核心技术成熟。三是"数字经济"快速发展,成为国民经济高质量发展新引擎。随着互联网、大数据、人工智能、区块链等技术的创新应用,数字基础设施建设加快,数字经济产业基础不断夯实,产业数字化深入推进。2021年,我国数字经济规模达到45.5万亿元,占GDP比重达到39.8%,年均增速高达15.9%,高于同期GDP的平均增速。

(三)2023年信息化发展展望

2023年,重庆信息化的发展将紧扣国家发展战略,在国家发展战略中探索出重庆路径。一是加大新一代信息基础设施建设。持续推进千兆光纤接入试点和"双千兆示范小区"建设,打造"双千兆"城市;推进"东数西算"工程重庆数据中心建设,深化以西部(重庆)科学城、两江新区为核心,多点布局的一体化大数据中心体系;持续推进智能传感设施部署,进一步加大NB-IoT(窄带物联网)网络部署力度。二是推进"数字政府"建设。进一步推进政务服务事项改革,提升"渝快办"效能,完善"一业一证(照)"改革,深化"全渝通办""跨省通办",丰富"一卡通一码通"应用场景;持续完善"双随机、一公开"监管工作平台建设,根据企业信用实施差异化监管,推行"互联网+监管";完善数字化发展法律法规制度,全面推进数字法治政府。三是持续推进工业智能化发展。利用全国首个落地重庆的工业互联网超级节点,加快推动工业互联网标识解析国家顶级节点(重庆)扩容增能,加大工业互联网平台建设应用,加快构建工业互联网标识解析体系,建设认定一批数字化转型促进中心,持续推进企业"上云用数赋智";推进道路设施数字化改造,提高路侧单元与道路基础设施、智能管控设施的融合接入能力。

三、对策建议

(一)加快数字新基建建设,筑牢数字底座

一是加快推进"CIM+平台"建设。利用5G、物联网、大数据、人工智能等技术对传统基础设施进行智能化升级,加快推进城市信息模型(CIM)平台和运行管理服务平台建设,探索建设基于CIM的城市级应用平台,如CIM+车城网平台、CIM+智能化城市安全平台、CIM+智慧社区平台、CIM+智能建造平台等。二是加快"卫星互联网+平台应用创新"建设。以市场化运作为主、政府引导为辅的方式,支持企业利用卫星互联网建设自主可控、安全稳定的卫星互联网+"自然资源实时监测平台""应急救援指挥平台""气象监测平台"等,构建卫星互联网融合发展新格局。三是加快推进数据中心建设。全力推进全国一体化算力网络国家枢纽重庆节点建设,加快推动中国移动成渝(重庆)江南数据中心和西部(重庆)科学城先进数据中心等新数据中心建设。

(二)加快数字政府建设进程,提升政务服务水平

一是加快构建一体化智能化的支撑体系。加强政务云的统一规划、统一资源、统一调度、统一安全和统一运维,通过标准化、组件化和平台化方式提供共性应用组件,提升政务云对上层业务的支撑能力,鼓励和支持政务系统基于云原生搭建,全面夯实数字政府建设"底座"。二是加强政务数据共享交换。构

建政务数据分类分级授权机制，促进政务数据跨部门、跨区域、跨行业安全高效共享，探索建立经第三方评估后的政务数据资产登记制度，明确政务数据产权，制定数据共享交换考核细则，开展数据共享交换专项巡查。三是提升公务员的数字素养。构建数字化知识学习平台，建立学习激励和考核评估机制，鼓励公务员学习国家有关数字化发展政策、数字化案例、数字技术，与高校、企业联合开设数字讲堂，建设数字化体验中心。

（三）促进平台经济健康发展，提高数字经济发展质量

一是完善平台经济健康发展监管体系。优化完善政府监管、行业协管、平台自律的多方参与的平台经济治理体系，构建事前事中事后全链条的监管体制机制，探索建立平台信用评级机制，制定适合平台经济新模式新业态的信用评价指标体系，加强反垄断和防止资本无序扩张、损害群众利益、侵犯平台从业人员劳动权益等方面的监管执法，切实推进平台经济健康发展。二是完善平台经济金融扶持政策。鼓励平台经济业态创新，促进业态多样化发展，探索对符合资格认定和考核要求的创新企业执行低息贷款，允许创新型企业通过项目融资、政府事前采购融资、信用融资等手段解决资金问题，完善税收优惠政策，给予符合条件的新办企业或新业态实行所得税、营业税减免等政策。三是筑牢平台发展中的信息安全防线。健全平台数据分类分级、安全防护、风险评估、应急处置等重点制度和关键标准，加快推进重要平台的数据目录备案、安全信息共享、社会投诉举报等工作机制，打造协同联动的格局，整合优化行业资源，建设全市平台信息安全监管系统，提升数据监测溯源和应急处置水平。

[重庆市综合经济研究院（重庆市经济信息中心）宏观经济研究课题组
主研：易小光　鲁英杰　熊　姝　裴　多　黄建洪　周大棚
　　　崔　苗　张　亨　徐馨怡　张艾黎
执笔：裴　多　黄建洪］

之十：2022年重庆市生态绿色发展情况及2023年展望

2022年以来，重庆市聚焦"碳达峰、碳中和"战略部署，以加快建设山清水秀美丽之地为目标，积极推动经济社会绿色发展转型，深入推进污染防治攻坚战，持续开展川渝地区绿色发展领域合作，生态环境持续改善，绿色新动能不断壮大，全市生态绿色发展态势良好。

一、2022年重庆市生态绿色发展概况

（一）生态环境质量持续改善

生态保护修复重点项目建设成效凸显。重庆三峡库区腹心地带山水林田湖草沙一体化保护和修复工程项目纳入国家"十四五"期间第二批该类项目，获中央20亿元资金奖补，已到位6亿元。"所有禁捕水域禁钓"、村庄清洁行动等专项行动顺利完成，进一步巩固长江十年禁渔成果和乡村人居环境治理成效。珊瑚公园综合改造项目、悦来嘉陵江滨江休闲道以及重庆开埠文化遗址公园等"两江四岸"整治重点项目稳步推进。南岸区腾滨路150余项街头绿地提质项目建成投用，完成年度计划的80%。广阳岛生态修复项目一期通过竣工验收，入围2022年世界建筑节大奖，成为全球仅有的17个乡村景观奖入围项目之一。

环境污染防治工作稳步推进。水环境方面，长江干流重庆段水质总体为优，1—9月，长江干流监测的19个断面水质达标比例为100%，全市48个县级城市集中式生活饮用水监测水源水质达标率均为100%。大气环境方面，全市大气污染防治工作深入推进，"蓝天行动"监管执法等专项行动有力开展，空气质量持续向好。1—9月，全市空气质量优良天数达到251天，同比增加4天。废物处理方面，全市积极促进生活垃圾减量和资源化利用，垃圾分类工作已连续三年居西部第一。全市开展了形式多样的"无废城市"建设宣传活动，进一步将"无废理念"融入城市发展。川渝两地在全国率先建立危险废物跨省市转移"白名单"机制。

"技术+"助力生态环境保护。中国环境科学研究院西南分院落户重庆，中国地质调查局矿山生态保护修复技术中心在渝挂牌成立，提升了全市生态环保领域的技术能力。由两位院士领衔的重庆新型储能材料与装备研究院、重庆储能与智慧能源产业技术创新中心在渝成立，推动全市储能与智慧能源产业加快发展。集物联网感知和智能化平台为一体的"智慧河长"系统正式上线，在全国率先实现省级河长制平台智慧化、智能化，为全市筑牢长江上游重要生态屏障提供精细化、智能化支撑。

（二）"双碳"工作稳步推进

绿色低碳金融快速发展。重庆获批建设绿色金融改革创新试验区，绿色贷款增速保持在30%以上。全市首个气候投融资国家试点在两江新区启动，助推低碳产业体系和气候友好型项目建设。地方碳排放权交易市场发展向好，截至9月，全市累计成交碳排放权配额3940万吨，成交金额7.9亿元；2021年以来，我市碳市场碳配额成交量和成交额在8个试点碳市场中保持第二位。全市新增以碳排放权配额为质押的碳减排贷款9亿元，为企业实现减碳发展提供资金支持。全国金融系统首笔投放的农发基础设施基金项

目——云阳健全抽水蓄能电站项目开工建设。

低碳电力能源体系加快构建。全市继续加大甘肃、宁夏的风、光新能源以及水电电量的外购，通过加大绿电购入，进一步优化全市电力结构。"疆电入渝"进入快车道，"疆电入渝"配套电源项目规划获国家能源局批复，新疆重能石头梅电厂项目通过可行性审查，哈密至重庆特高压直流工程配套煤电项目开工建设。国网重庆公司持续推进电力绿色低碳转型，2022年以来实现了全国首台首套"车、柜体、电池"自由组合式移动储能车投用，全市首座"光储充用"的零碳供电所投产、首个乡村"电力驿站"投用。

（三）生态绿色发展机制体制不断完善

生态绿色发展制度体系持续完善。1—9月，全市生态保护和绿色发展领域共印发了30余项政策、规划。各领域"十四五"规划相继出台，出台了自然资源、生态环保、应对气候变化、大宗固废综合利用、生态环境执法、水环境保护、绿色建筑、节能减排等领域的"十四五"规划，为各领域的绿色发展提供有力指导。"双碳"领域制度加快出台，市委、市政府出台《关于完整准确全面贯彻新发展理念做好碳达峰碳中和工作的实施意见》，市政府出台《以实现碳达峰碳中和目标为引领深入推进制造业高质量绿色发展行动计划（2022—2025年）》正式发布，提出了实现碳达峰碳中和的主要目标、重要举措和聚焦领域，为全市推进实现"双碳"目标提供了顶层制度和方面指引。

川渝地区共同推动区域绿色发展。生态环境保护合作方面，川渝两地积极开展联合治理、推进联动行动，召开川渝跨界河流联防联治联席会，审议了《大清流河流域水生态环境保护川渝联防联治方案》，川渝跨界河流25个国控断面水质明显提高。川渝两地环保产业协会积极发挥桥梁作用，成功举办川渝土壤修复产业发展研讨会。绿色示范合作方面，两地提出在重庆中心城区外全部区县和四川成都市等15个市分批启动"无废城市"共建，在川渝两地38个乡镇共建美丽巴蜀宜居乡村示范带先行区。产业绿色低碳发展领域，明月山绿色发展示范带建设有序推进，7个区县①积极探索绿色生态协同发展之路，举办了首届明月山生态旅游文化节，共同打造"千年良田"示范区，围绕生物医药、新材料、电子信息、环保建材、消费品工业开展产业合作。川渝两地绿色交通走廊建设步伐加快，出台《推动川渝能源绿色低碳高质量发展协同行动方案》，启动"成渝电走廊暨换电重卡"项目，打造全国首条高速公路重型卡车换电走廊。

（四）绿色低碳经济稳步发展

工业绿色发展新动能加快培育。制造业绿色转型取得新突破，2022年以来，全市围绕绿色化和智能化改造开展技术改造专项行动，加大力度从企业层面持续推进节能技术改造、清洁化改造、资源循环再生利用、工业节水改造等。新能源汽车、电动摩托车、光伏、储能等低碳工业快速发展，特别是新能源汽车表现突出，2022年以来，重庆"三电"项目接连上马加速完善产业链，新产品不断上市，高端产品不断布局，长安、力帆科技、赛力斯等车企新能源汽车呈现产销两旺的局面，新能源汽车产量同比增长1.5倍，成为工业经济发展新亮点。

"两群"地区立足山地特色振兴绿色产业。深挖森林绿色价值成效显现，万州、丰都、巫山、巫溪、奉节等区县在"两岸青山·千里林带"等重大国土绿化项目建设中积极引入社会资本，布局特色经果林、中药材，并拓展林下经济、森林旅游、森林康养等产业。酉阳、彭水等森林资源丰富地区，积极探索森林碳汇价值转化。湘鄂渝黔四省市政协联席会议通过《石柱共识》，武陵山片区康养产业发展加快。高山

---

① 重庆市梁平区、长寿区、垫江县，四川省邻水县、达川区、大竹县、开江县等7区县。

避暑纳凉带动乡村休闲旅游业快速发展，1—9月，全市乡村休闲旅游业营业收入800万元，同比增长11%。农业绿色发展取得成效，通过推广生态养殖模式和种养循环发展理念，万州区成功入选第三批国家农业绿色发展先行区创建名单，全市已有5个区县累计入选。绿色农产品品牌建设加快，新确定武隆猪腰枣等6个地理标志农产品为2022年地理标志农产品保护工程重点支持对象。

二、值得关注的问题

（一）生态环境治理压力仍较大

近年来，重庆生态环境治理工作取得了一定的成绩，但随着居民对生态环境质量改善的要求不断提升，部分环境治理中的问题逐步凸显。一是部分区县污水处理能力有待提升。近年来，全市多个区县污水处理厂超负荷运转，被中央生态环保督察多次曝光，个别区县存在地方政府对污水处理厂环境监管不力，污水处理管网及相关基础设施建设滞后，欠账较多，雨污合流、混流等突出问题。二是农村生态环境问题仍较突出。农村地区污水和垃圾收集处理等环保基础设施建设仍较滞后，已建成的环境基础设施运行效果不明显，导致农村水环境、土壤治理存在明显短板。

（二）极端气候对生态环保带来较大影响

第三季度以来，持续罕见高温天气对全市生态环保造成了较大影响。一是全市生态资源损失较大。持续高温干旱导致土壤干旱达到重度等级，全市农作物受灾面积超23万公顷；森林野火风险增加，北碚、巴南、大足、长寿、江津等多地发生森林火灾，受害森林面积大，并导致火灾区域生物多样性减少。二是能源安全问题凸显。由于重庆能源资源禀赋差，能源对外依存度高，全市电力供应需要大量外购，全市用电受输入地发电影响较大。第三季度由于持续高温干旱导致四川水电发电量大幅下降，造成重庆电力紧张。特别是2022年以来的欧洲能源危机和川渝两地夏季电力供应紧张，再次提醒能源安全的重要性。

（三）环保产业发展步伐需加快

环保产业对推动全市绿色低碳发展发挥了重要的支撑作用，但仍面临一些突出问题。一是产业亟待提档升级。产业规模仍较小，虽然重庆处于全国环保产业第二梯队，但产业营业收入占全国的5%左右，与第一梯队省市①的差距较大并有拉大趋势。优势领域不多并有萎缩趋势，如"双碳"目标背景下，原来优势领域的燃煤电厂超低排放技术等市场需求持续下降。缺少省级层面的地方环保产业平台企业②，难以在全国统一大市场背景下抢占更多的市场份额。产业生态有待改善，环保企业普遍反映市场竞争秩序有待进一步规范。二是成本上升、营业收入下降影响行业发展。根据市环境保护产业协会调研问卷显示，前三季度，全市营业收入增长、持平、下降的环保企业占比为2∶4∶4，下降和持平的企业占比达到80%；第二季度，成本上升导致企业利润明显下滑，约有60%的企业表示成本同比增长。

三、2023年发展环境及预测

（一）全球复杂严峻政经形势下绿色低碳发展面临新挑战

疫情冲击、全球滞胀风险加剧、地缘冲突持续等将导致全球绿色复苏面临重大考验。一是全球能源低碳转型步伐被扰乱。长远来看，欧洲能源危机叠加俄乌冲突，美国政府承诺加大节能环保投入、推动

---

① 近年来，位于全国环保产业第一梯队的广东、北京、湖北、浙江、广东、江苏、山东6省（市）贡献了全国二分之三的营业收入。
② 全国已有19个省、自治区、直辖市成立了省级环保平台，作为环保第一梯队的广东、北京、湖北、浙江、江苏等省市均成立了以环保（环境）命名的省级环保平台企业。

节能减碳，中国等国家积极应对气候变化等将加速了全球能源结构低碳化转型。但短期来看，世界各国将把能源安全放到首位，对能源低碳转型进程造成一定影响，如欧洲多国宣布重启煤电计划，将挤占投资可再生能源领域的资源，可能大幅推迟欧盟向可持续能源过渡的进程。二是经济刺激和绿色发展之间存在博弈。新冠肺炎疫情持续、极端性的气候现象频发都增加了全球低碳发展的韧性需求。部分国家短期仍可能把经济刺激效果放在优先地位，环保主义带来的绿色成本被视为推动通胀加剧的重要原因之一，受到部分国家民众的反对抵制。全球地缘政治冲突、大国博弈导致全球各方在绿色发展领域的合作受阻。

（二）我国将加快发展方式绿色低碳转型

党的二十大报告再次明确提出要发展绿色低碳产业，加快发展方式绿色转型。一是"双碳"领域的政策力度不断加大。国家层面积极推进"1+N"政策体系落实，能源、工业、交通等重点领域积极落实各领域的"碳达峰行动计划"。《关于加快建立统一规范的碳排放统计核算体系实施方案》等文件的实施，摸清碳家底将有利于推动"双碳"目标实现。通过实施低碳与零碳工业流程再造技术突破行动等十项具体行动，将为全国"双碳"目标提供技术支撑。二是绿色低碳发展的金融支持力度持续加大。中国银监会发布了《银行业保险业绿色金融指引》等文件，明确绿色金融的支持方向和重点领域。随着总规模100亿元的"长江经济带发展"专题绿色金融债券和基金总规模500亿元的国家绿色发展基金的首支子基金——碳中和主题基金落地，清洁能源、环保产业、碳减排技术、绿色建筑、绿色交通等领域的企业将获得更多支持。但同时，我国经济面临三重压力下，企业绿色低碳转型能力和意愿受到一定影响。

（三）重庆建设山清水秀美丽之地举措加快落地

重庆将以"双碳"为总抓手，持续强化生态环保工作，推进经济社会全面绿色转型。一是将深入推进污染防治和节能减排。继续贯彻落实《中华人民共和国长江保护法》，以水生态环境治理为重点，强化"上游意识"，勇担"上游责任"，推动制定制造业、交通等领域碳达峰碳中和行动计划，积极构建减污降碳协同增效机制。二是将加快发展方式绿色转型。全市将以智能化绿色化联动发展为重点，通过绿色制造示范试点、制造业节能降耗改造等，培育绿色制造产业体系；以发展清洁能源和新能源、提高能效为重点，推动能源低碳发展；加快生态价值转化的探索，全面推动生态产业化。积极推动重庆绿色金融改革创新试验区、气候投融资国家试点等试点工作，创新更多绿色金融衍生产品，为绿色低碳发展提供资金支持。

（四）2023年生态绿色发展展望

2023年，全市将继续深入贯彻"生态优先、绿色发展"理念，全面稳步实施全市碳达峰行动方案，以减污降碳协同增效为重点，继续推动环境治理和生态修复工作，生态环境领域投资将保持稳中有增态势，生态环境质量将进一步改善。生态环保产业将保持持续增长，预计2023年全市环境保护产业营业收入约为1380亿元。

四、对策建议

（一）进一步加大环境治理力度

一是落实国家《深入打好长江保护修复攻坚战行动方案》要求，补齐污水处置基础设施和运维短板。加强智慧化智能化手段在监管中的运用。在全市加快推动水质污染溯源系统等在内的重庆"智慧河长"系统运用。积极在全市各污水处理厂、管网关键点位、重点工业园区布设监测点位，实时预警水质异常情况。二是积极筹措资金，尽快补齐各类环保基础设施短板。加强各级地方财政在污水治理、垃圾处置等基础设施上的投入，积极申请国家相关项目资金。同时与旅游、文化等盈利项目打包吸纳社会资金，参与环保基础设施建设，减轻财政资金压力。

（二）加强全市应对极端天气的能力

一是将应对气候变化作为政府的重要工作之一。建立多灾种的早期预警系统、加强气象预报。加大绿色投资，进一步研究出台低碳产业支持政策，积极推进绿色低碳发展和绿色经济转型，稳步推进"碳达峰碳中和"各项工作，通过制定各部门年度工作计划和考核标准等手段推动各级政府落实各项减碳工作。二是进一步加强能源安全体系建设。在自身能源资源不足的背景下，为了确保全市能源安全，结合煤炭在未来一段时间仍将是全市主要能源品类的现实情况，继续加强煤炭清洁高效利用，有序减量替代，推动煤电节能降碳改造、灵活性改造、供热改造。加快布局分布式光伏发电、新型风电、垃圾焚烧发电、储能产业等。

（三）加大对环保产业的支持力度

一是强化产业发展政策引导。积极对接国家相关规划，结合重庆"双碳"工作，提出建设面向未来的环保概念示范标杆项目，引领环保产业提档升级，鼓励环保企业加大研发投入和新技术示范应用，持续改善环保产业营商环境，推动全市节能环保产业向产业链高端攀升。二是落实全国及重庆各项针对环保企业的助企纾困政策。通过财政直接环保资金投入，帮助企业缓解需求订单减少等短期问题。改进政府环保投入方式，提高对社会资金投入的引导能力，如政府采购环境服务，给予治污企业尤其是第三方治理企业贷款贴息、融资担保、补贴奖励等手段。三是丰富环保产业投融资工具。结合全市绿色金融试点工作，持续支持绿色金融创新，鼓励设立专门投资环保领域的绿色银行，设立环保产业基金，以及发行环保彩票等。

[重庆市综合经济研究院（重庆市经济信息中心）宏观经济研究课题组
主研：易小光　丁　瑶　余贵玲　黎　慧
执笔：黎　慧]

之十一：2022年重庆市社会信用体系建设情况及2023年展望

2022年以来，重庆市在加快建设全国统一大市场背景下，稳步推进全市社会信用体系建设，"信用重庆"平台网站正成为全市信用信息的"总枢纽、总窗口"，信用在促进经济发展、提升治理效能、优化营商环境等方面的作用进一步显现。

一、2022年重庆市社会信用体系建设情况

（一）总体情况

一是信用信息数量质量双提升。截至9月，市公共信用平台累计归集全市法人和非法人组织信用信息5.5亿条，实现全市公共信用信息应归尽归。其中，行政许可、行政处罚"双公示"信息实现质和量双提升，数据合规率、及时率均达到95%以上；"信用重庆"网站及微信公众号累计访问量超7000万次，免费提供公共信用报告下载8.5万次，政务查询16万次，为市场个性化应用、政务部门精准监管和公共服务提供了基础支撑。二是信用价值促进实体经济发展。1—9月，全市各类融资平台累计为中小微企业、个体工商户、农村经营主体等发放信用贷款超500亿元，有效纾困中小微企业融资难、融资贵问题。三是信用措施提高行政监管效能。1—9月，以信用平台对全市100余万法人和200余万个体工商户的公共信用评价结果为基础，通过"双随机、一公开"方式发起抽查140余次，涉及1356户，发现问题55项次，有效实现差异化精准监管。四是信用承诺简化审批流程。截至9月，"渝快办"及部门业务系统累计办理告知承诺事项20万余件。其中，涉企经营许可事项1.6万余件，证明事项18万余件，最短单个办结时长仅5分钟，当天办结率高达70%以上，累计减少证明材料近20万件，推动营商环境持续优化。

（二）主要特点

1. 信用价值在经济活动中逐步体现

信用助力市场要素配置优化。一是信用大数据对市场主体实现"精准画像"。市信用平台发挥大数据基础作用，对企业经营现状、公司治理、研发实力、市占率等精准"画像"，对有融资需求且信用等级高的企业主动推送至"信易贷·渝惠融"平台（全国中小企业融资综合信用服务平台重庆站）实现融资撮合。二是信用价值助推产业"强链增值"。在涉农产业方面，根据归集的4.9万家农业企业、3.7万家农村专业合作社、2.8万家畜牧企业等农业经营主体信息，针对性开发"花椒贷""榨菜贷""柑橘贷"等涉农金融产品；在涉工业产业和服务业方面，梳理制造业、战略性新兴产业、生态环保、外贸等重点产业，量身定制"专精特新贷""小巨人贷""五金贷"等金融产品，开展产业链信用融资。

信用为企业发展纾困。一是在政策方面，市发展改革委、市银保监局出台《建设完善重庆市融资信用服务平台网络促进中小微企业融资的实施方案》，在信用信息归集、信用贷款规模、融资信用服务平台、网络及平台定位等方面做好顶层设计。二是在融资方面，人行重庆营管部、市知识产权局等部门打造各类信用贷款平台，解决中小微企业融资难融资贵等问题。截至9月，全市一体化信用融资服务平台

"信易贷·渝惠融"平台入驻市场主体10余万家,中资银行1282家,发布融资需求3000余次,成功授信8亿余元;市"再贷款+"平台累计受理中小微企业、个体工商户贷款申请6712笔,放款近87亿元,累计投放支农支小再贷款再贴现392亿元,同比增长79.4%,惠及4.4万户市场主体,同比增长81.3%;市知识价值信用贷累计为7983家科技型中小企业发放贷款137.15亿元,打造改革试点区县32个,培育建设全国版权示范园区2家、版权示范单位6家。

2. 信用提升行政监管效能的作用明显

信用评价创新监管方式。市人社局开展2021年度用人单位劳动保障监察书面审查暨企业劳动保障守法诚信等级评价工作,对15447户企业进行了劳动保障守法诚信等级评价,4528户企业被评为A级,10784户企业被评为B级,135户企业被评为C级,并将评价结果推送至市级相关行业主管部门和四川省人社厅,实现川渝部门间信息共享和协同监管。市公管局工程建设领域招标投标信用平台对已注册的4万余个市场主体开展信用监管,截至9月,379个市场主体被纳入不良行为信用信息记分管理、60个市场主体纳入重点关注名单、11个市场主体纳入黑名单,并对182个属于红名单的市场主体实施投标保证金按50%缴纳、履约保证金和低价风险担保按50%~80%缴纳的优惠措施。市税务局公布2021年度纳税信用A级纳税人名单,全市约1.6万家企业进入该守信激励名单,可享受由税务机关提供绿色通道或专门人员帮助办理涉税事项等激励措施。

行业信用监管政策陆续出台。市民政局出台《重庆市养老服务市场失信联合惩戒对象名单管理实施办法》《重庆市推进养老机构"双随机、一公开"监管实施办法》,对全市养老服务市场主体和从业人员失信行为实行名单管理,实现全市养老机构监管跨部门"双随机、一公开"抽查监管全流程整合。市卫健委出台《重庆市医护人员执业信用管理办法(试行)》《重庆市公共场所卫生信用管理办法(试行)》,要求各级卫生健康行政部门在开展行政审批、科研及有关项目安排、人才项目评审、公共场所卫生管理等日常监管工作时,依法依规应用医护人员信用评价结果,实行差异化监管。市交通局出台《重庆市交通运输信用管理办法》,在管理职责、信息采集与归集、守信激励与失信惩戒、信用评价等方面,对公路建设、公路管养、水运建设、道路运输、水路运输、安全生产共6个领域做出监管规定。市高法院、市检察院、市公安局、市司法局联合发布《关于建立防范和惩治虚假诉讼犯罪联动工作机制的实施意见》,共同建立防范和惩治虚假诉讼犯罪联动工作机制,实施虚假诉讼失信人名单管理。市住建委出台《重庆市房屋建筑和市政基础设施工程监理信用管理办法(试行)》《重庆市勘察设计行业信用管理办法》,建立监理行业和勘测行业企业及从业人员信用信息档案,对相关人员履职情况和廉洁从业情况进行量化记分管理。截至9月,已对29家监理企业、11家勘察设计企业及217名监理从业人员、8名勘察设计从业人员不良信用行为进行记分。

3. 信用成为优化营商环境的重要手段

信用大数据提升办事效率。市信用平台与"渝快办"政务服务平台无缝对接,实现"一网通办"。截至9月,"渝快办"实名注册认证用户数突破2200万户,累计办件量超过2.4亿,有效解决企业和群众办事材料复杂、跑动次数多、等待时间长等问题,网上办事好评率达到99%。市公安局推出"一窗通办",截至9月,全市726个派出所户籍窗口可综合办理治安、户政、交管、出入境等28类134项业务,当场办结率达80%,"最多跑一次"占比99.3%,办件量较改革前增长30%。重庆国际贸易"单一窗口"西部陆海新通道平台加强铁路与海关信息系统数据共享,试点中欧班列(成渝)进出口双向快通,完成快通模式700余票,节约口岸滞留时间1天以上。

信用承诺简化办事流程。市消防救援总队通过实行告知承诺制审批、"双随机、一公开"监管和信用监管等措施，建立完善全链条、全流程的监管体系，提高监管效能。市知识产权局推动重庆知识产权运营中心建设，出台《重庆市知识产权市场化定价和交易工作指引》，完善知识产权定价和交易机制，推动各类知识产权金融产品和衍生品加快创新发展。市住建委开设承诺"帮代办服务专区"和"一窗综办"服务，为群众提供帮办、代办和综办服务，实现服务效率和办事能力双提升。市市场监管局推行特种设备安全管理和作业人员电子证书申领复审全流程在线办理，证件制作和发放环节由4个精简为1个，申领办理时限由5个工作日变为立批立领，复审办理时限由7个工作日以上压缩为1个工作日，进一步"减环节、减材料、减成本、减时限"。

市场主体权益得到有效保护。市发展改革委出台《重庆市公共信用信息服务工作规范》及配套解读文件，规范全市信用服务工作。截至9月，全市共受理信用修复1745件次，受理信用异议处理22件次，为失信主体改正自新、重塑信用提供了快捷便利的渠道；市信用中心受理各类咨询1万余次，帮助市场主体充分了解信用相关的各类政策和措施。

4. 部分区县探索信用建设迈出实质性步伐

在争创信用试点示范方面。长寿、涪陵、九龙坡、大足、璧山等区县积极申报国家第四批信用示范区，对标对表国家《社会信用体系建设示范区评审指标（2022年版）》，以夯实信用大数据基础、开辟"信易+"场景、完善信用信息系统"一体化"管理、专场培训、广泛宣传等形式，深化社会信用体系建设，打造诚信市场环境，提高群众的守信践诺意识。

在发挥信用价值作用方面。九龙坡区通过"信易贷·渝惠融"平台实现7家融合创新企业成功授信2680万元。渝中区累计为97家企业发放知识价值信用贷款1.5亿元，为278家中小企业发放商业价值贷款2.9亿元，发放"助企贷"1485笔逾9亿元，发放信用贷款313.7亿元。云阳县出台《云阳县农户信用体系试点工作方案》，采集1237户农户基本信息和1056户农户的财政补贴、司法判决、土地确权、社保缴纳、商业保险等信息，加快给合格农户授信放贷，助力乡村振兴。

在信用的社会治理作用方面。九龙坡区建立教育机构及其从业人员信用评价制度，截至9月，已经完成58家学科类机构转型复核审批和信用评价。大足区把信用承诺贯穿到市场监督各业务领域和各业务环节，截至8月，全区7000户食品生产经营单位、470家零售药店、22家特种设备生产单位已全部完成信用承诺张贴公示。巴南区推广"山城有信市场主体健康码"应用，实施"一业一证（照）"改革，实现小餐饮店和小食杂店"准入即准营"，压缩证照办理时间50%以上，截至9月，已有23家商户获得此项服务。沙坪坝区发布《沙坪坝区取消"现场勘查""现场检查"事项清单》，实现"承诺办"，改事前检查为事后监管35项，改事前检查为远程检查，优化办理流程、缩短办理时间。奉节县与478家定点医疗机构签订了"信用承诺书"，扎实推进医保信用体系建设工作。

二、存在的问题

（一）信用数据助力提升政务服务的效能"不足"

受部门和领域的条块限制，全市信用数据质和量都有待提升。在数据归集应用方面，因各部门产生的信用信息未能完全共享、信用目录迭代更新衔接不足及部分工作人员不熟悉等原因，部分公共信用数据未做到应归尽归。在信用大数据能力挖掘方面，受存储、清洗、整合、分析等处理能力影响，市场主体信用画像不完整，阻碍了信用应用。

（二）信用助力市场优化配置资源的措施"不多"

在简化审批手续方面，推动告知承诺制的领域和事项与国家下放的权力事项未完全衔接，一些权力事项实施层级或部门不明确，违诺惩戒与其造成的社会危害不相称。在实施以信用为基础的信用监管机制方面，各级各部门尚未充分应用市信用平台对全市法人组织的信用综合评价结果作为监管活动的基础依据，导致一些市场主体正常生产经营活动仍受到不同程度的干扰，守信获得感不强，监管效能有待提升。

（三）信用赋能主体获取增值服务的作用"不够"

受规模、性质、可抵押资产等因素影响，中小微企业、个体工商户等难以获得中长期贷款和信用贷款，甚至部分商业银行在授信过程中设置不合理条件，贷款审批效率低，融资渠道不畅通。此外，信用赋能主体获取其他增值服务的作用也不够，特别是创新企业信用评级、个人信用评分、信用报告等信用产品在政府采购、工程建设招标、财政资金扶持等方面的应用还需进一步探索。

（四）营商环境的诚信氛围"不浓"

诚信是营商环境的基础，是市场交易的基本原则，然而由于长期的市场逐利思想导致重庆诚信氛围还不够浓厚，通过市公共信用信息平台和高法失信被执行人网不完全统计，2022年重庆新增失信主体名单数量比退出名单数量多近一倍，全市诚信氛围还有待提升。

三、2022年发展环境及2023年展望

（一）全球局部冲突不断，国际信用发展环境形势严峻

当今世界正经历百年未有之大变局，新冠肺炎疫情影响广泛深远，经济全球化遭遇逆流，世界进入动荡变革期，受单边主义、霸权主义、强权政治影响，世界信用发展环境形势严峻。主权信用方面，美国政府操纵穆迪、标准普尔、惠誉等信用评级机构多次下调我国国家主权信用评级，以贬低主权信用为手段，打压国内企业的国际竞争力，扰乱国际主权债市场，阻碍我国双循环新格局形成。货币信用方面，美国利用美元作为全球通用货币的地位，通过肆意印钞或不断加息等方式，开启对全球的"剪羊毛"模式，向国外输出通胀，掠夺全球财富，难以实现公平的国际贸易。企业信用方面，受地域文化、宗教及后疫情时期经济衰退等因素影响，我国企业多次遭遇印度、阿根廷、委内瑞拉等国贸易失信，损失大、影响广、维权难，不利于对外出口稳定增长。

（二）信用作为重要的制度安排，对促进我国经济高质量发展发挥积极作用

市场经济就是信用经济，信用决定了经济发展的周期，是市场健康状态的重要表现，信用体系建设是新时期促进我国经济高质量发展的必然选择。国家层面，出台《关于推进社会信用体系建设高质量发展促进形成新发展格局的意见》《关于加快建设全国统一大市场的意见》等政策文件，要求健全社会信用制度，为建立全国统一的市场制度规则、打破地方保护和市场分割、打通制约经济循环的关键堵点、促进商品要素资源在更大范围内畅通流动和构建高水平社会主义市场经济体制提供坚强支撑。地方层面，陕西、上海、浙江等地陆续出台地方法律法规，积极探索信用体系建设法治化、规范化发展，以政务诚信建设为引领，督促政府及事业单位对出现的失信事件实时清零，清理废除滥用、泛用的信用措施，以信用分级分类为手段优化监管资源配置，提升监管效能，以"信易贷""信易融"等方式缓解中小企业融资难融资贵，促进经济高质量发展。

（三）2023年展望

2023年，重庆将紧抓成渝地区双城经济圈、西部陆海新通道、西部金融中心建设等重大战略部署，深化信用体系建设，促进全市营商环境不断改善。一是信用基础服务能力将进一步提升，更加智能化的

信用信息管理促进信用查询、信用修复、信用异议处理等信用服务快捷便利。二是信用监管机制进一步支撑"放管服"改革，在工程建设、商务外贸、市场准入等与民生和经济发展密切相关的领域深化信用承诺制应用，各行业、各领域建立健全以市场主体信用评价为基础的分级分类监管机制，促进"放管服"改革放得全面、管得精准、服得高效。三是信用助力金融资源配置更加优化，"信易贷·渝惠融""商业价值信用贷""渝快融"等平台促进中小微企业、涉农经营主体等融资渠道更加畅通。预计2023年，融资金额超1000亿元。

四、对策建议

（一）夯实信用基础，发挥数据对公共服务的支撑作用

一是建立以信用数据为核心的公共服务机制。提升市信用平台信息归集、治理及分析统计能力，扩展信用信息与全市各部门业务（行政许可、行政处罚、行政补贴等）系统融合应用，行政管理人员在业务办理过程中可以根据行政相对人信用状况实施差异化服务，同时，业务办理产生的数据及时回流至信用平台，逐步夯实信用大数据基础。二是打造"无证明城市"。进一步细化落实《重庆市全面推行证明事项告知承诺制实施方案》，在全市行政领域推广证明事项告知承诺制，逐步应用至水、电、天然气、网络、教育等公共服务行业，以信用承诺代替行政机关需要的各种证明材料，无需行政相对人自己去第三方权威机构开具证明材料，切实实现利企便民。

（二）实施信用监管，优化市场对资源的配置作用

一是深化政务领域信用承诺应用。对照《重庆市全面推行涉企经营许可事项告知承诺制实施方案》工作要求，全面落实涉企经营许可事项告知承诺制，规范受理、办理、核查及整改处罚流程，适时出台《重庆市涉企经营许可事项告知承诺制目录（第三批）》，扩大信用承诺办理应用范围，将不实承诺、虚假承诺等失信行为纳入市告知承诺系统统一管理，实施重点监管。二是建立市场应用信用承诺机制。鼓励市场主体以信用承诺代替传统交易资质、资格证明，降低市场主体交易成本，充分发挥全市各类行业协会商会作用，组织行业企业开展行业自律承诺。同时，发挥政府和市场的融汇作用，将各级各部门、行业协会商会产生的主动型、容缺受理、审批替代、信用修复等各类承诺和履约践诺信息及时归集至市信用平台，纳入市场主体信用档案统一管理。三是完善信用奖惩机制。各级各部门结合《全国失信惩戒措施基础清单（2021年版）》梳理现有失信惩戒措施，清理不合规惩戒措施，建立健全失信惩戒措施基础清单，确保各类措施依法依规，通过市信用平台将基础清单相关措施嵌入各级各部门业务系统，自动实现主体信用状态查询、管理措施匹配、执行结果反馈等功能。

（三）释放信用价值，提升市场主体"获得感"

一是加快推动"信易贷"助企惠民。打造全市一体化融资综合信用服务平台，实现用户认证、银行服务、数据共享三体系融合统一，提升用户体验。用好、用活各级各类风险缓释基金，引导金融机构信贷资金向中小微企业流动。将平台作为政府补贴、专项资金申请及发放的官方主要通道，集中释放政策便民利企红利，保障相关资金切实落地。注重"产融"结合，将中小微企业的信用基础数据与产业链特色数据融合，深入探索"信用+产业+金融"的重庆路径。二是广泛创新"信易+"应用场景。鼓励各部门、各区县结合行业特征和区域特征实施"信易+"惠民措施，聚焦饮食购物、旅游住宿、交通出行、文化体育、医疗卫生、商业消费等与人民群众生产生活密切相关的"住业游乐购"全场景集应用，提升市场主体获得感。

（四）以政务诚信建设为引领，营造诚信文化氛围

一是建立政府失信责任追究制度。依托市城市信用监测系统，对街道、乡镇、社区、村镇开展诚信监测，实施政务诚信考核评价，考评结果作为政府绩效考核的重要参考。建立公务员诚信档案，将公务员信用记录作为干部考核、任用和奖惩的重要依据。二是多措并举加大诚信宣传力度。通过电视、报纸、户外大型电子屏，利用官网、微信公众号、抖音短视频等方式进行宣传，开展诚信知识讲座和诚信万里行等活动，让"诚信走遍天下，失信寸步难行"的思想和理念根植全市人民心中。

[重庆市综合经济研究院（重庆市经济信息中心）宏观经济研究课题组
主研：易小光　鲁英杰　李雪梅　张　锐　张　睿
　　　莫　平　燕　鹰
执笔：张　锐　燕　鹰]

之十二：2022年重庆市物价形势分析及2023年展望

2022年，重庆市高效统筹疫情防控和经济社会发展，努力克服新冠肺炎疫情散点多发、极端高温天气冲击等超预期因素影响，多措并举推进保供稳价，全市物价保持稳健运行态势。预计2022年重庆城市居民消费价格指数（CPI）、工业生产者出厂价格指数（PPI）同比增速分别为2.1%、2.4%左右。

一、2022年重庆市物价运行情况

（一）居民消费价格温和上行

1—9月，重庆CPI累计上涨1.9%，较上年同期扩大1.9个百分点，低于全国平均水平0.1个百分点，累计涨幅在全国31个省（自治区、直辖市）中居第18位、西部12个省（自治区、直辖市）中居第6位。其中，翘尾因素影响为0.3个百分点，新涨价因素影响为1.6个百分点。食品烟酒类价格回升、交通及通信类价格高企，是新涨价因素上行的主要推手。剔除食品和能源价格之后的核心CPI上涨0.6%，延续低位运行态势，反映社会总需求依然偏弱。

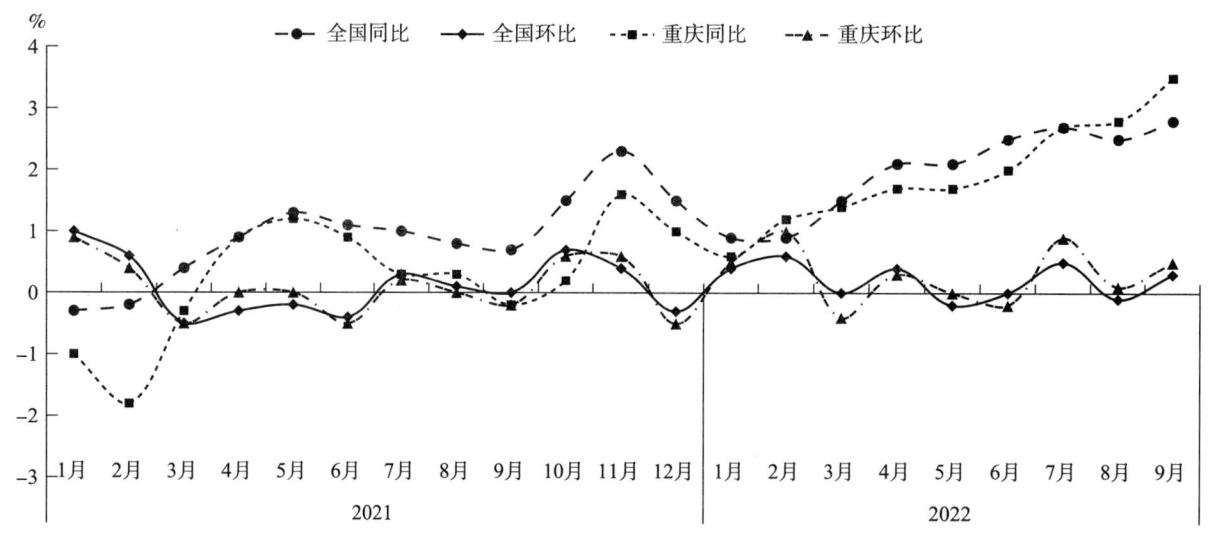

图1 2021年以来全国与重庆市CPI当月同比、环比变化趋势

1. CPI同比增速逐季攀升

2022年以来，受食品、交通等消费品价格上行影响，重庆CPI同比指数逐季上行，与全国趋势一致。具体看，第一季度、上半年、三季度CPI同比涨幅分别为1.1%、1.8%和3.0%，分别高于上年同期2.1个、0.8个和2.7个百分点。受上年同期低基数、俄乌冲突推高国际油价、春节节日效应和全国大范围雨雪天气等多因素叠加影响，第一季度CPI快速上涨，其中2月、3月同比增速分别为1.2%、1.4%，高于上年同期3.0个、1.7个百分点。在油价和部分食品价格波动走高及清明、五一等节假日消费拉动下，

4—6月CPI继续上行，同比增速分别为1.7%、1.7%和2.0%，分别高于上年同期0.8个、0.5个和1.1个百分点。第三季度以来，随着猪肉价格进入上行通道并快速攀升，叠加高温对鲜果、鲜菜等农产品生产运输的不利影响，食品价格快速走高，同时交通类价格维持高位，CPI同比涨幅进一步扩大，7—9月同比增速分别为2.7%、2.8%和3.5%，分别高于上年同期2.4个、2.5个和3.7个百分点，通胀压力较年初有所加大。

2. 八大类商品和服务价格"七涨一降"

与上年同期相比，构成CPI的八大类商品和服务价格上涨面有所扩大。具体来看，医疗保健类价格延续同比下行态势，食品烟酒类、其他用品及服务类两大类价格止跌回升，其余五类商品和服务价格均延续正增长。从各大类商品和服务价格涨幅来看，交通和通信、食品烟酒、教育文化和娱乐三大类消费品是推动2022年以来CPI上行的主要因素，这一特征与全国基本一致。其中，受国际原油价格上涨和旅行出行需求逐渐恢复影响，交通和通信类价格领涨八大类消费品，同比上涨6.1%，较上年同期扩大1.9个百分点。受看涨情绪助推，部分养殖户压栏惜售，第三季度以来猪肉供应偏紧、价格不断走高，加之化肥、农药等农资价格高企推高农业生产成本，部分区域疫情散发导致临时管控影响鲜菜、水果等产品运输，鲜菜、鲜果、鸡蛋等价格均出现不同程度上涨，推动食品烟酒价格累计同比上涨2.9%。教育需求持续升温带动教育服务价格不断上涨，教育文化和娱乐价格同比上涨1.4%。服务类价格刚性上扬支撑生活用品及服务、其他用品和服务两大类消费品价格上行，分别同比上涨1.2%和0.5%。受收入增长放缓衣物换季需求不及预期、房地产市场趋冷等因素影响，衣着、居住价格同比微涨0.1%和0.3%。除此之外，由于医保持续推进集中采购，部分药品和医疗器具价格有所下行，医疗保健价格同比下降0.3%。

（二）工业生产者价格涨幅持续回落

受部分行业市场需求偏弱、国家大力推进上游原材料保供稳价、国际大宗商品价格波动传导等因素综合影响，1—9月，全市工业生产者出厂价格（PPI）、工业生产者购进价格（PPIRM）分别同比上涨3.4%、6.2%，分别低于全国水平2.5个、2.1个百分点，在全国31个省（自治区、直辖市）中分别排在第26位和第27位。其中，PPI、PPIRM翘尾因素影响分别为3.5个、6.1个百分点，新涨价因素影响分别为-0.1个、0.1个百分点。

1. 工业生产者价格同比涨幅逐月收窄

2022年以来，全国上下大力推动大宗商品、关键原材料和核心零部件等保供稳价，有效防范了供给和价格过度波动可能对产业链供应链带来的系统性冲击。在此背景下，全市工业生产者价格走势与全国基本一致，PPI和PPIRM逐月下行，当月同比涨幅分别从1月的5.2%、10.5%收窄至9月的0.9%、1.2%。第一季度，在俄乌冲突爆发背景下，原油、有色金属等大宗商品价格持续高位震荡，推动国内工业原材料保持高位，PPI和PPIRM当季同比增速分别为5.1%和9.5%。受美联储加速收紧货币政策并下调美国经济增长预期影响，原油、铁矿石、有色金属等国际大宗商品价格涨幅回落，输入性通胀压力有所降低，全市第二季度工业生产者价格涨幅随之收窄，PPI及PPIRM当季同比增速分别回落至3.7%和6.5%。第三季度，受极端高温天气和工业限电叠加影响，全市工业生产者价格涨幅大幅降低，PPI和PPIRM当季同比增速降至1.5%和3.3%。

2. 原材料行业价格回落是工业生产者出厂价格放缓主因

2022年以来，全市生产资料、生活资料价格与全国走势基本一致，生产资料价格涨幅持续收窄，生活资料价格涨幅略有扩大，两者走势明显分化。由于美联储快速加息，原油等国际大宗商品价格普遍受到压制，加之房地产开发投资持续负增长，对上游原材料价格拉动作用有限，全市生产资料价格当月同比涨幅从1月的6.9%逐月收窄至9月的0.7%，有效拉低工业生产者价格。具体到生产资料行业内部看，受输入性价格传导压力有所减轻、部分行业需求偏弱等因素影响，原材料、加工业价格同比涨幅分别从1月的16.8%、6.9%收窄至8月的1.5%、0.9%，有效拉低生产资料行业价格涨幅，是影响工业生产者价格涨幅回落的主要因素。

（三）需关注的方面

1. 输入性通胀压力较大

2022年以来，受地缘政治冲突等因素影响，原油等国际大宗商品价格持续高位震荡，输入性通胀压力较大。一是受俄乌冲突局势胶着、OPEC+产油国主动干预油价、美联储快速加息等多空因素综合影响，国际原油价格保持高位震荡态势，国内汽柴油等原材料价格较年初明显上涨，推动交通类价格同比涨幅超过6%，交通出行、物流成本均面临较大上涨压力。二是受俄乌冲突影响，乌克兰及欧洲化肥出口或生产能力大幅下降，化肥等原材料价格大幅上涨，推动国内钾肥等农资产品价格上行，增大粮油生产成本。三是全球谷物库存处于历史低位，粮食价格高企，人民币兑美元贬值进一步加大进口成本，1—9月大豆、玉米、小麦进口均价分别高达4409.8元/吨、2205.2元/吨、2418.6元/吨，分别较上年同期上涨25.8%、22.4%、20.7%，对国内粮油等民生产品价格带来较大上涨压力。

2. 部分食品价格高企

受蔬菜、猪肉、鸡蛋等部分食品价格上涨影响，9月全市食品价格当月同比涨幅已超过10%，已触发价格补贴联动机制，亟需相关主管部门加以重视。一是由于化肥等农资产品价格上行、物流成本走高、高温极端天气影响生产等因素，全市鲜果、鲜菜价格明显走高，1—9月累计同比上涨18.1%、12.5%。二是受玉米、豆粕等鸡饲料原料价格大幅上涨影响，鸡蛋价格持续上行，1—9月累计同比上涨7.7%。三是虽然相关部门9月已投放2次政府猪肉储备，但受中秋国庆双节需求带动、养殖户压栏惜售等因素影响，猪肉当月同比涨幅仍然高达47.8%。

二、2023年形势展望

（一）宏观环境分析

2023年，重庆物价运行受国内外宏观环境影响总体可控，有望保持稳定运行。一是价格平稳运行的基本面总体较好。国家推出专项债扩大规模、稳岗支持等多项措施稳增长稳物价，国内经济恢复态势有所增强，加之国内粮食有望增收，主管部门积极推进粮、油、肉、菜等重点民生商品保供稳价，国内物价平稳运行拥有较为稳固的基本面。二是外部输入性通胀压力存在一定不确定性。欧美等发达经济体加速收紧货币政策，全球经济复苏动力趋弱，外需持续疲软，大宗商品价格将受到压制；但OPEC+决定大幅减产、俄乌冲突不确定性将继续影响原油、小麦、天然气等大宗商品供给能力，外部输入性通胀压力犹存，但不确定性增大。三是总需求对物价上行的拉动作用有限。新冠肺炎新变种层出不穷，全球疫情持续反复，挑战全球经济复苏的持续性和稳定性，社会总需求难以持续改善，推动物价快速上行的需求侧动力不足。但猪肉价格处于上行通道、交通类价格上涨压力较大、国内整体货币环境偏宽松、基建投资对工业品价格的拉动以及CPI翘尾因素走高等因素将对物价形成一定上涨压力。

（二）推动物价上行的因素

一是以猪肉为代表的食品价格上涨压力大。受新一轮猪周期开启并进入上涨阶段、玉米等猪饲料价格上涨等因素共振影响，生猪供应偏紧的态势预计持续一段时间，后期猪肉价格上涨压力较大。同时，俄乌冲突、中美贸易争端等因素导致输入性通胀压力存在一定不确定性，化肥等农资产品价格上行将导致蔬菜、鲜果等农产品价格上涨压力较大，同时大豆、小麦、玉米等进口量较大的粮食价格上涨压力仍存在。二是交通类价格仍面临较大上涨压力。OPEC+产油国组织决定后期减产原油、欧美将对俄罗斯石油实施禁运等因素为原油等国际大宗商品价格带来较多不确定性，同时国内疫情防控存在边际优化的可能，出行需求增加叠加原油价格高企将推动交通类价格保持较高涨幅。三是货币环境流动性偏宽松。稳增长稳就业压力依然较大，预计明年将延续稳中偏松的货币政策，市场流动性将持续保持较为充裕状态，偏宽松的货币环境将在一定程度上助推物价上行。四是基建投资将对工业品价格形成一定拉动。国家出台专项债和政策性开发性金融工具加大对基础设施领域投资的支持力度，明年将陆续形成较多实物工作量，对钢材、重型卡车等工业品价格将形成一定拉动。五是CPI翘尾因素影响较大。预计2023年CPI受翘尾因素影响达1.8%左右，较上年高1.6个百分点。

（三）抑制物价上行的因素

一是社会总需求依然偏弱。新冠肺炎疫情预计仍难以得到完全控制，经济发展和社会运行受影响依然较大，居民收入增长有限且预防性需求有所增加，消费意愿偏弱；出行不便、产业链供应链不够稳定、生产成本上升等因素将明显削弱企业投资意愿，服务业价格将保持平稳态势，有助于物价保持平稳。二是保供稳价政策将继续发挥作用。国家将继续积极推行"菜篮子"等民生产品、煤炭等关键原材料以及部分核心零部件保供稳价政策，能够有效防范蔬菜、猪肉等重点民生商品价格大幅波动对CPI的冲击，也能有效保障产业链供应链的平稳运行，也有利于工业生产者价格保持稳定。三是工业生产者价格总体低位运行。2023年PPI翘尾因素影响仅为0.3%，较上年降低2.3个百分点，将有效压低工业生产者出厂价格同比涨幅，有利于工业生产者价格保持低位。

（四）2023年主要趋势预测

在继续推动成渝地区双城经济圈建设、"一区两群"协调发展背景下，2023年重庆经济发展韧性依然较强，社会总需求处于持续改善进程中，在保供稳价政策指导下，一定程度上仍然拥有推动全市价格平稳运行的基础条件，但国内货币环境偏宽松、猪肉等食品价格上涨压力增大、原油等输入性通胀压力依然存在，结构性通胀压力风险将有所增大。综合以上分析，在不受较大灾害等冲击性因素影响下，预计2023年重庆CPI将继续上行，全年同比上涨2.5%~3.0%左右；工业生产者价格方面，受累于社会总需求偏弱、企业投资信心不足等因素，PPI将保持低位，全年同比增长1.0%~1.5%左右。

三、对策建议

（一）稳定猪肉价格，保障肉类供应市场

从推动肉类结构调整、增加猪肉供给渠道、减少疫病传播机会等方面入手，加强政府引导和管控，稳定猪肉价格，确保市场肉类供给。一是加大猪肉替代品的市场投放量和冷库储备量，加快发展牛羊、禽兔、鸡鸭及水产品等的养殖规模。二是与山东、河南以及东三省等产销区建立稳定的购销协作关系，促进区域间产销衔接，畅通肉类供应渠道，同时鼓励扩大猪肉进口，增加肉类市场供应。三是强化猪瘟等疫病防控措施落实，通过完善猪场围墙防疫体系、控制饲料生产防疫安全等手段，避免疫病对猪肉生产不良影响。

（二）强化保供稳价，有效应对输入性通胀压力

受地缘政治、贸易争端长期化等因素影响，未来一段时间内，我国输入性通胀压力持续较大，要提

前做好政策储备。一是全力做好粮油肉蛋奶果蔬等重要民生商品保供稳价，加大对农业生产、重要农产品加工、仓储保鲜冷链物流设施建设的金融支持，稳定生产供应，强化产销衔接，发挥储备吞吐和进出口调节作用。二是持续加大大宗商品保供稳价力度，进一步完善煤炭、电力、天然气等重要能源或原材料生产、供应、销售体系，在以市场价格形成机制为主导的基础上，有效发挥政府宏观调控的引导作用，引导相关产品价格运行在合理区间。三是强化国际物价的监测应对，及时应对国际环境变化可能造成的冲击，及时引导相关市场主体加强外汇风险和汇率预期管理，合理对冲汇率波动可能带来的输入型通胀压力的影响。

（三）改善企业发展环境，增强企业发展信心

全市工业生产者价格持续回落，工业利润增长受到制约，企业发展信心不足，要进一步优化营商环境，激发企业发展活力。一是着力改善企业融资难问题。进一步完善支持民营小微企业融资的政策性信用风险分担机制，防止银行业对民营企业随意减少授信、抽贷断贷"一刀切"，推动金融资源向制造业倾斜。二是降低生产要素成本。抓紧解决重庆企业用电用气等要素成本高于周边省市的问题，加快建设铁路连接线等物流基础设施，改善物流"最后一公里"的"瓶颈"制约，降低企业物流成本。三是优化政府政务服务。进一步完善"一对一，多对一"企业服务机制，减少企业各类行政审批、申报流程，加大企业相关政策宣传力度，避免企业错失政策支持机会。

[重庆市综合经济研究院（重庆市经济信息中心）宏观经济研究课题组
主研：易小光　丁　瑶　余贵玲　罗丛生　赵　飞
执笔：赵　飞]

之十三：2022年重庆市民营经济发展情况及2023年展望

2022年以来，国际政经形势错综复杂，国内着力稳经济大盘，有效应对三重压力，经济运行回稳向上。重庆市面对本地疫情、极端天气、电力紧缺等超预期因素冲击，高效统筹疫情防控和经济社会发展，加快推动成渝地区双城经济圈建设，全力落实稳经济一揽子政策及接续政策措施，全市民营经济保持恢复发展态势，发展韧性不断显现。预计2022年全市民营经济增加值同比增长2.5%左右，民间投资同比下降4.5%左右。

一、2022年重庆市民营经济运行情况及特征

（一）民营经济呈现恢复发展态势

2022年以来，全市民营经济延续恢复发展态势，总体运行平稳向好，发展保持较好韧性。1—9月，民营经济实现增加值12369.6亿元，同比增长3.5%，高于全市GDP增速0.4个百分点；民营经济增加值占GDP比重59.4%，拉动全市GDP同比增长2.1个百分点。同时，受国内疫情多发散发、市场主体信心不足、8月高温干旱少雨极端天气等超预期因素影响冲击，民营经济增速呈现持续下滑趋势，由第一季度的19.4%下降至第二季度的4.9%、第三季度的3.5%。

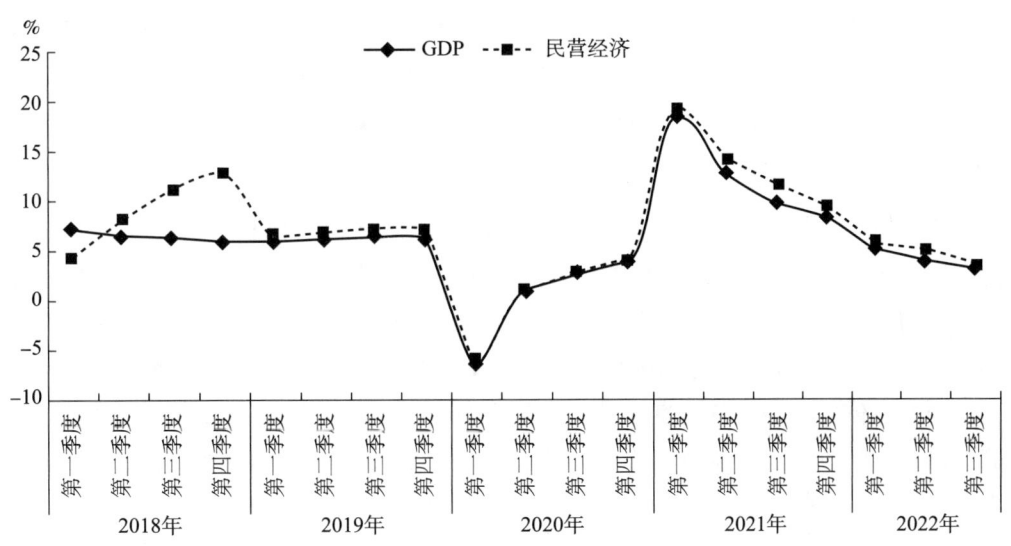

图1　2018年以来重庆市GDP及民营经济增速情况

（二）民间投资持续回落

受疫情、极端天气、电力紧缺等超预期突发因素冲击和房地产市场低迷等影响，民间投资持续放缓、低于全国，不利于发挥投资稳经济大盘关键作用。1—9月，全市民间投资增速同比降低4.4%，累计增速跌入负增长区间，分别低于全市固定资产投资、全国民间投资增速7.7个、6.4个百分点。具体来看，工

业投资在 8 月疫情和高温限电等短期冲击下增速放缓，汽车、装备、医药、消费品、能源产业投资分别同比增长 1.4%、−35.4%、−28.5%、−7.9%、−30.8%，均较上月放缓 20 个百分点以上。受市场需求持续疲软、居民购房意愿下降等困扰，房地产开发投资继续下探，1—9 月同比下降 12.5%，低于第二季度 8.4 个百分点，已连续 5 个月负增长，商品房新开工面积、施工面积、销售面积分别累计同比下降 53.1%、14.6%、20.4%，降幅持续加深。

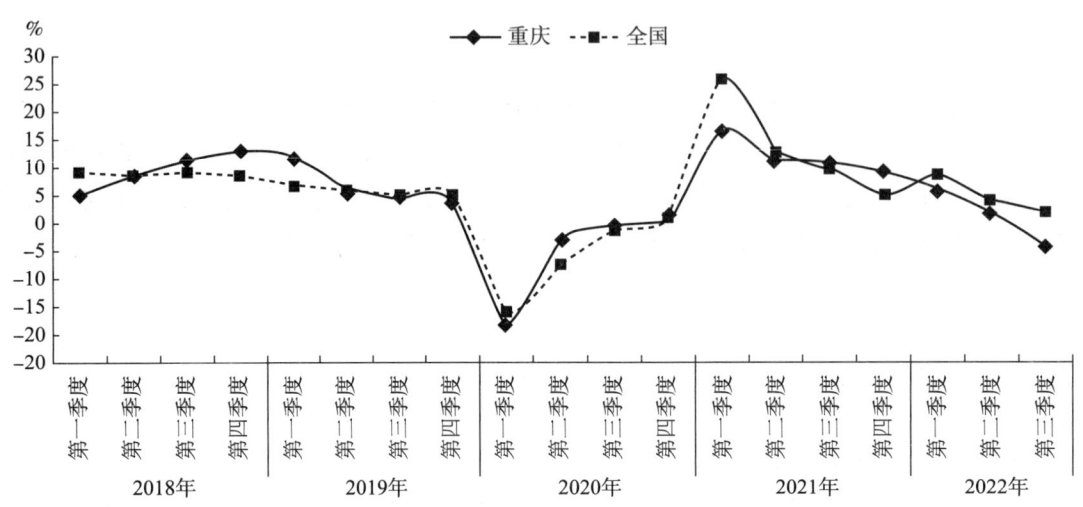

图 2　2018 年以来重庆市及全国民间投资增速情况

（三）外贸进出口稳中趋缓

在全球电子产品需求放缓等影响下，民营企业进出口呈现稳中趋缓态势，开放发展存在隐忧。1—9 月，民营企业实现进出口 2835.0 亿元，同比增长 12.7%，高于全市外贸进出口增速 4.2 个百分点，占同期全市外贸进出口总额的 45.3%，成为重庆稳外贸、稳增长的一支重要力量。此外，在西部陆海新通道、中欧班列（渝新欧）等国际开放大通道引领下，作为外贸进出口重要主体的民营企业对"一带一路"沿线国家、RCEP 其他成员国等进出口稳步增长，对东盟、欧盟、美国进出口保持良好增长态势。

（四）中小企业生产经营逐步向好

随着中小企业支持政策相继落地实施，全市市场信心有所恢复，中小企业发展稳中向好。企业生产经营有所好转。1—9 月，全市 1700 家监测中小企业营业收入同比增长 8.0%，较 1—8 月回升 0.5 个百分点；利润总额同比增长 2.3%，较 1—8 月回升 0.9 个百分点。企业订单增加、市场预期向好。调查显示，9 月反映国内市场订单与上月相比增加和维持原状的企业占 70.6%，环比提高 8.6 个百分点，同比提高 3 个百分点；反映企业总体生产经营状况良好和一般的占 86.0%，较上月提高 7.6 个百分点。企业研发经费支出及固定资产投资有所改善。据调查显示，9 月反映 2022 年以来有研发经费支出的企业占 55.0%，较上月提高 3.5 个百分点；反映 2022 年以来有新增固定资产投资的企业占 49.2%，较上月提高 5 个百分点。创新型企业加快发展壮大。2022 年以来，全市新增国家级专精特新"小巨人"企业 139 家，总量达到 257 家、居西部第二位；新增市级"专精特新"企业 1579 家。

二、需要关注的问题

（一）民营工业经济增长面临挑战

全市工业经济运行短板和束缚较多，增长形势仍不容乐观。一是民营工业新动能培育不足。随着全市电子产业增加值增速持续放缓，产业层级低、升级换代慢、核心配套少、产业链不稳等问题更加突出，电子产业发展存在隐忧。同时，生物基因、低碳经济等新兴产业招商引资、培育不足，进入产业新赛道相对滞后。二是民营工业能源保障能力不强。碳达峰、碳中和目标下"能耗双控"政策、进口煤总量偏少以及重庆电力、电煤等能源自给率低、保障能力弱，与国家骨干能源网络互联互通水平不足，电力、天然气等调峰能力不强，能源问题持续困扰重庆民营工业经济稳定运行。工业企业用电成本较高，重庆一般工商业电度电价在0.60~0.66元/千瓦·时之间，部分企业工业电价达到0.72元/千瓦·时，远高于贵州、四川等周边省市。

（二）民间投资意愿持续疲弱

民间投资信心不足，民营工业投资持续放缓，房地产投资稳定性不足。一是总需求不足制约民企投资意愿和能力。受经济下行、疫情反复等影响，居民就业压力增大、收入预期降低，导致终端需求疲弱且短期内仍难以改善，企业面临需求不足、营业收入减少等多重制约，投资意愿和能力受到较大抑制。三是生产经营成本高企影响企业投资信心。近期，国际大宗商品价格虽有所回落，但原油、金属等原料价格仍处于高位，企业生产成本压力不减。同时，高温限电期间部分企业通过自发电生产、夜班生产等方式运转，用电、用工成本均有增加，企业投资信心受到一定抑制。二是民营工业投资短期冲击明显。在8月高温极端天气、电力紧缺等因素冲击下，民营工业项目投资建设滞后，1—9月工业民间投资同比增长6.7%，低于全市工业投资增速2.8个百分点；新开工项目计划总投资增速同比下降6.5%，新开工项目平均规模降幅进一步扩大至-14.6%。三是房地产投资稳定性不足。受房企拿地开发能力受限、新开工及在建项目减少、市场预期不足等困扰，全市房地产备案项目数、计划总投资持续负增长，累计增速分别同比下降37.1%、40.7%，房地产市场何时见底趋稳仍有待观察。

（三）民营企业生产经营压力增大

受生产成本上涨、市场预期不足等影响，民营企业生产经营面临较大压力。一是成本上涨挤压盈利空间。全国大宗商品原材料价格、国际物流成本、劳动力成本高位运行，特别是用工成本和原材料成本居高不下对民营企业造成巨大压力，利润空间受到挤压，部分企业"增收不增利"。据市经信委调查显示，39.3%的中小企业认为当前制约企业发展的主要困难为原材料购入价格上涨，环比提高1.7个百分点；其中48.0%的化学原料和化学制品制造业企业、43.6%金属制品业企业、41.3%计算机、通信和其他电子设备制造业企业认为原材料成本费用的上涨对企业生产经营影响较大。二是市场低迷加重经营压力。受疫情多点散发、经济下行压力增大等影响，市场预期下降加重企业经营压力。据市统计局"四上"民营企业景气调查显示，16个行业门类中有13个行业均处于不景气区间，特别是建筑业、房地产业、交通运输仓储邮政业、文化体育娱乐业等行业景气指数偏低，处于极不景气区间且对未来预期偏低。据市经信委调查显示，中小微企业受疫情冲击更大，订单不足、成本上升、账款回收难等困难加重，生产经营压力增大，亏损面进一步扩大至18.0%。

三、2023年发展环境及展望

（一）世界政经形势错综复杂，发展不确定性增大

俄乌冲突、通胀高企、货币加速紧缩等导致全球经济体普遍面临下行风险，民营企业对外贸易市场发展不确定性进一步加大。一是国际贸易投资受贸易保护和单边经济制裁影响加深。以美国为首的西方

国家实施"芯片法案""技术封锁"等，对民营企业开展国外先进适用技术、项目等合作和外资的利用造成较大制约，我市民营企业走出去开展国际产能合作、拓展国际市场将面临更强的市场壁垒，民营企业国际经贸合作难度将有所增大。二是全球外汇金融和商品市场波动加大民营企业发展风险。国际地缘政治冲突和安全局势更加紧张，经济衰退风险上升对全球贸易格局、投资格局等方面影响仍将深化，大国科技竞争和战略博弈更趋激烈，西方国家对我国的科技和高新产业将持续打压，外汇市场、大宗商品价格波动加剧，能源危机、粮食危机、气候变化等一系列挑战增多，将可能引起民营企业出口汇率风险损失，增大民营企业大宗原材料进口成本。

（二）国内稳大盘政策持续发力，发展空间加快拓展

随着稳经济大盘一揽子政策和接续政策措施加快落地实施，我国将强化民营企业政策支持，优化民营企业发展环境，增强全市民营经济发展动力。一是新发展格局将拓展至民营经济发展空间。作为贯彻党的二十大精神开局之年，我国将完整准确全面贯彻新发展理念，构建新发展格局，推动扩内需与深化供给侧结构性改革有机结合，加强跨周期宏观调控，促进经济稳定恢复增长，进一步优化民营经济营商环境，拓展民间投资新空间。二是国家对民营经济政策支持力度将更大。财政政策将持续优化，专项债和政策性开发性金融工具、税费缓缴、稳岗支持等方面将进一步加码，精准发力保市场主体和扩大投资的支撑保障作用进一步强化。货币政策将保持流动性合理充裕，强化结构性货币政策工具使用，加大实体经济融资支持力度。产业政策聚焦产业基础再造和重大技术装备攻关，对企业技改和设备更新等方面的支持将明显加强，战略性新兴产业融合集群、"专精特新"企业发展将获得重点支持。深层次改革开放扎实推进，将实施自由贸易试验区提升战略，构建面向全球的高标准自由贸易区网络，深度参与全球产业分工与合作。房地产市场因城施策政策工具更具针对性。

（三）市内民营经济发展环境优化，发展质量不断提升

重庆深入贯彻落实国家重大发展战略，加快推动成渝地区双城经济圈建设，将着力优化民营经济发展环境，深入推进民营企业发展转型升级，增强民营经济发展韧性和动力。一是创新驱动战略深入实施将有助于培育全市民营经济高质量发展新动能。我国持续加大创新支持力度，强化产业链自主可控能力建设，相关政策导向有利于西部（重庆）科学城、两江新区等开发平台加快创新载体和创新主体培育，大力扶持高新技术企业、"专精特新"企业集聚发展，助推民营经济转型升级。二是供需两端全面发力增强发展动力。我国推动制造业高端化、智能化、绿色化发展的相关举措，将助力重庆传统产业向智能制造转型，加快新能源汽车、电子核心部件等重点领域外引内培，打造世界级智能网联新能源汽车产业集群，"专精特新"企业等将获得更多资源倾斜。中欧班列、西部陆海新通道高质量发展深入推进，中新项目、自贸试验区制度型开放探索加快，将助力全市深化改革开放，拓展民营经济发展空间。我国推动系列稳经济大盘政策细化落地，有助于重庆扩投资、促消费、提振市场主体发展信心，民营经济发展活力将得到有效激发和快速释放。

（四）2023年民营经济发展趋势及预测

适应加快构建新发展格局、推动高质量发展要求，重庆将加快推动成渝地区双城经济圈建设，充分发挥市场在资源配置中的决定性作用，增强国内国际两个市场两种资源联动效应，优化民营企业发展环境、强化平台支撑，提升贸易投资合作质量和水平，促进我市民营经济发展总体平稳、稳中有进。2023年民营经济预计实现增加值同比增长7.5%左右，民间投资同比增长6.5%左右。

四、对策建议

（一）聚焦堵点难点，缓解民营企业生产经营压力

进一步加大政策支持，加强市场开拓帮扶，切实降低民营企业生产经营成本。一是帮扶企业稳订单、拓市场。降低民营企业参与政府采购门槛，研究扩大市区两级政府民营企业采购份额和参与范围，合理划分采购包和扩大联合体投标。支持企业参加进博会、广交会以及各类线上展会活动，充分借助阿里巴巴、亚马逊等电商平台获取订单。二是切实降低企业运营成本。进一步研究扩大社保费缓缴政策覆盖面，加强对企业货运防疫成本的补贴支持。加强大宗商品监测预警，强化民营企业关键零部件供给保障。三是强化对民营企业融资支持。推动商业银行提早参与项目实施、配足中长期贷款，强化项目建设的资金、土地等要素保障。运用阶段性财政贴息、政策性金融工具等举措，支持经济社会发展薄弱领域设备更新改造。推动"信易贷·渝惠融"平台与市内其他信用贷款平台互联互通，扩大信用融资覆盖面及额度。三是增强中小微企业创新发展能力。精准聚焦中小微和创新创业企业，深入落实留抵退税、缓缴社保、扩围失业保险留工补助、增加普惠小微贷款额度等政策，进一步助企纾困、稳市场主体。

（二）聚焦重点领域，增强民营工业发展内生动力

全力推动传统产业改造升级和新兴产业引进培育，增强民营工业经济发展混合动力。一是加快培育民营工业新动能。全面落实"科技创新财政金融政策30条"等政策措施，加强领军企业、"专精特新"企业、隐形冠军企业的培育引进，畅通政府、科研院所、企业等多方创新参与机制，强化产业链上下游企业合作，引导产业成链、成群发展。加强低碳经济、生命基因等领域招商和产业培育，促进新兴产业发展壮大。二是加快推动民营工业转型升级。推动电子、汽车产业补链延链强链，提升重点零部件本地配套能力，增强产业链安全性稳定性。加快民营工业生产线数字化智能化改造，提升传统产业生产制造工艺水平，促进传统产业、产业园区转型发展，增强民营工业增长后劲。

（三）强化项目建设，多措并举激发民间投资活力

抢抓国家宏观政策窗口期，加快推进重点项目建设，着力扩大民间有效投资规模。一是充分发挥民间投资关键作用。发挥重大项目牵引和政府投资撬动作用，支持民间投资参与我市重大工程、科技创新等项目建设。引导民间投资高质量发展，支持制造业民间投资转型升级，鼓励民间投资更多依靠创新驱动发展，引导民间投资积极参与乡村振兴。适时提前启动一批"十四五"规划重点项目，强化项目建设的资金、土地等要素保障，推动民间投资项目加快实施。持续聚焦"保交楼""保民生"，妥善化解房企债务风险，督促停、缓建项目尽快复开工，推动房地产开发投资回稳。二是强化民企能源供应安全保障。稳定外煤入渝保供渠道，加快推进水电、页岩气等清洁能源开发，提速推进疆电入渝、渝西页岩气开发等能源项目建设。加强应急备用和调峰电源能力建设，重点防范严重自然灾害和极端外力破坏等可能引发电网大面积停电的风险，强化保障民营工业用电。

（四）提升政策效能，加快提振民营企业发展信心

持续优化改善民营经济营商环境，有效提升城市竞争力，提升民企发展信心。一是不断优化民营经济营商环境。继续破除制约民间投资发展的"玻璃门""弹簧门""旋转门"，依法保护各类产权特别是私有产权，打破制约土地、劳动力、资本、技术、数据等要素自由流动的障碍，提升资源配置效率。进一步优化工程建设审批流程，梳理解决"政策互相冲突、审批互为前置"问题，加快提高电子证照使用率，推动工程建设审批服务"一网通办"。二是推动助企纾困政策落地见效。全力落实国家稳经济大盘系

列政策及接续政策措施,明确申报流程,提升政策兑现便捷度。结合民营企业政策获得感和问题反馈,及时动态调整和细化政策举措,促进政策精准匹配企业需求,切实缓解企业生产经营压力。三是营造良好民营经济发展生态。健全民营企业常态化联系对接机制,及时掌握企业发展的最新情况和发展诉求,了解并推动解决企业生产经营存在的问题,为民营企业发展营造良好环境。搭建推广"不来即享"惠企政策服务平台,保证惠企政策"能享尽享",对政策兑现进度缓慢的项目及时督促整改。

[重庆市综合经济研究院(重庆市经济信息中心)宏观经济研究课题组
主研:易小光　丁　瑶　余贵玲　李　林　张　佳　李　霞
执笔:李　霞]

之十四：2022年重庆市市场监管环境形势分析及2023年展望

2022年，重庆市市场监管系统深入学习贯彻习近平总书记关于市场监管工作的重要论述，全面贯彻落实党中央、国务院决策部署和市委市政府、市场监管总局工作要求，着力深化改革、强化监管、优化服务，市场监管工作取得新成效，为推动高质量发展、创造高品质生活提供了有力支撑。

一、2022年重庆市市场监管形势情况

（一）统筹发展和安全展现新作为

一是风险防控机制日益健全。统筹市场监管领域安全生产工作，成立安全生产委员会，制定安全生产职责清单、工作规则。建立定期调度、排查整治等工作机制，发布第五版市场监管领域风险隐患排查事项清单383项，常态化开展风险隐患大排查、大整治、大执法、大督查行动，督促企业自查，开展监督检查，组织专业检查和面上督查，压紧压实各方责任。进一步完善食品、药品、特种设备安全监管办法、措施，修订家庭集体宴席服务活动经营者备案管理办法，推动规范化、制度化、常态化解决问题，市场监管领域安全形势平稳可控、持续向好。

二是风险隐患治理持续深化。围绕重点时段开展安全风险隐患排查整治，举一反三排查整治"3·15"晚会曝光问题，全力以赴为党的二十大、市第六次党代会胜利召开营造良好安全环境。围绕重点品种加强质量安全抽查，1—9月，开展食品抽检10.67万批次，不合格率3%；开展药品抽检7646批次，不合格率0.42%；开展工业产品监督抽查9745批次，问题发现率10.73%，质量安全问题得到稳妥处置。围绕重点问题强化专项整治，推进食品安全"守查保"行动，排查整治风险隐患问题15.37万个，查办食品安全违法案件9142件；深入开展药品安全专项整治行动，排查整治风险隐患1658个，查办药品安全违法案件2143件；持续深化危化品相关特种设备专项治理，推进电梯质量安全、"黑气瓶"整治巩固提升行动和起重机械、燃气安全等专项整治，下达监察指令书2638份，查办特种设备违法案件956件。围绕重点民生领域强化消费者权益保护，1—9月登记处理投诉举报15.66万件，为消费者挽回经济损失6746万元。

三是风险应对能力逐步提高。充分发挥平台作用，推动召开市食药安委全体（扩大）会议，协调召开全市食品药品安全工作专题会议，推进落实食品安全属地责任、企业主体责任。深化做好安全稳定工作的规律性认识，建立"查什么、怎么查、谁去查、查后怎么办"工作流程，细化"见事、见人、见地、见时，具体化、流程化、责任化、场景化，有措施、有任务、有行动、有效果"处置措施，强化重点难点问题"专门事项、专题研究、专人负责、必要时组建专班"专项处理。开展旅游景区餐饮、农村家宴、大型游乐设施等应急演练，稳妥处置进口冷链食品涉疫事件20起，未发生系统性、区域性安全事件。

（二）优化营商环境实现新突破

一是市场主体活力有效激发。积极推进营商环境创新试点，高质量完成28项首批改革任务，一批试点经验行之有效、受到市场主体欢迎。认真做好迎接世行评估准备，梳理细化指标"考点"151个。深化

市场准入、准营、退出制度改革，开展不含行政区划企业名称登记，全面推行经营范围规范化登记、企业住所标准化登记、"一件事主题套餐服务"。在内陆城市中首次启用港、澳地区非自然人投资者主体资格证明简化版公证文书。开展食品生产许可"一证多址"改革试点。稳妥实施歇业制度，试行市场主体除名、特殊标注和强制退出改革。企业跨区县迁移平均办结时限3天。截至9月底，新设立市场主体42.78万户，同比增长3.97%；注（吊）销市场主体27.17万户，同比增长5.13%。全市市场主体总量335.98万户。

二是市场竞争秩序更加规范。强化公平竞争审查刚性约束，加快制定贯彻落实强化反垄断深入推进公平竞争政策的实施行动方案，研究制定招商引资、政企合作、招标投标公平竞争审查规则。作为全国五省市之一，获国家总局委托，开展8个省（区、市）经营者集中简易案件反垄断审查试点。开展妨碍统一市场和公平竞争政策措施清理，妨碍公平竞争文件及政策措施占比保持低位、持续下降。加强反垄断反不正当竞争执法，查办垄断案件10件、不正当竞争案件351件。深化市场秩序综合治理，开展民生领域案件查办"铁拳"行动，加强打击整治养老诈骗、粮食市场整治、房地产领域虚假宣传等重点领域专项整治，1—9月，立案查办案件1.98万件。

三是助企纾困解难持续加力。对接落实稳住经济一揽子政策措施，细化提出推动落实更大力度支持市场主体发展、促进平台经济规范健康发展等5个方面20项措施。扎实开展涉企违规收费专项整治行动，坚决整治涉企乱收费、乱罚款、乱摊派。持续实施服务民营经济发展20条措施，新推出助力市场主体纾困解难7个方面26条举措。建立扶持个体工商户发展部门联席会议制度，制定实施支持个体工商户发展的若干措施35条。上线"个体工商户服务直通车"，启动首届"个体工商户服务月"活动。严格公正监管，把握"时度效"，兼顾"法理情"，对违法行为实行"五个维度"综合研判、分类处置。推进柔性执法，明确对87种轻微违法经营行为不予处罚，制定45项不予实施行政强制措施清单。对新经济市场主体探索实施"沙盒监管"、触发式监管、远程监管、"不见面"监管。

四是知识产权保护不断加强。推动出台知识产权强市建设纲领性文件，强化全链条知识产权保护，2021年打击侵权假冒违法犯罪绩效考核获满分、位列全国第一档。加快知识产权创造数量质量双提升，实施高价值专利培育工程，截至9月，全市每万人口发明专利拥有量15.57件；全市拥有有效注册商标总量78.45万件，地理标志商标294件。

（三）质量强市建设迈出新步伐

一是质量政策体系更加完善。贯彻落实质量强国建设纲要，在西部地区率先发布贯彻落实国家标准化发展纲要的实施意见，在全国首批以省市政府名义出台计量发展规划。推动"质量提升"纳入区县经济社会发展业绩考核、市级党政机关目标管理绩效考核，推动"质量强市建设"纳入市政府2022年督查激励工作事项。积极争取市政府获批设立质量提升专项资金。

二是质量基础设施加快建设。推动标准化制度创新，参与制（修）订国家标准和行业标准141项，同比增长76.1%，新发布地方标准149项，同比增长191%；获得企业标准"领跑者"证书8张。在西部率先推行生活用燃气表、水表计量器具出厂检定、首次检定"二检合一"试点工作，新建社会公用计量标准34项。深入开展小微企业质量管理体系认证提升行动，指导帮扶177家企业利用认证手段开展质量提升，新建质量基础设施"一站式"服务平台139个。

三是技术支撑服务不断夯实。统筹实施国家质检基地（二期）、食品药品检测基地等"十四五"重大项目，加快国家检验检测认证公共服务平台示范区、国家检验检测高技术服务业集聚区、国家汽车摩托车发动机产业计量测试中心、国家铝产业计量测试中心建设，有力支撑产业发展和市场体系规范运行。

推动梁平区预制菜、合川区火锅产业发展，推动制定重庆小面食品安全地方标准，出台服务生物医药产业高质量发展措施26条，协调共建生物医药创新发展服务中心。

（四）综合监管效能得到新提升

一是智慧监管持续深化。初步建成智慧注册许可系统、智慧食品安全监管系统、智慧特种设备安全监管系统、药品智慧监管平台。扩大电子证照、电子签章等应用范围，236个涉企事项仅需扫描电子营业执照即可智能填报涉企信息。打造"山城有信"品牌，加快建设市场主体"健康码"、重点商品"溯源码"、重点人员"警示码"，实现"一键扫码、一码明信、一体监管"。电梯全生命周期智慧安全管理服务体系纳入2022年智博会重庆馆展示。

二是信用监管有效强化。加强信息归集公示，累计归集注册登记、行政许可等涉企信息1.29亿条，并100%记于企业名下。推进信用风险分类监管，在全国率先上线使用市场主体信用风险分类监管平台，分类评价企业107.59万户，并采取差异化监管措施。强化信用激励约束，对1.02万户守信市场主体依法依规给予优先办理、简化程序等便利服务措施。累计3.63万人（次）"失信被执行人"在注册登记环节受到任职资格限制，1.47万户（次）失信企业受到联合惩戒。依法依规实施信用修复，引导企业主动纠正失信行为、重塑信用。

三是网络监管大力推进。促进平台经济发展，开展"平台点亮"行动，引导25家重点电商平台企业"亮照、亮证、亮规则"，不断深化平台合规治理。加强网络监测，坚持以网管网，线上发现的线索线下落地处置、线下发现的问题线上同步监测监管。加强网络直播营销、长江禁捕、网络大促等网络监测，加强线上市场风险监测和预警。治理网络突出问题，持续开展网络市场监管专项行动，严查借党的二十大进行商业炒作、兜售商品牟利等违法行为。

四是协同监管不断深入。加强事中事后监管，制定重庆市市本级市场主体监管计划，与相关市级部门建立联合监管机制，在食品、药品领域建立事前事中事后全流程监管机制，进一步构建市场主体全生命周期监管链。加强跨区域协作，推动川渝市场监管联合执法。推进社会多元共治，开展"3·15"消费维权、食品安全宣传周、世界计量日等宣传活动，举办新闻发布活动97次，开展原创报道1769条次。

二、面临的问题挑战

（一）安全形势仍然复杂严峻

食品产业基础比较薄弱，环境污染、种植养殖环节农兽药残留超标等问题短时间内难以根治。有的农贸集市售卖中药非法添加化学药的情况时有发生。老旧电梯更新改造大修、老旧住宅加装电梯等问题矛盾日益突出，压力管道企业主体责任难以有效落实。在经济下行压力下，企业质量安全投入减少也可能带来新的风险隐患。

（二）市场主体发展困难增多

新冠肺炎疫情不确定性仍然较大，存量市场主体生产经营困难，尤其是中小微企业、个体工商户面临营收增长乏力、利润下降和预期转弱等问题。面对持续的需求收缩和内外部供给冲击，新设市场主体增速放缓，市场主体的预期转弱愈发明显，新设市场主体增长乏力，增速进入波动期。

（三）市场失序风险日趋凸显

随着市场规模的快速增大、市场生态的日益复杂，监管资源和监管服务对象不匹配的矛盾日趋突出。线上市场加快发展，各类新产业新业态新模式不断涌现，对市场监管带来新的挑战。破除行政性垄断面临现实压力，影响公平竞争和市场秩序的问题依然突出。产品和服务质量水平不高，侵害消费者合法权益的情形仍然不容忽视。

（四）市场监管基础较为薄弱

在巩固经济回稳向上基础关键期，市场各方对监管政策高度关注、十分敏感，推进监管执法面临两难甚至多难，需要更好把握从严监管与包容审慎监管的关系。市场监管效能亟需适应庞大规模复杂市场，技术支撑和科技赋能市场监管有待持续加强，加快构建现代化市场监管体系。

三、2023年展望

（一）进一步筑牢安全稳定底线

统筹发展和安全，持续完善风险防控、责任落实、应急处置等工作机制，加强重点领域安全能力建设，促进常态化隐患治理、科学化风险管控，严密防范系统性安全风险。严格落实"四个最严"要求，对食品、药品、特种设备实行全主体、全品种、全链条监管，强化重点工业产品风险监测和监督抽查，加大消费者权益保护工作力度，让人民群众买得放心、吃得安心、用得舒心。

（二）进一步推动高质量发展

坚持监管服务并重，以质量强市、质量强区（县）建设为抓手，深入开展质量强镇、强园、强企活动。发挥专业技术作用，进一步完善质量基础设施，用好计量、标准化、检验检测、认证认可等手段，提升质量基础、技术保障能力，助推产业发展。推进知识产权强市建设，加强知识产权法治保障，强化知识产权全链条保护，全面提升知识产权创造、保护、管理和服务水平。

（三）进一步深化改革创新

一体推进"放管服"改革，深化准入准营和退出制度改革，认真落实助企纾困政策措施，培育发展市场主体。高标准推进营商环境创新试点，迎接世行新一轮营商环境牵头指标评估工作。助力构建全国统一大市场，加快高标准市场体系建设，完善市场准入、公平竞争、知识产权等市场基础性制度，加强反垄断和反不正当竞争，促进成渝地区市场一体化发展。加快推进技术机构"二次创业"。系统总结提炼改革经验，将其固化为制度性成果，转化为政策性举措。

（四）进一步提高监管效能

扎实推进依法监管，深化综合执法改革，建立跨部门综合监管制度，完善市场监管执法办案协作机制，加大关系群众切身利益的重点领域执法力度，完善行政执法程序，健全行政裁量基准，严格规范公正文明执法。推动智慧监管、信用监管、协同监管和网络监管同步发力、相互支撑、互为补充，着力解决监管力量和能力不足问题。探索新业态新模式触发式监管机制。加强宣传引导，促进社会多元共治。

[重庆市市场监督管理局　周家鹏]

之十五：2022年重庆市自然资源开发利用分析及2023年展望

一、2022年重庆市自然资源开发利用工作开展情况

2022年1—9月，重庆市规划自然资源局严格落实"疫情要防住、经济要稳住、发展要安全"要求，持续跟踪已出台15条稳经济大盘政策措施实施情况，全力向自然资源部争取有利于重庆市当前和未来发展的空间指标，项目用地应保尽保，重点行业发展支撑有力，服务效率优化提升，安全底线全面筑牢，为全市经济社会高质量发展提供了有力的空间保障和要素支撑。

（一）强化规划引领，多措并举保障高质量发展空间

一是科学划定"三区三线"。统筹当前和长远，积极向上争取，努力为未来保护资源、保障发展留足空间，自然资源部发文同意重庆市启用划定成果作为建设项目用地报批的依据，重庆市成为率先通过审查并正式启用的10个省市之一。在"应保尽保"前提下，核定重庆市2035年耕地保护目标任务为2664万亩，较之前减少195万亩；永久基本农田面积为2064万亩，较之前减少360万亩；生态保护红线面积为19204平方千米，较之前减少283平方千米；城镇开发边界增加584平方千米，另有存量建设用地464平方千米，较好满足了重庆市保护和发展需求。二是深化国土空间总体规划。根据国家审定的"三区三线"成果和《全国国土空间规划纲要》，修改完善《重庆市国土空间总体规划》，按程序及时报批。积极指导区县做好国土空间总体（分区）规划的修改和报批工作，形成阶段性成果。同时，研究起草《关于加强〈重庆市国土空间总体规划（2021—2035）〉实施的工作方案》，确保"三区三线"等约束性指标和刚性管控要求落地落实，拟提请市规委会第十六次会议审议。三是强化重大项目空间保障。在"三区三线"划定过程中，积极对接市级部门，收集近期拟实施的市级重点建设项目2600余个，在国土空间规划"一张图"上落实落细；对暂未准确选址的规划项目，尽量以图上示意的方式或以项目清单形式，纳入国土空间规划项目一览表。全面用好用活规划过渡期政策，开辟绿色通道，积极指导区县重大产业、基础设施、民生环保等项目申报预支空间，有效保障了重庆国际生物城、重庆电力高等专科学校（潼南校区）等重大项目先行落地。

（二）紧盯重大项目，全力保障稳增长用地需求

一是提高项目用地报批率。用活用足现有政策工具，指导区县提高用地报批组件质量和效率，完成重大项目用地审批15个、254.84公顷，报批率达到95.2%。二是精准对接项目用地需求。对照国家基金项目、稳经济大盘项目、重点项目、区县关注项目四张项目清单，完成轨道交通4号线西延、璧铜线、15号线一期和二期等7条线路审批办理。三是积极争取政策支持。专程赴自然资源部，协调解决重点项目因占用永久基本农田难以落地问题，加快审批科学城道路、大科学装置超瞬态实验项目等42个市级重点项目。

（三）优化资源供给，有效推动要素市场健康发展

一是全力保障产业用地需求。聚焦稳产业链，加快工业项目投产落地，优先供应重点工业项目用地，

支持产业转型升级和新产业新业态用地，加大信息技术、高端装备制造等产业用地保障。二是做好后续批次住宅用地集中出让。加强市场形势研判和统筹调度，因时因势灵活施策，把握土地供应节奏，促进土地和房地产市场平稳运行。逐宗地块研究规划指标、竞买条件、起始价和招商等事宜，合理确定第三批次出让地块。三是有序推进矿业权竞争性出让。持续做好建筑砂石保供稳价，年产能达到1.93万吨、同比增长9.3%，累计产量1.1亿吨，销量1.03亿吨，分别同比增长7.2%、7.3%。新产页岩气22.54亿立方米、同比减少0.4%。

（四）加强存量盘活，积极推动形成更多实物工作量

一是积极开展闲置土地调查、认定和处置工作。截至9月，全市共处置闲置土地1092公顷，任务完成率为128.6%，提前完成部下达年度目标任务。梳理更新出45宗具有代表性的"积案"，按照"一案一策"原则，逐一跟踪对接，强化贴身服务，现已积极化解办理3宗。二是加快推进已出让住宅用地开发建设。加速"久供未建"住宅项目许可办理，建立台账、打卡推进，核发建设工程规划许可证56件次，许可住宅面积205万平方米。三是加快推进存量资产登记办证。全面部署已建成轨道项目和规划历史遗留问题登记确权工作，开展轨道建成站点周边空置轨道设施用地摸排，逐宗分析未利用土地情况，提出利用方向和建议。四是提高废弃矿坑综合利用水平。全面摸清中心城区可利用废弃矿山资源底数，探索补足殡葬设施民生短板、消纳建筑渣土等方式，加快推动废弃矿山资源盘活利用。

（五）深化改革创新，持续提升现代化治理能力

一是加快处置稳经济大盘重点问题。落实全国稳住经济大盘电视电话会议精神，深入分析规划自然资源工作影响经济运行的堵点、难点问题，落实专人专项对接为企业纾困解难，收集区县党委政府、企业需解决的重大事项198个，已办结127个。二是深化"放管服"改革。围绕国际化、市场化、法治化营商环境打造，新纳入"全渝通办"事项17个，局内纳入"全渝通办"事项达到62个。优化调整规划调整等审批权限，下放中心城区工业用地出让审批事权。收集汇总企业、区县局诉求，梳理化解"放管服"改革政策文件执行中的堵点、难点问题。三是强化数据信息共享与技术支撑。提高数据信息共享水平，加快建设"重庆市城市信息模型（CIM）基础平台"。初步构建全市应急测绘基础地理底图数据池，为多地森林火灾提供前线应急测绘和基础地理信息技术支撑。加强智能网联汽车基础地图、政策保障和数据生产创新试点研究，向长安汽车开放地理信息公共服务平台、遥感影像统筹服务平台、卫星导航服务平台。

（六）树牢底线意识，全力筑牢安全发展防线

一是提高粮食安全风险意识。坚决扛起耕地保护政治责任，建立健全共同责任机制，组建"市、区县、乡镇"三级耕地保护工作专班。加强耕地恢复补足工作调度，实行周调度、周通报，全力推进占补平衡补充耕地、耕地恢复补足等任务落实。二是切实筑牢地质灾害防线。坚持人民至上、生命至上，先后组织市气象局、市应急局等部门会商研判61次，提前部署安排，全力做好防范应对，最大限度保障群众生命财产安全。截至9月，成功应对了15次强降雨天气过程和历史罕见高温天气，提前安全转移受地质灾害威胁群众17677人，成功预警和处置灾情8起，直接避免了114人伤亡。三是严格落实安全生产责任。坚持"管行业必须管安全"，严格做好常态化疫情防控工作，专题召开迎接党的二十大安全稳定工作部署会。深入开展"三查三治"，督查检查耕地复垦、土地整治、地质灾害工程治理、地勘测绘等野外施工项目外业近30次。深入推进矿产资源"打非治违"，建立线索台账，定期调度研究。四是积极化解信访稳定风险。部署调度安全稳定工作47次，印发党的二十大规划自然资源领域信访安全保障工作方案。聚焦征地拆迁、规划修改等重点领域，严格落实"五包"责任，持续跟进调度领导包案事项，全力为党的二十大胜利召开营造安全稳定的社会环境。

二、2023年重点工作打算

2023年，重庆市规划自然资源局要在市委、市政府坚强领导下，全面学习、深刻领会好党的二十大精神，进一步深刻领悟"两个确立"的决定性意义，增强"四个意识"、坚定"四个自信"、坚决做到"两个维护"，紧紧围绕党的二十大报告提出的中心工作，结合市六次党代会工作部署，全面贯彻落实"疫情要防住、经济要稳住、发展要安全"的相关要求，坚持从全局谋划一域、以一域服务全局，为全市推动高质量发展、创造高品质生活提供国土空间规划引领和自然资源要素保障，为奋力书写重庆全面建设社会主义现代化新篇章贡献应尽之力，在推进中国式现代化中展现新担当新作为。重点抓好以下6个方面工作。

（一）发挥国土空间规划基础性引领作用

在"三区三线"划定基础上，加快完善市级国土空间总体规划和区县分区规划，为发展规划提供支撑，为专项规划提供指导约束。持续深化完善《重庆市中心城区重点功能片区体系规划方案》，加快构建全面系统开放的功能片区体系。以城市更新提升工作为抓手，加快功能优化完善，着力提升资源配置效率。强化国土空间规划项目生成，依托国土空间基础信息平台，探索构建"战略—行动—空间平台—重点项目"传导路径，协同重庆市国民经济和社会发展五年规划与年度计划，形成基于国土空间基础信息平台的全市重大项目生成机制，引导实现要素跟着项目走、项目跟着规划走。统筹做好韧性城市总体布局，结合疫情防控等新情况，统筹考虑健康驿站、劳动者港湾等空间布局，形成公共传染防控、应急物资保障网络体系。指导各区县做好避暑康养空间布局研究，保障避暑康养生态绿色产业发展用地需求。

（二）加快解决稳经济大盘重点问题

精准对接用地实际需求，紧抓报批各环节形成"作战表"。积极争取国务院和自然资源部支持，继续给予重庆市新一轮用地审批权委托试点。用好自然资源部用地保障接续政策，抓好用地计划指标保障，简化规划用地审批，用好增存挂钩政策，积极推行"并联式"审批，全过程、全流程做好重大项目用地保障服务，争取报国家项目用地早批、快批。全力抓好住宅用地供应规模、时序和出让调度，精准指导中心城区外区县土地出让。持续优化工业用地布局，深化"城车协同"研究，积极支持智能网联新能源汽车产业等实体经济发展。全面推行工业项目标准地出让，优先保障重点工业项目用地。

（三）全力守护好耕地保护红线

优化耕地和永久基本农田空间布局，切实将"三区三线"划定的耕地和永久基本农田全面落实到各级国土空间规划，从源头构建最严格的耕地保护体系。全面压实各区县耕地保护主体责任，坚决落实耕地保护党政同责，健全耕地保护目标责任考核机制。专项督查未完成"十三五"耕地保护目标任务的区县和2021年以来耕地面积减少的区县，抓紧分类整改，有序推动耕地补足任务完成。总结推广永川区城市田园试点经验，推动城市田园与耕地保护相融合。

（四）积极推动存量资源盘活利用

探索"以用定治"存量盘活模式，加快盘活废弃矿坑、中心城区轨道周边用地存量资产。积极推动中心城区久供未建住宅项目加快建设，由"等着企业报批"转变为"追着企业服务"，加快推动审批久供未建项目。坚持"一案一策"、分类化解，积极推进办理"积案"，让企业投资早日转化为实物量。建立供后建筑项目审批监管系统，"定责、定时、定人"对"积案"以及存量住宅项目进行专项督办。

（五）持续提升行政服务质量和效率

针对"放管服"改革难点、堵点问题，"一事一策"推动前期向区县党委政府和重点企业收集的 198 个问题早日办结。会同相关市级部门，采取容缺受理方式开展竣工联合验收，在建设单位书面承诺后期按规定完善消防、人防等验收要件后，可先行受理竣工规划核实申请并办理；探索建立竣工规划核实与行政处罚分离机制，在建设单位书面承诺依法接受违法建设处罚并承担有关法律责任后，可先行对合法部分办理竣工规划核实。

（六）全力以赴防风险保安全护稳定

坚决扛起防范化解重大风险、创造安全稳定环境的重大政治责任，全力防范地质灾害风险，及时发现制止矿产资源非法开采盗采行为，抓好矿业权管理、关闭矿山领域专项检查和局系统工程施工安全监管，加强信访稳定矛盾纠纷排查化解和源头预防处置，坚决防止发生重特大安全事故和重大网络舆情事件，为经济社会平稳健康发展营造良好环境。

[重庆市规划和自然资源局　董大法　张艺扬]

之十六：2022年重庆市城乡居民收入状况分析及2023年展望

2022年前三季度，重庆市深入贯彻落实党中央、国务院决策部署，坚持稳字当头、稳中求进总基调，坚决落实好"疫情要防住、经济要稳住、发展要安全"的重要要求，高效统筹疫情防控和经济社会发展，城乡居民收入增速保持稳步增长态势。

一、2022年重庆市城乡居民收入增长特点

（一）城乡居民收入持续保持稳步增长态势

前三季度，重庆全体居民人均可支配收入27826元，同比增加1694元，同比增长6.5%，增速比上半年上升0.1个百分点，持续保持稳步增长态势。其中，城镇居民人均可支配收入35863元，同比增加1901元，增长5.6%；农村居民人均可支配收入14727元，同比增加1027元，增长7.5%，二者增速均较上半年上涨0.1个百分点。

（二）收入增速快于全国

前三季度重庆全体居民人均可支配收入增速比全国平均水平高1.2个百分点，在全国31个省（自治区、直辖市）、西部12个省（自治区、直辖市）中分别排第六位、第三位；城镇居民人均可支配收入增速比全国平均水平高1.3个百分点，在全国31个省（自治区、直辖市）、西部12个省（自治区、直辖市）中分别排第六位、第三位；农村居民人均可支配收入增速比全国平均水平高1.1个百分点，在全国31个省（自治区、直辖市）、西部12个省（自治区、直辖市）中分别排第三位、第二位。前三季度重庆全体居民人均可支配收入绝对额在全国31个省（自治区、直辖市）、西部12个省（自治区、直辖市）中分别排第九位、第一位。

（三）四项收入保持增长

工资性收入持续发挥"稳定器"作用。前三季度，重庆全力以赴稳就业、保就业，落实好各项就业纾困政策，就业形势总体稳定，居民工资性收入稳中有固。全体居民人均工资性收入15171元，同比增长6.5%，在4项收入总量中占比超过五成，持续发挥"稳定器""压舱石"的作用。

经营净收入是居民增收的"助推器"。前三季度，为克服新冠肺炎疫情、高温干旱等不利影响，重庆相继出台了一系列助企纾困政策，落实减税降费政策，缓解企业压力，激发市场活力，助力居民经营净收入增长。全体居民人均经营净收入4340元，同比增长6.3%，发挥了"助推器"作用。

财产净收入增速最快。前三季度，受新冠肺炎疫情常态化防控影响，居民理财观念有所改变，避险意识提升，储蓄意愿增强，居民利息净收入实现较快增长。全体居民人均财产净收入1683元，增长6.8%，仍有较大提升空间。

转移净收入增长稳中有进。前三季度，重庆按照"保基本、兜底线、救急难、可持续"的总体思路，全面夯实基本民生保障体系，不断完善民生保障兜底政策，居民获得感、幸福感持续提升，居民转移净

收入增长稳中有进，稳中提质。全体居民人均转移净收入6632元，同比增长6.5%。

表1 2022年前三季度重庆市全体居民人均可支配收入情况　　　单位：元、%

指标	本年	上年	增加额	同比增速	占比
人均可支配收入	27826	26133	1693	6.5	100.0
工资性收入	15171	14248	923	6.5	54.5
经营净收入	4340	4082	258	6.3	15.6
财产净收入	1683	1576	107	6.8	6.0
转移净收入	6632	6227	405	6.5	23.8

（四）收入结构持续优化，城乡收入比继续缩小

从收入结构来看，前三季度，重庆全体居民工资性收入、经营净收入、财产净收入和转移净收入所占比重分别为54.5%、15.6%、6.0%和23.8%，工资性收入占比超过五成，是居民增收的重要组成部分；财产净收入比重偏少，但在四项收入中保持相对较快增速，占比逐步提升。从城乡居民收入比看，前三季度，重庆城乡居民收入倍差为2.44∶1，较上年同期下降0.04个百分点。

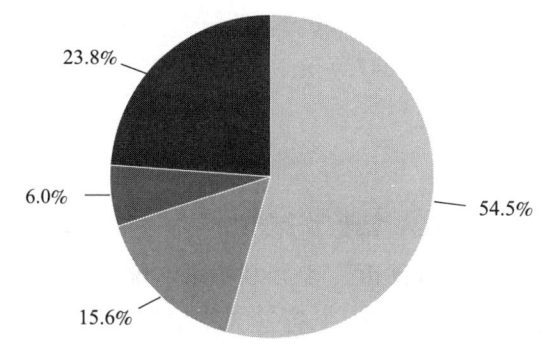

图1 2022年前三季度重庆市全体居民收入结构

二、2022年城乡居民收入增长原因分析

（一）经济运行恢复向好，为全体居民增收奠定坚实基础

前三季度，全市经济保持恢复性增长态势，尤其是在克服疫情、高温干旱少雨等不利因素的情况下，经济继续恢复，实现地区生产总值20835.06亿元，同比增长3.1%。前三季度，全市规模以上工业增加值同比增长4.0%，固定资产投资同比增长3.3%，实现社会消费品零售总额1.05万亿元，同比增长1.5%。工业生产者出厂价格同比上涨3.4%，居民消费价格温和上涨1.9%，全市价格水平基本平稳，为居民增收奠定良好基础。

（二）全力以赴稳就业保就业，为居民增收提供强有力保障

前三季度，全市就业形势总体稳定，城镇调查失业率平均值为5.4%，城镇新增就业60.5万人，完成目标任务的100.8%，同比增长1.3%。一是落实纾困政策稳就业。重庆出台"降、缓、返、补、扶"等一系列政策礼包。1—9月累计为27.9万户企业及个人降低失业保险费22.1亿元，为1.1万户企业办理缓

缴失业保险费8191.7万元，为12.6万户企业及社会组织发放稳岗返还资金12.1亿元，发放社保补贴、一次性吸纳就业补贴等政策资金7.7亿元。二是聚焦重点群体稳就业。抓实离校未就业高校毕业生就业工作，市区联动高频举办专业化、小型化专场招聘会，推动脱贫人口"应转尽转"。三是提升服务质效稳就业。围绕重点产业、重点群体用工培训需求，针对性开发培训项目，开展急需紧缺工种培训，1—9月全市开展补贴性职业技能培训21.7万人次，完成年度计划的86.8%，职业培训工种对接重点产业171个，产业对接率达到78.1%。

（三）民生保障持续加码，为城乡居民增收注入强大活力

前三季度，重庆市委、市政府按照"保基本、兜底线、救急难、可持续"的总体思路，全面夯实基本民生保障体系，促进居民转移性收入稳步增长。一是上调低保金标准。从2021年9月起，全市城市最低生活保障标准提高到每人每月636元，同比增长2.6%；农村最低生活保障标准提高到每人每月515元，同比增长3.8%；特困人员基本生活保障标准提高到每人每月827元，同比增长2.6%。二是上调退休金标准。采取"定额调整、挂钩调整、适当倾斜"相结合的调整办法，从2022年1月1日起调整企业和机关事业单位退休人员基本养老金。三是为特殊群体增发生活补贴。增发标准为城市低保对象127元、农村低保对象100元、特困人员165元。此外，对符合条件的受疫情影响无法返岗复工、连续三个月无收入来源、生活困难且失业保险无法覆盖的农民工等群体，经本人申请发放一次性临时救助金。

（四）助企纾困一系列政策持续发力，为居民增收创造有利条件

前三季度，重庆相继出台了192条稳经济政策包，为居民经营性收入增长提供有力支撑。一是税惠纾困，采取组合式税费支持政策，聚焦"退、减、免、缓、延"五方面综合发力，有效提振市场主体信心，增强发展内生动力，促进经营净收入增加。据重庆市税务局数据显示，1—8月，重庆累计新增减税降费及退税缓税缓费546.6亿元。二是减费纾困，通过对受疫情影响或生产经营困难的中小微企业和个体工商户给予水费气费财政补贴，落实阶段性降低用电成本措施。三是金融纾困，积极为重点领域、重点行业、重要群体纾难解困，并持续深化"百行进万企"专项行动，推进信贷直达。

（五）农村经济平稳向好，为居民增收注入强大活力

前三季度，政府全力巩固拓展脱贫攻坚成果、接续推进乡村振兴，农村产业蓬勃发展，有力推动农民增收。一是农业经济总体平稳运行。蔬菜生产平稳增长、特经作物快速发展、农产品生产者价格止跌转涨。二是畜牧业养殖效益较好。前三季度，生猪出栏1365.1万头，同比增长8.9%，生猪价格持续增长，禽蛋量价齐升，带动养殖户收益增加。三是农产品线上销售持续活跃。"巴味渝珍"农产品电商平台资源汇聚能力进一步增强，累计整合全市2765家企业、9963款产品，带动全市农产品销售。四是乡村旅游高质量发展，激活乡村发展新活力。重庆市瞄准城乡居民新消费，实现产业空间新拓展。尤其是疫情防控期间，户外露营、民宿康养等旅游方式的兴起，重庆从基础设施完善、服务标准建立、从业人才培养、活动策划宣传等多点发力，加快实施乡村休闲旅游提升计划。

三、2023年城乡居民收入增长形势展望

从当前来看，重庆高效统筹疫情防控和经济社会发展，城乡居民收入保持良好恢复增长态势，增收形势持续向好，增速高于全国平均水平；但从长远看，有利因素和不利因素并存，在新冠肺炎疫情常态化防控下，经济民生发展仍存在堵点，全市居民增收面临新的挑战。综合来看，2023年，重庆城乡居民收入将保持平稳增长态势。

（一）有利因素

一是重庆高效统筹疫情防控和经济社会发展，持续优化产业结构，加快产业升级，努力优化市场环境、助企纾困，激发活力，增强企业竞争实力，推动企业积极开拓市场，实现高新技术产业持续健康发展，保持经济运行在合理区间，为城乡居民收入持续增长奠定坚实基础。二是持续推进"一区两群"协调发展，为城乡居民增收带来新机遇。重庆落实三个片区建设行动方案，做大做强"一区"、做优做特"两群"，因地制宜，挖掘各自片区优势，突出比较优势，发展优势产业，实现片区协同发展，为城乡居民增收提供新机遇。三是全面提升农业综合效益促居民增收。重庆实施种业振兴行动，加快农田宜机化示范改造，稳定粮食播种面积和产量，扩大油料作物种植面积，健全生猪产业平稳有序发展长效机制，为居民增收提供保障。同时，提高现代山地特色高效农业发展水平，统筹推进农业现代化示范区、现代农业产业园和农业高新区建设，大力发展农产品精深加工、农村电商和乡村旅游，促进农村一、二、三产业融合，为居民增收增添活力。四是消费升级扩容，促进居民多渠道增收。以国际消费中心城市培育建设为引领，以提振消费稳定经济增长为目标，以品质提升、数字赋能等"巴渝新消费"八大行动为抓手，大力推动消费扩容提质；推进"两江四岸"整体提升、中央商务区提档升级、寸滩国际新城高标准建设，加快解放碑—朝天门、观音桥等核心商圈升级建设；培育新型消费，挖掘重庆特色文化、特色美食和特色旅游资源，推动消费产业联动融合，提质发展电子商务，促进线上线下融合、商旅文体跨界发展。消费升级扩容，进一步丰富了居民增收渠道。

（二）不利因素

一是新冠肺炎疫情反复，经济民生发展承受压力。当下，疫情防控形势仍然严峻复杂，防控任务仍然艰巨繁重，疫情仍将在一段时间影响居民的正常生活，一定程度上抑制国内需求，不利于住宿餐饮、旅游文化等接触性消费行业的健康发展，也将影响居民工资性收入和经营净收入的可持续增长。二是物价上涨减弱居民增收获得感。据国家统计局重庆调查总队调查数据显示：9月份，CPI同比上涨3.5%，为30个月以来最高水平，涨幅较上月扩大0.7个百分点；前三季度，CPI由去年同期的持平转为上涨1.9%。物价的上涨，尤其是食品价格上涨，居民感受深切，这在一定程度上减弱了居民增收的获得感和幸福感。

[国家统计局重庆调查总队　林瑶奇]

之十七：2022年重庆市创新发展情况及2023年展望

2022年以来，重庆市坚持以习近平新时代中国特色社会主义思想为指导，牢记习近平总书记对重庆的殷殷嘱托、抢抓成渝地区双城经济圈建设战略机遇，坚持内激活力、外引资源，深入推进以大数据智能化为引领的科技创新，推动建设具有全国影响力的科技创新中心取得积极进展。

一、坚持创新引领，提升全域科技创新能力

突出从点到面、一域到全域的全面创新，完善科技创新体系，着力打造一城引领、多园支撑、点面结合、全域推进的创新格局。

（一）高质量建设科创中心核心承载区

西部（重庆）科学城建设取得新进步，金凤实验室揭牌投用、华大时空组学中心落地，引进清华大学李克强院士团队打造智能网联汽车创新中心，中科院重庆汽车软件创新平台入驻科研团队20个，渝粤病理科学研究中心完成法人注册，累计引进建设新型高端研发机构26个、科技创新基地184个。两江协同创新区打造取得新成效，明月湖实验室集聚先进储能等方向院士团队9个，重庆卓越工程师学院揭牌运营，引进建设开放式国际化研发机构46家、市级以上研发平台399个。广阳湾智创生态城创建取得新进展，提速打造长江模拟器、长江上游生态航道国家野外科学观测研究站，启动建设广阳湾实验室，集聚市级以上研发机构208家、市级以上孵化平台23家。

（二）大力发展高质量创新主体

加快推进张江、广州国家实验室重庆基地落地，"一室一策"优化重组国家重点实验室，大力建设金凤实验室、明月湖实验室等重庆实验室，新建市级重点实验室38个，市级以上科技创新基地和平台达到992家。启动运营电池储能技术等研究中心，分布式雷达验证试验场建成投用，超瞬态实验装置完成总体规划设计，种质创制大科学中心一期投用、二期启动建设。新引进知名高校院所5家、累计107家，落地建设研发机构65家。实施科技企业成长工程，科技型企业超过4.2万家、同比增长13.7%，高新技术企业有望突破6000家、同比增长17.5%，国家专精特新"小巨人"企业达118家，科创板上市企业实现零突破。

（三）加快推动区县科技创新

制定出台《关于支持区县科技创新发展的指导意见》，实施市区科技协作计划，差异化布局创新资源，支持区县科技创新，荣昌畜牧科技城、巴南国际生物城、南岸迎龙创新港、涪陵慧谷湖创新小镇等加快建设，奉节成功创建首批国家创新型县，"一区一平台""一区一特色"初步形成。

二、坚持"四个面向"，增强高水平科技供给

坚持面向世界科技前沿、面向经济主战场、面向国家重大需求、面向人民生命健康，加快攻克关键

领域的核心技术，为建设现代化产业体系提供坚实科技支撑。

（一）深入实施基础研究十年行动计划

加快前瞻性、引领性、交叉性基础研究布局，制定实施基础研究行动计划，组织实施市自然科学基金项目1725项、资助经费8000万元，争取国家科技项目979项、中央财政资金7.36亿元，在肿瘤免疫、干细胞移植、觉醒睡眠与学习记忆等医学领域，以及金属强化、低能电子显微镜开发等材料领域，均取得重大原创性理论突破。

（二）积极推进关键核心技术攻关

聚焦智能科技、生命科技、低碳科技三大重点领域，围绕工业软件、电子器件、智能制造、大数据、生物医药、食品健康、现代农业、绿色能源、生态环境、节能减排等十个具体方向，实施科技创新重大专项18项和重点专项443项，资助财政经费6.9亿元，带动社会投入超过30亿元，加快推进关键核心技术攻关，发布首款具有自主知识产权的国产通用型科学计算软件，问界M5/M7、长安深蓝SL03等新能源车型加快放量，成功研发国内首台光电混合计算原型验证机、全球首款光磁一体化手术导航医疗器械。

（三）加快建设国家新一代人工智能创新发展试验区

制定实施加快人工智能产业发展方案，加快建设卫星互联网、智能传感器等技术创新中心，认定首批数字化转型促进中心18家，获批全国一体化大数据中心成渝节点，国家顶级节点（重庆）标识累计注册总量超119亿个，获批建设全市首个视听交互国家新一代人工智能开放创新平台。遴选L4级自动驾驶网约车无人化示范运营等人工智能应用场景项目13个，加快发展线上业态、线上服务、线上管理，打造"智造重镇""智慧名城"。

三、坚持目标导向，加快成果转化和产业化

加强企业主导的产学研深度融合，促进人才、技术、成果、资本双向流动，以科技创新巩固壮大实体经济根基。

（一）高质量发展科技园区

新增开州市级高新技术产业开发区，形成"4+12"高新技术产业开发区格局（国家级4个、市级12个），工业总产值占全市40%以上，成为全市高质量发展先行区。加快创建渝北国家农高区，培育农业科技园区22个（国家级13个、市级9个），选派国家"三区"人才1392人次、市级科技特派员4956人次。

（二）促进科技成果转化

聚焦建设国家科技成果转移转化示范区，着力构建"点、线、网、面"成果转移转化体系，建设环大学创新生态圈10个，新增重庆理工大学国家大学科技园1家、累计3家，新获批国家级孵化平台18家、累计95家，建设国家"双创"示范基地8个，认定市级技术转移示范机构5家、累计35家，技术合同成交额208.2亿元、同比增长61.3%。

（三）加快发展科技服务业

加快制定科技服务业高质量发展三年行动计划，建设原始创新、高技术产业、成果转化、科技金融、大众科普等公共服务平台，依托西部（重庆）科学城、两江协同创新区等打造科技服务业集聚区，形成覆盖科技创新全链条的服务体系，2022年1—8月科学研究和技术服务业营业收入同比增长14.1%。

（四）强化科技金融支撑

重组科技投资平台，按照"1+3"基金架构建立科创培育基金，种子、天使、风险三支政府引导基金

组建子基金 92 支、总规模 297.2 亿元，累计投资项目 1520 个、金额 192.1 亿元。深入推进知识价值信用贷款改革，新增为 2027 家企业发放知识价值信用贷款叠加商业贷款 59.7 亿元，分别增长 26.3%、27.7%。

四、坚持释放活力，营造优良创新生态

深化科技体制改革，着力扩大科技开放合作，加快集聚高层次创新人才，厚植创新创业社会土壤，充分调动创新主体积极性和社会创造活力。

（一）深化科技体制改革

完善科技成果、人才评价机制，优化科技激励机制，积极推进"地方科学基金项目'负面清单+包干制'"等 4 项国家全面创新改革重点任务，启动首批技术经纪专业职称认定，全域开展生物医药研发用物品进口试点，制定科技体制改革攻坚三年实施方案，视频化解读科创政策 16 条，持续开展科研人员减负行动。

（二）着力扩大科技开放合作

川渝合作深入推进，召开川渝协同创新专项工作组第 4 次会议，共建重点实验室等创新平台 9 个，联合筹办"一带一路"科技交流大会，成立成渝地区双城经济圈科研院所联盟和大学科技园协同创新战略联盟，启动共建国家车联网信息安全技术创新中心。区域合作更加紧密，与宁夏科技厅签署合作协议，渝鲁科技合作、科技援疆援藏等深入推进。国际合作不断拓展，深度参与国家"一带一路"科技创新行动计划，加强国际化科研环境建设。

（三）壮大创新人才队伍

深入实施"重庆英才计划"等人才计划，开展博士"直通车"、博士后定额资助，加快集聚高层次创新人才。在渝两院院士累计 18 人，柔性引进两院院士 84 人，新增国家"杰出青年" 2 人、累计 56 人，新增国家"优秀青年" 13 人、累计 69 人，首次获得信息领域国家创新研究群体 2 个，新增外国高端人才（A 类）32 人、累计 1310 人。

五、2023 年工作重点

2023 年，重庆市将深入贯彻党的二十大精神，深学笃用习近平总书记关于科技创新的重要论述和对重庆提出的系列重要指示要求，深入实施科教兴国战略、人才强国战略、创新驱动发展战略，锚定市第六次党代会提出的"科技实力显著提升"目标，继续秉承"内激活力、外引资源"思路，奋力建设具有全国影响力的科技创新中心，让科技创新"关键变量"成为重庆高质量发展的"最大增量"。

（一）完善科技创新体系

大力培育战略科技力量，建设大科学装置、国家实验室（基地）、重庆实验室、国家科技创新基地等高能级科创载体，支持高水平大学建设、科技领军企业发展，深化市属科研院所改革。高质量建设科创核心承载区，加快建设成渝综合性科学中心（金凤片区）、推动科学城和大学城融合发展，强化两江协同创新区"科创+产业"内涵、打造"一带一路"国际技术转移中心，深入推进广阳湾智创生态城智能化、绿色化创新发展。推动区县特色创新发展，坚持"一区一平台""一区一特色"，以科技规划、科技平台、科技政策、科研项目等方式激励区县科技创新，优化全市创新版图。

（二）提升科技创新能力

加强原创性科技攻关，深入实施基础研究十年行动计划，加快布局前瞻性、引领性、交叉性基础研究。打好关键核心技术攻坚战，聚焦智能科技、生命科技、低碳科技持续实施科技创新专项，加强企业主导的产学研深度融合，提升组织创新能力水平。引领人工智能产业创新发展，以国家新一代人工智能创新发展试验区建设为抓手，组建卫星互联网、智能传感器等技术创新中心和工业软件云创实验室，深入推进人工智能、大数据等技术与重庆特色场景化应用，开辟新赛道、塑造新优势，带动和支撑"满天星"计划实施发展。

（三）推动科技经济深度融合

开展创新链产业链资金链人才链深度融合行动，聚焦重庆市支柱产业和战略性新兴产业发展制定"四链融合"路线，以产业链带动创新链，以创新链布局产业链、集聚人才链、匹配资金链。高质量发展高新区，深入推动重庆市高新区、农高区等高质量发展，构建新一代信息技术、人工智能、生物技术、新能源、新材料、高端装备、绿色环保等一批新的增长引擎。加快培育科技型企业，深入推进创新型领军企业培育行动和科技型中小企业创新发展行动，引导企业加快发展研发力量，力争高新技术企业突破6500家、科技型企业突破4.5万家。加速科技成果转化和产业化，加快建设国家科技成果转移转化示范区，打造金凤科创园、国际科创园、广阳湾科创园等核心载体，完善全链条成果转化体系。大力发展科技服务业，实施科技服务业高质量发展三年行动计划，完善研究开发、检验检测认证、创业孵化等科技服务体系，打造高技术服务业集聚区。强化科技金融支撑，持续开展知识价值信用贷款改革试点，设立科创培育基金，完善种子、天使、风险投资体系，优化科技企业上市服务机制。

（四）营造良好创新生态

深化全面创新改革试验，出台科技体制改革攻坚三年行动方案，深化科技评价、科技激励、青年科研人员减负等改革举措。扩大科技开放合作，深化川渝协同创新，加快共建"一带一路"科技创新合作区，高水平举办"一带一路"科技交流大会，针对性引进一流大学、大院大所和头部企业，大力培育新型研发机构。培育高素质科技人才队伍，发挥科技计划作用，依托各类创新主体，加快引育"两院"院士、海外知名科学家、科技领军人才和创新团队、高精尖缺外国人才。营造浓厚创新文化氛围，出台新时代进一步加强科学技术普及工作的实施方案，优化完善大科普工作格局，加强科普能力建设与宣传，培育具有重庆特色的创新文化。

[重庆生产力促进中心　杨　艳]

之十八：2022 年重庆市知识产权发展情况和 2023 年展望

2022 年，重庆市知识产权系统全面贯彻落实党中央、国务院各项决策部署，认真学习宣传贯彻党的二十大及重庆市第六次党代会精神，坚持统筹推进安全稳定与发展，坚持将党建与业务工作相融合，以高度的政治自觉扎实做好巡视整改工作，取得积极成效。

一、2022 年重庆市知识产权工作情况

（一）坚持党建引领，凝心聚力展现新作为

一是坚持政治引领不动摇，推动理想信念更加坚定自觉。深刻把握"两个确立"、自觉做到"两个维护"，扎实履行全面从严治党和党风廉政主体责任，组织召开全面从严治党及党风廉政建设工作推进会 2 次，召开党组会 23 次，研究管党治党、"三重一大"等议题近百项。印发《贯彻落实〈关于推动党史学习教育常态化长效化的意见〉的措施》的通知，持续巩固深化拓展党史学习教育。开展"对党忠诚、始于足下"主题学习教育。二是坚持理论武装不松懈，推动政治理论学习走深走实。坚持将习近平新时代中国特色社会主义思想作为局党组会议第一议题，理论学习中心组学习的"常设议题"，全年共召开党组理论学习中心组学习会 9 次，收集中心组学习发言材料 44 份。研究制定深入学习宣传贯彻党的二十大精神工作方案，明确 3 个方面 15 项重点任务。三是坚持守正创新不止步，推动意识形态领域持续向好。印发《贯彻落实〈党委（党组）意识形态工作责任制实施办法〉具体措施》《舆情管理暂行办法》等 4 项制度。分析研判意识形态领域情况 3 次，印发党的二十大维稳安保相关文件 3 个，梳理知识产权领域意识形态风险隐患排查事项 8 项。牵头开展"4·26"知识产权宣传周工作，全市累计开展知识产权宣传活动 190 余项，重庆日报、新华网等主流媒体刊发各类稿件 100 余篇。四是坚持"选育管用"齐发力，推动干部队伍建设提质增效。选派 2 名党组成员分别参加市委党校中青年干部培训班和市级部门领导干部进修班学习；选派 2 名党组成员参加市管领导干部学习贯彻党的十九届六中全会精神专题培训班学习。选派 2 名正处级干部参加重庆市市场监管局局管正职领导干部学习贯彻党的十九届六中全会精神专题培训班学习；选派 1 名正处级干部参加市委党校市级机关处长进修班学习。积极组织党员干部利用"学习强国""机关党建"等平台加强学习。加大选人用人工作力度，规范选任程序，拓宽交流通道，先后推荐 2 名优秀干部交流到市局系统任职，对机关处级领导干部进行轮岗交流调整，轮岗比例达到 80% 以上。选派年轻干部参与营商环境改革创新试点等重大任务。五是坚持严的主基调不动摇，推动政治生态更加健康向上。印发《深入开展作风突出问题专项整治工作实施方案》，重点围绕 7 个方面问题在全局范围内开展专项整治。组织召开新入职在编人员和派遣人员党风廉政暨警示教育工作会，教育引导年轻干部扣好廉洁从政的"第一粒扣子"。

（二）坚持知责担责，巡视整改取得扎实成效

一是加强组织领导科学谋划推进。局党组充分发挥把方向、管大局、促落实作用，迅速成立巡视整改工作领导小组和巡视整改办，统筹谋划推进巡视整改工作。印发《落实市委巡视反馈意见整改工作方案》和《市委第七巡视组巡视反馈意见整改落实方案》以及选人用人、意识形态 2 个专项整改方案，提

出整改措施 82 条。先后召开党组会议、巡视整改领导小组会议、专题会议等 40 余次，研究部署督导检查巡视整改工作。二是坚持直面问题做到真抓实干。局党组发挥"钉钉子"精神狠抓整改落实，主要领导亲自抓、负总责，分管领导具体抓、全程抓。局巡视整改办加强对巡视整改的日常监督，定期梳理整改进展情况，对整改过程中的问题和取得的成效进行分析评估。截至目前，重庆市市场监管局党组"1+2"整改方案涉及知识产权局的 31 条整改措施已完成整改 29 条，推进中 2 条。局党组坚持主动对标、举一反三、固强补弱，提出的 82 条整改措施已完成整改 81 条，推进中 1 条。三是注重标本兼治推动事业发展。坚持系统观念，主动把巡视整改融入日常工作、融入深化改革、融入全面从严治党、融入班子队伍建设，以巡视整改为契机，把"改过去""立当下"和"管长久"结合起来，举一反三、深化改革、完善制度，积极构建常态化、长效化机制。巡视整改以来，制定印发规范制度类、工作部署类、总结成果类文件 70 项，进一步完善知识产权工作制度体系。

（三）坚持底线思维，坚决筑牢安全稳定防线

一是做实做细常态化疫情防控。每周定期召开五简路办公区入驻单位工作例会，研究讨论办公大楼防疫及安全相关事务。严格落实疫情防控各项制度要求，严守大楼入口关，加强干部职工进出管理，坚持人车分流、体温检测、查验"双码"及核酸检测结果、持证上班；强化来访人员管理，严格登记查验、扫场所码，受访单位人员签字引导方可上楼。坚持每天对公共区域、重点部位、重点设施开展消杀，定期进行督导检查。适时督促入驻单位抓好防疫物资储备保障，积极引导干部职工开展疫苗接种。二是毫不松懈抓好办公大楼风险防控。完善五简路办公区后勤事务管理委员会组织体系，建立健全综合管理制度、联系人制度和应急管理制度。加强大楼安全隐患排查，建立设施设备及装修施工现场安全排查档案，明确责任领导、工作人员和工作时限。针对重点设施设备，积极与市局财务处、市局后勤中心沟通协调，加快推进设施设备维修改造。截至目前，锅炉、电梯机房空调设备、高层供水等已完成更换，电梯设备更换正按计划实施，消防设备等其他问题正积极协调处置。三是从严从实履行知识产权行业领域监督责任。做好专利代理机构、商标代理机构自查整改和信用承诺工作，督促指导市专利代理师协会、商标协会等相关行业组织开展风险隐患排查、违规行为调查等工作，督促各服务机构加强行业自律、诚信经营，共同营造规范健康的行业环境。

（四）坚持高位推动，知识产权顶层设计全面加强

一是开启知识产权强市建设新征程。市委、市政府印发《重庆市知识产权强市建设纲要》，这是全市知识产权领域首次以市委、市政府名义出台的纲领性文件，对今后 15 年全面推进知识产权强市建设作出了系统谋划和总体部署。市知识产权保护联席会议办公室印发实施《重庆市知识产权强市建设纲要和"十四五"规划 2022 年推进计划》。二是知识产权地方立法工作取得积极进展。高质量完成《重庆市专利促进与保护条例（修订）》起草任务，已按程序提请市政府审查。积极开展《重庆市知识产权保护条例》调研工作。《重庆市专利促进与保护条例》《重庆市知识产权保护条例》即将纳入重庆市人大、市政府 2023 年立法计划。三是知识产权高质量发展格局加快形成。市政府办公厅印发《重庆市高价值发明专利质量提升行动方案（2022—2024 年）》，紧扣全市战略性新兴产业集群，从做大增量、转化存量"双向发力"，明确了未来三年全市发明专利质量提升的 13 项工作举措和 8 项扶持政策。市知识产权局牵头会同市经济信息委、市科技局等部门细化分解指标和工作举措，推动方案落地落实。

（五）坚持多措并举，知识产权质量效益稳步提升

一是高价值专利培育工作进一步优化。制定《重庆市高价值专利培育项目实施细则》，继续实施高价值专利培育项目，以重点实验室、大院大所、专精特新企业为重点，立项支持 12 个高价值培育项目，

实现制造业产业集群全覆盖,支持在关键领域核心技术取得突破。支持渝北区、永川区开展"专精特新"中小企业高价值专利培育,举办高价值专利撰写、专利分析、高价值专利挖掘等培训7场。经市委、市政府同意,2022年新增设立重庆专利奖奖项,起草完成《重庆专利奖评审奖励办法》。二是专利导航工作体系进一步完善。面向企业、产业、园区运用产业数据和专利数据开展双轮导航,引导和支持2000家企业运用专利大数据资源导航技术研发和产品创新。积极开展企业专利信息分析服务,相关做法入选知识产权强国建设第一批典型案例。重庆知识产权保护中心获批国家级专利导航支撑服务机构。三是商标品牌培育成效进一步显现。制定《重庆市地理标志品牌培育指南》,印发《重庆市商标品牌指导站建设与运行管理办法(试行)》,布局设立集商标品牌培育、保护、运用、管理等为一体的公益性工作平台。深入开展地理标志助力乡村振兴行动,会同市商务委开展"渝惠全城""渝乡优品"产业振兴计划等活动。截至11月,全市新增注册商标8.64万件、农产品商标1.4万件、地理标志商标9件。四是知识产权运营效益进一步提高。积极推进重庆知识产权运营中心建设,发布市场化定价和交易工作指引,知识产权挂牌、收储、交易、作价入股等市场化运营成效初显,截至11月,撮合专利转让许可12件,许可金额120万元,完成知识产权作价入股1100万元。健全知识产权质押融资风险分担机制,在全国率先引入政府性担保基金代偿。与市财政局、重庆银保监局、人行重庆营管部建立知识产权质押融资工作常态化推进机制。截至11月,全市知识产权质押融资12.9亿元,新增知识价值信用贷款37.43亿元。

(六)坚持改革创新,知识产权助推营商环境优化持续发力

一是知识产权协同保护机制不断健全。会同市检察院出台《关于强化知识产权协同保护的具体措施》。联合市高法院出台《关于开展知识产权纠纷行政调解协议司法确认工作的实施办法(试行)》,会同市一中法院办理全市首例专利侵权纠纷行政调解协议司法确认案件。联合市司法局、重庆贸促会出台《关于加强知识产权调解工作的实施意见》,知识产权纠纷人民调解委员会调解知识产权纠纷4036件。二是知识产权行政保护效能不断提升。深入开展知识产权行政保护专项行动,截至11月,办理专利侵权纠纷案件696件;查办假冒专利和商标侵权案件888件,罚没金额682.18万元。发布2021年重庆市知识产权行政保护典型案例,摩托车外观设计专利侵权纠纷案入选重庆市行政执法优秀典型案例。涪陵某公司侵犯奥林匹克标志专有权案件入选市场监管总局知识产权执法典型案件。成立专利侵权纠纷行政裁决综合办公室,有效统筹市和区县两级知识产权执法力量,相关经验被国家知识产权局、司法部联合推介。建立专利侵权纠纷技术调查官制度,组织开展首批专利侵权纠纷行政裁决技术调查官遴选工作。加强展会知识产权保护,出台《重庆市展会知识产权保护工作指引》。三是知识产权保护平台建设不断完善。加快推进中国(重庆)知识产权保护中心建设,充实干部人才队伍,有序实施办公场地装修改造,积极对接国家知识产权局,恳请支持保护中心(国家级)挂牌授权。与国家海外知识产权纠纷应对指导中心签订战略合作协议,建立2000余家企业海外知识产权纠纷应对基础信息数据库,设立快速响应窗口和服务热线,对重大纠纷案件提供专家顾问"一对一"保障。四是川渝知识产权合作向纵深推进。制定印发《2022年川渝知识产权合作重点工作任务清单》,推动国家知识产权局专利局专利审查协作四川中心在渝设立工作站,组建资深专利审查员顾问团队服务全市企业高价值专利创造和布局。推动成立成渝双城经济圈高校知识产权信息服务联盟。组织开展"巴蜀味道"知识产权联合执法专项行动,形成区域知识产权保护合力。五是推动国务院营商环境创新试点落地见效。五项改革试点任务取得积极成效,共制定政策文件6个,实施项目4项,开展试点1项,改革经验做法得到了国家知识产权局和市政府的充分肯定。国家知识产权局专报杂志、市政府专题简报专刊推广我局营商环境创新试点经验。中国知识产权资讯网、《中国知识产权报》等国家级媒体以及《重庆日报》、华龙网等市级媒体共发布相关新闻报道60余篇次。

（七）坚持统筹推进，知识产权管理服务能力不断增强

一是知识产权公共服务体系不断健全。积极推动知识产权公共服务平台建设，完成《重庆市知识产权公共服务平台建设项目初步设计及概（预）算》项目招标、设计工作。支持铜梁区、永川区、黔江区、垫江县等区县设立知识产权综合服务中心。支持推动两江新区、重庆高新区、黔江区设立国家知识产权局商标业务受理窗口。大力推进技术与创新支持中心（TISC）、高校国家知识产权信息服务中心等公共服务骨干机构建设。国防专利代办窗口累计受理国防专利申请55批379件，受理量位居全国前列。二是助力市场主体纾困解难有力有效。建立商标快速审查机制，为重点企业、"专精特新"企业、重大招商项目商标注册提供预检索服务，提高商标注册申请成功率。发挥专利"优先审查"绿色通道作用，服务全市创新主体，截至11月，共办理专利优先审查1044件，为8190余家企业办理专利费用减缴备案。持续开展"为科技工作者办实事助科技工作者作贡献"行动，为275位优秀科学家及其团队提供专利信息检索分析等服务。三是知识产权服务业监管体系建设加速推进。开展专利代理机构监管职能下放试点，首批下放至两江新区、九龙坡区、永川区，强化基层监管力量。持续推进打击非正常专利申请工作，建立专利申请精准管理名单，对国家知识产权局转办的12902件非正常专利申请线索进行核查处理。深入推进代理行业"蓝天"专项整治行动，持续开展"双随机、一公开"工作，引导规范服务行业健康发展。圆满完成2022年全国专利代理师考试重庆考点工作。四是知识产权专业人才队伍建设不断加强。开展首批市级知识产权培训基地申报工作，推进人才培养载体建设。实施2022年度重庆市知识产权培训计划，推进高层次人才、专业性人才及实务性人才培养。开展知识产权人才识别和选拔推荐工作，形成重庆市知识产权专家人才库建设方案框架。推动重庆理工大学等高校建设知识产权交叉学科。2022年全市新增知识产权师51人。

二、2023年工作安排

2023年，重庆市知识产权系统将坚持以习近平新时代中国特色社会主义思想为指导，深入学习宣传贯彻党的二十大精神，全面落实市委、市政府安排部署和市市场监管局党组要求，对标对表知识产权强市纲要、"十四五"规划重点内容，锚定目标、真抓实干，坚持稳中求进，坚持高质量发展，全面提升知识产权创造、运用、保护和服务水平，奋力谱写重庆知识产权强市建设新篇章。将着力抓好以下五个方面工作。

（一）坚定不移推进全面从严治党

一是切实抓好党的二十大精神的学习宣传贯彻落实。要持续深入抓好党的二十大精神的传达学习和宣传贯彻工作，要在全面学习、全面把握、全面落实上下功夫，推动学习宣传贯彻工作走深走实。二是加强干部队伍和基层党组织建设。建立健全党建工作规章制度，进一步细化党组书记、支部书记和支部党建责任清单，扎实推进模范机关创建。全面推进选人用人工作，从严从实抓好干部管理监督，继续深入开展作风突出问题专项整治，持之以恒贯彻落实中央八项规定和市委实施意见精神，毫不松懈纠"四风"正作风。三是深化巩固巡视整改成果。持续深入推进巡视整改，适时组织开展"回头看"，防止反弹回潮。要建立健全整改落实长效机制，对需进一步推进和长期抓好的整改任务，紧盯不放、狠抓落实，以整改成果不断推进知识产权事业高质量发展。

（二）全面加强知识产权保护工作

一是全力推进知识产权地方性法规制（修）订。积极配合市人大、市政府做好《重庆市专利促进与保护条例》修订工作。扎实开展《重庆市知识产权保护条例》制定工作。有序推进《重庆市地理标志条

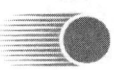

例》立法调研工作。二是切实加强知识产权协同保护。认真做好知识产权保护督查考核工作，强化统筹协调，增强部门之间知识产权保护合力。深化川渝知识产权协同保护，加强跨地区案件联合查办，推动区县开展川渝毗邻地区知识产权联合执法、证据移送、信息共享，共同打击跨区域知识产权侵权违法行为。三是加大高质量专利、商标品牌保护力度。继续严厉打击不以保护创新为目的的非正常专利申请和代理行为。深化商标品牌监测预警工作，加强对驰名商标认定、申报工作的业务指导和督查督导，切实维护商标权利人和消费者的合法权益。四是加快推进重庆知识产权保护中心建设，力争顺利通过国家知识产权局验收并正式投入运行，启动全市战略性新兴产业领域的专利预审、快速维权、专利导航等工作。五是持续推进深化改革、优化营商环境工作。统筹推进全面深化改革重点任务，积极推广优化营商环境创新试点经验，全面落实国家营商环境考核评价、世行评估迎检等工作。

（三）积极促进知识产权创造运用

一是大力培育高价值发明专利。推动实施高价值发明专利质量提升行动，实施高价值专利培育项目，建立一批高价值专利培育示范单位，持续开展关键核心专利布局。尽快出台《重庆专利奖评审奖励办法》，做好首届重庆专利奖评审奖励工作。培育一批国家级、市级知识产权优势企业。二是加强知识产权转化运用。加快推进重庆知识产权运营中心建设，完善知识产权市场化定价和交易机制，推动高校、科研院所存量专利高效转移转化。开展专利开放许可试点工作，提高创新成果转化运用效率。进一步健全知识产权质押融资风险分担机制，加快知识产权金融产品和服务创新，开展知识产权证券化融资试点。三是加强商标品牌培育力度。启动商标品牌指导站建设工作，开展重点区域地理标志商标品牌培育项目，支持相关区县形成一批具有较大影响力的区域品牌。开展地理标志助力乡村振兴专项行动，继续开展"新消费品牌培育""知识产权服务万里行"主题活动。

（四）全力提升知识产权服务能力

一是健全完善知识产权公共服务体系。支持更多区县设立综合性知识产权服务中心。不断提升技术与创新支持中心（TISC）服务能力，支持重庆邮电大学等工科高校创建国家级知识产权信息服务中心。加大重庆市知识产权公共服务平台建设力度，争取年内启动建设。二是持续深化"放管服"改革。不断提高便民利民、助企纾困服务水平，提升线下服务效率，解决群众"急难愁盼"问题。加强与国家知识产权局专利局四川审查协作中心合作，对全市战略性新兴产业发明专利开展集中审查试点，助力全市高价值专利培育。三是进一步推动知识产权服务业健康发展。发挥知识产权行业协会积极作用，指导开展违规行为调查等工作，督促服务机构加强行业自律。强化代理行业监管，对非正常专利申请、商标恶意注册等代理行为进行整治。抓好监管职能下放试点工作，建立健全市区县联动机制。探索建立专利代理机构评价指标体系，培育一批市级知识产权品牌服务机构。

（五）不断夯实知识产权工作基础

一是积极开展知识产权强国建设试点示范工作。推动强国建设试点示范城市、县、园区深入开展知识产权试点示范工作，切实发挥辐射带动作用。二是务实推进知识产权人才培养工作。组织实施2023年重庆市知识产权培训计划项目。配合市人力社保局做好知识产权师高级职称考评工作。实施首批市级知识产权培训基地建设项目，建立2~5家市级知识产权培训基地。三是进一步加强知识产权文化建设。认真开展"4·26"知识产权宣传周活动，抓好新闻媒体宣传，巩固壮大主流思想舆论。推进实施重庆市知识产权文化教育传播基地试点工作。深入推进中小学知识产权普及教育，培育一批知识产权教育试点学校。

[重庆市知识产权局　黄　艳　周建超]

之十九：2022年重庆两江新区经济运行分析及2023年展望

一、2022年重庆两江新区经济运行分析

2022年以来，面对复杂严峻的外部环境和疫情反复、高温干旱、能源短缺等多重考验，重庆两江新区全面贯彻疫情要防住、经济要稳住、发展要安全的重要要求，认真落实市委、市政府工作部署，高效统筹疫情防控和经济社会发展，统筹发展和安全，推动实施"稳住经济大盘20条"、"1+N"政策体系等系列举措，聚力打造"六个升级版"、实施"七大攻坚提升行动"，加快建设高质量发展引领区、高品质生活示范区，高质量发展势头持续向好。前三季度，经济运行总体可以概括为"总体承压、加快恢复、稳中有进、趋势向好"。

（一）主要经济指标表现良好

从第三季度情况看，主要经济指标多数高于全市平均水平，其中直管区GDP增长4.6%，高于全市1.5个百分点；规模以上工业增加值增长4.2%，高于全市0.2个百分点；社会消费品零售总额增长4.7%，高于全市3.2个百分点；实际使用外资增长34.1%，略高于全市平均水平；外贸进出口增长11.3%，高于全市1.3个百分点。

（二）产业转型升级有力有效

汽车产业加速向"新四化"转型，实现产值1175亿元，同比增长21.7%；特别是新能源汽车发展势头迅猛，新能源整车实现产值215亿元，同比增长506%，产量13.6万台，同比增长313%，产量占全市的55%，比上年同期提升22个百分点。产业结构持续优化，战略性新兴产业产值占工业总产值的59%，比上年同期提高5个百分点，装备制造、生物医药产值分别同比增长4.9%、5.5%。

（三）固定资产投资潜力逐渐释放

1—9月，固定资产投资同比增长1.1%，比全市增速缩小2个百分点。尤其是9月完成投资155.4亿元，环比增长36.3%，创造2022年以来单月投资新高。政府主导类项目完成投资432亿元，同比增长5.5%，增速较1—8月提高2.6个百分点；成功落地长安科技和长线智能项目、赛力斯第三工厂等百亿级重特大项目，赣锋锂电、赛力斯第三工厂全面开工，奥特斯四期、康宁前段熔炉等竣工投产。

（四）创新动能加速蓄积

两江协同创新区集聚"大学大院大所"50家，重庆卓越工程师学院顺利开学，新型储能材料与装备研究院开启全球人才招募，象帝先天钩一号GPU芯片正式发布，填补国内高性能通用GPU芯片市场空白。直管区科技型企业新增541家、总量达到3870家，市级"专精特新"企业新增142家、总量达到261家，新增和累计数量均居全市第一。

（五）开放通道效能持续提升

果园港国家物流枢纽货物总吞吐量1942万吨，同比增长22%，中欧班列、西部陆海新通道班列班次分别达到501、322班次，分别同比增长109%、82%。综保区跨境电商交易额65亿元，同比增长16%，

居全市第一。

（六）民生保障成效明显

系列助企纾困政策效应加快释放，累计办理退税 100.7 亿元，占全市的 17.6%，推动市场主体新增 1.95 万户，累计达到 12.86 万户，同比增长 8.76%。全力保障和改善民生，城镇新增就业 2.7 万人，完成全年目标的 106%。高效抓好疫情防控，8 月以来成功处置多起本土涉疫事件，全面有效控制社会面传播外溢。

同时，我们也要看到，新区经济发展仍面临不少困难和挑战。主要表现为：一是工业经济运行承压。电子产业下行压力加大，产业价格周期和市场需求收缩影响下，新区消费电子产品产量大幅下滑，手机、液晶显示屏分别下降 40%、24%，京东方、OPPO、翊宝等增加值率较高的企业产值下滑严重，成为影响工业快速增长的主要制约因素。同时，工业企业亏损面扩大，部分中小微企业生存较为困难。二是建筑领域持续低迷。建筑业总产值下降 2.5%，建安投资下降 2.7%，下降幅度仍在扩大。房地产市场信心不足，投资后劲乏力，下降 25.7%，较上半年降幅扩大。特别是恒大、类恒大房地产项目面积和户数约占全市 1/5，协调难度和风险较大。三是投资消费后劲不足。对重大项目主动策划设计不够，新增大项目好项目储备不足、存量新项目发掘不够，影响固定资产投资健康发展，基础设施依然是负增长，工业投资仍低于全市平均增速。消费有待进一步提振，凯欣粮油等部分商贸龙头企业业绩持续下滑，虽然新能源车销售火爆，但燃油车等大宗消费下滑较为严重。

二、2023 年经济运行的环境及因素分析

放眼全国，我国经济总体延续恢复态势，稳经济大盘接续政策加码实施，电力等能源保障更加充足，疫情防控更加高效，稳定经济的宏观环境持续向好。特别是党的二十大胜利召开，提出了一系列新的重要思想、重要观点、重大战略、重大举措，必将为推动经济社会高质量发展注入强大动力。纵观全市，深入贯彻党中央决策部署，着力稳住经济基本盘、积极培育壮大新的经济增长点，加快打造世界级智能网联新能源汽车产业集群，大力实施软件产业"满天星"行动计划，全力推动"建设国际消费中心城市 23 条""促进消费恢复 19 条"等政策落地落实，高质量发展动能更加强劲。立足新区，召开了干部大会暨优化营商环境大会，积极全面开启二次创业、走好新的赶考之路，加快打造"六个升级版"，大力实施"七大攻坚提升行动"，产业转型升级步伐加快，重大项目建设推进有力，保障和改善民生扎实有效，干部干事创业精神状态全面提振，高质量发展动力更强、活力更足、空间更广。

三、政策调控措施建议

（一）稳定工业经济

工业稳则经济稳。工业经济是新区经济发展的"压舱石"，是最重要的基本盘。要加快实施智能网联新能源汽车产业集群整车龙头引领计划，针对新区汽车产业芯片、"大小三电"等配套不够等问题，加快引进培育一批汽车芯片、"大小三电"、汽车软件等核心零部件配套企业；要围绕集成电路、新型显示、智能终端三大产业方向，加快研发创新、补链成群，提升电子信息产业附加值和竞争力，要加快实施软件和信息产业建圈强链计划。要逐企逐户分析重点企业，"一企一策"帮助解决面临的具体问题，确保水电气及用工、资金、原料等生产要素保障到位，包括持续关注、协调解决长安新能源、赛力斯等汽车企业"缺芯"问题，帮助电子企业稳住订单、抢占市场，靶向精准、措施到位，让企业最大程度释放潜能。

同时，各"链长"、各行业部门要加强对企业升规入库工作跟踪调度。

（二）扩大有效投资

坚持大抓项目、抓大项目，大力实施重大项目攻坚提升行动，坚持高位化调度、集成化作战、扁平化协调、一体化办理，项目投资取得了一定的成效，需要久久为功，持续用力抓下去。工业投资要尽快扭转，不能掉下来，要实行专人一对一、点对点服务，深入一线现场办公，协调解决项目推进中的困难问题，加快推动 SE 三工厂、赣锋锂电、理想整车、奥特斯四期等重大项目建设。基础设施投资项目要提速实施，加快推动武汉协和医院、儿童医院医学中心、市民中心等民生项目开工建设，用好专项债、片区贷、中央资金等项目资金，加快项目包装和资金使用。房地产投资要尽快止住降幅扩大势头，加大对房地产问题处置力度，推动区内国有房企拿地项目尽快开工，加大学校、医院等周边配套设施建设力度。要扎实做好项目入库工作，确保应统尽统。要谋划实施重大项目，加快实施好三年滚动计划。

（三）促进消费恢复

在后疫情时代，消费市场面临一些新形势、新情况、新问题，要持续关注和研究批发、零售、住宿、餐饮业等行业发展情况。要围绕国家和市内促进消费的一揽子政策，进一步优化新区具体措施，强化政策激励，全面释放消费潜力、刺激消费回升。要挖掘大宗商品消费潜力，广泛开展商场促销、汽车展销等消费活动，全面落实汽车购置税减半等政策措施，深入挖掘汽车、家电、成品油等大宗消费潜力。促进居民消费、品质消费，研究通过一些减免门票等方法吸引游客旅游消费，带动餐饮住宿等旅游经济发展，加快文旅消费、体育消费、文娱文化消费等品质业态发展。要加快发展新型消费，充分利用5G、物联网、大数据等新一代信息技术，推动传统零售与数字经济深度融合，推动线上线下融合发展，大力发展线上业态、线上服务、线上管理"三线经济"。

（四）加快开放提质

要不断优化外贸结构，持续做强加工贸易、壮大一般贸易，支持发展跨境电商、服务贸易等外贸新业态，让新区成为高品质外贸商品聚集地，推动外贸进出口稳中提质。要多在企业培育上下功夫，建立健全外贸企业培育库，引进和培育一批专业外贸公司和外贸综合服务企业，让更多企业能够"借船出海"。外资要引育并举，一方面存量外资企业要继续挖潜增效，比如奥特斯一二三四期、康宁玻璃一二期，要鼓励外资企业继续扩大投资。另一方面，要加快新的外资项目落地，与项目招商联动起来，推动提高外资到位率、外资履约率。

（五）保住市场主体

让市场主体留下来、活下去、发展好，是接下来工作的重中之重。要严格落实助企纾困政策，全面实施领导干部挂点联系重点企业工作机制，推动"三送一解决"服务，科级以上党员干部要"点对点、面对面"服务企业；各行业部门要靠前服务，强化宣传，全面排摸梳理，清单化、精准化提供服务，全力推进国家、市内各类惠企政策落实到位，让所有符合条件的企业都享受到政策红利。要精准金融支持，对有贷款需求的市场主体建立台账、列出清单，分类施策提供普惠性中小微企业贷款和延期、展期、降息等服务，切实帮助市场主体渡过难关。

（六）筑牢民生保障

越是经济下行压力较大，越是要保障和改善民生。要扎实抓好城市更新，围绕建设国际化、绿色化、智能化、人文化现代城市样板，进一步完善城市功能，提升城市品质，加快推动直属街道城市更新项目实施，积极按照三大新城"产城融合、职住平衡、生态宜居、交通便利"要求，做靓智慧园、枢纽港、寸滩国际新城等"城市新名片",谋划建设一批国际学校、国际社区、国际医院等高品质配套设施项目。要扎实抓好社会事业,坚持就业优先政策,借助重大投资、项目拉动更多就业,促进高校毕业生和农民工就业;支持和规范发展新就业形态,大力发展养老、托幼、健康等服务业,释放巨大就业潜力;发挥好基本医保、大病保险、医疗救助三重综合保障作用,及时足额将养老、失业、低保、救助等资金发放到群众手中,保障低收入群体基本生活。要扎实抓好安全稳定,深入开展安全生产大检查,加强防汛、交通、消防、建筑、治安等领域隐患排查治理,坚决防止重特大事故发生。

[重庆两江新区管理委员会　向　林　欧阳建明]

之二十：2022年中新（重庆）战略性互联互通示范项目建设情况及2023年展望

2022年以来，依托中新互联互通项目三级合作机制，重庆市和新加坡充分发挥"双枢纽"作用，中新（重庆）战略性互联互通示范项目（简称"中新互联互通项目"）合作稳步推进。金融服务、航空产业、交通物流、信息通信四大重点领域合作持续深化，绿色发展、科技创新、现代农业、医疗健康、人才交流等领域合作新增长点不断拓展，中新互联互通项目成效显著，辐射带动作用不断增强。

一、2022年中新互联互通项目运行分析

中新双方持续深化合作，各领域合作规划稳步推进实施，中新互联互通项目取得明显成效。2022年1—9月，在中新互联互通项目框架下，签署政府和商业合作项目56个，金额2.6亿美元，较2021年分别增加6个、减少31亿美元，项目规模明显减小；签署金融服务项目27个，金额59.7亿美元，与2021年全年相比，虽然项目个数减少13个，金额却增加近20亿美元，金融服务项目引进质效不断提升。中新互联互通项目实施以来，已落地政府和商业合作项目218个，总金额252.6亿美元，金融服务项目235个，金额291.6亿美元，项目累积效应不断显现。

（一）重点领域合作继续深化，辐射带动效应不断扩大

金融服务合作成效显著。中新跨境融资通道运行顺畅，重庆南岸城建等企业成功赴新融资，金融服务实体经济作用愈发彰显。新加坡狮城资本首次入渝合作，单笔投资超过6亿元，新方资本对重庆发展潜力持续看好。重点合作项目有序推进，中新金融科技合作示范区加快建设，中新互联互通项目数字人民币应用启动试点，金融科技投资基金累计完成7个项目共计1.5亿元投资。金融服务第三方市场合作实现突破，重庆—泰国两地银行协作为重庆企业提供境外融资服务，金融服务联盟延伸至日本等RCEP国家。

航空产业合作取得新进展。疫情期间渝新国际航空通道运行顺畅，"重庆—新加坡"航线客改货航班保持每周2班运行，客运航线保持每周1班宽体机运营，最大载客量由153人/班增加至250人/班，渝新两地人员双向顺畅往来得到有力保障。新加坡航空（重庆）保税航材分拨中心运行稳定，新航中国境内航材在重庆集中调配。中新机场商业合作取得突破，来自新加坡的DFS、DUFRY集团等世界知名零售企业及一批国际知名品牌相继入驻江北国际机场，机场商业国际化服务品质大幅提升，进一步助力重庆机场高品质商圈提档升级和国际消费中心城市建设。

交通物流合作扩面提速。中新（重庆）多式联运示范基地（一期）建成投用，为重庆、新加坡、德国杜伊斯堡港等多枢纽联动提供有力支撑。中新（重庆）跨境电商产业园启动运营，多式联运、冷链物流、跨境电商等项目合作提速推进。中国、新加坡、匈牙利三国企业共建中欧班列多式联运基地启动建设，成为中新拓展第三方市场合作典范。陆海新通道建设高水平推进，《中新（重庆）战略性互联互通示范项目国际陆海贸易新通道合作规划》正式发布，中老、中越、中缅印联运班列在全国首开，前8月陆

海新通道铁海联运班列开行1588列，通道网络覆盖113个国家和地区的335个港口，有力促进了地区产业链供应链稳定；重庆充分发挥通道运营组织中心作用，牵头推动西部陆海新通道建设，随着湖南省怀化市对接融入省际协商合作机制，"13+2"省区市①共建新格局基本形成。

信息通信合作持续深化。中新信息通信媒体联合创新发展资金（JIDF）合作稳步开展，累计为23家企业提供数字应用专项资金支持。信息通信领域项目建设有序推进，中新（重庆）大数据智能化产业示范园区建设提速，陆海新通道区块链平台成功搭建并完成首单业务测试，中新国际互联网数据专用通道监测平台一期建成投入试运行，万国数据重庆数据中心高效运行，信息通信服务支撑能力显著提升。

（二）新领域合作加快拓展，中新项目内涵不断丰富

绿色发展、科技创新、现代农业等领域合作空间加快拓展，合作新增长点不断培育。绿色发展领域，中新跨境绿色融资项目启动实施，重庆企业赴新发行绿色债券稳步推进；节能降碳合作有序开展，中新能源服务（重庆）公司3个分布式能源项目完成建设。科技创新领域，新加坡国立大学（重庆）研究院BLOCK71项目启动实施，累计为20家企业提供科技创新孵化支持；创新链产业链合作不断深化，3D打印产业合作探索加快。现代农业领域，中新（重庆）农业合作计划深入实施，中国西部地区与东盟国家200家企业参与中新（重庆）农业"双百"合作计划，忠县"忠橙"、巫山脆李等特色农产品稳步拓展东南亚市场，重庆农特产品出口形成新示范。医疗健康领域，重庆莱佛士医院、重庆中新肿瘤医院运营良好，国际化医疗服务品质持续提升，带动就医问诊量快速增长。人才交流合作领域，"3+1+1"本硕联合培养项目启动实施，中新国际技能人才培养与交流合作持续推进，卓越校长培养计划第五期学员完成赴新学习，多层次人才合作格局加快呈现。同时，新方支持重庆创建联合国教科文组织创意城市网络"设计之都"，将有效拓展双方创意人才项目合作潜力，进一步提升重庆人才国际化水平。

（三）国际交流合作平台活力持续释放，制度创新成效初显

中新互联互通项目联合实施委员会第七次会议顺利召开，在重点项目落地、政策创新、强化陆海新通道合作等方面进一步达成系列共识，统筹协调力度稳步加大，有效确保了中新互联互通项目合作走深走实。渝新联合主办了智博会、陆海新通道国际合作论坛等，首届重庆·新加坡体验周、2022中新金融峰会等系列重大活动紧密筹办，为政府机构、企业及商协会沟通合作搭建广泛的国际交流平台，中新互联互通项目的国际影响力不断提升。中新互联互通项目开放平台优势充分发挥，制度型开放创新持续深化，保税航材海关监管模式创新、中新国际贸易"单一窗口"数据互换、经认证的经营者（AEO）信用培育合作等制度创新取得积极进展。《中新互联互通项目创新政策备用清单》完成制定，制度创新探索指引不断增强。

（四）下一步应重点关注的问题

项目合作广度和深度有待拓展，项目实施进度仍需关注。一是跨国合作和招商引资受限。受疫情反复等因素影响，国际人员跨境流动受阻，国际航空、国际投资、跨境旅游等受到冲击，加之国际环境更加复杂严峻、招商引资竞争更趋激烈，引进外商投资难度持续加大。二是项目规模较小、推进较慢。具有全球网络管理及运营资源的大型企业参与度不高，落地项目示范性、带动性不足，部分在建项目推进缓慢，项目效应显现迟滞。三是重点项目推进不平衡问题凸显。中新互联互通项目项下金融、物流等领域合作相对较好，项目合作卓有成效、辐射带动作用较为显著。但受数据跨境流动管制等制约，信息通信领域合作拓展受限，落地实施项目较少。

---

① "13+2"省区市，由西部12个省（自治区、直辖市）与海南省、广东省湛江市、湖南省怀化市共同形成。

制度创新水平有待提高，联动创新效应仍需增强。一是国际性、前瞻性制度创新有待加强。受思想观念认识偏差、专业性人才不足、国际化营商环境不优、对接学习不够等因素制约，对新加坡参与推动多项国际经贸规则缔结与拓展国际经贸交往的有益经验借鉴运用不足，中新互联互通项目制度创新水平仍不高，推动开放发展的引领示范作用有待增强。二是联动创新效应不强、政策支持力度不够。重庆各类国家级开放试点示范数量较多，但中新互联互通项目与其他各类平台政策协同性不高、联动创新机制不完善，市区两级专项支持政策的叠加效应较弱，导致产业引导性和集聚力较弱。

物流基础设施建设有待夯实，口岸通关便利化水平仍需提升。一是通道枢纽有待进一步畅通。沿线铁路和物流仓储等基础设施薄弱，港口设施和服务能力仍有不足，通道物流体系尚不完善。通道运营组织能力有待提升，核心枢纽的规模化服务能力较弱，交通物流核心枢纽功能尚未形成。二是口岸通关便利化水平有待提升。开放平台通关协作水平仍需增强，受限于"分片布局"和"多中心组团式"发展模式，通道、口岸、客户群体等物流资源分散，海关协同监管能力不足。三是通道经济发展有待提速。通道与产业、贸易等融合发展水平不高，对物流、保税加工、保税贸易等业态发展带动不足，制约通道开放经济发展。

二、2023年中新互联互通项目环境及展望

（一）世界经济衰退风险升高，国际经贸形势复杂严峻

全球政经形势更趋复杂严峻，中新互联互通项目深化合作机遇与挑战并存。受全球经济衰退风险升高、国际需求乏力等影响，全球贸易量和国际物流需求量将不同程度下滑，对中新互联互通项目框架下交通物流、航空产业等领域合作带来不利影响。美联储持续加息引致全球金融市场震荡，不利于稳定和引进外商投资，在此背景下，中新互联互通项目下外资引进难度将持续加大。地缘政治冲突加剧导致跨国投资风险上升，美国推行"印太战略"和"印太经济框架"，将给地区安全和经贸合作带来较大不确定性，中国与东盟间的国际贸易和投资将受到潜在影响，中新互联互通项目下经贸合作面临的挑战增大。区域经济一体化加快带来新机遇，随着RCEP深入实施，中国与东盟经济合作持续深化，区域供应链、产业链韧性不断增强，将为扩大中新互联互通项目项下产业、物流等领域合作，特别是第三方市场合作带来新机遇。

（二）我国将坚持高水平开放，双循环新格局加快构建

逆全球化背景下，我国坚定推进高水平开放，国内国际双循环新格局加快构建。国际合作将加快推进，RCEP实施效应持续彰显，中国加入DEPA谈判全面推进，陆海新通道覆盖面不断扩大，有利于拓展中新互联互通项目合作辐射范围。开放试点示范不断深化拓展，我国将加快构建面向全球的高标准自贸试验区网络，服务业扩大开放试点、国际消费中心城市建设、跨境电子商务综合试验区等开放试点深入实施，外资准入门槛进一步扩大，将为深化中新互联互通项目合作创造良好条件。开放政策持续优化完善，国际航线持续恢复并有序新增，跨境融资宏观审慎调控政策更趋优化，有助于深化拓展中新互联互通项目项下跨境融资、航空产业、人才交流等领域合作。但受地缘政治格局演变等影响，我国对外开放面临的挑战有所增大，经贸合作的不确定性风险因素持续增多，中新互联互通项目合作扩面深化将受到较大制约。

（三）重庆加快建设内陆开放高地，开放发展新动能持续增强

制度型开放加快推进，开放平台、通道建设将提速，开放发展水平持续提升。制度型开放深入推进，

保税航材海关监管模式创新、跨境人民币创新业务试点、外债回流试点、中新国际数据通道等创新举措深入实施，国际化营商环境持续改善，将进一步丰富中新互联互通项目的内涵。开放平台和通道更具集聚带动性，中新互联互通项目、自贸试验区、陆海新通道、中欧班列等开放平台和开放通道引领功能将不断强化，对内对外互联互通水平不断提升，依托渝新"双枢纽"联动优势，将进一步推动双边经贸和通道经济实现高质量发展。先行先试示范引领作用不断增强，服务业扩大开放综合试点、国际消费中心城市、绿色金融改革创新试验区、数字经济创新发展试验区等试点示范深入实施，有利于持续深化拓展中新金融、数字经济、现代服务业等领域合作。重庆加快建设中西部国际交往中心，国际经贸和人文交流合作进一步拓展，有利于增强中新互联互通项目辐射带动作用。

（四）2023年展望

2023年，全球经济形势将更趋复杂严峻，地缘政治冲突外溢影响加剧，国际经贸合作不确定性持续加大。中国将依托国内超大规模市场优势，立足国内国际双循环提高吸引全球资源要素的效率，增强国内国际两个市场两种资源联动效应，稳步提升开放发展质量和水平。重庆将进一步融入RCEP经贸网络，充分发挥渝新"双枢纽"作用，更好促进中国西部地区与东盟及更广泛区域的互联互通。在三级合作机制统领下，中新互联互通项目将持续深化金融、航空、物流、信息等重点领域合作，不断拓宽绿色、医疗健康、现代农业、科技创新、人才教育等领域合作，加快推进中新（重庆）金融科技合作示范区、中新国际航空物流产业示范区、中新（重庆）多式联运示范基地、中新（重庆）大数据智能化产业示范园区等项目建设。

三、相关建议

（一）持续完善项目运行保障，促进中新项目合作稳定推进

一是持续优化项目合作机制。充分发挥三级合作机制的统领作用，积极推动高层对话互访，将中新互联互通项目打造成为中新国家间合作的典范。加强国际局势跟踪研判，把握国际局势变化蕴含的新机遇，有效规避潜在风险，前瞻性布局深化中新互联互通项目相关领域合作，发挥在国际合作中的排头兵、先行者作用，提升项目重要性和国际影响力。二是加快合作平台建设。加快建设中新金融科技合作示范区、中新航空产业园、多式联运示范基地、仙桃数据谷中新信息通信领域合作示范点等重点领域示范区，继续合力高水平办好智博会、中新金融峰会、陆海新通道国际合作论坛等重要活动，推动合作取得更多可视化成果。

（二）强化招商引资和配套服务，推动更多项目落地

一是加大重点领域招商引资。以智博会、西洽会、陆海新通道国际合作论坛等活动为媒介，聚焦跨境电商、冷链物流、保税物流、信息技术等领域，加大招商引资力度。积极推动第三方合作，探索共建海外分拨中心、产业园区，落实一批供应链产业链项目。二是强化投融资服务。建立健全项目招商引资保障机制，统筹协调资源配置，完善项目建设配套服务，推动项目加快落地。积极探索创新跨境金融服务，引导金融机构提高跨境金融服务水平，加大对通道、物流、贸易和产业的资金支持，降低企业跨境金融服务成本。三是强化人才保障。畅通渝新人才互派和引进交流通道，加派各类专业技术人才到新加坡学习先进技术和管理经验，通过新加坡大力引进国际性人才，形成国际人才汇聚高地。持续完善国际化教育、医疗、娱乐、人才服务等，建设高端国际人才社区，营造良好的国际化氛围。

（三）加强国际物流通道建设，提升通道发展水平

一是加快物流基础设施建设。围绕中新（重庆）多式联运示范基地建设，持续优化陆海新通道网络

布局，完善关键物流枢纽功能，加快进出口冷链基地、陆海新通道重庆无水港、陆海新通道贸易综合服务平台等项目建设。二是着力提升贸易便利化水平。持续深化中新海关关际合作，拓展完善渝新国际贸易"单一窗口"功能。积极探索"单一窗口"的国际化对接，逐步建立信息互换、监管互认、执法互助的国际合作机制，重点推动"单一窗口"在陆海新通道沿线国家或城市衔接互认，提升通关效率。三是大力发展通道经济。依托中新国际航空物流示范区、中新互联互通多式联运示范基地等，重点发展航空快递、电商物流、冷链物流、逆向物流、航材物流等业务，构建完整的物流产业链。合力共建通道沿线产业园区，做大做强通道经济、枢纽经济。

（四）强化制度创新和协同联动，营造创新发展氛围

一是强化国际化、前瞻性制度创新。充分发挥自贸试验区、中新互联互通项目等叠加优势，积极对接 RCEP、DEPA 等国际经贸规则，深化服务贸易、涉外服务、知识产权等领域的制度对接，加快推动铁海联运"一单制"、保税物流运营管理模式等创新。二是争取国家和市级层面政策支持。充分发挥中新互联互通开放平台优势，争取国家在跨境理财业务、食品装运前检验等方面的试点支持。出台专项支持政策，进一步提高全市在跨境电商、生物制药、航空维修、冷链物流、保税物流等方面的支持力度。三是建立市内开放项目平台协调联动机制。加大市级层面统筹，建立涵盖中新互联互通项目、自贸试验区、陆海新通道、综合保税区等平台的联席会议制度，坚持优势互补、共建共享、协同协作，强化创新链产业链载体共建，加大招商引资联动，加强政策和资源要素协同共享，推动取得更多协同开放成果。

[重庆市综合经济研究院（重庆市经济信息中心）宏观经济研究课题组
主研：易小光　丁　瑶　苟文峰　赵　伦　杨　梅
执笔：杨　梅]

之二十一：2022年中国（重庆）自由贸易试验区建设情况及2023年展望

2022年以来，中国（重庆）自由贸易试验区（以下简称"重庆自贸试验区"）深入贯彻新发展理念，坚持以制度创新为核心，在深化体制机制改革、优化便利服务措施、提升经贸开放水平、加强各自贸片区差异化探索、强化多领域联动合作等方面取得了积极进展。随着我国推进实施自贸试验区提升战略，重庆自贸试验区将持续深化开展首创性、集成化、差异化改革探索，助力全市打造改革开放新高地。

一、2022年中国（重庆）自由贸易试验区建设推进情况

（一）总体建设情况

1. 制度创新稳步推进

重庆自贸试验区制度创新探索不断深化，制度性开放步伐加快。一是制度创新政策实现落地。《推进中国（重庆）自由贸易试验区贸易投资便利化改革创新若干措施》《中国（重庆）自由贸易试验区"十四五"规划（2021—2025年）》等政策落地实施，自贸区政策制度体系更加完善。二是关键领域制度创新取得突破。新加坡航空（重庆）保税航材分拨中心揭牌运营，成功探索出全国首例"以航空公司为单元"的保税航材海关监管模式，以"一次核准、一次备案、一次申报、一次比对"的方式，实现分拨中心和各分拨点之间跨关区调拨存放，促进保税航材流转便利性大幅提升。三是"试验田"作用持续发挥。新培育形成制度创新成果30项，总结10项制度创新成果上报商务部，在全市范围内复制推广新一批23项改革试点经验和最佳实践案例，国家部署的复制推广经验案例落实率达到93.3%。

2. 便利服务持续优化

主动对接国际高标准经贸规则，重庆自贸试验区便利服务水平不断提升。一是"铁路运输单证"模式深入推广。获批全国首批铁路运输单证金融服务试点，铁路运输单证物权凭证功能试点、铁海联运"一单制"试点探索加快，利用区块链技术签发数字提单，实现全市首笔亚式期权、中越铁路首笔"一单制"数字提单融资业务成功落地。二是"单一窗口"服务拓展持续推进。西部陆海新通道平台在中国国际贸易单一窗口官网上线，成为首个在国家层面推广的区域"单一窗口"平台，智能通关、业务协同、数据应用和国际合作等领域信息化服务水平明显提升。三是法治保障不断健全。重庆国际商事一站式多元解纷中心落成，搭建起涉外商事诉讼、仲裁与调解"一站式"纠纷解决平台。建立"司法赋能进自贸"工作机制，在两江新区等重点园区打造"一平台三室站"，构建起"诉讼服务、诉调对接、巡回审理、多元化解"等法治服务新矩阵。创新构建无时间限制的"自助式在线证据交换"审判模式与覆盖自贸试验区全域的商事纠纷"法—商联动"协同化解机制，司法服务更趋完善。

3. 经贸开放水平提升

重庆自贸试验区贸易便利化、金融创新服务水平不断提升，促进开放型经济高质量发展。一是贸易便利化水平提升。积极探索"保税+暂时进出境"业务模式，落地全市单笔最高奢侈品保税贸易项目5.98

亿元,历峰高奢名表珠宝集合店落户解放碑。探索创新"跨境电商零售进口商品条码应用"监管模式,在全国海关首次实现跨境电商商品条码规范申报,跨境电商商品条码申报率及有效率接近98%。二是金融服务能力增强。在全国首创植物新品种权质押融资模式,实现种业领域知识产权专项信贷产品突破。创新推出针对中小外贸企业的"汇保通"汇率避险模式,有力缓解了企业衍生交易保证金资金占用压力。成功实现重庆首笔自贸区"离岸债"在新交所上市,有效推进了中新互联互通项目建设。三是外商投资稳步增长。自贸试验区利用外资水平领先全市,1—9月自贸试验区实际利用外资6.6亿美元,同比增长223.98%,占全市比重54.02%;与此同时,自贸试验区外资企业新增注册企业96户,同比增长28.00%,占全市比重20.47%。

4. 各自贸片区差异化探索加强

重庆自贸试验区不断促进三大片区差异化探索发展,推动各片区创新升级。一是两江片区发挥贸易创新示范作用。通过政策创新、服务创新、模式创新协同推进贸易投资便利化,吸纳外企增资扩产,释放开放型经济活力,助力两江新区成功获批"国家进口贸易促进创新示范区"。二是西永片区提升通道贸易运转能级。中老铁路班列启动"铁路进出境快速通关"模式,实现了货物通关手续归并一站式服务;中欧班列(重庆)落实双向运邮政策,开创了铁路跨境运邮模式新篇章。三是果园港片区强化国际物流枢纽功能。重庆果园港首发长江—中南半岛国际多式联运班列,以江铁公海联运方式开辟长江内河港口直达印度洋新线路,进一步发挥了综合性物流枢纽功能,取得了西部陆海新通道建设突破性创新。

5. 多领域联动合作加快

重庆自贸试验区通过政策联动发挥功能互补优势,促进多领域合作不断深入。一是川渝两地自贸试验区协同发展加快。川渝自贸试验区协同开放示范区建设深入推进,联合推出《川渝自贸试验区协同开放示范区深化改革创新行动方案(2022—2025年)》《2022年川渝自贸试验区协同开放示范区共同推动十项重点事项合作协议》,在金融、科技、贸易、司法等领域加快深度合作发展。二是重庆自贸试验区联动创新区建设进展积极。新设一批自贸试验区联动创新区,领导组织和工作运行机制搭建形成。其中,永川高新区联动创新区立足"产城职创"发展优势,创新探索国际化技术转移转化新模式,解决企业技术难题1000余项,帮扶企业经济效益实现超百亿元。三是自贸区与保税区协同创新加快。建设自贸试验区与海关特殊监管区域统筹发展示范基地,其中与两路果园港综合保税区联合发布5项重点制度创新成果。

(二)存在的问题

1. 贸易投资便利化和制度创新水平仍待提升

重庆自贸试验区引资开放自由度与贸易便利化水平仍待提升。一是投融资自由度有待扩大。重庆自贸试验区在投资准入、贸易品类、跨境金融等领域限制仍然较多,与"一带一路"沿线国家跨境贸易数据互联互通不足,跨境投融资项目渠道不够广泛,基于人民币结算的跨境投融资项目业态还待丰富。二是贸易便利化水平有待提升。与沿海地区相比,重庆自贸试验区在检验检疫、保税监管、国际物流等领域,以及海关通关流程、运营效率和服务水平等方面仍缺乏国际服务标准对标。三是制度创新能力有待加强。重庆自贸试验区碎片式、模仿式创新多,集成式、自助式创新少的情况仍较突出,创新的集成应用效应尚未充分彰显,"2021—2022年度中国自由贸易试验区制度创新指数"[①] 省级排名中,重庆名列广东、上海、天津、北京之后,居第五位,制度创新水平仍具有提升空间。

---

① 数据发布:中山大学自贸区综合研究院。

2. 片区统筹管理和协同联动机制亟待理顺

重庆自贸试验区各片区统筹联动发展仍显不足，协同管理机制仍待理顺优化。一是市级层面缺乏统一管理实体机构。重庆自贸试验区尚未设立独立实体管理机构（如"自由贸易试验区管理委员会"），加之各部门协同机制尚不健全，导致工作力量薄弱，难以担负繁重建设管理任务。二是内部板块间协调能力不足。重庆自贸试验区涵盖三大片区和九大板块，长期以来条块分割、多头管理现象突出，横向协同灵活性不够，在我国自贸试验区提升发展新阶段，协同管理机制不健全不利于重庆自贸试验区形成合力、抢占发展新赛道。三是自贸试验区对联动创新平台支撑性不强。自贸试验区与市内联动创新平台在制度共建、信息互动、成果共享等方面协同力度不够，缺乏系统化招商引资合作机制，对重量级企业吸引力不足，重大项目协同联动有待加强。

3. 对外合作与协同联动发展仍待深化

重庆自贸试验区与国内其他自贸试验区协作仍显不足，多领域对外合作仍待拓展。一是川渝自贸试验区协同开放示范区建设有待深入。目前示范区在基础设施联动互通等领域合作较多，政务服务和政策衔接等领域合作较少，合作领域、通办事项、重大项目联动等还需要进一步扩大。二是重庆自贸试验区与国内其他自贸试验区协作还需加强。重庆自贸试验区区位优势明显，但与沿海、沿江地区海关之间的联合作业执法、制度共建共享、信息互认互助还不够紧密，先进技术与经验分享仍需加快。三是重庆自贸试验区与RCEP成员国合作交流仍待拓展。自贸试验区支持海外仓建设的成本较高，缺少大型公共海外仓运营，在推动西部陆海新通道经贸规则衔接、政策互惠互利、产业链与供应链对接等方面的作用发挥尚不充分。

二、2023年发展环境

（一）全球政经格局更趋复杂，经贸规则加快重构

国际政经局势动荡，地缘政治冲突与全球疫情蔓延相互交错，深刻影响全球经贸投资形势。一是全球经济环境面临多重风险。俄乌冲突、通胀高企、能源危机导致全球经济衰退风险上升，美欧大幅加息引致全球流动性紧缩，国际资本向发达经济体回流明显。地缘政治及区域安全局势的高度不确定不稳定性将加剧区域性供应链断裂和重构风险。发达经济体加快推动产业链高端环节回流，保护主义抬头致使国际经贸投资阻力加大。二是国际投资规则持续演变。美欧等发达国家泛化国家安全概念，继续推动制定有利于自身利益的投资规则，加大对外投资审查和外国企业制裁力度，新兴经济体参与全球规则制定面临较大阻碍和博弈。三是区域性经贸合作更为紧密。全球保护主义、单边主义持续升温，区域经贸格局加快重塑，RCEP推动亚太地区经贸合作升级，中国、东盟与日韩澳新之间供应链有望进一步整合。我国持续推进争取加入CPTPP和DEPA，将极大促进区域经贸投资合作。

（二）我国坚持对外开放，自贸试验区发展迎来新机遇

我国坚定不移推进高水平对外开放，加快实施自贸试验区提升战略，自贸试验区将迎来发展新阶段。一是自贸试验区全面升级。自贸试验区将围绕"扩围、提质、增效"三方面发力，加快推动区域经济一体化和贸易投资自由化、便利化，深入参与全球产业分工和合作，扩大面向全球的高标准自由贸易区网络。二是自贸试验区加快制度型开放创新。RCEP生效、CPTPP与DEPA申请加入以及我国现行自贸协定升级，将促使我国必然实施更高标准的国际贸易新规则。自贸试验区将进一步对新规则下的制度创新开展试点，积累制度创新经验，形成更多集成式创新成果。三是自贸试验区发挥以点带面关键作用。海南

自由贸易港将以跨境服务贸易为重点加快制度创新探索，内陆和沿边自贸试验区将突出带动区域发展功能，扩大改革试点经验和制度创新成果推广应用，促进形成全面开放新格局。

（三）重庆深化改革开放，自贸试验区协同发展加快

以形成高水平开放政策体系和产业体系目标为导向，重庆自贸试验区将深化制度创新、推动产业开放、联动协同发展，推动开放型经济高质量发展。一是对接国际标准的制度创新加快。重庆自贸试验区将深化落实《重庆市高质量实施〈区域全面经济伙伴关系协定〉（RCEP）行动计划》，在准入后管理制度、开放领域知识产权保护、竞争中立规则等重点领域深化"边境后措施"改革，促进形成与RCEP规则相衔接的先进制度，探索高标准国际规则下的制度型开放。二是促进提升开放型经济竞争新优势。重庆自贸试验区依托三片区、九板块现有产业布局，将深入推进服务业扩大开放综合试点，在投资、贸易、金融、国际运输、数字经济、人才等领域探索突破，强化产业链供应链安全稳定，助力畅通国内国际双循环堵点卡点。三是区域协同联动全面推进。重庆自贸试验区将协同推进川渝自由贸易试验区协同开放示范区、重庆自贸试验区联动创新区建设，与中新互联互通示范项目、西部陆海新通道、综合保税区等加强联动，强化重点领域项目合作，共同推进更高水平对外开放。

（四）2023年重庆自贸试验区发展展望

2023年，全球政经局势、贸易投资环境更加复杂严峻，我国将坚定不移高水平扩大开放，推动自贸试验区升级发展。重庆自贸试验区将坚持以制度创新为核心，聚焦投资、贸易、金融、国际运输、数字经济、人才等重点领域、关键环节开展深层次改革创新，引导促进自贸试验区各片区统筹联动、协同创新，扎实推进川渝自由贸易试验区协同开放示范区和重庆自贸试验区联动创新区建设，加快打造内陆自由贸易试验区制度型开放新示范。

三、对策建议

（一）抓牢制度深度创新，推动高水平制度型开放

一是深化投融资高效运营机制。以服务业扩大开放综合试点为契机，优化投资准入负面清单，拓展跨境融资渠道，推进本外币合一银行结算账户体系和合格境内有限合伙人（QDLP）试点工作，完善外资企业生命周期便利化服务措施，提高全过程动态监管服务效率。二是推进货物通关便利化。加快提升以国际消费品为主的货物集散能力和通关效率，全面推广进口货物"两步申报""两段准入"改革试点成果，深化推进多式联运"一单制"、铁路运单金融业务与"单一窗口"国际化对接模式。三是提升引领性首创成果。对标RCEP、CPTTP、DEPA等国际高标准协定，探索在经认证的经营者制度、服务贸易规则、知识产权制度、终端解决机制等领域首创性、综合性便利化措施，构建开放型制度服务体系。

（二）优化系统管理机制，助力招商引资提质增效

一是升级自贸区顶层管理职能。借鉴上海、天津自贸试验区等成熟经验，优化重庆自贸试验区工作领导小组人力资源配置，加强对上对下、对内对外统筹协调，强化投资、贸易、金融、事中事后监管和法治保障等领域牵头作用。二是完善组织管理工作机制。探索设立各片区实体管理机构，全面负责自贸区内部发展建设，市级层面加强各片区统筹管理，完善日常沟通协调机制，实现信息互通、工作互促、加快制度创新、政策聚合和成果共享。三是加快市内开放平台协同发展。立足川渝自由贸易试验区协同开放示范区和重庆自贸试验区联动创新区建设，抓好政策优惠同步、监管体系协同，加快形成政策叠加优势，吸引优质企业和项目投资落地。

（三）借助通道能级提升，开创区域协同发展新局

一是强化内陆国际物流枢纽功能。依托川渝自贸试验区协同开放示范区建设，加快推动铁公水空"四式"联运通道深度融合，深化区域互补性、集成性制度创新，发挥政策协同作用，促进重庆国际物流枢纽扩能增效。二是加快建设内陆国际贸易中心高地。推进完善与西部陆海新通道沿线自贸试验区省际合作机制，探索国际货物"船边直提""离港确认""智慧审图"联动模式，加快推进服务贸易数字化转型，打造内陆货物贸易与服务贸易融合集聚高地。三是释放现代制造业发展潜力。充分利用RCEP协定规则，依托开放通道与RCEP成员国开展多领域项目合作，抢抓海外市场，加强招商引资出国门的紧迫性，带动国际先进技术、研发机构、高端人才在渝集聚。整合重庆自贸试验区联动创新区资源禀赋，推进自贸试验区重点产业差异发展、协同创新。

[重庆市综合经济研究院（重庆市经济信息中心）宏观经济研究课题组
主研：易小光　丁　瑶　苟文峰　罗丛生　张　佳　戴方尧　郑淑媛
执笔：戴方尧　郑淑媛]

产业卷
第一产业篇

之一：2022年重庆市农业发展及2023年展望

2022年，面对错综复杂的宏观环境、散发多发的疫情冲击和历史罕见的高温干旱，重庆市全力以赴抗疫、抗旱、救灾，努力稳定农业生产，保障重要农产品供给，推动农业高质量发展。全市重要农产品供给充足，价格总体保持稳定，农村三产融合发展势态良好，稳住了农业基本盘。预计全年重庆农业增加值增长2.8%左右，粮食产量达到1072万吨。

一、2022年重庆市农业经济运行分析

（一）总体情况

重庆围绕粮食安全、耕地保护、防止规模性返贫的底线要求，克服新冠肺炎疫情、极端高温干旱不利影响，粮食和重要农产品实现稳产保供，通过山地特色效益农业发展巩固拓展脱贫攻坚成果，加快推动农村三产融合发展。1—9月，全市第一产业增加值1366.26亿元，同比增长3.7%，增速比全国平均水平低0.5个百分点。

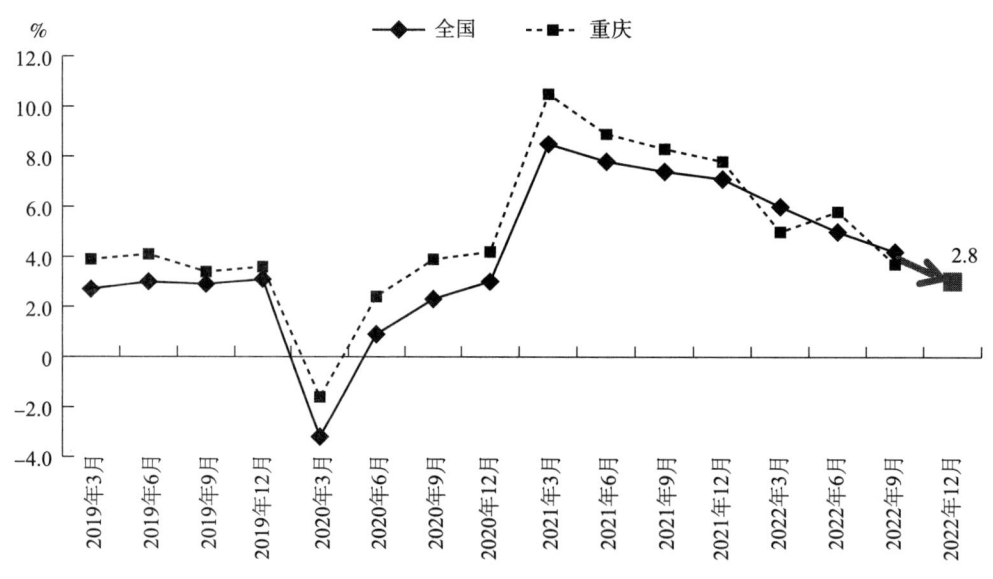

图1 2019—2022年重庆市与全国农业增加值增速对比（季度累计）

（二）主要特点

1. 粮食生产总体稳定

重庆制定了稳定粮食生产10条"硬措施"，逐级分解下达粮食生产任务，确保粮食安全。播种面积大幅增长。硬举措整治撂荒地，全力挖潜扩面，盘活利用撂荒地约82.2万亩。扩种大豆，推广大豆玉米带状复合种植技术，在29个区县共种植25万亩左右。全年粮食播种面积达3070万亩，比上年增加50万

亩，增幅为近十年之最。夏收粮油再获丰收。夏粮播种面积559.97万亩，同比增长0.4%，产量122.40万吨，同比增长1.1%。油菜实现面积、单产、总产"三增"，播种面积404.58万亩，同比增长3.1%，产量54.73万吨，同比增长4.3%。抗灾减损稳定秋粮生产。8月持续罕见极端高温干旱给粮食生产带来极大的影响，全市涉农部门统筹推进落实调水抗旱、技术减损、补种改种等措施，扩种50万亩秋马铃薯。全市水稻、玉米等秋粮生产受影响较小，但秋收甘薯等杂粮产量有所下降，全年粮食产量总体稳定，为1072.8万吨。

表1　2018—2022年重庆粮食生产情况表

年份	播种面积/千公顷	增幅/%	粮食产量/万吨	增幅/%	每公顷产量/公斤/公顷	增幅/%
2018	2018.0	-0.49	1079.0	-7.52	5349.0	2.62
2019	1999.0	-0.94	1075.0	-0.37	5378.0	0.54
2020	2003.0	0.20	1081.0	0.56	5399.0	0.39
2021	2013.2	0.51	1092.8	1.09	5428.4	0.54
2022	2046.7	1.66	1072.8	-1.83	5241.8	-3.44

2．"菜篮子"产品保障有力

重庆落实大食物观，全面加强蔬菜、肉类等重要农产品保供能力，城乡居民"菜篮子"丰富充足。蔬菜市场供给充足。持续推进标准化蔬菜保供基地改造提升和设施蔬菜发展，8月末旱情过后全市抢种增种50万亩速生叶菜。1—9月，全市蔬菜播种面积914.2万亩，同比增长1.4%；产量1736.7万吨，同比增长2.7%。生猪等畜牧生产形势较好。挖掘规模养殖场潜力，稳定生猪生产，猪牛羊禽肉产量稳定增长。1—9月，出栏生猪1365.1万头，同比增长8.9%；出栏牛29.4万头，同比增长3.7%；出栏羊231.2万只，同比增长0.9%；猪牛羊禽肉产量137.5万吨，同比增长6.7%。截至9月，能繁母猪存栏116.6万头，发挥了生猪产能稳定器作用。水产品持续小幅增长。大力发展稻鱼、稻虾等综合种养模式，推动渔业高质量发展，1—9月，水产品产量43.2万吨，同比增长约2%。特色经济作物较快增长。大力发展特经作物，促进农民增收，成效显著。1—9月，园林水果产量320.3万吨，同比增长9.9%；中草药材产量35.0万吨，同比增长13.8%；香料产量9.3万吨，同比增长14.4%。

3．农产品价格①普遍上涨

重庆加强本地生产和强化市外调度，保障农产品供应，农产品市场平稳运行。粮油价格稳中有涨。1—9月，粮油综合均价逐月环比小涨，9月同比上涨幅度为9.81%。其中，普通大米、粳米、标准粉、玉米、土豆等价格较稳定，散装菜油价格年初以来逐月上涨至16.7元/千克，累计涨价超过2.2元/千克。猪肉价格触底反弹。开年以来猪肉价格持续下跌，第一季度猪肉零售均价约为28元/千克，同比下跌超过60%；至4月中旬猪价企稳回升，从26.51元/千克升至9月的35.55元/千克，猪粮比7月突破盈亏平衡线，9月升至7.16∶1，养殖户扭亏为盈。蔬菜产地价格明显上涨。上半年蔬菜产地价格保持正常季节波动，第三季度因疫情散发和高温旱情影响，产地价格明显提升，均价从1月的2.1元/千克涨到9月的3.45元/千克，所有品种批发加权价和终端零售价总体稳中略涨。地产水果价格略有上涨。1—9月，全市地产水果零售均价呈先扬后抑势态，第二、第三季度同比涨幅10%左右。柑橘开市销售缓慢，价格不高，第二季度出现翘尾行情；李子整体行情较好，价格微涨5%左右；西瓜、葡萄、梨等时令水果价格均出现

---

① 采用重庆市农业农村委定期发布的《重庆市大宗农产品产销形势分析月报》数据。

不同幅度上涨。水产价格总体稳定。1—9月,全市淡水鱼产地综合均价逐步回升,约在13~15元/千克波动;批发和零售价格波动较小,分别稳定在18~19元/千克和20~21元/千克。

表2 2022年1—9月重庆市猪肉价格和猪粮比变化情况

时间	仔猪价格/元/千克	同比增长/%	猪肉价/元/千克	同比增长/%	猪粮比
1月	27.26	-68.08	32.90	-42.64	5.84
2月	25.50	-70.16	31.89	-43.39	4.98
3月	24.29	-71.53	27.66	-45.19	4.32
4月	24.18	-70.05	26.51	-47.34	4.47
5月	27.27	-52.71	28.48	-25.34	4.97
6月	27.71	-50.93	29.29	-9.97	5.15
7月	31.28	-34.09	32.44	2.47	6.40
9月	34.52	-4.78	35.55	15.88	7.16

注:重庆市农业农村委员会未公布2022年8月数据。

4. 三产融合蓬勃发展

重庆持续在农业"接二连三"上下功夫,因地制宜、因势利导发展乡村特色产业。农产品加工业稳定发展。制定专门政策措施,加快推进农产品加工业高质量发展,1—8月实现总产值1910.44亿元。但是8月受疫情和高温限电影响增长放缓,9月以来全市实行"点对点"纾困解难,农产品加工业恢复态势明显。乡村休闲旅游业快速发展。因2022年高温气候,海拔800米以上高山避暑纳凉火爆,高山民宿"一床难求",成为乡村休闲旅游突出亮点。1—9月,全市乡村休闲旅游业经营收入817.8亿元,接待游客2.29亿人次,分别同比增长11.3%、9.9%。农产品网络零售高速增长。深入实施"互联网+"农产品出村进城工程,持续开展重庆农产品电商销售帮扶行动计划,扎实推进重庆品牌农产品网销行动,带动农产品网销快速增长。1—9月,全市农产品网络零售额超过120亿元,同比增长约20%。

5. 脱贫产业有效巩固

全市推进巩固拓展脱贫攻坚成果与乡村振兴有效衔接,从体制机制上下功夫,加强产业帮扶,巩固提升脱贫成果。帮扶机制不断完善。市级层面组建产业指导组对"两群"17个区县、原18个深度贫困乡镇进行帮扶指导。区县累计派出专业技术人员2871人包乡指导,6600余名乡镇农技人员包村服务,2.87万名产业发展指导员到户帮扶。帮扶效果不断显现。乡村振兴重点帮扶乡镇全部纳入农村"三变"改革试点,开展"三变"改革试点达1307个村,全市累计建成产业帮扶基地5.6万个,特色产业面积达到1558万亩,覆盖90%以上的脱贫户和边缘易致贫户,产业帮扶对脱贫和边缘易致贫人口的贡献率超过50%。

6. 生产要素支撑有力

重庆聚焦基础设施、投资、技术等生产要素保障,有力支撑了全市农业高质量发展。基础设施持续改善。1—9月,新建高标准农田133.77万亩,累计达到1632万亩;有序推进丘陵山区高标准农田改造提升示范项目建设。新建"四好农村路"3027千米,累计达到16.8万千米。巩固提升农村电网,新建及改造10千伏线路681千米、低压线路811千米。投资项目储备加强。全市策划包装农业农村重大项目163个,计划总投资692亿元;向农业农村部报送项目57个,计划总投资226亿元。全市乡村振兴招商引资完成签约项目 374 个，金额 499.89 亿元；在建项目 226 个，计划总投资超过 560 亿元。金融支持明显加强。市农业农村委与金融部门加强涉农企业融资需求对接，帮助 143 家企业获贷 9.68 亿元。全市常态化开展农业经营主体信贷直通车服务，累计申请项目 2183 个，放款 8.82 亿元。策划发行"三农"领域地方政府专项债 99 个项目，涉及资金 120.6 亿元。农业科技创新步伐加快。被称为农业"芯片库"的西部（重庆）科学城种质创制大科学中心正式启动运行；"三师一家"选派计划深入实施；重庆农田宜机化改造已从百亩级试点到千亩级整村示范，再到万亩级整乡连片推进，现已再升级到十万亩级县域大规模实施。

（三）存在的问题

一是高温干旱造成较大农业生产损失。今夏重庆遭遇严重高温干旱灾害，因旱受灾作物 410.8 万亩，其中成灾 179.8 万亩，绝收 65.8 万亩，直接经济损失达 23.56 亿元。据气象预测，全市秋季平均降水量较常年同期偏少约 1 成，水源条件差的地区晚秋生产受到一定影响。同时，大旱之后稻瘟病、稻飞虱、草地贪夜蛾等重大病虫害暴发流行风险大。经统计，高温干旱对重庆市水稻、玉米、杂粮等收获造成一定影响，因此拉低三季度农业增加值增速，也为第四季度农业生产、全年稳产保供带来较大压力。

二是农资价格上涨挤压农业生产效益。国际能源市场持续动荡，煤炭、天然气、石油等原料供给偏紧，2022 年以来国内化肥、农药、农用柴油等农资价格持续上涨，导致本就微薄的农业利润空间进一步收窄。如在传统化肥销售淡季的 5 月，化肥价格仍呈上涨趋势，国产尿素、磷酸二铵、氯化钾、复合肥的平均出厂价分别同比上涨 44.4%、23.4%、80.8%、55.2%。同时，全市豆粕均价也上涨超过一成。由于农户在市场中处于弱势地位，难以将上游涨价压力传导至下游，农资价格持续上涨或高位运行，抬高了生产成本，不利于农民农业经营性收入持续稳增。

三是一产投资增速放缓影响发展潜力。当前经济下行压力增大，企业盈利能力减弱，社会资本投资积极性下降，地方财政吃紧，导致农业农村新开工项目减少，在建项目进度也普遍放缓，一产投资增速出现较大幅度下滑。尽管 1—9 月全市第一产业固定资产投资同比增长 17.1%，但增速与上年同期相比下降 12 个百分点。虽然当前储备策划了一批项目，但资金难落实，能尽快开工建设、形成实物投资量的项目不多。对农业稳产增产、乡村产业发展、挖掘乡村新的增长点等带来较大影响，也不利于明年农业增加值稳定增长。

二、2023 年发展展望

（一）全球谷物产量维持高位运行，食品价格或将有所回落

据联合国粮农组织（FAO）预测，2022—2023 年全球谷物产量 27.92 亿吨，比 2021—2022 年减少 0.6%，仍处于历史高位；全球谷物用量预估为 27.97 亿吨，同比减少 0.1%，主要因为饲料用量有所减少；全球谷物期末库存为 8.54 亿吨，同比减少 0.6%；全球谷物贸易量为 4.68 亿吨，同比减少 2.4%，预计将是三年来最低水平，其中，粗粮贸易将减少 4.1% 或 950 万吨，主要因为乌克兰玉米和大麦出口下滑。预计 2023 年，俄乌战争影响部分消退，但全球贸易摩擦仍局部多发，谷物贸易量大概率继续缩减，食品总体价格将有所回落，但仍然可能维持历史高位。当前国际形势下，中国人的饭碗要牢牢端在自己手中，我国将以更大力度保持国内重要农产品供需平衡、维持食品价格稳定，积极拓展缺口农产品进口渠道。

（二）我国紧盯种子和耕地两个要害，加大重要农产品稳产保供力度

党的二十大提出加快建设农业强国，再次强调要全方位夯实粮食安全根基，牢牢守住十八亿亩耕地

红线，深入实施种业振兴行动。现在及未来，我国都将把提高农业综合生产能力放在更加突出的位置。一是耕地保护更趋严格。近年来，我国密集出台了一系列耕地保护的政策，频频释放耕地保护的最严信号。2023年，会继续实行耕地保护党政同责、逐级分解下达保护目标任务、严格落实耕地利用优先序、落实和完善耕地占补平衡政策、加大耕地执法监督力度等"长牙齿"的硬举措，为严守18亿亩耕地红线和确保粮食安全保驾护航。二是种业振兴切实加快。2023年，我国会加快落实落地《中华人民共和国种子法》《种业振兴行动方案》《"十四五"现代种业提升工程建设规划》《2022—2023年全国种业监管执法年活动方案》等政策文件，加快实施种质资源保护利用、创新攻关、企业扶优、基地提升、市场净化五大行动，将为农业生产能力注入"中国芯"。三是稳产保供力度更大。全国范围内重要农产品统筹调控机制和农民种粮收益保障机制日趋健全，大豆和油料产能提升工程还将扩大实施，各地政府稳定粮食、油料、蔬菜播种面积和畜禽生产的工作力度将更大，田间管理指导和灾害监测预警工作也将不断强化。

（三）重庆突出强链提质和创新赋能，农业高质量发展之路越走越宽

重庆在"稳粮保供给、增收防返贫"思路的基础上，更加突出"强链提质量、创新添动能"，向农业现代化目标扎实推进。一方面，《成渝现代高效特色农业带建设规划》出台实施，将进一步优化规划布局，推动区域特色产业提质发展、联动发展。基于两地产业优势和特色的农产品加工业、农产品电商、巴渝乡村休闲旅游等业态将持续壮大、蓬勃发展。川渝农业品牌整合也将提速，有望做大一批企业品牌"龙头"，构筑一批地理品牌"雁阵"，培育一批产品品牌"群星"。另一方面，农业科技创新加速发力。2023年，重庆市政府与中国农科院战略合作协议《重庆市人民政府办公厅关于促进农业科技创新的实施意见》落地实施，农业创新项目会得到有力支持，双方将共同开展农业农村重大战略研究、共同打造农业科技创新重大平台、联合申报国家重大科研项目、开展现代山地特色高效农业重大技术协同攻关、共同推动农业科技成果转移转化、共同实施科技人才培育计划，推动科技和农业产业深度融合、创新发展。

（四）2023年趋势预测

展望2023年，我国将更加高效统筹疫情防控和经济社会发展，更加从严保障重要农产品生产供给，朝着农业强国的目标迈进；重庆将更加注重优化农业空间布局，建设成渝现代高效特色农业带，构建多元化食物供给体系，更加强调从技术层面挖掘潜力推动农业高质量发展。结合2022年因疫情灾情造成的农业损失，预计2023年全市农业增加值同比增长5.8%以上，乐观情境下甚至达到6.5%，粮食产量预计超过1090万吨，特色经济作物效益更加凸显，乡村休闲旅游业和农产品加工业有望实现较快增长。

三、对策建议

（一）突出惠农政策支持

在国内经济恢复仍不稳固、不均衡，新冠肺炎疫情持续反复背景下，要更加突出农业基础作用，全方位推动扎实稳住农业基本盘23条具体措施落地落实。加快财政支出进度，发挥资金和政策效益，稳定农业生产和项目投资。及时足额兑付种粮农民一次性补贴资金、耕地地力保护补贴资金、种粮大户补贴资金等。加力提速补短板，抓紧编制农产品产地冷藏保鲜设施建设实施细则和建设验收规范，加快推进农产品产地冷藏保鲜设施项目储备库建设。多形式加强惠农惠企政策宣传宣讲，让农民和涉农企业知晓政策、享受政策。

（二）突出生产指导保供

加强技术指导和农资调配，将高温干旱对全年农业增产增收的影响努力降到最低。大力推进秋马铃

薯扩种，抓好再生稻蓄留和秋红薯、秋荞麦种植，以干旱补种为契机，探索秋粮生产和冬闲田开发利用的技术模式。大力发展设施蔬菜，抓好市级重点蔬菜保供基地生产，注重增加速生叶菜品种，尽快安排秋冬蔬菜增种扩种，加强产销对接，确保今冬明春蔬菜供应。细化在土作物管理，加强柑橘、柠檬、中药材等经济作物田间管护技术指导，防止出现旱后裂果、掉果、病虫害等情况，确保丰产丰收。持续深入实施水产绿色健康养殖"五大行动"，积累应用抗高温和冬寒的技术模式，切实推动水产品稳产增产。

（三）突出项目投资建设

尽快制定出台重庆市农业农村重点项目储备库管理制度，做好涉农重大项目策划，加快储备一批投资十亿级、亿级重大项目。拓宽涉农企业融资渠道，引导推广股权融资方式，积极协调解决涉农重点项目、重点企业融资难题，常态化开展新型农业经营主体信贷直通车活动。全面启动新一轮农村公路建设改造，着力稳定农村投资，创造就近就业岗位，打造便捷高效、普惠公平的农村公路网络。扎实推进高标准农田建设，大力实施丘陵山区高标准农田改造提升示范项目，加强中型灌区、田间水利工程配套建设，为以后粮食稳定增产打下基础。

（四）突出农村改革创新

按照党的二十大要求，深化农业供给侧改革创新，畅通城乡要素流动，推动城乡融合发展，进一步激发乡村振兴内生动力。总结推广"三变"改革和新型农村集体经济发展经验，加快典型案例经验总结提炼，以及现场观摩学习和会议交流、媒体宣传。稳步推进农村"三块地"改革试点，深化农村集体产权制度改革，有序推进农村改革试验区建设。推进巴南、合川、铜梁、荣昌4个区县承担进城落户农民依法自愿有偿转让退出农村权益试点任务。强化农业社会化服务体系、农村物流配送体系、农村信用体系建设，强化农业生产以及乡村产业发展的各项要素保障，推动区域农村小市场融入全国城乡大市场。加快国家城乡融合发展试验区建设，适时总结部分区县或单项试点的改革经验，并在全市逐步推开。

［重庆市综合经济研究院（市经济信息中心）产业经济研究课题组
主研：易小光　丁　瑶　余贵玲　李　权　赵炜科
　　　王　利　邹於娟
执笔：邹於娟］

产业卷
第二产业篇

之一：2022年重庆市第二产业发展及2023年展望

2022年以来，重庆市努力克服疫情反复、极端高温天气、电力紧缺等困难，抓住成渝地区双城经济圈建设机遇，继续深化与四川协同共建先进制造业集群，持续推动战略性新兴产业加快发展，着力促进优势支柱产业转型升级，全市工业和建筑业总体保持稳定增长。预计2022年全市第二产业增加值将达到11630亿元左右，同比增长2.3%左右；其中，工业增加值有望实现8150亿元左右，同比增长2.1%左右。

一、2022年重庆市第二产业运行情况

（一）总体运行情况

受需求下降、疫情反复、极端高温等多重影响，2022年全市第二产业增速比上年同期放缓，但总体仍保持平稳增长。1—9月，全市第二产业累计实现增加值8375.27亿元，同比增长3.8%，较上年同期放缓5.9个百分点，在地区生产总值中的比重为40.2%，低于第三产业增加值比重13个百分点。其中，工业、建筑业分别实现增加值5949.83亿元、2425.44亿元，分别增长3.3%、4.9%，在地区生产总值中的比重分别为28.6%、11.6%。

（二）呈现出的主要特点

1. 工业经济运行稳中趋缓

工业生产总体放缓。2022年以来，重庆积极应对俄乌冲突、疫情反复、高温限电、原材料涨价等各种不利影响，认真落实国家一系列稳生产保供应链畅通的政策，全市工业经济运行总体平稳，但增速明显放缓。1—9月，全市规模以上工业增加值同比增长4.0%，增速低于上年同期10.2个百分点，但略高于全国同期0.3个百分点。从主要工业品产量看，除汽车、钢材、铝材等产品产量实现正增长外，大部分工业产品产量出现负增长。1—9月，在新能源汽车产量23.79万辆、同比增长146.1%带动下，全市汽车产量达到154.22万辆，同比增长6.3%。而手机、液晶显示屏、微型计算机设备、水泥等工业品均出现两位数负增长，其中手机下滑最严重，同比下降36.9%。从产品销售情况看，规模以上工业企业产品销售率为97.6%，同比降低1.6个百分点。

工业经济效益出现下滑。受企业成本攀升、国内外市场需求减弱等影响，全市规模以上工业企业效益有所下滑。企业成本增长快于营业收入增长，1—8月，全市规模以上工业实现营业收入1.78万亿元，同比增长5.3%；营业成本为1.54万亿元，同比增长6.7%。工业利润呈现下滑趋势，1—8月，全市规模以上工业利润总额为1026.91亿元，同比下降3.5%，增速从1—3月累计增长9.6%持续下滑至负增长，工业营业收入利润率为5.8%，同比下降0.6个百分点。工业企业亏损面扩大，1—8月，全市亏损企业达到1458家，同比增长30.5%，亏损面达到19.8%；亏损企业亏损额为143亿元，同比增长38.4%。

2. 工业重点行业支撑作用呈现差异化特征

2022年以来，重庆工业重点行业保持稳定增长，有力支撑全市工业平稳运行。1—9月，能源、汽车、

医药三大产业增加值实现较快增长，分别同比增长12.0%、10.8%、7.0%；电子、消费品、材料三大产业实现微增长，增加值分别仅同比增长0.8%、2.4%、3.0%；装备、摩托车产业出现负增长，增加值分别同比下降0.1%、3.9%。汽车产业供应链有所恢复，在长安阿维塔、赛力斯等新能源品牌带动下，虽然受8月高温限电限产影响，但整体产量仍保持增长，有力拉动全市工业增加值保持增长。医药产业在化学原料药、防疫物资等生产带动下，产业增加值实现稳定增长。能源工业因极端高温天气带来电力需求激增，全市主力电厂实现超发满发，产业增加值实现了两位数增长。电子产业受全球市场需求不足影响，笔电、手机、液晶显示屏等产品产量下滑，产业增加值仅实现微增长。材料产业在冶金行业新建大型企业拉动和老企业加快生产回补等支撑下，部分抵消了建材行业同比下降的影响，产业增加值保持了稳步增长。消费品产业在烟草、轻工、农副食品、食品制造等行业拉动下，产业增加值保持微增长。

3. 产业新动能加快培育

高技术和战略性新兴制造业运行稳中趋缓。受出口形势变化、订单转移等影响，全市高技术和战略性新兴产业发展速度放缓。1—9月，全市高技术制造业增加值同比增长1.7%，增速低于规模以上工业2.3个百分点，大幅低于上年同期20.4个百分点；战略性新兴制造业增加值同比增长7.7%，增速高于规模以上工业3.7个百分点，但比上年同期低15个百分点。部分高技术及新兴产品产量保持高速增长，1—9月，影像投影仪、新能源汽车、服务机器人、工业机器人、液晶显示模组、集成电路圆片分别同比增长17.4倍、1.5倍、41.1%、38.9%、24.1%和11.3%，对高技术和战略性新兴制造业实现总体稳定发挥了较大支撑作用。

产业创新步伐加快。创新主体实力增强，重庆已累计引进中国科学院、北京大学、新加坡国立大学、中国兵器科学研究院等100余家国内外知名高校、科研院所、企业和科学家团队来渝开展合作。创新平台不断夯实，西部（重庆）科学城集聚了西部首个国家智能网联汽车质检中心，以及中科院汽车软件创新研究平台、上汽人工智能创新中心，新引进了智能网联汽车创新中心，R&D经费支出占GDP比重达到4.2%，创新引擎作用逐渐显现。配套政策持续完善，全市出台了《关于金融支持知识产权质押融资若干措施》，重庆知识产权运营中心正式落户西部（重庆）科学城，重庆高新区入选国家级知识产权强国建设示范园区，知识产权服务体系更加完善。智能制造加速推进，新认定22个智能工厂和160个数字化车间，两化融合发展总体水平指数达到60.7，位列全国第七位。

4. 建筑业保持平稳运行

2022年以来，受疫情反复和房地产业不景气等因素影响，全市建筑业增速有所回落，但在稳增长政策实施、基建投资加大、城市更新步伐加快等支撑下，全市建筑业总体运行平稳。1—9月，全市建筑业实现总产值7488.88亿元，同比增长8.3%，增速较上年同期降低4.0个百分点；实现增加值2425.44亿元，同比增长4.9%，增速较上年同期提高0.8个百分点。其中，建筑工程实现产值6728.38亿元，同比增长7.8%，增速较上年同期降低4.2个百分点，占建筑业总产值比重达到89.8%，比上年同期降低0.4个百分点，仍是带动建筑业增长的主体力量；安装工程实现产值519.53亿元，同比增长15.8%，增速较上年同期降低0.5个百分点，占建筑业总产值比重为6.9%；其他产值240.97亿元，同比增长5.5%，增速较上年同期降低6.7个百分点，占建筑业总产值比重的3.2%。智能建造加快发展，前三季度实施BIM项目442个，新增装配式建筑600余万平方米，截至目前，创建国家装配式建筑产业基地6个，累计打造数字化试点工程项目140多个、建设智慧工地3330多个，位居全国前列。

5. 行业投资保持稳定增长

工业重点行业投资支撑有力。在重庆脑与智能科学中心、璧山比亚迪动力电池全球总部、巴南预防性新型疫苗扩能及产业化项目等重点项目和工业技改项目带动下，重庆工业投资总体保持稳定增长。1—9月，全市工业投资同比增长9.5%（其中工业技改投资同比增长19.1%），支撑全市第二产业投资实现同比增长9.7%。分行业看，汽车、摩托车、医药、消费品、能源产业投资实现较快增长，分别同比增长31.1%、27.5%、21.3%、17.2%和10.7%；电子、装备产业投资保持低速增长，分别同比增长7.4%、0.3%，材料产业投资同比下降6.6%。

建筑业投资保持稳定增长。2022年以来，重庆高铁、轨道、桥梁隧道等基础设施多个项目投入使用，一批在建项目加快推进，全市建筑业投资总体保持平稳增长态势。1—9月，全市建筑安装工程投资额同比增长8.9%，增速较上年同期降低3个百分点。其中，基础设施投资在高速、轨道、航运站场、水利等一批重点项目建设投资进度超预期支撑下，实现同比增长8.0%，增速比上年同期降低3.8个百分点。

（三）存在的主要问题

1. 部分行业增长压力较大

受市场需求下滑、供应链不畅等影响，部分行业难以继续保持较快增长。一是产品需求下降。受智能终端市场逐步饱和以及"宅经济"拉动智能终端消费效应减弱影响，2022年以来全球电脑、手机等智能终端销量出现下滑，后续智能终端行业难以保持快速增长。钢铁、建材、化工等材料产业均面临需求下降及价格回落压力。家电、消费品领域企业遭受订单流失，再次争取订单难度加大，保持较快增长难度加大。二是供应链循环不畅。受疫情反复全球海运航班不稳定，加上美国等发达国家对我国产业打压升级，汽车、电子等产业关键零部件海外供应偏紧，产业持续发展面临挑战。如笔电企业反映芯片供应周期较上年延长2个月。

2. 中小微企业经营较困难

在原材料价格上涨、市场需求减弱大背景下，中小微企业经营形势日趋严峻。一是企业利润下滑。2022年以来市内中小微企业生产成本上涨超过30%，叠加8月限电期间通过自发电生产、夜班生产等方式造成企业用工、用能成本增加，企业利润空间受到挤压。1700家重点监测中小企业运行数据显示，8月份中小企业亏损面达21.3%。二是市场订单大幅减少。调查显示，第二季度重庆市场订单减少企业占比达到80.5%，72.7%的企业营业收入下降。由于普遍面临订单减少、开工不足等问题，中小微企业生存压力较大。三是融资难依然较突出。受制于可抵押物少、信用等级低、负债能力有限等因素，中小微企业融资仍较困难。调查显示，仅1/3左右的企业可以获得信用贷款，54.8%的企业仍需通过质押贷款、抵押贷款等方式融资。

3. 建筑业发展水平有待提升

受市场环境影响，全市建筑业发展转型步伐不快，行业竞争力仍需增强。一是企业资金实力面临考验。2022年以来，房地产市场低迷，房企资金压力普遍加大，在此影响下，全市建筑企业面临较大的资金压力，加上人工等成本上升以及房屋建筑开工与新增项目支撑不足，企业经营压力增大。二是技能人才仍较短缺。建筑产业人才相对缺乏，PPP业务、工程总承包、建筑工业化等技术型人才短缺严重，建筑业智能化水平仍不高，传统发展方式仍为主导，工程建设组织模式变革还有待加强。三是本地企业业务拓展能力弱。全市建筑业高资质企业数量不多，本地建筑企业"小、散、弱"短板依旧明显，目前具有特级资质的总承包企业占全市总承包企业的比重仅为0.3%，并且企业承接路桥、水利、电力等重大基础设施建设的能力不足，企业在外拓展业务能力较弱。

二、2023年发展环境及展望

(一) 全球经济形势更趋严峻，产业分工格局加快重塑

受俄乌冲突等地缘政治事件影响，全球经济增长呈现疲弱状态，同时通胀高企，滞胀风险加大，全球经济形势将更加严峻。发达国家和主要新兴市场均面临供应链瓶颈和高通胀压力，国际市场需求尚难完全恢复，预计2023年全球经济增速将进一步放缓。

2023年，全球制造业发展将面临以下环境：一是产业安全更加受到重视。受全球经济下行、新冠肺炎疫情、俄乌冲突、能源危机等影响，制造业供应关系的不稳定因素增多，先进制造业全球化进入重塑期，其配置逻辑由效益优先转向安全稳定优先，重点产业链供应链向本土化、多元化方向发展。二是先进制造业的国际竞争更加激烈。发达国家之间在发展先进制造业领域的竞争日益加剧，以美国为首的发达国家加大对发展中国家的技术封锁和相应制裁，同时加强先进制造业回流本国的国家干预和政策刺激，全球产业分工格局将加速重塑。三是制造业服务化将加速发展。制造业与服务业的融合广度、深度和维度都达到前所未有的高度，服务要素和服务基因在制造业投入产出和全产业链环节的分量和比重越来越高，"制造+服务""产品+服务""品牌+服务"将成为制造业发展的产业新常态。总体看，预计2023年全球制造业将保持微增长态势。

(二) 国内经济稳增长压力增大，第二产业仍将成为经济增长强支撑

我国经济总体延续恢复态势，但恢复基础尚不牢固，国内将在财政、货币、产业、区域等政策方面持续发力，强化稳大盘力度，推动经济向好发展。

2023年，我国工业将总体保持稳定运行态势。一是将加快产业链升级。我国将积极推动产业链由低向高攀升，并由寻求单项突破向整体提升转变，摆脱全球价值链的"高端钳制"和"低端锁定"，提高我国在全球产业链和价值链分工中的地位。二是积极应对发达国家产业遏制。以美国为首的西方国家对华遏制力度明显加大，为我国参与全球产业分工带来严峻挑战。特别是随着美国《芯片与科学法案》的实施，我国半导体等高新产业发展的外部环境愈加严峻复杂。在面临"脱钩"风险背景下，我国将持续加大对半导体等高新技术产业和战略性新兴产业的支持力度，增强产业自主发展能力。三是将继续加大创新支持力度。为应对发达国家技术封锁，我国将继续强化产业链自主可控能力建设，加大对关键核心技术研发支持力度。在继续减免新能源汽车购置税等基础上，会继续加大对重点支柱产业创新政策支持力度，保持我国产业竞争新优势。但同时，也将面临国际市场需求转弱、国际供应链不畅、疫情不确定性影响等诸多挑战。

建筑业总体将保持稳步增长。我国出台的《国家新型城镇化规划（2021—2035年）》和《关于推进以县城为重要载体的城镇化建设的意见》，将带动新型城镇化深入推进，老旧小区改造、城市更新步伐将加快，新型基础设施等建设仍将作为工作重点得到支持，国内基础设施建设仍有较大空间。随着国家《"十四五"建筑业发展规划》等系列政策文件发布实施，加上碳达峰碳中和目标的推进，装配式建筑、绿色节能建筑等将成为主流，智能建造、绿色建造等将引领建筑业加快高质量发展步伐。

(三) 市内经济总体将保持平稳，第二产业支撑动力进一步增强

重庆将继续深入贯彻落实国家重大发展战略，加快推进成渝地区双城经济圈建设，促进"一区两群"协调发展，在稳经济大盘政策精准落地带动下，全市经济发展的韧性和动力较强，经济总体将保持稳定增长。

工业转型升级步伐将进一步加快。一是高新产业和战略性新兴产业将持续发力。全市将聚力打造世界级智能网联新能源汽车产业集群，新能源汽车、电子核心部件等领域将得到大力支持。同时，也将大力培育生物医药、高端装备、新材料、绿色环保等领域，以形成新的产业增长点。高技术和战略性新兴产业形成的产业发展新动能，将进一步带动传统支柱产业加速改造升级，加快形成"混合动能"，支撑全市经济高质量发展。二是成渝双核联动将助推产业分工合作。川渝两地将深入实施电子、汽车、消费品等产业高质量协同发展实施方案，着力推动共建成渝地区工业互联网一体化发展示范区，加快各类产业协作平台建设，川渝产业分工协作将进一步深入。三是产业绿色转型步伐将持续加快。随着重庆绿色产业发展大会精神的落实，全市将聚焦碳达峰碳中和目标，加快推动生态利用型、循环高效型、低碳清洁型、环境治理型产业发展，产业绿色转型步伐将加快。但同时，也面临产业订单转移、重点产业支撑力减弱、供应链不畅等挑战。

建筑业稳定发展仍有较强支撑。随着成渝地区双城经济圈建设深入推进，全市将继续推动高铁、轨道、市政设施等重大基础设施项目建设，加快新型基础设施建设步伐，持续推动城市更新，建筑业保持稳定增长动力仍比较强。同时，全市将加快推动智能建造，大力发展装配式建筑、绿色建筑，新兴建筑行业的市场潜能也将加快释放。但受房地产业处于低位运行态势影响，全市房屋建筑市场需求增长乏力，建筑业稳健发展仍将面临较大挑战。

（四）2023年第二产业发展主要指标预测

2023年，在全球和全国制造业增速放缓的背景下，重庆将继续加快推动制造业转型升级，积极培育产业发展新动能，推动工业和建筑业高质量发展，预计2023年重庆第二产业增加值12530亿元左右，同比增长7.0%左右，其中工业增加值8760亿元左右，同比增长6.8%左右。

三、对策建议

（一）积极培育产业发展新动能

一是大力引育新兴产业市场主体。围绕全市战略性新兴产业重点领域，实施全链条招商、国内外协同招商等招商引资方式，吸引集聚国内外龙头企业和头部企业，打造一批新兴产业集群。二是促进重点领域集群化发展。强化川渝汽车产业合作配套，完善产业链供应链体系，加快壮大新能源及智能网联汽车。推动电子产业补链延链强链，提升高端产品份额，促进电子产业链群升级。落实生物医药产业支持政策，加快壮大市内生物医药产业园，打造生物医药产业集群。抢抓市场、创新产品、完善链条，持续做大先进材料、高端装备、绿色环保等新兴产业集群。

（二）推动传统支柱产业转型升级

一是加快智能化改造升级。大力发展智能制造，加快生产线智能化改造，持续推进智慧园区、智能工厂和数字化车间建设，鼓励发展个性化、柔性化生产等新型生产制造方式，提升传统支柱产业生产制造工艺水平。二是完善产业配套体系。以"链主"企业发展为牵引，积极疏通传统支柱产业配套中存在的"卡点""堵点"，进一步提高产业本地配套率，发挥传统支柱产业的稳工业经济大盘作用，与新兴产业共同形成支撑全市经济发展的"混合动能"。三是积极鼓励产品创新。鼓励传统支柱产业相关企业瞄准居民消费升级新需求，组织力量着力研发一批适销对路的新产品，增强产品市场竞争力。

（三）加大企业降本保供支持力度

一是持续落实相关支持政策。针对中小微企业经营困难等问题，全力实施国家稳经济大盘系列政策，加快落实国家、全市提振工业经济相关支持政策，强化减税降费，促进企业健康发展。完善激励政策，积极支持专精特新中小企业加快发展，引领中小企业创新发展。二是强化要素保障。强化能源调度、物流配套、转贷资金等保障，帮助企业缓解招工难题，加大对企业相关补贴力度，切实降低企业运营成本。三是强化企业帮扶。持续做好"企业吹哨·部门报到"专项行动，高效运转保链稳链专班，开展好大中小企业融通发展工作，切实保障产业链供应链稳定。通过线上线下相结合方式，千方百计帮助企业稳订单拓市场。加大稳外资外贸力度，持续加强政策支持保障，精准助力外资外贸企业破解发展难题，稳定企业发展信心。

（四）多措并举增强建筑业发展动力

一是鼓励建筑龙头企业加快发展。鼓励建筑企业跨行业、跨专业兼并重组，整合优势资源，加快形成一批在全国有竞争力的重庆建筑业龙头企业。支持本地建筑企业和央企、市外大型建筑企业以联合体的形式共同参与市场竞争。二是促进建筑行业加快转型。完善工程建设组织模式，推动优化运行机制，加快推行工程总承包，积极推进全过程咨询。三是增强建筑人才保障。加大建筑业高端人才培养引进力度，开展技能型人才职业教育培训，壮大建筑人才队伍，助力重庆建筑业高质量发展。

[重庆市综合经济研究院（重庆市经济信息中心）产业经济研究课题组
主研：易小光　丁　瑶　余贵玲　李　权　王　利
执笔：李　权]

之二：2022年重庆市高技术、战略性新兴产业发展及2023年展望

2022年以来，全球国际政治经济秩序发生了剧烈变化，新冠肺炎疫情持续冲击经济运行，我国继续推进创新驱动发展战略，多措并举稳经济增长，高技术、战略性新兴产业发展总体稳定。受出口形势及订单转移变化，全市高技术、战略性新兴产业发展速度减缓，预计2022年重庆市高技术和战略性新兴制造业增加值分别同比增长1%和7%。

一、2022年重庆市高技术、战略性新兴产业运行情况

（一）运行特点

1. 高技术制造业、战略性新兴制造业增速放缓

2022年以来，全市高技术制造业和战略性新兴制造业的不同细分行业增长出现分化，虽然生物医药、新能源汽车、高端装备制造等领域发展形势良好，但是在居主体地位的电子制造业增长减缓影响下，全市高技术制造业、战略性新兴制造业处于弱势运行态势。1—9月，全市高技术制造业增加值同比增长1.7%，战略性新兴制造业增加值同比增长7.7%。

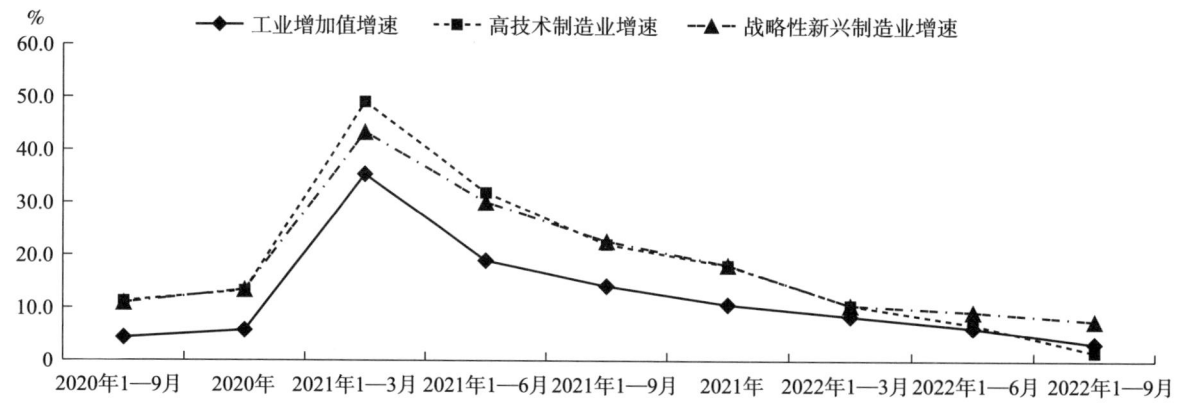

图1　2020年以来重庆市高技术制造业、战略性新兴制造业与工业累计增速比较

电子制造业发展迅速减缓。受芯片等原材料短缺、外需市场不足、订单转移、高温限电等多重因素影响，全市电子制造业增加值增速比上年同期大幅降低，1—9月，规模以上电子制造业增加值同比增长仅为0.8%，处于10年来历史低位水平，增速仅比2020年第一季度因新冠肺炎初期的全国静默管理时期高。主要产品产量下滑，1—9月，笔记本电脑、手机和液晶显示屏产量分别同比下降15.1%、36.9%和21.1%。集成电路、新型显示两大核心部件补链强链继续深入推进，科学城引进中国电科芯片技术研究院、綦江芯片设计及生产基地、华润微电子12英寸功率半导体晶圆生产等芯片项目加快推进，京东方AMOLED柔性面板实现量产。在集成电路圆片带动下，1—9月全市集成电路产量实现同比增长2%。

生物医药产业快速发展。2022年以来，重庆相继发布实施《重庆市加快生物医药产业发展若干措施》

《重庆市生物医药研发用物品进口试点方案》等政策，推动生物医药产业加快集群化发展，促进研发创新能力持续提升。以巴南重庆国际生物城、大渡口生物医药产业园、重庆高新区为核心的医药产业集聚区建设取得积极成效。巴南国际免疫研究院项目设备安装调试基本完成，大渡口体外诊断类大健康生物医药类企业超过110家，体外诊断产业研究院预计年底投用。1—9月，重庆医药产业增加值同比增长7.0%，1—8月，医药产业利润同比增长46.4%。

新能源汽车高速增长。在国内新能源汽车消费生态逐渐形成背景下，重庆加快推进国家级车联网先导区、国家新能源汽车换电模式试点城市建设，新能源汽车产业发展势头迅猛。1—9月，在长安、小康、力帆科技等车企新能源汽车产销两旺带动下，全市新能源汽车产量23.79万辆，同比增长1.46倍，占全市汽车产量比重为15.4%。

高端装备制造发展取得新进展。机器人装备制造水平快速提升。因机器换人和人力成本上升的推动，机器人市场前景良好，全市已形成集研发、整机制造为一体的完整机器人产业链，企业数量超过300多家，已攻克机器人核心技术300多项，研发出焊接、喷涂、装配等多个系列共100多种规格的智能工业机器人产品。华数机器人完成150~210千克的国产重载机器人研制，填补国产技术空白。1—9月，全市工业机器人和服务机器人分别增长38.9%和41.1%。风电装备制造规模逐步壮大。全市形成了以海装风电为龙头、80多家配套企业为支撑，产值达到500亿元的风电产业集群，海装风电牵头自主研发的国内首台深远海浮式风电机组"扶摇号"浮体平台投入使用。

2. 软件及信息服务业快速发展，数字经济基础设施逐步完善

2022年以来，重庆加快实施软件和信息服务业"满天星"行动计划，数字经济和实体经济深度融合进一步丰富软件应用场景，软件及信息服务业保持快速增长。1—9月，全市软件业务收入为2010.5亿元，同比增长12.6%，增速位于全国第七位。两江新区协同创新区引进的高校及科研院所已有1/3组建了软件开发团队，重庆大数据研究院研发的首款国产科学计算软件"北太天元"成功打破国外对科学计算与工程计算领域的通用型数值计算软件的垄断。数字基础设施持续完善，积极参与国家"东数西算"工程，国家一体化大数据中心成渝枢纽节点重庆人工智能创新中心完工，一批5G基站项目扎实推进，西部（重庆）科学城先进数据中心等新基建设施加快建设。工业互联网建设成效显著，重庆国家顶级节点已接入企业节点2802个，累计推动11.3万家企业"上云上平台"。新增电子信息、软件和信息服务、工业互联网3个类别，共6个产业园[①]入选第十批国家新型工业化产业示范基地。

3. 自主创新能力建设提速

全市持续实施创新驱动发展战略，创新载体进一步夯实，创新服务体系进一步完善，自主创新能力不断提升。创新平台载体建设日益加强，已经集聚超过100家国内外知名高校、科研院所。西部（重庆）科学城创新引擎作用逐渐显现，截至9月底，科学城核心区科技型企业达到1373家，集聚市级及以上研发平台312个，区域研发科技经费占GDP比重约比全市高1倍，产业创新生态初步构建。重庆高新区入选国家级知识产权强国建设示范园区，知识产权运营中心加快建设，全市知识产权服务能力持续提升。

4. 高新技术产品进出口增速放缓

因国外需求减弱、订单转移等因素影响，全市以计算机与通信技术产品为主的高新技术产品出口增速减缓。1—9月，全市高新技术产品进出口总额4100.83亿元，同比增长0.8%，比上年同期降低20个

---

① 分别是以重庆高新技术产业开发区为载体的电子信息（集成电路）园区，以重庆仙桃国际大数据谷为载体的软件和信息服务园区，以重庆两江新区、重庆经开区、北碚区和江津区为载体的工业互联网园区。

百分点。出口方面，高新技术产品出口总额2639.8亿元，同比下降1.6%，其中，笔记本电脑出口额占比53.3%，增速由上半年的8.6%转为同比下降0.4%。进口方面，高新技术产品进口总额1461.0亿元，同比增长5.6%，其中集成电路进口金额同比增长4%，占高新技术产品比重为61.6%。

（二）存在的主要问题

1. 电子制造业增长大幅减缓

目前，电子信息制造业占全市高技术制造业比重超过70%，电子制造业增速对高技术制造业发展影响较大。1—9月，全市电子制造业增加值、固定资产投资继续处于低速增长态势，分别为0.8%和7.4%。其中，由于全球需求低迷导致的订单减少、部分订单转移至东南亚国家，以及在建重大电子项目较少等多重因素，全市电子制造业增加值增速从2022年1月开始连续9个月、固定资产投资增速从2021年11月开始连续12个月不仅低于全市工业平均水平，也低于全国电子制造业平均水平[①]。主要产品产量下滑，全市笔记本电脑、平板电脑、手机（包括智能手机）、液晶显示屏五大主要电子产品连续9个月均是负增长，仅集成电路9月恢复情况良好，推动1—9月累积产量增速实现由负转正。

2. 企业经营压力持续加大

当前，全球通胀问题愈演愈烈，经济滞胀风险显著上升，在原材料价格上涨、市场需求减弱背景下，中小微企业经营形势日趋严峻。全市高技术制造业多属于中下游加工制造环节，中小型企业比重较大，行业利润受到严重冲击。1—8月，全市计算机、通信和其他电子设备制造业利润同比下降30.0%。

3. 产品结构亟待升级

当前，全市高技术产品中高价值制造环节规模偏小，而智能终端等加工贸易产品订单转移压力加大，产品结构亟待调整升级。重庆集成电路、新型显示、机器人、机床等技术含量高的高技术产品产量增长迅速，但是总体规模仍然偏小，在全国比重低于2%，难以支撑全市高技术和战略性新兴产业发展。而以笔记本电脑、平板电脑、手机等产业转移而来的主要高技术产品订单又很容易受到东南亚国家替代[②]，相关产品产量可能出现下滑，全市高技术和战略性新兴产业快速发展态势将难以为继。

二、2023年发展环境及展望

（一）全球高端制造转移将发生重大变化

世界各国在新一代信息、生物、新能源、新材料等关键技术领域的竞争日益加剧，但是受全球经济衰退以及俄乌冲突引致的能源危机影响，主要发达国家高端制造业发展形势将出现分化。一是美国加速推进高端制造回流。2022年通过的《芯片与科学法案》《通胀削减法案》为投资半导体、电动汽车和制药等行业提供强力税收减免等激励措施，加上能源优势，美国的高端制造吸引能力明显增强，将持续吸引高端制造回流。二是欧盟、日韩的制造业面临能源危机，具有产业外溢的驱动力。随着俄乌冲突导致的大宗商品市场价格进一步上升，加之欧盟、日本、韩国等能源匮乏国的货币贬值严重，制造成本大幅飙升导致竞争力下降，产业极有可能向美国、中国等国家外溢。三是集成电路市场需求或将减弱。英国半导体市场研究公司未来地平线（Future Horizons）预测，随着全球经济衰退和通货膨胀并存时期到来，2023年全球芯片市场将收缩22%。

---

① 2022年全国电子信息制造业增加值增速月均比全国工业增加值增速高5~8个百分点；投资增速月均高于全国工业投资增速9~17个百分点。

② 近40家海关特殊监管区外加贸企业反映存在部分订单外流，其中涉及电子信息、机械等产业。

（二）我国将进一步增强重点产业领域发展主动权

我国将推动涉及安全的重点产业和前沿科技领域加快补齐短板，将出台更多政策支持创新及新兴产业发展。一是创新研发投入进一步加大。我国继续加大基础研究投入，实施更大力度组合式减税降费，随着《企业技术创新能力提升行动方案（2022—2023年）》实施，国家将新出台一批惠企创新政策，打造更加公平公正的创新环境，推动国内创新能力持续提升。二是新能源和智能网联汽车发展步伐将进一步加快。2023年，我国新能源汽车免征购置税等补贴政策仍将继续实施，将进一步带动全国新能源汽车快速发展。《关于开展2022新能源汽车下乡活动的通知》《车联网网络安全和数据安全标准体系建设指南的通知》等政策将从消费端拉动新能源汽车增长，促进智能网联汽车规范发展。三是积极推进节能降碳和新能源发展。出台的《加强碳达峰碳中和高等教育人才培养体系建设工作方案》《高耗能行业重点领域节能降碳改造升级实施指南（2022年版）》《工业能效提升行动计划》《关于促进新时代新能源高质量发展的实施方案》等政策文件将从人才培养、重点行业节能降碳等方面推进国家双碳战略实施，更加有利于绿色环保产业和新能源产业的高质量发展。

但是，面对全球经济放缓，以及美国倡导对中国实施"脱钩断链"和高端芯片产品限制等挑战，2023年我国新兴产业发展恢复基础尚不牢固，加上大批关键技术尚待突破，难以实现较快增长。

（三）重庆更加重视自主创新能力建设和新兴产业集群打造

重庆在落实国家重大发展战略基础上，将继续加快弥补研发薄弱环节，壮大新能源汽车、高端装备产业规模，以数字经济、智能制造带动软件及信息服务业提速发展。一是创新支持力度将加大。发布实施的《重庆市知识产权强市建设纲要》《重庆市科技型中小企业创新发展行动计划（2022—2025年）》等政策将进一步促进科技型中小企业孵化培育、创新能力提升、成果转移转化，将有利于全市创新生态持续优化。二是智能网联新能源汽车、电子产业将形成新的协同发展格局。随着成渝地区双城经济圈建设的深入推进，川渝地区电子、汽车两大支柱产业集群协同发展步伐进一步加快。智能网联新能源汽车基础设施、自动驾驶和车联网创新应用两大行动计划的实施将促进自动驾驶制度规范和新能源汽车的配套设施进一步完善，有利于川渝地区智能网联新能源汽车加快发展。三是制造业智能化水平进一步提升。《汽车软件与人工智能技术应用行动计划（2022—2025年）》将促进"软件+智能+硬件"融合的汽车制造、软件发展新模式加快推广，若干国家级"双跨"工业互联网平台、国家特色专业型工业互联网平台进驻重庆，将推进更多企业"上云上平台"，进一步提升全市制造业智能化水平。

但是，应当看到面对发达国家的技术限制和东南亚国家的劳动密集型制造能力增强，重庆高技术产业发展面临关键核心技术不掌握或掌握较少，一般生产制造环节又面临订单外流的双重压力。

（四）2023年重庆高技术产业、战略性新兴产业发展展望

综上所述，2023年，在继续推进全市智造重镇、智慧名城的带动下，努力防止智能终端电子产品订单转移，积极增加投资，培育新能源汽车、机器人制造等新增长点，预计2023年全市高技术产业发展将达到或不低于全市工业发展平均水平，战略性新兴产业发展水平将高于全市工业发展平均水平。

三、对策建议

（一）积极培育新兴产业新增长点

一是努力承接新一轮国际产业转移。突出能源需求优势行业领域，加快实施《鼓励外商投资产业目录（2022年版）》，根据其中《中西部地区外商投资优势产业目录》的重庆鼓励领域，大力吸引生物医

药、新材料、储能技术应用、医疗器械等外资制造及研发项目。打通外商引资关键堵点，通过利用欧洲重庆中心等基地平台、设立海外合作招商机构等方式，构建覆盖推介、洽谈、签约、落地、后期服务于一体的国内外协同推进的全链条线上线下协同招商体系。二是加大新兴服务业投资。推动制造业服务化，针对重点领域的龙头企业打造相应的工业互联网平台。鼓励广大小微制造企业在信息基础设施、业务应用等基础环节"上云上平台"，提高研发、设计、营销、维修效率。制定激励政策，推动传统生产性服务企业深度参与制造业改造升级，大力发展检验检测、创意设计、知识产权服务等新兴服务业。

（二）提升重点新兴产业发展能级

一是加快壮大新能源及智能网联汽车。利用川渝新能源汽车产业互补性强的特点，通过川渝毗邻地区合作共建的区域发展功能平台，强化川渝地区智能网联汽车、新能源汽车产业链供应链融合，加快新能源整车及零部件项目建设，引导产业成链、成群发展。二是大力推动电子产业链群升级。加快引进产业链上下游企业，延伸产业链，推动智能终端产品的多元化，弥补半导体集成电路、新型显示等核心部件的高端产品和研发环节，大力发展智能家居等消费电子。突出工业软件、基础软件、信息安全软件、行业应用软件等重点方向，加速壮大软件产业规模。积极培育智慧城市应用场景、城乡一体化发展相关的智能化应用场景，大力发展智能安防、智能物流、智能医疗、智慧教育、信息安全等信息服务业。三是加快壮大生物医药新兴产业集群。加快实施《重庆市加快生物医药产业发展若干措施》，壮大生物药品和疫苗、体外诊断产品、现代中药等特色产品规模，促进巴南、两江新区、高新区、涪陵和荣昌等生物医药产业园区集聚发展。四是促进高端装备制造产业发展壮大。加快实施《重庆市装备制造业领军企业培育行动计划》，借助由产学研机构构成的高端制造装备技术联盟等平台，进一步壮大工业机器人、数控机床、增材制造、轨道交通、卫星及其应用、新能源装备等高端装备制造规模和创新能力。

（三）多措并举促进产业稳定健康发展

一是切实落实惠企政策。落实好《重庆市促进工业经济平稳增长若干政策措施》等稳经济增长措施，以及全市第10批减负目录清单政策，进一步助企纾困、稳市场主体。二是加强对重点行业、企业的运行监测。根据全市高技术、战略性新兴产业中电子制造比重较高，新能源汽车制造、高端装备制造快速增长的特点，突出做好重点企业"一对一"联系服务和稳外资稳外经协调机制，增强重点企业的发展带动作用。三是全力做好要素保障。畅通国际物流大通道，进一步优化物流配套体系，加快提升交通基础设施和物流基础设施，促进科学合理降低企业库存。优化营商环境，加强体制创新、破除垄断、简政放权、减税让利、放宽准入，着力改善企业发展环境。

[重庆市综合经济研究院（重庆市经济信息中心）产业经济研究课题组
主研：易小光　丁　瑶　余贵玲　李　权　蒋安玲　罗宇航
执笔：蒋安玲]

之三：2022 年重庆市汽车摩托车产业发展及 2023 年展望

2022 年以来，面对复杂严峻的宏观环境、散发多发疫情、极端高温天气等影响，重庆市积极抢抓成渝地区双城经济圈建设机遇，坚定电动化、网联化、智能化发展方向，聚力延链、补链、强链，加快建强汽车摩托车产业集群，全市汽车产业较快增长，摩托车产业企稳恢复。预计 2022 年汽车产业增加值同比增长 9% 左右，但摩托车产业增加值增速转正仍承压。

一、2022 年重庆市汽车摩托车产业运行分析

（一）总体运行情况

为有效应对汽车摩托车产业（简称"汽摩产业"）供应链紧张、疫情扰动、高温限电等超预期因素冲击，重庆积极认真落实国家稳经济一揽子政策措施，全力保障汽摩产业链供应链畅通稳定，汽车产业保持较快增长，摩托车产业稳步恢复。1—9 月，全市汽车产业增加值同比增长 10.8%、摩托车产业增加值同比下降 3.9%。

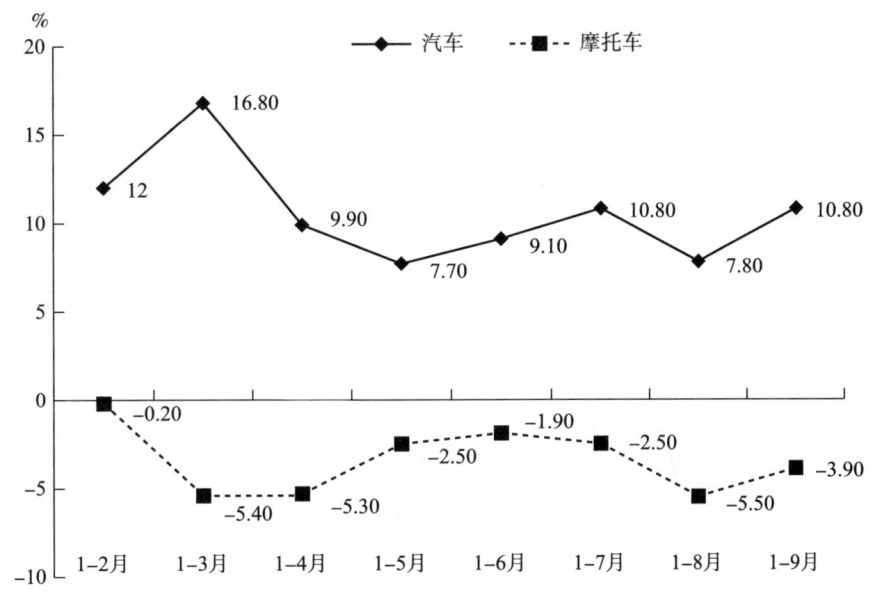

图 1　2022 年重庆汽车摩托车产业增加值增速走势

（二）主要运行特点

1. 汽车产业增势平稳，摩托车产业稳步恢复

在稳生产、促消费系列政策同频发力作用下，全市汽摩产业链供应链有序恢复，汽车产业较快增长，摩托车企稳恢复。汽车产业产销齐升。1—9 月，全市汽车产量 154.2 万辆，同比增长 6.3%；产业增加值同比增长 10.8%，快于全市规模以上工业增加值增速 6.8 个百分点，对全市工业增加值增长贡献率超过

40%。汽车投资拉动强劲，同比增长31.1%，高于工业投资21.6百分点。汽车消费企稳回升，零售额同比增长8.4%，分别快于全市社会消费品零售总额和全国汽车类零售额增速6.9个、8个百分点。前9月长安汽车累计产销分别达163.2万辆、168.1万辆，销量位居全国车企销量第五位，其中自主品牌累计销量为132.3万辆，占总销量接近80%。摩托车产业持续恢复。1—9月，全市摩托车产量达332.1万辆，同比增长3.3%，增速比上半年回升6.2百分点，并高于同期全国17.3个百分点；产业增加值降幅比1—8月收窄1.6个百分点。龙头摩企持续发力，前9月隆鑫、宗申、重庆德呈威三家龙头摩企燃油摩托车累计销量分别达到88.6万辆、70万辆和46.1万辆，分别居全国头部摩企销量排名第二位、第三位和第七位。

2. 新能源汽摩增长迅速，智能化转型步伐加快

在新能源及智能汽摩技术创新、推广应用和配套设施建设提速等支撑下，全市汽摩产业新动能培育提速。新能源汽车增势迅猛。1—9月，全市新能源汽车产量23.8万辆，同比增长1.46倍，高于全国30个百分点。头部车企表现抢眼，长安汽车自主品牌新能源汽车销量15.6辆，同比增长1.2倍；小康股份新能源汽车销量9.5万辆，同比增长2.7倍。智能网联汽车加快布局。重庆率先在全国发布自动驾驶全无人商业化试点政策，并向百度发放全国首批无人化示范运营资格。中科院重庆汽车软件创新研究平台落户重庆，西部（重庆）科学城智能网联汽车创新中心正式成立。摩托车电动化转型提速。1—9月，宗申、隆鑫两家头部摩企电动摩托车累计销量分别达到25.8万辆、4.6万辆，分别跻身全国电动摩托车销售排名第五位、第十位。充电配套设施不断完善。截至9月，全市累计建成充电场站超2100座，充电桩保有量超5万个，公用充电基础设施实现全覆盖，高速公路快充网络覆盖率达90%，辐射范围西部领先。

3. 产品档次逐步提升，品牌竞争优势渐显

在产品推陈出新、提质上档、迭代升级等带动下，全市汽摩产品市场竞争优势逐步显现。高端汽车新品频出。长安阿维塔11、长安UNI、长安深蓝SL03等众多全新产品陆续上市热销；其中阿维塔11是业内首个全系搭载华为HI（HuaweiInside）全栈智能汽车解决方案的高端智能电动车SEV品牌，长安深蓝SL03氢电版是中国首款量产的氢燃料电池轿车。小康赛力斯问界M5、问界M7等系列高端品牌相继上市并热销，其中问界M5连续多月销量位居25万以上高端新能源SUV榜前三，问界M7在发售48小时内预定超过5万辆。"长城炮"成为首个突破30万台的中国高端皮卡品牌。摩托车产品持续提档。隆鑫无极首款电动摩托车ER-10成为目前市面上最轻便运动型电动摩托车品牌之一，其电动摩托车"茵未BICOSE"品牌首款车型Real 5T正开启全球预售。宗申集团旗下赛科龙RX6、RG3、RE3等多款明星车型陆续上市并备受消费者青睐。鑫源公升级美式巡航车、500cc军版边三轮等多款重磅新车相继上市。细分品牌市场表现突出。1—9月，长安CS75累计销量近15.4万辆、居全国SUV销量排名第五位，长安奔奔E-Star累计销量达7万辆、居全国微型车型销量排名第四位，小康赛力斯问界M5单月销量多月蝉联新能源SUV销量排行榜前十位。

4. 对外合作不断深化，开放层级持续提高

在成渝地区双城经济圈建设深入推进，以及国内外汽摩市场有效拓展等带动下，汽摩产业对外合作水平不断提升。川渝合作更加深入。两地汽车产业关键技术、创新平台、信息资源等共促、共建、共享取得新进展，共同开展共性关键技术创新重大主题专项等项目超过180项，联合成立了汽车产教融合联盟，携手建立了成渝地区汽车产业链供需信息对接平台并已集聚企业超过3500家，携手组建了成渝氢走廊技术创新生态圈联盟、成渝氢走廊物流专线联盟和成渝地区氢能产业大数据平台。国际市场开拓显效。1—9月，全市汽车出口量21.5万辆，同比增长45.4%，出口额157.7亿元、同比增长73.4%，比同期全

市货物出口总额增速高61.9个百分点；长安汽车自主品牌出口接近14万辆，同比增长约48.1%。全市摩托车出口值突破100亿元，隆鑫、宗申、力帆、重庆德呈威4家企业分别稳居全国摩企出口量排名第一位、第三位、第六位、第七位。国内合作推进有序。赛力斯联合华为共同打造的第三工厂在渝正式开建，吉利极星、重庆理想汽车有限公司等高端电动汽车项目加快建设。国内智能网联汽车软件头部企业光庭信息全国第二总部入驻重庆，长安汽车与华为、宁德时代联合打造的智能电动网联汽车技术平台（CHN）全球首发。

（三）当前值得关注的问题

1. 产业恢复增长依然承压

受供应链受阻、需求减弱、成本上升、极端高温天气等因素影响，全市汽摩产业恢复增长压力依然较大。一是产业增长动力仍不足。1—9月，汽车产量增速低于全国1.8个百分点，远不及同期陕西（62.8%）、广东（35.7%）等省汽车产量增速。长安汽车受8月高温限电影响，单月减产约10万辆，拖累前9月累计产量同比下降2.1%。摩托车产业增加值仍呈负增长，1—9月同比下降3.9%。二是产品出口有所减弱。1—9月，汽车出口量增速比上半年回落2.8个百分点，低于同期全国增速（51%）5.6个百分点。摩托车出口量、值齐降，分别同比下降10.1%和0.8%，其中出口量降幅比上半年扩大5.4个百分点。三是生产成本尚处高位。钢、铝、铜等大宗上游原材料，以及氢氧化锂、镍、钴等车用材料价格维持高位震荡（如氢氧化锂2022年以来价格涨幅超过140%），导致汽摩企业生产成本高涨。譬如，长安奔奔E-Star因受困于原材料成本上涨影响，被迫自7月起暂停收订。

2. 产业发展水平亟需提升

受产业核心竞争优势不突出、品牌培育不足等因素影响，全市汽摩产业整体发展水平还不高。一是产销规模相对不高。1—9月，重庆汽车产量比同期广东（308.9万辆）、上海（212.1万辆）分别少154.7万辆、57.9万辆。在前9月全国汽车终端零售城市中，重庆汽车零售量（30.1万辆）均低于上海（45.7万辆）、北京（40.7万辆）、成都（37.3万辆）等城市。二是新动能培育不够。1—9月，全市新能源汽车产量仅占全市汽车总产量15.4%，低于全国比重8个百分点，并仅占全国新能源汽车产量（471.7万辆）5%，不到同期广东新能源汽车产量（86.3万辆）三成。1—9月长安自主品牌新能源和小康股份新能源汽车合计销量约25万辆，仅为比亚迪新能源汽车销量（118万辆）的1/5左右。新能源摩托车规模尚小，前9月全市销售最高的电动摩托车品牌宗申集团，仅占江苏雅迪科技集团（391.5万辆）的6.6%。三是企业运营亟待改善。长安、小康等旗下新能源汽车板块由于产品研发和前期固定资产投入较大，加之产销量尚处于爬坡阶段，陷于"增收不增利"的亏损状态，如长安新能源汽车近四年累计亏损超40亿元。隆鑫控股因负债过重，旗下13家隆鑫系企业被迫破产重整。

3. 核心部件配套能力不强

受关键核心技术缺失、自主研发能力不足等因素影响，全市汽车核心零部件配套能力依然趋弱。一是核心零部件自主配套率不高。重庆新能源汽车"大小三电"、先进汽车电子、辅助驾驶系统、网联终端系统等关键零部件本地配套能力不强，目前重庆新能源汽车零部件本地化配套率仅30%左右，相比特斯拉上海工厂零部件本地化率90%水平，尚有较大差距。动力电池布局相对滞后，目前重庆布局新能源电池项目累计产能仅70GWh左右，落后于四川省（电池产能超过100GWh）。二是车用芯片短缺犹存。由于当前全球疫情下芯片供应中断，加之美国对我国芯片出口限制加码，而汽车芯片研发周期长、设计门槛高、资金投入大，以及我国汽车芯片自给率偏低，对外依存度超过90%，国产替代尚需时日，导致不少车企因芯片供应紧缺，被迫减产延产。譬如，长安汽车自 2022 年 2 月以来，受博世（德国汽车零部件企业）安全气囊控制器、EPBI（集成化电子驻车制动）等"涉芯"类零部件供应不足影响，造成一定产销掉量。

二、2023 年运行环境及展望

（一）全球汽摩产业进入技术变革"重构期"

新一轮科技革命和产业变革正在重构全球创新版图、重塑全球经济结构，汽摩与能源、交通、信息通信等领域有关技术加速融合，电动化、网联化、智能化成为全球汽摩产业发展潮流和趋势。从技术革新看，新能源、新材料、互联网、大数据、人工智能等新技术突破和应用，电池、电机、电控"三电"和自动驾驶等核心零部件技术日趋成熟，正推动汽摩产业从单纯交通工具向移动智能终端、储能单元和数字空间转变。从生态演变看，汽摩产品形态、交通出行模式、能源消费结构正在发生深刻变革，产业生态正由零部件、整车研发生产及营销服务企业之间的"链式关系"，逐步演变成车、能源、交通、信息通信等多领域多主体参与的"网状生态"。从消费模式看，汽摩商业模式创新进入活跃期，新产品、新模式、新业态不断涌现，汽摩消费市场正在从聚合消费向个性化消费转变、从功能消费向体验式消费转变。但同时，当前世界之变、时代之变、历史之变正以前所未有的方式展开，全球形势复杂多变，经济衰退风险上升，地缘政治格局快速变化，以及通货膨胀、能源价格波动、贸易保护主义抬头、全球产业链供应链承压等因素叠加严重冲击，将对我国及重庆汽摩产业发展形成较大挑战。

（二）我国汽摩产业进入市场提振"窗口期"

我国统筹疫情防控和经济社会发展各项政策持续显效，国民经济延续恢复态势，国内车市利好政策密集加持，将进一步释放汽摩市场消费潜能。从宏观部署看，党的二十大报告提出"建设现代化产业体系，推动制造业高端化、智能化、绿色化发展"，将为我国及重庆汽摩产业转型升级指明新方向。我国构建以国内大循环为主体、国内国际双循环相互促进的新发展格局逐步形成，正加快建设全国统一大市场，建立全国统一的市场制度规则，促进市场互通、规则互联、供需互促，将有助于重庆深度融入全国汽摩消费大市场建设，降低汽摩产业供应链成本。从微观政策看，国务院和有关部委相继出台稳经济一揽子政策 33 条及接续政策 19 条、搞活汽车流通扩大汽车消费 12 条等系列政策措施，涵盖了增加汽车消费、放宽汽车限购、取消二手车限迁、支持汽车平行进口业务、取消皮卡车进程限制，以及部分乘用车购置税减征、新能源汽车免征购置税延长等多重利好政策，将有利于重庆提振汽车市场。但同时，当前我国经济发展面临需求收缩、供给冲击、预期转弱三重压力仍在延续，国内疫情多发散发，超预期突发因素增多，经济恢复基础仍不稳固，叠加"双碳"目标、能耗"双控"，以及部分城市"禁摩令"延续等政策接续倒逼，重庆汽摩产业转型发展任务依然艰巨。

（三）重庆汽摩产业进入动能跃升的"关键期"

重庆有效统筹疫情防控和经济社会发展，全市经济持续恢复增长，汽摩产业优质要素资源不断集聚，正加快激发汽摩产业转型升级新动能释放。从产业体系看，重庆拥有汽车生产企业 41 家，具备年产 400 万辆的综合生产能力，形成了"1+10+1000"[①] 汽车产业集群和"9+3+5+30"[②] 新能源汽车产业体系，以

[①] "1+10+1000"：指以长安汽车为龙头，上汽依维柯红岩、上汽通用五菱、东风小康、长城、北汽瑞翔、北京现代、华晨鑫源、力帆汽车、庆铃汽车、潍柴嘉川、北方奔驰和恒通客车等十多家整车企业为骨干，上千家配套企业为支撑的产业集群。

[②] "9+3+5+30"：指长安汽车、长安福特、金康新能源、力帆乘用车、力帆汽车、华晨鑫源、众泰汽车、北汽瑞翔、潍柴 9 家乘用车企业，恒通、五洲龙、穗通 3 家客车企业，庆铃、瑞驰、盛时达、长帆等 5 家专用车企业，以及 30 余家重点零部件配套企业。

及集聚摩托车整车企业 36 家、零部件企业超过 400 家，具备年产 1000 万辆整车和 2000 万台发动机的综合生产能力，将为重庆汽摩产业打造世界级产业集群提供有力支撑。从产业创新看，重庆汽摩行业建成各类国家级和市级研发机构超过 100 个，成功创建工信部智能网联汽车示范区、西部首个国家级车联网先导区等，成立了汽车电子产业技术创新战略联盟、摩托车技术创新战略联盟等平台，将为重庆汽摩产业发展注入新动能。从对外合作看，成渝地区汽摩产业链供应链协同合作持续深入，创新平台共建、资源共享、项目共促、政策共通、成果共享等方面合作成效频现，以及与国内外头部汽摩企业合作的多个整车及零部件项目落地建设，将进一步提升重庆汽摩产业对外开放水平。从消费政策看，重庆培育建设国际消费中心城市政策红利持续释放，2022 年以来陆续出台促进汽车产业平稳增长 13 条、鼓励汽车更新换代消费等系列政策，将进一步刺激汽车消费。但同时，当前国内外汽摩品牌日新月异，特斯拉、蔚来、小鹏、理想等造车新势力异军突起，也将对重庆汽摩产业发展形成较大竞争压力。

（四）2023 年重庆汽摩产业发展趋势预测

充分考虑疫情复杂形势、国内外及市内宏观经济和汽摩产业发展环境，明年在两江新区、沙坪坝、渝北、九龙坡、大足、璧山等多地汽摩整车及零部件市级重大项目加快落地建设，以及全国及全市汽摩消费系列政策同频共振的带动下，全市汽车将会延续平稳增长、摩托车有望持续恢复增长，预计 2023 年两者增加值分别同比增长 10% 和 4% 左右。

三、对策建议

（一）加快整车转型，壮大新动能

一是发展壮大新能源及智能网联汽车。加快推动传统燃油车企向电动化转型，重点发展纯电动、插电式混合动力（含增程式）、氢燃料电池智能乘用车和商用车，开发更多续航里程长、充电时间短、安全性能高的新能源汽车产品。扩大辅助驾驶系统规模化应用，提高自动驾驶系统装车比例，争取新能源汽车开发数据库和智能网联汽车场景数据库在渝布局，打造世界级智能网联新能源汽车产业集群。二是加快汽车产品提档升级。加快现有优势产品升级换代，鼓励自主和合资车企品牌加快导入高端品牌和高档车型，逐步扩大先进汽车电子、轻量化材料、高强度车身等应用，持续提高汽车产品单车价值量，增强产品附加值和市场核心竞争力。三是推进摩托车转型发展。鼓励头部摩托车企业大力开发投放 250cc 排量及以上越野车、公路巡航车、赛车等中高档产品，持续提升产品档次。加快推动摩企"油改电"，积极开展新能源摩托车标准研制和产品研发，壮大产量规模。支持摩托车企业开展战略性联合重组，优化产品结构，提升企业市场竞争力。

（二）聚力核心部件，突破新技术

一是提升关键零部件配套能力。吸引更多国内外知名动力电池头部企业来渝布局，重点开发高强度、轻量化、高安全、低成本、长寿命的动力电池和燃料电池。推动整车企业与半导体企业、软件企业深化合作，加快车体电控系统、智能传感器、车联网及智能驾驶等汽车电子产品开发步伐。支持整车企业与芯片制造企业搭建芯片供需对接平台，畅通芯片产供信息渠道。二是加大核心技术攻关。聚焦动力电池单体及电池系统、驱动电机及控制器、整车控制系统，以及电制动、电转向、电空调等新能源汽车"大小三电"关键技术，支持企业加大研发投入，集中突破整车控制、电动汽车底盘、动力电池设计、驱动电机及控制器、智能驾驶系统等关键共性技术。三是完善技术创新体系。积极创建更多国家级和市级重点（工程）实验室、工程（技术）研究中心、企业技术中心，争取国内外知名高校、科研机构及龙头汽摩企业来渝设立研发基地。支持整车企业、关键零部件企业、科研院校共建产学研用协同创新联合体，促进技术成果转化落地。依托"重庆英才计划"集聚高层次创新人才，重点培养和引进一批汽摩行业复合型人才。

（三）加强对外合作，拓展新市场

一是推动川渝深度合作。加快促进两地汽车产业链供应链有机衔接，合力打造世界级汽车产业集群。支持两地车企、院校、科研院所等共同参与关键零部件研发，联合攻克一批汽摩零部件关键共性技术。加强两地汽车产业信息互联互通，共建研发中心、软件中心、营销中心，提高汽车零部件区域配套水平。推动"成渝氢走廊"共建共享，联合争创国家氢燃料电池汽车示范城市群。二是积极融入全国汽摩大市场建设。全面融入全国统一大市场建设，积极对接国内汽摩市场制度规则，大力开拓"渝产"汽摩产品市场。积极融入长三角、京津冀、粤港澳大湾区等重点区域汽摩产业链供应链上下游体系，鼓励本地车企与国内知名品牌整车及零部件企业、互联网巨头等建立关键零部件配套结对关系。三是大力拓展国际市场。积极对接"一带一路"国家和地区标准认证规则，发挥中欧班列（成渝）、西部陆海新通道等国际大通道优势，加强品牌推广、境外营销、金融服务体系建设，扩大"渝产"汽摩产品出口。推动汽摩产品由出口贸易为主向投资、技术、管理等深度合作模式转变，共建一批海外研发中心、海外仓、售后服务平台。

（四）提升配套服务，激发新消费

一是加强充换电及加氢设施建设。统筹全市新能源汽摩充换电设施规划建设，研究组建全市统一充换电基础设施平台公司，规范建设标准、运营监管及服务费用指导价格，完善汽摩消费服务配套。重点补齐区县、镇街以及居住社区、停车场、加油站、高速公路服务区等重点区域充换设施短板，加快实现全域网络覆盖。以中心城区为重点、高速服务区为延伸、其他区县城区为支撑，加快布局建设加氢站。二是优化后市场服务。深入挖掘多元化消费需求，加快构建集交通物流、共享出行、用户交互、信息利用等要素为一体的网状生态圈。推动汽摩企业向生产服务型转变，由提供产品向提供整体解决方案转变。提升汽摩金融、二手车交易、维修保养、汽摩租赁等后市场服务水平，带动社会物流、电子商务、房车营地、汽摩运动等相关服务业同步发展。三是加大消费政策支持力度。认真落实国家和重庆汽摩促销系列政策，加大对车型研发、公交客运运营、充电基础设施建设、整车销售贷款等奖补力度，提振汽车消费。全面落实购置税减免、免限行、路权保障等支持政策，鼓励新增及更新公务用车优先选用新能源汽车，扩大新能源汽车消费。持续举办车展、汽摩以旧换新、汽摩下乡等促销活动，最大程度释放城乡汽摩消费潜力。

[重庆市综合经济研究院（重庆市经济信息中心）产业经济研究课题组
主研：易小光　丁　瑶　余贵玲　王　利　简华球
执笔：简华球]

之四：2022年重庆市电子信息产业发展及2023年展望

2022年以来，全球信息产业面临经济衰退、地缘政治冲突带来的严峻挑战和国内新冠肺炎疫情反复冲击等因素影响，市场需求持续萎缩，面对复杂多变的国际环境，重庆市电子信息产业积极推进创新发展，努力保持产业平稳增长态势。预计2022年全年全市电子信息制造业增加值增速约0.5%。

一、2022年重庆市电子信息产业运行情况分析

（一）总体运行情况

2022年以来，全市电子制造业增加值增速、软件业营业收入增速出现双下行的走势，1—9月，全市电子制造业增加值同比增速从年初7.2%连续下滑到0.8%，低于全市规模以上工业增加值增速3.2个百分点，大幅低于上年同期20.7个百分点；软件业营业收入2010.5亿元，增速从年初的20.9%持续下滑到12.6%，比上年同期下降11.9个百分点。

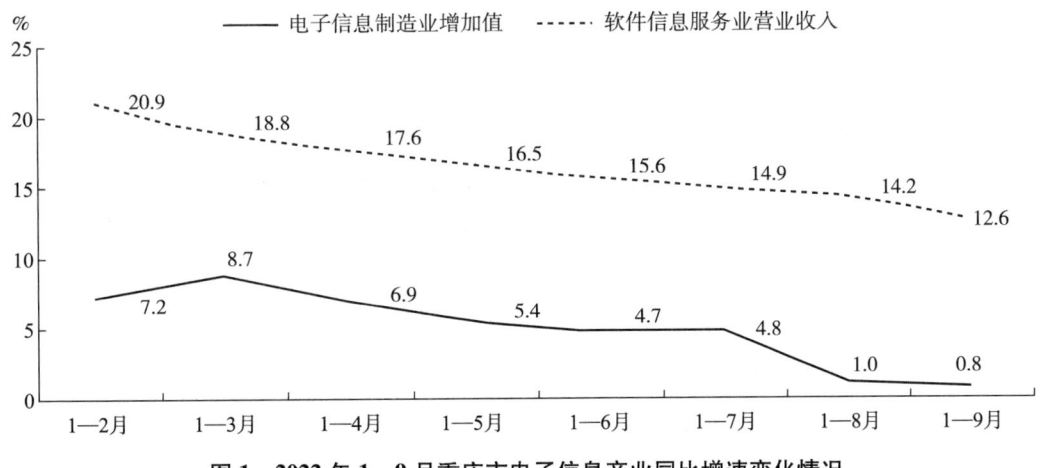

图1　2022年1—9月重庆市电子信息产业同比增速变化情况

（二）产业运行主要特点

1. 产业运行承受较大下行压力

2022年以来，受疫情反复冲击、国内外市场需求疲软、夏季高温限电等因素影响，重庆电子信息产业运行形势不容乐观。一是电子信息制造业细分行业增速放缓。1—9月，全市计算机、家用电力器具、其他电子行业三个细分行业增加值分别同比增长2.6%、2.9%、3.1%，均低于全市规模以上工业增加值同比增速。二是主要产品产量出现下滑。1—9月，全市笔记本电脑、智能手机、液晶显示屏、电工仪器仪表产量分别同比减少15.1%、25.0%、21.1%和52.3%，集成电路、家用电力器具产量分别同比增长2.0%、4.6%，均大幅低于上年同期水平。三是产业投资保持增长。1—9月，在京东方第6代柔性生产线、康宁液晶显示玻璃熔炉生产线等重大项目带动下，全市规模以上电子信息制造业固定资产投资同比

增长 7.4%，低于全市工业投资增速 2.1 个百分点；腾讯、商汤科技、斑马智行等企业在汽车软件、人工智能、智慧出行等领域投资带动全市信息服务业投资实现同比增长 49.2%。四是外贸进出口下滑。1—9 月，重庆笔记本电脑出口 4425 万台、同比减少 23.8%，出口货值 1408.1 亿元、同比下降 0.4%；进口电子元件 954.4 亿元，同比增长 3.3%，占重庆进口总值的 43.7%，其中集成电路进口 900.2 亿元，同比增长 4%。

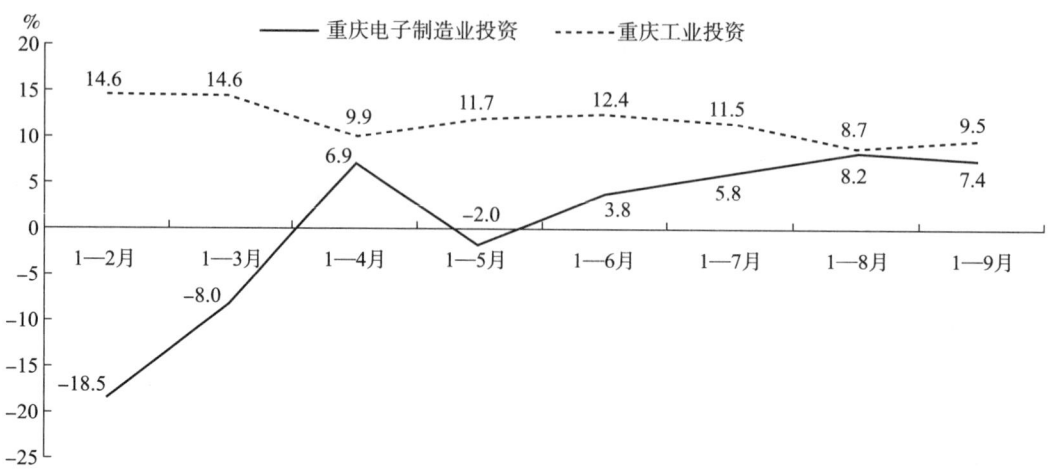

图 2　2022 年 1—9 月重庆市电子制造业投资增速变化情况

2. 产业链核心环节自主创新取得积极进展

全市加快创新驱动发展战略布局，在集成电路、工业软件等领域研发创新实现新突破，为电子信息产业高质量发展持续提供动力。一是集成电路自主研发取得新突破。已集聚制造企业 70 家、设计企业 40 余家，建成国内首条 12 英寸电源管理芯片晶圆线，自主知识产权的晶圆制造与封装测试的 IGBT 元件打破国外技术垄断，发布了国内首款硅基集成工艺包，功率半导体晶圆产能已位居全国前列。二是工业软件基础研发取得重大突破。北京大学重庆大数据研究院成功研发国内首款通用型科学计算软件，突破了该领域"卡脖子"技术难题；重庆励颐拓软件有限公司研发的高端通用力学 CAE 仿真软件，可媲美国际主流商用 CAE 软件，可应用于电子、汽车、机械、航空航天、轨道交通、船舶、能源等领域；引进中科创达等工业软件项目。三是创新型企业培育取得突破。重庆特斯联智慧科技股份有限公司被认定为独角兽企业，实现全市独角兽企业零的突破。

3. 数字经济高质量发展基础更加牢固

2022 年以来，重庆加快推进国家数字经济创新发展试验区建设，为数字经济高质量发展奠定更加坚实的基础。一是新一代网络基础设施承载力进一步提升。5G 示范应用走在全国前列，截至 9 月底，全市 5G 基站数 26.6 万个，实现乡镇 5G 网络到达率 100%，全市 5G 移动电话用户 1197 万人，占全市移动用户比例 30.5%；全市已实施各类行业 5G 融合应用项目超过 200 个，推动建设 79 个 5G 行业虚拟专网。启动建设中科曙光先进计算中心、华为 AI 算力中心、重庆人工智能创新中心、中新国际超算中心等一批项目，加快建设全国一体化算力网络成渝国家枢纽节点，积极构建以云计算、高性能计算、边缘计算为主体的多元化先进计算产业生态体系。二是数字智能化持续赋能制造业升级。截至 9 月底，全市累计实施 4800 个智能化改造项目，建设 734 个数字化车间和 127 个智能工厂，示范项目生产效率提升到 58.9%；推动建设 584 个网络化协同、个性化定制、服务化延伸等新模式项目。工业互联网标识解析国家顶级节点（重庆）已上线二级节点 32 个，接入企业节点 2802 个，标识注册量累计达 125.4 亿个，累计解析量 76.1 亿次。三是数字经济稳步发展。全市聚集数字经济企业 2 万余家，中新（重庆）跨境电商产业园正式运营，渝北、万州、江津等电商直播基地快速发展。云计算、大数据、互联网数据服务等带动信息技术服务业增长较快，1—9月，全市信息技术服务收入1298.2亿元，同比增长13.3%。电商交易继续保持高速增长，1—9月，全市限额以上单位网络零售额同比增长37.3%；1—8月，全市跨境电商交易额291.9亿元，同比增长50%，其中西部（重庆）科学城核心区跨境电商进出口业务量达到121亿元，同比增长195%。

4. 川渝两地强协同促联动共建世界级电子信息产业集群

川渝两地在政策制定、项目建设等方面持续加强联动协同，共建世界级电子信息产业集群步伐进一步加快。一是持续推动产业政策协同。2020年以来，成渝地区累计发布支持电子信息制造业相关政策155项，其中川渝联合发布政策、签署协议24项，专项、关联、配套要素及共性政策达到148项。二是项目协同建设步伐加快。宜宾锂电产业项目、重庆腾龙5G产业园等川渝两地共建双城经济圈重大项目年度投资完成率超过50%，成都奕斯伟板级封装系统集成电路项目（一期）主体已封顶，璧山中新智能产业园项目（一期）开工建设，成都产业集团电子信息产业基础设施项目、大竹川渝合作产业园二期标准化厂房基本完工，川渝两地电子信息产业链加快完善。三是数字经济加快协同联动发展。两地积极对接国家"东数西算"战略，四川天府数据中心集群和重庆数据中心集群正优化算力布局，共建成渝算力枢纽节点；两地正共建成渝地区工业互联网一体化发展示范区，为制造业智能化转型升级赋能；两江软件园与成都天府软件园积极筹备西部信息安全大会，川渝两地数字经济联动发展步伐持续加快。

（三）存在的问题

1. 产业可持续发展动力减弱

一是推动产业结构优化调整动力趋弱。固定资产投资在全市电子信息产业结构优化调整中具有先导性，也是带动全市制造业创新发展的重要力量。受经济下行压力增大、国内外市场需求疲软等多重因素影响，全市电子信息制造业固定资产投资增速持续减弱，投资增速低于工业固定资产投资增速，有效投资减少正成为推动重庆市制造业供给侧结构性改革的隐忧之一。二是行业盈利能力趋弱。受市场消费需求持续走低、电子产品出口订单外流东南亚国家等影响，1—9月全市主要电子产品产量大幅减少，笔记本电脑、手机、液晶显示屏产量分别减少15.1%、36.9%、21.1%，计算机、通信和其他电子设备制造业规模以上企业利润降幅持续扩大，从第一季度末的-7.2%扩大到8月末的-30.0%。

2. 中小企业发展能力亟待提升

近年来，重庆实施"专精特新"发展计划以提升中小企业"硬实力"，但是电子信息领域中小企业尚未成长为特色鲜明的细分行业领先型、创新型企业。例如科创板开市三年来，上市的互联网、软件服务、元器件、半导体、通信设备企业共有159家，其中重庆上市企业数量为零，反映出重庆电子信息领域的单项冠军企业（产品）、创新型中小企业、专精特新"小巨人"企业等发展还不充分，借助资本市场促进产业发展、构建特色专业能力还存在明显短板。

3. 产业链稳定运行隐忧更加突出

2022年以来，新冠肺炎疫情反复冲击，叠加中美贸易摩擦和半导体芯片科技竞争升级，对重庆电子信息产业链的稳定安全运行构成持续威胁和压力。一方面，东部地区疫情反复冲击电子信息产业链上游环节，延长了供应链周期。另一方面，美国政府对我国半导体芯片供应链持续保持高压限制措施[①]。美国

---

① 上海微电子装备（集团）股份有限公司等我国电子信息产业链核心企业相继被美国纳入"未核实名单"，华虹半导体、长鑫存储等我国先进制程半导体企业也受到制裁限制。

政府发布《芯片和科学法案》，推动与韩国、日本和中国台湾地区组建"芯片四方联盟"（Chip4），同时发布新的芯片出口管制措施，对向我国出售半导体和芯片制造设备进一步限制。这将对全市半导体芯片进口形成新的管制威胁，产业链供应链稳定运转的不确定性持续增加。

二、2023年发展环境及展望

（一）全球信息产业在国际政治经济复杂形势下面临较大调整风险

全球信息产业将持续面临经济衰退、地缘政治冲突带来的严峻挑战，产业发展将面临较大幅度调整。一方面，在全球经济衰退背景下，电子制造业将承受产能过剩与金融紧缩的风险。欧美国家面临经济滞胀困局，正着力实施大幅度的紧缩性货币政策，消费电子市场需求持续萎靡，电子产品及芯片等产能过剩，跨国信息技术企业将大幅度缩减投资规模并扩大裁员数量，全球电子制造业将面临新一轮的产业调整。另一方面，美国进一步推动信息技术产业链重构，将加剧全球产业链供应链分裂。美国实施《通胀消减方案》《芯片和科学法案》等策略，将进一步强化美国—欧盟—日韩的信息技术联盟，持续推动半导体芯片及制造设备在全球产业链的重构，并对中国信息技术产品进入全球产业链供应链设置了严格的排斥性条款和投资审查，这将持续推动信息产业全球化分裂、加剧全球产业链供应链的不稳定性。

（二）我国将稳中求进促进电子信息产业高质量发展

我国将坚持稳中求进工作总基调，着力促进电子信息产业高质量发展。一是持续推进产业结构优化升级，激发信息消费潜力。将加快5G基站、数据中心、工业互联网、"东数西算"等新基建布局，推动5G、千兆光纤网络、北斗系统、操作系统、超高清视听技术、人工智能等新技术在重点行业领域融合创新发展和数字化转型，激发信息消费潜力。二是持续推进产业链关键环节科技创新基础能力发展，破解"卡脖子"技术困境。将瞄准信息技术世界科技前沿，强化基础研究，聚焦新一代集成电路、高端电子元器件、先进计算、基础软件、工业软件等电子信息产业链的关键环节，以关键共性技术、前沿引领技术、现代工程技术、颠覆性技术创新为突破口，构建高效强大的共性关键技术供给体系，努力实现关键技术重大突破。三是扩大开放合作，积极维护全球产业链供应链稳定。我国将扩大电子信息制造业高水平开放，深化创新和国际产能合作，开展技术、标准、人才等多方面合作，更深度融入全球产业链供应链合作体系。同时，我国将积极应对美国政府《芯片和科学法案》带来的不利影响，在高端半导体制造设备、人工智能、超级计算机等领域持续克服不利影响，进一步增强产业链供应链脱离美国独立运转的能力。

（三）重庆将积极保持电子信息产业平稳发展

重庆将积极应对电子信息产业下行压力，努力争取保持产业平稳发展。一是深入推动电子信息制造业优化升级。将持续优化完善"芯屏器核网"全产业链和"云联数算用"全要素群，加快建设"智造重镇""智慧名城"，着力培育新一代信息技术产业，壮大实体经济，推动数字经济与实体经济融合，促进传统制造业智能化数字化升级。二是深入推动创新发展。围绕加快打造具有全国影响力的科创中心，聚焦科技进步路线图，争取国家战略科技力量布局，在北斗导航、6G通信等领域建设国家重点实验室，在人工智能、卫星互联网、集成电路、算法等领域建设一批国家级应用创新平台，深化工业互联网国家顶级节点建设，加快打造国家数字经济创新发展试验区和国家新一代人工智能创新发展试验区。三是深入推动川渝信息产业全面协作。重庆将携手四川抓住全球新一轮科技革命和产业链重塑的契机，推进信息产业发展协同协作，强化重点产业园区合作，提高产业链供应链现代化水平，联手打造世界级电子信息现代化产业集群。同时，重庆也将面临电子制造业及订单向东南亚国家持续转移、虚拟现实和元宇宙布局新赛道竞争激烈等挑战，电子信息产业新旧动能亟需接续转换。

（四）2023年重庆市电子信息产业展望及主要指标预测

2023年是"十四五"规划承上启下的一年，重庆将抢抓全球信息产业调整的机遇，巩固优势产业领先地位，加快布局新兴领域新赛道，努力推动电子信息产业高端化、智能化、绿色化发展，预计2023年全市电子信息制造业增加值增速和软件业收入增速将分别保持在2%和10%左右。

三、对策建议

（一）着力提升电子制造业核心竞争力

落实国家新一轮制造业核心竞争力提升五年行动计划，遴选一批市级电子制造领域的核心技术产业化项目，积极争取国家专项资金支持，进一步提升"智造重镇"的影响力。一是集成电路领域，支持新能源汽车芯片、人工智能芯片、智能制造芯片等核心技术产业化或关键零部件及工艺设备配套，进一步扩大集成电路技术产业体系。二是现代通信技术领域，支持5G、北斗、卫星互联网等新技术与新场景融合应用，丰富产品形态，培育新产业新业态新模式。三是"芯屏器核网"产品领域，做好先进质量管理模式推广、品牌管理标准宣贯、质量诊断服务等工作，着力提升"重庆造"品牌影响力。

（二）做好产业平稳运行的应对措施

紧盯外部形势变化，积极防范疫情防控、美国经济与科技政策、国际地缘政治冲突、极端天气等带来的风险冲击，做好产业平稳运行的应对策略。一是稳产业链项目投资，加快电子信息重点项目投资进度，全力推动投资转化为实物工作量。提前启动"十四五"规划重点项目，简化审批手续，做好土地、资金等生产要素配套。二是稳笔电、智能手机等出口企业订单，及时掌握产品供应链变动，做好芯片等电子零部件国内外采购供应保障工作。三是积极开拓国际市场，以东南亚、东欧、非洲等地区为重点，着力扩大消费电子海外市场；以德国、法国为重点，积极吸引电子领域外商投资。

（三）加快培育一批"专精特新"中小企业

支持培育发展具有较强核心竞争力的"专精特新"电子信息类中小企业，积极争取纳入国家扶持范围。一是发挥电子信息龙头企业带头作用，梯度培育优质中小企业配套链，引导中小企业数字化升级。二是积极利用资本市场，实施好"资本市场培训"专项行动，加快提升拟上市企业对接资本市场的能力，争取上市数家电子信息中小企业。三是围绕数字化智能化产业升级需求，支持中小企业聚集配套，形成产业链。

（四）协同推进川渝电子信息产业创新发展

着力落实川渝联动发展共识与工作部署，协同推进两地电子信息产业创新发展。一是完善计算机、智能手机、集成电路、新型显示等制造产业链，推进川渝地区产业链合理分工，提高集聚发展水平。二是稳定关键电子元器件供应链，协同国内外供应链采购，畅通两地电子信息制造原材料和产品供应通道，增强聚集发展韧性。三是协同布局5G、北斗系统、工业互联网、东数西算、先进集成电路等创新应用链，引进创新中心，共建国家级创新平台，构建产业创新体系和创新生态圈，提升产业核心竞争力。

[重庆市综合经济研究院（重庆市经济信息中心）产业经济研究课题组
　　主研：易小光　丁　瑶　余贵玲　李　权　罗宇航　蒋安玲
　　执笔：罗宇航]

之五：2022年重庆市装备制造业发展及2023年展望

一、2022年重庆市装备制造业运行情况

（一）2022年主要指标完成情况

1—9月，1226户规上企业工业增加值同比下降0.1%（全市规模以上工业增长4%）；完成工业总产值1827亿元，同比增长0.3%（全市规模以上工业增长7.1%）；实现出口交货值143亿元，同比下降0.7%。实现利润131亿元，同比下降0.6%；亏损企业237户，亏损面为19.3%，同比上升6.5个百分点。实现营业收入1851亿元，同比下降2.1%。资产2558亿元，同比增长5.3%，负债1401亿元，同比增长2.5%；应收账款、产成品同比分别下降1%和0.2%。

按国民经济行业分类相同口径，重庆市装备行业五个主要子行业中有3个工业增加值增幅高于全国，其中电气机械和器材制造业增长12.7%（全国11.4%）、专用设备制造业增长7.8%（全国4.4%）、金属制品业增长6.6%（全国下降0.1%）；有两个低于全国，其中通用设备制造业下降8.1%（全国下降1.4%）、铁路船舶航空航天和其他运输设备制造业（含摩托车制造业）下降3.6%（全国增长3.4%）。

表1　2022年1—9月装备行业增加值累计增幅对比

项目	规模以上工业	通用设备制造业	铁路、船舶、航空航天和其他运输设备制造业	电气机械和器材制造业	金属制品业	专用设备制造业
全国工业增加值增幅/%	3.9	-1.4	3.4	11.4	-0.1	4.4
重庆市工业增加值增幅/%	4.0	-8.1	-3.6	12.7	6.6	7.8

注：表中"通用设备制造业"含文化办公用机械制造；"铁路、船舶、航空航天和其他运输设备制造业"含摩托车制造业；"电气机械和器材制造业"含电线电缆、电池、家用电力器具、照明器具制造业等；金属制品业含建筑安全用金属制品、搪瓷制品、金属制日用品制造；"专用设备制造业"含电子和电工机械专用设备制造、医疗仪器设备及器械制造。包含的这些行业数据不归入重庆市装备制造业总计。

主要产品中，累计生产上升的主要有：钢结构357.6万吨，同比增长36%；铸造机械781台，同比增长20%；阀门17.6万吨，同比增长20.5%；风机15.6万台，同比增长8.3%；农产品初加工机械2.3万台，同比增长15%；环境污染防治专用设备3305台（套），同比增长7.7%；工业机器人4717套，同比增长38.9%；城市轨道车辆322辆，同比增长5.9%；铸铁件18.5万吨，同比增长3.5%；锻件17.9万吨，同比增长31.3%。

累计生产下降的主要有：金属切削机床6741台，同比下降19.4%（其中数控金属切削机床5255台，下降23%）；金属成形机床1791台，同比下降9%（其中数控金属成形机床1010台，下降3.8%）；起重机1.8万吨，同比下降34.3%；电梯及升降机1.9万台，同比下降14.2%；泵25.6万台，同比下降19.6%；气体压缩机383.7万台，同比下降7.4%；矿山专用设备5.4万吨，同比下降18.9%；建筑工程用机械（不含三一重机）1065台，同比下降47.4%（其中装载机943台，下降49.5%）；塑料加工专用设备1.1万台，同比下降12.8%；机械化农业及园艺机具47.3万台，同比下降21.6%；民用钢质船舶

18.9万载重吨，同比下降6.6%；发电机组52.3万千瓦，同比下降1.1%；电动机270.9万千瓦，同比下降20.3%；变压器3705.2万千伏安，同比下降4.3%。

（二）存在的主要问题

重庆市装备制造工业较长时期存在龙头效应不强、企业创新能力不强、高端装备不多（重型机械、大型成套设备等高端装备缺乏）、传统机械行业占比较高、同质竞争现象突出等问题。2022年经济运行中的主要问题，一是非常态事件制约经济发展，新冠肺炎疫情在主城都市区和部分区域反复暴发对全市社会经济生活带来极大影响、罕见的夏季长期连晴高温少雨导致了对工业拉闸限电；二是市场需求不足，受基建及房地产萎缩影响，工程机械、钢结构、电梯、制冷设备等板块下滑严重，汽车产业对机床等相关装备制造业的拉动较前两年减弱。

（三）2022年预测

预计2022年产值2533亿元，同比略有增长。

二、2023年趋势展望

2023年，重庆市装备制造业市场需求不足的情况仍将持续，受疫情和电力制约情况得到改善，经济将呈现恢复性增长。预计2023年重庆市装备制造工业经济将小幅增长，增幅比2022年略有提高。

三、2023年调控措施

（一）聚焦重点板块，打造应用场景

围绕智能制造装备、轨道交通装备、农机装备、电气装备、环保装备等重点领域，引导支持企业开展有针对性研制装备产品，突出产品适用性，大力推动产品应用场景打造。开展丘陵山区农机补短板需求调研，发布农机补短板导向性目录，联合农业、科技部门共同打造智能山地农机应用场景；推动企业智能化改造和工业互联网应用，鼓励企业购置机器人、数控机床等智能制造装备升级改造；支持机电集团等龙头企业参与重庆市轨道交通、大型水利工程等大型基础设施建设。

（二）聚焦招商引资，推动产业集聚

实施产业链强链补链延链工程，促进"三链"深度融合。大力发展高端装备制造，下决心改变传统装备占比过重、产值过小状况，重点针对智能制造装备、工程机械、电气装备以及关键零部件行业开展招商引资。在两江新区、九龙坡区、江津区、大足区等重点区域打造特色装备集聚区，推动轨道交通装备、智能山地农机、电梯等重点板块集链成群，实现集聚性发展。

（三）聚焦专精特新，促进创新发展

引导企业加快新技术、新工艺的研发与应用，促进装备企业和装备产品转型升级。强化企业创新主体地位，鼓励企业与科研院所、高校构建产学研用一体化创新模式，建立风险共担、利益共享的协同创新机制，共同申报国家重大科研项目，共同研制"卡脖子"技术和关键设备。支持中小零部件企业强化主攻方向与专业化生产能力，与行业龙头协同创新、产业链上下游协作配套，全力打造"专精特新"，协调形成一批创新案例和典型示范。加快引进高层次人才，积极培养职业技能人才，全力搭建装备产业人才体系，为装备产业发展提供强有力的人才支撑。

[重庆市经济和信息化委员会　王　刚]

之六：2022年重庆市生物医药产业发展及2023年展望

生物医药产业是关系国计民生、经济发展和国家安全的战略性产业，是健康中国建设的重要基础。新一轮生物技术正在驱动医药产业全面提速，产业发展迎来爆发式增长的窗口期。重庆生物医药产业要抓住发展机遇，以产业平台为载体，打造产业发展新生态，加快创新驱动发展、推动产业链现代化，实现产业转型升级。

一、2022年重庆市生物医药产业运行基本情况与特征

（一）规划政策体系不断完善

由重庆市政府办公厅发布实施了《重庆市加快生物医药产业发展的若干措施》《重庆国际生物城建设发展三年行动计划》《支持重庆国际生物城建设生物科技成果转移转化示范地若干措施》等文件。

（二）创新资源加快集聚

先导药物蛋白质科学及结构生物学技术平台等项目签约落地；重庆医疗器械质量检验中心交付使用。

（三）企业培育和产品孵化卓有成效

山外山、智翔金泰、西山科技3家企业递交科创板上市申请，其中山外山与智翔金泰成功过会。中元汇吉、明道捷测等企业新冠病毒抗原检测产品成功注册上市。博唯佰泰9价宫颈癌疫苗、精准生物Car-t细胞治疗药物、智翔金泰抗体药物、宸安生物长效胰岛素项目、药友制药肝癌治疗药物等创新药项目处于临床试验阶段。

二、2023年经济运行环境及因素分析

（一）集采政策边际缓和，创新转型是发展"金翅膀"

一方面，药品集采影响逐渐衰减。按照医保规划，到2025年药品集中带量采购品种达到500个以上，目前涉及7批国家组织药品集采，覆盖294种。也就是说药品集采的进程基本已经过半，并且多数销售额靠前的大品种、企业的重点品种已经集采完毕，所以未来集采对企业的影响可能会逐渐减弱，部分早期经历过集采的企业经营层面逐渐从下滑回归到稳定。另一方面，器械集采政策较预期相对温和。医保局相关政策指出，在集中带量采购过程中，市场规模大、竞争充分的耗材集采将是常态化的趋势，并会留出一定市场为创新产品开拓市场提供空间。综上所述，未来集采仍然会常态化进行，虽然趋于温和，但是传统企业保持成长就需要找到新的增长点，创新药和创新型医疗器械仍然是最具广阔市场空间的领域，研发能力和产品能力是企业价值最突出的标准。重庆医药要顺应产业发展趋势，围绕生物药、高端仿制药、体外诊断、高值耗材等产品的引进和培育，加快产品结构升级的同时，更要有勇气进入蓝海，布局双抗、ADC、Protac、mRNA、细胞治疗、基因编辑。

（二）政策推动产业扩容，医疗器械发展持续看好

医疗器械行业是国民经济发展的基础性行业，也是卫生体系建设的重要基础，具有高度的战略性、带动性和成长性。随着"十四五"规划的逐步铺开，医疗新基建、医疗设备贴息贷款等政策相继落地，都将促进各级医疗机构设备、耗材采购需求提升，并对国产品牌扩大影响力有积极作用。重庆医疗器械，尤其是体外诊断产业具有一定基础，围绕集群打造、企业培育、品种扩增，将体外诊断产业打造成优势产业是重庆市医药工业的一项重要工作。医疗器械企业要以具备自主可控和国产替代为发展逻辑，既要做大做强，也要做精做细，在激烈的竞争中脱颖而出。

（三）国际形势纷繁复杂，挑战和机遇并存

未来，面对的世界局势变化莫测，我国医药行业不可避免会受到冲击。一方面，充满挑战。一是能源、粮食、原材料等价格上涨，全球供应链断裂。数据统计显示，227项由中国企业或研究者发起的多中心临床试验都选择乌克兰作为试验基地，冲突使得这些试验不得不暂停。二是美国政府签署对中国医药行业限制令。首先受到此项政策冲击的是CXO行业，其次医药制造业关键设备、原料、核心元器件等进口可能会受到影响，人才和技术引进、国内企业"出海"等也会遭遇困难。另一方面，蕴含机遇。一是欧美对俄实施的金融制裁或将对俄罗斯药品市场带来较大影响。2020年，俄罗斯医药市场规模达到了280亿美元左右，进口药品市场占比56.3%，其中80%来自欧洲。如果俄罗斯与欧美国家彻底脱钩，中国的仿制药、创新药企将有机会填补这一空缺。二是能源短缺和价格上涨导致欧洲企业外移。在能源紧缺、电价高企的压力下，欧洲部分制造业被迫减产、停产甚至出现向其他地区转移的现象，如德国巴斯夫、科思创、赢创工业等化工企业纷纷减产。重庆既要积极争取承接欧洲产业转移，也要支持药企"走出去"。重庆医药企业要加强供应链自我保障能力，加大对GLP、GCP等有本国政策壁垒领域的布局，培养"人无我有，人有我精"的竞争优势。

三、2023年趋势展望及主要指标预测

原材料价格上涨、能源供应紧张等不确定因素在2023年会仍然存在，情况甚至会更加严峻，创新环境的不断改善和产业链的持续补强转化为产业的持续增长仍然需要时间，重庆市生物医药产业发展仍然处于转型升级的爬坡阶段，维持产业稳定增长依然是目前最为重要的任务。随着行业投资持续保持在高增长状态，产业结构有望得到进一步优化，发展后劲有望逐渐显现。

四、政策调控措施建议

（一）推动生物药产业前沿化、科技化发展

重点布局抗体、重组蛋白及多肽药物、疫苗、细胞治疗等领域，加大创新投入，推动一批重点产品获批上市，实现重庆市生物医药产业跨越式发展。鼓励企业布局合成生物学、脑科学、柔性数字医学、再生医学、纳米抗体、新型佐剂和给药系统等精准医疗前沿细分领域，为产业发展持续提供创新动能。依托关键产业园区，加快建设大分子药物全流程技术平台、工艺验证平台，商业化规模生产设施，在全市构建生物反应器规模超5万升的大分子药物产能体系。

（二）推动化学药产业一体化、绿色化发展

巩固化学原料药产业基础优势，增加特色原料药品种数量，发展专利原料药及所需中间体合同生产业务，大力推广化学原料药绿色生产技术，推动化学原料药产业附加值提升。在化学药制剂领域，依托

化学原料药基础，鼓励企业围绕重点品种进行产能升级，结合化工等上游产业，建设"化工原料+中间体+原料药+制剂"一体化生产体系，发展满足全国及海外市场需求的智能化大规模生产能力，形成市场成本竞争优势。支持特殊剂型制剂产品产业化项目建设，针对性引进和培育高质量纤维素、功能性辅料等专用辅料和中硼硅玻璃产品、粉雾吸入装置、预灌封注射器等高端药用包材产业化项目，提升供应链配套能力。

（三）推动中药产业标准化、现代化发展

建立从中药材种植到临床应用全流程的质量标准管控体系，支持企业布局中药材生产基地，以信息技术完善中药材生产流通全过程质量管理并构建质量可追溯体系；支持企业参与行业国家标准制定，推动中药配方颗粒和传统饮片的规范化、标准化生产；支持企业加强数字化技术、智能制造在中药制药领域的应用。支持企业与中医机构合作发掘中药处方资源潜力，加强中药新药研发和经典名方产品开发；支持企业开展重点中药品种临床价值研究，推进中成药二次开发。鼓励药食同源药材在大健康领域应用，支持特殊医学配方食品产品的开发。

（四）推动医疗器械产业数字化、规模化发展

重点推动体外诊断试剂产业链发展，大力支持植（介）入耗材、数字医疗、保健康复装备产业建设，鼓励智慧医疗设备、应急医疗设备等高端诊疗设备产业发展。积极推进医工融合发展，构建设计、研发、临床试验、工程转化、市场应用于一体的医疗器械创新发展支撑体系。建设全国一流的医疗器械检测审评平台，提升产品注册审批效率。

（五）推动创新平台体系化、商业化发展

全面加大监管部门检验检测、审评监测等技术支撑机构建设力度，打造药品、医疗器械国家重点实验室，重点推进疫苗批签发、国家食品药品检测基地、A类医疗器械检验检测机构等项目建设；争取国家级审评检查、技术咨询等医药产业服务资源平台落户重庆市。依托重点单位对接国家生物医药科技创新战略型平台，加强前沿领域高水平基础研究，争取国家重大科技基础平台落地。持续引进培育模式动物培养平台、药物分析检测服务平台、新一代溶瘤病毒技术开发、高通量药物筛选平台、药效学评价平台、分子病理研究、药物非临床安全性评价、药物临床试验、高级别生物安全实验室等公共服务平台。支持龙头企业牵头整合优势研究力量，建设若干有行业带动力的基础研究机构。健全配套资金保障体系，组建MAH基金等金融平台，拓展创新项目投融资渠道。

[重庆市经济和信息化委员会　胡　睿　马改妮]

之七：2022年重庆市材料工业发展及2023年展望

一、2022年重庆市材料工业发展情况

2022年1—9月，重庆市材料工业克服房地产市场疲软、夏季用电紧张等不利影响，完成规模以上产值3313.4亿元，同比增长9%，增加值累计贡献率8.3%，占比17%，预计全年材料工业规模以上产值4558.4亿元，同比增长9.7%。

（一）主要工作开展情况

一是推动新材料产业加快发展。根据新时代产业高质量发展要求和碳达峰、成渝双城经济圈发展具体政策，确立材料工业特别是新材料发展重点方向，编制完成《材料工业高质量发展"十四五"规划》，着力做大做强三大特色新材料产业、培育壮大三大前沿新材料、做优做精两大先进基础材料，形成"3+3+2"材料工业高质量发展产业体系；与中铝高端深化对接，开展"支部建在链上"专项试点工作，重庆市轻合金产业链创新联合体在中铝高端制造挂牌成立；实施新材料首用计划，征集新材料首用计划项目200余个，经组织专家评选，发布121个；组织推广应用气凝胶，先后组织3批应用推广对接会，发布重庆市2022年度第一批气凝胶材料应用场景，对推动气凝胶产业发展起到较大的促进作用。

二是培育行业增长新动能。做好招商引资和重点项目建设工作，材料行业市级重大工业建设项目29个（含25个市级重点项目和4个市政府重点关注项目），总投资445.9亿元。其中在建项目20个，总投资315.5亿元，2022年度计划总投资90.9亿元，1—9月累计完成投资84.4亿元，完成年度投资进度92.8%。市政府重点项目4个，长寿硅基气凝胶复合材料项目已建成投产，重庆钢铁股份有限公司等3个在建项目计划总投资103.5亿元，2022年度计划44.2亿元，1—9月累计完成投资26.2亿元，完成年度投资进度59.3%。重点项目中，万州博赛360吨氧化铝4条生产线已建成并投运，建成后产出近100亿元，江津区武骏光能、和友光能2个光伏玻璃及组件项目均已点火后投产，总产出100亿左右，将填补重庆市光伏玻璃的空白，华陆新材的气凝胶项目，标志着重庆市在气凝胶产业方面走在全国的前列。

三是持续增强行业创新能力。2022年材料行业新增企业技术中心21个，新增市制造业创新中心1个（重庆市航空航天关重件精密热加工与智能装备制造业创新中心），建成了国家铝产业计量测试中心，华峰铝业建成了重庆市工业和信息化重点实验室。重庆国创轻合金研究院中试线项目进展顺利，研发中心正式启用，成为重庆市铝产业发展的技术策源中心。中科润资、华陆新材料的研发人员占企业人员占比超过30%，气凝胶新材料产品不断丰富，性能迅速提升。昆仑电子玻璃、再生绝热隔音材料、宽幅铝板、复合铜箔、气凝胶绝热毡等一批具有行业竞争力的产品亮相市场。再升科技洁净空气解决系统从高端应用走进了民用家庭。

四是巩固行业供给侧结构性改革成效。印发重庆市重点行业产能置换操作办法，严禁产能过剩行业违规新增产能；推进钢铁去产能"回头看"问题整改，完成足航钢铁产能置换项目公示公告；继续开展与四川协同部署水泥错峰生产；按照全市锰污染整改工作统一部署，做好全市电解锰企业关停后续工作，并赴秀山等区县开展实地督导；按照国家部署，做好重庆市粗钢产量调控工作，确保完成重庆市全年粗

钢产量调控任务。推动中国建材集团、海螺集团、陕煤集团等行业龙头企业兼并重组整合低效水泥企业产线工作；加快行业数智化和节能减碳改造。全年新增数字化车间21个，建成智能化工厂3个，重钢股份、足航钢铁等一批重点企业加快绿色低碳技改，顺博铝合金、剑涛铝业、国丰铝业等多家企业完成了生产线升级改造。

五是做好行业服务工作。按照国家"双碳"目标工作要求，坚决遏制"两高"项目盲目发展，引导钢铁、有色、水泥等领域减碳降耗，推动重钢股份超低排放改造；按全市统一部署，做好迎峰度夏钢铁、水泥行业用电削峰和高耗能行业有序用电工作，未发生因有序用电导致的安全事故和负面舆情；以涪陵区为重点，兼顾材料工业重点区县，坚持以区县、企业、园区为中心，坚持在生产一线找问题，坚持沉下心来解决问题，把工作落到实处。

（二）存在的问题

一是房地产市场持续疲软拖累建材工业增长。1—8月，重庆市房地产施工面积下降13.7%，房地产新开工面积下降52.2%，房地产竣工面积下降39.9%。市内房地产新开工面积腰斩、施工面积的持续加速下降造成钢铁、水泥、陶瓷、玻璃、砖瓦等材料工业主要行业产品需求下滑，行业稳增长面临巨大压力。

二是电力紧张影响行业稳定运行。夏冬用电高峰期间，优先有序用电企业多数为材料工业企业，对企业稳定运行、原材料市场供给、行业稳增长造成一定影响，受7—8月电力紧张，企业停限产，造成2022年材料工业产值减少220亿元、增速减少5.3个百分点。

三是双碳目标对材料工业发展提出更高要求。严控两高项目和能耗"双控"政策，以及对行业绿色发展要求的提高，对材料工业特别是新材料产业发展造成一定影响，行业招商引资和项目落地难度加大，部分企业因被银行认定为"两高"行业存在融资难问题，不利于材料工业实现转型发展，造成材料工业增长后劲不足。

二、2023年发展环境及因素分析

2023年，重庆市材料工业高质量发展面临的机遇和挑战并存。从机遇看，国内超大市场规模优势进一步发挥，新型城镇化、乡村振兴、农业现代化加快推进，重庆市作为国家中心城市和西部地区唯一的直辖市，加速引领周边地区新兴领域和消费升级对高端材料的需求，为材料工业持续健康发展提供了广阔空间；依托"一带一路"和长江经济带，构建起西部陆海新通道、中欧班列、渝甬通道等国际贸易大通道，为材料工业要素集聚和产品输出提供了便利条件；成渝地区双城经济圈发展战略的实施，将有效促进国内两大制造业基地生产要素资源合理流动、高效聚集、优化配置，为材料工业强化产业链韧性提供了基础支撑；新发展格局加快构建，新一轮科技革命和产业变革加速演进，为材料工业转型升级锻造新优势提供了强劲动力。从挑战看，国际政治经济形势日益复杂多变，新冠肺炎疫情影响深远，对产业链供应链稳定提出了更高的要求；"双碳"以及"能耗双控"目标下，绿色低碳发展任务更加紧迫；房地产市场持续疲软和要素保障给行业发展和产业链安全带来了新的挑战；行业创新能力体系建设有待加强，新旧动能转化亟待加快，高端产品供给仍显不足；空间布局仍需完善，要素成本提升预期加强，重点产业链补链强链挑战依旧艰巨。

总体来看，当前重庆市材料工业已有一定基础，特别是在有色合金、高性能复合材料等方面具有比较优势。2023年是重庆市材料工业跨关口、培优势、上台阶的关键时期，面对新形势、新要求，需保持战略定力，增强底线思维，紧紧抓住战略契机，积极应对挑战，加强统筹谋划，推进材料工业高质量发展，为重庆市国家重要先进制造业中心建设提供材料基础支撑。

三、2023年趋势展望

2023年，重庆市材料工业将深入贯彻党的二十大和二十届一中全会精神，落实新发展理念，以深化供给侧结构性改革为主线，把握材料工业低碳绿色高质量发展基调，做大做强先进有色合金、高性能纤维及复合材料、新能源材料三大特色新材料产业，做优做精先进钢铁材料、绿色建材两大先进基础材料产业，培育壮大气凝胶、石墨烯、未来材料三大前沿新材料产业，着力构建现代产业体系，推动产业基础高级化、产业链现代化，有力支撑全市建设国家重要先进制造业中心。

到2023年底，全市材料工业高质量发展态势更加巩固，绿色低碳发展水平明显提高，经济规模保持平稳增长，总量规模持续壮大，重点行业创新能力、产业基础能力和产业链水平明显提高，轻合金、先进钢铁材料、装配式建筑三大重点产业链补短板、锻长板初显成效，新材料产业在全国竞争优势加速构建。预计2023年材料工业规模以上产值4763.5亿元，同比增长4.5%。

四、2023年政策措施

（一）扭住供给侧结构性改革主线

继续做好锰污染综合整治；夯实供给侧结构性改革成果，严防产能过剩行业违法违规新增产能；根据国家部署，继续做好粗钢压减产量工作；做好补链强链工作，运行好"链长制"，加快推进产业链现代化，增强产业链供应链自主可控能力，推进中铝高端、重庆钢铁、国际复合、光伏玻璃等一批重点企业重点项目建设，在装配式建筑、钢铁等领域补齐短板，在有色合金、高性能纤维等领域锻造长板；配合做好用电高峰期间材料工业有序用电工作。

（二）推动行业绿色低碳转型

结合能耗双控、碳达峰碳中和等有关工作部署，配合有关部门及时出台本地区钢铁、水泥等行业碳达峰实施方案；积极稳妥推进"双碳"工作，坚决遏制"两高一低"项目盲目发展，引导钢铁、水泥等行业节能降碳，加快足航钢铁、永航钢铁"回头看"发现问题整改进度，督促重钢股份开展超低排放改造；鼓励水泥企业积极探索能源替代，使用电力、天然气、氢能替代煤炭，鼓励水泥企业利用水泥窑协同处置城市生活垃圾、污泥并扩大水泥窑协同处置城市废弃物和生活垃圾规模和范围；依托中国建材、陕煤集团、海螺集团等行业龙头企业，推动市内低效水泥生产线整合；继续做好川渝地区水泥行业协同错峰生产。

（三）继续促进行业高质量发展

助力重点企业稳增长和重点项目建设，优存量促增量，支持轻合金、钢铁、高性能玻璃纤维及复合材料以及光伏玻璃等领域重点项目尽快投产、达产；提升材料工业智能制造和数字化水平，培育重庆钢铁、西南铝、国际复合等一批智能制造标杆企业；加快行业创新驱动，引导支持重点企业创建企业技术中心和制造业创新中心，大力培育"专精特新"企业；加快新材料产业发展，用好新材料专项资金，继续开展新材料首用计划项目，引导先行先试，推动新材料成果转化和应用规模。

[重庆市经济和信息化委员会　赵俊远]

之八：2022年重庆市消费品工业发展及2023年展望

2022年，重庆市消费品工业对标"十四五"行业高质量发展规划谋定目标，全面深入贯彻落实《重庆市推动消费品工业高质量发展行动计划（2020—2022年）》工作部署，大力实施"数字三品"战略，特色产业链培育和品牌建设取得新进展，助力乡村产业振兴和促进区域协调发展成效初显，"稳中有进"运行态势持续保持，行业高质量可持续发展后劲进一步夯实。

一、2022年重庆市消费品工业经济运行情况

（一）总体情况

2022年1—9月，重庆市规模以上消费品工业企业实现产值同比增长3.2%，工业增加值同比增长2.4%，工业增加值占全市工业的17.8%，累计增长贡献率11.2%，行业总体保持平稳发展态势。招商引资和重点项目建设有序推进，全行业完成工业投资530.4亿元、同比增长17.2%，在建项目超1300个、同比增长25.6%，新开工项目超过680个、同比增长30.8%，为持续发展提供后劲。全行业新增市级专精特新企业191家，数字化车间32个，智能化工厂6家，绿色工厂7家，行业大数据智能化持续深入。

（二）主要特征

一是特色产业链培育成果迭出。大渡口区重庆小面产业园中央工厂、忠县金沙河面业100万吨小麦加工、梁平西部食品检验检测中心、辐照中心、冷链物流及国际食材分拨中心等一批重点项目开工，益海嘉里中央厨房一期项目顺利投产；市区联动，在合川区共建"重庆市火锅食材产业园"，重庆火锅食材产业研究院、重庆火锅食材产业检验检测中心相继揭牌；"重庆预制菜"发展框架初步形成。引进拉波尼服饰投资约5亿元在荣昌区建设服装智能生产基地，推动苏美达长江制衣在万州区建设服装订单中心，华峰氨纶30万吨差别化纤维项目全力推进。多部门联合出台支持铜梁区集聚发展个护美妆产业建设"西部美谷"若干措施，引进美妆企业总部基地及品牌创新中心项目落户铜梁，策划搭建美妆科创平台。华兴玻璃、德力玻璃稳步放量，玖龙纸业新建智能包装项目达产运行。

二是品牌建设体系日益完善。多渠道深化集合品牌形象塑造。发布第三批消费品工业重点培育品牌试点项目，持续开展消费品品牌集中宣传活动，第三季2022重庆特色消费品品牌直播暨数字化品牌推广主题活动接续启动。大渡口区在天猫上线"重庆小面重庆造旗舰店"，塑造区域品牌形象。《重庆小面生产技术规范》地方标准制定发布，为打造"重庆小面"工业化集合品牌夯实基础。市家具协会成功举办"重庆家居三十年"系列活动，重点家具生产企业参与2022重庆秋季房地产暨家装展示交易会。重庆市首批工艺美术精品认定顺利实施，线上精品展精彩绽现；新增1名中国工艺美术大师。璧山区联合第三方发布"重庆璧山C2M数字经济创新中心暨海外鞋履设计美学中心"项目。

三是"双城"合作高位推动。川渝两地党政联席会审议通过并印发《成渝地区双城经济圈特色消费品产业高质量发展协同实施方案》，提出共同打造地道风味的特色调味品产业、加快建设美食工业化发展高地、打造全国重要的休闲功能食品产业带、国内知名的酒饮茶优势产区、培育西部现代纺织产业集群、

服装服饰等时尚精品名片、富含城市印记的现代家居文创产业和提升绿色包装供给配套能力等重点任务；重庆食品工业协会、四川食品饮料协会携手筹备第二届中国（成渝）美食工业博览会，联动策划品牌之夜、国潮新消费大会等主题活动，纳入工业和信息化部2022"三品"全国行重要活动内容。梁平区召开2022年中国预制菜产业发展峰会，围绕完善产业链、畅通供应链、提升价值链，携手明月山7个区县构建预制菜产业生态，打造中国西部预制菜产业投资"首选地"，进一步扩大打造"中国西部预制菜之都"影响力。

四是助力乡村产业振兴有序推进。制定印发《以工促农助推乡村振兴工作方案》，明确优化产业布局、推动产业集聚、培育优质企业、加快科技创新、保障要素生产等六项工作任务，指导区县结合自身优势，重点发展特色、绿色产品加工产业。发挥项目资金撬动作用，支持"两群"区县实施乡村振兴特色绿色产业发展项目，助力联农带农。云阳县推动"返乡创业"吸引一批服装加工回流。梁平区围绕"五子登科"，大力发展绿色食品、有机农产品加工业。巫山县加快推进巫山麦金地中央厨房及三产融合项目，发展高标准学生食材专有农场、养殖场，助推一、二、三产业融合发展。

五是"一区两群"协调发展新增动力。彭水工业园区成功创建重庆市健康食品产业园（建设基地），武隆工业园区成功创建重庆市旅游装备产业园（建设基地），云阳县成功创建重庆市云阳小面产业园（建设基地）。奉节县举办2022"三品"全国行·中国（重庆）眼镜产业高质量发展系列活动，推动重庆汽车摩托车行业协会与奉节县签订战略合作，现场签约眼镜项目26个，协议投资23.5亿元，同期"购奉节眼镜·览诗城美景"促销活动。市邮政公司与云阳县策划建设集云阳面云仓、云阳面体验馆、云阳面工之家等板块的重庆小面产业孵化园。

六是绿色安全发展态势持续巩固。重庆市塑料协会成立标准化委员会。常态化举办食品工业企业诚信管理体系国家标准及食品安全培训。重庆市塑料协会、重庆市包装协会等加强对塑料制品、塑料包装标志国家标准的宣传贯彻，并广泛实施可回收再生利用标志的标注。重庆市食品工业协会、重庆市调味品协会发起杜绝重点产品过度包装自律倡议。加快推进上海联畅特种纤维项目建设，目前已进入设备调试阶段，将有力增强重庆市废旧塑料瓶、废旧纺织品回收加工能力。会通科技等加强可降解塑料颗粒研发，为生物降解塑料袋生产企业提供原料，促进塑料污染治理源头减量。

（三）存在的问题

一是受市场环境影响，行业经营压力加大。粮油、造纸等优势行业受原材料价格大幅上涨和终端产品价格下跌双重挤压，产值、利润大幅下降。食品行业饱受疫情形势下餐饮消费屡遭断点影响，产值、利润增速不及预期。

二是重点领域增量培育不足，行业结构有待进一步优化。受宏观经济形势影响，重大项目投资意愿有所下降；应对新形势下产业发展模式的新变化适应不足，美妆、绿色包装等重点培育产业链尚未取得突破性进展；新技术应用、新产品开发短板明显，市场竞争力不强。

二、2023年经济运行环境因素分析

从全球看，据IMF发布新版《世界经济展望WEO》预计，2023年全球将出现大范围的增长放缓，国际形势依然严峻复杂，经济复苏不平衡、不确定性仍然存在，一般贸易产品订单面临不稳定性，同时在中低端制造领域面临来自东南亚等国家的激烈竞争，大宗原料成本价格波动带来预期影响。

从我国看，经济发展环境的复杂性、严峻性、不确定性上升，面对新形势，中央明确了"疫情要防住、经济要稳住、发展要安全"要求；以国内大循环为主体的"双循环"发展格局继续向前推进，实施

碳达峰、碳中和，对推动产业结构调整形成强大推动力和倒逼力量；推进资本市场支持房地产市场平稳健康发展，一批"保交楼、保民生"的房地产项目开发建设，将有利于家居等产品市场消费。

从区域看，建设成渝地区双城经济圈作为重大发展机遇，将继续汇集国内产业转移、东西部协作等机制对行业发展发挥引领和积极作用；川渝两地携手制定特色消费品产业高质量发展协同实施方案，行业发展的顶层设计进一步优化；重庆市"一区两群"协调发展战略的深入实施，将推动资源整合、产业协同、共同发展。

从行业看，工业和信息化部等五部门印发《数字化助力消费品工业"三品"行动方案（2022—2025年）》，为下阶段行业发展提出方向、增强信心；疫情常态化下，对增强产业链供应链韧性提出了新的要求，需要企业优化生产组织形式、提升应急处置能力；绿色、健康、个性化、品牌化的产品消费属性将更加明显，同质化产品竞争更加激烈。

三、2023年趋势展望及主要指标预测

2023年，重庆市消费品工业将以习近平新时代中国特色社会主义思想为指导，深入学习贯彻党的二十大精神，全面贯彻落实《数字化助力消费品工业"三品"行动方案（2022—2025年）》《成渝地区双城经济圈特色消费品产业高质量发展协同实施方案》工作要求，完整、准确、全面贯彻新发展理念，服务和融入新发展格局，以推动高质量发展、服务高品质生活为统领，以深化供给侧结构性改革为主线，以创新为根本动力，加力培育特色产业链，以平台型项目（企业）培育为重要抓手，推动重大项目落地，着力完善产业创新生态，持续提升消费品工业供给体系质量，千方百计稳定行业基本面，推动全行业持续健康发展。力争全年规模以上消费品工业产值同比增长6%左右。

（一）稳住行业基本面是重要基础任务

面对疫情防控和市场需求新形势新变化，行业企业将着力优化生产组织形式，切实提高健康管理能力和应急处置能力，合理储备原料和库存，稳定重点岗位人员和核心产线生产能力，确保供应"不断档"。

（二）以平台为牵引的产业创新生态体系进一步完善

在传统的服装、鞋业及新兴培育的美妆、日用消费品等领域，聚合资源搭建平台，聚焦研发设计、成果转化、订单承接、品牌孵化、市场拓展等产业关键环节，统筹推进资源整合、产能共享、产业链协同，加快催生新兴消费品，夯实特色产业集聚能级，更好释放带动就业的民生效能。

（三）提升数字化营销能力更受关注

广大终端消费品企业将进一步加强线上营销能力提升，从传统的电商平台营销向内容营销、兴趣营销等渠道拓展，并成为重要板块。借助数字营销，丰富品牌IP打造，增强品牌内涵；探索建立跨品牌合作机制，强强联合打造联名款产品。

（四）特色产业链培育取得重要进展

"重庆预制菜"建设加速"出圈"，"招牌菜"产品矩阵和体系将逐步建立并推向市场，"重庆小面重庆造"继续扩大认知范围，美食工业化发展取得积极成效。持续推进美妆板块差异化发展线路，美妆科创平台项目加快落地。一批重点项目加快建设将有力促进完善绿色包装供应能力。

（五）区域协同发展走深走实

落实川渝两地消费品协同发展意见，在服装、调味品、预制菜、家具等领域推进创意设计、品牌共

建等方向的合作。服装订单平台（龙头企业）与"两群"加工企业建立订单合作机制，食品板块重点企业进一步稳定提升在"两群"的原辅料基地合作和供给保障能力。

四、政策调控措施建议

伴随着新形势新变化，要科学指导企业复工复产、稳定生产、增强预期，要继续推动落实好纾困助企各项政策落地，要针对消费品行业企多面广的实际，在市场拓展、供应链稳定、资金要素等方面破解影响企业发展全局的共性问题。

[重庆市经济和信息化委员会　余　菲　柏　潇]

之九：2022年重庆市能源工业发展及2023年展望

2022年以来，受疫情影响需求预期、能源地缘博弈曲折反复以及全球通货膨胀加剧等多种因素影响，国际能源价格震荡上行，原油、天然气、电力等价格触及数年来高点，全球能源市场依旧面临高度不确定性。作为世界能源消费大国，我国新能源供给消纳体系日益成熟，能源安全继续成为关注焦点。重庆市围绕市内能源发展的难点、堵点问题，在创新开发利用模式、构建新型电力系统、保障合理空间需求、支持引导产业健康发展等方面发力，推动重庆能源工业健康平稳发展。预计全年电力装机容量2080万千瓦，同比增长0.9%；发电量960亿千瓦·时，同比增长15.0%；天然气产量120亿立方米，同比增长10.0%。

一、2022年重庆市能源工业运行情况

（一）总体情况

2022年以来，重庆通过积极开发本地清洁能源与有序扩大市外能源调入规模并重，加快构建多元灵活的能源保障格局和内畅外通的能源供给基础设施体系，提高能源安全储备能力，继续较好地支撑了全市经济社会发展对能源的需求。1—9月，能源工业增加值同比增长12.0%，高于全市工业增加值增速8.0个百分点；能源投资同比增长10.7%，高于工业投资增速1个百分点。具体来看，能源工业增加值增速平稳向上，由第一季度的8.4%提高至第二季度的8.7%、第三季度的12.0%；能源工业投资增速与全市工业投资一样呈现一定回落趋势，由第一季度的14.6%下降至第二季度的12.4%、第三季度的9.5%。

（二）主要特点

1. 电煤多元化供应渠道基本形成

电煤保障得力。持续推进"产能置换+保障供给+常态储煤+物流投资"战略合作，扩大从陕西、山西、甘肃、贵州等地的电煤输入，有效保障了全市主力电厂用煤需求。1—9月，全市主力火电厂累计购煤1691.4万吨，同比增长14.6%。其中，陕西893.0吨，增长15.4%；海进江261.9万吨，增长14.8%；贵州132.8万吨，下降24.5%；山西230.1万吨，增长41.2%；甘肃81.5万吨，增长76.3%；四川22.9万吨，下降49.6%；新疆29.4万吨，下降18.2%。随着全市电煤多元化供应渠道日益稳定通畅，全市主力火电厂存煤保持稳定增长。9月底，全市主力电厂存煤291.4万吨，上年同期为194.4万吨，同比增加97.1万吨，增长50%，为四季度和迎峰度冬电煤保障提供了有力保障。

2. 电力保障形势平稳有序

统调发电由缓转增。年初，针对能源供需持续偏紧的突出矛盾和问题，重庆全力加强统筹协调，推动能源保供稳价取得阶段性成效，电力供应持续平稳。但入夏以后，受高温极端天气影响，叠加山火险

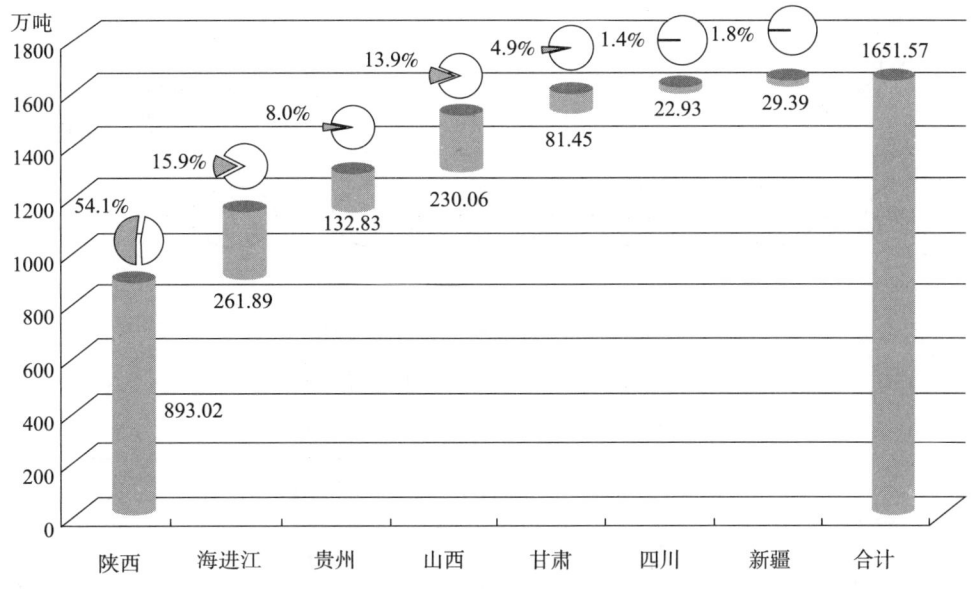

图1 2022年1—9月重庆市电煤供应情况

情,全市统调最高负荷一度突破2400万千瓦,创历史新高,带动电力需求快速增长。聚焦供给侧发力,重庆合理安排水电站低谷蓄水,加强新能源发电供应,深挖市内资源,发动全市可调节机组应发尽发,有效保障了电力供需总体平衡。1—9月,全市总发电量729.3亿千瓦·时,同比增长1.2%。其中,火电发电量551.6亿千瓦·时,同比增长10.2%;水力发电量154.6亿千瓦·时,同比减少21.9%;风力发电量19.6亿千瓦·时,同比增长7.4%;太阳能发电量3.5亿千瓦·时,同比增长4.3%。截至9月底,重庆电网统调电厂发电利用小时数2113小时,低于全国平均386小时,其中火电2071小时、水电2379小时。

电源装机小幅增长。1—9月,全市新增统调装机容量34.1万千瓦,其中风电21.4万千瓦、光伏发电12.7万千瓦。全市统调装机容量总额2072.4万千瓦,其中火电1386.7万千瓦,占比67.8%;水电504.4万千瓦,占比23.9%;风电131.9万千瓦,占比5.5%;光伏72.4万千瓦,占比2.9%,发电能力进一步提升。

电网结构更趋完善。在加快电源建设的同时,重庆继续加大对电网改造升级的投入,成效明显。投运220千伏铜梁—全德线路工程,完善地区网架结构,提高铜梁、璧山、合川、潼南地区供电能力;完成220千伏南宾、茅莱等主变扩建工程,解决主变重载问题,提升石柱、璧山地区供电能力。9月,国内西南地区首个特高压交流工程——国家电网有限公司川渝1000千伏特高压交流工程正式开工,外来电力输送通道建设正式起步。全市以500千伏站点为中心的220千伏"网格""环形"分区供电格局进一步完善,主网供电能力和安全水平得到进一步提升。

3. 天然气供应稳中趋缓

随着涪陵、南川页岩气稳产增能,梁平、彭水、永川—荣昌、铜梁—大足、武隆、綦江等区块页岩气商业化开发不断推进,重庆天然气供应能力稳步提升,但受川东北高含硫气田产能调整影响,6月以来天然气产量出现一定放缓。1—9月,全市天然气供用总量为97.2亿立方米,同比增长9.4%。其中,中石油供应66.9亿立方米,增长9.1%;中石化供应30.3亿立方米,增长10.0%。天然气管线系统不断完善。启动城市燃气管道老化更新改造工程,铜锣峡储气库、黄草峡储气库续建工程有序推进,开工建设江津至南川、万源至城口、奉节至巫溪等天然气管道工程,推进LNG综合能源站建设,全市天然气供应保障能力得到进一步提升。

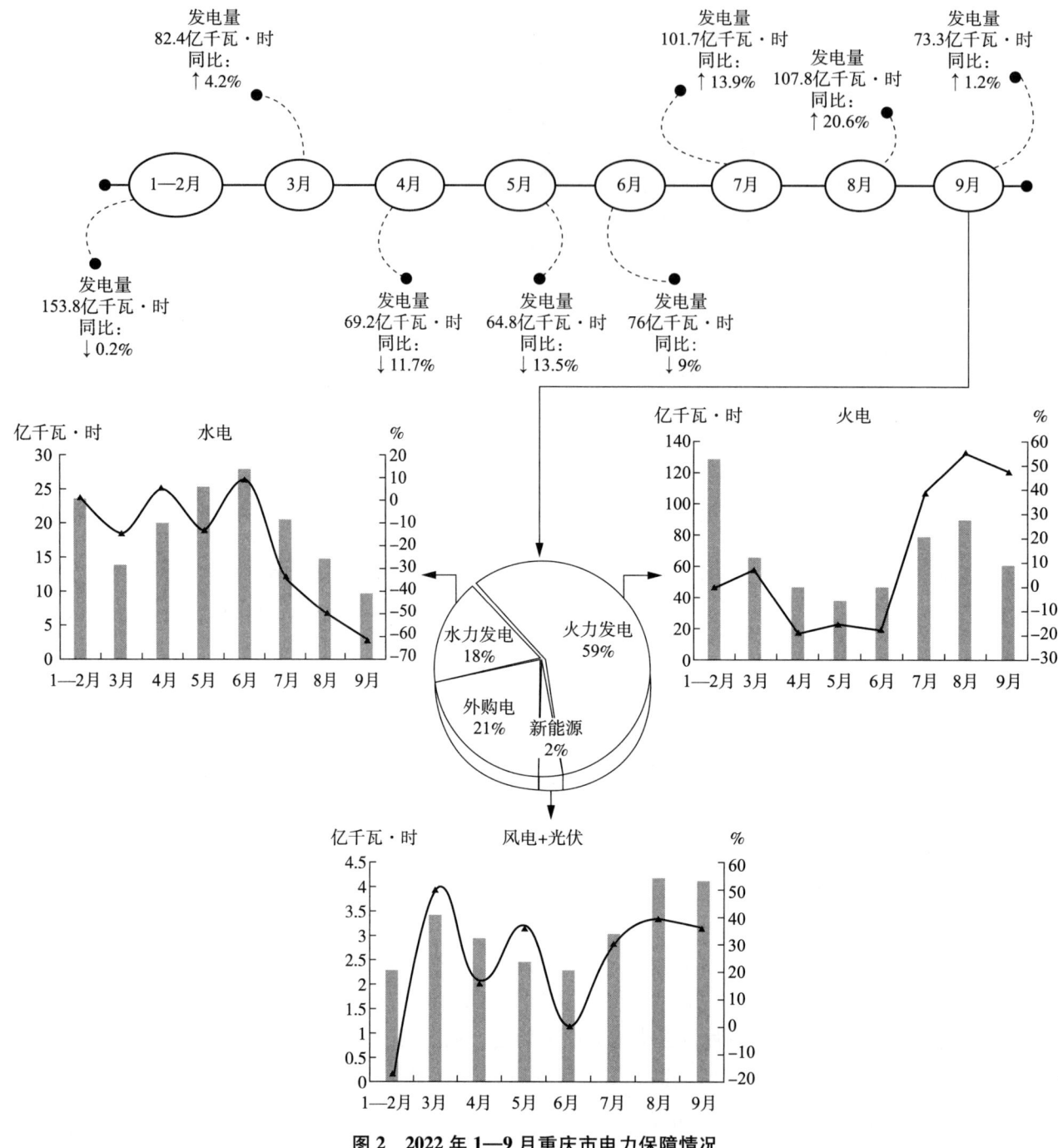

图2 2022年1—9月重庆市电力保障情况

三、存在的问题

（一）能源供给增长空间受限

作为西部唯一能源净输入省份，重庆一次能源禀赋不足，能源供给总体来说呈现"缺煤，缺水，缺风光，运输难"的特点。风光发电方面，目前，重庆风光电厂并网容量仅有226万千瓦。由于光照条件不足，重庆光伏年平均利用小时数仅有778小时，远低于全国1204小时平均水平。水电方面，截至目前，重庆水电已开发90%左右，增长空间有限。火力发电方面，电煤保障依赖市外，并且运输周期较长。1—

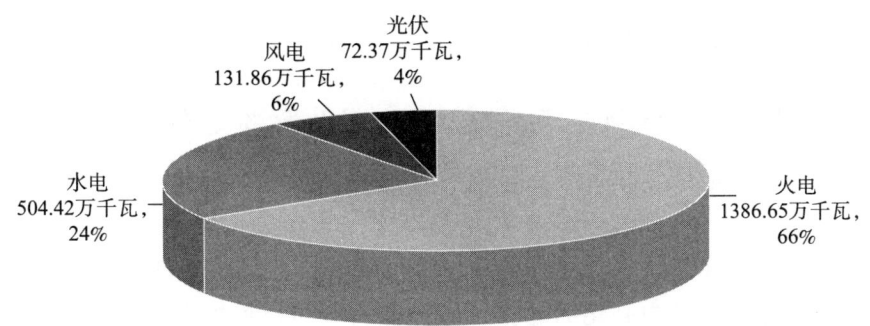

图3　2022年1—9月重庆市电源装机情况

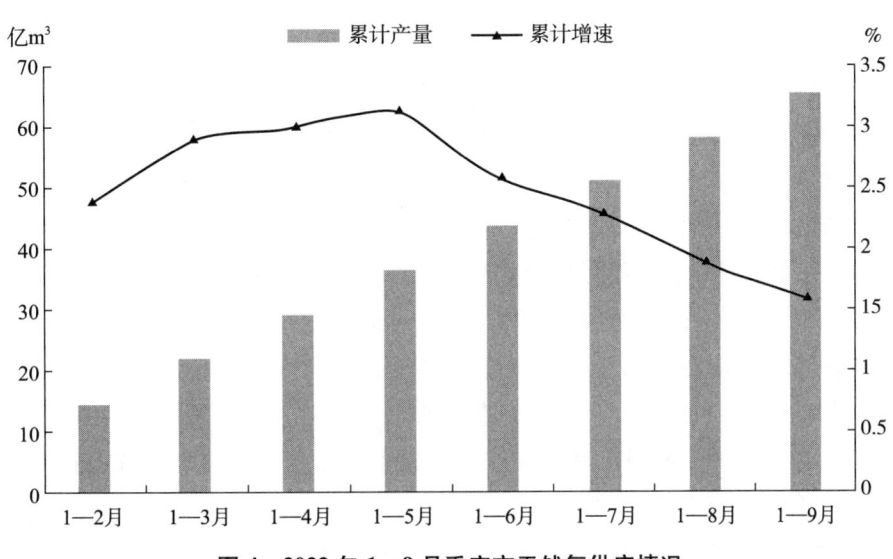

图4　2022年1—9月重庆市天然气供应情况

9月,重庆市进煤1800万吨,全部为市外来煤;其中铁路运输占比62%、公路运输占比29%、海进江9%;最长运输距离约4700千米,最长运输周期约50天。因此,随着全市能源需求不断释放,能源保障压力日趋加大问题需要加强重视。

(二)电网调峰能力建设滞后

目前,重庆工业生产用电波动不大,最大负荷全年基本稳定在700万千瓦·时左右,但居民负荷受气温、节假日等影响较大,带动整个电网运行呈现非常鲜明的峰谷差、降温负荷占比大的特点。受调节容量不足、水电发电调峰能力较弱、储能设施建设滞后等因素制约,导致只能安排火电机组频繁开停机,不利于电网安全稳定与供电质量保证。因此,加强电网调峰能力建设的问题需要重视。

(三)城市燃气经营面临压力

目前,重庆城市燃气企业面临上游价格持续上涨,终端销售价格疏导困难,交叉补贴严重,储气设施和应急保障建设投资不断加大的多重压力。同时,还面临着配气费和燃气安装工程费的双重严格监管。这些因素导致城市燃气企业现金流大幅走低,成本开支不断增长,企业回旋余地收窄,资金压力更为突出。特别是近期新冠肺炎疫情不断反复,工商业用气需求减少,政府相继推出有针对性降低气价、收费和延后缴费等政策,都进一步加大了城市燃气企业生产经营的压力。

二、2023年经济运行环境及展望

（一）全球能源体系面临深刻变革，能源安全风险更趋复杂

当今世界，新冠肺炎疫情影响广泛深远，百年未有之大变局加速演进，新一轮科技革命和产业变革深入发展，全球气候治理呈现新局面，新能源和信息技术紧密融合，生产、生活方式加快转向低碳化、智能化，能源体系和发展模式正在进入非化石能源主导的崭新阶段。世界能源转型已由起步蓄力期转向全面加速期，分散化、扁平化、去中心化的趋势特征日益明显，分布式能源快速发展，能源生产逐步向集中式与分散式并重转变，系统模式由大基地大网络为主逐步向与微电网、智能微网并行转变，推动新能源利用效率提升和经济成本下降。但也应看得到，俄乌冲突、通胀高企、货币加速紧缩正导致全球经济陷入衰退，逆全球化思潮抬头，单边主义、保护主义明显上升，局部冲突和动荡频发，全球性问题加剧，各种"黑天鹅""灰犀牛"事件随时可能发生，能源安全问题上升到新的高度。

（二）国内加快构建清洁低碳、安全高效的能源体系，行业发展仍面临诸多挑战

目前，我国步入构建现代能源体系的新阶段，能源供应保障基础不断夯实，资源配置能力明显提升，供需总体平衡有余。能源低碳转型进入重要窗口期，能源结构持续优化，大规模发展新能源不断提速，绿色发展方式和生活方式加快形成。围绕做好碳达峰、碳中和，能源系统科技创新引领和战略支撑作用不断强化，能源产业基础高级化和产业链现代化水平加速提高。作为贯彻党的二十大精神开局之年，国内将强化底线思维，深入推进能源革命，更重视能源供应链安全性和稳定性，着力推动能源生产消费方式绿色低碳变革，加快构建清洁低碳、安全高效的能源体系。同时，我国能源对外依存度持续走高，能源安全风险不容忽视，加之能源基础设施和服务水平的城乡差距依然明显，供能品质有待进一步提高等，国内能源行业发展仍面临诸多挑战。

（三）重庆高质量发展战略持续推进，对全市能源行业推动力将不断加强

立足新发展阶段，完整准确全面贯彻新发展理念，重庆积极融入和服务新发展格局，谱写高质量发展的新篇章，对能源保障能力和水平提出更高要求。"十四五"期间，重庆深入贯彻落实国家重大发展战略，积极推动成渝地区双城经济圈建设，促进"一区两群"协调发展，经济发展的韧性和动力较强，将推动全市能源产业全面升级，在催生新产业新模式新业态的同时，将进一步释放全市能源需求的潜能，对全市能源工业发展形成良好支撑。"十四五"时期也是推进我国碳达峰、碳中和的第一个五年，能源低碳转型进入碳达峰关键期，全市风能、光伏、氢能、生物能和储能等为代表的新能源产业将迎来十分难得的快速发展机遇期。当然也应看到，重庆能源供给与发展需求的矛盾也日益凸显：全市能源对外依存度不断攀升，省际受电、运煤通道不足，将增大能源保供压力；常规水电资源开发殆尽、风光资源有限，将制约能源结构调整步伐；能源储备、调峰能力不足，将加大对外资源协调与市内生产组织平衡难度。

（四）2023年重庆能源工业运行趋势展望

综合考虑国内能源市场运行平稳、重庆能源企业产能稳步提升、能源国内外合作深入推进等因素，预计2023年，发电量1000亿千瓦·时，同比增长5%；天然气产量达到125亿立方米，同比6%。

三、对策建议

（一）开发与输入并举，构建多元安全的能源供给体系

坚持积极开发本地清洁能源与有序扩大市外能源调入规模并重，构建多元灵活的能源保障格局和内

畅外通的能源供给基础设施体系，提高能源安全储备能力，提升安全运行水平。稳定外煤入渝保供渠道，争取国家将重庆市纳入煤炭重点保供区域。争取推动达州运输枢纽等铁路运输瓶颈扩能改造，大力提升兰渝、襄渝、广元—达州等北煤入渝铁路运力。继续挖掘三峡航道运输潜力。统筹"调峰、保供"双重需求，有序推进天然气发电发展，研究指标落后、服役期满煤电机组转为燃气发电机组的可行性，有序实施乌江、涪江等重要干流梯级开发。结合资源、环保、土地、并网等建设条件，科学开发风能、太阳能。

（二）优化电力保障应急预案，提升电力应急保障能力

把握民生用能底线，梳理紧急情况压减用能单位清单，建立和完善应急指挥系统和保障队伍，提升电力应急保障能力。强化重要发电、输电基础设施、设备检测和巡视维护，提高抵御地质灾害、极端天气等突发事件冲击的能力。做好电力安全风险管控工作，编制大面积停电事件应急预案，进一步加强应急备用和调峰电源能力建设，提高电网黑启动电源数量和高安全等级保障电源规模。重视电力应急机构、队伍、装备建设，逐渐补齐短板，构建稳定性和灵活性兼顾的电力供应安全与应急保障体系，提升电力应急供应和事故恢复能力，有效应对恶劣天气等极端情形下电力供应问题。

（三）推动燃气规模化整合改革，提升城市燃气经营水平

充分发挥市属国有燃气企业集团专业化投资运营平台优势，以政府为主导、企业为主体、市场化运作为手段，按照分级推进、分步实施的思路，采用混合所有制的模式，鼓励城镇燃气企业间进行专业化、集团化整合。以市场化方式推动城镇燃气经营企业专业化整合，采取企业并购、协议转让、联合重组、控股参股等多种形式，依法依规推动城镇燃气经营企业整合。以气源有保障、资金和技术力量雄厚、管理规范的大中型燃气企业为主体，通过市场化方式整合一批规模小、实力弱、经营管理和供应保障水平低的企业。推动重庆燃气集团、中石油西南油气田分公司、中石化西南油气分公司等实行集团化经营的城镇燃气经营企业整合下属公司，实现标准化运营管理，提高燃气安全供应保障和服务水平。

[重庆市经济信息中心（重庆市综合经济研究院）产业经济研究课题组
主研：易小光　丁　瑶　余贵玲　赵炜科　陈　殊
执笔：陈　殊]

之十：2022年重庆市建筑业发展及2023年展望

2022年，重庆市建筑业积极应对房地产市场调整、疫情散点多发以及极端高温天气等不利因素，围绕高质量发展总体目标，以城市更新提升和建筑业转型升级为重点，推动建筑工业化、智能化、绿色化融合发展，行业增长整体呈现逐季缓慢回升态势。预计2022年建筑业增加值同比增长2.8%左右。

一、2022年重庆市建筑业运行情况

（一）总体情况

2022年，虽然受疫情多点散发、房地产开发投资下降等因素影响，但在交通、水利、城建等基础设施建设加速推进支撑下，重庆建筑业运行呈现逐季缓慢回升态势。1—9月，全市建筑业实现总产值7488.9亿元，居西部第二位、全国第12位，同比增长8.3%，其中跨省完成产值1793.3亿元，同比增长14.3%；实现增加值2425.4亿元，同比增长4.9%，较第一季度和上半年分别提升2.6和1.2个百分点，呈现企稳回升势头；增加值占全市GDP比重为11.6%，较上年同期水平提高0.2个百分点，建筑业在重庆经济中的支柱产业地位依旧稳固。

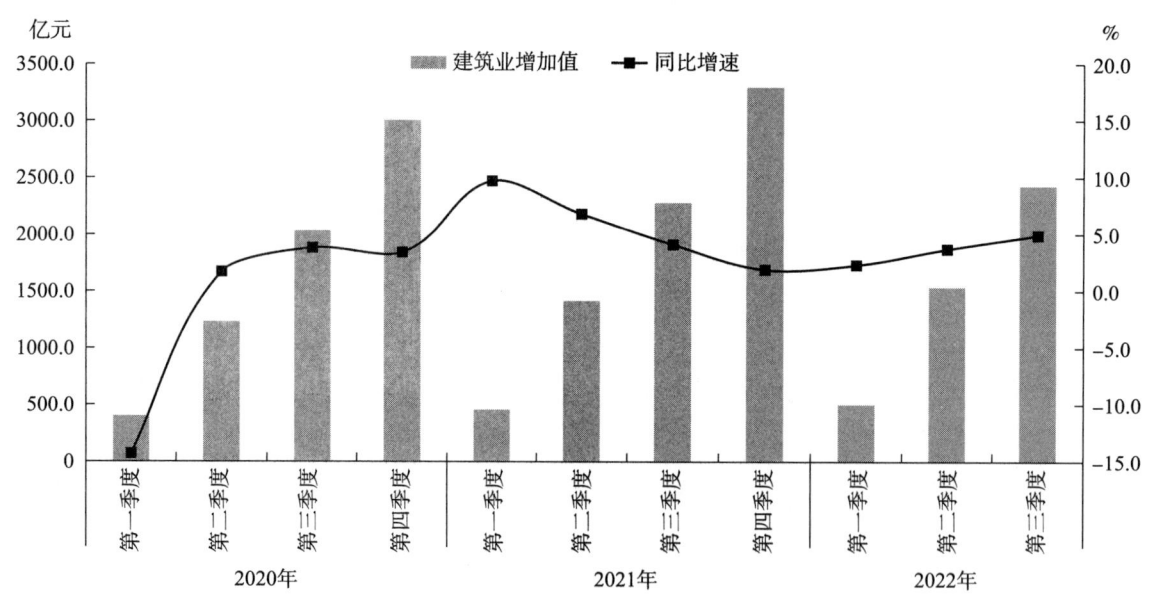

图1　2020年以来重庆市建筑业增加值及增速（季度累计）

（二）主要特点

1. 建筑投资高位趋缓

2022年以来，在基建投资带动下，全市建筑投资实现稳定增长，但增速呈现放缓趋势。上半年，建筑安装工程投资同比增长12.5%，虽较第一季度回落3.6个百分点，但明显高于全市固定资产投资5.6个

百分点，延续了2021年以来的回暖态势。进入第三季度以来，基建投资增长有所放缓，房地产开发投资在负增长区间加速下滑，加之8月因疫情和高温影响建筑企业停工放假，1—9月，建筑安装工程投资同比增长8.9%，较第一季度和上半年回落7.2、3.6个百分点。

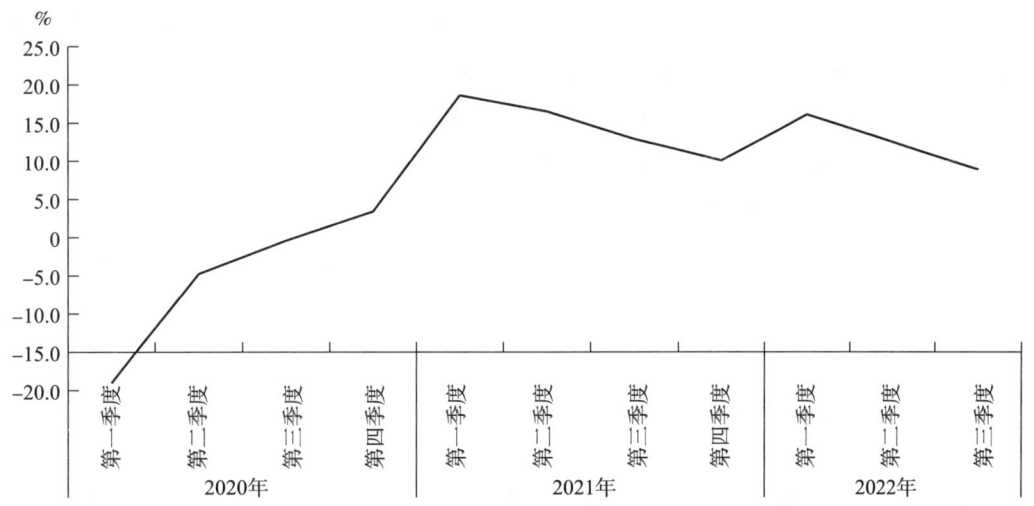

图2　2020年以来重庆市建筑安装工程投资季度累计增速变化

2. 建筑工程支撑较强

重庆建筑业各板块总体实现稳定增长，尤其是建筑工程的支撑作用显著。1—9月，在交通、城建、农林水利等领域基础设施建设加速推进背景下，建筑工程实现产值6728.4亿元，同比增长7.8%，占全市建筑业总产值的89.8%，比重虽较上年同期下降0.4个百分点，但仍对全市建筑业总产值保持稳定增长发挥了关键支撑作用。在130余个新基建项目有序实施带动下，安装工程产值增长较快，同比增长15.8%，占全市建筑业总产值的6.9%，比重较上年同期提高0.4个百分点。受房地产市场景气度持续下行影响，装饰装修产值有所下滑，1—9月同比下降3.7%，低于上年同期增速33.7个百分点。

3. 重大建筑项目加快推进

面对疫情冲击和经济下行压力，全市着力抓项目、稳投资，一批基础设施、城市更新等领域重大建设项目加快形成实物工作量，有力促进了全市建筑业平稳增长。全年全市交通、水利、能源三大领域共有重大基础设施项目249个，其中轨道交通6号线东延伸段、郭家沱长江大桥及六纵线南段、乌江白马航电枢纽、渝湘高铁重庆至黔江段、渝昆高铁重庆段、江北国际机场T3B航站楼及第四跑道等重点项目建设加快推进。系列"两江四岸""清水绿岸"治理提升工程、老旧小区改造等125个城市更新市级重大项目扎实推进，全年计划新开工改造城镇老旧小区1277个，1—9月已开工项目占比超97%，投资增长26.7%，对全市建筑修缮行业发展产生了积极的推动作用。

4. 智能建造大力实施

建筑业全面数字化、智能化升级步伐加快。搭建的全国首个智慧住建平台已累计汇聚建筑业、房地产和城市基础设施大数据36亿条，打造的天工建筑产业互联网平台服务创收数亿元。BIM技术应用加快推进，1—9月实施BIM项目442个，已累计实施BIM项目1300余个，收录BIM模型2500多套。装配式建筑部品部件智能化生产大力推进，在垫江、江津等地建立全自动智能化生产基地，1—9月新增装配式建筑600余万平方米，累计实施装配式建筑面积超过3800万平方米，中心城区装配式建筑占比达36%，创建国家装配式建筑产业基地6个，荣获国家装配式建筑范例城市称号。工程项目数字化持续推进，累计打造数字化试点项目140余个,建设智慧工地3330多个,位居全国前列。

(三)存在的主要问题

1. 建筑业持续增长后劲不足

一是房屋建筑开工量下降。受房地产市场下行影响,全市房屋建筑施工加速放缓,1—9月全市建筑企业房屋建筑施工面积和新开工面积分别同比下降2.2%和7.6%。而当前房地产市场企稳回暖势头尚不明显,房地产新开工下滑趋势扩大,房屋建筑开工量仍然面临一定下滑压力。二是新签合同额增长放缓。受房地产投资持续下探、基建投资高位放缓等因素影响,全市建筑业签订合同增长放缓,尤其是新签合同额增速下滑明显,建筑业持续稳定增长的动力不足。1—9月,全市建筑企业签订合同金额14819.2亿元,同比增长3.9%,增速较上年同期下滑3.5个百分点,其中新签合同额6815.4亿元,同比增长0.08%,低于上年同期增速10.9个百分点。

2. 企业经营压力加大

一是成本上升压力大。2022年以来,全市钢材、砼、水泥等原材料价格保持高位震荡,建设工程人工价格较上年有所上涨,加之疫情延宕反复、高温、限电等因素造成建筑企业停工停产和延迟复工情况多发,导致施工租赁设备租赁期延长、租金超支等问题,企业成本上升压力加大。二是建设资金流转压力大。受房企资金压力传导影响,全市建筑施工企业回款慢、回款难等问题进一步凸显,外加疫情导致的建设工期延长使得贷款利息增加,企业资金流转压力加大。

3. 企业竞争力不强

当前全市建筑企业"小、散、弱"短板依旧明显,截至2022年9月,引领、带动作用强的特级资质建筑企业共12家,虽较2021年末增加2家,但总数仍落后于全国大多数省份,且铁路工程、水利水电、港口航道、电力工程等领域特级资质相对缺乏。在此背景下,全市建筑企业生产活动多集中于房屋建筑领域,产值占比达67.6%,承接路桥、水利、电力等重大基础设施建设的能力整体偏弱,在房地产市场需求走低的形势下,本地建筑企业承揽市内外项目的压力持续加大。1—9月,全市建筑业总产值与西部第1名四川省的差距进一步拉大到5200亿元以上,同江苏、浙江、广东等建筑业大省的差距依然明显,产业规模依旧相对较小。

二、2023年发展环境与展望

(一)智能建造绿色建造趋势将更为明显

在建筑业高质量发展的目标引导下,国内建筑建造方式正向数字化、智能化、绿色化加快转变。当前我国正探索智能建造与建筑工业化协同发展路径和模式,将以加快打造建筑产业互联网平台为重点,推进建筑业数字化转型;加之BIM、5G、人工智能、云计算、物联网等新技术已与建筑行业发生碰撞、融合,智能建造将迎来加快发展之势。同时,在碳达峰碳中和加速推进背景下,近年来国家陆续出台了《绿色建造技术导则(试行)》《"十四五"建筑节能与绿色建筑发展规划》等政策发展绿色建造,明确了绿色建造的总体要求、主要目标、技术措施和应用范畴,要求实施绿色设计、绿色建材选用、绿色生产、绿色施工、绿色交付的一体化绿色统筹,将有效带动建筑业绿色建造发展,钢结构装配式建筑以及相关建筑配套服务等行业也将迎来较大发展机遇。

(二)建筑业面临宏观政策环境总体较好

随着稳经济大盘接续政策加码实施,建筑业发展的宏观环境总体较为积极,机遇与挑战并存。为应对需求收缩、供给冲击、预期转弱三重压力，确保经济延续恢复发展态势，国家宏观经济政策跨周期调节力度继续增强，地方债发行提速、"两新一重"建设加码、基建投资适度超前等均将对建筑业发展产生驱动作用。稳健的货币政策将继续加大实施力度，引导企业综合融资成本下降，建筑项目的资金环境总体趋于宽松。基础设施REITs正加速扩容，将拓展基建投资资金来源。同时，在稳增长的大局下，楼市维稳的基调短期内将维持不变，有助于房地产市场预期的回稳，对建筑业的负拉动效应将减弱。但疫情多发散发、房地产市场调整、原材料价格高位震荡等不利因素犹存，将对建筑业稳定增长形成一定挑战。

（三）重庆建筑业稳健增长的动力仍较强

在成渝地区双城经济圈建设、"一区两群"协调发展加快推进以及城市更新提升行动实施的背景下，重庆建筑业仍有较强的增长动力。随着新型城镇化和城乡融合发展、综合立体交通网构建等深入开展，特别是成渝地区双城经济圈建设进入全面铺开、纵深推进阶段，两地基础设施网络一体化、运输服务体系一体化和交通治理体系一体化正加速推进，市内城市基础设施、新基建、新能源等领域的重大项目也加快建设，将有力促进重庆建筑业稳定发展。同时，随着《重庆市城市更新提升"十四五"行动计划》深入实施，城镇老旧小区改造、建筑智能节能改造等将进一步加快推进，对全市建筑业增长形成一定支撑。此外，重庆建筑业正加快向智能化、工业化、绿色化转型，大力推动智能施工、智能感知和物联网、装配式建筑等产业发展，将为重庆建筑业发展增添新动力。

（四）2023年建筑业发展趋势展望

展望2023年，重庆建筑业将继续紧扣高质量发展目标，契合产业智能化绿色化发展趋势，大力推动建筑业现代化转型。总体来说，建筑业发展政策环境较好，基础设施建设将持续发力，新增建筑需求仍有望保持增长；但同时还将面临新冠肺炎疫情反复、房屋建筑业继续低位运行、建筑原材料价格高位震荡等因素挑战。预计2023年全市建筑业整体保持平稳增长，增加值将达到3770亿~3790亿元，同比增长7.5%~8.0%。

三、对策建议

（一）全力提振建筑投资需求

一是强化基础设施建设。聚焦城市更新提升加强基建项目策划，持续完善市级重大项目储备库，重点遴选水平高、规模大、带动效益强的项目入库，强化项目接续。用好用足专项债工具，畅通项目审批"绿色"通道，强化项目调度管理和土地、资金、用能等要素保障，推动在建项目提速放量。针对交通、水利、市政、旅游、新型城镇化等领域，遴选一批前期工作成熟、投资需求较强的重大项目，探索引入社会资本参与全市基础设施建设。加快推进城市更新和老旧小区改造，提高存量资源投资强度。二是着力稳定房地产投资。推动全市房地产精准调控政策有效落实，着力引导合理购房需求释放，积极助力房企纾困。夯实土地供应计划，进一步调整土地入市结构，引导商品房市场更好满足购房者的合理需求。强化政府、金融部门、国有平台等多方协同，加强全流程和全过程监管，推动已拿地项目按期开工、满足要求的项目加快上市销售，加快清理"已供未建""久建未完""应售未售"项目。着力稳定房地产企业经营，探索通过税费缓缴等方式减轻房企入市成本，通过优化项目资金监管政策等方式缓解房企资金压力。

（二）切实减轻企业经营负担

一是减轻企业资金压力。严格落实工程预付款制度，严格施工过程结算管理，适度提高政府投资项目工程进度款支付比例，加强工程施工合同履约和价款支付监管。积极推动工程担保制度，探索推广银行保函、担保保函、保证保险替代保证金增量扩面，丰富招标、农民工工资支付等有关保证保险产品供给，减少企业经营活动资金占用。二是强化企业融资支持。鼓励银行业金融机构对风险可控、稳健经营的建筑企业给予授信额度、担保方式、优惠利率等方面支持。加强对信用良好的中小建筑企业提供增信支持，用好重庆市中小企业融资信用综合服务平台，强化银企对接，不断丰富便利建筑企业融资的特色信贷产品。抓住重庆获批绿色金融改革试验区建设契机，不断探索创新绿色金融支持建筑行业绿色发展的体制机制，支持建筑企业开展绿色建筑、超低能耗建筑、装配式建筑研发和应用。三是深化工程建设项目审批制度改革。加快推行电子化审查、电子证书，压缩审批时限。积极推行"一家牵头、并联审批、限时办结"的审批模式，严格实行"一窗进、一窗出"的管理模式，提高审批效率。探索扩大建筑企业告知承诺制范围，进一步压减审批材料。

（三）着力提升企业竞争力

一是助力企业市场拓展。推进企业战略合作，支持本地龙头企业与入渝央企和市外大型建筑企业组成联合体承揽轨道交通、桥梁、隧道、机场港口等重大基础设施项目，鼓励市内中小建筑企业通过专业分包方式参与基础设施项目建设。加大同重点省（市、区）对接力度，加强推介本地优质建筑企业，探索搭建服务平台，完善贷款贴息、资金奖补、业绩认定等支持政策，鼓励本地优质建筑企业积极承揽市外境外工程项目。支持川渝两地龙头建筑企业抱团发展，联合对外拓展市场。二是培育发展骨干企业。强化"一企一策"针对性帮扶指导，培育一批市政公用、公路、水利水电、港口与航道工程等特级资质企业，支持全市一级以上资质建筑企业拓展资质范围和跨专业承接同等级业务，增强重大基础设施项目承揽能力。深化工程企业资质审批权限下放试点，支持市外特级（综合）和一级（甲级）施工总承包企业入渝成立子公司，对子公司的资质认定不受起步级别限制，支持在渝特级资质企业依法依规以重组、合并、分立等方式优化资质结构。

（四）积极培育产业新增长点

一是丰富智能建造应用场景。以发展建筑工业化为载体，完善涵盖"数字化设计、工业化生产、智能化施工、信息化管理"的智能建造技术体系。围绕住房城乡建设部新型城市基础设施建设试点契机，总结万科四季花城、美好天赋、绿地秋月台3个国家智能建造试点项目经验，进一步推进BIM技术应用，探索加快CIM平台建设和"CIM+"应用。同时着力打造标准化、模数化、通用化的装配式建筑部品部件生产供应体系，强化智慧工地管理平台和智能施工设备应用，持续推广项目建设全过程数字化管理。二是强化建筑产业互联网和智能建造协同平台建设。发挥"微瓴智能建造平台"、天工建筑产业互联网平台等先行优势，进一步完善全市建筑业数字化基础设施，引导并鼓励中冶赛迪、恒昇大业、中机中联、林同棪国际等骨干企业同互联网企业协同推进产品研发和集成应用，在工程管理、智能协同设计、BIM+大数据+物联网等领域开发具有核心竞争力的产品。三是积极发展智能建造配套产业。依托两江数字经济产业园、渝北现代建筑智慧产业园、垫江智能装配式产业园等平台，大力发展智能施工设备、软件和大数据服务、智能感知和物联网、智能家居、装配式建筑等产业，对智能建造示范项目给予专项资金补助，助推重庆建筑业持续高质量发展。

[重庆市综合经济研究院（重庆市经济信息中心）产业经济研究课题组
主研：易小光 丁 瑶 余贵玲 罗丛生 李 俊 王 利
执笔：罗丛生 李 俊]

产业卷
第三产业篇

之一：2022年重庆市第三产业发展及2023年展望

2022年以来，国际环境复杂严峻，国内经济三重压力持续，疫情、极端天气等冲击超出预期，服务业市场活力偏弱，但总体延续恢复性增长态势。重庆深入实施国家战略，着力推动服务业开放创新，落实稳经济一揽子政策措施，服务业运行稳中趋缓逐步恢复，数字服务、科技服务等新动能持续发力，但文旅等行业下行压力较大，服务业总体投资、消费活力依然不足。预计2022年重庆第三产业将实现增加值约15340亿元，同比增长约1.9%。

一、2022年重庆市第三产业运行情况

（一）运行特征

1. 第三产业运行逐步恢复，经营效益下滑幅度收窄

2022年以来，在本地疫情、极端高温天气等超预期因素冲击下，重庆加大稳增长政策力度，精准开展服务经济运行调度，服务业经济逐步恢复，增速略有放缓。1—9月，第三产业实现增加值11093.53亿元，占全市GDP比重53.2%，较2021年末提高0.2个百分点，保持对全市经济的重要支撑地位；同比增长2.5%，较全国平均水平高0.2个百分点，但低于全市GDP增速0.6个百分点，且呈逐季略有下降趋势。投资动力减弱，1—9月第三产业固定资产投资同比增长0.6%，分别低于全市固定资产投资增速、工业投资增速2.7个和8.9个百分点。服务业企业整体经营效益下滑但降幅逐月收窄，由2月的-39.5%逐步回调至1—8月的-7.9%。

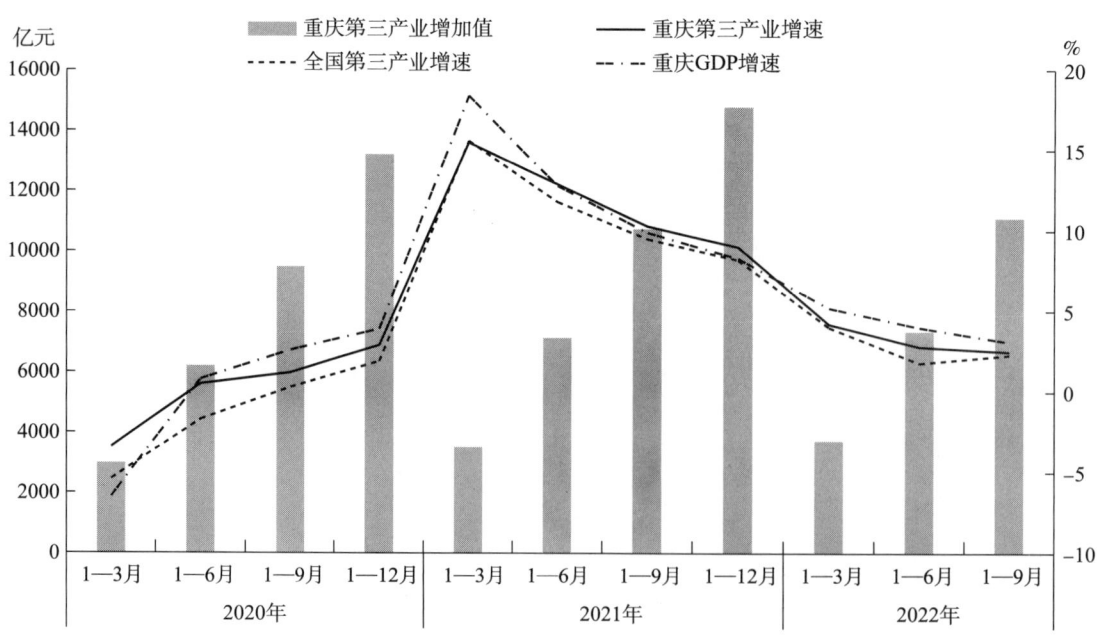

图1 2020年以来重庆市第三产业增加值情况

2. 服务业开放水平不断提升，国际经贸交往持续深化

在服务业扩大开放综合试点、中新互联互通项目等带动下，重庆服务业对外开放水平不断提升，全市企业承接离岸服务外包合同额和执行额均实现30%以上的较快增长。一是服务业扩大开放综合试点取得阶段性成效。当前试点总体方案任务实施率达到84.9%，开展首创性差异化改革探索50余项，长安汽车"全球研发+对外贸易"模式、涉外法律服务大数据平台、新加坡航空（重庆）保税航材分拨中心、西部陆海新通道国际消费中心等示范效应显现。二是中新互联互通项目稳步推进。金融服务、航空产业、交通物流、信息通信四大重点领域合作深化，绿色发展、科技创新等领域合作不断拓展。1—9月，签署政府和商业合作项目56个，金额2.6亿美元；金融服务项目27个，金额59.68亿美元。

3. 生产性服务业运行分化，高技术服务业加快培育

数字服务保持较快增长，软硬服务水平不断提高。在数字新型基础设施不断夯实和应用场景不断拓展下，数字经济快速发展。1—9月，软件业务收入同比增长12.6%，高于全国2.8个百分点。1—8月，规模以上互联网平台、互联网数据服务营业收入分别同比增长87.9%、55.2%，高于全国水平69.4个、33.2个百分点；电信业务总量累计达到246.95亿元，同比增长26.3%。一是数字新基建成效显著。1—9月，重庆信息服务固定资产投资实现49.2%的高速增长。截至8月，5G基站数达到18.5个/万人，居全国第六位、西部第一位；IPv6规模部署居全国第三位，建成国家广域量子通信成渝干线、汉渝干线等重要数字通道。二是数字服务应用场景持续拓展。工业互联网加快建设，累计推动11.3万家企业"上云上平台"，建成734个数字化车间和127个智能工厂，对企业产值增长贡献率达到73%。区块链、"东数西算"和数据开放等数字服务在政商民多领域加快应用，国家区块链创新应用综合性试点（渝中区）启动建设，首批智慧城市应用场景开放清单对外发布。

科技服务业较快发展，创新引擎作用逐步显现。在创新驱动战略引领下，全市科技服务业增长势头良好。1—8月，科技服务业营业收入实现9.2%的较快增长，高于全市规模以上服务企业平均营业收入增速7.6个百分点；其中，规模以上工业设计服务、工程技术研究和试验类企业营业收入增长均超过30%。一是科技服务水平持续提升。重庆科技资源共享平台加快推广，大型科研仪器设备入网量累计达到8649台（套），上线科技服务产品4391项，交易金额达到5.58亿元。重庆知识产权运营中心挂牌成立，全市首个企业创新积分信息平台上线，引导技术、资本、人才等各类创新资源向科创企业加快集聚。二是重大科创载体加快建设。2022年以来，西部（重庆）科学城新签约校地院地合作项目7个、累计达到43个，金凤实验室、种质创制大科学中心等重大平台投用，超瞬态实验装置、医用重离子治疗及研究装置等重点科创项目加快建设；区域研发科技经费投入强度达到4.2%，高于全市平均水平2个百分点。

金融业运行稳中趋缓，金融服务实体经济和创新发展持续深化。在整体经济承压、社会融资需求不足影响下，全市金融业运行呈现稳中趋缓态势。1—9月新增社会融资规模4929亿元，同比少增942亿元；9月末全市金融机构本外币存贷款余额分别同比增长8.5%、7.7%，其中贷款增速低于上年同期5.1个百分点。一是普惠金融持续发力。9月末，全市普惠小微贷款余额4513亿元，同比增长20.4%。通过打造金融服务港湾等措施，累计为6万户小微企业、个体工商户发放贷款超过700亿元。通过定制"文旅贷""景区收费权质押贷"等行业专属信贷产品，累计为1278户受困文旅企业新发放贷款71.77亿元。二是金融创新取得积极成效。渝遂高速REITs作为西部首只基础设施REITs成功上市，全市首单科创票据成功发行。获批设立绿色金融改革创新试验区，9月末绿色贷款余额同比增长40.2%。数字人民币试点参与商户超6万家，服务应用场景不断丰富。三是跨境金融表现突出。跨境人民币贸易投资便利化试点持续深化，1—9月跨境人民币实际收付结算量2525.6亿元，同比增长66.2%，居中西部第一位。

物流业下行压力较大，物流枢纽和通道建设持续推进。受需求整体趋缓、运输成本上涨等多重因素影响，物流业运行呈现下滑态势。1—9月，全市货运量10.04亿吨，同比下降5%；其中，公路和航空分别下降6.5%、8.6%，水运和铁路分别增长2.5%、10.9%。一是物流枢纽加快建设。空港型国家物流枢纽落地揭牌，首批国家综合货运枢纽补链强链城市成功获批，枢纽平台集疏运能力持续提升。1—9月果园港国家物流枢纽区货物总吞吐量1942.42万吨，同比增长22.38%，集装箱量超倍数增长。二是国际物流通道建设持续发力。1—10月，中欧班列（重庆）开行逾1900列，运输货物18.77万标准箱，分别同比增长13%和16%，月开行量居全国前列，去回程综合重箱率保持在98%左右的较高水平。重庆经西部陆海新通道运量、货值双增长，1—9月，共运输105444标准箱，同比增长29%，货值190.78亿元，同比增长46%；去回程箱量、内外贸箱量比重分别为55∶45、53∶47，实现双向运输、贸易平衡；新开拓国际物流首发班列20余趟，线路网络辐射拓展至107个国家（地区）的319个港口。

4. 生活性服务业持续低迷，行业结构调整加快

商贸消费低位运行，新兴消费保持较快增长。受消费能力、预期等不足影响，全市商贸消费呈现低位稳定运行态势，1—9月实现社会消费品零售总额1.05万亿元，同比增长1.5%，高于全国水平0.8个百分点。其中，商品零售和餐饮收入分别增长1.6%和0.6%。一是新兴消费增长较快。网上消费持续活跃，1—9月限额以上单位网上零售额同比增长37.3%，较上年同期加快10.1个百分点，拉动全市社会商品零售总额增长1.4个百分点；电商企业总量达1.6万家，较上年年末增加1427家。新能源汽车、可穿戴智能设备、智能家用电器和音像器材、智能手机零售额分别同比增长1.5倍、22%、11.2%和9.2%；首店经济、夜间经济等特色消费场景加快打造，消费带动作用持续增强。二是乡村消费潜力加快释放。随着乡村振兴战略持续推进，1—9月，全市乡村市场零售额增长3.2%，快于城镇市场零售额增速2个百分点，乡村市场零售额占全市社会消费品零售总额的比重由上年同期的14.1%提高到14.4%。

文旅产业运行承压，业态适应性调整步伐加快。在疫情散点多发持续冲击下，全市文旅产业运行波动起伏，仍未恢复至疫情前水平，倒逼调整步伐加快，1—9月全市接待境内外游客量同比下降34.9%。一是景区游加快向就近就地休闲游转化。入境游市场继续停滞，都市游、长江三峡游等受影响较大，但露营旅行、乡村旅游、艺术展览体验游等就近就地休闲游快速增长，重庆被列为热门露营客源地全国前十城市。二是健康休闲类文体娱乐成为新亮点。电影、网吧、歌舞娱乐等文娱消费下降明显，体育场馆管理、健身休闲活动等健康类消费增速加快，前8月增速均超过15%，带动规模以上文化、体育和娱乐业营业收入同比增长9.1%。

房地产市场持续下行，住房租赁市场加快培育。在市场需求、资金供给等多重因素影响下，房地产市场仍处于低迷状态。一是房企开发速度放慢。1—9月，全市商品房开发投资、施工面积、新开工面积、竣工面积分别同比下降12.5%、14.6%、53.1%、37.2%，供给端动力疲软。二是商品房销售情况分化。1—9月，全市商品房销售面积同比下降20.4%，其中住宅销售面积大幅下降35.6%；商业营业用房在去库存政策和上年低基数背景下，销售面积增长9.8%。三是住房租赁市场加快培育。当前累计筹集租赁住房19.8万套，培育专业化规模化住房租赁企业26家，"租售并举"住房体系加快形成。

（二）存在的主要问题

1. 服务业持续恢复压力大

一是投资、盈利等持续偏弱。服务业企业市场信心和投资动力疲软，固定资产投资增速明显低于全市固投和工业投资增速，均呈逐季下滑态势。企业盈利能力和预期偏弱，1—8月，规模以上服务业企业营业利润同比下降7.9%，单月数据连续6个月呈现10%以上的负增长。二是部分行业经营压力大。文化

旅游、批发零售、住宿餐饮、商务会展、教培服务、房地产以及物流运输等行业下行压力大，营业收入下滑明显。据调查，有985家文旅企业（占调研企业总数的54.7%）因市场订单减少导致营业收入下降，约70%旅行社处于暂停经营状态；销售额下降50%以上的商贸企业超600家，占限额以上零售企业近10%；规模以上物流运输企业营业收入同比下降2.5%。

2. 商贸消费市场活力不足

一是社会商品零售总额持续增长压力较大。2022年以来，全市社会商品零售总额增长连续多月低位徘徊，其中4月、5月分别增长-3.4%和-4%。家电、家具等大宗商品消费处于低位，服装、化妆品、金银珠宝等非刚需消费持续下滑，餐饮、住宿、展会等服务消费低迷。二是消费潜力释放受基础支撑条件制约较大。部分消费相关公共基础设施建设相对滞后，如新能源汽车消费领域，配套的公用充电桩密度（14.3台/平方千米）低于南方城市平均水平（24.3台/平方千米）；文体消费领域，人均体育场地面积（2.08平方米）尚未达到体育总局提出的全国年度节点目标（2.2平方米），上述短板对消费潜力释放带来一定制约。

3. 部分服务业纾困政策有效性不足

一是纾困政策精准性和落地性不足。调查显示[①]，27.1%的企业（其中服务业企业占比约50%）认为政策不太贴合企业实际需要。如3月出台的《重庆市贯彻〈关于促进服务业领域困难行业恢复发展的若干政策〉的措施》明确提出减免困难企业"房土两税"政策，但税务部门在执行中对"困难企业"界定为大型国有特困企业，处于经营困难的时间界定为近三年，与我市大多数服务业企业为民营、2019年为正常经营年份的实际情况相悖，导致绝大部分困难服务企业无法享受此项政策。二是政策力度有待增强。以消费券为例，2022年以来，成都、杭州、郑州等城市发行的电子消费券均超过2亿元，覆盖零售、餐饮、家电、文娱、生活服务等领域。重庆近20个区县发放消费券合计仅7000余万元，主要为餐饮、商超类，消费券总量小、使用范围窄，政策激励效果不明显。

二、2023年发展环境分析及全年预测

（一）世界经济复杂严峻，全球服务经济面临下行压力

由于新冠肺炎疫情不确定性影响仍然较大，俄乌冲突大幅推高能源和食品价格，贸易保护主义抬头加剧，通胀高企、滞胀风险等加速积聚，全球经济增长将持续疲弱。全球权威机构纷纷下调2023年预测，IMF（10月）、世界银行（9月）、OECD（9月）、WTO（10月）分别将全球经济增长预期下调0.2个、1.1个、0.6个和1.0个百分点至2.7%、1.9%、2.2%和2.3%，其中WTO将2023年全球商品贸易增长下调2.4个百分点到仅1%。疫情等诸多因素影响下商务交流合作等将持续受阻，全球交通运输、跨境供应链管理、跨境投融资、跨境旅游、国际教育医疗等服务贸易将继续受到负面影响，服务经济恢复面临严峻挑战。但同时数字经济、科技创新、制造业和服务业深度融合等领域发展将受更多关注，服务经济新增长点有望不断显现。

（二）国内强化稳增长调控力度，服务业在调整中持续恢复

国内稳增长、确保经济运行在合理区间的宏观调控及政策举措为服务业稳定恢复提供有利环境。一是我国服务业发展方向更加明晰。党的二十大报告强调"构建优质高效的服务业新体系，推动现代服务

---

① 数据源于重庆市综合经济研究院开展的重庆中小微企业情况网上问卷调查结果。

业同先进制造业、现代农业深度融合。"以数字服务、科技服务为引领的新兴服务业将获得更多机会，促进传统服务业加快结构调整、转型升级。二是跨周期、逆周期宏观调控政策更加有力。积极财政政策和稳健货币政策将保证支出强度、稳定信贷增长，对带动消费、投资修复性增长具有重要的引导作用，促进服务业持续恢复。三是供给侧结构性改革将持续深化。加快构建全国统一大市场，着力推进数字化改造升级、科技创新生态建设、构建房地产发展新模式、要素市场化配置等重点工作，服务经济循环将更加畅通。但同时，疫情不确定性、服务业短板弱项支撑不足等因素仍给服务业稳定恢复带来较大压力。

（三）重庆多点政策发力，服务业恢复发展韧性将增强

重庆强化短期纾困与中长期高质量发展政策并进，整合区域资源，形成服务业恢复发展合力。一是将持续强化助企纾困、化解市场风险。2022年已发布的128条稳经济政策包①中诸多政策将继续落实，适时接续政策正陆续策划出台，政策工具红利持续释放，市场信心将得到不断提振。二是服务业新动能不断增强。服务业扩大开放综合试点、国际消费中心城市培育建设、内陆国际物流枢纽和口岸高地建设、具有全国影响力的科技创新中心建设等将深入推进，相关领域改革创新及重点项目落地为服务业恢复发展带来动力。2022年以来陆续发布的创建"设计之都"行动方案、推进西部陆海新通道高质量建设实施意见、冷链物流及世界级智能网联新能源汽车发展规划等中长期文件实施落地，将加快引导形成服务业发展新动能。三是成渝地区双城经济圈建设将增强服务业发展合力。成渝两地已明确2023年将共同开展资大文旅融合发展示范区、内陆开放高地、长江上游航运中心等重点合作任务，区域服务资源整合力度和效应将进一步提升。但重庆服务业仍面临疫情不确定性、市场预期偏弱、高品质服务业业态供给不足等突出问题和挑战，稳定恢复面临较大压力和挑战。

（四）2023年第三产业发展展望及主要指标预测

在严峻的国际环境，不断加码稳增长的国内环境下，重庆将加快构建现代化产业体系，积极探索中国式现代化道路，在推进服务业综合改革、国际消费中心、科技创新中心、西部金融中心等方面进一步发力，抓项目、出政策，加快新兴服务业发展，以数字经济引导传统服务业转型升级，服务业高质量发展内涵进一步提升，将保持稳定恢复态势。预计2023年全市第三产业将呈现波动性恢复增长，全年第三产业增加值将达到16710亿~16960亿元，同比增长约6.2%~7.8%。

三、对策建议

（一）加大困难行业、企业跟踪帮扶，稳定企业市场信心

一是强化困难行业跟踪关注和精准服务。加大对疫情持续和经济下行压力影响较大的重点服务行业、重点企业跟踪关注，建立困难企业库和企业"服务管家"制度，建立健全政策宣传、经营问题协调、信息沟通等服务职能，提高纾困解难政策适时调整优化灵活度，力促服务业整体实现恢复性增长。二是支持文旅、会展等疫情冲击较大产业创新突破。针对文旅产业，迎合旅游市场需求，加大旅游专项资金对乡村民宿提档升级、乡村旅游综合体建设、乡村文化价值挖掘项目等的支持力度，推动打造一批连片连线乡村旅游精品。针对商务会展业，鼓励企业充分利用网络资源和信息技术手段，增强线上线下融合服务功能，开拓数字会展新空间。三是加大金融机构融资倾斜。鼓励各银行机构推出助企纾困普惠型、行业定向型特色金融产品，为受疫情影响严重的小微服务企业、商户提供全线上、纯信用信贷支持服务；

---

① 涉及服务业：交通运输（19条）、文化旅游（7条）、餐饮住宿（4条）、批发零售（8条）、房地产（15条）。

鼓励银行机构聚焦物流、汽车等行业，为上下游企业提供供应链式信贷融资支持。

（二）加快消费市场培育，促进消费加快恢复增长

一是强化重点消费品类政策支撑。积极落实国家和市内促进汽车、家电消费平稳增长政策措施，持续稳定大宗商品消费。加强与商务部跟踪对接，及时跟进制定加强汽车流通管理、促进电子商务高质量发展政策措施。二是扩大品质消费供给。聚焦国际消费中心城市建设，打造一批主题化、特色化的品质消费新场景，塑造一批蕴含城市元素、巴渝文化符号、时尚潮流的消费新地标。鼓励高端品牌、设计师品牌、高级定制品牌等落地首发，促进直播带货、社群营销、云逛街等新业态发展。三是积极支持消费促销活动。结合疫情防控形势，围绕培育"巴渝新消费"，精心策划组织开展特色消费主题活动，持续跟踪推动出台促进消费储备政策，营造浓厚消费氛围。鼓励和支持重点企业开展惠民促销活动，对活动投入大、对社会商品零售总额增长贡献度高的企业给予适当资金奖励。四是完善消费配套建设，优化消费环境。针对当前消费相关基础设施建设短板，加快市域公共充电桩、公共体育馆、公共文化馆等配套设施布局，增强消费设施保障能力。推进重要商品追溯体系和消费领域信用体系建设，畅通消费者维权渠道，强化消费者权益保护，构建安全放心的消费环境。

（三）有效落实政策支持，推动政策效应加快释放

一是强化政策有效性。全面梳理国家和重庆出台的稳经济大盘系列政策，特别是服务业相关纾困政策，构建"政策落实+跟踪服务"服务体系，加强政策效果评估，结合企业政策获得感和问题反馈，及时动态调整和细化政策举措，确保政策措施精准有效。二是打通政策落地"最后一公里"。参照滨海新区"惠企政策适配器"模式，促进政策精准匹配企业需求、精准直达。推动出台"见文即兑""即审即兑"等细化办法，明确申报流程，提升政策兑现便捷度。

[重庆市综合经济研究院（重庆市经济信息中心）产业经济研究课题组
主研：易小光　丁　瑶　余贵玲　李　权　夏　月
执笔：夏　月　余贵玲]

之二：2022年重庆市金融业发展及2023年展望

2022年来，全球经济增长放缓、通胀高企，世界主要央行货币政策收紧；我国坚持稳健货币政策，金融对实体经济支持力度不断加大，经济增长总体稳步回升。重庆市金融业在保障全市积极应对疫情防控、高温干旱、电力紧缺等因素冲击外，行业整体实现稳健运行，金融服务体系不断丰富完善，开放发展水平持续提高，为实体经济提供了有力金融支持。但受11月疫情蔓延及防控政策调整影响，预计2022年重庆金融业增加值同比增长1.8%左右。

一、2022年重庆市金融业发展基本情况

（一）总体情况

在全国以及全市经济运行持续承压背景下，2022年重庆市金融业运行总体平稳，1—9月，金融业增加值达到1923.0亿元，同比增长2.5%；占GDP比重达到9.2%，高于全国平均水平0.7个百分点，金融业发挥了对全市经济增长的较强支撑作用。

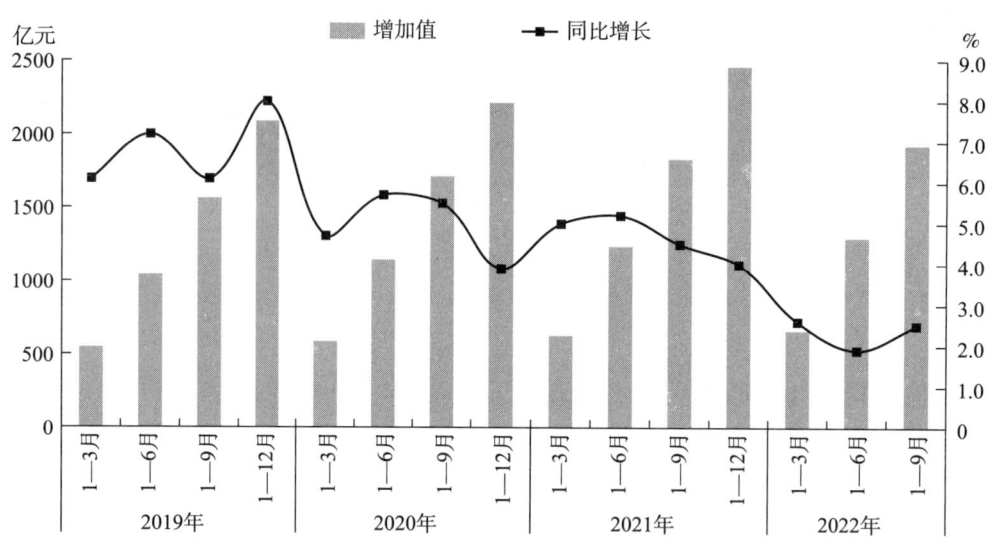

图1　2019年以来重庆市金融业增加值及增速变动情况

（二）主要特点

1. 多元金融业态集聚发展，金融服务体系不断完善

金融机构体系不断壮大，各类金融机构数量达1919家，行业资产规模约7.7万亿元，服务体系和功能更趋完善。一是银行保险业机构体系稳健发展。银行业金融机构总资产达6.9万亿元，法人机构增至

60家，数量居西部首位；推动绿色金融发展，重庆成为拥有重庆银行和重庆农村商业商行2家赤道银行①的省市；保险机构超过1370家，资产规模稳步扩大，达到2529亿元，增速高于全国，银行保险业高质量发展取得积极成效。二是多层次资本市场服务体系不断壮大。证券公司（含分公司）和期货公司分支机构数量分别达到51家和34家，北交所、全国股转系统重庆服务基地正式揭牌，重庆股权服务集团成立，资本市场服务功能不断增强。三是金融要素市场集聚发展。14个要素市场中有7个交易规模超10亿元，互联网小贷、消费金融等新型金融机构发展处于全国前列，金融资源实现高效集聚。四是金融服务场景不断丰富。"信易贷·渝惠融"融资平台成功上线，率先融入全国一体化融资信用服务平台，成功搭建银、政、企、民等市场主体间资金融通桥梁。

2. 存款增势稳中向好，信贷增长略显乏力

存款增长保持稳健，信贷增速有所放缓，但信贷结构不断优化。存款增速较快提升。受居民存款及企业存款增长带动，9月末全市人民币存款余额为4.8万亿元，同比增长9.5%，较上年同期回升3.3个百分点；在预防性储蓄增多等因素作用下，住户存款余额同比增长12.5%，较上年同期提升3.0个百分点；非金融企业存款同比增长12.0%，实现较快增长；但受财政资金支出加快影响，政府存款余额同比增速仅为2.9%，增长较为乏力。信贷增长逐月放缓。受房地产相关贷款增长低迷等因素影响，2022年全市信贷增速逐月回落，9月末人民币贷款余额为4.9万亿元，同比仅增长7.8%，低于全国平均水平，较上年同期回落了6.2个百分点。信贷结构继续优化，普惠小微、制造业中长期、涉农贷款保持高增，同比增速分别为20.4%、15.1%和11.8%，绿色贷款余额增速连续多月保持在40%左右。个人住房贷款增长较为低迷，同比增速持续低于5%。此外，企业贷款利率降至4.1%，较上年同期回落0.4个百分点，实体经济融资成本不断压降。

3. 企业上市步伐加快，债市融资提速增长

重庆证券业提速发展，债券市场对重点领域支持力度加大，资本市场服务实体经济能力增强。一是资本市场主体规模持续扩大。9月末，重庆境内上市公司数量达68家，较2021年同期新增9家，上市公司总股本、总市值保持稳定。受证券交易活跃度不足影响，全市证券交易金额同比增速较上年同期回落33.8个百分点，新增非金融企业境内股票融资额也较上年同期有所减少。二是区域性股权市场稳健发展。重庆股份转让中心挂牌公司数量达到1934家，较上年末新增27家，区域性股权市场主体不断扩容。三是债券融资快速增长。成功搭建重大项目、制造业、科创等重点领域债券融资项目推送对接和分析平台，1—9月全市企业通过银行间市场发行债务融资工具达1238亿元，同比增长22.4%。

4. 保险行业运行平稳，风险保障功能不断增强

重庆保险业稳步发展，保费收入实现恢复性增长，保险赔付支出加快，对实体经济风险保障功能不断增强。一是保费收入实现正增长。1—9月，在财产险及寿险保费收入不断回升支撑下，全市保险保费收入达到829.6亿元，同比增长3.1%，较上年同期回升5.7个百分点。财产险和人身险保费收入同比增速分别为5.7%和2.5%，较上年同期分别提升14.8个和3.3个百分点；人身险保费收入占比达到79.6%，对全市保费收入仍起较强支撑作用。二是保险赔付支出实现较快增长。受人身险赔付支出大幅增加带动，全市保险赔付支出达259.7亿元，同比增长14.5%，较上年同期提高了9.6个百分点。寿险和健康险保险赔付支出加快，带动人身险赔付支出同比增速提升至24.3%；但受上年同期高基数影响，财产险赔付支

---

① 赤道银行是指已宣布在项目融资中采纳赤道原则的银行。赤道原则是参照国际金融公司的可持续发展政策与指南建立的一套自愿性金融行业标准。截至2021年12月，中国内地有9家赤道银行。

出同比增速降至 3.4%。三是风险保障能力持续提升。全市农业保险提供风险保障达到 400 余亿元，货物运输保险提供风险保障超过 5700 亿元，出口信用保险对"一带一路"沿线国家和 RCEP 国家出口保障金额分别同比增长 26.6%、31.8%，保险业对重点领域风险保障功能不断增强。

5. 金融改革蹄疾步稳，对外开放水平不断提高

金融改革创新不断深化，绿色金融改革创新试验区建设取得积极进展，金融中心建设稳步推进，跨境人民币结算便利化水平不断提高。一是绿色金融改革创新取得积极成效。《重庆市建设绿色金融改革创新试验区总体方案》成功获批，截至 9 月，全市绿色贷款、绿色债券余额分别达到 4785.4 亿元、379 亿元。二是西部金融中心建设加快推进。《成渝共建西部金融中心规划》正式印发，全国首个跨区域管辖法院——成渝金融法院正式揭牌，跨区域金融合作不断增多。三是跨境人民币结算取得新突破。重庆在中西部率先启动合格境内有限合伙人（QDLP）试点，在全国首次通过交易所平台开展国有产权交易跨境人民币结算，1—9 月全市跨境人民币实际收付结算量达到 2525.6 亿元，结算量创历史同期新高，同比增长 66.2%，结算量持续居于中西部首位。

6. 重点领域风险有效化解，金融风险总体可控

2022 年，重庆成立金融风险化解委员会，跨区域金融风险协调机制实现联动，防范化解重大金融风险取得了重要阶段性成果。一是银行业金融系统风险有效处置。全市高风险金融机构实现动态"清零"，金融资产质量保持稳定，银行业不良贷款率仅 1.11%，低于全国平均水平 0.6 个百分点。二是中小银行机构实现稳健发展。全市村镇银行平均注册资本达到 8439 万元，平均资本充足率超过 18.0%，均高于市场监管标准，且主发起行平均持股比例达到 71.0%，中小金融机构经营稳健。三是涉众金融风险有效防控。持续保持打击非法集资高压态势，不断压降 P2P 网贷的存量风险，信用卡不良、电信网络诈骗等突出问题实现有效治理。

二、存在的问题

（一）信贷规模扩张速度逐月放缓

2022 年以来，全市人民币贷款余额同比增速呈逐月回落态势，9 月末仅为 7.8%，较上年同期回落 6.3 个百分点，不仅低于全国同期平均水平，较周边四川省和陕西省也分别低 7.0 个和 3.2 个百分点。个人相关贷款增长放缓和互联网信贷业务缩量是贷款增速回落的主因。一方面，受房地产市场持续低迷和居民收入增长放缓等因素影响，个人住房贷款（占贷款余额比重约 25.0%）和个人消费贷款（占贷款余额约 14.0%）同比增速均低于 5%，对贷款余额增速拖累作用明显。另一方面，在"联合贷"强监管背景下，由于自身转型发展不足，部分互联网信贷业务偏多的股份制商业银行贷款出现负增长，以致信贷增长稳定性相对不足。

（二）民营企业融资支持力度仍需加大

一是民营企业融资政策兑现相对不足。调研显示，全市普惠小微贷款支持政策和贷款延期还本付息等相关政策在民营市场主体间兑现率均不足 25%，面对疫情、生产经营成本持续上涨等实际困难，约 45.0% 被调查企业仍期望能获得更多金融支持。二是银政企常态化融资对接机制尚待优化。中小微企业和个体工商户金融惠企政策知晓率仅约 25.0%，政策宣传解读力度还需加大，融资供需信息不对称问题仍存在。三是政府性融资担保机构融资支持有限。政府性融资担保机构"支农支小"规模小、融资担保综合费率偏高，且部分区县尚无政府性融资担保机构，融资担保体系对民营企业支持仍不够。

（三）绿色金融规模仍然较小

一是绿色金融产品体量小且较为单一。重庆绿色金融产品主要以绿色信贷和绿色债券为主，但均体量偏小，份额占全国比重分别仅为3.0%和2.8%，绿色基金、绿色保险等产品创新明显不足，以担保、再担保等方式支持绿色金融发展也尚处于探索阶段。二是金融机构体系对绿色金融发展支持动力不足。目前绿色产业项目具有投入高、周期长、回报低等特点，与银行普遍追求的安全性、流动性、收益性相悖，金融机构主动支持绿色项目积极性不够高。三是绿色金融与普惠金融的融合度偏低。绿色金融参与主体双方主要是大型银行和大中型企业，而普惠金融主要以中小金融机构和中小微企业为主，供需两端均有所错配，且现行金融机构体系内两者考核评价及激励政策尚未叠加，融合发展水平还不高，制约绿色金融规模增长。

三、2023年发展环境及展望

（一）国际货币市场流动性收紧，全球金融稳定风险增加

当前，世界百年未有之大变局正在加速演进，世界之变、时代之变、历史之变正以前所未有的方式展开，地缘政治冲突持续，通胀高企，全球经济下行风险进一步显现，世界银行、OECD等国际机构纷纷下调2023年的全球经济增长预期，部分国家甚至陷入实质性衰退风险。主要发达经济体加快收紧货币政策，通过外贸外资、汇率波动和金融市场等渠道的溢出影响明显加大，新兴经济体和发展中国家均面临通胀攀升、经济放缓、债务积压、货币贬值及食品和能源危机等多重风险。外部环境更趋复杂严峻，这将为中国及重庆金融政策的有效实施、行业有序开放发展以及金融风险的防控等带来不利影响。

（二）我国货币政策保持稳健，金融运行环境趋于稳定

党的二十大为做好我国未来的经济金融工作指明了方向。2023年，我国稳健货币政策将更加灵活适度，充分发挥货币政策总量和结构双重功能，兼顾短期和长期、经济增长和物价稳定、内部均衡和外部均衡，搞好跨周期调节，保持货币供应量和社会融资规模合理增长，为促进经济增长、扩大就业、稳定物价、维护国际收支平衡营造良好的货币金融环境。金融供给侧结构性改革将继续深化，现代中央银行制度也将持续完善，开发性、政策性金融机构改革稳步推进，多层次资本市场健康稳定发展。金融业高水平双向开放将提速，跨境投融资便利化不断增强，资本项目开放程度不断提升，国际收支实现平衡，人民币汇率在合理均衡水平上保持基本稳定。将对重庆货币政策的精准有效实施、金融服务的优化完善、市场主体上市融资以及跨境投融资便利化改革等提供良好的发展环境。

（三）重庆金融业提质增效，服务经济社会高质量发展

重庆金融业将深入贯彻落实国家重大发展战略，把行业高质量发展放到更加突出位置，全力支持全市经济社会恢复发展。从发展机遇看，重庆将抢抓全国加大稳健货币政策实施力度的窗口期，加强统筹协调、靠前发力，推动产业与金融深度融合，增强重庆信贷总量增长的稳定性，促进信贷结构稳步优化，提高金融服务覆盖面、可得性和便利度，为全市经济提供更有力、更高质量的金融支持。依托绿色金融改革创新试验区建设、金融科技应用试点、跨境融资便利化试点等，有序推进金融业改革开放发展，促进绿色金融、科创金融、金融科技建设取得新突破，推动人民币国际化和跨境金融服务重要市场建设取得新进展。抢抓成渝地区双城经济圈建设重大机遇，加快打造西部金融中心，大幅提升重庆金融区域集聚力、辐射力和带动力。但重庆金融业也面临一定挑战，行业发展能级还不够高，具有影响力的地方法人金融机构和金融机构区域总部数量仍相对不足，金融生态还需不断优化，防范化解重大金融风险等尚待加力。

（四）2023年金融业运行展望

2023年，重庆金融支柱产业地位将持续巩固，行业增加值占全市地区生产总值比重稳定在9.0%左右，金融体制机制更加优化，金融开放程度显著提高，融资可得性和便利性不断提升，行业资源配置、资金融通、价格发现和风险管理等功能将不断增强。预计金融业增加值同比增长6.7%左右。

四、对策建议

（一）加大重点领域信贷投放，促进信贷规模稳定增长

一是保持贷款总量平稳适度增长。主要金融机构特别是国有大型银行应充分发挥带头和支柱作用，加大对实体经济贷款投放，力促普惠型小微企业贷款实现"两增"[①]目标、个体工商户贷款余额、户数同步增长，保持贷款总量增长稳定性。二是稳定基础设施信贷增速。引导政策性银行加快基金提款拨付，力争更多项目纳入备选清单，带动基建信贷保持较高增长速度。三是优化房地产金融服务。落实好差别化住房信贷政策，优化贷款审批流程，更好满足购房者合理信贷需求，促进房地产信贷平稳投放。四是稳步推进互联网信贷增长。商业银行应立足自身定位精准研发互联网信贷产品，明确贷款管理和自主风控要求，促进互联网信贷业务稳健发展。

（二）加大政策支持力度，化解民营企业融资难题

一是加大对民营企业的信贷支持。优化完善支持民营企业信贷投放计划，综合运用好再贷款、再贴现等货币政策工具，加大对民营市场主体信贷投放。二是增强对信贷政策有效性评估。完善信贷政策效果评估体系，对持牌金融机构、地方金融组织开展的民营企业融资进行绩效量化评价，督促、激励金融机构加大对民营经济金融支持力度。三是完善银政企沟通协调机制。完善多层次常态化银企对接机制，加大中小微企业信用信息归集共享和应用，常态化召开银企座谈会、民营企业项目推荐会、产融对接会等，提升融资政策投放精准性。四是加大政府性融资担保对民营企业支持力度。完善民营企业政策性融资担保和再担保体系，延长降低融资担保费率政策期限，提高对融资担保基金的再担保风险分担比例。

（三）丰富金融产品体系，推动绿色金融发展

一是丰富绿色金融产品和服务体系。推动金融机构向绿色转型，提升绿色项目信贷服务能力，支持绿色债券融资，推动绿色保险发展，提升绿色金融产品创新能力，引导绿色企业上市融资和再融资。二是构建绿色金融激励政策体系。统筹使用财政专项资金，支持各区县设立绿色金融发展专项资金，对金融机构绿色信贷风险给予补偿，积极用好人民银行碳减排支持工具，激励金融机构进一步加大对绿色领域的融资支持力度。三是推动绿色金融与普惠金融融合发展。完善绿色普惠金融的评判标准、市场转入标准、考核标准以及激励奖补标准，推动金融服务制造业绿色转型升级试点，加快制定绿色小微项目（企业）认定标准，积极开展中小企业绿色改造，推动绿色金融与普惠金融融合发展。

[重庆市综合经济研究院（重庆市经济信息中心）产业经济研究课题组
主研：易小光　丁　瑶　余贵玲　赵炜科　成秋明
执笔：成秋明]

---

① "两增"目标：即此类贷款增速不低于各项贷款增速、有贷款余额的户数不低于上年水平。

之三：2022年重庆市物流业发展及2023年展望

2022年以来，国际政经形势错综复杂，港口拥堵、集装箱有效运能供给不足等多重因素推动国际物流费用上涨，全球产业链供应链的安全性、稳定性继续承压。国内着力稳经济大盘，有效应对三重压力，物流业运行回稳向上。重庆市面对本地疫情、极端天气等超预期因素冲击，全力落实稳经济一揽子政策，大力推进国际物流通道体系建设，物流供给能力基本稳定，主要指标增速逐步企稳回升，物流业运行展现出良好韧性。预计2022年全市交通运输、仓储和邮政业增加值达到1080亿元，同比下降0.5%左右，占同期GDP比重约为3.7%，占第三产业比重为7.1%左右。

一、2022年重庆市物流业运行情况分析

（一）总体情况

2022年以来，全市物流业运行总体呈现企稳恢复态势，但回升基础不牢，物流业增长存在一定的波动性和不确定性。上半年，在全市加快落实国务院稳增长的一揽子政策和接续政策措施等带动下，工业、民生物流需求逐步改善，交通运输、仓储和邮政业增加值增速较第一季度大幅回升0.7个百分点。但进入第三季度，本地疫情、极端天气、电力紧缺等因素对全市物流运行造成了较大冲击，物流业恢复势头有所放缓。1—9月，全市交通运输、仓储和邮政业实现增加值787.0亿元，同比下降0.1%，增速较上半年回落0.6个百分点；占全市GDP、第三产业增加值比重分别为3.8%、7.1%，较上年同期分别下降0.22、0.34个百分点。据此预计1—9月全市物流业增加值为1130亿元，占同期GDP比重约为5.4%，占第三产业比重约为10.2%。

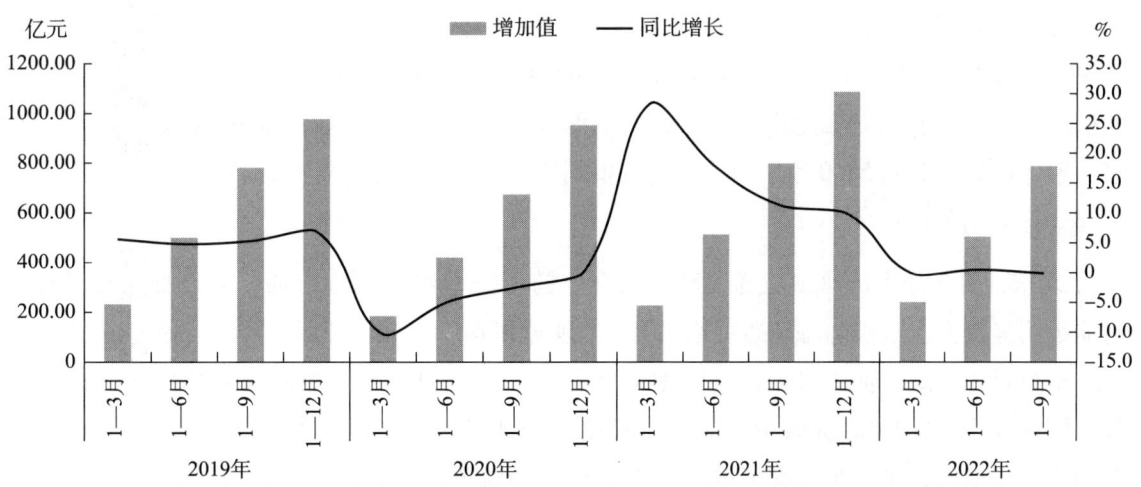

图1 2019年以来重庆市交通运输、仓储和邮政业增加值及增速（季度累计）

（二）主要特点

1. 货物运输结构不断优化

随着全市大力推进"公转铁""铁水联运""江海联运"，越来越多的大宗货物和中长距离货物运输由公路向铁路、水路转移，带动铁路和水路货运量不断增长，运输结构进一步优化。1—9月，全市公路、水路、铁路、航空货运量占比分别为83.2%、15.5%、1.3%、0.01%，其中公路货运量为83594.8万吨，同比下降5.0%，占总货运量比重下降1.3个百分点；铁路、水路货物运输量分别达到1303.6万吨和15529.6万吨，同比增长10.9%、2.5%，占全部货运量比重分别提高1.3、15.5个百分点。国内国际航空运输有所分化，主要表现为国内需求不足、国际稳步增长。1—9月，江北机场货邮吞吐量同比下降3.9%，但国际（地区）方面同比增长12.7%。

表1　2022年重庆市货物运输主要指标

指标	1—3月		1—6月		1—9月	
	绝对值/万吨	增速/%	绝对值/万吨	增速/%	绝对值/万吨	增速/%
货物运输总量	30803.8	-2.0	66473.3	-3.2	100438.0	-5.0
铁路	394.2	-3.3	850.74	5.5	1303.6	10.9
公路	26092.1	-2.9	55433.8	-4.7	83594.8	-6.5
水运	4314.3	3.8	10182.3	4.7	15529.6	2.5
航空	3.24	-10.7	6.41	-12.1	9.96	-8.6
内河港口货物吞吐量	4704.9	0.4	9968.6	2.1	15141.3	3.9
空港吞吐量	11.25	-2.7	22.5	-2.5	33.4	-4.7
国际标准集装箱吞吐量/万TUE	37.97	-8.6	81.36	-1.6	124.8	3.0

2. 枢纽运营建设有序推进

2022年以来，重庆加快推进内陆国际物流枢纽和口岸高地建设，对推动共建"一带一路"、长江经济带发展和西部陆海新通道建设等支撑作用显著增强。1—9月，全市港口型国家物流枢纽货物总吞吐量1723.2万吨，同比增长22.1%；其中集装箱吞吐量62.4万标准箱，同比增长125.0%。空港型国家物流枢纽江北机场T3B航站楼及第四跑道工程完成总工程量40.0%左右。国际物流枢纽园区新增注册入园企业473家，累计在册企业超5000家。成功入选首批国家综合货运枢纽补链强链城市。

3. 物流辐射能级不断提升

2022年以来，重庆加大出海出境通道建设力度，持续完善物流网络布局，通道物流运量加快恢复，物流辐射能级明显提升。西部陆海新通道抢抓RCEP实施机遇，充分发挥西部陆海新通道运营组织中心作用，加强进出口货源组织，促进班列运行效率显著提升。1—9月，重庆经西部陆海新通道运输货物9.3万标准箱，同比增长31.2%；货值169亿元，同比增长47.7%。江北机场相继开通重庆—新德里、重庆—孟买两条货运航线，进一步完善了重庆至南亚地区的航线网络，助力重庆高端制造产品出海。中欧班列（渝新欧）首发南通道"跨两海"（重庆—里海—黑海—欧洲）路线，在俄乌紧张局势下，有效提升了境外通道抗风险能力，助推重庆成为全国首个中欧班列重箱折列突破10000列的城市。1—8月，中欧班列（渝新欧）实现开行2128列，同比增长21.0%，其中5—8月连续4个月开行量居全国第一。

4. 快递行业规模持续扩大

新冠肺炎疫情以来，快递民生作用更加凸显，带动全市快递行业规模实现持续较快增长。1—9月，全市快递服务企业业务量累计完成7.98亿件，同比增长15.1%；业务收入累计完成82.8亿元，同比增长8.6%。受同城快递业务量同比增速下降拖累，9月当月全市快递服务企业业务总量增长有所放缓。此外，农村物流快递网点布局加快推进，交快、邮快、快快等合作进一步深化，共同配送、客货邮融合等新模式不断涌现，预计年底全市符合条件的村有望基本实现"村村通快递"。

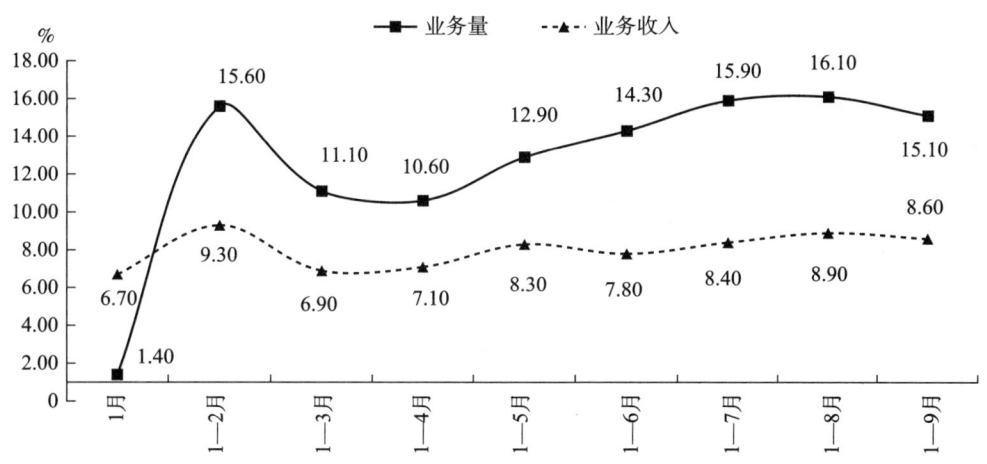

图2　2022年1—9月重庆市快递服务企业业务量和业务收入增速（累计同比）

5. 市场主体培育成效明显

重庆不断加大市场主体培育力度，物流企业规模持续扩大，在发布的第34批次A级物流企业中，重庆哈弗物流获批国家5A级物流企业，重庆民生综合物流、重庆市河牛滚装船运输获批4A级物流企业。至此，全市累计获批A级物流企业共68家，其中，5A级7家、4A级17家、3A级37家、2A级7家，有效支撑了全市物流运输服务能力不断提升。现代冷链服务主体日益壮大，全市规模以上的冷链物流市场主体超过400家，其中重庆明品福集团、重庆万吨冷储公司、重庆友生活公司等一批核心竞争力、综合服务能力较强的冷链物流企业快速发展，全市冷链物流市场竞争能力显著增强。但与其他省市相比，重庆物流业主体规模仍然偏小，目前A级物流企业数量仅分别为湖北、四川的7.9%、24.2%。

二、存在的问题

（一）公路物流企业运营难度加大

2022年以来，受新冠肺炎疫情多发散发、市场需求收缩等影响，叠加油价持续高位进一步推高公路运输成本、挤压企业利润，公路物流企业生产经营受到较大冲击。一是外部物流需求不足，企业增收压力加大。受内需疲弱叠加国内疫情多点散发影响，生产企业产能下降导致公路运输市场需求进一步收窄。同时，在政策引导和成本优势凸显等因素带动下，全市"公转铁""公转水"对公路运输的挤出效应更为明显。1—9月，全市货运总量同比下降5.0个百分点，其中公路货运量同比下降6.5个百分点。二是生产经营成本增加，利润下滑更趋严重。公路运输中油费最高时可占总运费的50%，成品油价格大幅上涨，油费成本压力大幅提升；由于员工社保缴纳基准由原来社平工资的40%上调至60%，社保费用约由600元/人/月上调至1030元/人/月，导致企业用工成本进一步提高；此外，受疫情影响，企业还面临着综合

防疫消杀费用、闲置停运车辆年审费、返空车辆过路费等刚性成本支出。

（二）物流服务能级提升仍受一定制约

当前，重庆铁、水货运服务能力提升仍面临着一些外部性因素制约。一是铁路集装箱运输规则仍需优化。2022年以来，铁路对混装货物进行限制发运，导致集装箱装载量不饱和或掏箱时间长等情形时有发生，明显增加了企业物流时间和成本。二是兰渝铁路运价仍相对偏高。当前，兰渝铁路实际运价每吨千米达0.25元左右，高于国铁平均运价（约0.145元），大量西北地区货源绕开重庆而选择其他运输通道出海，兰渝铁路作为连接"一带一路"与长江经济带的主通道效能未能充分释放。三是三峡过闸船只拥堵情况仍然严峻。三峡枢纽通航能力不足，枢纽通过量在2021年即已达到了1亿吨设计通航能力，比设计期限提前了19年，平均待闸时间超过200小时，大量船舶向上下游港口积压，造成航运企业经营成本提升、营运效率下降。

（三）物流业发展不均衡问题仍然突出

当前，重庆物流业发展还存在着一些局部性、区域性问题需要进一步破解。一是高端供给存在结构性短板。物联网、大数据、云计算等现代物流技术应用水平低，物流服务仍以仓储、运输等传统服务为主，多业联动、物流与供应链金融、智慧物流、冷链物流等高端业态不多，对消费结构升级支撑引领能力不足。二是区域、城乡物流发展失衡。全市物流业发展区域差异明显，主城都市区单极支撑格局突出，缺乏新的物流核心增长极，部分区县物流业发展明显滞后；城乡均衡发展仍不充分，城市物流资源过度集中、重复配置，双向一体化的城乡物流网络尚未形成，农村物流发展仍较落后。三是信息资源共享仍不充分。目前，全市信息共享标准和共享机制尚不完善，缺乏开放式公共物流信息平台体系和统一的快速反应物流管理信息平台，业务信息不对称等问题严重制约了中小物流企业发展。

三、2023年发展环境及展望

（一）产业链供应链不稳定因素明显增加，国际物流面临环境将更加严峻

世界政经形势错综复杂，俄乌冲突、通胀高企正导致全球经济陷入衰退，产业链供应链不确定性、不稳定性因素加大，现代物流发展面临更加复杂的国际环境。一是国际贸易增长空间收缩不利于国际物流发展。受国际地缘政治冲突、贸易保护和单边经济制裁、全球经济放缓等影响加深，国际流通体系遭受重创，国际物流通道受阻，国际贸易发展不确定性加大，现代物流业面临的国际贸易环境更加严峻。WTO（10月）认为，2023年全球货物贸易增速将由2022年的3.5%回落至1%。二是产业链供应链不稳定性、不安全性给现代物流业发展带来严重挑战。随着逆全球化思潮涌动，世界主要经济体"脱钩""芯片法案"等将加速欧美等发达国家产业链供应链本地化、多元化和区域化发展趋势，并将进一步加大全球供应链成本和风险。

（二）国家重大战略加快实施，将赋予现代物流发展更多机遇

多项国家重大战略的加快实施将为国内物流业发展提供更多动能。一是新发展格局将开拓物流发展新空间。我国将按照党的二十大描绘的宏伟蓝图，完整、准确、全面贯彻新发展理念，构建新发展格局，推动扩内需与深化供给侧结构性改革有机结合，超大规模内需潜能将加速释放，与居民生活相关的即时物流、冷链物流、电商快递以及城市配送等领域将继续较快增长。二是更高水平对外开放将带来物流发展新机遇。深入推进共建"一带一路"和构筑自主可控、安全可靠的国际物流网络体系，将有利于更好发挥我国超大规模经济体引力场作用，促进形成国际合作和竞争新优势。三是新型工业化建设催生物流

发展新动力。产业转型升级要求提升现代供应链服务水平,未来数字化物流基础设施、智能化物流组织模式、高端化物流技术装备、集群化物流产业生态建设需求将进一步加大。

(三)重庆多项政策利好叠加释放,物流业高质量发展态势更加明显

重庆将积极主动融入新发展格局,以物流业高质量发展为突破口,促进全市经济社会发展竞争力加快提升。一是物流枢纽设施不断完善,有助于重庆进一步强化物流资源配置功能,提升城市服务辐射能级。在"水陆空"三型国家物流枢纽齐聚、"四向"国际物流通道齐发,以及各类开放平台资源加快齐集的有效带动下,重庆内陆国际物流枢纽中心地位将更加凸显。二是多项政策、利好叠加落实,有益于物流业进一步打通堵点、补齐短板,提质增效。《重庆市商贸物流发展"十四五"规划》《重庆市冷链物流高质量发展"十四五"规划》等一批专项政策的发布实施,及重庆获批建设国家骨干冷链物流基地等,将有利于重庆进一步释放"通道带物流、物流带经贸、经贸带产业"联动效应,为创造高品质生活提供有力保障。三是成渝地区双城经济圈建设深入推进,将有利于推动川渝物流进一步协同发展。7月,重庆、四川联合发布《共建长江上游航运中心实施方案》;10月,成渝联合申报国家综合货运枢纽补链强链城市获得成功,川渝间优势互补、合作共赢的协作互动新格局正在加快形成。

(四)2023年物流业发展趋势展望

2023年,重庆将继续发挥西部大开发的重要战略支点、"一带一路"和长江经济带的联结点、西部陆海新通道运营中心重要作用,加快推动国家物流枢纽建设,强化资源要素优化配置和集约高效利用,促进物流服务供给系统化、专业化、多元化,推动物流业加快恢复发展,有力支撑全市重要产业链供应链安全稳定。预计2023年,全市交通运输、仓储和邮政业增加值达到1180亿元左右,同比增长约9.0%,占同期GDP比重约为3.8%,占第三产业比重为7.1%左右。

四、对策建议

(一)进一步促进公路物流降本增效

在全市"公转铁、公转水"不断提速背景下,公路物流业需加快通过转型升级、降本增效等在变革中寻求新的发展。一是不断拓展公路物流运输新空间。夯实公铁合作,以中短途运输为重点,衔接重点铁路、水路,做好"门到门"配送服务;深挖铁路未延伸到的区域,拓展公路物流运输新线路;瞄准生鲜、冷链等对时效要求较高的产品运输需求,与铁路运输错位发展。二是加快推动公路物流绿色发展。积极推动新能源和清洁能源货车应用,降低公路运输燃油成本;加快推动云计算、物联网、车联网在公路物流体系的推广应用,推进城市配送全链条信息交互共享、引导城市配送组织模式创新,降低企业交易、运营成本。三是增强政府帮扶作用。地方政府在保民生保重点领域有余力前提下,在疫情防控期间,进一步强化对重点企业的帮扶举措,通过加大税费和财政补贴支持、减轻社保缴费压力等,帮助公路物流企业平稳过渡转型关口,落实好稳企业、稳就业、稳经济大盘工作任务。

(二)进一步推动货运服务水平提升

不断提高全市物流服务水平,全力保障货物运输顺畅。一是优化物流组织管理模式。持续深化关键环节改革,实现物流制度性降本。开展物流降本增效综合改革试点实施方案效果的阶段性评估,加快落实重庆"十三项"试点任务,解决快速通关、空箱调度等难题,提升物流管理效率。二是提升铁水货运成本优势。加大力度争取兰渝铁路、南向通道铁路、西向通道铁路运价优惠,释放政策红利,降低铁路货运成本。进一步清理规范港口收费,持续增强水路运输成本优势。三是提高货运服务效率。协调国铁

集团，通过加强全程摄像监控，减少掏箱安检比例和时长，提高时效。优化航空货运理货、消杀程序，提高"出货"时效。四是加快智慧物流设施建设。加快推进全市仓储基地、配送中心以及物流园区等智慧化改造，通过物流智能化减少物流各环节中存在的空耗，提升仓储周转效率。加快企业智慧物流平台建设，提升供应链整合能力，加快物资周转，提高综合物流效益。

（三）进一步促进物流业均衡发展

加快推动物流业进一步调整发展结构、完善城乡衔接、促进信息共享，实现均衡发展。一是优化物流发展结构，提高新业态、新模式物流比重。健全完善相关法规制度和标准规范，为新业态、新模式物流发展创造有利政策、制度环境。大力发展数字物流，加强数字物流基础设施建设，为中高端物流发展夯实硬件基础。鼓励和支持多式联运、逆向物流、冷链物流、绿色物流等先进物流业态，积极探索无人机配送等创新模式。二是打通城乡流通路径，促进城乡物流一体化发展。推动商贸流通、交通运输、邮政快递等行业整合物流资源，促进城乡配送网络有效衔接。完善农村物流体系，加强末端网点设施建设，促进农村物流资源要素聚集和融合发展。三是推动信息资源互联共享。建立开放枢纽站场、运力调配、班线计划等信息共享机制，为市场释放更多的数据红利。加快推进标准统一、开放共享的公共物流信息平台建设，促进多维度信息互联共享，为企业提供一站式综合服务。

[重庆市综合经济研究院（重庆市经济信息中心）产业经济研究课题组
　主研：易小光　丁　瑶　余贵玲　王　利　夏梁颖
　执笔：夏梁颖]

之四：2022年重庆市房地产业发展及2023年展望

2022年以来，为稳定房地产市场，国家连续调整房地产宏观调控政策，但受全球经济增长放缓、国内新冠肺炎疫情持续散发多发及俄乌冲突、中美贸易摩擦等宏观环境影响，居民就业和收入预期转弱，影响房地产市场预期，重庆房地产业发展继续呈现调整态势。预计2022年重庆房地产开发投资下降15%左右，商品房销售面积同比下降25%左右。

一、2022年重庆市房地产业运行情况

（一）总体情况

重庆坚持贯彻"房住不炒"，因城施策，针对性出台多项稳定房地产市场政策，支持刚性和改善性合理住房需求，但房地产市场总体呈现下行态势。1—9月，全市房地产业实现增加值1166.15亿元，由上年同期增长7.7%转向下降3.2%；占全市地区生产总值的5.6%，比重较上年同期降低0.6个百分点。

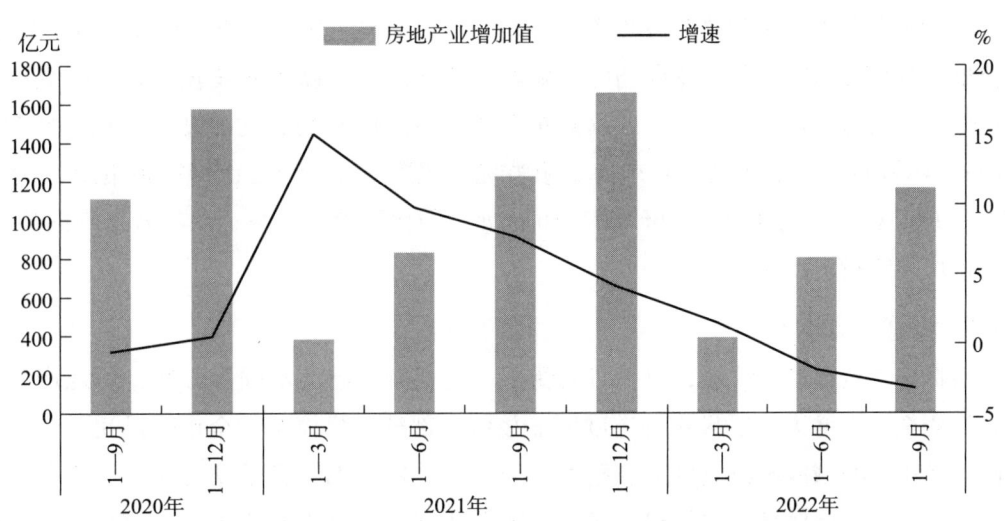

图1　2020年9月以来重庆市房地产业增加值增长变化情况

（二）主要特点

1. 房地产开发投资持续下滑

2022年以来，全国房地产市场低迷，房地产开发企业的投资积极性不足，全市房地产投资呈现下滑态势。1—9月，重庆完成房地产开发投资2880.38亿元，同比下降12.5%，降幅超过全国平均水平（-8.0%）。其中，住宅投资2175.52亿元，增速由上年同期增长3.6%变为同比下降11.8%；其占房地产开发投资的比重为75.5%，较上年同期减少了0.2个百分点。办公楼、商业营业用房分别完成投资53.52亿元、278.24亿元，分别同比下降13.4%、10.2%，延续了上年下降态势，且降幅较上年同期加深5.5个、0.7个百分点。

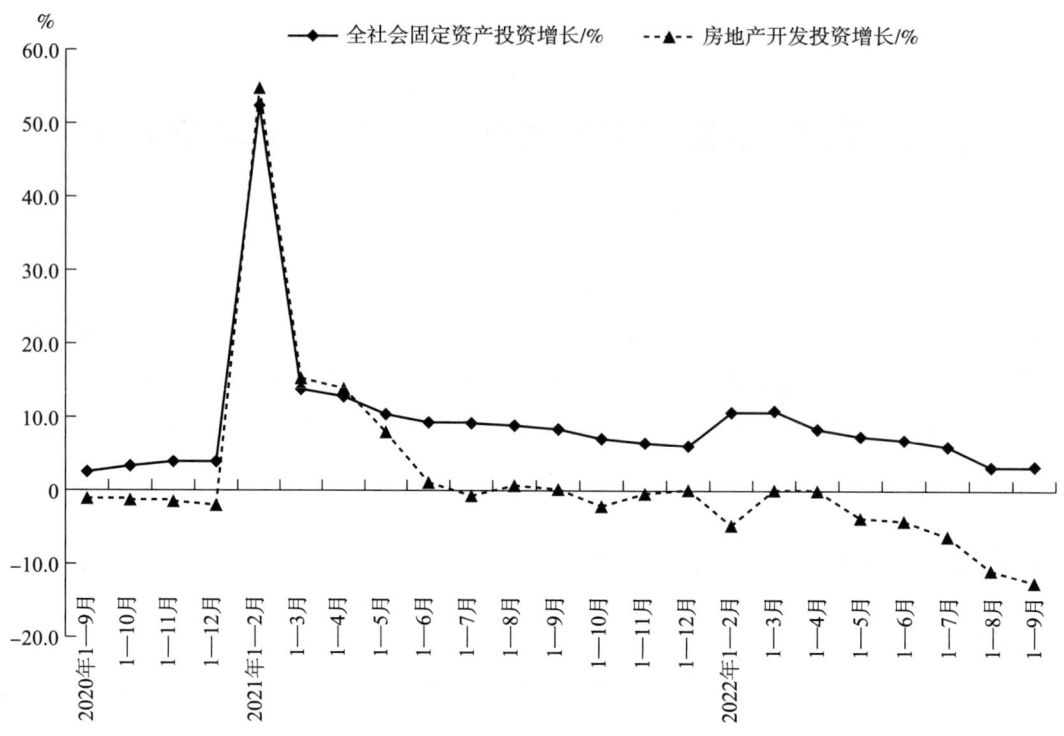

图 2　2020 年 9 月以来重庆市房地产开发投资增长变化趋势

全市"一区两群"各版块房地产开发投资略有差异。中心城区开发加快由规模向品质转型，"两群"远郊区县加快推进新型城镇化，受整体市场的影响略有差异，主城新区开发投资稳定性更强，中心城区由于存量房规模大，新增投资动力不足，延续上年下滑态势。1—9月，主城新区完成投资782.19亿元，同比下降2.8%，降幅较小；渝东北、渝东南城镇群完成投资334.85亿元、89.68亿元，分别同比下降8.0%、19.0%；中心城区完成房地产投资1673.66亿元，同比下滑20.6%，降幅较上年同期加深13.4个百分点，占全市房地产投资比重为72.1%。

2. 商品房建设进度大幅放缓

受市场销售低迷、资金回笼放缓、银行贷款受限、企业拿地意愿不强等影响，房地产开发资金大幅下降，企业自筹资金压力增大，项目建设进度明显放缓，部分项目停工，全市商品房施工、新开工、竣工面积均下降，其中中心城区建设进度放缓程度小于全市。1—9月，商品房施工、新开工、竣工面积分别为22286.2万平方米、1814.34万平方米、1652.11万平方米，分别同比下降14.6%、53.1%、37.2%。其中，住宅施工、新开工、竣工面积14770.89万平方米、1263.5万平方米、1103.05万平方米，分别同比下降14.0%、51.0%、36.7%；办公楼施工、新开工、竣工面积分别同比下降28.1%、71.2%、79.9%；商业营业用房施工、新开工、竣工面积分别同比下降13.4%、57.0%、39.4%。

3. 销售市场总体处于调整期

住宅市场持续低迷，非住宅市场相对较好。近年来国家对住房市场的政策调控力度加大，重庆住宅市场整体加快调整，回落态势明显。1—9月，全市商品房销售面积3789.72万平方米，增速由上年同期增长10.3%转向大幅下降20.4%，但降幅小于全国平均水平（-22.2%）；其中，住宅销售面积2514.78万平方米，同比下降35.6%。非住宅市场则由于先期调整逐步到位，加之去库存力度加大，前8月呈现明显反弹，但9月当月出现冲高回落走势。1—9月，全市办公楼、商业营业用房销售面积增速分别为-7.6%、9.8%，好于上年同期（-32.1%、-24.2%），但与1—8月增速36.8%、20.6%相比，回落幅度较大。

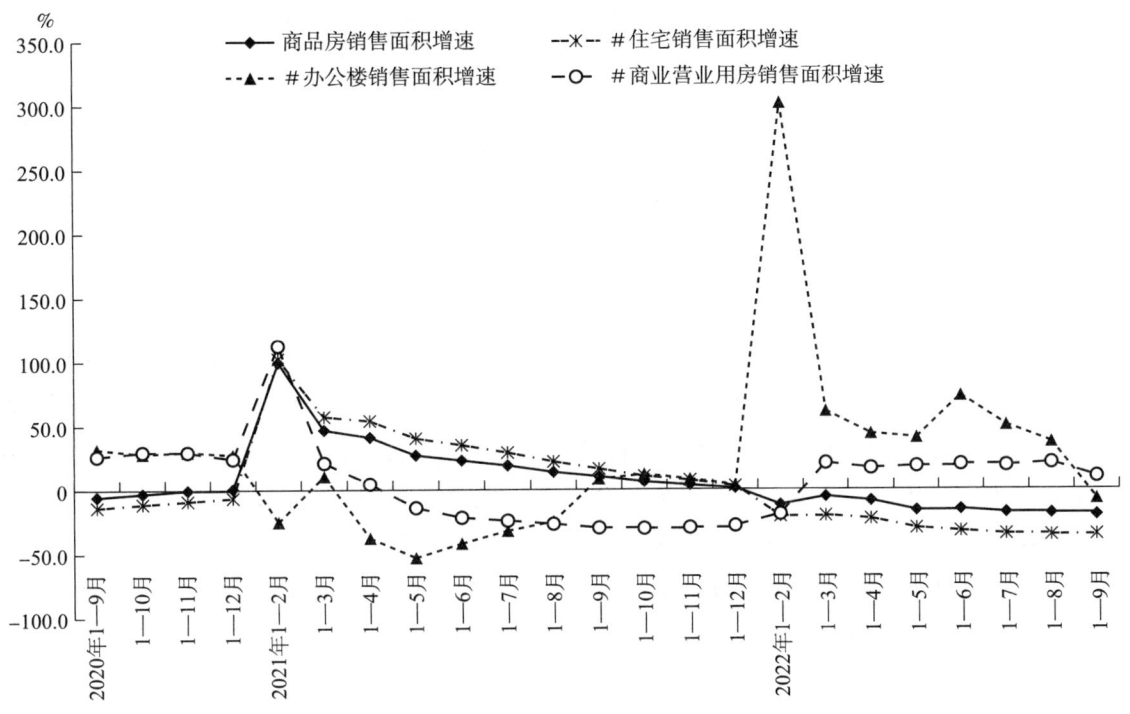

图3　2020年9月以来重庆市商品房销售面积增速变化趋势

现房与期房销售走势相反。受近年来期房销售出现企业暴雷停工、延期交房、新房质量与承诺不一致等信用风险，消费者对购买期房的担忧加剧，期房销售大幅下降，而现房销售则大幅增长。1—9月，全市已售商品房中，现房和期房分别占28.9%、71.1%，现房销售同比增长32%，其中住宅、商业营业用房分别增长0.3%、33.3%；期房销售同比下降31.5%，其中住宅、商业营业用房分别下降39.1%、11.9%。

远郊区县销售略好于中心城区。由于远郊区县商品房的价格相对较低，购房压力较小，吸引部分外出人员返乡置业，整体市场表现好于中心城区。主城都市区商品房销售面积均呈现负增长，中心城区销售进度放缓更明显。1—9月，中心城区商品房销售面积1689.66万平方米，同比下降26.9%，其中住宅838.14万平方米，同比下降53.9%，降幅分别大于全市平均水平6.5个、18.3个百分点。主城新区商品房销售面积1292.0万平方米，同比下降21.2%，其中永川、南川、綦江、大足、潼南降幅较小，分别下降2.0%、7.7%、7.0%、9.7%、7.1%。渝东北城镇群商品房销售面积614.87万平方米，同比下降11.4%，其中云阳、开州、巫溪、丰都、垫江5个区县表现较稳，分别同比增长7.1%、6.0%、7.1%、2.4%、1.1%。渝东南城镇群商品房销售面积193.21万平方米，同比下降4.8%，其中酉阳、秀山2个区县保持增长，分别增长41.6%、2.9%。

高端住宅市场运行好于刚需。高收入人群受宏观经济环境、调控政策影响相对更小，在整体市场极度低迷背景下，高端住宅销售表现好于刚需改善。据部门调研，1—8月，中心城区低密度及多层商品住宅成交占比45.7%，同比增长8.2个百分点。从户型结构看，1—8月，120平方米以上的成交面积分别占29.4%，同比增加2.1个百分点，普通高层住宅、90平方米以内住宅成交占比有所下降。

4. 住房保障力度进一步加大

一是保障性租赁住房建设推进力度大。2021年以来重庆重点在交通轨道站点、商业区、产业区等区域，以盘活存量房源为主、适量新建为辅，多措并举筹集、建设保障性租赁住房。截至9月，全市已筹集保障性租赁住房近15万套，其中有6万套运营投用，其余的正陆续装修建设。2019年以来，市财政已累计投入超过34亿元，推动租赁住房项目建设，累计筹集租赁房源19.8万套，培育专业化规模化住房租赁企业26家。二是公租房加快建成分配。目前全市已建成公租房58.3万套（其中中心城区公租房31.8万套），已分配55.4万套，保障中低收入群体约140万人住有所居。三是老旧小区改造加快推进。截至9月，全市累计开工改造城镇老旧小区3921个、9060万平方米，惠及居民约97万户。

5. 本土开发企业实力略有削弱

根据全国工商联发布的"2022中国民营企业500强"榜单，龙湖集团、金科集团、华宇集团、新鸥鹏集团等4家本地房地产开发企业入围，比上年减少1家。根据中国房地产业协会、上海易居房地产研究院中国房地产测评中心联合主办的"2022中国房地产500强"测评结果，重庆有11家本土开发企业上榜，比上年减少1家，其中，龙湖保持全国第七位，同时进入世界500强名单；华宇、东原、新鸥鹏、两江置业分别居第45位、第49位、第87位、第361位，分别升5个、14个、13个、32个位次；金科、飞洋、俊豪、中科、来新居分别居第33位、第246位、第281位、第486位、第495位，分别降10个、123个、84个、269个、15个位次；新上榜的海城实业居第156位，康田、贵博继重庆协信和渝开发之后跌出榜单。

（三）存在的问题

1. 居民购房意愿持续走低

随着商品房市场由住房投资品为主向消费品为主转变，房地产自身的金融属性逐渐退回到住房居住属性，金融杠杆撬动作用效果逐渐减弱，宏观经济预期特别是城镇化、居民就业和收入等因素对房地产市场运行的影响不断增强。从2022年初以来的房地产运行来看，国家房地产市场调控政策逐步放宽，支持刚需和改善性需求的信贷政策力度不断加大，央行连续下调5年期LPR利率，重庆也出台稳定房地产政策，但是受疫情反复、就业疲弱、经济下行等因素影响，加之恒大等项目停工半停工、7月部分城市的业主断贷事件冲击，居民购房信心仍然不足，导致商品房成交量大幅下降。截至9月，全市上市未售商品住房97632套，月销售不足4000套。

2. 商品房库存增长较快

由于房地产市场低迷销售缓慢，商品房库存持续攀升。截至9月，全市空置一年以上商品房2158.85万平方米，其中，商业商务用房占比83.4%，办公楼、商业营业用房、其他（车库等配套用房）分别为127.28万平方米、477.62万平方米、1195.85万平方米，分别较上年末增加38.3%、11.4%、15.2%，企业的存量商业商务用房沉淀资金较多，导致资金流动性差。中心城区库存压力更大，截至9月底，中心城区商品住宅面积存量达到889万平方米，去化周期拉长到18个月；办公楼、商业营业用房、其他（车库等配套用房）空置一年以上面积分别占全市的87.5%、49.9%、66.3%。

3. 房地产市场风险仍然存在

目前房地产市场各类主体均面临一定风险。开发企业融资和销售两大现金来源均较紧张，企业持续经营风险增大。前期少数扩张较快、负债水平高的开发企业持续暴露风险，债务违约和楼盘烂尾风险还未完全解除。部分风险项目资金缺口大、资产变现慢、持续施工难；资产多为商铺、车位，短期变现难。

施工企业面临工程款拖欠，对持续推进项目后续建设的积极性不高。部分中介机构佣金结算不及时，经营困难，影响供给侧和需求端的衔接。商业银行由于房地产贷款投放规模缩减，住房按揭贷款额减少，房地产开发贷款和个人住房按揭贷款增速普遍放缓，同时，一些购房者因就业、收入等问题可能导致还贷困难，商业银行房地产业贷款不良率较上年末呈增加趋势。

二、2023年发展环境及趋势展望

（一）全球经济下行影响房地产市场预期

受疫情、通胀、地缘局势以及能源和粮食价格上涨等系列因素影响，全球经济复苏持续放缓，下行风险进一步上升。世界银行将2023年全球经济增长预期从6月预测的3%下调至1.9%，全球经济正危险地逼近衰退，新兴市场和发展中国家正受到美元走强、借贷成本高企和资本外流"三重打击"。我国经济面临复杂多变的内外经济环境，正顶住下行压力，总体呈现恢复态势，但结构性矛盾仍然存在，就业及居民收入增长预期不稳定，对我国以及重庆房地产市场持续发展的支撑需进一步增强。全国房地产开发景气指数和人民银行发布的《2022年第三季度城镇储户问卷调查报告》显示，近期和未来一段时间内，居民的购房预期仍未好转，房地产市场的调整转型仍将持续。

（二）国家稳定房地产市场政策力度加大

我国房地产业已进入由规模发展向高质量发展转型的新阶段，党的二十大报告围绕提高人民生活品质，提出坚持"房住不炒"定位，加快建立多主体供给、多渠道保障、租购并举的住房制度，明确了未来房地产业发展的基调。适应市场大背景和房地产经济周期变化，国家调控政策正从严控转向松绑。中央把稳定房地产市场放在首要位置，要求压实地方政府责任，保交楼、稳民生。近期国家继续细化具体支持政策，如：通过政策性银行的专项借款方式支持已售逾期难交付住宅项目建设交付；阶段性放宽首套住房商业性个人住房贷款利率下限、下调公积金贷款利率；对出售现住房后1年内新购住房的纳税人实施售房个人所得税退税优惠①，随着系列支持刚性和改善性住房需求的政策逐步落地，将有效降低购房成本，减轻购房者还贷压力，提升消费能力，激发市场活力。此外，全国多地联动地方AMC、地方国企等多种形式国有资本，探索共同成立房地产纾困基金，一些城市实施房票政策、国企收购滞销房为安置房、租赁房以及二手房"带押过户"等政策举措，也将会助推房地产市场稳定发展。

（三）重庆房地产业稳定发展仍有一定支撑

随着成渝地区双城经济圈、国际消费中心城市等建设，重庆房地产市场需求仍有一定潜力。重庆房地产业从存量上已进入城市更新的高质量发展阶段，市政府发布的《重庆市城市更新提升"十四五"行动计划》，提出2025年主城都市区城市轨道交通运营及在建里程将达到1000千米，城镇老旧小区改造将达到1亿平方米，对全市房地产业提质发展带来机遇。重庆城镇化发展进程快于全国，2021年全市常住人口3212.43万人，2011—2021年年均增速0.9%，高于同期全国水平0.4个百分点。同时，重庆积极完善稳定房地产市场政策，出台《重庆市促进房地产业良性循环和健康发展若干措施》《关于调整住房公积金个人住房贷款有关政策的通知》政策文件，实施降低首付比例、提高公积金贷款额度、推出人才购房补贴、川渝互认互贷、二手房双预告"带押过户"不动产登记等政策；相关部门积极改善交易环境，提升不动产登记便利度，联合举办线上房地产交易会，对全市房地产业稳定发展将发挥积极作用。

---

① 《关于支持居民换购住房有关个人所得税政策的公告》（财政部 税务总局公告2022年第30号）。

（四）2023年房地产业发展趋势展望

随着住房支持性政策、较宽松信贷和调控政策的实施，房地产企业风险将逐步化解，房地产市场预期也将逐步得到修复。预计2023年，重庆房地产开发投资、商品房交易量将逐步企稳，商品房价格将继续呈现调整走势。

三、对策建议

（一）提高商品房开发质量

适应房地产行业由规模扩张向品质发展转型的新趋势，引导房企转变经营思想和发展模式，在绿色低碳建筑、城市更新、智能建造、智慧社区建设等领域提升竞争力，走商品房高品质发展之路。一是推动房地产精品打造。鼓励房地产开发企业转变经营模式，推动开发企业从粗放型规模化转向集约型品质化。围绕重庆城市更新行动实施，针对改善性住房需求，大力推动精品房地产开发，探索高标准住宅"建筑师负责制"，让住宅有品质、居住更舒服，进一步提升重庆城市整体形象。二是鼓励开发企业转型。引导房地产企业在"买地—建设—销售—交付"基础上增加更多"运营"；引导企业自持型租赁住房发展，降低土地、税收、融资等方面的成本，探索土地"年租制"，引导开发企业通过运营获得长期收益。三是合理确定商住比例。加强开发项目区域产业发展、人口变化、商业需求等研究，优化土地供应结构，合理配比商品住宅用地与工业、商业、公共服务等用地。合理配建车位，优化配套服务，加快统筹制定商品房车库优化方案，引导分区域科学规划车位配建比例，提升车库利用效率。

（二）激活房地产市场需求

多措并举提振信心，增强居民购房预期，刺激购房需求。一是继续加大政策优惠力度。在切实落实国家稳定房地产政策基础上，建议取消两年内限售制，实施人才和三孩家庭住房补贴、"一人购房全家帮"等政策，保障房地产市场流动性。办好春季、秋季房交会，打好住房与车位、装饰装修、家电家具等销售组合拳，整体联动促销。二是积极消化商品房库存。对住宅商品房库存，实施滞销商品房的政府采购或国有企业批量回购商品房，鼓励机关、企事业单位职工开展商品房团购，引导部分开发企业将商品住房转为保障性租赁住房；对预制板房为主、抗震能力低的老旧小区住宅实施拆迁，并采取货币化安置或房票方式。对非住宅商品房库存，允许"商改住"、降低商住配比、实施财政补贴等，鼓励行政事业单位优先购买或租赁存量非住宅商品房作为业务用房；鼓励房地产开发企业自持物业，成立专业租赁公司，向"租售并举"投资模式转变。三是重视舆情导向，营造良好氛围。加强房地产正面宣传引导和政策解读，增强购房者信心。发挥全市房地产联席会议机制作用，定期开展房地产分析、研判、管控和指导，准确解读房地产市场形势和政策。引导房地产企业掌握舆情传播的规律与特性，建立舆情获悉和处置长效机制。

（三）全力做好保交楼工作

结合重庆实际，实施"保交楼"专项行动。一是制定完善保交楼实施方案，由政府牵头，金融机构、房地产开发企业协作，明确责任分工，强化监督考核，压实主体责任，统筹协调解决恒大、类恒大项目问题，多措并举推动"久建未完"项目复工建设，刺激潜在需求结束观望状态，进一步带动房地产市场预期重新向好。二是加大"保交楼"政策力度，创新丰富政策工具箱。稳定贷款及融资支持，对首付款、定金等加强监管，防止在建项目停工，保障购房者合法权益。三是强化金融支持，根据企业资产负债情况，实施分类处理；区别对待企业风险和项目风险，对项目资产能够覆盖保交楼所需资金的项目不抽贷、不断贷。完善预售资金闭环监管机制，确保预售资金和房屋建设各环节支付安全；制定"一对一"帮扶方案，扩大纾困基金规模，必要时设立代建代管机制。

（四）稳定房地产企业信用

稳定房地产行业的整体信用基本面，增强购房者对房地产企业信用信心，降低开发企业现金流压力。一是加强信用风险防范。提前约谈房企、部署及落实相关支持性政策，将防范风险环节前置，加大对零首付、分期首付等违法违规行为的整治力度，维护好市场秩序，降低企业信用风险。二是规范房地产融资渠道。探索房地产代建、资产管理、REITs等新型房地产金融制度，通过多种渠道支持开发企业合理融资、推动引入战略性投资者、配套AMC（资产管理公司）整合资源、设立增信工具等多种手段，疏通房地产开发企业信用"堵点"，促进开发企业资本金和社会融资比例处于1∶3的合理结构，确保稳健型开发商有序交付、经营及投资良性循环，促进全市房地产业健康发展。

[重庆市综合经济研究院（重庆市经济信息中心）产业经济研究课题组
主研：易小光　丁　瑶　余贵玲　赵炜科　王　利
执笔：王　利]

之五：2022年重庆市文化旅游产业发展及2023年展望

2022年，全球经济发展环境更趋复杂严峻，国内受新一轮疫情多点散发影响，文化和旅游行业持续低迷。重庆市受本地疫情异常严峻、极端高温天气和经济下行压力增大等多重不确定性因素的影响，文化和旅游行业整体恢复缓慢。预计2022年重庆文化产业增加值将达到985亿元左右，旅游产业增加值973亿元左右，占GDP比重约为3.3%左右。

一、2022年重庆市文旅产业发展情况分析

（一）总体情况

2022年以来，全市坚持统筹疫情防控和经济社会发展工作，全力做好文旅产品供给和假日服务保障，文旅行业总体保持平稳规范有序运行。年初平稳开局，春节长假期间全市A级旅游景区接待游客数同比增长9.4%，但第二季度以来受到市内外疫情多点散发影响，旅游、演出、娱乐、会展等文旅消费持续低迷，五一、端午、国庆等小长假期间旅游接待人数、旅游收入等数据指标呈现出较大波动，市内旅游在困境中也萌生出新的增长动能。1—9月，全市文化产业增加值为798.04亿元，同比增长1.7%；旅游产业实现增加值768.26亿元，同比下降1%；接待境内外游客1.94亿人次，同比下降1%。

表1 2021—2022年小长假重庆市A级旅游景区接待游客数

假期	2021年/万人次	2022年/万人次	同比增长/%
春节假期	791	865	9.4
清明假期	436	306.7	-29.7
五一假期	1019.8	848.5	-16.8
端午假期	638	523	-18.0
中秋假期	432	341.3	-21.0
国庆假日	1273	182.2	-85.7

注：数据来源于重庆市文化和旅游委员会。

表2 2015年以来重庆市文化产业、GDP指标

指标	2015年	2016年	2017年	2018年	2019年	2020年	2021年	2022年1—9月
文化产业增加值/亿元	536	615	662.94	632	956.98	969.37	1057.11	798.04
增加值占GDP比重/%	3.41	3.5	3.4	3.1	4.1	3.90	3.8	3.83
文化产业增长率/%	12.99	13.67	11.86	5.9	10	0.3	8.9	1.7
GDP增长率/%	11	10.7	9.3	6	6.3	3.9	8.3	3.1

（二）主要特点

1. 旅游产品加速转型升级、推陈出新

2022年以来，全市以自驾旅居、亲子研学、户外露营等为代表的近距离、短时间旅游产品广受欢迎。一是乡村休闲旅游快速发展。避暑、休闲、康养等乡村旅游方式蓬勃兴起，露营、休闲旅游等方式快速升温。截至目前，全市培育形成露营地28个，推出自驾精品线路47条、旅游新玩法29项，2022年1—9月累计接待游客超1000万人次。1—9月，乡村休闲旅游业经营收入817.8亿元，接待游客2.29亿人次，分别同比增长11.3%、9.9%。二是近郊生态避暑游异常火热。7—8月受到重庆高温干旱天气影响，以武隆仙女山和石柱黄水国家森林公园为代表的高山避暑、休闲康养游备受青睐。根据2022年重庆文旅大数据发布会公布的大数据显示，景区游客过夜率排行中，武隆仙女山位居首位，占比32%，其次为石柱黄水国家森林公园和綦江横山景区。高温天气也带动了渝东南武陵山景区多个区县的高海拔地区的高山避暑游。

2. 文化演艺推动场景丰富、内容创新

全市充分发挥舞蹈、戏剧、杂技、曲艺等艺术门类异彩纷呈的优势，一批富有巴渝山水颜值、独特人文气质的国际化都市演艺集聚区打造成效显现。一是驻场演出持续受到青睐。一批文化驻场演出精品项目持续打磨升级，《魔幻之都·极限快乐SHOW》《重庆1949》等驻场演艺每天保持演出场次均在两场以上，《印象武隆》《技艺非凡SHOW》等旅游演艺每日演出，市场反响热烈。二是演艺新空间发展迅速。为进一步拓展消费新空间，欢乐谷恺撒宫剧场、春来相声茶馆、扯馆儿剧场、索道喜剧果立方、重庆知了剧场等一大批受到年轻观众欢迎和市场青睐的新场景获得市级"演艺新空间"命名。国庆期间，全市演艺新空间累计接待观众22192人次。此外，推出全国首个演艺地图，首批上线100个重庆演艺文化场所，为广大市民和游客观看重庆文艺演出提供便利。三是演艺产业创新激励机制不断推陈出新。针对疫情下演艺市场低迷的情况，市文旅委出台2022年版旅游驻场演出营销推广奖励方案，通过票务推广激励机制，激活文化演艺市场。联合高德地图发放总额超过1000万元的打车优惠券，进一步撬动市民和游客出游出行意愿。

3. "一区两群"特色化发展趋势凸显

2022年以来，重庆市内旅游蓬勃发展，"区""群"旅游特色充分彰显。一是主城都市区都市游网红景区持续火热。根据中国移动重庆公司公布的《重庆市游客出行特征分析报告》，外地游客在渝最喜欢的出游景点类型是现代都市旅游类，占比为32.6%。夏季最受市外游客欢迎的住宿区域仍是渝中区，其中洪崖洞位居夜景类景区榜首，江北区重庆科技馆是科普教育类景区最受欢迎之地。二是渝东南武陵山区城镇群文旅品牌提质增效。7月武陵山文旅峰会在酉阳成功举办，签约文化旅游产业合作项目16个，签约金额达243.99亿元。武陵文旅推广中心在渝中区落地，打造武陵山文旅对外展示和推介的窗口。如，武隆正以国际化为引领的旅游"三次创业"为契机，开展在渝外国人士走进武隆等主题营销活动，扩大武隆旅游品牌影响力，1—8月武隆共接待游客2928.63万人次，实现旅游综合收入126.57亿元，分别同比增长10.29%、10.11%。三是郑渝铁路激活渝东北三峡库区城镇群旅游资源。郑渝高铁作为"三峡库区"首条高铁，将沿线万州天生城遗址、云阳张飞庙、奉节白帝城、巫山大小三峡等长江国家文化公园（重庆段）景点串联起来，形成新的热门旅游线路。7月以来，云阳、奉节、巫山3站日均发送旅客1.38万人次，呈增长趋势，"坐着高铁游三峡""快旅慢游"正成为新的出行风尚。

4. 巴蜀文化旅游走廊建设持续深化推进

随着《巴蜀文化旅游走廊建设规划》正式印发实施，川渝协调推进工作机制更趋完善，川渝文化旅

游合作持续走深走实。一是川渝文旅互动更加频繁。两地文旅部门联合成立专项工作组，先后召开4次联席会议，两地文旅市场主体发起成立巴蜀文化旅游推广联盟、成渝地区图书馆联盟、巴蜀世界遗产联盟、巴蜀石窟文化旅游走廊联盟等11个文化和旅游行业联盟。二是文旅协同发展项目加快推进。近期，川渝两地联合推出"成渝高铁巴蜀文化游""夏季清凉避暑游""亲子研学之旅"等多个体现巴蜀特色的精品旅游项目。川渝毗邻区域也积极谋划项目合作，合川区与华蓥市对接，联合开发三汇雨台山避暑康养项目，稳步推进钓鱼城、涞滩—双龙湖大景区建设，互推旅游线路3条、精品旅游点12个，努力在区域旅游项目合作中实现优势互补、互惠互利。

（三）存在的问题

1. 疫情反复使文旅行业复苏艰难

从游客来源地看，贵州、四川作为重庆日常的主要客源地2022年均有疫情散发，这些客源地的人员来渝需要至少3天的隔离期，以此为代表的常规地区的游客数和订单量出现明显下滑。从旅游景区和场所营业状况看，11月重庆疫情形势异常严峻时，为了严格实行控制社会面管控，中心城区各区都实行封闭管理，全市关闭所有A级旅游景区、景区室内场馆，暂停旅行社和在线旅游企业经营出入境团队旅游及"机票+酒店"业务，其他旅游服务业板块（包含旅行社、景区游览）增加值断崖式下降。从旅行社数量看，1—9月全市753家旅行社受疫情影响，停止营业的约90%，剩余不到10%处于半营业状态，由于突发疫情等不可抗拒因素造成退团金额2900余万元，对全市旅游经济产生重大影响。

2. 文旅企业就业吸纳能力减弱

长期以来，文旅作为第三产业中吸纳就业最多的行业，由于疫情和宏观经济环境的影响，导致居民文旅消费能力下降、消费动力不足，文旅企业自身发展举步维艰、业务停摆，大部分民营文旅企业处于停业或半停业状态，旅游从业人员的隐性失业危机逐渐凸显。1—9月，重庆规模以上文化企业从业人数215.56万人，同比下降28.74%，全市旅游企业从业人数155.6万人，同比下降51.36%，与2021年相比，有一半的旅游从业者失业或转行，为稳就业保收入带来较大压力。

3. 文化企业发展环境有待改善

经济下行压力持续传导至文化产业，各类企业为了保生存，主动降低开支，文化投资运营板块增加值同比大幅下降20.2%。一方面，长期以来全市文化企业创新力不足、整体竞争力较弱，尚无一家入围全国文化企业三十强，文化产业营商环境不优、扶持力度不大、融资渠道狭窄。另一方面是在疫情影响下市场观望情绪浓厚，投资节奏放缓，资产运营效率降低，严重影响到文化企业整体发展信心。

4. 文旅产业品牌效应不足

重庆文化产业发展不足，产业竞争力弱，巴蜀文化走廊还缺乏相关细化专项建设规划和方案进行顶层的政策支持，巴蜀特色文创产品的开发还未形成合力，全市文化装备、文化消费终端的生产制造等核心领域也未形成品牌支撑力，文化中介服务等产业形态仍没有喊得响的品牌，也没有拿得出手的产品。

二、2023年发展环境及趋势展望

（一）全球旅游市场有望出现回暖迹象

当前，全球经济通货膨胀上行压力愈发明显，金融环境收紧、俄乌冲突以及新冠肺炎疫情持续等诸多挑战仍在持续，国际货币基金组织将2023年全球经济增速进一步下调0.2个百分点至2.7%，未来复苏进程依然艰难曲折。世界经济前景黯淡也将影响全球文旅消费支出的缩减，各国都在寻求旅游产业复苏发展与疫情安全防控之间的平衡点。随着全球新冠疫苗接种率大幅度提升，许多国家在2022年6月疫情有所好转后相继放宽防疫管控。以东南亚为例，2022年菲律宾、泰国、马来西亚等已经陆续开始对全球游客全面开放，菲律宾国内旅游已经基本恢复至疫情前水平。世界旅游及旅行理事会在第21届全球峰会上公布的《经济影响报告》中预测，到2023年，全球旅游业产值将回到9.6万亿美元，恢复至疫情前水平，亚太地区旅游业年均增速将达8.5%。国际旅游需求显示出上升回暖迹象，有望带动国内旅游行业恢复乐观情绪和发展信心。

（二）国内政策利好将对行业复苏产生正面效应

党的二十大胜利召开为文旅行业持续注入发展信心，各项扶持政策精准发力，叠加各地疫情防控措施的成熟和完善将为文旅市场的恢复增强信心。一是疫情防控更加精准有效。随着文化和旅游部制定印发《关于加强疫情防控科学精准实施跨省旅游"熔断"机制的通知》，将跨省团队旅游"熔断"区域进一步精准到县（区）域，各地应对疫情的措施也更加有针对性并逐步完善，有望带动国内旅游市场逐渐复苏。二是各项扶持政策效应即将显现。《国民旅游休闲发展纲要（2022—2030年）》《"十四五"文化发展规划》相继印发实施，提出提升旅游休闲体验、推进产品创新升级、持续深化行业改革等重点任务，强化金融保险、项目融资等多方面对文旅企业的支持力度，将进一步激发文化旅游行业发展内生动力。三是游客消费偏好和出行方式出现新变化。受疫情影响，人们出游时间呈现碎片化、出游距离呈现短途化，以本地游、周边游为代表的"微旅游""微度假"兴起，露营、休闲旅游等方式快速升温，旅游产品结构加速调整、持续转型。2023年，在各项政策合力的推动和各地各部门的齐抓共管下，政策对文旅产业的扶持效应将初步显现，文化和旅游行业有望逐步恢复。

（三）重庆持续推动文旅高水平融合、高质量发展

全市推动成渝地区双城经济圈建设逐步成势见效，重庆都市圈建设加快推进，经济持续稳定恢复态势良好，高质量发展高品质生活新范例建设加快推进，居民收入和经济同步增长将呈现良好态势，为文化和旅游发展奠定扎实基础。一是大都市、大三峡、大武陵三大区域旅游品牌特色进一步彰显。重庆持续推进长江国家文化公园（重庆段）建设，一批具有长江文化代表性、彰显长江文化价值内涵的重大项目将助力打响"三峡牌"。历史文化名城名镇名村和街区、文化旅游复合廊道等项目策划将有助于"两群"地区文旅高品质发展助力。二是重大基础设施建设将为区域文旅融合建立纽带。2023年渝湘高速、城开高速和各区县旅游公路项目等一批交通基础设施重点项目即将完工，随着仙女山机场和巫山机场后续运营的成熟，交通基础设施的成熟将为渝东南地区文旅发展迎来新的重大发展机遇。同时城开高速所属的银川—百色高速公路的全线贯通也将为重庆与陕西、贵州文化旅游发展建立联动纽带，以现代化交通通道为出入川渝秦巴古道发展赋予新动能。2023年，都市旅游、三峡旅游、休闲度假旅游有望持续发力，"一区两群"文旅发展特色化、差异化发展格局更加明朗，居民游客的获得感和幸福感更强。

（四）2023年重庆文旅产业发展趋势及展望

展望2023年，全球变异毒株卷土重来、通货膨胀加深以及经济增长乏力等外部环境仍然不容乐观，国内经济也将面临下行压力、居民收入下降、消费市场活力减弱等因素影响，文化和旅游行业恢复的不确定因素仍然较多。全市将全面贯彻落实党的二十大精神，加快建设成为文化强市和世界知名旅游目的地，在各类扶持政策的合力下，在重大设施和项目的推进下，全市文化和旅游发展动能将进一步夯实，文化和旅游市场有望保持良好恢复态势。综上考虑，预计2023年重庆文化旅游产业将逐步实现恢复性增长，文化产业增加值将达到1174亿元左右，同比增长约1.7%；旅游产业增加值总额达1195亿元，同比

增长约1.9%，接待境内外游客数量将实现有效增长。

三、对策建议

（一）顺应转型趋势，丰富文旅消费产品供给

一是鼓励企业制定更加灵活的文旅产品和服务。针对疫情的不确定性，消费者临时起意、突然退订等碎片化、个性化的消费特征，积极引导企业出台更加灵活的服务政策，以适应人们对多样消费形态、安全消费场景和灵活消费时间的需要。二是促进产业融合发展，以建设国家文化产业和旅游产业融合发展示范区为抓手，促进文化、旅游与现代技术相互融合，发展基于5G、超高清、增强现实、虚拟现实、人工智能等技术的新一代沉浸式体验型文化和旅游消费内容等；引导文化企业和旅游企业创新商业模式和营销方式，利用"学习强国"、"两微一端"、抖音、快手等新媒体平台，开设重庆文旅资源试听和线上专题节目和互动话题，探索VR的方式将景区实时美景进行直播展示。三是塑造巴蜀文旅一流品牌，落实文旅产业重大布局。全力推动实施《巴蜀文化旅游走廊建设规划》，持续推进"石窟石刻艺术与乡村旅游协同发展区""大巴山生态休闲与高峡平湖旅游协同发展区""武陵山—乌江流域生态文化旅游协同发展区"等七区的川渝联动合作，推动创作一批反映巴蜀文化内涵的实景演出、驻场演出优秀作品，推进巴蜀区域文化艺术繁荣发展，共同培育"成渝地·巴蜀情"文化和旅游品牌。四是加强巴蜀特色文创、文化装备、文化消费终端、文化中介服务的生产制造和产品研发。以大足石刻、荣昌夏布等为代表的文化产品的区域巡展，并开发相关音像、图书、工艺品和纪念品等文化衍生产品的合作开发和知识版权的共享，提高重庆"红色三岩"为主的红色文化遗址的宣传和推广力度，从而形成面向国内外市场的文化特色产品。

（二）强化政策扶持，助力文旅企业生存发展

一是用好助企纾困"政策包"，疏通社保、金融、税费等纾困政策执行堵点。结合国家印发的《关于促进服务业领域困难行业恢复发展的若干政策》，和重庆市出台的《支持服务业等困难行业纾困恢复十条措施》，加大对文化企业的贷款贴息力度和覆盖面，对各类平台载体为入驻文旅企业减租免租的给予适当补贴，对规范发展的线下消费型文旅企业实施稳岗、能源、通讯、防控消杀等多项补贴措施，稳住全市文旅发展基本盘。二是持续执行文旅惠民政策，筑牢重庆文旅产品消费基础。在目前疫情防控安全的要求下，继续发挥"川渝一家亲""景区惠民游""百万市民游重庆"等景区促销和惠民消费券政策的带动效应，为进一步释放消费潜力，激发文旅市场活力。三是持续创新政策手段，加大保障力度，适时开展跨省游跨境游定点线路试点。根据疫情形势，复航长江三峡游轮业务，适时推动跨省旅游复苏，有序恢复全市旅行社及在线旅游企业经营跨省团队旅游及"机票+酒店"定制游业务，激活旅游市场活力。利用国务院关于重庆、上海等4个城市开展外资旅行社从事出境游业务的契机，适时尝试开展出境游定制线路等业务，把握政策机遇切实为遭遇困难的旅游企业提振信心。

（三）优化发展环境，提升文旅产业发展质效

一是加大招商引资力度，抓好文旅重点项目建设，发挥对稳投资稳增长带动作用。对标国内一流、国际先进，引进建设武隆碳中和、REITs基金等先导性、引领性项目，加快推进以交通为重点的文旅基础设施建设，推进大足石刻文化公园、长江艺术湾区、三峡库心·长江盆景、长嘉汇大景区、长江游轮母港等重大项目，搭建平台推动优质文旅资源与产业经济要素资源对接，以政府投资带动社会投资。二是强化稳企金融支持，加强文旅项目投资力度。深入执行人民银行重庆银管部与市文旅委联合出台的《重

庆市银行业金融机构支持文化产业和旅游产业高质量发展政策措施》，为帮扶文旅企业提供全面的金融支持。为全市文化和旅游重大文旅项目建设提供政策引导、策划包装、招商推介、融资对接等支撑。三是优化文旅营商环境提升主体活力。构建文旅产业"双创"服务体系，引导文旅领域众创、众扶、众筹，孵化小微文旅企业。对新业态新产业实行包容审慎监管，针对近年来出现的"剧本杀、电竞酒店、沉浸式演出、密室逃脱"等备受年轻人推崇的文化新业态，综合应用多种监管手段，持续优化市场化、法治化营商环境，在对产品内容进行审查和监管的基础上，尽可能减少对经营主体自主经营模式的干预，为企业营造良好的投资经营环境。

[重庆市综合经济研究院（重庆市经济信息中心）产业经济研究课题组
主研：易小光　丁　瑶　余贵玲　曲　燕　孙茂曦
执笔：孙茂曦]

之六：2022年重庆市住宿和餐饮业发展及2023年展望

2022年以来，新冠肺炎疫情延宕反复、经济承压下行、居民收入预期减弱多重因素叠加，与住宿和餐饮行业密切相关的文化旅游、商务会展等活动举办频次降低，住宿和餐饮行业发展总体面临着需求不足、成本上升、转型升级缓慢等多重挑战。重庆市高效统筹疫情防控和经济社会发展，不断优化住宿和餐饮行业支持政策，着力引导住宿和餐饮市场主体创新发展、优化模式、建好品牌，持续提升服务供给水平，住餐消费市场平稳复苏。预计2022年全年重庆住宿和餐饮业营业额将达到2400亿元，同比增长2%左右，增加值占全市GDP比重约为1.9%。

一、2022年重庆市住宿和餐饮业总体运行情况

（一）总体情况

2022年，重庆积极克服疫情、灾情等影响，推动稳经济大盘住宿餐饮类相关支持政策精准落地，支撑住餐业恢复性增长的动力不断增强，1—9月住餐业增加值为400.41亿元，同比增长1.3%，占全市GDP比重为1.9%；住宿业、餐饮业营业额分别达到255.68亿元、1498.26亿元，分别同比增长2.1%、4.9%，行业企业呈现出较强的发展韧性，全市住宿和餐饮行业总体保持平稳复苏态势。

表1 2020年3月至2022年9月重庆市住宿和餐饮业增加值变化情况

指标	增加值/亿元	同比增速/%	占全市GDP比重/%
2020年1—3月	89.49	−28.4	1.8
2020年1—6月	213.04	−11.9	1.9
2020年1—9月	340.84	−8.1	1.9
2020年1—12月	488.91	−5.4	2.0
2021年1—3月	126.08	40.8	2.1
2021年1—6月	268.48	22.9	2.1
2021年1—9月	413.22	17.9	2.1
2021年1—12月	550.31	14.1	2.0
2022年1—3月	120.05	0.3	1.9
2022年1—6月	250.62	−0.5	1.9
2022年1—9月	400.41	1.3	1.9

注：均为当年累计数据，来源于重庆市统计局网站统计月报。

表2 2020年3月至2022年9月重庆市住宿业和餐饮业营业额变化情况

指标	住宿业		餐饮业	
	营业额/亿元	同比增速/%	营业额/亿元	同比增速/%
2020年1—3月	44.55	-37.8	256.26	-30.8
2020年1—6月	114.23	-21.9	672.75	-8.3
2020年1—9月	188.46	-14.2	1083.34	-1.2
2020年1—12月	290.28	-8.2	1560.24	1.3
2021年1—3月	71.96	61.5	423.66	65.3
2021年1—6月	166.14	45.4	935.32	39
2021年1—9月	250.38	32.9	1428.27	31.8
2021年1—12月	357.23	23.1	1973.24	26.5
2022年1—3月	76.38	6.1	444.04	4.8
2022年1—6月	164.42	-1.0	965.59	3.2
2022年1—9月	255.68	2.1	1498.26	4.9

注：均为当年累计数据，来源于重庆市统计局网站统计月报。

（二）主要特点

1. 餐饮行业发展持续分化

2022年以来，全市餐饮行业总体延续分化发展态势，细分市场发展景气差异化明显，中高端餐饮、休闲正餐发展困难，快餐类恢复较快，预制菜领域初具规模。疫情反复导致中高端餐饮行业订单和宴席需求量大减，部分企业营业收入和利润出现大幅度降低，在此背景下，曾入选"中国餐饮百强企业"的阿兴记集团破产重整，重庆仙厨大酒店等一批中高端餐饮企业经营困难。快餐行业不断创新产品供给，保持了较快发展，乡村基积极顺应消费者健康消费理念加快推出营养谷物饭，袁记云饺、吉祥馄饨等快餐连锁品牌加快扩张。抢抓预制菜发展新风口，梁平加快建设以川菜为主的中国西部预制菜之都，渝北以预制菜为主攻方向大力推进中国西南（重庆）食品科技城建设，恒都、自嗨锅、牧哥、德庄等一批企业进入"2022年上半年中国预制菜品牌百强榜"。

2. 住宿行业强化特色发展

消费需求变化推动住宿行业深化特色创新，新型住宿业态和个性化消费体验不断显现。顺应青年等群体消费需求变化，住宿行业加快向休闲、娱乐、社交等领域延伸，以本地、周边客源为主的"住宿+X"业态逆势增长。本地消费者在度假酒店的消费需求不断释放，亲子酒店、电竞酒店、电影酒店、剧本杀酒店等各类特色化主题酒店发展加快并逐步成为消费热点，以十八梯璞仕酒店为代表的一批高品质文旅酒店不断引领住宿行业创新发展。携程网数据显示，"十一"假期，重庆市本地游、周边游订单占比达65%，人均旅游花费较上年国庆增长近30%。随着全市乡村旅游基础配套设施不断完善，铜梁、大足等地都市郊区型乡村民宿加快布局，避暑类高山民宿成为全市夏季住宿业消费热点，乡村民宿成为体验乡村农耕乐趣、田园风光的重要选择。

3. 节假日促消费成效显著

借助消费促进政策支持和有关促销活动支撑，全市住餐行业节假日消费营销力度不断加大，有力带动了行业恢复。春节期间，在倡导就地过年的大环境下，餐饮企业延续"春节不打烊"策略，在做好疫情防控基础上创新丰富菜品、优化服务方式，各具特色的"团年宴""除夕宴"深受消费者欢迎。江北区餐饮企业除夕夜营业额增长45%左右，春节假期大部分门店增长率达到20%到35%。此外，线上生包外卖以及各类春节食品礼盒，也实现量价同增。中秋节期间，餐饮"老字号"瞄准"团圆经济"紧跟居民消费需求，餐饮门店迎来客流高峰，德庄餐饮、老幺泉水鸡营业额分别同比增长15.9%、8%。区县促销活动有序开展，渝中区以"山城有趣处"为主题举行仲夏消费狂欢节，并发布2022渝中TOP10臻选餐厅，积极引导本区企业线上线下融合发展、创新供给形式多样的住餐消费服务。

4. 行业品质化发展持续推进

以规范化、标准化发展为导向，住宿和餐饮业行业品质化发展持续推进，政策助力初显成效。《关于推动住宿业规范发展的意见》发布，有助于规范住宿业市场秩序，加快提升各类住宿从业单位规范化管理水平，推动住宿业转型升级、跨越发展的政策指引更加明确。首届"重庆地标菜"评选活动成功举行，三溪口豆腐鱼、荣昌卤鹅、丰都麻辣鸡等145道地方特色菜品入选首批名单，地方美食文化进一步弘扬，重庆特色美食的吸引力和影响力不断增强，餐饮行业品质化发展有力助推了重庆国际美食名城建设。"餐住行业赋能行动"培训顺利举办，通过加强餐饮服务通用卫生规范、抖音短视频拍摄、实用电商技术等技术培训，全市住宿餐饮行业从业人员综合能力不断增强，夯实了行业恢复发展的人力支撑。

5. 助企纾困政策更趋优化

聚焦精准施策，全市持续完善住餐业扶持政策体系，加快促进住餐行业纾困解难、恢复发展。2022年各区县通过给予核酸检测补贴或免费开展餐饮企业员工核酸检测，以及对企业防疫、消杀支出给予补贴等方式，助力餐饮业企业降低防疫成本。加强对符合条件的新进入住餐独立法人企业给予资金奖励，鼓励企业进入住餐行业并促进企业做大做强。引导外卖等互联网平台企业进一步下调餐饮业商户服务费标准，降低餐饮企业线上经营成本，促进住餐企业进一步优化拓展线上经营模式。金融助力餐饮行业发展成果丰硕，人行重庆营管部引领全市金融机构深入开展"金融助力渝味飘香"专项行动，超过1100户餐饮业市场主体获得专项贷款，其中交通银行重庆市分行针对火锅业推出"火锅贷"专属金融产品，累计授信放款超2亿元，惠及200余家火锅门店。

（三）存在的问题

1. 多因素叠加导致住餐行业复苏缓慢

受国内疫情多点散发持续影响，跨省旅游限制措施使会展、商务、旅游休闲活动持续缩量，住餐类消费需求释放不足，酒店业出租率大幅下跌，餐饮行业关店情况时有发生。重庆作为旅游"网红"热门地，受到高温旱情、灾情、疫情等多重因素叠加影响，行业传统旺季的暑期、中秋、国庆等节假日销售经营增长总体有所下降。由于原材料、人员工资、房租和电费成本上涨以及由外卖订单增长带来的配送成本增加，不少住宿和餐饮企业面临经营成本抬升、现金流紧张甚至资金链断裂等困难，行业利润率有所下降，加之受到居民收入预期不稳定性影响，住餐市场完全恢复尚需时日。

2. 住餐行业缺乏头部企业引领带动

全市住宿和餐饮行业小、散、粗发展状态依然明显，产业化、集群化发展仍显不足，住餐企业单体规模普遍较小，头部企业数量不足带动力弱仍是行业短板。2022年8月中国烹饪协会发布"2021年中国餐饮企业百强名单"，重庆有11家餐饮企业上榜，比上年减少一家，且无企业进入前5，仅有重庆朝天门餐饮控股集团有限公司排名第8进入前10，进入前20的仅2家企业。与山东、广东、江苏、河北、河南、四川等省市相比，重庆餐饮规模和餐饮品牌数量都存在较大差距，特别是限额以上住宿和餐饮企业数量不足，至今未出现一家年营业收入超过100亿元的餐饮企业。

3. 行业优势领域品牌化建设亟待提高

重庆火锅的整体美誉在国内外都具有较强知名度,但火锅领域品牌化建设不足的现象依然突出。据重庆市商务委和餐饮大数据研究与测评机构 NCBD(餐宝典)的数据显示,重庆火锅门店数量超过 3 万家,位居全国第一,是火锅店最密集的城市,重庆火锅企业门店遍布全国各地,底料出口 20 余个国家和地区,但在全国十大火锅品牌中仅有德庄火锅一家进入,与海底捞、呷哺呷哺等外地火锅品牌相比,重庆作为中国火锅之都在品质、品牌、口碑等方面提升空间较大。与此同时,重庆小面作为另一张美食名片,从街头小店经营到产业化集群化生产的转型升级仍处于起步阶段。

二、2023 年发展环境及趋势展望

(一)全球经济承压下行削弱住餐业恢复发展动力

国际政经形势复杂多变,地缘冲突、通胀危机、能源危机等叠加引致的全球经济下行风险将加快显现,国际经贸活动和跨境人员流动活跃性持续不足。全球经济已初步显现出高通胀、低增长的滞胀态势,欧美发达经济体经济衰退风险将不断上升,导致居民消费预期转弱,消费者将进一步压缩非刚性消费行为,与住餐行业密切相关的旅游休闲消费将持续收缩,住宿餐饮服务消费全面复苏的难度依然较大。与此同时,住餐行业市场主体资金约束趋紧将导致行业投融资放缓,促进行业个性化、定制化、品质化提升的新兴投资支撑乏力,制约行业转型升级的深层次影响将不断显现。

(二)我国经济平稳增长将有力支撑住餐市场发展

立足构建国内国际双循环发展新格局,我国将持续稳定加大宏观政策调控实施力度,一揽子稳经济政策将持续显效。住宿和餐饮行业定向助企纾困的扶持政策将持续提升精准化水平,住餐企业经营成本和运营压力有望得到一定缓解。面向住宿和餐饮业中小企业的针对性扶持政策将进一步得到延续和强化,金融支持、技能培训、成本减控等领域政策红利将更多惠及住餐行业市场主体,住餐领域大中小企业经营风险将保持稳中有降态势。随着常态化疫情防控举措更加精准有效,疫情催生的住餐行业数字化、智能化、信息化转型将持续推进,线上线下融合发展将呈现良好态势。随着全国统一大市场加快建设,住餐行业安全监管将不断强化,行业发展的规范性、标准化水平将不断提升。

(三)重庆培育国际消费中心城市引领行业特色化发展

重庆加快培育国际消费中心城市,推动富有巴蜀特色的国际消费目的地建设,将持续优化住宿和餐饮消费供给,高端化与大众化消费客源集聚能力将进一步增强。顺应消费需求变化,政策将持续助推特色餐饮、品牌酒店、精品民宿等创新升级,全市住餐业品质化发展基础将不断夯实。渝菜文化创新不断深化,"巴渝味"历史文化底蕴将进一步挖掘,重庆火锅、渝派川菜、重庆小面、重庆江湖菜、重庆名小吃等特色美食的传统技艺传承和保护将不断增强。对标建设现代化创意美食大都市和全球餐饮品牌聚集地,"中国火锅之都"品牌打造全面推进,促进预制菜行业深度发展的政策体系将不断完善,住宿业态和产品供给将不断丰富,支撑全市住餐业实现高质量发展的良好环境将不断优化。

(四)2023 年住宿和餐饮业发展趋势展望

2023 年国际政经形势复杂多变,国内经济有望延续持续恢复发展态势,考虑到疫情防控、经济衰退等诸多超预期因素对住餐行业发展的潜在较大影响,住餐行业作为激发国内市场需求潜力的重点领域,随着一揽子稳增长政策特别针对住餐行业的扶持举措加速落地见效,全市住餐企业发展动力不断增强,住宿和餐饮市场消费活力将持续巩固。预计 2023 年全市住宿和餐饮行业将呈现恢复增长态势,全市住宿

和餐饮业营业额将达到 2600 亿元，同比增长约 7%。

三、对策建议

（一）加强政策支持促进住餐行业恢复增长

一是完善扶持政策体系。加大各类税费优惠力度，提高政策投放精准度，进一步优化补贴范围、补贴比例、申请流程、申请材料清单，提高补贴审核效率，确保住餐行业市场经营主体"应享尽享"。二是用好消费补贴杠杆效应。持续提升重庆"网红"城市吸引力，优化住餐类消费券发放和使用规则，扩大消费券的使用范围，以券促销有效激活重庆住宿餐饮市场，带动市场消费活力恢复。三是加大住餐企业金融支持力度。鼓励金融机构对受疫情影响严重的企业下调贷款利率，缓解住餐企业资金压力。推动金融机构落实普惠小微企业贷款延期还本付息政策和信用贷款支持政策，保持对餐饮小微企业信贷支持力度不减，放宽个体户贷款条件。四是为住餐企业营造良好发展环境。积极为住餐企业发展营造公平公正的法治环境，加强对企业合法权益的保障。积极营造透明高效的政务环境，消防、卫生、防疫、税务、市场监管等部门应诚心为企业服务，帮助企业消除隐患合规经营。积极营造优质有序的市场环境，为住餐企业提供供应稳定且价格合理的水电气等能源保障，助力企业降低成本稳定经营。

（二）充分挖掘内需积极培育住餐新增长点

一是促进住餐与文旅深度融合发展。抓住成渝地区双城经济圈共建巴蜀文化旅游走廊机遇，有效整合资源，创新旅游营销手段，发挥重庆"网红"效应，引导住宿和餐饮与旅游行业融合联动发展。二是围绕消费新趋势推广新产品。抓住新型消费群体，对接新型消费习惯，打造新型消费热点。加快培育周边游、亲子游、营地游等消费新热点，积极建设房车营地、帐篷营地、特色化民宿等与之相配套的住宿产品，大力开发推广适应性强的外卖类火锅、烧烤等餐饮产品。三是积极拓展住餐消费新场景。针对新生代消费群体注重体验感和对"新、奇、特"消费品关注度高的特点，推动餐饮消费全场景升级打造，促进以酒饮、茶饮、面食、咖啡、烘焙为代表的"新餐饮"提质发展。联动"夜经济""夜市场"建设培育，积极打造特色菜、轻食、咖啡、酒吧等各类型特色化餐饮街区、餐饮商场，丰富住餐消费新场景。

（三）以优势领域品牌化建设增强整体竞争力

一是挖掘餐饮优势领域文化内涵。加强建设以火锅为拳头、经典渝菜为招牌、乡土小吃为补充、创新渝菜为时尚的餐饮发展格局，深入挖掘重庆火锅、重庆小面、重庆江湖菜的文化元素和品牌内涵，推动传统文化融入现代美食，让餐饮消费成为体验"国际时尚范、巴渝慢生活"的重要载体。二是推动餐饮产品产业化工业化生产。以重庆火锅、重庆小面为重点，加快成品半成品餐饮食品、预制菜标准化生产，推动餐饮服务企业向加工生产企业延伸转型。三是积极培育和引进高层次住餐专业人才。完善人才引进政策，招引一批具有国际视野、专业水平、经验丰富的高层次餐饮人才。通过强化技能培训，鼓励员工参与行业职称评选、技能大赛等促进员工技能提升，畅通住餐行业职业上升通道，培养一批具有企业文化高度认同感和自豪感的行业专技人才。

（四）积极培育特色化住餐类本土龙头企业

一是积极整合产业链优势资源。支持和引导住餐企业有效整合原料供应、产品加工、包装、电子商务、物流配送等上下游环节，积极开发网上营销、餐饮配送、冷链物流等产业升级配套设施，强化餐饮产业服务体系建设。鼓励住餐企业加强内部流程管控，降低管理、采购、物流、营运等成本。二是优化提升企业经营模式。借鉴"海底捞""西贝"等国内优势品牌发展模式，将高标准的服务融入餐饮消费中，提升消费体验，发展沉浸式住餐服务体验，由单纯的吃住向吃住娱乐购一体化发展。发展规模化、品质化连锁经营，利用互联网时代进行流量经营，积极推广"可外带、可堂食、可零售"的经营模式。三是聚焦热门消费积极抢占发展新赛道。紧密对接住餐消费热点，合理引导本地企业前瞻性谋划进入预制菜、特色民宿等热门赛道，有效借助资本市场撬动资金助力本地住餐企业发展壮大。四是促进本土住餐企业开拓创新。激发本土住餐企业创新精神和创新意识，不断进行经营理念、营销手段创新，持续研发新菜品、新产品。努力强化住餐企业知识产权意识，鼓励企业积极申请专利，提高企业掌握和运用知识产权的水平和能力，促进企业做大做强。

[重庆市综合经济研究院（重庆市经济信息中心）产业经济研究课题组
主研：易小光　丁　瑶　余贵玲　赵　伦　邱　婧
执笔：邱　婧]

之七：2022年重庆市健康服务业发展及2023年展望

2022年以来，世界百年未有之大变局加速演进，乌克兰危机影响持续加深，国内疫情反复，"需求收缩、供给冲击、预期转弱"三重压力持续，人口老龄化引发的社会压力逐步显现，亚健康问题备受重视，人民追求身心健康的要求更为迫切，健康产业功能内涵加速拓展，健康服务新业态持续催生。重庆市坚持以习近平新时代中国特色社会主义思想为指导，把人民健康放在优先发展的战略地位，深入推进健康中国重庆行动，健康服务发展模式和产业业态继续创新，健康服务与旅游、文化、体育、养老等产业融合程度更深。预计2022年全市健康服务业呈现稳定发展态势。

一、2022年重庆市健康服务业发展情况

（一）总体运行情况

2022年以来，全市按照《"健康重庆2030"规划》方向和重点，结合国内疫情冲击以及国际政治经济的超预期变化，继续聚焦《成渝地区双城经济圈建设规划纲要》和重庆"十四五"规划纲要确定的各项任务要求，更加务实地推动健康服务业高质量发展，健康服务业与大数据、云计算等现代信息服务技术加速渗透融合，智慧医疗、智慧养老等新型业态持续壮大，体育、文旅、养老等传统业态继续提质增效，健康服务业高质量发展态势不断巩固。

（二）主要特点

1. 健康服务智能化进程加快

健康服务信息平台（12320）功能更加完善，结合常态化疫情防控，依托全市人口健康信息平台在平台、数据和业务方面的资源整合，"互联网+预约诊疗、互联网+健康查询、互联网+远程医疗、互联网+公共卫生"等"互联网+医疗"服务快速拓展，医疗机构间实现诊疗信息共享，基本实现医疗资源线上异地共享、异地挂号、网上问诊、多科室会诊等功能。健康服务医疗资源智能化服务水平不断提升，已有54家医院获得互联网医院牌照，其中公立医院39家，民营医院15家，互联网医院建设成果持续巩固，同时医护人员上门护理、康复、换药等服务在线下进一步拓展。无人售药、远程问诊、线上就医等无接触健康服务模式加快推广。

2. 医养深度融合发展趋势明显

随着养老服务政策体系的不断完善，医疗服务能力稳步提升，行业运行逐步规范。全市现有养老机构1633所，城乡社区养老服务设施分别为3132个、7961个，养老服务床位23万张。街道养老服务中心覆盖率达到100%，在街道社区养老服务中心试点开展助餐、助浴、助医"三助"行动，开办"中央厨房"，开通"助浴快车"。医养融合发展更为深入，基本形成"医中有养、养中有医、医养协作、居家医养"4种相对成熟的服务模式。全市建有医养结合机构146家，医养结合床位4.88万张，9个医养结合案例入选国家卫生健康委、世界卫生组织医养结合典型案例。

3. 健康体育产业有序恢复

在疫情常态化防控背景下，线下体育赛事和活动有序恢复，健康体育产业发展逐步回升。《重庆市体育发展"十四五"规划》出台实施，明确要培育体育用品业，加快发展体育服务业，推动"体育+"融合发展，构建现代体育产业体系，建设体育赛事名城和智慧体育名城，为全市健康体育产业发展指明了方向。全民健身活动和体育赛事活动加速恢复，《重庆市全民健身实施计划（2021—2025年）》加快落地实施，成功举办田径、球类、自行车、举重等多种体育赛事；围绕成渝地区双城经济圈建设要求，与四川联合举办了2022年川渝单板滑雪大众系列赛、2022年重庆市雪地气排球邀请赛、第三届川渝田径对抗赛等赛事活动。

4. 国家区域医疗中心建设成效显著

《国家卫生健康委重庆市人民政府共建国家区域医疗中心合作协议》《重庆市加快建设国家医学中心和国家区域医疗中心实施方案》加快落地实施。华中科技大学同济医学院附属协和医院重庆医院（两江新区）、江苏省中医院重庆医院（永川区）、江苏省人民医院重庆医院（綦江区）、广州中医药大学第一附属医院重庆医院（北碚区）4家医院纳入国家区域医疗中心建设名单。同时，重医附属儿童医院江西医院同步纳入第三批国家区域医疗中心建设项目名单，取得突破进展，为创建儿童专科类别国家医学中心打下基础。深化人才聚集、学科建设、技术创新、智慧医疗等方面协同，推动建设高水平临床诊疗中心、高层次人才培养基地、高水准科技创新和转化平台，不断提升国家医学中心和国家区域医疗中心建设支撑。

二、存在的问题

（一）健康服务链亟待拓展

健康服务业产业体系依然不健全，产业链条较短，与周边产业的融合拓展不够。一是产业链条短。全市健康服务业的业态依然较为传统，主要业态以提供传统医疗服务为主，前端维持健康、后端促进健康、全过程未病干预、智慧健康主动服务等供给力度不足，特别是医养结合、健康管理和健康促进等领域市场主体发育不足，覆盖高端健康服务的商业健康保险体系尚不成熟，健康数据管理、未病主动干预等发展缓慢。二是产业融合拓展不足。健康服务业与旅游、文化、养老等产业的融合程度还不深，医疗旅游、健康大数据、健康智能终端以及健康食品等产业发展还不充分，高附加值健康产品缺乏，健康服务应用场景拓展不足。

（二）产品供需对接依然不紧密

健康服务的供给端和需求端错位现象依然突出，产业高质量发展受到制约。一是服务需求持续升级扩大。持续近三年的新冠肺炎疫情，使得"线上+线下"的教学、会议、医疗、健身、销售等逐步成为普通居民的"家庭必备"。新一代信息技术加快与健康服务深度融合，人们对健康智能终端、在线健康促进、线上线下健康互动等的需求快速扩大、类型更加多元、结构更加偏向优化，私人定制和智能化需求逐步成为主流。二是服务供给依然有限。目前全市健康服务业发展依然呈现出规模小、分布散、竞争力不强等突出特征，在健康消费持续升级、技术变革提速等背景下，市场需求的对接不够紧密，新兴健康服务、智能健康服务、健康全程管理等发育不足，市场需求得不到满足。

（三）政策精准性协同度不足

现有支持政策精准性不足、协同度不够，政策之间缺乏对接融合，尚未形成"抱团合力"。一是政策精准性不足。目前健康服务业相关支持政策相对宏观，对于健康服务业的市场准入、土地供应、财税支持以及基层医疗、人才队伍建设等具体方面缺乏有效的务实安排，特别是在三重压力背景下，专门针对健康服务业配套的金融、税收等支持政策精准性还不够。二是政策协同度不够。由于健康服务业是一个较为综合的产业，涉及大健康、文旅、体育、医疗、养老等众多行业，但各专项规划之间缺乏有效的协同对接，健康服务业"两边都可以靠、两边都靠不上"的问题依然存在。三是人才支持政策不够。由于健康服务业多处于发展的起步或初级阶段，开放程度不高，专门的人才培育和引进的导向性政策支撑不够，各类人才尤其是懂专业、善管理、强营销的复合型人才均较为缺乏。

三、2023年发展环境分析及展望

（一）全球公共卫生和政经形势复杂，健康服务业发展空间将进一步拓展

全球疫情不确定性仍然较大，地缘政治局势仍不明朗，国际能源、粮食价格持续高企，国际供应链不稳定性持续加深，全球经济衰退风险持续上升。不断反复的新冠肺炎疫情和呈现蔓延态势的猴痘疫情，在对人们正常生活持续造成影响的同时，也催生了更多的健康服务需求，提高了健康服务标准，健康消费正成为消费支出普遍下降背景下的"一枝独秀"。包括医疗卫生、养生养老、康养旅游以及体育健身等在内的健康服务业态，正以加速发展的势头成为健康产业的主要门类，行业集聚发展、融合发展态势明显。同时，经历了近3年的新冠肺炎疫情冲击，疫苗研发、检验检测、智能采样、基因测序等新型业态健康在各个领域加快渗透扩散，健康服务业发展空间将进一步拓展。

（二）国内经济延续恢复态势，健康服务业发展活力将持续释放

2023年，在全面贯彻落实二十大精神，稳增长政策措施深入推进、物流保通保畅力度加大、助企纾困政策不断完善、本土疫情防控更加精准有效背景下，我国经济总体将延续恢复态势。数字经济、健康经济、智能经济等新型经济形态将加快促进传统产业转型升级、加快催生新的产业业态，市场规模和产业实力将进一步提升。一是健康经济的内涵进一步拓展。经历近三年的新冠肺炎疫情冲击，人们对健康消费的理念更加重视，健康消费的内涵加快拓展，以预防和未病干预为主的非医疗消费在健康消费中的占比和地位显著提升，加快建立"医疗+非医疗"健康产业链，打造覆盖全生命周期的健康经济体系，将成为稳经济大盘的重要举措，健康经济也将成为我国居民消费的新增长点。二是政策支撑面更广、力度更强。2022年，国家层面相继出台了《"十四五"国民健康规划》《"十四五"中医药发展规划》《关于构建更高水平的全民健身公共服务体系的意见》等规划和意见，推动健康服务业高质量发展的政策支持力度更大、覆盖更全面。三是"健康+""+健康"多业态融合发展态势更为明显。从生产端到消费端全过程的多业态融合发展程度更深、更精、更细，特别是健康文旅、健康养老、健康休闲等产业市场规模逐年扩大，健康大数据、智能健康、健康云存储等新型业态不断发展壮大。

（三）重庆经济压力与动力并存，健康服务业发展动能将不断蓄积

2023年，全市将持续深入贯彻落实国家重大发展战略，积极推动成渝地区双城经济圈建设，全面推动"一区两群"协调发展，增强经济增长动力，健康服务业发展的基础将进一步夯实，发展动能将快速蓄积。一是在成渝地区双城经济圈建设战略带动下，健康服务业整体发展质量将不断提升。随着成渝地区双城经济圈建设的深入推进，川渝两地发展要素流动将更为频繁，医疗、康养等资源共享力度将加大，有利于我市健康服务业扩大辐射半径、拓展服务市场、提升产业质量，助推建设国家级现代服务业经济中心。二是围绕建设全国大健康产业融合发展先行区，不断夯实健康产业在服务业中的支柱地位。"十四

五"后半段,将更加聚焦"医学"和"医疗"两个领域,打好"生物医药"和"康养"两张牌,围绕国家医学名城、西部医疗高地、国家重要医药基地和国际知名康养胜地等目标定位,不断优化产业结构和空间布局,增加和丰富健康服务和产品供给,不断促进产业融合发展,完善健康服务产业体系,提升产业整体竞争力。

(四) 2023年健康服务业发展趋势及展望

2023年,全市健康服务业发展的目标将更为清晰明确,政策保障将更为精准有力,在全力建设全国大健康产业融合发展先行区目标指引下,健康服务业发展潜力将加速释放,业态创新和模式创新持续深入,整体上将呈现较快增长态势。

四、对策建议

(一) 夯实健康服务业发展平台支撑

围绕产业发展方向和市场主体实际需求,着力打造产业信息库、产业联盟等对接平台和服务平台,夯实产业发展平台支撑。一是建设健康服务产业信息库。全面梳理并建立涵盖、医疗机构、健康产品、市场需求、产业链全景等信息在内的健康服务业信息库,服务健康服务业上下游紧密衔接和融合联动发展。谋划建立"链主""链属"企业信息库、支柱产业信息库、潜力产业信息库等,指导开展健康服务"链主企业"招引促进计划。二是建设健康服务业产业联盟。结合健康服务业发展特征和布局,在养老、体育、医疗服务等领域,推动建设上下游链条衔接、链主链属企业协同的健康服务业产业联盟,促进项目招商、技术帮扶、产业链延伸、资金落实等共建共享。三是建设企业战略共同体。挖掘成渝地区乃至重庆周边省市资源,引导健康服务业企业联合建立战略共同体,增强抗市场风险能力。

(二) 培育壮大健康服务业市场主体

围绕健康服务业发展方向,努力在引育龙头企业、改造传统企业、培育新兴企业方面协同发力,加快壮大产业市场主体。一是培育壮大龙头企业。加快在医疗服务、健康养老、健康信息、养生旅游、健康管理等领域,引进和培育行业龙头企业、细分领域高精尖企业和产业链配套企业。加强对现有基础较好、发展有潜力、市场有前景的行业龙头企业战略布局、业态发展、投资意向的分析研判和接洽,分行业建立优质企业招引目录。二是改造提升传统健康服务企业。推动现代信息技术和智能化技术与传统医药健康、健康养老等产业融合发展。加快互联网技术向健康服务领域延伸,整合防、治、养全产业链资源,拓展健康服务领域。三是加快培育新兴企业。定期推广大健康服务行业新理念、新技术、新成果,鼓励更多企业通过转型升级、自主创新进入健康服务领域。

(三) 完善提升基层医疗和养老服务

着力推动医疗卫生和养老服务业高质量发展,加快完善基层医疗机构服务网络,提升健康养老服务质量,进一步丰富高品质健康服务供给。一是提升基层医疗卫生服务能力。对照国家《乡镇卫生院服务能力标准》和《社区卫生服务中心服务能力标准》,推动全市90%乡镇卫生院、社区卫生服务中心服务能力达到国家基本标准。对达到国家基本标准的,进一步提高基本医疗和公共卫生服务能力,提升业务和综合管理水平。推进行政村卫生室产权公有化和乡村一体化管理,提升村卫生室服务水平,确保90%的村卫生室达到国家基本标准。二是放宽养老投资准入。鼓励外国投资者设立非营利性养老机构,其设立的非营利性养老机构与国内投资者设立的非营利性养老机构享受同等优惠政策。投资养老服务的外商投资企业按规定享受税收优惠政策和进口设备免关税政策。三是提升养老机构服务质量。推动制定养老服务行业标准,完善养老机构管理规范、服务标准等重点领域标准体系。建立养老机构等级划分与评定制度,健全服务质量检查和评估体系,将检查评估情况与相关补贴、奖励政策挂钩,并向社会公布。建立养老机构质量奖励机制,对取得相关质量或服务认证的养老机构给予奖励。

(四)提升产业融合发展水平和质量

深化产业融合发展,以产业融合和信息化手段不断催生健康服务新业态,提升产业融合发展质效。一是深化"健康+"产业融合。促进"健康+""+健康",加快促进"健康+养生、健康+养老、健康+体育、健康+文旅"等融合发展,扩大康养服务有效供给,完善全方位、全周期的康养服务业产业体系。强化医药产业与体育健身、休闲养生、健康养老等深度融合,围绕康养研究、养生大讲堂、未病管理、康养产品开发、医美产业等,建设国际康养发展中心。发展基于健康管理、未病干预的户外露营、徒步旅行、体验探险等养生产品。推动发展康复疗养、"候鸟"养老、老年体育、老年教育、未病治疗等新兴业态。加快中药种植基地与乡村旅游融合,发展以中药养生为题材的休闲体验旅游和体育赛事等产业。二是深化信息技术在健康服务业中的应用。着眼"5G"时代技术革命,推动健康服务业与大数据融合发展,加快拓展健康服务应用场景,推动大数据在医疗影像分析、综合数据分析、远程医疗问诊、养生旅游、体育健身、健康管理等领域的应用。推动技术创新和模式创新在"健康服务+大数据"中融合发展,构建健康医疗大数据产业链,为健康管理插上"智慧的翅膀"。

(五)加大对外开放和区域合作力度

围绕成渝地区双城经济圈建设改革开放新高地战略要求,对外开放与区域合作协同用力、久久为功,不断蓄积健康服务业发展新动能。一是深化成渝地区健康服务业合作。围绕成渝地区双城经济圈一体化发展,加强川渝合作,推进重庆健康服务产业、服务网络和功能平台等与四川全面对接和共建共享,分行业、分领域打造健康服务业发展共同体,加快实现双城经济圈健康服务一体化供给和市场一体化建设,促进健康服务产业有机联动,形成双城经济圈健康服务业发展合力。二是加大健康服务市场开放力度。围绕"一带一路"倡议、长江经济带、西部大开发、西部陆海新通道等国家战略需求,不断加大全市健康服务业市场主体、资源要素、区域公用品牌、载体平台等对外开放力度,加快在人才流动、产业合作、平台共建等领域开展国际国内广泛合作,提升健康服务业国际化发展水平。

[重庆市综合经济研究院(重庆市经济信息中心)产业经济研究课题组
  主研:易小光 丁 瑶 余贵玲 李 林
  执笔:李 林]

区域卷
主城都市区篇

之一：2022年主城都市区经济运行分析及2023年展望

2022年，国际政经形势错综复杂，国内着力稳经济大盘，有效应对三重压力，经济运行回稳向上。主城都市区各区全面贯彻习近平总书记重要指示要求，认真学习领会第六次党代会要求，深入落实市委、市政府工作部署和主城都市区工作座谈会议精神，不断强化中心城区极核功能，梯次推动中心城区和主城新区功能互补和同城化发展，主城都市区发展能级和综合竞争力显著提升。同时，受疫情反复、高温限电等多因素影响，经济运行持续承压，总体运行放缓明显，预计2022年主城都市区GDP同比增速约为3.9%。

一、2022年主城都市区经济运行情况及特点

（一）总体情况

2022年以来，主城都市区立足强化极核功能，统筹布局科技创新、先进制造、现代服务等重大功能设施，深入推动城市更新提升，进一步优化城市功能品质，中心城区和主城新区交通同网、产业同链、服务同标、发展同步水平不断攀升，发展能级持续提高，对"两群"的龙头带动能力和双城经济圈的极核引领功能更加强劲，国际化、绿色化、智能化、人文化现代大都市建设步伐明显加快。1—9月，主城都市区地区生产总值同比增速约为3.0%。

（二）基本特点

1. 工业经济企稳回升，新兴动能加速积蓄

2022年以来，虽然受到8月疫情反复和高温限电叠加产生波动影响，主城都市区工业增速放缓超预期，但仍实现稳步回升，前三季度规模以上工业增加值同比增长4%。一是支柱产业分化较为明显。1—9月，主城都市区汽车、能源、医药等产业对工业支撑作用较强，增加值增速均高于规模以上工业增加值增速。受需求下降与电力供应影响，电子产业增加值同比仅增长约0.8%，依然处于历史较低水平。消费品、材料等产业依然延续低速增长态势。二是工业发展新动能加速蓄积。在阿维塔、赛力斯项目带动下，主城都市区新能源汽车产业呈现快速增长态势，产量超过20万辆。九龙坡铝新材料、大渡口生物医药、巴南新型显示器等新兴产业加速布局，工业机器人、服务机器人分别同比增长41.1%、38.9%，成为工业经济发展新亮点。三是全力推进工业项目建设。为消除疫情和高温带来的负面影响，主城都市区多措并举推进工业项目建设，2022年新开工工业项目数量与上年相比增长约15%，铜梁爱玛西南制造基地一期、长寿硅基气凝胶复合材料等16个重点项目投产投用。

2. 投资企稳回升初显，重大项目全力推进

前三季度，受疫情散发多发、房地产市场低迷影响，主城都市区1—8月投资放缓明显，9月增速止跌回升态势初步显现。一是固定资产增速稳中趋缓。受第三季度全市基建投资增速放缓影响，主城都市区基建投资整体走势趋缓。同时，房地产投资深度下探，房地产开发投资同比下降13%，低于全市平均

水平0.5个百分点。二是工业投资加快恢复。在重大工业项目投资提速推进带动下，前三季度工业投资增速8.0%，电子信息、数字经济、装备制造等产业投资进度超前完成，其中主城新区增长势头较强，江津、綦江、大足工业投资增速均超过10%。三是重大项目提速推进。基础设施建设开足马力，渝西高铁、渝西水资源配置工程、哈密至重庆±800千伏特高压直流工程等进展顺利。工业项目全力推进，赛力斯凤凰智慧工厂、重庆国际免疫研究院等项目建成投用，璧山比亚迪动力电池全球总部、九龙坡国鸿氢能科技产业园等项目开工建设。

3. 消费需求有所回升，服务供给稳中承压

随着主城都市区稳增长、促消费政策密集出台，消费市场规模稳步扩大，服务经济承压复苏，1—9月主城都市区社会商品零售总额同比增长约1.4%，高于上半年与全国同期平均水平。一是内需消费逐步复苏。各区瞄准汽车、家电、餐饮、住宿等消费精准发力，内需消费呈现复苏态势。新能源汽车零售额同比增长1.5倍，占汽车类零售额比重超过15%。中心城区围绕促消费突破，率先发布购物、汽车等76个"高品质国际消费场景"。二是多措并举提振消费信心。渝中、江北、九龙坡、渝北等区统筹财政资金，以发放消费券等方式开展消费促进活动，大力实施"爱尚重庆·渝悦消费"线上线下融合的多元化消费促进活动。在消费促进活动带动下，江北区社会商品零售总额同比增长6.2%，居全市首位。三是服务业供给负重发力。国际金融中心加快建设，两江新区、渝中区等推进绿色金融改革创新试验区建设，绿色贷款增速超过30%。国家空港型物流枢纽成功落户，重庆成为全国唯一拥有水陆空三型物流枢纽的城市。国际消费中心城市载体不断优化，寸滩国际邮轮母港工程提速建设。"满天星"行动计划落地成势，软信产业增长超12%。数字经济活力展现，数字人民币试点加快推进。

4. 对外贸易稳中趋缓，对外开放持续扩大

受全球电子产品需求放缓等影响，1—9月主城都市区进出口同比增长约8.5%，低于全国平均水平。一是进出口规模稳步扩大。外贸出口整体增长，笔电出口增速回落，汽车、劳动密集型产品出口增势强劲。受集成电路、金属矿砂等拉动，进口同比增长4%左右。二是开放通道更加畅通。上半年西部陆海新通道开行班列1096列，中欧班列（成渝）开行近2000列，中缅新通道班列首发，进出口总值预计超过4000亿元，呈现量质齐升局面。三是试点探索持续推进。2022年以来，主城都市区对接RCEP国际经贸规则，持续提升投资贸易便利化水平，作为重庆营商环境创新试点城市建设主要承载地，51项经验做法获国家有关部委认可。渝中区、江北区、高新区成为重庆服务业扩大开放首批示范区。

5. 城镇品质显著提升，同城化快速推进

强化国际化、绿色化、智能化、人文化现代大都市建设引领和示范作用，深入推动城市更新提升，加快完善互联互通设施，城市功能品质持续优化，中心城区和主城新区同城化步伐明显加快。一是城市更新持续发力。长嘉汇、艺术湾、枢纽港等城市功能名片加快建设，大田湾—文化宫—大礼堂文化风貌片区保护提升工程统筹推进，花溪河湿地公园等十大公共空间节点建成开放。渝中区十八梯、山城巷，大渡口区重钢工业遗址等城市更新项目分别获国务院、国家发展改革委表扬。二是城乡融合再创实绩。持续推进国家城乡融合发展试验区重庆西部片区改革试点，新型工农城乡关系加快构建完善。城乡资源要素流动"堵点"进一步打通，潼南率先出台城乡人口双向流动办法，全面取消城镇落户限制；南岸区推动实现城乡低保标准统一，农村产权交易要素平台顺利运行。三是同城化网络加快完善。加快建设一体化交通设施，渝万城际铁路完成改造，枢纽东环线加快建设，渝长高速复线建成通车，武隆至两江新区、永川至璧山等高速公路顺利开工，川渝毗邻地区干线公路提档升级。主城都市区郑渝、成渝高铁开通运营，轨道在建及运营里程732千米，高速公路通车里程2282千米。

二、经济运行中需要关注的问题

（一）产供链稳定压力大

主城都市区工业产业链供应链本地配套率不高，新能源汽车本地配套率仅30%，汽车芯片、大小三电、转向轴等核心零部件仍需从市外采购，限制了新能源汽车产能迅速放量，制约了企业抢占产业风口。计算机、手机、家电等产业链本地配套率仅为30%、10%和30%，对稳定电子产业增长带来较大挑战。能源要素保障能力不足，对工业经济增长的制约较大，长安汽车8月因限电影响汽车产量10万辆左右。

（二）投资增长动力不足

当前企业投资信心、投资能力下降，房地产企业拿地意愿不足，居民购房意愿低，房地产投资低迷，社会投资增长后劲不足。与此同时，地方政府财政收支压力也持续增大，为防范金融领域系统性风险，国家严控地方政府负债，要求优先确保重大项目资金需求并强化专项债管理，地方政府融资渠道受限，对基础设施的投资能力增长带来一定影响。

（三）服务消费制约突出

受疫情多发散发、就业增收难等影响，主城都市区消费市场活力下降，文旅、餐饮、酒店、展会等服务消费低迷，1—8月餐饮业收入累计同比仅增长0.7%左右，8月同比下降20%以上，影院票房收入同比下降一半左右。消费刺激政策力度较小，聚焦性不足，激励效果不明显。仓储、配送等冷链物流体系不完善，制约了生鲜、冷鲜等新兴消费需求快速增长。

（四）外向型经济面临挑战

主城都市区外贸订单、重大项目获取难度加大，外资企业转移生产链、生产线的风险增加，叠加疫情期间企业市场开拓难度增大，外贸增长遭遇较大阻力，1—9月利用外资同比增速约10%，比全市平均水平低3.8个百分点。营商环境有待优化，外资企业准入公平待遇存在差异，受到的限制仍多于内资企业；税务、人力资源等制度亟待完善，电子政务"一网通办""一日办结"不到位，外向型经济发展面临较大挑战。

三、2023年经济运行环境分析及展望

（一）国际国内环境

从国际来看，受新冠肺炎疫情以及俄乌冲突等地缘政治因素影响，全球通货膨胀率处于数十年来高点，多数地区金融状况趋紧，全球通货膨胀上行压力愈发明显，未来复苏进程依然艰难曲折。IMF预测2022年的全球经济增长将从去年的6%放缓至3.2%，全球通胀率由上年的7.4%上调至8.3%，通胀危机、能源危机引致的经济下行风险正加快显现。一方面，受能源价格暴涨影响，欧洲经济加速下行，制造业活动、居民消费支出均大幅下降，工业企业外迁意愿显著增强，为主城都市区发挥制造业基础优势，主动谋求与欧洲开展合作，承接汽车、高端化工、清洁能源等产业转移创造了机会。另一方面，俄乌冲突影响持续加深，欧亚大陆地缘政治格局发生重大变化，中吉乌铁路启动建设，中越铁路轨距加快统一，中国与中亚、东盟国家合作纵深推进，有利于主城都市区依托中欧班列、西部陆海新通道，面向中亚五国以及RCEP成员国，持续深化向西、向南开放，全面融入全球性产业链和供应链。与此同时，美国正加大促进制造业回流力度，并试图加快与中国在半导体、生物医药等领域脱钩断链，这将为重庆主城都市

区吸引外资，提升产业创新水平，着力延链补链强链带来较大挑战。

从国内来看，党的二十大报告明确要求以城市群、都市圈为依托构建大中小城市协调发展格局，为持续提升主城都市区和重庆都市圈引领带动功能、建设成渝地区双城经济圈提供了强大的战略指引和广阔的战略空间。一是重庆都市圈发展规划正式获批，将进一步拓展主城都市区的经济腹地，加快提升城市发展能级，在更大空间范围整合发展要素，积蓄发展动能，引领成渝地区双城经济圈一体化发展。二是在成渝共建汽车、电子信息产业万亿产业集群以及持续建设全国具有影响力的科技创新中心背景下，主城都市区作为成渝地区创新最活跃、产业基础最好、发展环境最优的"极核"之一，对重大产业项目、重大基础设施项目、重大创新平台、重点开放平台等的吸引力更强，有利于构建与国际化、绿色化、智能化、人文化现代大都市相配套的现代化经济体系。三是随着服务业扩大开放综合试点、营商环境试点城市、贸易多元化试点等的落地落实，将进一步拓展主城都市区经济发展空间，推动高水平对外开放，稳住外贸外资基本盘，培育开放型经济新增长点。

（二）市内环境

重庆深入贯彻落实国家重大发展战略，加快推动成渝地区双城经济圈建设，高水平建设重庆都市圈，促进"一区两群"协调发展，经济发展的韧性和动力较强，为做大做强主城都市区，发挥全市推动高质量发展、创造高品质生活的主力军作用提供了重大机遇。一是重庆提出建设世界级智能网联新能源汽车产业集群，实施软件和信息服务业"满天星"计划，支持发展新能源汽车、电子核心部件、工业软件、信创等产业，主城都市区特别是中心城区产业"腾笼换鸟"和转型升级获得重要机遇。二是一揽子助企纾困政策细化落地，有望提振市场主体发展信心，主城都市区作为全市最主要的市场主体、高新技术企业、专精特新企业集聚地，势必获得更多资源倾斜。三是西部（重庆）科学城建设进入攻坚期，联动两江新区将在创新主体培育、政产学研用协同创新等方面持续用力，不断增强创新引领作用，主城都市区作为全市创新策源地和动力源的地位将更加凸显。

（三）经济运行趋势展望

2023年，主城都市区将深入贯彻落实党的二十大精神，统筹推动城市更新提升，进一步优化城市功能品质，持续提升中心城区与主城新区同城化水平，加快建设国际化、绿色化、智能化、人文化现代大都市，更好发挥主城都市区作为引领"一区两群"协调发展的龙头作用，推动成渝地区双城经济圈建设的极核作用和全市高质量发展、创造高品质生活的主力军作用。预计2023年，主城都市区GDP同比增长6.4%左右。

四、对策建议

（一）大力推动工业补链强链，培育产业增长新动能

围绕打造现代化产业体系，持续推进产业转型升级，突出重大项目抓手作用，积极承接产业转移，持续补链强链，夯实主城产业发展基础，培育增长新动能。一是聚焦重点产业链，以链主企业为核心培育产业联盟，建设产业共同体、行业共同体，促进产业链上下游协同。电子信息产业侧重统筹协调产业链上下游协同，推进产业链整体提升。汽车产业重点健全供应链监测体系，确保供应链安全稳定。二是培育壮大新能源汽车和智能网联汽车产业集群，加快发展工业互联网，积极推动先进制造业和现代服务业融合发展。加强元宇宙、低碳经济、生命基因、航空航天等产业和招商培育，促进新兴产业发展壮大。三是加强外购电、煤源、气源和运输协调，有效保障迎峰度冬期间能源需求。完善峰谷用电政策、扩大

直供电交易，支持企业根据需求差异化选择用电政策。

（二）培育产业新增长点，稳定服务业发展提质增效

把握服务业发展趋势，围绕"三新"经济，坚持优化供给与扩大需求并举、优化存量与扩大增量并举，推动服务业多样化、专业化发展。一是适应疫情常态化防控需求，继续推动餐饮、文旅、住宿等生活服务在线化、数字化、智能化、融合化转型升级，创新培育新零售、数字文娱、在线医疗等新业态。二是创新发展消费金融、科技金融、普惠金融等新金融业态。发展绿色金融、供应链金融，全面推广数字货币试点，夯实西部金融中心建设支撑。畅通国际物流通道，高标准推进西部陆海新通道物流组织中心建设，打造国际物流枢纽，促进物流业与制造、商贸、金融、农业等产业深度融合。三是持续推进软件信息服务业"满天星"计划，聚焦全市"智造重镇""智慧名城"建设，优化产业载体，完善产业平台，加大应用场景开放落地，做大做强工业软件、基础软件以及应用软件产业。

（三）着力推动投资增长，强化投资支撑作用

加强"两新一重"基础设施投资，加大项目设计和储备力度，千方百计增强项目资金保障能力，确保形成实物投资量。一是适应成渝地区双城经济圈、"一区两群"等重大战略需要，积极向上对接争取，努力在基础设施、产业发展、对外开放、绿色生态、科技创新等方面超前谋划和储备一批重点项目。二是鼓励金融机构从前期策划、建设实施、后期评估等全过程参与项目建设，强化项目建设的资金、土地等要素保障。用足用好阶段性财政贴息、政策性金融工具等举措，支持经济社会发展薄弱领域设备更新改造。三是优化土地供地方式、时序和结构，引导头部企业积极参与拿地，增加可建规模。聚焦"保交楼""保民生"，妥善化解房企债务风险，督促停缓建项目尽快开复工，推动房地产开发投资回稳。

（四）持续激发消费活力，稳定内需回升和释放潜力

围绕国际消费中心城市建设，加快培育消费新业态，推动消费提档升级，着力提振居民消费信心，促进消费回补和潜力释放。一是支持区县加大消费券发放力度，确保汽车、家具家电等大宗商品消费政策连续性，增强消费市场活力。针对住宿、餐饮、旅游等受疫情影响突出行业，精准实施纾困政策，弥补疫情和高温限电等对消费的影响。二是围绕建设国际消费城市核心区，推动中央商务区、商圈、步行街提档升级，吸引国际知名品牌入驻，发展首店、首发、首秀业态，增加高质量消费产品供给，推动境外购物消费回流。三是优化夜间经济，拓展夜间经济经营空间，丰富提升夜间消费场景。培育发展"后备箱集市"，加强市政、商业管理统筹，打造社交消费、社交商业新体验。发展露营经济，引导旅游景区升级野外露营配套设施，完善配套消费，优化旅游消费新模式。

（五）多措并举稳外资外贸，增强开放型经济韧性

顺应高水平对外开放要求，稳定扩大进出口规模，用好用活 RCEP 协议，提升国际循环质量和水平。一是支持阿维塔、赛力斯、坦克等中高端品牌加快拓展海外市场，鼓励劳动密集型产品出口。进一步扩大矿产、粮食、芯片等大宗物资进口，增强外贸增长动力。二是利用 RCEP 实施及西部陆海新通道、中欧班列等大通道优势，重点强化东南亚、南美、东欧等新兴市场开拓，加快形成多元化市场格局。三是依托重庆大数据、智能化优势，壮大数字内容服务外包规模，加快教育、医疗等线上服务贸易发展，加强全球领军企业引进及本土企业培育，提升服务贸易规模水平。

（六）聚焦强核扩容提质，加快推动同城化发展

强化中心城区极核功能，推动中心城区和主城新区功能互补和同城化发展，一体推进主城都市区和重庆都市圈建设，增强主城都市区综合实力和发展质量。一是积极稳妥推进老城改造，注重历史文脉传

承，加强老城区改造修复力度。加强城市新建区形态管控力度，依山傍水、因势利形，注重彰显立体城市整体风貌。二是加快轨道璧铜线建设，启动建设永川线、南川线，发展城际公交，加大利用高铁、铁路增加主城都市区城际铁路通勤班列力度，加速推进与中心城区融合发展。三是一体化推动主城都市区和重庆都市圈建设，加大主城都市区规划与重庆都市圈发展规划、空间规划和产业规划衔接力度，重庆都市圈川渝毗邻地区合作项目建设，不断增强主城都市区与重庆都市圈协调发展能力。

[重庆市综合经济研究院（重庆市经济信息中心）城市与区域经济研究课题组
主研：易小光　丁　瑶　邓兰燕　李　林　苏　凡
执笔：苏　凡]

之二：2022年渝中区经济运行分析及2023年展望

2022年，渝中区上下深入贯彻习近平总书记对重庆提出的营造良好政治生态，坚持"两点"定位、"两地""两高"目标，发挥"三个作用"和推动成渝地区双城经济圈建设等重要指示要求，认真贯彻落实党中央、国务院和重庆市委、市政府决策部署，坚持全面落实"疫情要防住、经济要稳住、发展要安全"的要求，高效统筹疫情防控和经济社会发展，经济运行趋势与全国、全市一致，逐步呈现恢复势头。前三季度，实现地区生产总值1133.8亿元、增长2.5%，固定资产投资148亿元、增长3.7%，社会消费品零售总额1012.8亿元、增长0.3%。

一、2022年渝中区经济运行特点

（一）坚持围绕中心服务大局，持续融入新发展格局

一是全力投入成渝地区双城经济圈建设。深化与成都锦江、青羊区战略合作，对接成都金牛、泸州纳溪、雅安市等达成战略合作，联合举办双城都市文旅产业推介会、民营企业网络招聘会等系列活动。二是协同推进"一区两群"协调发展。加快"两江四岸"治理提升，东储段、黄沙溪段滨江步道全面开放；深化巫溪对口协同发展，完成对口资金实物量4013万元。三是全面推进解放碑—朝天门片区整体提升。形成片区城市更新规划方案并提请市规划委员会审议通过，金融大道文化配套提升项目一期等开工，正阳街道路改造等基本完工。四是加速推进"人文渝中"建设。"红色三岩"革命文物保护利用项目荣获第三届全国革命文物保护利用十佳案例，红岩公园一、二期项目完工，重庆大鹅岭4A级景区成功创建。

（二）提升服务全力助企纾困，持续助力企业发展

一是强化政策兑现落实。成立稳经济大盘"1+10"工作专班，加快落实稳经济一揽子政策和接续政策措施，制定"43+18"助企纾困政策措施，更新稳企惠企政策服务指南（2.0），累计退、减、缓税费8.66亿元，其中增值税留抵退税7.7亿元。二是强化走访联系服务。健全三级走访联系服务机制，建立企业问题建议办理"0-3-10"工作机制，联系走访企业2000余次，协调解决企业反映问题400余件。三是持续激发市场活力。新增市场主体12284户，同比增长1.4%，净增市场主体4659户，市场主体总量超11万户。签约市外正式合同额425亿元，资金到位额128亿元，招大引强项目55个，引进"世界500强"和"中国100强"企业3家。

（三）聚焦产业着力稳定大盘，持续壮大重点产业

一是金融支撑作用稳定。成渝金融法院正式挂牌，成功纳入重庆市绿色金融改革试验核心区建设，开展金融支持绿色建筑、交通试点，本外币存贷款余额增长8%，绿色债券余额增长17%、占全市38%。二是商贸复苏态势持续。"世界船王"马士基（重庆）招大引强项目签约落地，华润万象生活入驻解放碑，龙湖时代天街E馆开业、成为亚洲最大单体商业，引进首店首牌30余个，批发业销售额增长9.2%。三是文旅市场抗压发展。荣获"中国文旅融合创新典范区""中国最美绿色休闲旅游目的地"，文旅产业

高质量发展获国务院督查激励（全市唯一），旅游人数3415.4万人次，旅游收入307.1亿元。四是软件产业加速发力。启动国家区块链创新应用试点应用场景28个，成功举办第二届中国工业软件大会，化龙桥数字经济特色小镇被纳入2022年度重庆市特色小镇，揭榜市级工业软件项目2个，规模以上企业营业收入增长25.3%。同时，规模以上其他服务业继续保持较快增长势头，营业收入增长11.2%，其中，科研服务规模以上服务业营业收入增长12.1%。

（四）围绕项目加快城市更新，持续优化发展配套

一是项目管理机制完善。制定出台加强区级投资项目管理建设有关事项、施工类工程项目采取经评审的最低投标价法，1—9月固定资产投资增速居中心城区第三，基础设施投资增长15.1%。二是城市更新有序推进。明确整体更新、综合整治、风貌保护三大类别，划定五大更新片区，推进16个城市更新试点示范项目；老旧小区改造获国务院督查激励，双钢路、白象街小区智能化改造获评全国"加强物业管理、共建美好家园"典型案例。三是项目资金保障有力。22个项目入选2022年市级重大项目名单；到位中央预算内投资3.56亿元，发行专项债资金10.3亿元，争取国家政策性贴息项目18个，申请贷款31.35亿元。

（五）着眼创新赋能区域发展，持续深化改革开放

一是创新驱动赋能发展。成功举办第四届中国（西部）科技金融峰会，新增市级以上"专精特新"企业17家、市级博士后科研工作站1个、科技型企业88家、高新技术企业58家。二是深化改革增添动力。制定首批营商环境创新试点改革事项清单，出台打造一流营商环境10条措施；推动全市"渝信码"试点区县建设，山城巷作为首批街区开展利企惠民信用服务体系建设。三是推进试点扩大开放。探索核心商圈"保税+实体零售"新模式获评重庆"自贸五周年我最喜欢的十项改革案例"，渝中区、解放碑中央商务区、陆海新通道国际消费中心分别获评2022年重庆市服务业扩大开放综合试点"示范区""示范园""示范项目"，实现进出口额85.4亿元，增长34.5%。

（六）紧扣民需增进民生福祉，持续稳定社会大局

一是社会保障有序推进。扎实推进15项民生实事，95个建设项目已完工，19项工作事项顺利推进。设立4个应急成品粮储备库、20个粮食应急网点，启动粮油市场监测报告制度，民生商品保供稳价有力有效。实施高校毕业生等青年就业攻坚行动和困难人员就业帮扶"暖心行动"，新增城镇就业4.8万人。二是社会事业扎实推进。入选全国校外培训机构治理优秀案例，三十中学校入选教育部"双减"典型案例（全市首个），获评市级基础教育校本教研示范校8所；全国首个医疗护理员智慧管理平台上线，全市首个医学影像人工智能产学研用创新合作实验室启动建设，重庆医科大学附属第一医院第一分院新院区投入使用；入选全国示范性老年友好型社区3个；入选2022年"书香重庆"全民阅读系列推荐活动获奖名单9个，授牌首批青少年体育训练基地学校6所，4个街道文化服务中心建成开放。三是社会治理创新推进。持续深化市域社会治理现代化试点，"党建+物业"、形成静态背景下社区管理服务等走出基层治理新路径，"七铺联防"成为基层治理新名片，在全市率先推动基层智慧治理平台试点；深入开展"枫桥经验"重庆实践十大行动，强化矛盾纠纷排查化解，确保社会大局和谐稳定。

二、2023年发展展望

当前，世界之变、时代之变、历史之变正以前所未有的方式展开，人类社会面临前所未有的挑战。从国际看，世界经济不稳定、不确定、不平衡特点更加突出，经济增长动力减弱，全球供给制约、需求不足问题交织，美国、欧元区、日本等经济下行压力加大，通胀水平持续处于历史高位。从全国看，需求收缩、供给冲击、预期转弱三重压力持续显现，但随着稳经济一揽子政策和接续政策措施加快落实，国民经济顶住压力持续恢复向好，特别是党的二十大胜利召开，政治效应将转化为强大发展动能。从全市看，经济下行压力仍然较大，但在应对超预期因素冲击中积累了新的经验做法，经济正在加快恢复，企稳回升内在动力将持续增强。从渝中看，高质量发展机遇挑战并存，经济还面临下行压力，但随着"两江四岸"核心区、城市更新试点、服务业扩大开放综合试点等重大战略部署落地推进，为渝中高质量发展赋予了全新优势和有利条件，优势产业有望持续巩固，新兴产业预期保持较好增长，经济社会发展积蓄的内生动力、市场活力将持续释放，有望继续延续恢复发展趋势、保持稳中向好态势。

三、2023年重点工作

2023年，渝中区将全面贯彻落实党的二十大精神，既推动经济短期加快复苏恢复，更注重中长期的结构调整和动力培育，全力推动经济实现质的有效提升和量的合理增长，持续提升渝中战略价值、区域板块价值、全域整体价值，加快建设国际化、绿色化、智能化、人文化现代城区，加快打造重庆现代服务业引领区、历史文化传承区、创新开放窗口区、美好城市示范区。

（一）持续用力提质产业稳增长，夯实经济发展基础

一是稳住金融商贸基本盘。持之以恒推进产业结构调整和升级迭代，带动实现职住结构、人口结构和消费结构优化；聚焦存贷稳金融，全力支持在区金融机构扎根和拓展业务、积极推动市外区外金融机构引进和回迁；政企联动促消费，联动市场主体积极开展各类促销活动，积极助力消费复苏。二是提升新兴产业贡献度。抓好软件产业"满天星"行动计划各项工作任务落实，聚焦"楼宇用起来、人气聚起来、产业兴起来"，支持行业重点龙头企业拓展业务、壮大总量；巩固提升文旅、科创、健康、专业服务等重点产业，在服务全国全市产业链供应链布局中找准产业发展新的突破口。三是增强产业载体支撑力。强化存量载体提升，分类推进老旧楼宇提档升级和闲置低效楼宇盘活利用；强化增量空间供应，加快推进重点在建载体项目建设；有序推进地块供应出让，租购并举推进载体回购。

（二）不遗余力提速项目稳投资，提升城市综合品质

一是紧盯项目建设强统筹。将项目建设作为工作落地的重要支撑抓紧抓实，推动计划项目早开工、建设项目早竣工、前期项目早转化，强化重点项目分级调度机制，协调解决卡点难点问题，定责任、定事项、定时限，办结一个销号一个，确保项目倒排工期、挂图作战、打表推进。二是紧盯城市更新强提升。重点推进城市整体更新"五大片区十大项目"建设，做深做实方案策划、加大政策争取力度、落实资金来源渠道、明确项目建设时序；加快推进老旧小区改造提升和老旧楼宇升级改造，推动产业园区、城市街区、景点景区融合发展。三是紧盯"人文渝中"强建设。围绕全市打造中部历史母城，进一步加强历史文化资源挖掘保护利用，加快完成"红色三岩"保护提升，高水平打造长嘉汇大景区，加快推进大鹅岭景区建设，全力推进十八梯等传统风貌区建设，进一步彰显城市品位和人文内涵，不断扩展重庆母城影响力。

（三）奋发有力强化创新增动力，全力推进改革开放

一是坚持创新驱动。充分发挥区创业种子投资基金、科技型企业知识价值信用贷款担保、生物医药和区块链产业引导基金等作用；用好渝中人才"黄金十二条"，落实高层次人才引进实施办法，打造"产才融合"重庆示范。二是深化重点改革。持续推进和深化供给侧结构性改革、"放管服"改革、国企改革、预算管理一体化改革等重点领域改革，破除体制机制障碍，持续增强推动高质量发展的内生动力。三是积极扩大开放。深化建设重庆服务业扩大开放综合试点先行示范区，发挥驻渝总领事馆集聚优势，打造外事机构集聚区。

（四）尽心竭力改善民生兜底线，繁荣发展社会事业

一是全面完成民生实事。面向社会各界公开征求2023年度民生实事项目，优先保障民生实事资金需求，确保民生实事年度目标任务全面完成。二是繁荣发展社会事业。促进教育优质均衡发展，全力推进全国义务教育优质均衡发展区和学前教育普及普惠区创建；持续提升医疗卫生服务能力、加快配套设施建设，持续做好新冠肺炎疫情防控；健全公共文化体育服务体系，高水平建设国家公共文化服务体系示范区。三是切实强化社会保障。全力稳岗拓岗，多渠道分类帮扶高校毕业生、退役军人等重点群体稳定就业；强化综合救助，切实做好城市困难人员和低收入人群等重点群体的民生保障。

（五）同心协力保障发展稳大局，维护社会安全稳定

一是深化基层治理创新。深入推进市域社会治理现代化试点，健全"街道吹哨、部门报到"等机制，深化党建引领物业管理，以党建引领社区治理和物业管理融合发展。二是严守城市安全底线。严格落实"坚决防范遏制重特大事故15条"措施，深化道路交通、建筑施工、消防等重点领域安全隐患排查整治专项行动，压实安全生产主体责任。三是全力维护社会稳定。守住不发生系统性风险底线，分类化解、妥善处置重点领域风险，严厉打击各类违法犯罪，确保社会安定有序、人民安居乐业。

[渝中区发展和改革委员会　薛　俨　王　轶　周泳滔]

之三：2022年江北区经济运行分析及2023年展望

一、2022年江北区发展现状

（一）全力以赴稳住了经济大盘

成立以区委书记、区政府区长为双组长的工作专班，密集调度、稳妥推进，制定主要经济指标任务清单、73项稳住经济大盘工作任务清单、企业联系走访全覆盖清单"三张清单"，出台促增长10条、13条措施，通过清单化、事项化、责任化，确保落实稳经济一揽子政策措施和接续政策措施落地见效。全年地区生产总值预计约1600亿元，同比增长3%左右；完成固定资产投资320亿元，增速居中心城区前列；一般公共预算收入总量、规上工业增加值增速、社会消费品零售总额增速、存贷款余额等多项指标稳居全市行政区第一位。

（二）支柱产业持续优化升级

加快构建现代产业体系，抢抓全市建设西部金融中心和培育建设国际消费中心城市的重大机遇，主动承接、精准发力，担稳担好金融、消费"两副担子"。一是工业经济实现质效提升。全区规模以上工业增加值增速16%，高端生物医药、高端装备制造、新材料、新一代信息技术、智能储能及节能环保等产业同步发展，战略性新兴制造业实现产值同比增长超50%。"专精特新"企业达到90家，市级企业技术中心37个，数字化车间和智能工厂项目达到36个。二是金融业发展实现新突破。全区金融机构存贷款余额突破2万亿元，占全市总量近1/5。各类金融机构达到近500家，区域性以上金融总部达到92家，上市企业数量、总市值均居全市第一位。建成金融服务港湾33个，累计为4000余户市场主体授信40亿元。三是商贸业运行稳中提质。社会消费品零售总额增速5%。着力推动观音桥商圈实现面积、人流量、销售额"三个翻番"。举办国际消费中心城市首选区重大项目集中启动仪式（涉及投资700亿元重大项目8个），举行长安三工厂片区城市更新项目签约暨开工仪式，推动百亿级商贸综合体中环万象城加快建设，加快推动观音桥商圈内向升级、外向拓展步伐。四是数字经济持续扩能增效。大力实施软件和信息服务业"满天星"行动计划，新增软信企业419家，西部数据交易中心建成投用，海量数据、信者科技、英科铸数等10余个项目成功落地，加快5G基站等新型基础设施建设，成功建成国家级"千兆城市"。

（三）全力稳住市场信心

一是持续优化营商环境。先后推出"江北区打造最优营商环境10条措施""江北嘴金十条""江北满天星行动金十条"等创新举措。建立"百千万"联系服务市场主体全覆盖工作体系，建立"四帮四服"助企纾困机制，累计出动服务专员超1.2万人次，深入市场主体5.4万家次，解决市场主体诉求超3000件。二是持续加大科技创新。建成各级孵化载体共35家，创新载体面积超20平方米孵化载体内新引进企业120家，入驻企业总数达687家，研发投入强度继续超过3.3%。三是大力推进开放合作。完成进出口总额860亿元，与全球153个国家和地区开展经贸往来。强力推动成渝地区双城经济圈建设，先后与四川省巴中市、德阳市等在产业、经贸、政法等多个领域签订专项协议112个。不断深化"一区两群"工作，促进产业、金融、人才等方面协同发展。

（四）充分发挥投资的关键作用

一是重新组建和完善以区长为组长的重点工程建设领导小组，通过分领域、分层级、分节点的高频调度，及时解决重点项目推进中的卡点难点问题。二是创新建立"43321"重点项目调度督查机制，明确一季度周调度、二季度旬调度、三季度月调度、四季度季调度4个督查时间节点，形成市级重大项目、区级重点调度项目、地方政府专项债券项目3张项目清单，实行"红黄绿"3张提醒牌，建立"派单""派驻"2个快速处理机制，抓好1周现场督查，清单化、事项化、时限化推进项目建设。三是多渠道保障项目资金需求，用好用活制造业中长期贷款、设备更新改造贷款贴息等政策，累计向国家推送项目76个，涉及融资需求29.6亿元；获得地方政府专项债券资金27亿元，争取上级资金2.83亿元；深化投融资体制改革，推进栋梁半岛、江北区中医院新城院区新建工程等项目PPP融资模式前期工作。推动固定资产投资增速持续位于中心城区前两位。

（五）兜牢基本民生保障底线

一是全力稳就业、促就业。实现城镇新增就业6万人，针对就业困难人员、复转军人、高校毕业生等重点群体开展各类专项培训52场，培训人员2000余人。二是强化社会民生保障。在全市率先实现城乡低保统筹和失能、半失能特困人员100%集中供养，提前一年率先在全市实现城市社区养老服务全覆盖，提前两年率先在全市实现农村养老服务全覆盖。三是加快教育优质均衡发展。成功创建全市首批示范性托育机构2家，全区每千人托位数达1.63个，婴幼儿家庭照护健康管理率达90%。新增5所普惠性幼儿园，提档升级13所幼儿园，公办园幼儿比例超50%，普惠性幼儿园幼儿比例达到88%。四是提速发展健康卫生事业。57所中小学校全部建立心理健康辅导室，12个街镇122个村社全部建立心理咨询室。区人民医院新建工程进展顺利，区精神卫生中心门诊部大楼改扩建工程、区中医院综合大楼二期工程建成投用。五是增加文化体育服务供给。建成图书馆分馆64个、文化馆分馆20个，12个街镇综合文化服务中心和114个社区（村）文化室实现100%覆盖、100%标准化，基本建成15分钟公共文化服务圈。六是安全保障工作有力有效。严格落实安全生产15条硬措施和市安委会出台的66条重点工作任务，细化分解成江北区70条重点任务，坚决拧紧责任链条。在全市率先出台《重庆市江北区预防金融犯罪工作办法（试行）》，着力防范化解房地产领域重大风险，抓好粮食安全、食品药品安全、能源安全等重点领域工作。

二、2023年发展思路和重点任务

（一）发展思路

坚持以习近平新时代中国特色社会主义思想为指导，深入落实党的二十大精神，坚持稳中求进工作总基调，完整、准确、全面贯彻新发展理念，加快构建新发展格局，着力推动高质量发展，全面深化改革开放，大力提振市场信心，把发展经济的着力点放在实体经济上，深入推进科教兴区、人才强区和创新驱动发展，担稳担好"两副担子"，加快构建现代化产业体系，更好统筹发展和安全，推动江北高质量发展之路越走越宽广。

（二）重点任务

1. 着力扩内需，全力稳住经济基本盘

一是充分发挥消费的基础作用。加快国际消费中心城市首选区建设，着力推动消费全面恢复。拓展

"文、商、体、游、购、娱"多元消费场景，加快打造特色消费目的地，推动实体商业数字化、智能化改造和跨界融合，着力打造体验式消费场景。积极承办国际消费节、"爱尚重庆"不夜生活节、商圈购物节等一系列惠民促销活动，充分释放消费券"乘数效应"，进一步刺激消费。加快推进徐悲鸿艺术街区等重点项目，争创国家文化旅游消费示范城市，扩大优质文化产品和服务供给，大力引进健康养老、家政培训、文化体育、医疗美容等服务业品牌，推动商品消费和服务消费融合发展。二是充分发挥投资的关键作用。牢牢扭住项目建设这个"牛鼻子"，着力扩大有效投资。把握宏观政策窗口期，提前实施一批"十四五"后期计划实施的重大项目，前瞻性谋划新的重大项目，持续保持重点项目"储备一批、开工一批、建设一批、竣工一批"的良性循环，有效夯实发展基础，蓄足发展后劲，释放出强大的辐射带动作用。继续加大招商引资力度，持续"招大引强、招新引优"，大力引进产业链关键环节，特别是"链主"企业，推动落地项目尽快开工，开工项目尽快投产、达产，切实把招商引资成果转化为经济增长成果。持续强化调度服务，按照重点工程建设领导小组工作机制、"43321"重点项目调度督查机制、提出"五个一批"项目清单，全力强化项目建设调度服务。

2. 着力抓产业，不断夯实经济根基

一是着力打造全市先进制造业"集聚区"。充分发挥工业在经济发展中的"压舱石"作用，持续优化产业链供应链，加大产业链主要环节及薄弱环节引育力度，支持龙头企业加大本地采购力度，推动本地相关领域企业加快布局相关配套、原料环节。加大力度培育"专精特新"企业，推动企业工厂、车间等数字化装备换代，提升装备数控化水平，建设创新示范智能工厂，打造全球"灯塔工厂"。二是着力筑牢金融业优势。坚持机构功能"双集聚"，加大银行保险类金融机构招商引资。进一步提升资本市场服务能力，充分发挥重庆股权服务集团及重庆股份转让中心的唯一性优势，带动资本市场创新试点措施落地。继续推动"1+5+N"民营小微企业和个体工商户金融服务港湾行动，切实提高辖区中小微企业融资成功率。三是进一步扩大商贸业优势。持续发展"四首经济"，依托重点商贸企业，加快引进国际知名品牌、高端定制品牌，吸引高品质首展、首秀，打造时尚商贸发展风向标。推动线上线下一体融合，支持企业更多通过线上拓展市场、精准营销、优化服务，支持线上、线下企业之间加强合作，不断创造更多新业态、新模式、新场景，努力开拓更多新的增长点。四是大力发展数字经济。以建设数字经济创新发展示范区和新型智慧城市示范区为目标，促进数字经济和实体经济深度融合。加快实施"满天星"行动计划，引导软件企业向科金中心、保利大数据基地等优质楼宇集聚。

3. 着力提信心，营造良好发展环境

一是全力打造营商环境"最优区"。深入实施联系服务市场主体全覆盖工作，持续实行"四帮四服"助企纾困机制。深化便民利企服务，深入推进"一窗综办"改革，提速完善"一件事一次办"主题套餐式服务，深入推进"小江都能办"品牌建设，切实满足企业群众办事需求。深化商事制度改革，全面推进市场主体住所（经营场所）登记申报承诺制、歇业登记等改革措施，建立完善促进个体工商户发展的政策体系。深化智慧政务平台建设，完善网上办事引导、在线咨询等功能服务，推动更多政务服务事项网上办、掌上办。二是发展壮大民营经济。坚持"两个毫不动摇"、促进"两个健康"，出台《支持民营经济高质量发展若干措施》，全面提升民营经济创新力竞争力。优化民营经济发展环境，引导民营企业实施标准化战略和品牌战略，加强民营企业知识产权保护，支持民营企业申报国家知识产权优势企业、示范企业，建设知识产权运营服务体系，支持民营企业加快技术创新，健全服务企业长效机制，把政策落到位，把服务送上门，增强民营企业长远发展的信心。三是搭建开放合作平台。以国内大循环吸引全球资源要素，提升贸易投资合作质量和水平，推进高水平对外开放。协调推进寸滩国际新城建设，高水平连接西部陆海新通道，打造中西部国际交往中心核心承载区。深度融入成渝地区双城经济圈建设，加强与绵阳市等其余四川地区的合作对接，全面落实成渝地区双城经济圈便捷生活行动方案，强化共建共享。深入推进"一区两群"协调发展，不断强化与酉阳对口协同工作。

4. 着力扩能级，提升城市功能品质

一是持续推动区域协调发展。推动"一带双核五片区"建设全面提速，加快构建城市发展新格局。推进北滨路东延伸段道路建设，打好"两江四岸"18公里治理提升2023年收官之战；强力推动中环万象城建设，高标准推动西部金融广场建设；着力打造南桥寺数字经济产业园、长安文化国际商业街、江北新城产城融合示范新城、望江文旅生态谷、五宝生态运动小镇。二是持续推进城市更新。打造叶水坊、塔坪、大石坝瓦厂嘴、郭家沱大溪村社区等一批城市更新范例。做靓山城步道、山城花境等特色品牌，打造社区体育文化公园、滨江健身长廊、口袋公园等休闲空间。三是持续完善交通网络。通过优化贯通"四横八纵"次干路通道，进一步优化路网结构。全力保障轨道4号线西延伸段、渝长复线连接道、蚂蟥梁立交改造等市区共建项目实施，持续推进步道、人行天桥、轨道站点等项目建设。四是提高城市生态韧性。有效落实"双碳"目标。推动《江北区碳达峰实施方案》落实落细，以"双碳"目标引领经济社会发展全面绿色转型。加强重点河流水环境综合治理，深入推进入河排污口整治，确保地表水国控、市控考核断面优良率100%，饮用水水源地水质达标率100%。强化工业废气、交通污染、扬尘和露天焚烧等领域管控，确保空气质量优良天数保持在300天以上。

5. 着力保民生，扎实推动共同富裕

一是全面促进"一生一困"就业。落实落细就业优先政策，把促进青年特别是高校毕业生就业工作摆在更加突出的位置。力争全年城镇新增就业3.5万人以上，城镇调查失业率控制在5.5%以内，应届高校毕业生年底就业率达到90%以上。二是重点关注"一老一小"群体。巩固和提升全国居家和社区基本养老服务提升行动成果，创新探索"1234"家庭养老床位模式，提档升级7个社区养老服务站，新增养老助餐点10个。出台普惠性托育扶持政策，支持幼儿园、社区、社会机构拓展婴幼儿照护服务，新增0~3岁婴幼儿托育位150个以上。三是切实解决"一医一教"需求。推动优质医疗资源扩容下沉和区域均衡布局，促进中医药传承创新发展，不断提升医养结合机构服务质量，鼓励社会力量持续完善医疗基础设施建设。全力创建全国义务教育优质均衡发展区和全国学前教育普及普惠区，持续深化转制学校跨区集团化办学模式。四是特别保障"一弱一贫"生活。进一步完善社会救助"一门受理、协同办理"和低收入人口动态监测机制继续巩固灵活就业人员养老保险的扩面征缴，做好困难人群、退捕渔民的参保工作，确保养老保险参保率稳定在95%以上。扛牢粮食安全政治责任，多措并举确保市场保供稳价，守好百姓"米袋子""菜篮子"。五是不断丰富"一文一体"活动。健全现代公共文化服务体系，深化全国文明城区建设，全力打造徐悲鸿艺术街区。加快推动体育场馆优化布局，推动体育社会组织向城市社区和基层延伸，积极承办各项体育赛事。六是坚持改善"一危一旧"住房。大力推动老旧小区改造和城市更新提升，稳步增加保障性住房供给。推动老旧小区加装电梯40台以上，整治100栋老旧建筑消防安全问题。建成一批规模小、投资小、就近便民的口袋公园及小微停车位。七是防范化解重点领域风险。强化地方金融风险防控，持续开展非法集资重大风险研判，完善区级非法集资风险监测系统；落实非法集资风险防控网格化管理，组织排查和妥善处置风险隐患。促进市场平稳发展，全面落实房地产业良性循环和健康发展若干政策，全力落实保交楼，落实"18条"配套支持政策，用好管好专项借款资金。

[江北区发展和改革委员会　张发义　任昌卜　陈　曦　李玲昀]

之四：2022年沙坪坝区经济运行分析及2023年展望

2022年以来，沙坪坝区上下坚决落实"疫情要防住、经济要稳住、发展要安全"的重要要求，高效统筹疫情防控与经济社会发展，统筹发展与安全，扎实推进"四个示范区"建设，"潮涌嘉陵、风动歌乐"高质量发展新态势进一步显现。前三季度地区生产总值增长2.6%，规模以上工业增加值增长3.6%，固定资产投资增长2.9%，其中工业投资增长48%，外贸进出口总额增长7.6%。

一、2022年沙坪坝区经济运行情况

（一）主要特点及亮点工作

一是创新驱动能级全面提升。全面融入西部（重庆）科学城建设，环大学创新生态圈建设加快推进，建成拾光格数字经济产业创新港、先锋智慧创新产业园、先进轻合金研究院等项目。打造梁滩河科技创新带、1491国际创意谷，建成青凤高科创新孵化中心、首创高科芯汇园、兴创数业智慧服务中心等27个项目签约落户1491国际创意谷。新培育重庆市科技型企业228家，引进高新技术企业项目54个，独立研发机构3个，创新主体加快聚集。新桥临床医学转化中心、重庆市肿瘤研究所科技创新中心等平台加快建设，重庆五云（量子）实验室、器官智能生物制造工程中心项目持续推进，创新平台不断夯实。成功举办生物化工助力双碳战略高峰论坛、中西医整合精准医学大会，创新生态持续优化。

二是对外开放深入推进。新开中老、中缅等国际班列5条，布局挪威纳尔维克港、德国不来梅海外仓2个，获批国家骨干冷链物流基地，内陆国际物流枢纽展示中心建成，进境肉类指定监管场地通过预验收，成为全国首个国际铁路邮件进口第一口岸。国家外贸转型升级基地（汽车及零部件）获得授牌，引进德国大众、优合冷链等一批专业物流企业，跨境电商出口报单票数位列第二批试点城市首位。

三是特色优势产业体系加快构建。突出新能源智能网联汽车、生物医药两大主攻方向，建成集聚4000余名研发人员的赛力斯集团总部，问界M7正式下线，实现年产4万辆高端智能新能源汽车，新增产值100亿元以上；发挥区域医疗资源富集和"首次进口药品和生物制品"口岸等优势，服务推动西南药业等重点医药企业升级发展，签约阿斯利康、罗氏诊断—鼎晶生物等龙头企业，加快国药·中医药健康生态产业园等平台建设。中国西部1491国际创意谷、重庆工业设计产业城加快建设，新增重点软件企业27家，同比增长60%。

四是有效需求加快释放。坚持"一项目一专班"服务机制，重点项目按计划推进，全面完成市区共建项目交地任务，做好社会投资项目优质服务，投资增速保持前列，滚动储备稳住经济大盘项目库争取支持，政策效能加快转化为发展实效。高水平推动歌乐山·磁器口文化旅游区5A创建，新增旅游新动线2条，磁器口后街二期开街，磁器长歌建成开馆，古镇景区获评首批国家级旅游休闲街区。全面融入国际消费中心城市建设，三峡商圈成功创建国家级夜间文化和旅游消费集聚区，率全市之先开展春秋季房交会，促销活动拉动消费近150亿元。

五是助企解困扎实开展。坚持"日访、周结、月盘点"服务机制，制定区级支持制造业、金融业等8

个行业扶持措施104项。前三季度,建成民营小微企业和个体工商户首贷续贷中心和35个金融服务港湾,帮助679家企业获得商业价值贷、科信贷及无抵押贷等融资38.2亿元;建立6.5万人"用工蓄水池",为249家企业落实用工3200人;帮助企业新增税费减免3.2亿元,落实增值税留抵退税10.2亿元;构建产业生态联盟,梳理推送供需清单,帮助137家企业新增订单71.6亿元。

六是"十项全面清理"扎实开展。聚焦化存控增、增收节支,建立十个专班,开展债务、债权、支出、资产、土地、项目、税收、政策等"十项全面清理";一方面着力缩减开支"节流",减少债务"分子",一方面全力增加收入"开源",做大财力"分母"。前三季度,收回应收债权7.38亿元,办理国有房屋产权5.2万平方米,提升资产价值7.5亿元,策划物流园公共仓基础设施公募REITs等项目,深入开展井双片区等六大"攻坚战",不断盘活存量资产。

(二)经济运行中需关注的问题

1. 部分企业生产经营困难

俄乌冲突、疫情反复持续影响能源、金属、化工品等大宗商品价格,中下游企业利润持续受到挤压,国内输入性通胀压力增加,对经济平稳运行带来一定挑战。同时,经济发展面临需求收缩、供给冲击、预期转弱三重压力,前三季度工业企业亏损数量同比增加51%,企业生产经营面临较大压力。

2. 经济结构矛盾依然突出

房地产市场持续低迷,与之密切相关的建材批发、家电销售等都受到较大影响。因西永微电园电子信息产业下滑较大,严重影响工业增加值增长速度。疫情对商贸、文旅行业影响较大,社会商品零售总额、住宿业等指标增速较低。

3. 各类风险隐患交织叠加

部分房地产项目工程进度款未能及时支付到位,引发农民工工资拖欠问题。税收和一般公共财政收入都有所下滑,当前形势下,债务还本付息、民生保障、重点项目建设等收支矛盾仍十分突出。

二、2023年经济运行环境分析和展望

随着全区上下深入学习贯彻党的二十大精神,不断推动中央决策部署和市委工作要求在沙坪坝具体化、项目化、场景化,以及稳经济一揽子政策措施和接续政策措施加快落地见效,纾困促发展政策部署的进一步落实,防疫政策的精准落实,"四个示范区"的扎实推进,我区经济企稳回升内在动力将持续增强,创新开放资源优势将不断变现,实体经济特别是新兴产业对经济拉动的主导作用将不断强化,有效投资对经济恢复的积极作用将进一步增强,全区经济将加快恢复发展,高质量发展态势将进一步凸显。

三、政策调控措施建议

(一)加大助企解困力度

建议进一步实施进留抵退税等惠企政策,继续有效缓解小微企业资金压力,加力中小企业走"专精特新"之路,推动中小企业高质量发展,夯实实体经济的发展根基。

(二)持续扩大有效投资

建议继续实施政策性开发性金融工具、专项债等政策,加快政策性银行新增信贷额度投放,支持地方加快盘活存量资产撬动社会资金,以市场化方式更好发挥有效投资补短板调结构、稳就业带消费综合

效应和对经济恢复发展的关键性作用。

(三) 千方百计恢复消费

在更加精准落实各项防控政策下,加快恢复餐饮、住宿、文娱等消费场景。继续实施促进家居消费等促销政策,支持地方办好房交会、惠民消费季等消费促进活动,支持发展智慧商圈、智慧商店等新型消费业态。

[沙坪坝区发展和改革委员会　邓　赟]

之五：2022年南岸区经济运行分析及2023年展望

一、2022年南岸区发展现状

（一）工业经济运行基本平稳

2022年，南岸区186户规模以上工业企业预计完成总产值889亿元，同比增长0.8%，规模以上工业增加值预计增长1%。龙头企业带动有力，新增"双百企业"1户、累计达到10户，预计完成工业产值590.4亿元，同比增长1%，占全区规模以上工业总产值比重达66.4%。工业转型加快推进，新增"专精特新"中小企业80家、排全市第六位，成功申报"国家级小巨人"企业12家、排全市第二位，累计建成智能工厂4个、绿色工厂7个、数字化车间28个，规模以上工业企业研发机构覆盖率达到49.7%，远达环保成为全市首个"低碳工业园"示范工程，航伟光电、博森电气等企业的29个项目通过全市智能化改造项目认定。数字经济快速发展，成渝地区双城经济圈产业数字化赋能基地建成投用，重庆邮电大学"基于人工智能技术的'5G+智慧教育'示范应用"项目入选全国首批"5G+智慧教育"应用试点项目，中国信通院西部分院成功纳入全市第二批数字化转型促进中心，新增大数据智能化企业50家，数字经济业务预计收入超过700亿元、同比增长15%以上。发展载体进一步充实，积极争取市上支持，新增工业用地2900亩，为汽车电子等新兴产业发展预留充足空间。

（二）服务业稳步发展

服务业增加值预计同比增长2%，占GDP比重达63.1%，提高0.7个百分点。金融业持续发展，金融机构本外币存贷款余额预计同比增长12%，将继续保持在中心城区前列，东原仁知在港交所成功上市，攸亮科技挂牌新三板，海洁卫生挂牌重庆OTC，上市或挂牌企业累计达到26户，重庆征信公司完成企业征信备案，西南证券第二分公司落户，石油天然气交易中心累计交易额突破1700亿元，组建总规模60亿元的广阳湾绿色发展基金、长嘉汇创新发展母基金、南山创新基金。新业态发展态势向好，全面落实全市"满天星"行动计划，出台《南岸区、重庆经开区软件和信息服务业发展扶持办法》，盘活存量载体12万平方米，软件信息服务业全口径营业收入预计达300亿元、占全市比重1/10；生物医药数字经济及外包服务业产业基地成功落地，填补区内医药生产性服务业空白，京东健康"药京采"正式运营，规模以上大健康服务业企业达到170家，预计实现营业收入700亿元，同比增长10%。民营经济逐步壮大，新增市场主体18864户，累计达到14.3万户，迪马实业入选"中国服务业企业500强"，东银集团、沙师弟入围"中国民营企业500强"。

（三）创新能力显著增强

创新主体不断壮大，重庆脑与智能科学中心挂牌成立，广阳岛长江生态环境野外科学观测研究站启动市级站申报，力合重庆星空众创空间、京东云（重庆）创新中心获批国家备案众创空间，新增市级以上研发平台11个、高新技术企业50家。校地合作不断深化，重庆大学大数据智能计算重点实验室开展大数据试验场、算力平台一期建设，重庆邮电大学科技园（二期）投用，举办迎龙创新港创新创业发展论坛暨重庆邮电大学数字经济创新赋能发展峰会，17个校友项目集中签约入驻。持续推动科技成果转化，力合科技创新中心入选全市技术转移示范机构，重庆交通大学沙漠土壤化生态恢复技术产业化公司落户重庆经开区，38项科技成果入选重庆市科学技术奖，其中，一等奖占全市比重40%，技术合同交易达440项，同比增长88%，技术交易额达48.1亿元，在全市率先实施科技型知识价值信用贷担保费补助政策，新增科技型企业知识价值信用贷29户、新增贷款5705万元。实施科技人才集聚工程，全市首个人力资本服务产业园获批建设，累计引进高层次人才441人，入选市级及以上人才计划（项目）611人次，"南山智库"专家成员扩容至57人。

（四）消费市场初步复苏

全区社会消费品零售总额预计完成606亿元，同比增长0.1%。分行业看，零售业销售额、餐饮业营业额预计分别完成1230亿元、64亿元，分别同比增长5%、3%，环比三季度分别提高0.7个、0.2个百分点，批发业销售额、住宿业营业额预计分别完成423亿元、20亿元，均与上年持平，环比三季度分别提高1.9个、5.1个百分点。全力推动复商复市，区领导带头逛老街、下馆子、促消费，提振全民消费信心，截至目前，所有商贸企业均已恢复运营。促销措施有力有效，出台培育建设国际消费中心城市核心区十条扶持办法，开展城市惠购节、不夜南滨生活节、国庆消费季等系列促销活动，向市民发放消费券200万元，直接带动消费2000万元，间接撬动消费破亿元。传统商业加速转型，王牌丽呈、希尔顿欢朋酒店开业运营，南坪中心广场、南坪商圈城市品质提升一期开工建设，南坪龙湖TOD、K29商业广场、盛汇广场改造升级等项目加快建设，龙门浩老街成功入选全国第二批国家级夜间文旅消费聚集区，京东生态企业预计实现销售额61亿元，同比增长25%。商旅文联动发展，共接待游客3995.6万人次，实现旅游收入276.8亿元。

（五）对外开放纵深推进

实际使用外资预计完成5亿美元，同比增长13.4%；外贸进出口预计完成100.1亿元，约14.4亿美元，同比增长5.1%。服务业扩大开放综合试点深入推进，制定《南岸区重庆经开区服务业扩大开放综合试点工作方案》，形成创新成果案例5条，重庆软件园、网易文创数字经济产业园成功申报全市首批服务业扩大开放综合试点示范园及示范项目。服务贸易创新发展，出台《南岸区重庆经开区全面深化服务贸易创新发展试点实施方案》，服务贸易创新发展试点通过中期绩效评估，服务外包执行额预计达到1.45亿美元。中新合作、自贸区建设取得实效，区城建集团在新加坡交易所成功发行3亿美元海外债，南岸自贸板块新增注册企业304家、注册资本金21.1亿元。招商引资全力推进，奥普新能源、华傲数据、星汉智能制造总部基地等80余个项目成功引入，预计全年正式合同金额650亿元、到位金额近150亿元，重庆软件园、长嘉汇金融广场、迎龙创新港数字经济、东站片区站前科技产业园一期等4个招商项目入选"投资重庆"首期产业机会清单。

（六）项目推进增强发展后劲

固定资产投资预计完成404亿元，同比增长1%，其中，建筑安装工程投资预计同比增长10%。全力推进重点项目建设，重点项目完成投资287亿元，刘家坪立交、南山黄金公路道路拓宽工程、大佛寺小学、轨道交通6号线重庆东站延伸线等项目全面开工，江南隧道及茶黄路工程、"两江四岸"治理提升长江南岸线贯通工程、江南立交改造、三峡库区重庆市南岸区消落区综合治理工程、重庆东站铁路综合交通枢纽工程等项目有序推进，峡口镇城市更新、龙门浩老街拓展区、南岸区精神卫生中心、纳溪沟"清水绿岸"治理提升工程等项目完成建设。强化项目包装策划，立足南岸区位优势、产业优势及生态优势，策划包装10个重大牵引性项目、基础设施提速项目以及政府投资三年滚动库等"三张清单"。积极争取资金支持，向上争资预计达 73 亿元，同比增长 10.6%，与政策性银行对接，提出政策性贷款需求清单，为全区投资增长和产业发展提供硬支撑。

（七）城乡融合深入推进

做强特色农业，都市休闲现代农业产业园获批建设，迎龙湖国家数字渔业创新应用基地成功落地，"南山踏青赏花一日游"上榜全市乡村休闲旅游春季精品线路，乡村休闲接待 286 万人次，预计实现旅游收入 2.9 亿元。全面改善人居环境，稳步推动金竹村、大坪村、双龙村、石牛村人居环境提档升级，建设农村入户道路 10 千米，清理沟渠 600 余千米，建成成渝地区双城经济圈美丽巴蜀宜居乡村先导村 5 个、市级乡村振兴示范村 2 个、市级美丽宜居乡村 8 个。持续推动农业农村改革，深化农村"三变"改革试点，37 个村民小组农村集体产权完成登记赋码；规范农村土地流转，开展土地流转摸底，全区土地流转面积达 4.65 万亩，上线运行农村土地经营权流转管理系统。切实加强乡村治理，印发《南岸区在乡村治理中深化推广运用"六张清单"的实施方案》，广阳镇成功创建第三批市级乡村治理示范镇，4 个行政村入选第三批市级乡村治理示范村。

（八）生态环境持续向好

大力推动"双碳"工作，编制完成温室气体排放清单，探索开展南岸区生态系统生产总值（GEP）核算，推动城乡生态产品价值实现。深入打好蓝天保卫战，统筹推进交通、生活、工业等污染源治理，空气优良天数达到 308 天，PM2.5 平均浓度同比下降 9.1%。深入打好碧水保卫战，苦竹溪"清水绿岸"治理提升三期开工建设，茶园污水处理厂三期扩建构筑物主体工程完工，新建雨污管网 24 千米，完成 13 个长江入河排口整治，长江南岸段寸滩国家考核断面水质类别稳定达到 Ⅱ 类（优），4 处集中式饮用水源地水质达标率 100%，地表水环境质量排名主城都市区第 3。深入打好净土保卫战，完成 23 块污染场地风险管控或治理修复，用地安全利用率达 100%。推进无废城市建设，基本建成固体废物管理信息化系统，全区重点企事业单位危险废物和医疗废物规范处置率 100%。推动生态环保督察问题清仓见底，完成第二轮中央生态环保督察整改销号，推进 2021 年长江经济带警示片披露问题整改。

（九）财政收入稳健可控

受房地产交易大幅减少、土地出让低于预期、疫情反复影响企业生产经营等因素影响，全区一般公共预算收入预计完成 54.5 亿元，同口径下降 4.4%，其中，区级税收收入预计完成 39.1 亿元，同口径下降 15.9%。面对前所未有的压力，大力盘活行政事业单位低效运转、闲置房屋、车辆、停车位等资产，全力提高国有资产利用效率，非税收入预计完成 15.4 亿元，同比增长 46.7%。严格落实减税降费政策，各项退、减、缓税费预计达到 23 亿元。一般公共预算支出重点保障民生领域，其中，卫生健康支出、社会保障和就业支出、教育支出分别同比增长 21.7%、29.8%、0.4%。着力防范化解风险，稳妥完成年度债务化解任务，通过梳理还款关键时间节点，提前做好资金预判和统筹，确保债务风险安全可控。

二、2023 年发展思路和重点任务

（一）推动传统工业转型升级，增强制造业核心竞争力

一是促增量。利用好新增 4.1 平方千米工业用地，加快先进汽车电子产业园建设，力争落地行业龙头企业 3 家以上，推动星汉智能制造总部基地、振齐科技西部整车生产研发及发运中心等项目投入试生产。二是强存量。推动天子科技产业园、桐君阁智能工厂等 8 个存量企业新建项目投产达效，完成鹰谷光电搬迁，加快科瑞制药产线升级，支持深盟新材料、东特斯多普精密机械等存量企业扩产放量。三是优质量。

加大"专精特新"培育力度，力争规模以上工业企业"专精特新"覆盖率达40%；加快传统产业绿色化转型，推动远达环保、迪马、科瑞、桐君阁等企业创建市级绿色工厂；持续盘活利用空置工业标准厂房，提升低效工业载体产出强度，力争全年盘活闲置低效工业厂房8万平方米。

（二）加快发展现代服务业，构建服务产业新体系

一是提升金融业发展能级。组建"长嘉汇金融理事会、长嘉汇金融发展中心、长嘉汇金融中心运营公司"三位一体运营架构，推动长嘉汇金融研究院、长嘉汇中国东盟中小企业金融协作中心等项目落地，启动长嘉汇金融广场主体建设，协助百融云创争取个人征信牌照，新增上市企业1家、新三板挂牌企业2家，创建普惠金融发展示范区。二是加快软件信息服务业发展。争取游戏版号属地审核下放，依托网易文创数字经济产业园、数字内容·渝产业园等平台，聚焦游戏研发、发行、渠道等上下游核心环节，加快产业集聚。盘活利用好大南坪地区低效工业用地及城市更新项目，积极探索影视产业投融资模式，培育带动一批音视频拍摄、制作、剪辑等领域的中小企业发展壮大，力争数字视听产业增速达到50%以上，推动大南坪片区创建全市"满天星"行动示范区。

（三）坚持创新驱动发展，切实增强经济内生动力

一是打造高能级创新平台。完成重庆脑与智能科学中心建设，加快重庆生态环境科技创新基地、长江上游生态航道野外科学观测研究站、广阳湾生物医药创新发展服务中心建设，推动力合重庆创新中心创建国家级科技企业孵化器、沙漠土壤化生态修复与土地利用创建市级技术创新中心，力争全年新增市级以上研发平台10个。二是着力激发创新主体活力，用好南山创新基金，推动知识价值信用贷款扩面放量，促进科技成果转移转化，实施科技企业成长工程，建立高新技术企业储备库，力争全年新增高新技术企业50家。三是加强创新人才队伍建设。依托重庆人力资本服务产业园，吸引20家以上人力资源机构、培训机构入驻，引进优秀紧缺人才3000人次以上。

（四）推动消费扩容提质，充分释放内需潜力

一是加快招商项目落地。完成中石化合资公司注册，推动星湖瑞盈与外经贸集团合作项目落地，加快未来车谷放量。二是持续丰富消费场景。以南坪商圈城市有机更新为契机，加快南坪龙湖TOD、K29商业广场等项目建设，开业运营万垚国际酒店、万豪万枫酒店、北辰五洲皇冠酒店，有序推动会展经济复苏。三是激发居民消费潜力。围绕春节、五一、国庆等传统佳节以及暑期消费旺季，持续开展2023年"爱尚重庆""不夜南滨"等促消费活动，进一步释放居民消费潜力。四是扩容文旅消费。强化与南坪、南山、南滨路区域联动，加快商业载体整合供给，策划推出系列主题旅游线路以及精品文旅线路，为市民游客提供"吃住行游购娱"一体化服务，争创全国文化和旅游消费示范城市。

（五）推动城乡融合发展，持续提升城乡品质

一是完善城市功能配套。新增停车场15个、停车位1000个，新建、改造雨污管网20千米以上，完成南湖、金堰片区、南坪东路片区等25个老旧小区改造，推动上新街片区等21个老旧小区改造，启动智慧新城管（二期）项目建设，建设口袋公园2个、社区体育文化公园1个，完成人行道整治26万平方米、人行道提升40千米、街头绿地提质5万平方米。二是深入推进乡村振兴。加快都市休闲现代农业产业园建设，建成国家数字渔业创新应用基地，实施农村人居环境整治，新建农村入户道路10千米，常态化开展村庄清洁行动，创新市级乡村振兴示范村1个，打造美丽宜居乡村2个。

（六）推进生态文明建设，守护绿色发展底色

一是有序推动碳达峰碳中和。全面落实全市碳达峰碳中和实施意见及总体行动方案，严格执行"两

高"项目准入标准,统筹好能耗"双控"和能源保供,争取近零碳园区试点。二是持续打好蓝天、净土、碧水保卫战。深化工业、交通、扬尘、生活大气污染治理,空气质量优良天数达310天以上。持续开展土壤污染状况调查和风险评估,确保建设用地安全利用率达100%,推动广阳湾智创生态城"无废城"建设。实施排水管网精细化勘查和雨污分流改造,开展大沙溪生态环境综合整治,确保长江南岸段寸滩国家考核断面水质、集中式饮用水源地水质达标率100%。三是抓好问题整改。加快推进长江经济带生态环境警示片披露问题整改,常态化开展生态环保巡访暗访和"回头看"。

(七)践行人民城市理念,切实增进民生福祉

一是全力稳就业。建成三级"零工e站"22个,开展各类就业服务活动60场以上、提供岗位10万个以上,完成城镇新镇就业5万人,离校未就业高校毕业生就业率90%以上。二是促进教育均衡发展。建成中小学3所,新增幼儿园11所,增加学位7610个,创建全国义务教育优质均衡发展区、全国学前教育普及区。三是持续提升医疗服务能力。深化市五院与铜元局社区卫生服务中心医共体建设,推进精神卫生专科医联体建设,加快区中医药、区中西医结合医院创建二甲医院。四是不断繁荣文体事业。办好2023年CUBA总决赛、重庆马拉松等品牌体育活动,开展重庆黄色抗战旧址群、英国大使馆旧址、邮政总局旧址等文物修缮,通过国家公共文化服务体系示范区复检。

[南岸区发展和改革委员会　潘相麟　罗永杰　谭光宇　李少龙　张岩岩　罗　熙　罗　琦]

之六：2022年九龙坡区经济运行分析及2023年展望

2022年以来，九龙坡区上下坚持以习近平新时代中国特色社会主义思想为指导，增强"四个意识"、坚定"四个自信"、做到"两个维护"，认真贯彻落实党中央、国务院决策部署和市委、市政府工作安排，按照"疫情要防住、经济要稳住、发展要安全"的要求，大力落实"12345"发展思路，高效统筹疫情防控和经济社会发展，有力实施稳经济一揽子政策措施，有效对冲了极端高温、新冠肺炎疫情、供应链不稳定等不利因素影响，呈现出"克难奋进稳盘"态势，经济运行保持在合理区间，高质量发展态势上行。前三季度，实现地区生产总值1321.25亿元，同比增长4.2%，总量及增速分别居中心城区第二位、第三位，增速超过全市平均水平1.1个百分点。三次产业分别增长1.5%、5.3%、3.6%，结构比为0.4∶36.6∶63.0。规模以上工业增加值增长5.0%，增速居中心城区第五位。固定资产投资增长5.7%，增速居中心城区第一位。社会消费品零售总额增长0.8%，增速居中心城区第四位。一般公共预算收入增长5.6%，增速居中心城区第一位。全区居民人均可支配收入39943元，同比增长5.8%，总量居中心城区第三位。

一、2022年九龙坡区经济运行总体情况

（一）三次产业克难奋进，转型升级持续加快

一是第一产业稳定发展。农林牧渔业和农林牧渔服务业增加值保持正增长，增速达1.5%。"巴味渝珍"授权农产品达74个，"两品一标"产品达33个。二是第二产业逆势稳盘。工业经济支撑有力。501家规模以上工业企业实现总产值1080.5亿元，同比增长8.4%。主导产业"一升三降"，新材料、汽摩、电子信息、高端装备累计实现产值890.8亿元，同比增长6.9%，占规模以上工业总产值比重82.4%，新材料产业"一枝独秀"，实现产值446.9亿元，同比增长27.2%，高端装备、汽摩、电子信息分别同比下降2.4%、6.1%、16.0%；战新产业增势较好，实现产值561.4亿元，同比增长14.1%，占规模以上工业总产值比重52.0%，占比同比提高3.2个百分点。五大龙头"一升四降"，累计实现产值347.7亿元，同比下降0.7%，占规模以上工业总产值比重32.3%，其中，西南铝业增长10.8%，隆鑫通用、格力电器、秦安机电、庆铃汽车分别下降0.8%、10.3%、17.9%、25.1%。建筑产业负重前行。新增中国十八冶等一级资质建筑业企业7家，总量达到124家。建筑业注册地总产值完成327.3亿元，同比增长13.9%，高于全市5.6个百分点，居中心城区第二位。大力实施装配式建筑，新开工建筑总面积54.8万平方米，其中，装配式建筑面积23.9万平方米，占比达43.6%。三是第三产业持续复苏。商贸业逐步企稳，批零总额实现4061.6亿元，同比增长8.4%；住餐营业额实现115.8亿元，同比增长4.6%。金融业支撑有力，实现增加值117.2亿元，同比增长4.2%，实现本外币存贷款余额5177.7亿元，同比增长10.7%，增速居中心城区第一，12家企业进入区拟上市重点企业储备库。交通运输需求转强，道路货运周转量实现32.1亿吨/千米，同比下降5.5%，但仍高于全市2.7个百分点。文旅产业逐步回暖，五洲世纪文化创意中心主体工程全部竣工，规模以上文旅企业营业收入28.4亿元，同比增长6.6%，接待游客3521万人次、同比增长1.6%，完成旅游综合收入137.3亿元，同比增长2.6%。新兴服务业增势强劲，其中，规模以上软

件和信息技术服务业增长17.9%，规模以上互联网和相关服务业增长11.9%。同时，数字经济与实体经济深度融合，经济发展新动能稳步增强，忽米工业互联网平台再次入选工信部工业互联网双跨平台，名次前进4位、居全国第八位。聚焦数字经济核心产业，全力打造重庆产业数字化赋能中心、重庆数字经济（人工智能）产业园区"金名片"。积极参加2022智博会系列活动，航天无人机及电子医疗器械、红马天泰三元正极材料研发基地2个项目线上签约。

（二）三驾马车协同拉动，重点项目提速快开

一是有效投资稳定放量。固投完成442.9亿元，增速是全年500亿级投资体量中唯一超过全市平均水平的区县，其中，建设与改造投资完成275.4亿元，增长42.0%；工业投资完成90.0亿元，增长20.7%，高于全市1.6个百分点；房地产投资完成167.5亿元，下降25.6%。重点项目"百日大会战"成果丰硕，29个市级重点项目开工27个，开工率93%，投资56.2亿元，完成年度投资计划122%；106个区级重点项目开工92个，开工率87%，投资263.4亿元，完成年度投资计划80.1%。争取资金再创新高，共争取到上级资金49.8亿元，其中，中央预算内资金6.4亿元、市级补助资金4.5亿元。招商引资成效较好，"1+4+21+N"大招商体系高效运转，新招引到光伏能源区域能耗综合平衡一体化示范项目、吉利汽车高端定制改装总部基地、无人机及电子医疗器械产业化等项目94个，合同金额1027.4亿元，其中，50亿级项目1个、十亿级项目6个。二是消费市场稳定恢复。社会商品零售总额实现641.8亿元。促消费政策接续发力，对辖区汽车4S店和参加重庆汽车展的企业给予补贴，带动新能源汽车、二手汽车销售分别同比增长94.3%、106%。疫情防控措施有力为基本生活消费品零售实现较快增长提供了保障，粮油、食品类零售额同比增长14.3%。线上经济销售持续畅旺，限额以上企业网上销售额同比增长26.4%，超过同期社会商品零售总额增速25.6个百分点。三是对外出口稳定增长。开展重点外贸企业走访活动，协调解决困难问题，争取各类稳外贸扶持资金1271.6万元。持续优化对外贸易市场布局，发挥品牌质量优势，提升对外贸易规模和水平，实现出口总额110.3亿元，增长14.0%。

（三）创新要素加快集聚，改革开放激发活力

一是创新高地提速打造。创新主体加快培育，新增科技型企业201家，总量达到3066家，高新技术企业总量达到503家，数量均稳居全市前列。创新平台量质齐升，新增市级创新服务平台20家，总量达到370家；启迪科技园成功创建国家级科技企业孵化器，兵科院西南分院组建运营公司，研发投入和产出水平进一步提升。创新生态持续优化，探索建立企业科技特派员制度，深化推进科技金融工作，累计为科技型企业发放知识价值信用贷款6.5亿元；创新成果转化提速，新增专利授权4276件，万人发明专利拥有量达到27.5件，同比增加4.2件；创新人才加速集聚，新建博士后科研工作站1个、技能大师工作室18个。二是重点改革压茬推进。积极推动124项改革专项和20项改革试点，城市更新试点、基层社会治理、居家社区养老、社区充分就业、教育"双减"改革等改革经验全国推广。营商环境持续优化，出台营商环境"久"满意工作方案，聚力铸造营商环境"久"满意金字招牌；落实新的组合式税费支持政策金额20.4亿元，累计兑现各类产业扶持资金3.2亿元，市场主体总量达24.1万户，继续领跑全市。"信用九龙坡"平台高点建设，截至目前，"信易贷"平台注册量和授信额均位居主城都市区第一，累计为中小企业商业价值授信12.4亿元。三是开放水平持续提升。开放平台加快建设，积极申报国家级服务出口基地，建设保税物流中心（B型），铜罐驿偏岩子码头顺利通过重庆海关出境粮食中转码头评审。开放水平稳步提升，积极促进自贸区九龙坡板块与其他开放平台的功能互补、政策叠加、协同发展，板块新注册市场主体2519户，共达到1.8万户，保持全市领先；积极对接RCEP、CPTPP，依托中新（重庆）国际数据通道开展数字内容跨境流通、联合创意和成果交易，新增"三外企业"166家，总量达到1155家。

（四）城乡品质不断提升，东西融合协调共进

一是城市更新深耕细作。统筹推进城市更新和全国文明城区创建，高标准开展"两江四岸"治理提升，高点打造重庆美术公园。推进城市更新连片升级，完成棚户区改造587户，老旧小区改造50.7万平方米，民主村、石杨路等城市更新试点项目加快推进，红育坡更新项目入选中国人居奖预备名单，西站商务区（三期）等10个重点商业商务项目建设顺利推进；商品房销售面积182.7万平方米，出让土地29宗2198亩，共计价款64.2亿元。着力优化城市生态，完善提升人行道169千米，城市道路18万平方米，完成违建整治任务11.5万平方米，新增绿地78万平方米。深化"大城三管"，积极融入市智慧城市融跨平台建设布局，创新构建新型智慧城市全生命周期管理模式，大城智管细管众管水平持续提升。二是乡村振兴扎实推进。投入乡村振兴资金近1亿元，稳步推动长江花果山·四季花果乡农旅综合体、西彭现代农业园、智慧农业示范基地等20个乡村振兴特色项目，推进一、二、三产业深度融合发展。深入开展农村人居环境整治提升五年行动，深化建设大英雄湾村美丽乡村，持续抓好"四好农村路"示范创建、"智慧农业·数字乡村"等工程，扎实开展村庄清洁和绿化行动，完成农村改厕864户，卫生厕所普及率达92%，实施"三改一治"1031户，新建入户道路13千米。三是区域合作持续深化。持续推动交通体系、产业、社会事业、城市管理同城化，东西部协调均衡发展水平不断提升。精准落实双城经济圈建设各项任务，"新龙"累计签订专项合作协议59个，促成两地企业合作超3000家，实现产值超5亿元。深入推进"一区两群"对口协同发展，兑现对口帮扶资金5300万元，完成对城口消费帮扶2830万元，推动麒麟姜爆、龙商担保、九龙检测与城口开展合作。精心做好援藏工作，选派5名援藏干部，支援芒康县100万元疫情防控物资。

（五）民生福祉持续改善，社会大局和谐稳定

一是全力打好疫情防控硬仗。妥善处置"3·12""4·4""5·5""6·1""7·13""8·3"等多起连续性突发疫情；持续开展重点人群常态监测，累计采样监测330万人次，9月上旬开始有序组织实施"7天1检"常态化核酸检测，每周检测超150万人次，牢牢守住了疫情不出现规模性反弹的底线。二是攻坚推进文明城区创建工作。"1+9+13"机制高效运转，指挥长、总督查每周调度指导，重点难点问题亲自过问、现场督办；区领导靠前指挥、带头攻坚，实地调研，及时协调解决存在的问题；各推进组、各镇街、各责任单位克服极端高温、疫情冲击等不利影响，铆足干劲、真抓实干，取得的成绩有目共睹。三是全面发展社会事业。农村公路建设等10项区人代会票决民生实事和建设社区体育文化公园等15项区级重点民生实事有序推进。突出就业优先，发放稳岗返还资金7762.8万元，用人单位社保补贴2093.5万元，稳岗人数25.2万余人；举办就业援助月等线上线下招聘会41场次，达成就业意向3935人。教育事业全面发展，增加普惠学位5000余个，集团办学基础教育实现全覆盖，12项教学成果获评市政府教学成果奖，教育评价改革获得市政府真抓实干通报激励。深入实施健康中国九龙坡行动，区人民医院、区中医院、区疾控中心、区妇幼保健院提速建设，区人民医院启动三级甲等综合医院创建。着力健全社会保障体系，大力推动全民参保，发放低保金5337万元，养老兜底保障、发展普惠型养老服务等工作获国务院督查激励。生态环境持续改善，空气优良天数同比增加13天，居中心城区第一，集中式饮用水水源地水质达标率100%，累计治理修复污染土壤13万立方米。

二、存在的问题

（一）疫情散发影响经济畅通

西彭、二郎、陶家三大工业战场受疫情冲击先后封控，规模以上工业企业8月份平均生产时间不到

10天，对产值影响严重；由于本市及周边省市疫情影响，企业配套厂或客户因地区封控，无法保障货物运输通畅。接触性消费恢复受到较大制约，区内疫情零星散发风险持续存在，4—9月社会消费品零售总额单月增速均处于历史低位。

（二）极端天气对供需造成影响

电力紧张直接冲击供给端，8月，全市电力持续紧张，多数企业只能错峰减量生产，8月13日全市开始执行一、二级有序用电方案，绝大多数企业相继减产，特别是在8月16日—26日高温期间，除少数保供和自备发电机企业外，绝大部分企业均全面停产，预估本轮有序用电减少产值20亿元以上。持续极端高温天气缩短项目施工时长，8月项目施工时间由每日12~14小时减少为6小时左右，绝大部分项目受高温影响10天以上。

（三）市场消费整体不容乐观

从消费类别看，社会商品零售总额五大类别中，除刚需的吃类外，其余四类均呈负增长，吃类、穿类、用类、居住类和行类分别同比增长12.2%、-16.1%、-10.6%、-11.5%、-4.6%。从消费结构看，汽车商品占限额以上社会商品零售总额比重约46%，传统汽车下行压力大，社会商品零售总额增速短期难有改善。

（四）外贸外资基础还不牢固

缺煤、缺电、缺工、缺芯、缺柜"五缺"和运费、原材料、能源资源价格、人民币汇率上升"四升"交织制约出口增长；极端高温限电导致企业生产时间缩短，订单交付压力增加。同时，受新冠肺炎疫情、外资配套奖励政策缺乏等因素影响，全区外资结构单一、质量不高，地产、金融外资引入难度大，存量外资企业增资意愿低，部分外资企业减资，利用外资缺乏大项目支撑、后劲不足。

三、2023年重点工作

（一）聚焦"四轮驱动"，抓好产业升级

深入实施"四轮驱动"发展战略，高质量编制好相关专项规划，落实好全区产业创新提升行动实施方案，切实抓好升规升限入统工作，全面提升产业核心竞争力。全面落实"链长"责任制，持续开展区级领导联系服务百家重点企业行动，推动制造业迭代升级，不断提升产业链供应链现代化水平。进一步抢抓新材料、新能源、汽摩、智能产业、高端装备、现代服务业和数字经济产业发展优势和机遇，千方百计做强主导产业、壮大新兴产业，提速建设"中国铝加工之都"和"西部氢谷"。持续扩大消费需求，巩固升级传统消费，稳步促进房地产、汽车等大宗消费，加快培育新型消费，抓好文旅消费复苏，更好地发挥消费的基础作用。

（二）聚焦重大项目，抓好有效投资

着力增强有效投资强度，严格按照重点项目开工、在建、前期"三张清单"加密调度频次，抓住当前项目施工建设的"黄金期"，加快推进三纵线五台山立交至双山隧道段改造工程、轨道18号线（九龙坡段）、黄桷坪长江大桥等重大基础设施项目和中铝高端、博世庆铃、国鸿氢能、华润中心等重大产业项目建设，确保早完工、早投产、早达效。落实好促进房地产业良性循环和健康发展若干措施，扎实推动2022年第四批次土地集中出让。加大招商引资力度，千方百计招引"世界500强"企业、行业领军企业、高新技术产业企业、前沿科技创新型企业等，提高招商引资质量。

（三）聚焦"文明创建"，抓好城市提质

扎实推进文明城区创建，高标准完成全国城市更新试点工作首年任务，加快推进九龙美术半岛城市更新提升、民主村片区改造、杨石路特色街区更新等重点项目，积极打造城市更新模范标杆示范区、市容风貌展示区，梯次推进老旧小区、老旧商区、老旧厂区、老旧街区等重点区域更新改造，不断完善城市功能，强化产业赋能，注重文化传承，提升宜居水平。深化智管细管众管严管，提升城市治理现代化水平。

（四）聚焦保障兜底，抓好民生改善

落实落细就业优先政策，全力做好稳定和扩大就业工作，特别是做好大学生、退役军人、农民工等重点群体就业工作。务实推进教育、医疗、出行、住房、养老、育幼等各类民生实事，健全完善分层分类的社会救助体系，守好百姓的"菜篮子""米袋子"，确保生活物资和能源供应安全平稳。高标准打好碧水、蓝天、净土保卫战，高效能推动生态环境保护和修复。全面落实全市"一区两群"协调发展战略，推动城口巩固拓展脱贫攻坚成果同乡村全面振兴有效衔接。

（五）聚焦风险防控，抓好安全稳定

统筹发展和安全，强化恒大、类恒大、金科房地产项目风险防范处置，全力以赴"保交楼"。深入开展安全生产大排查、大整治、大执法，抓好危化品、建筑施工、交通运输、油气管道、消防安全等重点行业领域安全生产，严防重特大事故发生。

[九龙坡区发展和改革委员会　董　超　何　圮]

之七:2022年大渡口区经济运行分析及2023年展望

2022年,大渡口区上下坚持以习近平新时代中国特色社会主义思想为指导,认真贯彻落实中央、市级稳住经济大盘各项决策部署,高效统筹疫情防控和经济社会发展,经济运行稳中有进,民生保障有力有效,发展韧性不断增强。

一、2022年大渡口区经济运行情况

(一)经济运行基本特征

1—9月,全区实现地区生产总值238.3亿元,同比增长5.4%,分别比全国、全市平均水平高2.4个、2.3个百分点,增速居全市第一位。第一产业增加值实现0.8亿元,同比增长4.8%,增速居中心城区和主城都市区第一位、全市第八位;第二产业增加值实现113.5亿元,同比增长12.1%,增速居全市第一位;第三产业增加值实现124.0亿元,同比下降0.2%。经济运行呈现六个特点。

一是工业经济强力引领,新兴产业增势良好。聚力打造五大百亿级产业集群,工业发展势头强劲。1—9月,全区规模以上工业总产值实现274.7亿元,同比增长21.8%;规模以上工业增加值增长17.9%,增速位列全市第二位。重点行业支撑有力,生物医药产业、电子制造业、材料产业、汽摩配产业产值分别同比增长105%、9%、6%、2%。质量效益稳步提升,1—9月实现工业企业营业收入254亿元,同比增长20.3%;实现工业企业利润38.5亿元,同比增长50%。战略性新兴制造业、高技术产业产值分别占规模以上工业产值的65.4%、50%。

二是投资实现小幅增长,建筑业稳健运行。1—9月,全区新开工海康威视三期、重庆市小面产业园等项目40个,总投资216.3亿元;竣工白居寺大桥、快速路二纵线华岩至跳磴段等项目25个,76个重点项目有71个推进顺利,顺利率93.4%,带动全区完成固定资产投资175亿元,同比增长2.3%。其中,房地产完成投资126.6亿元,同比增长1.3%;基础设施完成投资27.5亿元,同比增长3.6%;工业完成投资12.3亿元,同比下降9.4%。1—9月,全区完成建筑业总产值210.7亿元,同比增长14.5%,增速位列中心城区第一位、主城都市区第二位。完成建安投资97.3亿元,同比增长15.7%。

三是商贸消费加快恢复,服务业总体平稳。开展消费券发放、汽车购置补贴活动,整合各方资源开展线上线下促销展销活动,激发消费活力。1—9月,全区实现社会消费品零售总额50亿元,同比增长4.0%,增速居全市第二位。1—8月,全区规模以上服务业企业实现营业收入40.6亿元,同比增长4.4%,增速居中心城区第四位、主城都市区第15位。商品房销售在稳地价、稳房价、稳预期的政策导向下,实现销售面积133万平方米,下降12%,增速居中心城区第一位、主城都市区第六位。9月末,全区金融机构本外币存贷款余额1592.2亿元,同比增长1.03%。1—9月,全区实现外贸进出口总额32.2亿元,同比增长11.97%,增速居中心城区第三位、主城都市区第11位。

四是改革创新纵深推进,发展活力持续增强。招商引资提速推进,1—9月全区招商签约项目52个,签约投资额310.9亿元。创新生态持续优化,组建重庆市体外诊断技术创新战略联盟,新增数字化车间4

个，新认定国家级专精特新"小巨人"企业5家，举办"双创"活动周系列活动，国际复合深交所创业板上市申请过会。重点领域改革实现突破，市医疗器械技术审评查验服务站、市食品药品检测研究院重庆小面检测中心落户，三峰环境入围国资委"双百企业"名单。

五是政策红利持续释放，助企纾困成效明显。发布稳经济政策包，召开专精特新"小巨人"企业座谈会、民营企业座谈会等，推动惠企政策直达快享。1—10月，新的组合式税费支持政策已为全区市场主体减轻税费负担和增加现金6.62亿元，累计提供民营企业融资43.58亿元。1—9月，新增民营经济市场主体4977户，同比增速14.28%；新增民营企业1577户，同比增速11.09%。上榜2022年重庆100强企业4家、制造业100强企业5家、服务业100强企业1家。

六是财政收支压力较大，民生保障落细落实。1—9月，区级一般公共预算收入完成11.2亿元，同比下降25.3%。一般公共预算支出完成25.3亿，同比增长12.7%，增速居中心城区第三位。全力稳就业，开展线上线下招聘会、引才活动20场，城镇新增就业完成2.1万人，同比增长52.7%，累计发放创业担保贷款1100万元。1—9月，全体居民人均可支配收入3.7万元，同比增长4.9%。15件区级重点、71项镇街微型民生实事有序推进。

（二）存在的问题

一是实体经济下行压力增大。中小微企业、个体工商户面临市场需求持续不振、现金流不足等问题，企业投资扩产意愿不高。受散点疫情影响，市场消费预期偏弱，住宿、餐饮、旅游等服务类消费恢复趋缓。

二是房地产业持续下行。房地产市场仍处于深度调整期、回暖不及预期，房地产企业拿地规模下降，销售疲软未明显改善，房地产项目维稳压力增大。

三是服务业发展水平有待提升。1—9月，全区第三产业增加值增速低于全国、全市平均水平，对经济增长的贡献率低。金融业体量较小、业态不丰富，信贷融资需求放缓。其他服务业总体完成预期目标，但规模以上企业总体数量少、规模偏小，抗市场风险能力较弱。服务业升规纳统基础仍较为薄弱，亟须加快企业招引培育、做大增量。

（三）2022年主要经济指标预测

初步预测：全年全区GDP同比增长5%左右；固定资产投资额与2021年持平；规模以上工业增加值同比增长15%左右；社会消费品零售总额同比增长3.5%左右；一般公共预算收入同比下降11%左右；全区居民人均可支配收入同比增长4.8%左右。

二、2023年经济运行环境分析及趋势展望

（一）从全球来看

当前及今后一段时期，国内外经济发展环境依然错综复杂，新冠肺炎疫情影响还在持续，俄乌冲突不断重塑地缘政治格局，北美欧洲等国通货膨胀水平保持历史高位，欧洲能源危机向"去工业化"危机演变，中美贸易摩擦向科技领域蔓延，台海形势遭受外部势力干预冲击，中国国家主权、安全及发展利益面临日益升级的严峻挑战。国际货币基金组织（IMF）预测，2023年全球经济增长将放缓至2.7%。2023年全球经济复苏态势不明朗，可能出现地区性经济衰退。

（二）从全国来看

2022年，中国共产党第二十次全国代表大会胜利召开，为未来五年甚至更长一段时期的中国描绘蓝

图、锚定方向。中国式现代化推动新的体制机制红利不断产生，国内改革发展稳定各项战略部署和任务举措将强力推进，中国号巨轮行稳致远的预期将持续向好，为全球经济复苏贡献持续稳定的强大动能。中国市场规模大、产业链供应链完整、科技创新较快发展，经济长期向好的基本面没有改变，短期经济压力主要来自非经济因素冲击，随着国内疫情防控形势持续向好，稳经济系列政策措施加快落地生效，中国经济恢复进度有望加快。国际货币基金组织（IMF）预测，2023年中国国内生产总值增长4.4%。

（三）从全市来看

2022年前三季度，重庆市努力克服疫情多发散发、高温干旱少雨极端天气等超预期因素带来的严重冲击，经济运行保持恢复性发展态势，彰显了稳经济政策组合拳的工作效果以及经济发展的强大韧性。2023年，随着稳经济大盘政策加快精准落地，全市从供需两端精准发力，市场信心将持续恢复，经济发展动能将持续增强。从供给侧看，聚焦打造世界级智能网联新能源汽车集群，新能源汽车、电子核心部件、数字经济以及专精特新企业、科技创新领域获得大力支持，多个行业助企纾困政策持续释放红利，市场活力将得到有效激发；从需求侧看，重大项目建设在专项债资金、政策性开发性金融工具以及项目审批等方面的政策支持下进一步提速，汽车、家电等大宗商品消费支持、消费信贷支持等政策加码落地，消费信心明显提振。但也要看到，全市经济运行仍面临实体经济发展信心不强、民间投资疲软、房地产市场低迷、能源等要素保障难等多重挑战。总体来看，2023年全市疫情防控形势稳中趋好，各种不利因素的负面影响整体小于2022年，经济增长水平将持续提升。

（四）从全区来看

成渝地区双城经济圈建设等重大战略深入推进，南部人文之城、长江文化艺术湾区建设全面铺开，"公园大渡口、多彩艺术湾"建设提速推进，为全区经济持续向好发展创造更加有利条件。大渡口区老工业基地调整改造取得积极成效，国家产业转型升级示范区建设高标准推进，五大百亿级产业规模日益壮大，工业经济增长势头良好，重点片区开发提质提速，一批重点项目开工投产、提质放量，为经济平稳健康发展奠定良好基础。但现阶段，大渡口区仍处于转型发展"攻坚期"和产业培育"关键期"，经济总量仍然偏小、支柱产业仍需夯实基础、资源瓶颈制约依然突出，维持稳定增长态势仍需增添新举措、激发新动能。

三、下一步工作重点

（一）狠抓挖潜增效，推动工业动能再增进

高标准建设国家产业转型升级示范区，聚力推进五大百亿级产业集群建设，重点抓好海康威视、中元汇吉等大型企业服务和运行调度，进一步挖潜增效，稳住体量、保持增速。推动萤石生产基地、中元汇吉生物科技园、风渡新材料拉挤片材生产基地等项目加快建设，推动国际复合加快上市，积极推进重庆小面中央工厂建设，强化工业经济增长动能。抓好企业升规入统工作，进一步扩大增量。扎实做好水电气、用工、用地等要素保障服务，确保重点企业产业链、供应链稳定畅通。推动制造业中长期贷款、设备贷款贴息项目加快签约、投放、支付。

（二）狠抓项目建设，推动有效投资再发力

按照重大项目开工、在建、前期"三张清单"加密调度频次，推动宝武西南总部等项目加快开工，陶家隧道、嘉南线连接道等项目加速放量。全力做好土地招商推介工作，加快出让进度，促进房地产投资。围绕中央预算内投资、专项债券等申报方向策划包装项目，顶格争取资金。围绕产业链布局招商链，

拓展招商引资渠道，大力开展以商招商、精准招商，加强招商签约项目服务调度，加快项目落地转化。抓好2023年投资计划编制，做实项目库，为2023年投资奠定基础。

（三）狠抓短板弱项，推动服务业再提升

促进消费潜力释放，持续做好100万元消费券发放、100万元汽车购置补贴等消费促进活动，支持华润万象汇、心湖公园等打造公园消费新场景，促进餐饮、住宿等行业恢复发展。推动房地产业健康发展，出台促进区房地产市场平稳健康发展措施，推动房地产市场有效营销，促进居民住房首次置业刚性需求和改善性住房需求释放。强化金融协调服务，开展政银企对接活动，落实金融支持实体经济政策措施，降低企业融资成本。出台推动服务业高质量发展的若干政策，加快规模以上限额以上企业培育进度，提质发展软件及信息服务业、租赁和商务服务业，培育壮大现代物流、研发设计、检验检测等生产性服务业，补齐服务业发展短板。

（四）狠抓稳企惠企，推动市场活力再释放

推进惠企政策落地，用足用好国家、市级政策工具包，持续出台我区针对性配套措施。加大助企纾困力度，完善政企沟通制度以及领导干部常态化走访联系企业制度，落实联系服务市场主体全覆盖工作，"一企一策"解决企业经营发展诉求。持续优化政策环境、政务环境、金融环境、法治环境和人文环境，以优良的营商环境赋能高质量发展。深化国家"双创"示范基地建设，建好重庆市体外诊断技术创新战略联盟，发挥好重庆高新医疗器械研究院公共服务平台等优势，以创新驱动产业发展。

（五）狠抓开源节流，推动财政金融再增效

落实各项减税降费政策，继续落实过紧日子要求，进一步压减非急需、非刚性支出，着力保障重点支出。稳定金融业发展，推进金融招商，落实金融支持实体经济政策措施，加大对受疫情影响行业、企业、人群等金融支持。落实就业优先政策，做好高校毕业生、农民工等重点群体就业工作，加快兑现缓缴社保费、失业保险稳岗返还、一次性扩岗补助等政策，确保应享尽享。加强粮油、肉类、蔬菜等重要商品价格监测分析，保障市场供应。加强困难群众基本生活保障。

[大渡口区发展和改革委员会　王　文　骆闻达]

之八：2022年北碚区经济运行分析及2023年展望

一、2022年北碚区经济运行分析

2022年以来，在区委、区政府坚强领导下，北碚区区上下全面贯彻落实党中央、国务院决策部署和市委、市政府工作安排，按照"疫情要防住、经济要稳住、发展要安全"的要求，聚焦"两大定位"，做好"四篇文章"，着力统筹疫情防控和经济社会发展，大力实施稳经济一揽子政策措施，尽最大努力对冲超预期因素影响。

1—9月，全区实现地区生产总值517.24亿元，同比增长1.1%，低于全国1.9个百分点，低于全市2个百分点，较上半年下滑3.3个百分点；规模以上工业增加值同比下降7.4%，低于全国11.3个百分点，低于全市11.4个百分点，较上半年下滑11.5个百分点；固定资产投资同比下降15%，低于全国20.9个百分点，低于全市18.3个百分点，较上半年下滑24.4个百分点；社会消费品零售总额同比增长0.7%，与全国平均增速持平，低于全市0.8个百分点；一般公共预算收入同比下降14.4%，低于全国7.8个百分点，低于全市10.1个百分点。

（一）运行特征

一是规模以上工业总产值大幅回落，电子产业负向影响较大，"专精特新"加快发展培育。1—9月，全区规模以上工业总产值同比下降6.7%，较上半年下滑11.6个百分点，其中，北碚区属板块同比增长6.3%，占比39.1%；两江水土板块同比下降13.5%，占比60.9%。规模以上工业增加值同步下降，拉低全区经济增速3.1个百分点。八大产业产值由上半年的"五升三降"转为"三升五降"，电子、摩托车、装备、材料、消费品分别下降11.6%、17.9%、5.2%、33.6%、18.7%（汽车、医药、能源分别增长46.8%、1.5%、20.5%）。电子产业产值占全区规模以上工业产值比重达60%以上，其下降直接拉低规模以上工业产值增速7.5个百分点。新增市级"专精特新"企业96家，居全市第四，截至目前，全区市级"专精特新"企业162家、国家级专精特新"小巨人"企业18家。

二是固定资产投资下滑明显，房地产投资降幅较大，工业投资降幅略有收窄。面对超预期影响，按照全市统一部署，通过及时出台《北碚区"稳投资促增长"十条措施》、积极盘活国有闲置资产等多种方式，全力扩大有效投资，全区投资总量继续保持在中心城区前列。但受各种因素影响，全区投资出现下滑，1—9月，全区完成固定资产投资395.66亿元，同比下降15%。分区域看，区属板块完成投资203.26亿元，占比51.4%，同比下降5.3%；两江水土板块完成投资192.40亿元，占比48.6%，同比下降23.2%。分行业看，基础设施完成投资74.82亿元，同比下降15.4%，较上半年下滑114个百分点；工业完成投资147.30亿元，同比下降2.1%，较上半年降幅收窄2.5个百分点；房地产完成投资144.08亿元，同比下降31.2%，较上半年下滑11.2个百分点。

三是全区消费逐步恢复，文旅体融合发展态势较好，三产结构有所改善。1—9月，全区批发业、零售业、餐饮业分别同比增长4.3%、13.3%、6.4%，住宿业同比下降4%，但降幅较上半年收窄12.6个百分点。成功创建国家级夜间文化旅游消费集聚区，组织策划"斯巴达"、"嘉陵江小三峡马拉松"等赛事，柳荫镇东升村入选文旅部全国乡村旅游精品线路。1—9月，实现旅游总收入148.74亿元，同比增长3%。全区服务业同比增长9.0%，三次产业比例由上半年的2.0∶48.1∶49.9调整为2.6∶44.6∶52.8，服务业对经济增长的拉动作用日益加强。

四是重点民生实事有序推进，就业形势总体稳定，各类风险有效防范化解。1—9月，全区14件市级重点民生实事完成投资1.4亿元，完成年度投资计划的161.9%，其中开展的"百千万惠残助残行动"等5件已提前完成年度目标任务；8件人大代表票决民生实事完成投资6.67亿元，完成年度投资计划的88.4%，其中建成投用一批学校、硬化农村入户便道等部分项目已完工。实现城镇新增就业2.2万人，完成区级目标任务的108.39%。有效应对处置"8·21"森林火灾等突发事件，科学精准处置"8·24"等本土疫情，未发生较大及以上生产安全事故，有力守护人民群众生命安全和身体健康。

（二）存在的困难和问题

一是工业内部结构仍需进一步优化。全区工业多点支撑的格局还未形成，应对市场变化的能力还不强。一方面，工业主要依赖电子产业（产值占60%以上），2022年受重点企业京东方光电产品价格下降影响（从去年7月至2022年9月，降幅近60%），电子产业持续下滑，对全区工业影响明显。另一方面，汽摩、装备制造、仪器仪表等传统产业聚群发展不够，尚未形成产业带动效应；智能网联新能源汽车、新材料等新兴产业起步较晚，发展较为滞后，对全区工业的支撑作用尚未显现。

二是市场信心仍显不足。企业对中长期经济形势的预测不乐观、投资意愿不足，1—9月，完成民间投资142.74亿元，同比下降24.1%。招商引资质效不及预期，签约金额分别完成市级、区级年度目标任务的64.47%、57.3%，市、区两级任务均未达到序时进度。新出让土地少，前三季度全区出让区属土地5宗（商住2宗、工业3宗），总价款14.1亿元，仅完成年度目标任务的20.7%。

三是财政收支矛盾更加突出。受组合式税费支持政策落实、房地产和土地交易市场萎靡影响，全区税收收入出现较大缺口，同比下降35.6%，仅为预算数的44%，低于序时进度31个百分点，一般公共预算收入仅达到预算数的56.5%、低于序时进度18.5个百分点，同时全区一般公共预算支出同比增长25.7%（增幅较上半年扩大15.7个百分点），全区"三保"压力较大。

（三）全年预测

从前三季度经济运行情况看，全区经济持续发展面临不少困难挑战，实现全年预期目标难度较大，地区生产总值、规模以上工业增加值、固定资产投资总额等主要经济指标与预期目标还有较大差距。但同时也要看到，我区正处于转型期和提速期，产业结构不断优化，新兴产业高速成长，新业态加快培育，各种积极因素在不断增多、支撑高质量发展的基本条件依然存在，发展的韧性足、空间大。我们有信心在区委、区政府的坚强领导下，努力推动经济运行在合理区间，力争全年地区生产总值增速达到全市平均水平，尽全力缩小与年度预期目标的差距。

二、2023年发展思路及重点工作

（一）发展思路

聚焦生态田园都市区、人文科教创新城"两大定位"，做好生态人文、科技创新、民营经济、城乡融合"四篇文章"，加快推进综合实力、改革开放、环境质量、民生安康、治理效能、党建引领"六个上台阶"，建设社会主义现代化美丽北碚，在承接落实"三个作用"、服务全市建设高质量发展高品质生活新范例中体现新担当、展现新作为。

（二）主要目标

综合考虑宏观经济环境、北碚区发展基础及支撑条件，衔接"十四五"规划纲要目标，本着兼顾当前与长远发展、实事求是、积极稳妥的原则，2023年地区生产总值增速达到全市平均水平。

（三）重点任务

一是全力抓好调度。科学编制2023年国民经济和社会发展计划，事项化、项目化、清单化推进实施。针对GDP，加强对相关基础指标分析研判，巩固保持规模以上服务业、工业技术改造投资等优势指标，延续好的发展势头，把长板进一步拉长；对规模以上工业增加值、商品房销售面积等短板指标，认真分析原因，研究对策措施。针对重点区域、重点行业、重点企业，加大调度频次和力度，有关单位和园城形成专班制度，进行周调度、旬分析、月总结，及时协调解决运行中的困难和问题。

二是全力稳住工业。服务方面，持续深化全区"稳存量、扩增量、提质量"专项行动，用好服务民营企业"直通车""民企评部门"等工作机制，持续做好助企纾困、稳企惠企各项工作，扎实做好水电气、用工、用地等保障服务，确保京东方、莱宝等重点企业产业链、供应链稳定畅通。生产方面，针对八大产业中产值下降的行业，"一对一"协调解决生产中的问题，力争产值止跌回升；针对产值增长的行业，鼓励开足马力、加快生产，保持产值增长态势。

三是全力扩大投资。针对重点项目，对照续建、新开工、前期"三张清单"，打表推进各项重点项目；严格"红黄牌"制度，对建设时序滞后的"黄牌"预警项目，加大督导力度。做好项目储备，准确把握政策方向，加强前期论证，提高储备质量。针对社会投资，加快盘活龙华山庄、马鞍溪公园等100项重点闲置国有资产，吸引社会资本参与共建，加快北碚区环缙云山生态建设及生态产业化EOD百亿级项目社会资本招标。针对基础设施投资，加快推进重庆铁路枢纽东环线（北碚段）、渝武高速扩能（北碚至合川段）、马河溪大桥、东阳西山坪片区旅游环线公路改建等项目，推动基础设施投资放量。针对工业投资，重点督促已出让土地项目加快开工，支持企业进行技术改造、设备更新。针对房地产投资，以"保交楼"政策为抓手，正常推进的项目加快施工进度，全力止住房地产投资下滑趋势。

四是全力推动招商。招商项目落地方面，进行履约情况专项清理，对未履行合同、延迟履行承诺等情况进行重点排查，采取一事一议、一企一议的方式，逐项研究，依法依规解决，力争年内再开工一批项目，提升招商项目转化率。招商引资质效提升方面，发挥"8+1"招商专班作用，依托我区产业和资源优势，大力招引战略性新兴产业项目和头部行业关键环节项目，进一步强链延链补链。招商方式优化方面，加强与市级部门联动招商，全力打造传感器市级重点关键产业园，努力形成国家级传感器产业集群，培育北碚经济发展新引擎。

五是全力促进消费。大力拓展线上消费，支持实体零售企业运用互联网、大数据等数字技术改造业务流程，确保全区限额以上企业通过互联网实现的商品零售额保持增长态势。支持镇街开展晒宝"碚"特色消费活动，通过短视频推动消费。促进城市消费，把握好重要时点，策划开展电商节、车展、节会等系列促消费活动，加快建设中南大有境、中央大街等大型商业综合体，打造更多消费场景。促进农产品消费，依托缙云甜茶、静观蜡梅花等75种特色农产品，加快传统农产品牌化经营，推进全区"菜篮子""果盘子""米袋子"本地化。促进文旅消费，持续推出探寻百年乡建路、飞扬碚城山水间等10条特色游线，做好缙云山"后半篇文章"，加快推进国家级旅游度假区创建，擦亮"缙云山"城市功能名片。

六是全力改善民生。做好疫情防控，最大程度保护人民生命安全和身体健康，最大限度减少疫情对经济社会发展的影响。大力推进民生实事，确保市级重点民生实事和区人大代表票决民生实事，圆满完成年度目标任务。多措并举稳定就业，落实好低收入群体帮扶政策。保障粮食安全，全面落实党政同责，确保完成全年粮食生产任务。兜牢安全底线，强化政府债务管控及财政收支管理，防范房地产等领域风险，深入开展安全生产大检查，严防重特大事故发生，确保社会大局平安稳定。

[北碚区发展和改革委员会　李　俊　张　红　刘妍艺等]

之九：2022年渝北区经济运行分析及2023年展望

2022年以来，渝北区面对更趋复杂严峻的多重考验，尤其是本地疫情、极端天气、电力紧缺等超预期因素冲击，全力推动稳住经济大盘一揽子政策和接续措施落实见效，统筹疫情防控和经济社会发展有力有效，全年全区发展总体平稳，经济运行将保持在合理区间，GDP增长3.5%左右。

一、2022年渝北区经济运行分析

（一）主要特点

前三季度，全区实现地区生产总值1625亿元，同比增长1.2%，经济总量保持全市第一。其中，第一产业增加值19.5亿元，同比增长2%；第二产业增加值538.7亿元，同比负增长0.5%；第三产业增加值1066.9亿元，同比增长2%。三次产业结构比为1.2∶33.1∶65.7。总体呈现4个特点。

一是产业经济有升有降。农产品产量稳步提升，农业总产值完成27.5亿元，增长2.2%。工业经济总体稳定，规上工业总产值增长0.3%。其中，汽车制造业增长1.5%、专用设备制造业增长49.7%、仪器仪表制造业增长15.4%、医药制造业增长5%，但计算机电子制造业负增长0.9%、通用设备制造业负增长14.6%、电气机械器材制造业负增长20.8%。建筑业增加值完成87.7亿元后仍负增长2.8%，影响第二产业增加值为负。服务业形势整体向好，其中，金融、商贸、其他服务业等行业持续增长，交通业、房地产业的降幅也有所回升，货物周转量增长4.6%，商品房销售面积降幅较上半年收窄7.0个百分点。

二是消费市场有所恢复。实施"促消费·稳增长"九大行动，带动商贸经济有所回暖。得益于汽车销售企稳提升，加上新增OPPO集采等企业集中发力，批发和零售业销售额完成2814.4亿元，同比增长7.7%；得益于会展、旅游、文体活动等拉动，带动住宿和餐饮业营业额完成112.1亿元，同比增长4%，旅游收入增长9.5%。全区社会消费品零售总额略增1.5%。1—8月进出口额1357.4亿元，同比增长10.4%。

三是发展动能有所增强。重点项目有序推进，46个市级重大项目共完成投资124.5亿元，投资完成率85.5%，同比提高2.7个百分点；224个区级重点项目共完成投资53.7亿元，投资完成率80.8%，同比提高11.4个百分点。外商投资力度增大，实际使用外资（原FDI）2.1亿美元，增长同比13.9%。物流活动日趋频繁，多式联运、装卸搬运营业收入分别增长33.3%和9.1%，邮政业务总量增长35.1%。招商引资签约项目72个，合同投资额739.5亿元，但资金到位162.4亿元，到位率仅22%。

四是发展环境有所优化。持续打造营商环境"升级版"，市场主体突破17.5万户，同比增长17.6%。全区新培育市级新型研发机构24家、新型高端研发机构12家，新增"专精特新"中小企业104家、国家级小巨人企业12家。科技型企业知识价值信用担保基金为77家科技型企业新放贷1.5亿元，累计为403家科技型企业共放款7.54亿元，获批创建国家新一代人工智能创新发展试验区。切实落实减负稳岗扩就业政策，全区就业形势总体平稳，新增城镇就业人数5.4万人，同比增长15.1%，城乡居民收入达到38636元，同比增长9%。

（二）存在的问题

一是重点行业支撑力度不足。工业方面新能源汽车占比太小，拉动力不足，加上受原材料价格上涨、芯片供应短缺以及市场等因素影响，笔电、手机企业排产、订单缩减，产值减少。市场谨慎，加上投资放缓、存量不足，对商品房销售影响仍然较大。疫情多点散发对航空运输业以及接触性行业影响仍在持续，不确定性增加，形势艰难。二是消费恢复基础不牢。会展、旅游虽有恢复，但易受超预期突发情况延期或中断，季节性活动、节假日出游等受到影响，传统旺季消费"旺得不够"，加速回暖基础不牢。三是投资增长压力加大。叠加房地产投资持续低迷、工业投资缺少接续项目等不利影响，固定资产投资增速回升压力加大。四是财政收支压力加大。全区财税形势与全市基本一样，收支平衡压力不断增加。

二、2023年经济运行环境及因素分析

2023年，外部环境深刻变化，世界政经局势错综复杂，风险挑战复杂性、不确定性不断增加，经济下行压力持续加大。但同时，直面挑战更要看到机遇。从国内来看，党的二十大胜利召开为未来发展指明方向和路径，2023年作为贯彻党的二十大精神开局之年，我国将全面贯彻新发展理念，以高质量发展为主题，经济发展延续恢复态势。国家将加强跨周期宏观调控，还在财政、货币、投资、产业、就业、改革开放、乡村振兴、区域发展等方面持续释放利好，促进经济稳定恢复增长。聚焦重庆，在"一带一路"、成渝地区双城经济圈等国家战略集中发力，"一区两群"协调发展，两江新区等开发平台多点支撑的带动下，加上国家和地方系列稳经济大盘政策和接续措施落地细化，全市经济发展韧劲和动力仍然强而有力，总体向好的发展趋势不会变化。

当前，我区正处于产业结构转型重要阶段，内生动力尚且不足，叠加三重压力不断加大，经济运行将继续承压前行。但同时看到，2023年，在落实中央统筹做好疫情防控和经济发展的部署下，全区经济增长有不少支撑。从投资来看，在江北国际机场T3B航站楼、轨道交通15号线等市级重点项目，以及疆电入渝特高压、长安新能源厂区、洛碛港物流城、多宝湖片区开发等重大项目和一批区级重点项目的带动下，全区投资将保持总体向好态势，并有望带动建筑业扭负为正。从产业来看，在汽车、笔电、手机、装备等行业的拉动下，工业有望迎来稳定增长；在疫情防控常态化下，交通、消费、房地产等服务业将持续恢复，第三产业有望保持增长。从市场主体和就业来看，随着经济回暖，经济活动更加频繁，叠加助企纾困政策的支持，大部分受困市场主体将逐步走出困境，创造更多的经济效益；随着稳岗政策持续发挥效应，全区失业率将保持在合理范围，就业岗位和就业人数保持较快增长。

三、2023年趋势展望及主要指标预测

立足渝北发展实际，综合考虑当前面临的外部环境和疫情的不确定性，预计2023年：经济运行保持在合理区间，经济总量实现正增长，与全市趋势基本同向；固定资产投资规模总体稳定，实现正增长；全口径工业增加值、社会消费品零售总额、外贸进出口总额、实际利用外资等均实现合理增长；城乡居民收入增长速度快于经济增长速度。

四、措施建议

2023年，渝北区将全面贯彻党的二十大精神，认真落实市里系列工作部署，高效统筹疫情防控和经济社会发展，着力抓好各项工作，全力推动全区高质量发展。

（一）推动项目建设促进投资放量

坚持实行"周调度、月通报"制度，对照《重点项目节点时间表》和重大项目前期工作"鱼骨图"，推动年度重点项目加快建设。抓好项目储备，用好重大项目策划储备工作专班，强化项目策划、储备力量，做好向上争资争项。强化产业项目策划，扩大招商引资，拉动社会企业加大投资。全力推进重大项目、市区重点项目以及民生实事项目，加快形成更多有效投资实物量。联动策划、共同推进项目，加强与广安等友好城市对接共谋，抓好高竹新区项目建设；加强与云阳协同，促进年度项目有序推进。

（二）多措并举推动消费加快恢复

统筹用好市区资源，围绕汽车、家电、家具、家装等大宗商品，引导激励企业持续推进更新换代、以旧换新。依托西南国际汽贸城，策划"汽车销售节"，打响西南国际汽贸城品牌。承办中国重庆国际时尚周活动，打造"时装渝北"名片。积极举办"三亚湾海鲜美食节""环山运动健身赛"等文体活动，不断增强城市活力、魅力、影响力。策划一批亲子游、周末游、近郊游、暖冬游、研学游等渝北特色旅游路线和产品，多种形式促进消费。做活新消费业态，支持夜经济、网红打卡、数字消费、新零售等新模式新业态。加快推动合景泰富悠方等商业综合体建成运营，持续完善中央公园、三龙、两路商圈配套功能，打造特色消费场景。

（三）高效务实推动产业提质增效

围绕"引龙头、补链条、建集群"，落实落细汽车、电子、软件信息3条重点产业"链长制"，全力保产业链供应链稳定。推动传统工业提质升级，支持企业加大数字化车间、智能化工厂改造力度。依托仙桃国际大数据谷、空港新城、三龙等片区，发展新兴服务业，加快打造数字经济新高地。大力发展总部经济、现代金融、商务商贸、研发创新等专业楼宇、特色楼宇。鼓励制造业企业向创意孵化、研发设计、售后服务等服务化转型。持续打造古洛环线农旅融合示范带、南北大道农耕文化科普示范带、春赏花夏采果的印放线伏季水果带、玉龙线都市旅游示范带，进一步做大做强都市体验农业。

（四）加大金融服务实体经济力度

落实金融惠企政策，利用好"助企贷""上市贷"等工具，加快新型"政担合作"模式应用推广。灵活运用央行再贷款、再贴现以及政策性开发性金融工具等多种货币政策，加大对重点领域、薄弱环节行业群体的支持服务力度。持续开展"百行千企"政银企对接。提速建设"1+5+N"金融服务港湾，推广"长江渝融通"线上融资服务平台，提供更加便捷、高效的金融服务。

（五）强化区域协同促进开放发展

加快打造高水平空港型国家物流枢纽，助推T3B航站楼和第四跑道加快建设。认真落实《成渝地区双城经济圈建设规划纲要》，加快推动川渝高竹新区建设，提速推进一批道路交通、市政基础设施、双创平台等项目建设，落实落细经济区与行政区适度分离改革相关任务。坚持"两江兴、渝北兴"，全力服务、深度参与两江新区开发建设。支持临空国际贸易示范园、总部贸易基地发展，招引集聚外贸企业落户。推进中新大数据智能化产业示范基地建设，升级大数据智能化展示促进中心，建设中新数字经济人才发展中心，拓展技术、人才、应用、产业等领域合作。深入落实优化营商环境条例，持续深化"放管服"改革，健全外商投资促进和服务体系，打造国际一流营商环境。

（六）切实改善民生保障社会稳定

充分发挥"一库四联盟"作用，强化集"大统筹、大数据、大平台"为一体的智慧就业体系，为高校毕业生全面落实"1311"服务，促进农民工、脱贫人口就近就地就业。以城市品质提升为抓手，系统治理出行堵、停车难等"城市病",稳步推进城市更新、老旧小区改造和雨污分流整治。加强全区教育基础设施布局,继续采取回购、引导民办园转普等措施,提升公办园在园幼儿占比和普惠率。提速推进"一老一小"服务设施建设,抓好新建救助管理站和未成年人救助保护设施运营管理。继续打好蓝天、碧水、净土、宁静保卫战,持续巩固国家生态文明建设示范区建设,不断提升生态宜居生活环境。全面落实安全生产责任制,常态化安全隐患排查整治,维护社会和谐稳定。

[渝北区发展和改革委员会　缪　璞　何　毅　蒲晓霞　周川杰]

之十：2022 年巴南区经济运行分析及 2023 年展望

2022 年以来，面对复杂严峻的国内外形势和多重超预期因素冲击，巴南区以习近平新时代中国特色社会主义思想为指导，认真贯彻落实党中央、国务院决策部署和市委、市政府工作要求，立足新发展阶段，贯彻新发展理念，融入新发展格局，担当新发展使命，严格落实"疫情要防住、经济要稳住、发展要安全"的重大要求，高效统筹疫情防控和经济社会发展，加力落实稳经济一揽子政策和接续政策措施，加快建设"一区五城"和打造五个产业集群，全区经济顶住压力、持续恢复，民生保障有力有效，发展的韧性不断显现。

一、2022 年巴南区经济运行情况

（一）经济运行主要特点

2022 年以来，面对需求收缩、供给冲击、预期转弱三重压力和疫情、旱情、火情"三情叠加"严峻形势，巴南区委、区政府严格对标党中央、国务院和市委、市政府关于稳增长的决策部署狠抓落实，保生产、稳经济、强实体，全力释放政策效能，经济运行呈现"一季度高开、二季度承压、三季度探底"的特点，坚毅韧性持续显现，前三季度实现地区生产总值 713.6 亿元，同比增长 2.6%。

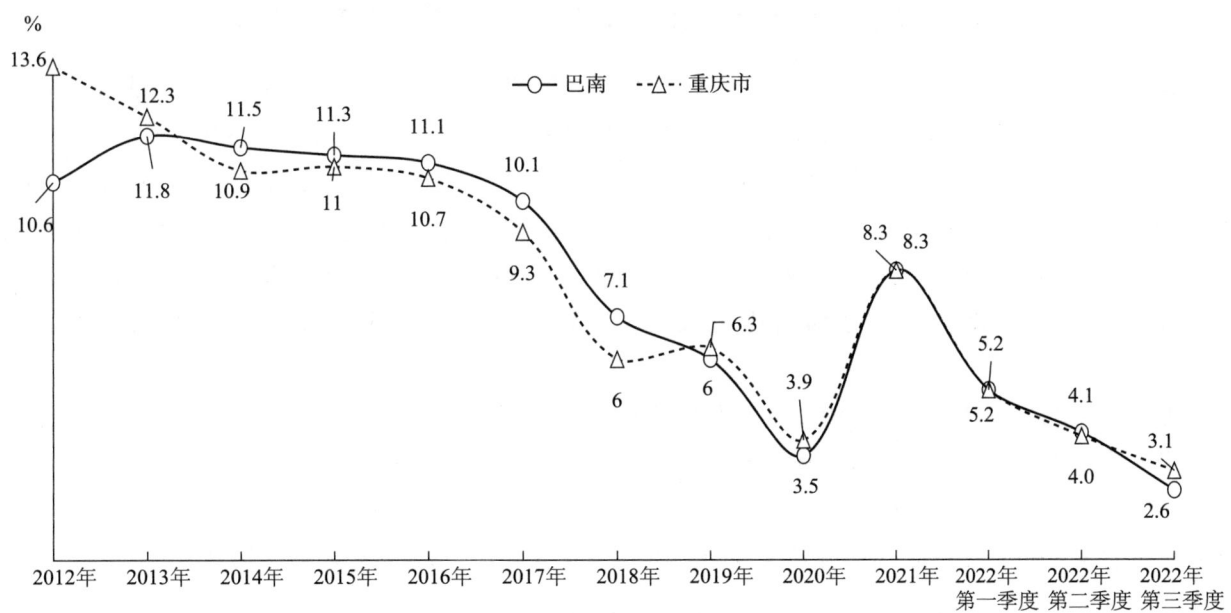

图 1　2012 年以来巴南区和重庆市 GDP 增速变迁情况

（二）从供给侧看，三次产业协同发力，一、二产业发挥"主引擎"作用，工业"压舱石"地位凸显

一是第一产业发展"稳"。前三季度，实现增加值41.1亿元，同比增长3.0%，增速居中心城区第四位、主城都市区第11位。粮食生产保持稳定，前三季度产量在21.4万吨以上。蔬菜、水果等经济作物平稳增长，累计产量分别为42.1万吨、5.2万吨，分别同比增长3.7%、17.4%。畜牧业迅速恢复，生猪累计出栏14.5万头，同比增长12.1%。渔业稳步增长，累计产量1.93万吨，同比增长3.1%。

二是第二产业支撑"强"。前三季度，实现增加值329亿元，同比增长5.7%，增速居主城都市区第三位。工业"压舱石"地位凸显，实现工业增加值197.9亿元，同比增长4.1%，增速高于全市平均水平0.8个百分点；其中规模以上工业增加值增长5.1%，高于全市平均水平1.1个百分点，居中心城区第四位、主城都市区第七位。分行业看，汽车、医药、能源、消费品保持较快增长，分别同比增长45.3%、34%、19.7%、18.5%；电子受需求萎缩影响，规模以上产业同比增长1.8%。建筑业发挥重要支撑作用，实现建筑业增加值131.4亿元，同比增长8.4%，增速高于全市平均水平3.5个百分点。分构成看，建筑业总产值322.3亿元，同比增长11.6%，增速高于全市平均水平3.6个百分点；建安工程投资344.2亿元，同比增长17.7%，增速高于全市平均水平8.8个百分点，居中心城区第一位。

三是第三产业恢复"弱"。前三季度，实现增加值343亿元，同比下降0.2%，增速居主城都市区第三位。纳入核算的规模以上服务业营业收入同比增长0.7%。分行业看，房地产市场持续低迷，前三季度商品房销售面积增速同比下降38.6%；装卸搬运和邮政仓储业、文体娱乐业、居民服务和修理业受疫情冲击较大，规模以上营业收入分别同比下降24.2%、16%、14.8%；租赁和商务服务业增势放缓，规模以上营业收入仅增长1%。商贸业承压增长，限额以上批发业、限额以上零售业承压增长，销售额分别同比增长7.9%、7.4%；限额以上住宿业、限额以上餐饮业营业收入分别同比增长33.6%、3.3%。

（三）从需求侧看，投资发挥关键作用，消费"新引擎"作用逐步恢复

一是有效投资逆势发力。前三季度，完成固定资产投资476.3亿元，与上年持平。从构成看，工业投资保持较快，同比增长33.9%；基础设施等其他投资发挥关键支撑作用，同比增长83%。15件民生实事进展良好，各个民生实事项目按照目标计划有序推进，截至11月4日，累计完成投资2.5亿元，占年度计划投资3亿元的81%。招商引资稳中有进，累计签约项目91个，合同资金635亿元，其中，工业签约项目52个，合同资金306亿元；开工项目78个，到位资金214亿元；投资转化率达33.7%。签约合同资金、工业合同资金、到位资金分别同比增长15%、18%、14%，分别完成年度目标任务的80%、114%、113%。

二是消费市场逐步恢复。社会消费品零售总额实现401.9亿元，同比增长0.7%，增速居中心城区第五位。分消费类型看，批发业销售总额546.7亿元，同比增长7.6%，增速居中心城区第六位；零售业销售总额310.4亿元，同比增长6%，增速居中心城区第四位；住宿业营业额9.9亿元，同比增长3.6%，增速居中心城区第二位；餐饮业营业额27.4亿元，同比增长3.6%，增速居中心城区第六位。

（四）从发展质效看，产业结构、投资结构更趋合理，新旧动能加速转换，创新活力持续激发

一是经济结构持续优化。产业结构方面，三次产业增加值结构由第一季度的3.6：41.7：54.7调整为5.8：46.1：48.1，第二产业对GDP的贡献进一步加大。投资结构方面，房地产开发投资占比由第一季度

的54.5%下降为43.1%，工业投资占比由第一季度的16.2%提升至19.1%，表明工业发展后劲进一步提升。

二是新旧动能加速转换。新兴动能加快培育，新增"专精特新"企业87户，居22区第四位，新增13个数字车间，12个项目入围市级智能化赋能行动项目库。宗申动力"面向动力系统产业链协同制造与服务工业互联网平台建设"项目入选全市制造业"一链一网一平台"试点示范项目。工业企业结构持续优化，"双百企业"产值占规模以上总产值比重68.4%，较同期提高4.4个百分点；战略性新兴制造业产值占比42.7%，较同期提高3.1个百分点。

三是创新活力持续激发。创新平台加快建设，累计培育企业技术中心、技术创新中心等市级以上研发平台126个，其中国家级10个、市级116个。创新主体加快培育，市级科技型企业入库4487家，总量稳居全市第二，占全市科技型企业总数的10.69%。创新生态持续优化，重庆国际生物城纳入重庆国家科技成果转移转化示范区，全区累计完成科技成果登记125个，超出目标任务4%；完成技术合同登记67个，登记个数、合同金额、技术交易额分别同比增长18%、78%、80%。

（五）从发展环境看，真金白银助企纾困，加力加密宣传政策，真心实意排忧解难，营商环境持续优化

一是真金白银助企纾困。聚焦在区企业急难愁盼问题，印发《巴南区助企纾困提能十条措施》（巴南府办发〔2022〕37号），安排近6000万元，惠及730余家企业，切实为在区企业解难纾困、添力赋能；为进一步落实落细"六稳""六保"工作和市委、市政府的决策部署，特在落实"巴十条"的基础上新增政策措施，印发《巴南区助企纾困提能七条措施》（巴南府办发〔2022〕63号），再安排2700万元（正在申报兑现中），切实帮助企业纾困解难、赋能增效、提振信心。同时，在"巴巴实"企业服务云平台开辟"巴七条""巴十条"专区，点对点推送惠企政策，帮助企业快速读懂弄通政策，应享尽享政策红利。

二是加力加密宣传政策。开展巴南区助企纾困提能十条政策措施暨"巴巴实"平台注册用户破万新闻发布会，相关新闻在人民日报客户端、人民网、《重庆日报》、华龙网、上游新闻、凤凰网、环球网等媒体平台刊发30条次，人民日报客户端重庆频道置顶推送，华龙网首页推送。当前，巴巴实平台汇集国家、市、区三级惠企政策14大类、421条，智能匹配推送政策27960万次，推荐企业数7152家；累计开展政策宣讲直播28场，观看人次达2.2万次，点赞56.4万次；1766家企业"零跑动、非接触"线上申报兑付4195.47万元。

三是真心实意排忧解难。对定期核酸检测的餐饮及零售人员给予费用补贴，对货车司机、物流配送员等重点人员开展免费核酸检测，引导金融机构对27户交通物流市场主体发放低成本贷款7139.77万元，精准帮扶受疫情影响严重的餐饮、住宿、零售、文化、旅游、交通运输等困难行业。落实落细服务业减租政策，全区减免服务业租赁户数1440户，减免服务业房屋租金1485万元，其中：国有企业减免1288万元，行政事业单位减免197万元。全力培育市场主体，解决益弘科技等12家企业注册方面难题、惠尔赛服汽车检测站等6家企业申报资质问题。

四是营商环境持续优化。建设"巴巴实"云平台，打造集"1码10服务"为核心的"巴巴实"企业服务云平台，入驻企业超2万家。推出"零跑动、非接触"服务，企业用信用背书，无须其他单位公章，即可以书面承诺申报各类奖补，400多家企业线上申报兑付2300万元。推出"金融在线"功能板块，入驻24家金融机构、上线64款产品，帮助企业获贷144笔1.96亿元。创建"供需对接"功能板块，通过供需智能匹配+线下供需对接+产品集采发布等方式，助推区内企业降成本、扩市场。持续优化政务服务，为市场主体提供帮办代办服务 1200 余户次、送照上门 400 余户次，免费邮寄服务 5991 次，印章 4500 套，节约企业成本 200 余万元。创新实施"一业一证（照）"改革，依托"山城有信"二维码，实行"先证后核""证照联办"，已惠及 100 余家小餐饮店和小食杂店实现"准入即准营"。积极贯彻落实轻微违法行为不予处罚的精神，共减轻从轻处罚企业 319 家，不予处罚企业 20 家次，不予公示企业 83 家。

二、2022 年经济运行环境分析及趋势展望

2022 年是极不平凡、极不寻常的一年。总的来看，巴南经济恢复的势头没有变，经济运行保持总体平稳、稳中有进的发展态势，经济结构不断优化，发展质量不断提升，发展效益不断显现。但我们也清醒地认识到，当前国际形势错综复杂，发展环境复杂严峻，经济三重压力持续增大，叠加疫情反复影响，实体经济下行压力加大，居民收入预期下降，消费信心不足，经济保持稳增长的基础仍需巩固。

当前，巴南正在全面学习把握落实党的二十大精神，持续深入贯彻党中央、国务院部署和市委、市政府工作要求，扎实实施稳经济一揽子政策和接续措施，着力发展壮大五大产业集群，全面推进"一区五城"建设，全面提升滨江城区功能品质。预计 2022 年巴南经济运行总体上将保持平稳运行的态势，主要经济指标增速预计不低于全市平均水平。

三、2023 年工作措施建议

坚持以习近平新时代中国特色社会主义思想为指导，深入贯彻党的十九大和十九届历次全会精神，全面贯彻党的二十大精神，坚持稳中求进工作总基调，立足新发展阶段，贯彻新发展理念，融入新发展格局，统筹发展和安全，扎实做好"六稳"工作，全面落实"六保"任务，坚定信心、振奋精神、迎难而上，努力推进巴南经济平稳运行、高质量发展。

（一）科学精准做好疫情防控

按照"疫情要防住、经济要稳住、发展要安全"的要求，因地制宜、科学精准开展防控工作。严格落实"四方责任"，加强流动人员和重点场所管理，消除风险隐患。深化"内防反弹"措施，严格医疗机构院感防控，积极宣传引导人民群众掌握防护知识、做好个人防护，加强应急物资储备和培训演练，抓紧抓实抓细常态化疫情防控。

（二）加快推动产业转型升级

抓好政策牵引，持续推动稳经济大盘政策措施落地，以"巴十条""巴七条"引导一批企业升规、一批企业技改、一批企业增产、一批企业创优，提振企业发展信心。抓细企业服务，进一步健全保链稳链机制，最大程度降低疫情影响，"一企一人"开展联系服务，用活"巴巴实""企业吹哨·部门报到"平台，加强部门协同，解决企业难题，提振企业信心。抓实技术攻关，聚焦重点产业技术攻关实施好"揭榜挂帅"，促进生物医药、高端装备等重点产业向价值链高端迈进。

（三）加快集聚创新势能

实施科技型企业创新发展行动计划，持续优化巴巴实"科创在线"，加快建设重庆市科技型企业公共服务试点平台，构建科技型企业全链条培育服务体系，争取为全市提供样板经验。高质量建设环理工大双创生态圈，加快重庆国际免疫研究院、四方新材研究院、智慧农机研究院等创新中心建设。举办好"赋能杯"科技创新大赛等赛事活动，营造创新创业良好氛围。

（四）持续扩大有效投资

加快重大交通项目建设，统筹推进鹿角隧道、新燕尾山二期、市域铁路 C5 线、C6 线等。持续推进城市提升行动，全面推进巴滨路李家沱段贯通工程，持续推进花溪河综合整治项目，加快推进一品河、黄溪河清水绿岸治理提升项目。推进老旧小区改造工程，涉及 37 个老旧小区，总面积 97.52 万平方米。加大产业链招商力度，更好发挥"链长"统筹资源要素优势和"链主"头雁引领、生态主导优势，聚力引进一批上下游企业以及领军团队、科研平台，形成"以链找商、依链招商、链主聚商"良性循环。用好用活招商闲置资源，清理一批"僵尸"企业，吸引市内外企业通过重组、收购、租赁等形式新建投资项目，强化"二次招商"，提高存量土地利用率。

（五）千方百计释放消费潜力

在做好疫情防控的前提下，围绕文体消费、全域旅游、农村电商等，持续培育和扩大消费热点，进一步满足以改善民生为导向的消费需求。持续提质龙洲湾、李家沱、鱼洞商圈建设，有序谋划组织好"巴实购物·聚惠商圈""惠民消费季"等特色主题活动。以宗申金蓝湾特色商业街等为载体，聚焦年轻化消费群体，创设消费场景、引入赛事活动，打造既"吸金"又"吸睛"的特色休闲网红打卡地。实施"古镇""温泉""巴县老院子""美丽乡村"四大品牌工程，持续加强"巴巴虎"巴南文旅 IP 形象和"老巴县最重庆"宣传推广。

（六）持续用力推进乡村振兴

持续巩固拓展脱贫攻坚成果同乡村振兴有效衔接，加快农业农村现代化，全面推进乡村"五大振兴"。大力发展都市现代高效特色农业，打造优质农业品牌。大力推动农业"接二连三"，做大做强农产品加工业，做优做精农文旅融合。全面实施"强镇带村"工程，突出"一镇一特色"建设，做亮"古镇、温泉、巴县老院子、美丽乡村"文旅品牌。大力实施乡村建设行动，持续推进农村人居环境整治行动。加快国家城乡融合发展试验区建设，继续深化农村"三变"改革和"三社"融合，壮大村集体经济。

（七）用情用力优化营商环境

持续深化"放管服"改革，深入推进"互联网+政务"建设。高起点打造数字化营商环境，以流程最简、环节最少、服务最优为目标，建好用好"巴实办"政务服务新平台，打响"巴实办"政务服务品牌。持续开展走访服务企业制度，切实解决企业投资发展中的重点难点问题。全面落实好减税降费等各项政策，以良好的营商环境促进高质量发展。

[巴南区发展和改革委员会　李　萍　郝成磊　陈如影]

之十一：2022年涪陵区经济运行分析及2023年展望

2022年以来，面对更为复杂严峻的经济形势，涪陵区上下坚持以习近平新时代中国特色社会主义思想为指导，坚持稳中求进工作总基调，着力稳住经济基本盘，努力培育新增长点，全力战疫情、战高温、战灾情，有效应对超预期因素冲击，统筹疫情防控和经济社会发展取得重大成果，经济运行总体平稳，高质量发展态势持续巩固。前三季度GDP完成1051.7亿元，同比增长3.2%。

一、2022年涪陵区经济运行情况

（一）发展基础不断巩固

一是工业经济平稳增长。规模以上工业增加值同比增长4.7%，完成规模以上工业产值1735.1亿元。支柱产业持续壮大，材料即将建成千亿级产业集群，电子信息、清洁能源保持较快增长。企业培育规模和质量同步提升，新增百亿级企业2家、国家"小巨人"企业6户。新兴产业加快发展，吉利电池、万凯三期等项目开工建设，战略性新兴产业产值比重提高至30%左右。新增3个智能工厂、8个数字化车间，华峰聚酰胺、太极集团跻身重庆市2022年度十大智能制造标杆企业行列。推动303户企业上云上平台、累计达6800余户。

二是服务业企稳向好。服务业增加值同比增长2.9%。金融业服务实体经济有力有效，创设全市首家"榨菜专营支行"，本外币贷款突破900亿元，社会融资规模达2000亿元左右。现代物流加速发展，韵达西南物流基地建成投用，龙头港市级多式联运示范工程项目建设加快推进。信息软件服务业、科学研究服务业、文化体育娱乐业等其他服务业营业收入保持较快增长。

三是农业生产形势良好。粮食面积、产量基本稳定，实现粮食播种面积141.9万亩、产量44.2万吨。实现榨菜产业总产值113.95亿元。规模以上农产品加工业总产值规模居全市第三位，农产品网络销售额保持两位数增长。

（二）发展动能强劲有力

一是投资运行稳中有进。固定资产投资同比增长4.9%。新型基础设施加快建设，累计建成5G基站3266个，"城市大脑"项目前期工作加快推进。民间投资总体活跃，2022年以来增速持续高于全社会投资，占投资比重达到60%左右。深入开展项目建设"百日攻坚专项行动"，积极举办重点项目集中开竣工和招商引资集中签约仪式，招商引资签约市外项目54个、协议资金超500亿元，推动73个区级重点项目加速放量，完成投资123.1亿元。

二是消费需求逐步回升。社会消费品零售总额同比增长1.6%。消费场景进一步丰富，宝龙欢乐汇、五桂堂街区年底即将开业运营。举办汽车文化节等各类节会活动，"夜间经济""后备箱经济""小店经济"加快发展。旅游消费持续回暖，高温避暑游、民宿体验游、自驾游持续走热，接待旅游人次、实现旅游收入增势良好。

三是科技创新动能充沛。加快建设创新平台，高新区、白涛新材料科技城、综保区等获批汽车制造、生物医药、合成材料（聚酯）、半导体4个特色产业建设基地，慧谷湖科创小镇建设加快推进，国家页岩气技术创新中心、国家火炬涪陵聚氨酯新材料特色产业基地等启动创建。加快培育创新主体，新创国家级众创空间1家、市级新型研发机构1家、市级企业技术中心6家，新成立法人化研发机构3家，新增高新技术企业81户，总量突破200户。加快转化创新成果，页岩气气田重复压裂工艺技术、榨菜减盐技术、华峰化工己二酸法制己二腈技术、华兰生物多款免疫球蛋白新产品等一批关键技术取得突破并应用，荣获重庆市科技进步奖7项，其中一等奖2项。

（三）发展质效显著提升

一是区域发展纵深推进。深化成渝地区双城经济圈建设，纵深推进区域协调发展。与四川方面新签订各类合作协议6个，累计达到91个，与武隆对口协同取得积极进展，累计帮助武隆区销售农特产品1056.8万元。积极发挥西部陆海新通道市域附枢纽支撑作用，区内企业经西部陆海新通道出口发送集装箱2497标准箱，货值6.3亿元，发送集装箱量、货值实现稳定增长。常态化开行涪陵至泸州、宜宾"水水中转"班轮，实现往返72航次、到发运集装箱6261标准箱。为企业融入中新战略性互联互通示范项目牵线搭桥，协助3家企业经西部陆海新通道向新加坡出口精己二酸、食盐、塑料袋等共546标准箱。进出口总额同比增长8.3%。

二是财政税收稳健运行。财政实力持续增强，在全市一般公共预算总体下滑的情况下，涪陵区实现逆势增长，一般公共预算收入同口径增长1%。资金统筹保障有力有序，争取到位上级补助资金71.5亿元和新增政府债券资金22.4亿元，"三保"得到足额保障，民生支出占一般公共预算支出的比重持续保持在80%以上。护航"六稳""六保"积极有为，减税降费13.7亿元，其中增值税留抵退税10.7亿元，财政贴息政策、金融惠企、租金减免、援企稳岗返还等各项政策有效落实。持续完善预算管理一体化系统，加快建立现代化预算管理制度。

三是深化改革全面落实。深化商事制度改革，预计全年新设立市场主体1.3万余户，同比增长20%。国企改革三年行动任务完成率达95.6%，区属国有企业资产总额接近2800亿元。荣获重庆市信用示范城市称号，加快创建全国社会信用体系建设示范城市。深化投融资体制改革，加快谋划论证实施一批PPP、REITs、EOD等项目，水环境综合治理工程PPP项目通过财政部审核，制造业中长期贷款审核通过总额32.4亿元，居全市第三。持续推进政务服务标准化，依申请办理类事项实际办理时间比法定时限平均减少80.8%，平均跑动次数压减至0.2次。各类减税降费措施为企业减负近14亿元。

四是民生实事扎实推进。办实办好15件民生实事，推动惠民措施落实落细，人民群众获得感、幸福感、安全感进一步提升。投入各级财政衔接资金1.3亿元，实施项目120个，完善产业发展联农带农利益联结机制。城镇新增就业超2万人，高校毕业生、农民工、退捕渔民等重点群体就业得到充分保障。全体居民人均可支配收入预计同比增长8%左右，城乡收入差距进一步缩小。学前教育普惠率达100%，城区义务教育大额班下降2.6%，高中教育教学质量稳居全市区县前列。重庆大学附属涪陵医院正式挂牌，成功创建"三甲"疾控中心，甲级基层医疗卫生机构增至10家，数量居全市第一。深入实施健康中国涪陵行动，居民健康素养水平达28.5%。成功创建国家森林城市。

二、2022年经济指标预测

综合研判宏观经济发展形势和涪陵区实际情况，初步预计涪陵区全年GDP同比增长在4%左右，总量约1500亿元，一、二、三产业增加值分别同比增长4%左右、4.5%左右和3.5%左右；投资、社会商品零售总额、进出口预计分别同比增长6%左右、1.5%以上和15%左右；一般公共预算收入同比增长1%左右；全体居民人均可支配收入同比增长 8%左右。经济恢复态势将得到巩固，实现主要经济指标运行在合理区间。

三、2023 年经济运行环境分析和展望

从宏观看，党的二十大胜利召开，极大鼓舞人心，会议明确了高质量发展是全面建设社会主义现代化国家的首要任务。虽然当前国际政治经济环境纷繁复杂、不确定性因素明显增加，但我国制度优势显著、发展韧性强劲、市场活力充沛、社会大局稳定，有力支撑经济长期高质量稳定向好发展。从全区看，成渝地区双城经济圈战略机遇、"一区两群"协调发展机遇、产业转型升级机遇等多重机遇叠加，涪陵战略支点城市区位优势独特、制造业基本盘稳定、战略性新兴产业持续发力、营商环境显著优化，高质量发展势头依然强劲。初步预测 2023 年全区经济增长 5%左右。

四、2023 年重点工作

（一）聚焦建设先进制造业高地持续用力，加快构建现代产业体系，夯实实体经济根基

推动制造业高质量发展。加力实施"一工程五行动"，围绕十条重点产业链图谱补链延链强链，加快推进万凯新材料三期、华峰己二酸六期、太极医药城 B 区（龙桥）二期等项目建设。出台战略性新兴产业发展规划、智能制造产业发展规划，力争战略性新兴产业产值比重提升至 34%。加快打造和培育一批千亿级产业集群、千亿级园区、千亿级企业，大力引育链主企业、"专精特新"企业。推动服务业提档升级。加快发展金融服务、现代物流、文化旅游、商贸服务等生产生活性服务业，加快申报和建设国家示范物流园等一批试点示范和产业集聚区。推动农业提质增效。实施提高粮食单产攻关计划，确保粮食产量稳定在 44 万吨以上。持续实施品牌培育工程，力争新创绿色食品、重庆名牌农产品等各类特色品牌 20 个以上。

（二）聚焦实施扩大内需战略持续用力，畅通国民经济循环，持续释放市场需求

持续扩大有效投资。深入开展"抓项目稳投资"专项行动，按照"五年规划、三年滚动、一年计划"，有序推进重点项目加快建设。加大新型基础设施投资力度，加速完善 5G 网络、工业互联网等基础设施建设，加快打造榨菜、太极等工业互联网标识解析二级节点建设。加快释放消费潜力。全面落实促消费 15 条、文旅 13 条等政策措施，统筹办好各类文旅、惠民消费季等活动，积极吸引外来消费。落实补贴、以旧换新等政策，组织开展汽车家电下乡活动，激活农村消费。全面落实各类促进房地产健康平稳发展措施，举办房交会，积极引导刚需和改善型住房需求释放。

（三）聚焦建设科技创新和产业创新高地持续用力，加快创新驱动步伐，提升自主创新能力

提升创新载体平台能级。加快国家级高新区创建，做强科创 CBD、长江软件园、长江生命科技城等平台载体，加速集聚科技型企业。加快建设慧谷湖科创小镇，打造高端研发集聚区，推动长江科创学院、智能研究学院等高端研发平台建设。提质建设白涛新材料科技城，力争成功创建页岩气先进合成新材料国家创新型产业集群，加快创建国家火炬聚氨酯特色产业基地。着力引育创新主体。大力引育科研基地和新型研发机构，积极创建国家页岩气技术创新中心，加快建设智能建造研究院、华峰低碳研究院、北

理工先进材料和碳中和研究院等项目。持续实施高新技术企业"倍增"和科技型企业"提质"计划，力争创建高新技术企业30户、科技型企业100户。

（四）聚焦建设开放合作高地持续用力，持续深化改革开放发展，增强发展内生动能

深化重点领域改革。持续推进"证照分离"全覆盖，大力推行"证后减证"和简化审批，力争新发展主体1万户以上，市场主体总量达10万户以上。持续提升政务服务水平，深化"全渝通办"，持续开展"减环节、减时间、减材料、减跑动"便民利企行动。推进更高水平开放发展。推进龙头港市级多式联运示范工程项目建设，积极争取重庆港口岸扩大开放龙头港区，夯实西部陆海新通道辅枢纽地位。纵深推进区域合作。深入推进成渝地区双城经济圈建设，积极推进与龙泉驿区、眉山市、泸州市、内江市等战略协作，共同谋划争取实施一批重大项目、重大工程。深化"一区两群"协调发展，加强与中心城区产业、科技创新等协作，强化与武隆对口协同发展。

（五）聚焦建设城乡融合发展示范区持续用力，推动新型城镇化建设，着力优化发展格局

优化城乡国土空间布局。加强重点区域城市设计，推进江城滨江地带品质提升规划编制。持续提升城市功能品质。全力建设高新区，加快泛高铁片区城市消费中心、慧谷湖科创小镇基础设施和公共服务配套建设，加快打造现代宜居科创新城。扎实推进乡村振兴。深入实施乡村"五大振兴"，持续打造乡镇示范样板，巩固提升国家现代农业产业园建设水平。接续实施农村人居环境整治提升五年行动，争取巴蜀美丽庭院示范片建设项目落地。

（六）聚焦建设全面绿色转型示范区持续用力，加强生态保护和修复，筑牢绿色发展本底

抓好生态系统保护修复。统筹山水林田湖草系统治理，完善生态产品价值实现、生态保护补偿实施等制度机制，推动生态系统质量全面提升。加强长江、乌江岸线生态保护和修复，深入推进国土绿化行动，水土保持率提高至65%以上。积极创建国家生态文明建设示范区，持续打好碧水、蓝天、净土保卫战，稳步推进绿色低碳发展。积极培育生态绿色文化，拓展绿色低碳宣传教育广度和深度，倡导全社会节约用能，形成衣食住行等领域绿色低碳生活新风尚。

（七）聚焦建设高品质生活示范区持续用力，加快提高保障和改善水平，推进发展成果人民共享

着力稳就业促创业。坚持实施就业优先行动，力争全年新增就业人口2万人，城镇调查失业率控制在5.5%以内。加快发展社会事业。持续推进学前教育普惠发展、义务教育均衡发展、高中教育提质发展、高等教育特色发展，力争公办园幼儿占比达65%，义务教育巩固率达99.2%，高中阶段毛入学率达99.8%。积极打造区域医疗卫生中心，建成投用重庆大学附属涪陵医院高新区医院一期工程、智慧医疗暨全民健康信息平台，推进区妇幼保健院创"三甲"。深入开展健康中国涪陵行动，启动创建卫生健康高质量发展区，力争居民健康素养水平提升到30%。扎实推进民生实事。加快完善社会保障体系，深入实施全民参保计划，加强困难人员救助扶持，全面落实残疾人"两项补贴"和救助政策。

[涪陵区发展和改革委员会　彭任重　谭诗怡　戴大文]

之十二：2022年长寿区经济运行分析及2023年展望

2022年以来，在以习近平同志为核心的党中央坚强领导下，长寿区上下深入学习贯彻党的二十大精神，认真贯彻落实党中央、国务院决策部署和市委、市政府工作安排，坚持全面落实"疫情要防住、经济要稳住、发展要安全"的要求，高效统筹疫情防控和经济社会发展，统筹发展和安全，进一步落实稳经济一揽子政策措施和接续政策措施，着力保市场主体稳就业稳物价，有效对冲了超预期因素影响。经过艰辛努力，经济总体平稳，积极因素不断积累，就业物价保持平稳，社会民生得到较好保障，经济社会发展保持稳定。

一、2022年长寿区经济运行分析

前三季度，全区实现地区生产总值656.2亿元，同比增长3.4%，增速分别高于全国全市0.4、0.3个百分点，经济运行保持在合理区间。

（一）工业经济企稳回升

实现规模以上工业总产值1074.1亿元，同比增长5.6%，规模以上工业增加值同比增长4%，与全市增速持平。其中，长寿经开区实现工业产值909.4亿元，同比增长10.7%；长寿高新区实现工业产值154.2亿元，同比下降16.3%。主导产业实现产值1062.9亿元，同比增长5.1%，其中重钢公司实现产值265.7亿元，同比下降12.6%；川维化工实现产值70.2亿元，同比增长25%。战略性新兴产业实现产值234.8亿元，同比增长30.3%；规模以上数字经济产业营业收入完成46.2亿元，同比增长11.8%。新增规模以上工业企业3家。

（二）服务业总体平稳

第三产业增加值实现205.6亿元，同比增长2.9%，比全市高0.4个百分点。限额以上批发业销售额、零售业销售额、住宿业营业额、餐饮业营业额分别同比增长6.6%、13.3%、13.1%、7.2%，消费呈恢复态势。社会消费品零售总额实现209亿元，同比增长1.5%，增速与全市持平。其他方面，存贷款余额同比增长6.5%，其中贷款余额同比增长5.6%，规模以上多式联运和运输代理业营业收入同比增长6%，公路运输总周转量同比下降10.4%，水路运输总周转量同比增长8.1%。商品房销售量同比下降40.1%，比半年降幅扩大17.5个百分点。

（三）农业经济保持稳健

第一产业增加值完成45.1亿元，同比增长2.6%，增速比上半年回落1.6个百分点，比全市低1.1个百分点。"战高温、保秋粮"取得较好成效，预计全年实现粮食产量32.34万吨，水果、蔬菜、水产、生猪、禽蛋等主要农副产品生产量（出栏量）保持小幅增长。

（四）项目投资支撑有力

完成固定资产投资244.1亿元，同比增长5.3%，比全市高2个百分点，其中基础设施投资完成70.9

亿元，同比增长51.6%，成为拉动固投增长的主动力，工业投资完成127.4亿元，基本与上年持平。项目建设推进有力，62个特别重大项目完成年度投资83亿元，167个重大建设项目完成年度投资207亿元，占年度计划的65%，29个市级重大建设项目完成投资112亿元，占年度计划的98%。

（五）外贸招商成效显著

在博腾等主要出口企业的带动下，实现外贸进出口100亿元，同比增长45%，提前完成全年目标。因全国外资统计口径调整等影响，实际使用外资731万美元，为全年目标的9.1%。离岸服务外包执行额1.03亿美元，完成全年目标的86%。全区签约项目75个，实现合同引资549.4亿元，其中市外项目35个，合同引资428.6亿元，实现市外项目到位资金111.1亿元，资金到位率26.4%。工业项目引资472.9亿元，其中战新产业项目引资额232.3亿元，占工业引资49.1%。

（六）财税工作稳中有降

一般公共预算收入完成35.1亿元，同口径下降3.8%，其中税收收入完成16.1亿元，同口径增长5.2%；政府性基金收入完成18.7亿元，下降38.5%。全辖区税收收入在剔除留底退税等因素后累计完成47.4亿元，同口径增长5.7%。一般公共预算支出59.6亿元，增长12.5%，其中科学技术、节能环保等领域支出保持较大幅度增长。

（七）社会民生保障有力

坚持以需求为导向保障和改善民生，财政民生支出完成37.6亿元，占一般公共预算支出的63%。继续落实组合式税费支持政策，各类税收减免退返超过16.1亿元，受益市场主体达到1.3万户。坚持就业优先战略和积极就业政策，提供就业岗位3.17万个，城镇新增就业2.06万人。全体居民人均可支配收入增长6.3%，比上半年提高0.2个百分点。不断优化营商环境，新增市场主体6496户。20件年度重点民生实事推进顺利。

虽然经济社会发展取得了较好成绩，但我们也要看到，2022年以来长寿区经济运行还面临很大的困难。外部发展既面临疫情冲击、内需不足、投资预期转弱等不利因素，内部运行也面临历史少有灾情叠加、产业转型不够快、服务业发展仍需提速、房地产建筑业支撑力度不够等自身因素，这些情况都对2023年的经济运行发展提出了新的课题和要求。

二、2023年经济运行环境分析

2023年是全面贯彻落实党的二十大精神的第一年，全国上下对照报告绘就的宏伟蓝图、确定的奋斗目标和作出的战略部署，埋头苦干、奋勇前进，预计疫情影响逐步减弱，经济内生动能改善，财政、金融、投资、外贸、消费、就业、文旅等政策力度继续加大，宏观经济恢复形势尤其是新兴行业发展将明显提速。长寿区按照区第十四次党代会的部署，坚持以经济建设为中心、以高质量发展为主题，聚焦建设国际化绿色化智能化人文化中国长寿城，加快建设具有全球影响力的新材料高地、世界级运动康养旅游目的地、中国长寿生命科学城（简称"两地一城"），大力实施"3113"项目攻坚行动计划，全区经济社会发展预计将保持稳中有进工作基调，实现质的显著提升和量的合理增长。

三、2023年发展趋势展望

根据全国、全市以及长寿区前三季度主要指标情况，结合产业发展和企业运行实际，同步叠加同期非常高的统计基数，预判2023年全区经济运行工作压力不小，要保持较高增速的压力和困难比较大。但更要看到，全区上下全力应对超预期因素冲击，全力落实稳经济一揽子政策措施和接续政策措施，以及近期国家出台的一批重大政策在第四季度集中实施，经济企稳回升的内在动力将持续增强。2022年下半年以来，国家和重庆市都相继加码稳住经济一揽子措施和接续政策，经济发展利好因素总体增加。经过初步匡算，长寿区主要经济指标预计将达到并适当高于全市平均水平，预计有部分的分项指标可以位居全市发展前列。

四、重点工作计划

2023年，我们将以贯彻党的二十大精神为主线，认真落实党中央、国务院决策部署和市委、市政府工作安排，努力完成全年经济社会发展目标任务，全力保持经济运行在合理区间。

（一）聚焦建设具有全球影响力的新材料高地持续用力，加快建设现代产业体系，着力优化发展竞争力

以建设具有全球影响力的新材料高地为契机，谋划全球天然气化工新材料领先者、国际知名的硅基新材料供应商、世界级新能源材料及装备应用示范地三大超级品牌，力争全区实现规模以上工业总产值1500亿元以上。全面实施"链长制"，围绕全区制造业10条重点产业链，持续完善产业图谱，持续解决产业链供应链"断点""卡点""痛点"问题，确保支柱产业、骨干企业平稳健康运行。进一步巩固MDI产业链。做大做强高端合成材料、硅基复合材料、功能性膜材料、动力电池材料、电子材料等，新开工建设台湾芯和能源锂离子电池正极材料等项目。以重钢"一基五元"为依托，加快推进重庆钢铁高质量绿色发展项目、神龙腾达高端金属材料项目建设。大力发展战新产业，加大战新产业招引力度，更大力度引导企业降能耗、抓技改、提工艺。加快经济发展智能化转型，推进产业数字化、数字产业化，实施"上云用数赋智"行动。狠抓发展要素保障，大力实施土地整理，多渠道筹措建设用地指标，防止"项目等地"，加快办理项目立项、可研、用地、规划、环评等前期手续，做好政银企对接协调工作，落实好政策性开发性金融工具（基金）、中长期贷款、设备贴息等系列金融支持政策。

（二）聚焦建设世界级运动康养旅游目的地持续用力，加快推动全域文旅康养融合发展，着力推进乡村振兴

以建设世界级运动康养旅游目的地为契机，坚持以运动康养旅游全域规划为引领，推动全域农文旅城深度融合，积极发展大文旅大健康，集中推出一批标志性文旅康养IP、消费产品和服务。高标准打造长寿湖核心景区，加快推动百亿级长寿湖文化产业园建设，法国PVCP太阳季水趣乐园、天鹅堡酒店、长寿湖卧龙谷人工湿地项目建成投用，长寿湖旅游大道、罗山半岛、本慧玛雅医养酒店等开工建设，打造集运动、康养、休闲、度假、会展为一体的国家级旅游度假区。加快实施明月山—黄草山人文农旅体验区、大洪湖零碳康养旅游度假地、长寿国际慢城，"一镇一品"推动人文农旅城深度融合，打造"中华长寿原乡"。实施"全民运动，健康长寿"项目，承接国际铁人三项赛、马拉松、自行车等国际赛事，着力打造具有全国影响力的全民健身品牌。以建设市级城乡融合发展先行示范区、乡村振兴示范引领区为引领，加快推进乡村振兴。启动建设10个千亩级粮油高产高效示范基地，提质增效现代高效粮油产业，确保粮食播种面积、产量稳定在90万亩、33万吨以上。实施渔业健康生态养殖技术推广"五大行动"，创建国家水产健康养殖和生态养殖示范区。

（三）聚焦建设中国长寿生命科学城持续用力，加快推进以人为核心的新型城镇化，着力推进全民全生命周期管理

以建设中国长寿生命科学城为契机，以长寿中心城区为载体，加快构建高品质城市空间体系，推动城市更新，构建全民全生命周期管理系统，实现高品质生活。优化城市空间布局，坚持以中国长寿城全域规划为引领，加快打造城市名片，持续推进国际儿童友好城市、国家森林城市、国家生态文明示范区、国家生态园林城市及友好城市等城市名片创建。推进城市重大功能设施布局，持续提升城市功能品质。统筹城市改造开发和历史文化遗产保护，积极申创历史文化名城，加快长江国家文化公园（长寿段）在长落地，策划举办一批全国学术研讨会、优秀文艺精品展。完善城市骨架，站北片区横一路（二期）等一批项目竣工投用，优化西门转盘、桃花转盘等重要交通节点，整治道路及人行道10万平方米。推动城市有机更新，新开工城镇老旧小区改造140万平方米。推进绿化品质提升，新增城市绿地15公顷，高标准开展园林绿化补缺提质。大力实施全民全生命周期健康管理"人人长寿"行动计划，以长寿高新区为中国长寿生命科学城产学研支撑平台。

（四）千方百计优化经济内生增长动力

全力培育服务市场主体。聚焦总量准入、存量服务、质量培育，加快设立市场主体帮办导办服务窗口，开展无证经营专项清理，高质量完成全年新增市场主体1万户目标。加大助企纾困政策支持力度，兑现区财政配套支持助企纾困政策资金，持续开展稳企惠企政策集中攻坚行动。要以做大做强农业市场主体为突破口，全力以赴推进农业经济加快增长。千方百计扩大有效投资。加强拟开工项目调度，确保项目应开尽开、提前开。加大在建项目推进力度，重点调度专项债、中央预算投资、技改投资等重点项目，推动项目加快投资放量，并做好资金支付调度。高质量谋划2023年度建设、前期、储备项目清单。继续尽最大努力争取上级各类建设资金支持。多举措促进消费恢复。在落实疫情管控前提下，加快恢复餐饮、住宿、文娱等居民消费场景。有序开展汽车消费促销活动、建材家具家电促销活动和"爱尚重庆·购在长寿"促销活动，围绕2023年元旦、春节等重要节假日，提前进行宣传策划。加密对批发业、住宿业等关键支柱企业的跟踪力度，确保重点企业产值保持稳定。

[长寿区发展和改革委员会　董　龙]

之十三：2022年江津区经济运行分析及2023年展望

2022年以来，面对复杂严峻的国际环境和国内疫情散发多发、极端高温天气等多重超预期考验，在以习近平同志为核心的党中央坚强领导下，全面落实市委、市政府工作部署，按照"疫情要防住、经济要稳住、发展要安全"的要求，江津区委、区政府高效统筹疫情防控和经济社会发展，加力落实稳经济一揽子政策和接续政策措施，提前、密集、精准调度部署经济工作，多次召开专题会大力推动产业发展、项目建设，有效对冲了超预期因素影响，全区主要经济指标运行在合理区间。

一、2022年江津区经济运行分析

（一）前三季度经济运行特点

1—9月，全区实现地区生产总值947.4亿元，居全市第六位，同比增长3.5%，分别高于全国、全市0.5个、0.4个百分点。一、二、三产业分别实现增加值101.1亿元、528.4亿元、317.9亿元，分别同比增长3.6%、4.2%、2.4%。

1. 工业经济总体良好

1—9月，全区实现规模工业产值1299.2亿元，同比增长8%；实现工业增加值417亿元，同比增长3.9%，其中，规模以上工业增加值同比增长4.7%。新升规金田铜业、东方雨虹、玖龙智能包装、顾家家居等4户企业，武骏、时辣九稳等2户企业已提交国家统计局审核。从平台看，科学城（双福工业园）、综保区（珞璜工业园）、德感工业园、白沙工业园分别实现规模工业产值333.8亿元、411.3亿元、440.3亿元、82.3亿元，分别同比增长8.6%、9.6%、6%、13.9%。从主导产业看，消费品、装备、汽摩、材料产业分别实现规模工业产值392.9亿元、266亿元、239.2亿元、276.1亿元，分别同比增长9.1%、-2.1%、4.2%、23.8%。从部分重点企业看，26家"双百企业"实现规模产值406亿元，同比增长6.5%；139家"专精特新"规模工业企业实现产值369亿元，同比增长10.4%。从税收看，在还原留抵退税因素后，工业税收累计完成29.7亿元，同比增长1.6%，2022年首次实现正增长。

2. 商贸服务业稳中有升

1—9月，实现社会消费品零售额307.4亿元，同比增长2.3%；批发业商品销售额606.3亿元，同比增长13.8%；零售业商品销售额203.8亿元，同比增长7.2%；住宿业营业额2.9亿元，同比增长7.3%；餐饮业营业额53.8亿元，同比增长5.7%。爱琴海购物公园、万达广场、吾悦广场等商业综合体相继开业运营。双福农贸城等专业市场实现商贸流通额572亿元，同比增长4.7%。金融更好地服务实体经济。全区人民币存款余额1347.4亿元，同比增长10.9%；人民币贷款余额1053.4亿元，同比增长10.4%。对外开放提速。实现进出口总额213亿元，同比增长15%，实际使用外资1912万美元。开行西部陆海新通道班列331列，货值7.7亿元。新开通中老铁路班列、成渝货运班列，开行陆海新通道国际联运班列。

3. 农业生产总体平稳

1—9月，农业总产值增长4.1%。小春粮食作物种植面积12.99万亩、产量2.3万吨，大春粮食播种面积约131万亩，均保持小幅增长。蔬菜产量91.25万吨，同比增长2.2%。生猪出栏生猪59万头，同比增长4.2%。出栏家禽795.4万只，同比下降1.7%。水产品产量2万吨，同比增长2.5%。特色农业发展取得实效。花椒产量4.87万吨，同比增长11.2%。水果产量19.54万吨、茶叶产量1884吨、中药材鲜货产量7104吨，均实现小幅增长。江津区入选国家农业现代化示范区创建名单。

4. 固定资产投资逐步恢复

1—9月，完成固定资产投资338.4亿元，同比增长6.7%，较上半年提高3个百分点。其中，工业投资145.9亿元，同比增长12.1%；房地产开发投资115.5亿元，负增长2.6%；建筑安装工程投资268.9亿元，同比增长9.7%。重点项目推进有力。截至9月，全区136个重点建设项目完成投资209.35亿元，占年度计划投资的75.7%，超序时进度0.7个百分点。由江津区负责推进的16个重庆市级重大项目完成投资46.8亿元，占年度计划投资的74.3%。益海嘉里中央厨房项目、滨江教育大厦建成投用，和友年产50万吨光能材料项目成功点火，综保区片区开发建设项目、鹅公中型水库、中医院住院综合楼、渝昆高铁江津段、合璧津高速（江津段）等项目有序推进。

5. 积极融入成渝地区双城经济圈建设，推进"一区两群"协同发展

联合印发《川南渝西融合发展试验区2022年重点任务清单》《贯彻落实〈泸永江融合发展示范区总体方案〉任务分工》。泸永江融合发展示范区明确的年度重点任务67项，完成投资94.32亿元。江津工业园与四川方面产业配套合作企业达到190家，在津投资的四川籍重点企业27家。泸永江三地金融机构对成渝跨区域合作共建重大项目贷款余额近230亿元。筹备成渝地区双城经济圈首届"专精特新"赋能大赛。成渝地区双城经济圈"水上穿梭巴士"获批2021年成渝地区协同发展创新案例。对口协同方面，签订《江津—开州2022—2026年对口协同发展框架协议》《江津—开州2022年对口协同发展合作协议》，2022年援助资金2002万元。推荐玉环乾瑞机械厂项目落地开州区，2022年实际到位资金7260万元。

6. 社会保障能力不断增强

1—9月，发放低保金1.66亿元，供养金和护理补贴1.3亿元。开展职业技能培训7155人次，发放创业担保贷款8137万元，全区城镇新增就业26802人，城镇调查失业率控制在5%以内。预计全体居民人均可支配收入30214元，同比增长1%；城镇居民人均可支配收入36755元，同比增长5.5%；农村居民人均可支配收入19764元，同比增长6.5%。

7. 要素保障有力

用地方面，取得用地批文35件，面积2381亩。土地出让44宗2552亩，其中工业用地35宗2109亩，经营性用地9宗443亩。用能方面，全区用电量40.7亿千瓦·时，同比增长16.3%，用气量3.1亿立方米，同比增长13.5%。其中，工业用电量22.32亿千瓦·时，同比增长3.6%，工业用气量1.4亿立方米，同比增长3.9%。资金方面，争取专项债券资金20.4亿元，中央预算内投资及市级配套资金3.9亿元。交通运输方面，市郊铁路跳磴至江津线（圣泉寺至跳蹬段）正式通车运营。1—9月，水上运输周转量同比增长4.5%，铁路运输周转量同比增长14.1%。

（二）经济运行中存在的困难和问题

1. 经济平稳增长后劲不足

一是疫情对消费影响较大。疫情零星散发因素风险持续存在，居民外出旅游、购物、就餐减少，旅游业、住宿业、餐饮业等接触性服务业发展面临较多困难。1—9月，全区接待游客数同比下降8.6%，旅游综合收入同比下降8.7%。住宿业营业额、餐饮业营业额增速较2021年同期分别低35.4个、32.1个百

分点。二是房地产下行压力暂未缓解。房地产持续低迷，市场下行预期未得到扭转，部分房地产企业资金链紧张，项目保交楼任务艰巨。1—9月，全区房地产开发投资同比下降2.6%，商品房销售面积同比下降34.4%。三是招商引资还需加强。近年来，新引进项目中，中小项目居多，大项目引进落地少，还需在招大商、招强商上加力。加之，部分民营企业预期不稳，投资扩产意愿不强，中小微民营企业发展困难较多。

2. 财政平衡压力凸显

从收入看，完成收入预期难度大。受经济下行、组合式税费支持政策、土地市场低迷、能源紧张、疫情反复等影响，收入组织工作形势严峻。其中，前40位重点税源企业20个呈负增长，区级税收收入同比下降27%，一般公共预算收入同比下降2%。从支出看，财政收入骤减，但疫情防控、抢险救灾、能源保供、保基本民生、保工资、保运转等刚性支出持续增长，造成刚性增支和重点项目缺口较大。

3. 重点领域风险需重点关注

一是政府债务风险管控难度加大。全区政府债务虽整体可控，但仍面临不小压力，政府即将进入还本付息高峰期，园区平台资金链紧张，平台公司债务规模逐年扩大、利息本金化持续蔓延、债务成本不断推高，向财政传导风险有所增加。随着财政收入下降，政府债务率急剧上升，未来发展空间受到影响，政府信用挑战加大。二是房地产领域问题处置推进困难。恒大和类恒大项目处置工作推进艰难，各项目监管账户剩余资金不足，难以支撑大规模全面复工，面临二次停工风险。已售未交楼面积168.7万平方米、16355套，涉及近5万人。部分项目复工复产未达到预期，个别项目还未复工，与业主期望差距大，存在信访集访风险，维稳压力大。

（三）2022年主要经济指标预计

综合分析前三季度经济运行基本态势和支撑江津经济增长的主要因素，预计2022年全区地区生产总值增长3%左右，工业增加值增长4%左右；规模以上工业总产值增长8%左右；固定资产投资增长7%左右；一般公共预算收入增长7%左右；社会消费品零售总额增长1%左右，批发业销售额增长12.5%左右，零售业销售额增长8.5%左右。

二、2023年经济运行环境及主要指标预测

展望2023年，从全国看，国民经济继续保持恢复态势，国家出台稳大盘政策措施持续发力，经济发展韧性持续显现。同时，需求收缩、供给冲击、预期转弱三重压力持续显现，疫情多点散发、多地频发，经济循环畅通和有效需求释放受到较大影响，下行压力较大。从全市看，全市经济稳定复苏，疫情防控压力大，外部不确定性因素仍然比较多，内需增长动力不足、稳外贸出口难度加大、部分企业生产经营困难、就业物价等民生问题比较突出、重点领域风险需高度关注，经济下行压力加大。从全区看，"五地一城"建设全面铺开，高质量打造同城化发展先行区进程加快，叠加成渝地区双城经济圈、西部陆海新通道建设等机遇，为江津经济社会发展奠定坚实基础。同时，还需高度关注产业发展质量不高、城乡区域发展不平衡、民生领域还有不少短板、营商环境还需优化等突出问题。

预计2023年全区地区生产总值增长6%左右，工业增加值增长6.5%左右；固定资产投资增长8%左右；社会消费品零售总额增长3%左右，批发业销售额增长12%左右，零售业销售额增长7%左右。

三、2023年重点工作

2023年，全区在区委、区政府的领导下，深入贯彻落实党的二十大精神，全面落实市委、市政府关

于做好经济工作的决策部署,按照"疫情要防住、经济要稳住、发展要安全"的要求,科学统筹疫情防控和经济社会发展,紧盯关键指标、重点项目、重点行业和重点企业,全力推动产业发展和项目建设,针对性地开展经济运行调度,努力推动各行业持续恢复性增长,确保2023年经济增长高于全市水平,努力完成全年经济社会发展各项目标任务,全力保持平稳健康的经济环境。

(一)开足马力抓生产,切实解决企业实际困难

落实领导联系工业企业制度,尤其是对潍柴发动机、万里新能源等产值降幅较大的"双百企业",开展周监测、周调度,解决好企业融资、市场开拓、产业链供应链稳定等方面的实际问题。加快搭建企业需求交流平台,提升本地配套率。积极开展企业"升规纳统"培育和申报工作,及时跟踪新增规模以上企业的入库统计管理情况。

(二)铆足干劲扩投资,加快推进重大项目建设

各项目业主要认真对照开工、在建、前期"三张清单"明确的节点任务和时序进度,抓好项目建设,强化要素保障,在确保质量和安全的前提下加快建设进度,尽快形成更多实物量。抓紧推动中长期贷款、设备购置贴息贷款等项目落地。抓紧谋划一批水利、交通、能源、新基建、新型城镇化等领域重大基础设施项目,做深做实前期工作,积极争取上级资金支持。

(三)千方百计促消费,推动重点领域消费加速回补

在做好疫情防控前提下,指导支持商业主体办好系列促消费活动。推动爱琴海购物公园、万达广场、吾悦广场等商业综合体健康发展,大力招引知名消费品牌入驻江津,提升消费环境,打造消费品牌。以米兰小镇、金科美邻汇等为载体,加快夜间经济核心集聚区建设,繁荣夜经济。大力拓展网络消费,促进线上线下融合发展。

(四)竭尽全力保粮食安全,多措并举稳定粮食生产

着力推动耕地"非粮化""非农化"和耕地撂荒问题的全面排查和监督整改,加快实施高标准农田建设和宜机化改造等项目,合理布局灌溉与排水工程、蓄水工程、渠系。加强技术指导,引导种植户抢抓有利时期,提高播种质量。确保马铃薯、蔬菜等晚秋作物生产和红薯等在土作物,完成约束性任务。

(五)不遗余力防风险,全面化解房地产、财政、生产等领域风险

加快推进恒大和类恒大项目处置,大力提升房地产开发项目品质,加大房地产招商推介力度,助推房地产平稳发展。加大挖掘税费征收潜力,切实做到应收尽收。抓好土地出让工作,确保政府性基金收入稳定增长。压减一切非必要、非急需预算开支,腾退财力兜牢兜实"三保"底线。严格执行安全生产"十五条"硬措施,深入开展道路交通、建设施工、危化品、燃气、农村自建房等重点行业领域隐患排查整改,严防重特大事故发生。

[江津区发展和改革委员会　彭远华　王晓洪　陈　欣]

之十四：2022年合川区经济运行分析及2023年展望

2022年以来，合川区坚持以习近平新时代中国特色社会主义思想为指导，全面贯彻落实党的二十大精神，坚持稳中求进工作总基调，立足新发展阶段、贯彻新发展理念、融入新发展格局，围绕市委赋予的"重庆主城都市区发展的重要支撑、成渝地区双城经济圈建设的重要节点"新定位，积极应对新冠肺炎疫情和经济下行冲击，全力以赴做好"六稳"工作、落实"六保"任务，着力打基础、补短板、谋长远，有力有效统筹经济社会发展和疫情防控，全区经济基本保持平稳健康发展。

一、2022年合川区经济运行分析

前三季度，全区GDP完成724.4亿元，同比增长2.8%，一、二、三产业增加值分别同比增长3.6%、2.1%、3.1%。

（一）工业经济实现转正，汽摩、医药健康、新材料等产业实现双位数增长，"专精特新"企业支撑有力，产业集中度不断提高

大力实施"123456"工业倍增计划，出台工业十条措施，区领导联系走访百家重点企业，常态化收集解决涉企难题。精准调度用能、用工、融资等生产要素，开展送政策进企业活动，兑现区级工业发展专项资金4107万元，力促全区工业经济平稳运行。前三季度，243家规模以上工业企业实现产值336.5亿元，同比增长1%，增速实现由负转正。从支柱产业看，"六大产业+其他产业"实现"四升三降"，医药健康、汽摩制造、新材料分别同比增长28.8%、10%、37.6%，双槐电厂等其他产业产值同比增长24%。从发展动力看，"专精特新"企业支撑有力，73家规模以上"专精特新"企业完成产值140.9亿元，同比增长7.8%，占全区工业总产值的41.9%，高于全区平均增速6.8个百分点，拉动全区产值增速3.1个百分点。前三季度，全区累计新增科技型企业41家，完成智能化改造项目38个。从工业布局看，天顶、草街、南溪等三大组团共实现产值207.7亿元，占全区工业总产值的61.7%，三大组团工业总产值分别同比增长9.7%、2.4%、7.4%。

（二）现代农业提速发展，粮食、生猪、蔬菜产量稳定增长，水果、水产等特色产业活力增强，农产品加工业增速较快

2022年以来，合川区落实粮食安全生产责任制，持续加强种子、化肥、农药、农机具等生产物资储备和供应，统筹推进春耕春播、夏收夏种，确保粮食和重要农产品有效供应。前三季度，全区实现农业总产值117.2亿元、农业增加值78.3亿元，分别同比增长4.2%、3.6%。全区粮食播种面积168万亩、粮食产量54.8万吨，分别同比增长0.2%、0.6%。实现生猪出栏84.5万头，同比增长10.5%；蔬菜产量77.3万吨，同比增长0.3%；水果产量15.8万吨，同比增长5%；生态鱼产量4.2万吨，同比增长1.2%。实现农产品加工业总产值90.6亿元，同比增长8.5%，其中规模以上企业产值51.1亿元，同比增长

8.2%。重庆火锅食材产业园成功入围市级特色产业基地创建名单。

（三）服务业稳中有升，促消费政策成效初显，金融业、其他服务业保持较快增长，外贸进出口支撑有力

2022年以来，合川区积极应对和消除疫情不利影响，大力开展促消费活动，出台《合川区促进消费恢复发展若干政策措施》，发放两期消费券518万元，引进星艺佳盘活合川步步高广场闲置商业设施4.5万平方米，打造拾光天街等特色街区，开展汽车展、房交会等各类活动15次。前三季度，全区实现服务业增加值366.9亿元，同比增长3.1%。金融业保持稳定增长，截至9月末，本外币存贷款余额1858.8亿元，同比增长7.4%，其中，存款余额1062亿元，同比增长11.5%；贷款余额796.8亿元，同比增长35.8%。其他服务业发展良好，前三季度规模以上其他服务业营业收入同比增长8.6%，其中，软件和信息技术服务营业收入同比增长100%，卫生和社会工作工资总额同比增长48%，均排名全市第一。外贸进出口支撑有力，前三季度实现外贸进出口17.4亿元，同比增长22%，其中出口16.3亿元，同比增长47%。

（四）投资保持有力拉动，重点项目稳步推进，争资引项成效初显

扎实开展"抓项目、稳投资"专项行动，建立重点项目推进五项机制，着力推进"招落建投"一体化服务和重点项目"四个一批"滚动实施，加强常态调度、定期通报和媒体宣传，着力营造重点项目重点保障、重点项目重点发力氛围。通过高频精准调度专项债券资金项目、中央预算内资金项目和市区重点项目，带动前三季度累计完成全社会固定资产投资345亿元，同比增长5.8%，310个区级重点项目完成投资132.6亿元。抢抓政策窗口期，积极争取中央预算内资金、政策性开发性专项基金、政府债券、转移支付等各类资金65.5亿元，较好保障了项目建设和财政运行。

（五）区域协同发展加速，融入成渝地区双城经济圈和"一区两群"新发展格局步伐加快，招商引资取得实效

加速融入成渝地区双城经济圈建设，合广长协同发展示范区方案由两省市发展改革委印发，规划通过专家评审。与四川营山县签订战略合作协议，与岳池共建川渝合作（广安合川）生物医药产业园前三季度累计完成投资8.4亿元，持续开展渠江、南溪河、小安溪等重点河流水质监测，实现广安、合川两地跨界河流水质自动监测全覆盖。加速融入"一区两群"新发展格局，畅通与中心城区联系通道，渝武扩能完成投资9.4亿元，国道212线非收费公路快速物流通道开展方案预研。强化与秀山对口协同，落实对口帮扶资金2000万元/年，协同发展医药健康产业，建设国泰康宁中医药产业园，积极开展电商物流合作。招商引资取得实效。积极参加2022智博会、"西洽会"、第19届东博会"魅力之城"重庆经贸合作交流对接会等各类会展节活动，前三季度，全区新签项目44个，协议投资额311.28亿元。

（六）民生保障不断增强，就业、教育、医疗等公共服务加快发展，疫情防控有力有效，社会大局平安稳定

21件民生实事开工20件，前三季度累计完成投资6.6亿元，占年度计划的73%。就业保障更加充分，举办合川区第十一届创业创新大赛等系列活动，开展职业技能培训7384人次，城镇新增就业1.7万人，城镇调查失业率控制在5.5%以内。教育品质稳步提升，高考质量再上新台阶。卫生事业快速进步，获批建设省级区域医疗中心项目，区人民医院二期等项目完工，区疾控中心整体迁建项目加快建设。社会保障水平稳步提高，发放各类救助金3.1亿元。深入打好污染防治攻坚战，开展大气、水、危废等专项检查，截至9月底，空气质量优良天数达到214天，三江考核断面水质保持Ⅱ类。全力防范化解重大风险，纵深开展全民反诈和打击整治养老诈骗专项行动，深入推进安全生产大排查大整治大执法，推进市域社会治理现代化试点，全力抓好安全生产，死亡人数下降60%。疫情防控有力有效，累计接种新冠病毒疫苗114.6万人、285.3万剂次。

二、存在的困难和问题

（一）外部经济环境下行压力较大

受俄乌冲突等影响，汽摩、通机行业企业均反映存在订单减少。工业企业成本居高不下，钢材、铜等上游原材料价格仍处高位，叠加用能、用工、物流等成本上升，持续挤压中下游企业利润。

（二）产业发展基础偏弱

前几年形成的主导产业，近年来受市场变化等原因，下滑较为严重，导致经济增长速度大幅下跌，产业培育仍需加力。

（三）项目推进仍显滞后

目前部分区级重点项目、中央专项补助资金项目等仍欠序时进度，部分项目前期工作缺乏有效统筹，影响项目开工。

三、2023年工作计划

（一）加强经济运行调度

积极应对当前经济下行压力和工业转型升级压力叠加影响，进一步提高经济运行调度的前瞻性、针对性和有效性，加强重点行业、重点领域专题调研，强化招商引资项目摸排力度，继续稳定扩大就业，盘活土地资源，保障财政收支动态平衡。

（二）持续推动产业转型升级

着力培育壮大数字经济、战略性新兴产业，推动传统支柱产业提质增效，推动产业基础高级化、产业链现代化，构建具有核心竞争力的现代制造业体系；筑牢科技创新、智能制造、领军企业培育、园区特色发展，夯实工业经济高质量发展根基；大力实施"123456"工业倍增计划，加速推动产业项目落地，做优存量、做大增量，推动全区工业高质量发展。加大商贸业市场主体扶持力度，努力培育新的经济增长点。扎实推动"三园共创"，推进农业"接二连三"，着力引育壮大肉制品、粮油、调味品等农产品精深加工企业，打造100亿级"重庆火锅食材产业园"。

（三）加快推进重点项目建设

继续以区级重点项目为主要抓手，抢抓当前项目建设施工"黄金期"，紧盯专项债券资金、中央预算内资金、市级重点项目、区级重点项目，强化专班推进、节点调度、一线会办、定期通报、集中宣传，着力打通堵点卡点，掀起项目建设热潮，切实提高项目建设进度和资金支付进度，持续扩大有效投资。

（四）继续做好争资引项

积极对接市级部门，密切关注政策变化与重点扶持领域，提前做好2023年争资准备和项目储备，提前策划，进一步推动项目前期做深、做实；对上级资金已下达项目倒排建设工期，加强调度，定期督查，确保如期保质保量完工投用。

(五) 坚持扎实抓好民生保障

办好重点民生实事。做好资金保障，加强施工组织，确保民生实事如期建成显效。强化社会保障服务，做好资助困难群众参保工作。做好价格监测工作，全力确保年末岁初各类商品特别是食品价格保持稳定。全力做好粮食安全工作。

[合川区发展和改革委员会　粟榆涵]

之十五：2022年永川区经济运行分析及2023年展望

2022年，永川区深入实施"2235"总体发展思路，高效统筹疫情防控和经济社会发展，有效应对极端高温天气等不利影响，全力以赴稳住经济大盘，全区经济运行在持续承压中总体呈现平稳的态势。

一、2022年永川区经济运行分析

（一）经济运行情况

前三季度，全区地区生产总值实现860.9亿元，同比增长4.3%，总量居全市和主城都市区第七位，增速居全市第4位、主城都市区第3位。其中，第一产业增加值60.9亿元，同比增长3%，增速居全市第24位、主城都市区第7位；第二产业增加值455.9亿元，同比增长5.1%，增速居全市第12位、主城都市区第5位，其中工业增加值352.4亿元，同比增长4.7%，建筑业增加值103.4亿元，同比增长6.9%；第三产业增加值344.2亿元，同比增长3.4%，增速居全市第12位、主城都市区第6位。全体居民人均可支配收入为31757元，同比增长5.4%，其中，城镇常住居民人均可支配收入36654元，同比增长5.2%；农村常住居民人均可支配收入19688元，同比增长6.5%。

1. 全面落实稳经济一揽子政策和接续措施，市场主体获得感显著增强，投资增速稳步提升

惠企政策落实有效。加快实施新的组合式税费支持政策，1—9月，累计审核办理增值税留抵退税7亿元，制造业中小微企业缓缴税费3亿元。截至9月末，落实社保费缓缴、稳岗返还、单位社保补贴等惠企政策资金1.1亿元，惠及企业4258家次。18个金融服务港湾累计为1958户小微企业和个体工商户等市场主体发放贷款15.3亿元，发放央行再贷款、再贴现资金14.2亿元，发放中小企业风险补偿贷款393笔，14.5亿元。为1.7万户中小微企业和个体工商户落实水气费补贴约164万元。新增市场主体13376户，同比增长7%；市场主体净增长6528户，净增长率6.3%。

抓项目稳投资行动推进有力。重点项目加快建设，1—9月，245个区级重点项目已开复工155个，完成投资185.2亿元，占年度计划投资的60.1%。其中，123个工业项目完成全年计划投资的63.6%，重庆长城智能科技有限公司铸造基地项目等10个工业项目建成投产，市域（郊）铁路重庆中心城区至永川线等基础设施项目前期工作有序推进。积极扩大资金来源，共争取到中央预算内投资3.5亿元，同比增长49%；5个专项债券项目发行额度实现12.8亿元，债券支付率达到93.2%（按实物工作量计），排名全市前五；签约政策性开发性金融工具项目2个，投放基金1.2亿元。项目带动投资稳定恢复，全区固定资产投资同比增长5.6%，其中工业投资同比增长6.4%；房地产投资同比增长1.2%，在主城都市区排名第五。

2. 有力应对极端高温天气等不利因素，产业发展稳中承压、稳中提质

工业经济平稳增长。1—9月，全区规模以上工业总产值实现1106.2亿元，同比增长7.8%；规模以上工业增加值同比增长5.4%，居考核区第5位。园区支撑有力，工业园区实现产值980.3亿元，同比增

长9%，占规模以上产值88.6%。其中凤凰湖园区产值663亿元，同比增长6.1%；三教园区实现产值105.6亿元，同比增长19.3%；港桥园区实现产值211.7亿元，同比增长13.7%。支柱产业规模不断壮大，汽摩及零部件、智能装备、特色消费品、电子信息、先进材料五大产业集群实现产值1052.3亿元，同比增长7.5%。其中，汽车摩托车产业实现产值408.1亿元，同比增长37.1%。产业转型升级取得成效，完成技改投资131.9亿元，技改投资占比62.7%，排考核区第1位；完成智能化改造项目285个，建成数字化车间34家。能源供给能力进一步加强，全区日产气实现160万立方米，累计产气4.07亿立方米。

新兴产业起势较好。数字经济蓬勃发展，重庆云谷·永川大数据产业园成功获批重庆市区域型数字化转型促进中心，新引进科大讯飞、完美世界、华为云能力中心等数字产业项目，西部科技影视基地、中国人民大学文化科技园、瑞云渲染西南影像渲染算力中心、数字文创实训中心等重点项目即将完成建设。印发《西部智能网联新能源汽车城建设工作方案》，加速推进永川汽车产业转型升级。编制《永川元宇宙产业发展三年行动计划》，释放永川元宇宙示范应用场景。加快编制生物医药及大健康产业专项发展规划，新领先（重庆）生物医药一体化研发服务基地、现代蚕桑产业仙龙基地正式投用。

服务业发展保持稳定。1—9月，全区规模以上服务业营业收入同比增长16.2%。消费市场持续复苏，社会消费品零售总额同比增长1.3%。批发业销售额、零售业销售额、住宿业营业额分别同比增长9.2%、7.4%、4%；餐饮业营业额同比下降1.7%。旅游市场持续回暖，全区共接待游客2114万人次，实现旅游收入153.4亿元，分别同比增长8%和10.7%。房地产业总体健康，商品房销售面积实现192.6万平方米，增速在主城都市区排名第一。金融业运行平稳，全区金融机构本外币存贷款总规模达到1787.6亿元，同比增长9.6%。

农业生产稳中有进。粮油种植面积稳定增长，通过撂荒地复耕复种和大豆油料扩种，全区秋粮播种面积约93.2万亩，同比增长1.4%，秋粮总产量47万吨，同比小幅增长1%。畜牧产业发展有力有序，全区第三季度单季度生猪、牛、家禽出栏量分别同比增长9.8%、7.9%、5.9%。

3. 开放创新步伐加快，发展活力动力进一步激发

对外开放水平逐步提升。永川综合保税区运营有序推进，已签约意向入驻项目20个，预计年进出口贸易额80亿元。中新（重庆）肿瘤医院开业运营，永川高新区列为重庆自贸区联动创新区首批建设名单。外贸增速迅猛，1—9月，永川区进出口额预计完成56.4亿元，同比增长65.6%。成渝地区双城经济圈建设有序推进，泸永江融合发展示范区建设2022年67项重点工作任务中，永川牵头的13项已完成6项。

科技创新实力不断增强。实施研发机构和高企倍增计划，全区高新技术企业达到192家，科技型企业达到1053家，市级以上科技平台达到114家。提质发展环重庆文理学院创新生态圈，生态圈在孵企业40家。持续推进科技型企业知识价值信用贷款改革试点，为90家科技型企业发放贷款2亿元，补贴企业知识价值信用贷款担保服务费286.5万元。启动科研项目"揭榜挂帅"改革试点，积极推行项目经费"包干制"。

4. 驰而不息加大招商引资力度，财政税收水平稳步回升，发展后劲进一步显现

招商引资持续发力。1—9月，全区签约项目129个，合同额571.4亿元，完成年度目标任务的71.4%；其中市外项目77个，合同额517.7亿元，完成年度目标任务的68.1%。引进项目中，投资1亿~10亿元项目47个，投资10亿元（含）以上项目18个。工业项目仍是签约主力，129个签约项目中，二产项目79个，合同额455.8亿元，占比达到79.8%。

财政税收稳步回升。1—9月，全区一般公共预算收入完成30.9亿元，同比下降8.2%，较1—8月回

升 1.6 个百分点。其中：税收收入 22.9 亿元，同比下降 7.2%，较 1—8 月回升 2.6 个百分点。扣除留抵退税因素后，一般公共预算收入同比下降 4%，其中：税收收入同比下降 1.5%。

坚决兜牢民生底线。统筹做好疫情应急处置和常态化防控工作，全力守护人民群众生命安全和身体健康，确保实现"疫情要防住、经济要稳住、发展要安全"的要求。强化重要民生商品价格调控，做好区级储备粮应急供应，有序投放政府储备猪肉。全力保障重点群体稳定就业，实施"就业帮扶·真情相助"专项行动，全区城镇新增就业 18997 人、城镇登记失业人员再就业 4338 人、就业困难人员就业 3299 人，分别完成全年目标任务的 86.4%、83.4%、94.2%。

（二）存在的问题

2022 年，全区经济展现出较强韧性，最大限度减少了疫情、高温、缺电等超预期因素对经济社会发展的影响，经济总体运行在合理区间，但是，也要看到，世界经济不稳定不确定不平衡问题突出，主要经济体经济增速放缓，滞胀风险上升；国内疫情多点散发、多地频发，需求收缩、供给冲击、预期转弱三重压力持续显现，经济持续恢复基础不牢固。永川区经济运行中主要面对以下七方面问题：一是新一轮疫情对全年经济运行影响加剧。二是制造业受要素制约情况严重。三是投资增长后劲不足。四是商贸消费仍需发力。五是房地产市场持续低迷。六是高温干旱严重影响农产品产量。七是就业结构性矛盾依然突出。

三、2023 年经济运行环境分析及展望

2023 年，从国际形势看，外部环境不稳定、不确定、不安全因素仍然较多，俄乌冲突影响超预期，大国博弈演进加剧，美国、欧元区、日本等发达经济体经济增长动力不足，部分发展中经济体复苏进程放缓，粮食、能源危机持续，地缘政治动荡和供应链瓶颈缓解有待时日，全球经济滞胀风险仍将延续，一些经济体爆发金融危机的风险上升，世界经济复苏困难重重。从国内情况看，新冠肺炎零星散发病例和局部暴发疫情的风险一直存在，三重压力或将持续，经济下行压力仍然较大，但危机并存、危中有机，一些国家供给不畅、通胀高企，客观上有利于发挥我国全产业链优势和强大制造能力，加快关键核心技术攻关及产业转型升级步伐，同时，面对内外部阶段性、突发性因素冲击，我国经济展现出强大的生存力、竞争力、发展力、持续力，充分说明我国经济持续健康发展的良好态势没有改变，支撑高质量发展的生产要素条件没有改变，长期向好的基本面没有改变，经济将延续恢复发展态势；从重庆来看，随着稳住经济大盘等宏观政策加快落地见效，成渝地区双城经济圈和"一区两群"协调发展等区域战略走实走深，积极因素不断累积，经济企稳回升内在动力持续增长；就永川而言，党的二十大胜利召开在全区掀起干事创业的积极性和主动性，政治动能转化为强大发展动能，将国家和重庆一系列稳经济政策措施落实在项目建设、资金争取和事项推进上，全面实施永川"2235"总体发展思路，智能网联新能源汽车城、中国职教名城、科技影视城、西部欢乐城、营商环境最优区建设取得成效。2023 年，永川将延续恢复发展态势，经济企稳回升内在动力持续增强，经济高质量发展迈出新步伐。

四、2023 年工作重点

（一）狠抓经济运行监测分析

把稳增长放在更加突出的位置，精细化落实稳经济一揽子政策和接续措施，结合永川实际制定出台困难行业助企纾困等相关配套措施，大力推进惠企政策"免申即享"，不断增强企业获得感，最大程度减

轻企业发展压力。全力确保重点行业产业链供应链畅通，充分发挥区级领导联系服务重点企业工作机制作用，借助企业供需信息互动平台，着重加强主导产业、领军企业、双百企业等监测预警，继续开展"三服务""四帮一体验"活动，对重点产业链供应链实行"日监测、日调度、日报告"。切实帮助企业提质增效，密切关注国际国内关键技术、大宗商品价格变动以及疫情管控措施，摸清原材料、技术、能源、资金等生产要素受阻的"症结"所在，积极对接市级主管部门，丰富能源供给，深入推动信用贷款扩面增效，加快推动企业转型升级。牢固树立"巩固一批、新增一批、培育一批、谋划一批"的发展理念，掌握行业产值损失情况，明确补量的"时间表""路线图"，鼓励企业利用周末、夜间时间生产，抓好企业升规培育工作，把时间抢回来、工期赶回来、损失补回来，确保全年经济运行在合理区间。

（二）大力推动项目引育建设

保持"谋划储备一批、签约落地一批、开工新建一批、投产达效一批"的节奏，围绕"开工、在建、前期"三张清单，全力推动招商引资及市区两级重点项目建设。紧盯产业链招商，抓好"双碳"机遇，聚焦制造业等主导产业，聚焦上下游产业链配套，推动项目建设向产业集聚转变。坚持招大引强，积极探索基金招商，加快引进有市场、有利润、高质量的企业和技术团队，推动项目建设向注重质量转变。创新以商招商，充分发挥现有企业家的人脉资源，协作引进一批上下游优质企业，推动项目建设向产业间相互关联转变。挖掘存量招商，积极主动上门对接洽谈项目，制定专项招引措施，列明优惠举措，细化落实方案，推动项目顺利落地。强化前期服务，实行专人负责、挂图作战、限时推进，加大项目建设要素保障力度，全力推进项目开工建设。强化协调调度，持续推行重大项目节点管控制度，统筹协调解决节点滞后的项目建设中的突出问题，加速推进星星冷链智能冷链生产基地等项目建成投产。强化资金保障，统筹利用中央预算内投资、地方政府专项债券支持项目建设，用好用足政策性、开发性金融工具支持重大项目建设。强化项目储备，针对国家重点支持领域，继续策划储备一批补短板、利长远的重大项目，进而优化调整区级重点项目，积极增补市级重大项目，确保年度计划完成投资量完成目标。

（三）提质建设现代制造业基地

围绕"5+3"产业体系，着力推动产业基础提质。汽车摩托车产业，聚力建设高端汽摩产业生态园，积极推动雅迪及其配套企业投产达产，加快建设西部智能网联新能源汽车城。电子信息产业，加强致伸科技等重点企业用工保障，着力引进一批新型智能终端和关键核心元器件生产企业。智能装备产业，推动现有装备产品向智能化、成套化、系统化、服务化转型升级。智能家居及材料产业，推动东鹏陶瓷、帝欧家居加快布局后续项目，规划建设硅基材料产业园。特色消费品产业，加快理文30万吨原料代替技术改造项目建设，积极筹建西南食品研究院、豆豉集团。生物医药及大健康、新能源、民用航空等战新产业，加快新材料产业园、生物医药产业园等园中园规划建设，推动产业集聚发展。聚焦数字赋能，大力推动制造业转型升级。加快推动装备换芯、机器换人、生产换线、管理上云，促进装备数控化、产线数字化、工厂智能化、产业平台化，积极开展"一链一网一平台"试点示范，推动新泰、红江、雅迪等企业建立行业工业互联网平台，加快建设数字化车间和智能工厂。加快成立重庆高新技术产业研究院永川分院、重庆市工业设计促进中心永川分中心，推动企业核心竞争力不断提高。

（四）着力促进消费激发活力

持续释放消费潜力，以培育区域消费中心城市为契机，在做好疫情防控的前提下，引导商贸企业开展汽车展销会、房交会、电商节、永川夜生活节等节会活动，确保季季有主题、月月有活动、天天有消费。着力构建优质高效的服务业新体系，规划建设低密度生态商务区，建成长城爱情汽车广场，加快推进永川里·奥特莱斯建设和招商，优化提升渝西广场、万达广场，指导做好业态布局及品牌招商工作，充分发挥名镇名街引流作用，将"三河汇碧"打造成为永川区首个体验式文创街区和城市会客厅，在乐和乐都打造儿童友好型特色消费街区，深度挖掘家庭快乐消费潜能。加快打造夜间经济升级版，依托华茂"重庆夜间消费文化和旅游集聚区"、棠城公园"中华美食街"、华创"特色创业夜市街"，发展电竞、电玩、街头演艺等夜间娱乐项目，规范发展后备箱经济。加强商业、旅游、交通、房地产业等消费跨界融合，支持松溉镇、板桥镇开展古镇风貌整治，打造特色文化旅游镇；大力发展线上消费，积极拓展沉浸式、体验式、互动式消费新场景；振兴老字号，挖掘非遗文化，培育提升"永川造"品牌和影响力；推进凤凰湖供应链物流枢纽等物流园区建设，打造全市重要的服务贸易示范基地。

（五）织密织牢民生兜底保障网

全力稳住就业基本盘，实施"就业服务不打烊、网上招聘不停歇"的线上招聘活动，加大高校毕业生见习基地吸纳过渡性就业力度，确保高校毕业生就业率不低于目标。有序开发公益性岗位，加强以工代赈、乡村振兴项目等用工推介，优先安置脱贫人口、离校两年登记失业高校毕业生和最低生活保障家庭、零就业家庭中的登记失业人员等就业困难人员。健全灵活就业劳动用工和社会保障政策，深入实施全民参保计划，持续深化社保基金管理问题专项整治，确保社保红利落到实处。促进房地产业良性循环和健康发展，全面落实稳地价、稳房价、稳预期长效管理调控机制，发展长租房市场，解决好新市民、青年人等群体住房困难问题。鼓励支持房地产企业建设中高端、改善型商品住宅，合理布局康养类住宅，统筹做好保交楼等工作，以"租购并举"实现多元化住房供给，持续提振市场信心。持续做好价格日常监测和动态调控，落实好重要民生商品和大宗商品保供稳价措施。持续推动民生实事全面落地见效，不断强化水电气保障，持续推动石英砂、页岩气等资源要素有序开采，加速推进渝西水资源配置工程、"上大压小"热电联产、永川500kV输变电等项目建设。

（六）切实防范化解重大风险

高效统筹疫情防控和经济社会发展，坚持"外防输入、内防反弹"总策略和"动态清零"总方针不动摇，严格落实属地、部门、单位、个人"四方责任"，确保重点场所、重点机构、重点人群防控措施落实到位。健全完善财政平稳运行工作机制，严格落实"过紧日子"要求，千方百计稳定财税收入，进一步压减不必要开支，加强政府债务风险预判和重大风险管理，持续规范政府举债融资行为，坚决遏制新增地方政府隐性债务。防范化解金融领域风险，组织开展非法集资风险排查专项行动，对重点行业、重点领域的集资行为、大额预付费行为进行常态化巡查排查，力求将隐患消灭在萌芽状态。贯彻落实粮食安全考核党政同责，牢牢守住耕地红线，加强地方粮食储备管理，全方位夯实粮食安全根基。

[永川区发展和改革委员会　樊　怡　王文征　马寒卿]

之十六：2022年南川区经济运行分析及2023年展望

2022年，面对更趋复杂严峻的国内外宏观形势，南川区始终以习近平新时代中国特色社会主义思想为指导，坚持稳中求进工作总基调，按照疫情要防住、经济要稳住、发展要安全的要求，积极应对疫情、旱情、火情、有序用电等超预期因素影响，高效统筹疫情防控和经济社会发展，扎实推动稳经济一揽子政策和接续政策措施落地落实，千方百计保市场主体、保就业、保民生，全力稳住经济大盘，保持合理增长态势，预计全年地区生产总值有望突破450亿元，同比增长4.5%左右。

一、2022年南川区经济运行特征

1—9月，全区实现地区生产总值309.42亿元，同比增长3.6%，增速分别高于全国、全市0.5个、0.6个百分点，分列全市和主城都市区第18位、第6位，较上半年分别持平、上升3位。经济运行呈现以下特征：

（一）指标增长在提速

1—9月，第二产业增加值、第三产业增加值、规模以上工业增加值、建筑业增加值、固定资产投资、社会商品零售总额、一般公共预算收入等7项主要经济指标跑赢全市，三产增加值、固投、社会商品零售总额等3项主要指标增速位列主城都市区前五，一产增加值增速较上半年排名提升8位。

（二）纾困政策在显效

持续深化"政策大落实"专项行动，采取"免申即享"等方式，打好退、减、免、缓"组合拳"，累计退税7.7亿元、减税9648万元、缓缴税费8741万元、减少社保支出1936万元、减免房屋租金1264万元。扎实开展服务重点企业现场办公、小微企业座谈，区领导"面对面""点对点"把脉问诊，清单化销号解决70条现实困难，最大限度激发企业生产力。

（三）产业韧劲在增强

一是农业稳定生产。抢抓春耕春播、秋收秋种，夏粮产量同比增长0.4%，秋粮播种面积同比增长1.3%，蔬菜产量同比增长3.3%，生猪存（出）栏分别同比增长3.6%、6.9%。二是工业筑底回升。科学引导企业错峰生产、复工达产，实现工业增加值97.6亿元，同比增长3.4%，其中，规模以上工业增加值同比增长4.3%，较1—8月回升1.1个百分点。新型建材、新能源产值分别同比增长55.3%、34.8%，支撑作用明显。三是旅游业逆势上扬。推出网红景点4个、精品民宿33家，节假日"一房难求"，露营经济、民宿经济持续火爆，助力全区接待游客和旅游综合收入分别同比增长20.1%、32.1%。四是金融业平稳运行。9月末存贷款余额同比增长7.3%，比6月末提高2.9个百分点。普惠小微、制造业中长期贷款分别同比增长31%、140%，市场主体信心持续增强。

（四）市场需求在修复

一是投资放量提速。在重点项目拉动下，实现固定资产投资146.4亿元，同比增长7.2%，高于全市

3.9个百分点，列主城都市区第三位。其中，基础设施投资同比增长6.7%，工业投资同比增长10.6%，房地产开发投资同比增长7.6%，分别拉动投资增长1.7个、4.5个、2.3个百分点。二是消费加快回暖。实施"福惠南川"系列活动，实现社会商品零售总额160.5亿元，同比增长3%，列主城都市区第三位。恒大、新鸥鹏、雍锦澜庭3个地产项目复工建设，康养需求加快释放，累计成交康养物业7.9万平方米，同比增长6.6%，房地产销售面积下滑趋势得到缓解。三是外贸保持增长。实现进出口总额16亿元，同比增长40%。

（五）发展后劲在蓄积

一是创新动能增强。新培育国家科技型中小企业35家、专精特新"小巨人"1家，市级科技型企业45家、"专精特新"企业36家，创建数字化车间4个，工业技改投资增长7.6%。二是改革纵深推进。启动优化营商环境专项整治行动，聚焦"用电用气用水"等重点难点问题，刀刃向内推动整改。开展"最难办事科室群众评""最差行政效能乡镇（街道）大家评"，营造亲商爱商浓厚氛围，新发展市场主体7033户，同比增长9.2%。三是开放步伐加快。渝湘高铁、渝湘高速复线提速建设，城轨快线南川线计划年内开工，区位优势更加凸显。与都江堰市建立友好城市，与武隆区协同发展，重庆工职院分院落户南川，新能源汽车配套产业发展高峰论坛研讨会在南川举办。新签约项目45个、协议引资403亿元。

（六）民生福祉在改善

一是就业形势稳定。兑现稳岗返还等补贴5456万元，稳定岗位3.4万个。加大困难群体就业帮扶，城镇新增就业、失业人员就业、困难人员就业分别完成年任务的130.2%、122.7%、146.6%。城乡居民人均可支配收入分别增长4.2%、5.8%。二是民生保障有力。19件民生实事累计完成投资25.7亿元，占年计划的159.2%。南川三中、南川一中、道南小学等改扩建工程全部开工，区妇幼保健院迁建、区中医医院二期竣工投用。三是生态环境优良。城区空气质量优良天数264天，优良率96.7%，较上年同期提高1.5个百分点，继续领跑主城都市区。四是安全总体稳定。从严从快、妥善处置疫情，恢复常态化防控。全面落实"十五条硬措施"，死亡生产安全事故和死亡人数实现"双下降"。实现党的二十大等重要节点赴渝进京集访非访"零"目标。

二、存在的问题

总体来看，2022年全区经受住了疫情、旱情、火情"三情"考验和缺水、缺电"两缺"挑战，经济运行呈现"稳定恢复、稳中向好"态势。但经济恢复的基础仍不牢固，还面临不少困难和问题。

（一）民间投资下滑

因房地产业深度调整，居民购房预期低迷，企业开发信心不足，房地产新开工、竣工、销售面积分别同比下降42.4%、37.1%、7.7%，与房地产关联的商品混凝土、管材等行业销量回落，中民筑友等10余家工业企业投资放缓，传导民间投资同比下降9%。

（二）产业能级不高

工业多点支撑格局尚未形成，页岩气拉动力边际递减，先锋氧化铝和水江氧化铝相继关停，工业稳增长压力倍增。服务业抗风险能力较弱，部分行业规模以上企业数量较少，市场主体量质不高的局面短期内难以突破。

（三）各类杠杆较大

受留抵退税等影响，全区一般公共预算收入、税收收入分别同比下降7.8%、25.4%，"三保"压力较大。区属投融资平台公司进入还本付息高峰期，在监管趋紧趋严的背景下，既要保建设，更要防"爆雷"，筹资压力空前巨大。部分房地产企业面临流动性危机，部分项目因资金"断链"建设停滞，一些风险已经向建设方、材料方、购房者传导。

（四）要素保障不齐

受《长江保护法》规定、水江组团"环评"未批、"风规自规"的"紧箍咒"尚未解除等影响，部分项目落地难、推进难。由于用地报批、招标等前期工作滞后，8个重点项目未能如期开工。部分重点项目征迁问题未能解决，建设过程中仍有阻工现象，营商环境还需加力改善。

三、2023年形势分析

2023年，南川区内外部形势依然复杂严峻，经济运行挑战与机遇并存。

（一）挑战方面

地缘政治动荡造成能源等大宗商品价格高涨，美元连续加息导致欧盟、日本以及诸多新兴经济体加速衰退，多个国家和地区处于高通胀水平，我国输入性风险增大。国内需求收缩、供给冲击、预期转弱三重压力仍然突出，疫情多发频发，对服务业带来较大冲击，部分产业链供应链一定程度循环不畅。全市经济受房地产业收缩影响深远，汽摩等支柱产业正在转型，民营企业困难较多，经济面临结构不优、活力不足、动力不强等问题。南川区身处一隅，稳经济增长的压力较大。

（二）机遇方面

世界百年未有之大变局加速演变，以习近平同志为核心的党中央推动构建人类命运共同体、构建新型国际关系，我国国际影响力、感召力、塑造力显著提升，全市建设内陆开放高地步伐提速，有利于我区依托区位优势，加快融入中新（重庆）战略性互联互通示范项目，补齐对外开放短板。在全球产业链供应链重塑加快的背景下，党的二十大对构建新发展格局、推动高质量发展作出战略部署，有利于我区依托能源、生态等资源禀赋，提升科技创新水平，加快融入全市产业分工，打造现代化产业体系。成渝地区双城经济圈建设、西部陆海新通道建设等国家战略深入实施，全市"一区两群"协调发展纵深推进，有利于南川区放大"三优禀赋""三富资源"叠加优势，率先实现同城化发展。同时，我国经济长期向好的基本面没有改变，部分稳经济政策措施延续到2023年，以及财政政策和货币政策的精准滴灌、持续显效，为南川区稳定发展预期、激发经济活力提供了坚实保障。

四、2023年重点工作

2023年是全面贯彻党的二十大精神的开局之年。南川区将以学习贯彻党的二十大精神为动力，深学笃用习近平新时代中国特色社会主义经济思想，严格按照区委"1256"总体思路，紧扣率先同城化发展战略任务，高效统筹疫情防控和经济社会发展，统筹发展和安全，全力扩需求、优供给、稳预期，保持经济合理增长，助推经济高质量发展，切实把党的二十大精神全面落实在南川大地上，努力在全面建设社会主义现代化国家新征程中体现南川作为、贡献南川力量。

（一）全力激发需求活力，稳定社会预期

一是扩大有效投资。抢抓国家"稳投资"政策窗口期，围绕新开工、续建、前期"三张清单"，落实周比拼、月调度、季拉练"三项举措"，及时解决审批、用地、资金"三类问题"，助推重点项目投资放量。抓好项目梯次储备、申报工作，滚动精准争取中央预算内、专项债券等资金，加快兑付进程，撬动

社会资本参与投资，确保全年投资额超过2022年水平。二是刺激消费回暖。以建设商文旅体融合发展示范城市为引领，用足国家"促消费"政策措施，精心办好各类节会展会，大力培育民宿经济、露营经济，丰富拓展新型消费场景，巩固文旅、餐饮等消费回升态势。用好房地产政策工具箱，大力支持刚性和改善性住房需求，尽最大努力争取住房消费实现正增长。三是助企纾困解难。全面落实国家和市级惠企政策措施，持续释放财政政策和货币政策红利，"真金白银"助企纾困。常态化开展服务重点企业现场办公、小微企业座谈，落实好"企业吹哨·部门报到"等机制，用好市级供需对接平台，千方百计保障生产要素需求，助力企业达产达效、做大做强。

（二）全力提升产业能级，夯实发展支撑

一是做大做强先进制造业。坚持高端化、智能化、绿色化方向，持续推动制造业智能化升级，加快智能网联新能源汽车特色产业园区创建，培育页岩气装备制造、加工利用等关联产业，打造装配式建筑全产业链，提升机械制造业发展水平，壮大铝材料、页岩气、现代建筑、机械制造产业集群。二是做亮做响大健康产业品牌。以中医药产业科技园区为主战场，推动上药慧远等企业达产增效，提速华润三九等项目竣工投产，大力发展高附加值中药饮片、中药配方颗粒等，加快建设全市现代化中药绿色制造基地。瞄准主城市民康养需求，提速建设八大康养旅游综合体，培育壮大森林康养、文旅康养、运动康养、中医康养"四大业态"，实施四季精准宣传营销，加快打造生态宜居后花园。三是做新做优现代服务业。以建设重庆国际消费中心城市特色消费集聚区为引领，实施中心商圈和特色街区提升行动，推动东街申创国家级旅游休闲街区。积极发展旅游经济、现代金融、数字经济等，培育现代服务业新业态新模式。大力发展现代物流业，建成水江物流集散中心。

（三）全力促进景城乡融合，提升全域品质

一是推动景区提档升级。聚焦提高金佛山含金量，整合全域资源，拓展"金佛+春夏秋冬"四季业态，加快"一索二路三中心"建设，提速"金佛山旅游"上市步伐，写好"后半篇"文章，打造"金佛山·福南川"品牌。全方位提升东街业态，推动东街申创国家级旅游休闲街区，打造集美食、购物、娱乐为一体的"不夜城"。以"大观原点"为引领，培育农耕文化、休闲农业、精品民宿等业态，打造主城近郊游、周末游和乡村度假首选地。积极推进龙岩城申报世界文化遗产，打造全市首个"双遗之城"。二是推动城市提级扩容。有序实施老旧片区改造，加快道路、管网等基础设施建设，推动城市有机更新。提速建设高铁新城，拓展城市空间，提升城市功能。加快建设田园新城，推动重庆工职院南川校区等项目实质性开工，打造同城化发展"第一门户"、主城都市区"会客厅"。推动城市景观、自然景观、人文景观共融共美，提升城市风貌。深化"大城细管、大城众管、大城智管"，提高城市管理水平。高质量推进全国文明城区创建。三是推动乡村提速振兴。严格落实"四个不摘"要求，实施"万企兴万村"行动，深化农村"三变"改革、"三社"融合，推动巩固拓展脱贫攻坚成果同乡村振兴有效衔接。大力发展现代山地特色高效农业和都市休闲农业，培优做强"3+2"特色产业，持续提升乡村基础设施建设和公共服务水平，高标准创建国家农业现代化示范区、全国农村一、二、三产业融合发展先导区。

（四）全力推动创新开放，增强发展后劲

一是集聚创新力量。锁定高新区创建目标，加快建成"智慧园区"、企业研发中心等硬件设施，确保2023年创成市级高新区，夯实国家高新区创建基础。加快实施创新驱动发展战略，大力培育高新技术企业和科技型企业，深化政产学研协同创新，推动更多科技成果转化为现实生产力。二是扩大开放格局。加快渝湘高铁、渝湘复线、城轨快线等项目建设，畅通对外开放"大动脉"。推进与新加坡深度合作，打造中新（重庆）国际绿色发展示范基地。以公路物流枢纽为切口，加快建设大方向智慧物流园等项目，

打造西部陆海新通道节点城市。深化与四川成都、乐山、广元等地合作，推动工业、文旅、康养等多领域协同发展。三是提升招引质效。围绕新能源汽车配套等先进制造业、文旅康养等大健康产业以及"3+2"特色农业，包装市场化项目，实行敲门招商、以商招商等，推动主导产业补链、延链、强链。落实全过程保姆式服务，及时解决企业困难，提升签约项目转化率。

（五）全力保障和改善民生，提高生活品质

一是用心呵护生态环境。深入打好污染防治攻坚战，确保城区空气质量优良天数稳居主城都市区前列，河流出境断面水质稳定达到Ⅱ类及以上，森林覆盖率逐年提升。有序推进"双碳"行动，大力发展绿色产业，加快形成清洁能源、绿色建材、新能源汽车"三个百亿级"生态工业集群。认真践行"两山"理念，探索金佛山生态产品价值实现机制，创成市级"绿水青山就是金山银山"实践创新基地，切实把生态优势转化为发展优势。二是用情办好民生实事。坚持立党为公、执政为民，围绕教育、医疗卫生、"一老一小"、住房等重点民生领域，滚动实施一批民生实事，着力解决急难愁盼问题，不断提高人民群众的获得感、幸福感、安全感。三是用力提高保障水平。突出就业优先导向，帮助高校毕业生、农民工、脱贫人口、去产能职工等重点群体就业，带动城乡居民收入稳步提升。加大社会救助力度，推进社保扩面提质增效，健全三级养老服务网络，建设未成年人保护三级阵地，牢牢兜住民生底线。

（六）全力筑牢安全防线，维护社会稳定

一是严把安全生产关。严格落实"十五条"硬措施，加大道路交通、建设施工、消防、危化、矿山等领域风险隐患排查整治，严密防范森林火灾、洪涝灾害和地质灾害，确保不发生重特大安全事故。二是织密基层治理网。健全完善矛盾纠纷多元化解机制，加强重点群体、重点人员管控，常态化推进扫黑除恶斗争，严厉打击各类违法犯罪行为，努力把矛盾化解在基层、把问题解决在萌芽状态，维护社会大局持续稳定。

[南川区发展和改革委员会 唐 正 熊 波 刘 鑫 罗 益]

之十七：2022年綦江区经济运行分析及2023年展望

2022年是綦江区开拓奋进、砥砺前行的一年。面对外部环境错综复杂、新冠疫情散发多发、下行压力持续加大的严峻形势，在区委的坚强领导和科学决策下，在区人大、区政协的监督支持下，坚持以习近平新时代中国特色社会主义思想为指导，深入学习贯彻党的二十大精神，按照"疫情要防住、经济要稳住、发展要安全"总体要求，高效统筹疫情防控和经济社会发展，统筹发展和安全，经济持续恢复提升，主要经济发展指标处于合理区间，社会大局和谐稳定，高质量发展迈出坚实步伐。

一、2022年綦江区经济运行分析

（一）坚持以稳住经济大盘为重心，经济回稳基础更牢

推动稳经济政策落地见效。保产业链供应链稳定，"一链一策"抓好企业生产要素保障，对中小微企业、个体工商户兑现水电气等政策补贴。市场主体活力增强，新设立市场主体9000多户。就业创业渠道拓宽，新增城镇就业21125人。全力推进争资争项工作。累计争取财力性补助、民生保障、交通水利等各类资金超40亿元。紧盯国家级改革试点示范，获批国家农村产业融合发展示范园、国家网络安全产业园（成渝）等国家级试点。推动经济运行承压企稳。预计全区地区生产总值同比增长3.5%左右，固定资产投资同比增长15%，社会消费品零售总额同比增长2%，财政一般公共预算收入同比增长0.7%，全体居民人均可支配收入达到25686元、同比增长7.7%。

（二）坚持以转型升级发展为主线，产业结构持续优化

加力振作工业经济。扶欢、安稳、永桐新城等组团获市级新增园区认定，新获批规划面积17.1平方千米。再生铝产能已达72万吨/年，全区规模以上工业企业增加值达164亿元，同比增长5%。金美科技6微米复合集流体材料成为全球新能源车十大前沿技术，西部信息安全谷建设提质提速，战略性新兴产业和数字经济产值占工业总产值比重提升至25%。培育壮大现代服务业。物流基础设施持续完善，年货运量100万吨的三江物流基地一期建成投用，物流枢纽能力提升至1000万吨/年。旅游产业发展壮大。建成长征国家文化公园綦江段子项目10个，成功创建高庙坝市级旅游度假区，全区累计接待旅游人数898万人次，旅游总收入43.6亿元。金融业稳步提升。全区金融机构人民币存贷款规模达到1087亿元，同比增长11%。加快发展现代农业。粮食播种面积达到88.6万亩，首个预制菜生产基地——餐链和壹项目启动试运行，全年生猪出栏量达到60万头。

（三）坚持以扩投资促消费为抓手，内需潜力加速释放

积极扩大有效投资。打表推进101个重大项目建设，规划展览馆、城市交通畅通工程等项目建成投用，拉动固定资产投资增长15%。一批夯基立柱、影响深远的"国批""市批"重大项目相继上马建设，藻渡水库动工建设；全市首批国家区域医疗中心项目落户綦江并开工建设；采煤沉陷区综合治理及绿色产业转型EOD项目纳入生态环境部项目库并启动建设。招商引资成效明显，累计引进68个项目，正式合同额408.9亿元。加快促进消费回暖。全区社会消费品总额同比增长2%，丰富直播电商、社交电商等新

业态，网上销售同比增长10%。累计发放消费券2800多万元，直接带动消费近1.4亿元。全面落实各类促进房地产健康平稳发展措施，举办线上线下房交会，引导刚需和改善型住房消费需求释放。全力稳住外资外贸。实现全年货物进出口额2.8亿元。实施稳外资攻坚行动，新引进普江腾龙等外资企业2家。

（四）坚持以改革开放创新为动力，发展活力充分激发

全面融入成渝地区双城经济圈建设走深走实。稳步推进綦江·自贡川渝合作示范产业园建设，开通岔滩站至成都简阳、遂宁等固定班列，探索合作发展"飞地产业园区"，携手共建川南渝西融合发展试验区。有效推动綦万"三化"发展蹄疾步稳。永桐新城建设成势见效，推进渝南职教城、重庆电讯职业学院、永庆隧道等项目建设；关坝—扶欢循环经济产业园正式获批市级化工园区。创新驱动发展迈出新步伐。国家高新区创建有序推进，新获批青创PARK、服务业高质量发展育成中心2个国家级创新孵化平台，重庆大学机械传动国家重点实验室綦江中心正式运行。重点领域改革顺利推进。巩固提升"一窗综办""首席代表制"等改革成果，打造全市市区联动信用平台样板，积极创建国家社会信用体系建设示范区。推进市级城乡融合发展先行示范区建设，持续推进农村"三变"改革。

（五）坚持以"双碳"目标为引领，绿色底蕴更加厚实

"双碳"工作稳步实施。完成锦旗碳素、泰山石膏等重点企业超低排放改造，新增"十四五"能耗指标73万吨标准煤。总装机容量120万千瓦的蟠龙抽水蓄能电站二期项目完成预可研编制，页岩气储量1459亿立方米通过自然资源部认定。生态环境持续改善。截至12月上旬空气质量优良天数达304天、同比提高7天，PM2.5浓度同比下降2.9%。森林覆盖率达51.4%，綦河、蒲河两个国控断面水质持续稳定保持Ⅱ类，86个集中式饮用水水源地水质达标率100%。

（六）坚持以人民幸福安康为追求，群众福祉更加殷实

推进教育医疗提质。实验小学、石壕小学建成投用，新增义务教育阶段学位2700个，实验幼儿园通惠园区开园，39所薄弱学校完成整改提升。江苏省人民医院重庆医院过渡院区开门就诊，国内心血管内科顶尖专家落户綦江。社会保障更加健全。城乡居民养老保险、医疗保险参保率稳定在95%以上，"养老服务机构安全智能监管平台"入围全市民政十大创新项目，古南街道沱湾社区创建"全国示范性老年友好型社区"通过国家复核。全力维护安全稳定。坚决打好打赢疫情歼灭战，守好粮油保供稳价底线，最大程度保护人民生命安全和身体健康，最大限度减少疫情对经济社会发展的影响。妥善处理房地产企业延期交房等问题。全年未发生较大以上安全生产事故。

二、2023年经济运行环境及因素分析

当前和今后一个时期，全区发展仍然处于重要战略机遇期，继续发展具有多方面优势和条件。新一轮科技革命和产业革命，有助于推动数字经济和实体经济深度融合，更好为经济赋能、为生活添彩。新时代西部大开发、成渝地区双城经济圈建设、西部陆海新通道等国家战略深入实施，特别是全市"一区两群"协调发展、渝黔合作先行示范区建设等决策部署，使全区战略地位凸显、战略空间拓展、战略潜能释放，为推动更高水平开发开放，带来更多政策利好、投资利好、项目利好，极大提振市场预期、社会预期。国家为应对疫情冲击、恢复经济发展出台一系列支持政策，有助于更好地保护和激发各类市场主体活力，巩固经济回升向好势头。加快綦万一体化同城化融合化步伐，打造主城都市区重要战略支点，将助推全区发展动力转换升级、城市功能优化拓展和公共服务提质增效，有利于提升城市能级，充分释放高质量发展巨大潜能。

三、2023年趋势展望及主要指标预测

（一）聚焦扩大投资、促进消费，着力巩固回升向好态势

加大有效投资力度。举全区之力打好重大项目谋划储备、前期、开工、在建、竣工投用攻坚战，充分发挥有效投资对稳增长的"定盘星""压舱石"作用。谋划储备一批利长远的大项目。积极谋划一批基础设施、产业发展、社会事业、生态环保和能源保障等重大项目，确保储备项目总投资动态保持在4000亿元以上。开工建设一批带动强的好项目。启动市域铁路C5线、安习高速等一批交通骨架工程建设，力争启动蟠龙抽水蓄能电站二期建设，确保藻渡水库大坝主体开工建设。竣工投产一批受众广的新项目。确保蟠龙抽水蓄能电站一期发电、500千伏送出工程完工，保障全市能源安全。加快提振居民消费。统筹推进城区商圈、特色街镇、旅游景点、文化街区提升打造，培育建设区域消费中心城市。加快横山国家级旅游度假区创建，优化完善红色游、古镇游、避暑游、体验游等精品旅游线路。

（二）聚焦做强园区、做优产业，着力构建现代产业体系

提升产业园区承载能力。高效推动安稳园区、扶欢园区和永桐新城征地拆迁，为企业落地提供用地保障。推进三江、赶水、打通中小企业集聚区创建。持续创新园区投融资模式，积极吸引社会资本参与园区配套基础设施建设。推动制造业高质量发展。全力推进工业三年翻番行动各项任务落实，推进主导产业做大做强，培育重点企业强龙头，力争培育创新型中小企业30家、"专精特新"中小企业5家、专精特新"小巨人"1家，确保在产业培育上立竿见影。培育壮大战略性新兴产业。以打造战略性新兴产业集聚高地为目标，加快推进数字经济产业园等一批数字产业平台发展，战略性新兴产业和数字经济增加值同比增长15%。促进现代服务业提质增效。聚焦推动生产性服务业向专业化和价值链高端延伸，加快启动重庆南部综合物流园等规划建设。完善辖区金融服务体系，增强金融服务实体经济能力。

（三）聚焦创新驱动、改革开发，着力激发活力厚植动能

推动更富活力创新。压茬推进国家高新区创建，大力引进知名院所、科研机构等高端研发机构，建成市级以上研发平台10个，新增入库科技型企业200家、国家科技型中小企业100家。争创一流营商环境。积极推进"川渝通办""渝黔通办"等行政审批改革；扎实开展"千人进千企"行动，进一步提升专项行动实效性。加快社会信用体系建设。巩固全国社会信用体系建设示范区创建成效。推动重点领域改革。加快高标准市场体系建设，完善公平竞争、产权保护等市场基础制度。深入推进市级城乡融合发展先行示范区建设，全面推进乡村振兴与新型城镇化协同发展。深化区域开放合作。全面融入成渝地区双城经济圈建设。加快推进綦江·自贡川渝合作产业示范园建设，共建巴蜀文化旅游走廊、万亿级先进制造业集聚区。深化千亿方页岩气基地共建，写好"气大庆"綦江篇章。推进与遵义、贵阳、六盘水等地合作交流。

（四）聚焦城市更新、品质提升，着力打造宜居宜业城市

强化规划建设。高标准打造永桐新城，建成投用永庆路、永庆隧道等交通路网，推进綦万正高速等项目建设，加快构建"20分钟綦万城区出行圈""15分钟新城通行圈"。提升功能品位。持续创建全国文明城区，营造干净、整洁、雅致、有序的城市环境。深入推进城市更新，全力推进下北街片区、老火车站片区改造提升工程。加快人口集聚增强城市活力，力争新引进1—2所院校，打造产教融合发展示范区。强化精细管理。实施城区环境"小而美"惠民提升行动，规划建设一批社区公园、口袋公园、运动场所。

（五）聚焦建好乡村、治好生态，着力打造乡村振兴样板

全面推进乡村振兴。确保粮食稳产增产。深入实施耕地质量保护与提升行动，加快推动藏粮于地、藏粮于技战略落实落地，整治补充耕地3000亩以上，完成10万亩高标准农田建设和3万亩高标准农田提升示范项目，粮食播种面积和总产量分别稳定保持在86.6万亩以上、35.6万吨以上。打造美丽宜居乡村。实施农村人居环境整治，接续推进村庄清洁行动，大力推进农村面源污染治理。发展现代高效农业，建成投用正大集团生猪全产业链项目，实现年加工生猪50万头以上，加快建设国家农村产业融合发展示范园。强化生态环境保护。持续打好碧水、蓝天、净土保卫战。全面落实河长制，加强入河排污口整治，区内国控考核断面水质稳定保持Ⅱ类标准。加强大气污染治理，确保空气质量优良天数稳定在327天以上。

（六）聚焦办好实事、增进福祉，着力书写温暖民生答卷

优化公共服务供给。坚持就业优先，加大援企稳岗政策落实力度，分类帮扶高校毕业生、退役军人等重点群体就业，新增就业人口1.5万人。建成投用共同小学、新兴小学、中医院整体迁建工程二期、人民医院体检中心改造等项目，加快推进区妇幼保健院、区中医院三甲创建。加大社会保障力度。持续提升医保参保质量，健全完善医疗保障体系，加强特困人员救助扶持，全面落实残疾人"两项补贴"和救助政策。维护平安稳定大局。坚决抓好疫情防控工作，狠抓安全生产和公共安全，坚决防范遏制较大及以上生产安全事故。积极创建国家食品安全示范城市和全国网络市场监管服务示范区。

[綦江区发展和改革委员会　冯泠森]

之十八：2022年大足区经济运行分析及2023年展望

2022年以来，大足区深入学习宣传贯彻党的二十大精神，深入贯彻习近平总书记对重庆所作重要讲话和系列重要指示批示精神，认真贯彻落实党中央"疫情要防住、经济要稳住、发展要安全"重要要求，高效统筹疫情防控和经济社会发展，扎实落实稳经济一揽子政策和接续政策措施，全力做好"国际文旅名城、特色产业高地、城乡融合示范"三篇大文章，全区经济持续恢复，生产需求稳中有升，民生保障有力有效，发展韧性不断显现。

一、2022年大足区经济运行分析

前三季度，全区经济社会发展经受住了干旱、山火、疫情等多重考验，主要经济指标持续保持平稳健康运行。地区生产总值实现596.2亿元，同比增长3.6%，分别高于全国、全市平均水平0.6个、0.5个百分点，增速列主城都市区第六位，桥头堡城市第一位。一、二、三产业增加值分别实现48.5亿元、300.8亿元、246.9亿元，分别同比增长3.7%、4.4%、2.5%，三次产业占比为8.1：50.5：41.4。

（一）运行特征

一是工业经济支撑有力。全区规模以上工业总产值完成646亿元，同比增长11.4%，规模工业增加值同比增长5.3%，列主城都市区第六位、桥头堡城市第一位。支柱产业贡献突出，五金、汽摩、静脉、智能、锶盐、文创六大特色产业共计实现规模以上工业产值599.8亿元，同比增长11.3%，占全区规模以上工业总产值的92.9%。大足高新区成功获批重庆市智能电梯产业示范园（示范基地）、重庆市新能源摩托车产业园（建设基地）。战略性新兴产业发展向好，战略性新兴产业、数字经济规模以上制造业分别完成规模以上工业产值112.7亿元、109.4亿元，分别同比增长22.4%、19.6%，分别占全部规模以上产值的17.4%、16.9%。骨干企业成长较快，50户成长企业实现产值51.4亿元，同比增长23.4%；50户重点企业完成规模以上工业产值351亿元，同比增长17%，占全部规模以上产值的54.3%。规模以上工业企业营业收入624.5亿元，同比增长11.8%；利润总额73.8亿元，同比增长16.6%。

二是商贸服务总体平稳。出台《大足区促进消费恢复发展若干政策措施》，着力优化消费环境，稳定扩大重点和大宗商品消费。开展618网购节、"爱尚重庆·乐购大足"夏日消费季等活动，进一步释放居民消费潜力，推动消费持续回暖。前三季度，社会消费品零售总额实现237.2亿元，同比增长2.5%。新城·吾悦广场持续发力，大融城商业综合体建成投用，形成消费新的增长点。成功创建为国家电子商务示范基地，全区电子商务交易额45.9亿元，同比增长7.1%；网络零售额22.2亿元，同比增长31.1%。成功获批国家市场采购贸易试点，进出口总额完成20亿元。跨境电商初见起势，成功申报重庆市跨境电子商务示范区，全区共计41家企业入驻阿里巴巴国际站、亚马逊等跨境电商平台开展跨境电商业务，跨境电商交易额2818.9万元。大足石刻文创园荣获重庆市服务业扩大开放综合试点示范园。

三是农业生产稳步发展。前三季度实现农业总产值70.87亿元，同比增长5.1%。农业增加值48.5亿元，增幅3.7%，增速列主城都市区第二位，桥头堡城市第一位。加快推进农业现代化，培育壮大优质粮油菜、大足黑山羊、大足冬菜等特色产业，大足安岳成渝现代高效特色农业带粮药合作示范园区等重点项目有序推进。粮食生产保持稳定，粮食播种面积93.9万亩，油菜种植22.64万亩。畜牧业发展势头良好，出栏生猪38.3万头、家禽685.2万只、水产品产量1.9万吨，大足黑山羊存栏19.3万只、出栏11.3万只，建成市级农作物品种测试与特性鉴定基地、市级大足黑山羊种业创新基地。乡村旅游业快速发展，成功举办春风桃李文化旅游节、枇杷文化旅游节等民俗活动，乡村旅游人数1050万人，实现综合收入38.2亿元。

四是项目投资提速放量。印发《大足区"三个一百"重点项目建设运行工作机制》，项目建设实行月调度、"红黄牌"督办等机制，逐月研判项目推进成效，推动项目严格按照倒排工期表序时推进。固定资产投资累计完成332.5亿元，同比增长6%，占全年计划的84%，其中，工业、房地产开发、基础设施投资分别同比增长11.5%、2.3%、5.2%。重点项目建设加快推进，332个建设项目完成投资223.4亿元，完成年度计划投资的70%；100个重大建设项目完成投资149.2亿元，完成年度计划投资的78.4%；19个市级重大项目累计投资29.4亿元，完成年度计划投资的91.3%。建成投用大足石刻游客服务中心，宝顶山景区保护提升工程，宝顶小住等主题酒店、精品民宿即将投用。

五是招商引资成效明显。构建"2+7+10+N"的大招商工作体系，强化重点产业招商。全区签约招商引资项目158个，正式合同额510.7亿元，其中投资10亿元以上项目10个，正式合同额135.8亿元；累计产生到位资金189.9亿元；新增开工项目44个，新增投产项目51个。引进国威、银翔、大环等16个摩托车、电动车整车及配套项目，进一步壮大摩托车产业集群。引进瑞得思达新材料、科瑞得新材料等项目，锶盐产业招商取得突破。

六是民生福祉持续改善。教育事业稳步推进。发展普惠性学前教育，学前三年毛入园率达91%。珠溪小学迁建、双桥实验中学扩建、龙岗中学扩建等项目有序推进，海棠新城职业教育城4号楼、高新区职教培训中心等项目加快建设。公共卫生服务水平持续提升。有效处置"4·13"疫情，常态化疫情防控不断强化。区人民医院综合楼完工，有序实施区第二人民医院迁建工程、龙岗中心卫生院业务综合楼改建等项目。成功创建县级全国基层中医药工作先进单位，积极推进双桥经开区人民医院医共体一体化改革。社会保障更加完善。养老服务体系加快建设，建成1个镇级养老服务中心、5个农村养老互助点，年内将实现农村养老服务设施全覆盖。就业持续保持稳定，实现城镇新增就业13843人，全力打造特色劳务品牌，成功培育"大足雕客""龙水刀匠"劳务品牌，带动就业近5万人。基本民生保障有力，累计发放低保金、特困供养金、照料护理补贴、临时救助金、残疾人补贴等2.2亿元，惠及群众9.3万人次。

（二）存在的问题

面对复杂严峻的国际环境和国内疫情多发散发、高温干旱少雨极端天气等超预期因素带来的严重冲击，稳经济增长的压力和挑战增大。一是企业经营压力仍然较大。复杂多变的外部环境造成化工原料、燃料等原材料价格持续上涨，增加了企业生产经营成本，特别是中小微企业，市场订单减少，企业利润空间受到挤压，经营形势日趋严峻。二是商贸消费未完全恢复。受疫情影响，居民消费趋于谨慎，汽车、家电、家具等大宗商品消费处于低位。疫情造成线下消费人数减少，跨省旅游受限，市外来足人员减少，景区接待游客人数下降趋势明显。三是投资增长有所放缓。工业投资受大项目接续不足、企业投资意愿偏低、用地指标限制等因素影响，增速有所放缓。房地产投资受房企拿地开发能力受限、新开工及在建项目减少、居民购房意愿低等原因制约，持续处于低位运行。

二、2023年经济运行环境及因素分析

当前，世界百年未有之大变局加速演进，新一轮科技革命和产业变革深入发展，我国发展面临新的

战略机遇。从全国来看，我国经济韧性强，潜力足，回旋余地广，长期向好的基本面没有变，特别是扎实稳住经济大盘的一揽子政策措施和接续政策措施落地显效，经济持续恢复的动能在不断增强。从全市来看，共建"一带一路"、推动长江经济带发展、新时代西部大开发、推动成渝地区双城经济圈建设等国家战略叠加，为重庆发展注入了强大动力、拓展了广阔空间。特别是随着国际消费中心城市建设加快，以及加大稳投资力度、加快产业升级、提速科技创新、全力助企纾困等一系列政策措施的持续加码、释放红利，全市经济将加快恢复。从全区来看，随着成渝地区双城经济圈建设和全市"一区两群"协调发展等战略的深入实施，成渝中线高铁、璧山至大足市域铁路（C3线）等重大项目的落地，作为成渝相向发展战略腹地和重庆主城都市区桥头堡城市，大足将迎来大有可为的"黄金发展期"，"国际文旅名城、特色产业高地、城乡融合示范"三篇大文章的加快推进，也将推动大足稳定长远发展。

三、2023年趋势展望

2023年，大足区坚持以习近平新时代中国特色社会主义思想为指导，全面贯彻党的二十大精神，深度融入成渝地区双城经济圈建设和全市"一区两群"协调发展，做靓文化会客厅、建强"两高"桥头堡，奋力建设富裕文明和谐美丽幸福新大足。

（一）全力确保经济平稳健康发展

加强经济运行调度。落实全国、全市、全区扎实稳住经济大盘一揽子政策措施，科学统筹疫情防控和经济社会发展，密切关注国内外经济发展环境变化和国家宏观政策倾向，及时研判应对措施，确保经济运行在合理区间。积极做好企业升规入统工作，充分挖掘潜力，通过培育增量有效支撑经济高质量增长。

切实抓项目稳投资。加大项目储备和前期工作力度，积极对接上级有关部门，争取更多资金、项目支持。强化"三张清单"项目实施，加大项目统筹调度，序时推进重点项目建设，同时做好中央预算内投资、专项债、市级重大项目的协调调度。加大招商项目跟踪服务力度，力促签约项目尽早落地开工，着力形成有效投资和新增产能。

持之以恒优化服务。加大稳经济一揽子政策宣传力度，确保惠企政策应知尽知、应享尽享。坚定不移强化企业服务，继续开展"大走访、大调研、大纾困"服务企业活动，切实解决企业生产经营遇到的困难和问题，助推企业恢复正常生产。着力打好优化准入环境、推进公平竞争、规范市场秩序"组合拳"。

（二）聚力做好三篇大文章

加快建设国际文旅名城。提升旅游环境。全面深化"吃住行游购娱"旅游要素供给侧结构性改革，推动"旅游+"深度融合。继续推进旅游公路沿线环境提升工程、石刻大道—香山大道文化品质提升（一期）和香国公园片区完善等项目建设，加快建设宝顶山至北山快速通道。加强文物保护研究。继续实施宝顶山卧佛、小佛湾造像保护修缮等文物保护工程。持续推进"大足学"学科建设，加快大足石刻学院、川渝石窟寺国家遗址公园筹建工作。强化宣传营销。深入实施"N个一"计划，广邀海内外名人名家推介大足，持续办好大足石刻大讲堂。强化新媒体运用，创办好旅游网站，积极探索交互传播。持续实施大足石刻"四百工程"文化旅游推广活动，推动大足石刻进入艺术湾等重庆城市功能"六大名片"。

加快打造特色产业高地。加快创建国家高新区，建强建优经开区、高新区、工业园区、文创园四大工业平台。持续培育壮大特色产业，推动五金、智能、汽摩、静脉、锶盐、文创产业集群化发展，投产台铃摩托、中德五金智能制造产业园等项目，加快锶盐新材料产业园、重汽专用车迁建、金箭电动车、大足石刻文创园大师工作室等项目建设。大力实施创新驱动发展战略，积极引进战略性新兴产业，推广应用五金行业标识解析二级节点，实施智能化改造项目。全面推行"链长制"，围绕重点产业链图谱，加快补短板锻长板，着力完善产业链核心配套，进一步稳链补链强链。

加快建设城乡融合示范。进一步提升城市品质。加快大足石刻文化公园新城核心区城市设计，全力打造"未来城市封面"。加快推进天宫河博览园建设、石窟寺保护利用国际交流基地配套设施等项目建设。加强基础设施建设，全力助推成渝中线高铁、市域铁路璧山至大足线（C3线）开工建设，加快开展大足至重庆新机场、城区至中敖快速通道等项目前期工作。积极推动旧城更新，因地制宜实施老旧小区"微改造""留改拆""投改管"，传承历史文化，留住老城记忆。推进场镇提档焕新，完善主题客栈、特色民宿、特色餐饮等综合配套服务设施，打造雍溪、玉龙美丽宜居示范乡镇。大力实施乡村振兴。严格落实粮食安全责任制考核，抓好稳产保供。继续巩固拓展脱贫攻坚成果，加快"大足农产"体验馆、农产品加工园区建设，提档升级隆平五彩田园、棠香人家等乡村振兴示范点。建立健全城乡融合发展体制机制。持续深化户籍制度改革，促进城乡人口有序迁徙流动，继续推进农村集体经营性建设用地入市，稳妥实施农村宅基地制度改革。

（三）加快推动商贸服务业发展

在做好疫情防控措施的前提下，持续开展消费节、汽车展销会等各类促销活动，推动消费市场加快恢复，持续办好"天下大足·醉美乡村"系列农旅文商活动。全力推进"天下大足"5G电商直播基地、淘宝直播村播试点区县建设，加快引进电商龙头企业，培育本土电商企业，加大线上线下融合发展。扎实开展国家级市场采购贸易方式试点，推动传统贸易转型升级，带动周边区域更多特色产品出口。落细落实促进消费恢复发展政策措施，推动消费市场加快恢复。用足用好住房公积金等各类住房支持政策，支持刚性和改善性住房需求，激发房地产市场消费活力，加快推进存量商业、车库去库存。

（四）全力抓好招商引资

坚持"缺什么引什么"的原则，强化重点产业招商，大力开展"链长"招商、图谱招商、中介招商，全力引进一批"链主"企业和补链延链强链项目。加强招商工作统筹调度，推动在谈项目快签约、签约项目快落地、落地项目快开工、开工项目快投产。

（五）切实保障和改善民生

全面落实就业优先政策。鼓励创业带动就业，加大公益性岗位开发力度，促进高校毕业生、脱贫人员、农民工等重点人群就业，确保就业形势总体稳定。推动教育事业高质量发展。探索普通高中课后服务模式，持续加大联盟办学力度，积极引进高等院校，提升职业教育水平。持续完善城乡低保、医疗保障、医疗救助等工作，用好应急救助基金，落实社会救助和保障标准与物价上涨挂钩联动机制，保障低收入群体基本生活，兜牢民生底线。

[大足区发展和改革委员会　陈吉强　李　伟]

之十九：2022年璧山区经济运行分析及2023年展望

2022年以来，璧山区坚决贯彻落实习近平总书记重要讲话精神，深入学习党的二十大精神，认真贯彻党中央、国务院决策部署，全面落实市委、市政府工作安排，坚持稳中求进工作总基调，按照疫情要防住、经济要稳住、发展要安全的要求，高效统筹疫情防控和经济社会发展取得积极成效，经济运行稳中向好，实体经济进一步壮大，"五新四城""两城三片""十大项目"重要任务全面推进，成渝地区双城经济圈建设和"一区两群"协调发展持续深化，为建设高质量发展样板区、打造高品质生活示范区，奋力书写璧山全面建设社会主义现代化新篇章奠定了坚实基础。

一、2022年璧山区经济运行分析

（一）运行特征

璧山区国民经济顶住压力持续恢复，经济发展韧性充分显现。前三季度，地区生产总值659.2亿元，同比增长4.3%，高于全市1.2个百分点，居全市第四位。

一是工业经济稳步增长，制造业高质量发展扬帆起势。全区规模以上工业增加值同比增长5.9%，居全市第六位。现代工业发展持续上扬，新能源汽车、新一代信息技术、智能装备、大健康产业等四大产业集群实现产值579.6亿元、同比增长16.6%。特别是新能源汽车产销持续良好，产值同比增长34.7%。高技术制造业、战略性新兴产业和数字经济发展势头迅猛，产值分别同比增长43.7%、42.2%和36.8%。

二是现代服务业增势较好，现代服务业与先进制造业深度融合稳中蓄势。服务业增加值同比增长3.7%，规模以上服务业营业收入完成28.4亿元、同比增长15.4%、高于全市10个百分点。西部动漫节、国潮璧山等活动推动消费市场回暖。规模以上文化、体育和娱乐业营业收入同比增长30.1%。生产性服务业加快发展，信息传输、软件和信息技术服务业，科学研究和技术服务业分别同比增长13.7%、19.9%。举办全国一体化算力网络成渝国家枢纽节点（重庆）启动仪式，西部（重庆）科学城璧山片区正式被授牌为重庆数据中心集群起步区。

三是农业农村经济稳中有进，乡村振兴和城乡融合互促互进动力强劲。现代农业强基固本，粮食、蔬菜、生猪产量保持稳定，建成高标准农田1.5万亩，脱贫攻坚成果同乡村振兴有效衔接，脱贫户人均收入超过2万元、同比增长9%。"三变"改革试点村占比达到35.1%，村均经营性收入达到22.1万元、同比增长107%。现代都市农业稳步发展，绿色农产品加工产业园启动建设。"云雾花洞"为代表的"农文旅体康"片区开发项目强力推进。第二届重庆"乡村艺术集"等农业特色节会成功举办。

四是有效投资持续扩大，项目牵引和政府投资撬动作用长效发挥。全区固定资产投资完成311.3亿元、同比增长6.6%。基础设施和工业投资分别同比增长4.3%和第10.7%。房地产开发投资同比下降4.3%，但随着保交楼专项借款6.6亿元划拨到位，预计四季度投资将实现好转。项目建设有序推进，市级重大项目完成投资63.2亿元，区级重点项目完成投资115.1亿元。招商引资成果丰硕，签约项目84个、合同额528亿元。向上争取资金屡创新高，年内已争取中央预算内资金4.86亿元、同比增长422%，争取专项债券额度24.45亿元，争取政策性开发性基金4.1亿元。

五是创新活力不断激发，创新潜能加速释放，科创引领动能澎湃。创新平台更多，新增市级研发平台25个，区级及以上研发平台达到262个，规模以上工业企业建立研发机构比例达到50%。创新主体更多，新增科技型企业127家，累计达1567家，有效期内高新技术企业338家。创新生态更优，建立璧山区科技专家库，公开征集科技创新人才159人，大力发展研究院经济，"研究院+产业园+基金"模式成效明显，"构建科技创新'研究院经济'模式"项目获评2022年重庆市服务业扩大开放综合试点示范项目。创新驱动能力更强，集中开工21个科创项目，23个科创项目建成投产，西部（重庆）科学城先进数据中心试运行。

六是助企纾困有力有效，全力推动辖区企业高质量发展迈上新台阶。扎实稳住经济一揽子政策措施有序推进，办理增值税留抵退税22.1亿元，新增减税降费2.1亿元、缓缴税费5.7亿元，支持受困市场主体延期还本付息2.4亿元。"八大资金池"切实为民营企业融资增信，累计向企业发放贷款1155笔、59.6亿元。就业形势稳中向好，城镇新增就业18117人、完成年度目标的120.8%。发放创业担保贷款6597万元、完成目标任务的132%。市场主体保持较快增长，新发展市场主体8186户、同比增长12.1%，市场主体总量超过7.1万户。

七是高效统筹发展和安全，全区社会发展环境更加安全稳定。粮食能源安全保障多措并举，粮食应急保供网点实现镇街全覆盖，建成投运茅莱220kV变电站3号主变扩建工程。房地产项目实行区领导包案化解稳控，57个在建房地产项目复工，房地产领域总体平稳。成功化解仿冒出租车、巡游出租车群体突出不稳定因素。深入推进安全生产专项整治三年行动。科学精准做好常态化疫情防控，快速有力有效处置多轮输入疫情引发的本土疫情。

（二）存在的问题

需求收缩、供给冲击、预期转弱三重压力持续显现，市内疫情形势严峻，璧山区经济循环畅通和有效需求释放受到较大影响，经济下行压力仍然较大。

一是工业经济持续承压。7—8月受高温天气及有序用电影响，多数工业企业出现产量下滑、订单外流。疆电、川电入渝保供可能还需3~5年，璧山区未来2~3年迎峰度夏电力保供压力仍然较大。受原材料价格上涨、用工成本提高等因素影响，工业企业利润减少、效益下降。

二是房地产下行压力大。从投资端看，投资增长乏力，全区商品房施工面积、新开工面积、竣工面积均有所下滑。从生产端看，受现有资金监管模式、债务刚性兑付、资金回笼慢等因素影响，在建工程保交楼压力较大。从销售端看，商品房销售面积、销售额均同比下降。

三是消费、外贸受到制约。璧山区万人马拉松、第七届区运动会等经济社会活动受疫情影响暂未开展，文娱旅游、批零住餐等行业有效恢复受阻。居民储蓄意愿增强，消费意愿持续减弱，大宗产品消费观望情绪较重。实际使用外资数量严重下降，20%左右的外贸企业出现订单下降。

二、2023年经济运行的环境及因素分析

新冠肺炎疫情冲击下，世界百年未有之大变局加速演变，国内外经济发展环境发生深刻变化，璧山区要正确把握经济发展的有利条件和面临的机遇挑战，准确识变、科学应变、主动求变，有力推动经济社会高质量发展。

（一）国际国内形势影响

当前，世界经济增长放缓与国内经济结构换挡共振，稳增长的难度将加大。但我国经济韧性强，新

发展格局在加速构建，已由高速增长阶段转向高质量发展阶段，长期向好的基本面不会改变。具体到璧山，严峻复杂的外部环境，外向型经济发展可能会受到影响；动能转换的阵痛，也会对投资消费的持续增长构成压力。但璧山区发展基础扎实，新旧动能加快转换，未来发展质量效益持续提升的态势良好。

（二）区域发展环境影响

当前的重庆，正全面融入共建"一带一路"、长江经济带发展、西部大开发、西部陆海新通道，特别是成渝地区双城经济圈建设等国家重大战略。具体到璧山，市委要求璧山"建设高质量发展样板区、打造高品质生活示范区"，《成渝地区双城经济圈建设规划纲要》明确提出畅通璧山联系中心城区的通道，率先实现同城化，要高标准建设西部（重庆）科学城，规划建设重庆新机场、成渝中线高铁等一大批重大项目。璧山区迎来千载难逢的发展机遇。

（三）本土发展环境影响

而今的璧山，作为主城都市区同城化发展先行区，区位优势、开放优势、环境优势加速集聚，政策利好、投资利好、项目利好多重叠加。璧山区深度契合国家和市级层面的政策导向和发展重点，打造新能源汽车、新一代信息技术、智能装备和大健康四大产业集群，作为战略性新兴产业的发展方向。深入贯彻国家创新驱动发展战略，在全市建设具有全国影响力的科技创新中心背景下，锚定科技创新新高地持续发力。璧山区将抢抓机遇，乘势而上，把习近平总书记关于发展实体经济的重要论述作为推动全区实体经济高质量发展的根本遵循和行动指南，不断做实做强做优实体经济，建设高质量发展样板区、打造高品质生活示范区，力争率先从"融城"迈进"同城"。

三、2023年趋势展望

全面贯彻落实党的二十大精神，始终坚持高质量发展不动摇，坚持把发展经济的着力点放在实体经济上，以重点任务为支撑，项目化推动现代产业体系建设。展望2023年，璧山区努力实现经济稳步增长、社会安定和谐。

（一）构建现代工业体系

推动传统产业向高端化、智能化、绿色化转型。推动汽摩、电子、材料、消费品等产业向价值链中高端迈进。打造西部鞋业设计中心、消费中心，塑造"中国西部鞋都"新优势。加快推进技术改造和智能制造，创建一批数字化车间、智能工厂，搭建工业互联网平台，聚焦"双碳"目标推动产业绿色低碳转型，加快建设循环经济绿色产业园、绿色新型材料产业园。做强做大四大产业集群。做强智能网联新能源汽车产业，不断延链补链强链，加快形成千亿级以上新能源汽车生产规模，加快建设璧山智能网联新能源汽车产业园。主攻新一代信息技术产业，加快抢占车规级芯片、脑机接口芯片、超算芯片、光刻胶材料等新赛道；发力智能家居、车载智能终端等领域，建好康佳半导体光电科技产业园等项目。夯实智能装备产业，持续壮大红宇精工、青山工业、盾之王等龙头军工企业，打造全国重要的军民融合智能装备基地。深耕大健康产业，重点发展中医药产业，加快打造百亿级中医科技产业园。

（二）构建现代服务业体系

推动先进制造业和现代服务业深度融合。发展以工业设计服务、定制化服务等为代表的服务型制造，加快推进CDMF工业设计创新生态社区，打造一批知名工业设计机构。大力发展现代物流业，建设璧山无水港，加快转化物流公路港建设。升级发展生活性服务业，大力发展养老育幼、文化旅游、商贸会展、家政物业等服务业态，完善高品质餐饮、住宿配套服务，推进爱琴海购物公园建设，投用新加坡国家酒店，御湖东南亚风情小镇，有序推进康养城（大路片区）建设项目。引进具有投资意愿的建筑企业区域总部，力争实现百亿级服务业企业零突破。鼓励新业态新模式，促进共享经济、平台经济快速成长；丰富"箱遇音乐集市"等夜市内容，激发夜间经济活力。

（三）构建现代农业体系

发展高科技农业。依托重庆市农科院璧山分院，推进打造粮油示范基地、稻鱼综合种养示范基地。深入实施种业振兴行动，依托渝西蔬菜研发中心，开展种质资源库生物基地建设。加快实施丘陵山区高标准农田提质改造工程和"垦造水田"项目。大力发展现代都市农业，做优璧山儿菜、璧山葡萄、大路黄花等农产品品牌，大力推广"璧山十二月""璧山十二约"两个区域公用品牌。推动农业产业"接二连三"。以国家农业科技园区为载体，全面推进绿色农产品加工园建设。建好以"云雾花涧""茅莱仙境""研学小镇""石伞云遮"等为代表的片区开发农文旅体康项目和城乡融合示范。多渠道促进农民增收，加快发展农村电商经济，推进"1社N部"利益联结试点建设。

（四）培育发展数字经济

立足"两城三片"产业版图定位，形成两核引领（玉泉湖"进化光环"和曙光湖"智慧之眼"）、多点融合数字经济总体功能布局。围绕"数钮""数网""数盾""数链""数脑"工程，打造"东数西算"工程起步区示范。持续推进数字产业化，加快培育一批直播电商示范企业、元宇宙新业态和区块链应用场景，加快打造西部（重庆）科学城网络安全产业园区。深入推进产业数字化，加快服务业数字化提升，加大农业数字化转型。积极推动数字化治理，以数字政府建设为引领，全面驱动数字城市、数字乡村和数字生活发展。加快布局数字经济新赛道，大力发展数字文创、元宇宙、数字中医、网络安全、服务外包、区块链等产业。打造数字引领、活力之城。

（五）强化科技人才金融赋能

围绕产业发展谋划推进科技创新工作。建强创新平台载体。按照"一区多园"模式推动璧山高新区有序扩容。培育发展研究院经济，做实以比亚迪、康佳等为代表的专业技术研究院，做强以重庆高新技术产业研究院为代表的成果转化研究院，引进一批应用型大学和高职院校、新型研发机构、创新创业团队，提升科技成果转化和产业化水平。建立重点产业链聚才机制，发布急需紧缺人才目录，优化领军人才发现机制和项目团队遴选机制，绘制人才供需图谱和引进路线图。积极探索校企联合培养，持续打造"璧玉计划"品牌，加速拓展"重点城市群+高校联络站"飞地体系。加大金融支持服务力度，持续发挥"八大资金池"作用，加大对中小微企业的金融支持。用好重庆科技成果转化股权投资基金、知识价值信用贷款等"资金池"，持续推动银行、科技风投等金融机构来璧投资。

（六）持续优化营商环境

打造"来了就是璧山人"品牌，努力营造市场化、法治化、国际化营商环境。大力提升政务服务效能，扎实推进全国首批营商环境创新试点，探索跨部门关联事项"一件事"办理，深化"企业吹哨·部门报到"互动机制与"企业之家"融合发展，实现政企沟通高效联动。助力企业纾困解难，坚持区领导联系重点企业和重点项目制度，常态化开展"送政策、送服务、送温暖"活动，务实开展企业走访调研，有力有效解决企业生产经营困难和发展扩能需求。建设一生之城，为产业工人解决上学难、看病难、住房难等一系列问题。完善现代市场体系，做好国资国企改革"后半篇文章"，加快构建适应璧山经济发展的区属国有企业矩阵。

（七）构建对外开放格局

推动全方位宽领域深层次开放，加快培育内陆开放新优势。优化开放通道格局。加快构建外联内畅立体综合交通网络，配合做好重庆新机场及过境高速、高铁、轨道交通建设，开建科学城、虎溪隧道等融城隧道。推动建设连接西部陆海新通道、长江黄金水道、中欧班列的直达通道。提升开放平台能级。建好中新（重庆）科技城，建好用好重庆东盟合作中心、缅甸推广中心、东南亚风情小镇，深化与东盟国家多领域合作。建强璧山高新区、服务业发展区、国家农业科技园区等产业发展平台，谋划布局璧山空港新城，投用保税仓。全面深化交流合作。加强与"一带一路"沿线国家和地区务实合作，推进服务贸易创新发展试点。深度参与成渝地区双城经济圈建设，深化与"两群"区县对口协同发展，探索实践"飞地经济"新路径，力争率先实现与中心城区同城化发展。

四、政策调控措施建议

2023年经济工作要坚持稳中求进，全面深化改革扩大开放，稳增长与调结构、促改革更好地结合，稳需求与供给侧结构性改革结合，加快创新驱动发展。政策调控要持续发挥稳经济一揽子政策措施效用，推进中长期政策落地见效，完善政策配套措施，加强财政、货币、金融、产业等政策协调，提振实体经济信心。

（一）加大财政政策支持力度

放松财政政策总量，加大中央财政对地方政府的转移支付力度。延续政策性金融工具，扩大政策性银行对基础设施的投融资力度。针对落地未达预期政策，完善配套支持政策。如建议完善中长期贷款及设备购置与更新改造贴息贷款配套支持政策。提高财政政策的政策执行效率，在专项债券使用方面授予地方政府更大自主权。

（二）继续实施稳健的货币政策

适时适度运用降准等货币政策工具，稳预期保持流动性合理充裕。统筹内外均衡，保持人民币供应量的合理均衡。通过降准降息激发企业和居民的信贷需求。结构性货币政策和窗口指导作用不可替代，强化对小微企业、绿色发展、科技创新、区域协调重点领域、薄弱环节和受疫情影响行业的支持。

（三）支持扩大内需和产业结构升级

持续创新消费业态和模式，继续超前布局重大基础设施建设，打造新型基础设施网络体系。支持制造业技术改造投资，加强社会民生、生态环保等领域建设。推进保交楼建设，建议设立住房稳定基金，缓解房地产企业信用风险。推动产业链配套向高端转变，鼓励搭建工业互联网平台，制定产业链数字化标准。建议出台支持平台经济规范健康发展的政策。

［璧山区发展和改革委员会　蒋杭航　欧　林　张春净］

之二十：2022年铜梁区经济运行分析及2023年展望

2022年以来，铜梁区深入学习贯彻党的二十大精神，坚持全面落实"疫情要防住、经济要稳住、发展要安全"要求，高效统筹疫情防控和经济社会发展，着力落实稳经济一揽子政策措施和接续政策措施，积极保市场主体稳就业稳物价，有效对冲超预期因素影响，全力以赴稳住宏观经济大盘。经过艰辛努力，经济筑底波动，趋势向好。

一、2022年铜梁区经济运行分析

（一）运行特征

1. 工业经济平稳增长，发展韧性不断增强

1—9月，规模以上工业增加值同比增长4.3%，同上半年与全市增速持平、第一季度低于全市增速1个百分点相比，边际改善特征明显，彰显工业经济强大韧性。主导产业支撑有力，装备制造、电子信息、新能源新材料三大主导产业分别实现产值241.9亿元、88.3亿元、95亿元，分别同比增长9.9%、10.7%、24.2%。创新发展取得积极进展，实施智能化改造项目58个，新认定智能化车间7个。新增科技型企业137家，总量达到930家，新增国家级专精特新"小巨人"6家、市级"专精特新"企业66家。经济活跃度持续增强，规模以上工业企业直报研发投入9.97亿元，同比增长13%。9月，工业用电量同比增长35.6%，工业用气量环比增长35.9%。

2. 农业生产稳定有序，农村发展持续向好

1—9月，第一产业增加值52.62亿元，同比增长2.1%。全力以赴抗旱保收，积极协调水源保灌减损，水稻、玉米实现产量26.35万吨，与上年同期基本持平。畜禽生产稳中有升，出栏生猪36.8万头，同比增长12.8%；出栏肉兔150万只，同比增长28%。农民收入渠道拓宽，农村"三变"改革试点覆盖56个行政村，3.3万户农民变股东，实现入股分红134万元；新发展集体经济项目67个，全区集体经营性收入达5070万元。乡村旅游活力四射，17个镇街成功举办"一镇一主题"乡村旅游节会，吸引游客129万人次，乡村旅游综合收入1.2亿元。农业产业链加快延伸，新增规模以上农产品加工企业6家，实现产值117亿元。

3. 商贸服务业企稳向好，消费市场复苏态势巩固

1—9月，全区社会消费品零售总额完成218.5亿元，同比增长2.4%，较全市高0.9个百分点。实现批发业销售额163亿元，同比增长47.6%，居全市第一位。零售业、住宿业、餐饮业分别实现营业额（销售额）148.8亿元、2.4亿元、42亿元，分别同比增长7%、7.1%、6.1%。以"爱尚铜梁·焕新消费"为抓手，发放消费券260万元，拉动有效消费6600万元。在乘用车购置税减半等政策带动下，第三季度汽车零售额增速逐月提升，其中新能源汽车注册登记数增长59.8%。提质乡村民宿，加快培育"成渝地·巴蜀情"区域文化品牌，龙城天街商圈成功创建市级文化和旅游夜间消费集聚区。前三季度实现

旅游综合收入81.4亿元，同比增长24.8%。

4. 固定资产投资平稳增长，重大项目建设持续加快

1—9月，固定资产投资同比增长3.4%，其中工业投资同比增长9.6%、文旅投资同比增长4.2%。民间投资持续发力，同比增长13.8%，较全市高18.2个百分点。房地产投资年内首次由正转负，下降2.4%。重点项目建设稳步推进，市、区两级重点项目分别完成投资58.9亿元、238亿元，时序进度分别达到84.9%、59.9%。同心桥水库、车舟汽车零配件、龙文化演艺中心、爱玛西南制造基地等21个项目竣工投产（投用），铜梁一中食堂扩建和车行桥修建工程建设项目、青少年活动中心（含地下停车场）、优博电气等项目迎头赶上。争取到位中央预算内资金3.4亿元，争取额度创历史新高。发行地方政府专项债券18.7亿元，同比增加6.7亿元，发行金额位于主城都市区前列。

5. 财税收入降幅收窄，财政金融助企纾困成效明显

扣除留抵退税因素后，全区一般公共预算收入增长1.2%，增幅较上半年提高2.6个百分点，其中税收收入下降9.9%，降幅较上半年收窄23.2个百分点。9月末，银行业金融机构存款余额661.78亿元，同比增长11.85%，其中，居民储蓄存款余额536.91亿元，同比增长12.56%。新的组合式税费支持政策共为企业减轻负担和增加现金流9亿元，其中留抵退税5.3亿元。金融机构投放实体经济贷款104亿元。支小再贷款、支农再贷款分别落实7.5亿元、5.4亿元，加权平均利率低于5%，惠及市场主体1505家。失业保险降费和稳岗返还政策累计为3893户企业降费3255万元，拨付稳岗返还1623.3万元。

6. 疫情防控成果持续巩固，民生保障有力有效

从严从细抓好疫情防控各项工作，科学处理确诊病例2例，全区疫情防控形势总体平稳。就业创业基本稳定，促进城镇新增就业11463人，审批创业担保贷款310户5765万元，城镇调查失业率控制在5.5%以内。最低生活保障标准稳步提高，城市、农村居民最低生活保障标准分别为每人每月717元、581元，分别同比提高12.7%、12.8%。培育市场主体带动就业，全区新增各类市场主体7399户，同比增长8%，市场主体总量突破6万户。保供稳价工作有序有效推进，前三季度全区重要民生商品供应充足，居民消费价格运行平稳。生态环境质量持续改善，空气质量优良天数达到237天，全区主要河流水质持续稳定达标。

（二）存在的问题

一是经济韧性不强，新的多点支撑格局尚未形成。房地产业持续下行带动建筑、钢铁、家电、金融贷款等行业需求紧缩，影响经济增速。电子信息产业增速放缓，发展临近"天花板"。装备制造产业受汽摩产业转型影响，对经济增长贡献力减弱。受制于海辰储能等重大项目尚未投产，新能源新材料产业占规模以上工业总产值比重仅17.4%，还未将良好发展态势转化为经济发展优势。

二是内需增长动力不足，外贸增长乏力。居民消费能力下降、消费意愿持续低迷，一些非必要性消费推迟，消费需求仍然不振。固定资产投资隐忧凸显，技改投资持续负增长，同比下降2.7%，降幅较上半年扩大7.3个百分点；基础设施投资项目少、个头小、投资依旧疲软，同比下降35.1%。受疫情、俄乌冲突等因素影响，1—8月全区外贸出口8.15亿元，同比下降3.2%，进出口贸易增长乏力。

三是部分企业发展承压，生产经营困难较多。工业企业成本居高不下，钢材、铜等原材料价格仍处高位，叠加用能、用工、物流成本提升，下游企业利润空间持续下降。疫情冲击企业生产和物流运输，企业产能释放和利润空间受到较大制约。融资难依旧突出，受制于可抵押物少、信用等级低、负债能力有限，中小微企业融资仍较困难。

（三）2022年主要经济指标预测

综合分析2022年前三季度经济运行的基本态势，预计全年GDP增长4.5%左右，其中规模以上工业增加值增长5.5%左右；农业增加值增长4.2%左右；固定资产投资增长5.5%左右；社会消费品零售总额增长3%左右；一般公共预算收入增长4.5%左右；城镇新增就业人口1.7万人以上；全体居民人均可支配收入增长8.6%左右。

二、2023年经济运行环境分析及趋势展望

当今世界正经历百年未有之大变局，国际形势复杂严峻，全球供给制约、需求不足问题交织，新冠疫情仍在持续，全球经济不稳定不确定不平衡特点更加突出。但随着新发展理念的践行、新发展格局的构建、高质量发展要求的落实，我国仍处于重要战略机遇期，全市正开启育新机、开新局的新篇章。铜梁区将全力抢抓长江经济带发展、新时代西部大开发、成渝地区双城经济圈建设、重庆主城都市区发展等重要战略机遇，预计2023年全区经济将稳中有进，将持续高质量发展的态势。

三、2023年工作措施与建议

（一）着力扩大有效投资

抓好"三张清单"项目推进，把好项目进度关、质量关、安全关，加大督查督办力度，确保前期项目快开工、开工项目快建设、建设项目快投产，推动中新铜梁冷链物流、科能技校等项目尽快开工，助推PPP项目矿山开发建设（蒲吕街道新联村、沙坝村建筑石料用灰岩矿项目）、标准化畜禽集中屠宰园区等建设项目快投产，形成更多实物投资量。结合铜梁中长期发展需求，抓住国家2023年项目申报窗口期，策划包装一批重大项目并启动前期工作，力争更多项目纳入上级资金盘子。

（二）着力促进消费恢复

抢抓重庆建设国家消费中心城市机遇，落实好"促进消费恢复发展19条"等政策措施，不断推出家居、餐饮、汽车等促销活动，加快消费回补。不断优化"追梦·铜梁龙"山水实景剧，持续推介安居古城、奇彩梦园、邱少云烈士纪念馆等景区景点，进一步提升"周末到铜梁"品牌影响力。构建文化创意、大健康、新型服务业等产业体系，重点培育夜间消费、沉浸式体验等活力新业态，发展活力经济打造活力龙乡。

（三）着力提升工业能级

聚焦产业升级、创新发展，优化招商、财税、投融资等体制机制，加快打造国家级高新区，提高经济质量效益和核心竞争力。深化产业集群发展，围绕"3+N"产业体系，培育壮大电子信息、装备制造、新能源新材料等主导产业，瞄准海辰储能、鹿享家、爱玛科技等终端企业，梳理产业链上下游，狠抓集群招商、链条招商、精准招商，补齐产业链，加快建设重庆市新型储能产业发展示范区，打造工业经济发展新动能。

（四）着力加快融入成渝地区双城经济圈建设

聚焦基础设施互联互通，提速建设成渝中线高铁、城轨快线璧铜线，大力推进铜安高速、渝遂扩能（铜梁—北碚歇马段）建设，力争开工金上至湖北800千伏特高压输变电工程。深化融城融边，统筹推进"铜遂绵"、"铜资简"、川南渝西和周边城市合作，加快开展川南渝西融合发展试验区规划编制，积极策

划一批重大合作事项和项目纳入规划盘子，打造川渝合作示范平台。推动现代产业协同协作，积极推动铜遂绵涪江经济带建设，打造科技创新走廊和巴蜀文化旅游走廊。

（五）着力推进改革创新

抢抓全市建设营商环境创新试点城市机遇，深化"放管服"改革，统筹推进"一窗综办"和"一件事一次办"，推进行政审批智能化改革，深化智能化秒办建设。持续推进社会信用体系建设，建立健全以信用为基础的新型监管机制，加快建设重要产品追溯体系。持续培育创新主体，实施科技企业成长工程，加快创新平台建设，建立高新技术企业培育库，壮大优势创新力量。优化科技创新环境。提升科技服务能力，促进科技成果转移转化，加快创新人才引育，完善科创金融服务体系，力争全社会研发经费投入增长20%以上。

（六）着力推进城乡协调发展

持续推进城市提升，提速建设淮远新区、科创新城、龙腾新区，加快建设重庆第二师范学院、重庆科技学院、重庆医药高等专科学校铜梁校区，稳步实施老旧小区、棚户区改造等旧改工程，进一步完善城市基础设施。纵深推进乡村振兴，大力发展现代高效农业，做大做强莲藕、肉兔等优势种植养殖业。加快推进"巴岳农庄"试点建设，接续推进农村联网公路建设、农村薄弱电网治理、农村厕所革命和人居环境整治等工作，促进农业农村全面发展。

（七）着力推进生态文明建设

深化污染综合防治，严格落实河长制，严控工业污染、汽车尾气等污染源，加强农村面源污染治理，确保生态环境质量持续改善。加强生态保护修复，深化落实林长制，全面推行国土绿化，加快实施涪江铜梁段"两岸青山·千里林带"建设，协同共建涪江、琼江等跨境河流生态廊道，共筑绿色生态屏障。推行绿色低碳发展，严格执行"三线一单"，严控"两高一资"和过剩产能行业，加快推进生产方式绿色转型。推广新能源汽车、绿色建筑，开展绿色生活创建活动，全面推行生活垃圾分类，加快建立绿色生产生活方式。

（八）着力兜牢民生底线

坚持以人民为中心的发展思想，健全基本公共服务体系，滚动实施25件民生实事。协调推进社会事业发展，加强就业保障，落实就业公共服务和职业技能培训，深化"把老乡留在老家"专项行动，实施好以工代赈项目，促进农民工就近就业和收入增长。继续加强教育精细化管理，加快建设关溅小学、白龙小学等迁扩建学校，推进教育公益普惠发展。持续优化医疗资源配置，健全公共卫生应急管理体系，持续推动疫情防控常态化管理。扎实推进全国健康促进区创建。做好安全稳定工作，妥善处置突发公共事件，最大限度保障人民生命、财产安全和社会稳定。

[铜梁区发展和改革委员会　叶忠莉]

之二十一：2022年潼南区经济运行分析及2023年展望

2022年以来，潼南区在市委、市政府的坚强领导下，全区上下认真学习贯彻党的二十大精神，深入落实国家、市决策部署，坚持稳中求进工作总基调，高效统筹常态化疫情防控和经济社会发展，不折不扣落实稳经济一揽子政策和接续政策举措，经济社会大局保持稳定。1—9月，全区实现地区生产总值406.85亿元，同比增长3.4%，高于全市0.3个百分点。其中，农业增加值66.29亿元，同比增长3.5%；工业增加值129.15亿元，同比增长3.9%；建筑业增加值49.47亿元，同比增长4.6%；服务业增加值161.95亿元，同比增长2.5%。固定资产投资207亿元，同比增长7.9%；全社会消费品零售总额213.99亿元，同比增长2.3%；全体居民人均可支配收入26119元，同比增长8.2%，快于地区生产总值增速4.7个百分点。

一、2022年潼南区经济运行情况

（一）产业发展"转型快"

农业基本盘保持稳定，全区实现农业增加值66.29亿元，同比增长3.5%；粮食和蔬菜产量分别为35.76万吨、176.48万吨，出栏生猪58.3万头。获批国家乡村振兴示范县、国家农业现代化示范区、国家级油菜制种大县。制造业发展质量稳步提高，208家规模以上工业企业实现产值339.15亿元，同比增长9.6%，建成投产高能结加、海汇新材料等32个项目，实施智能化改造项目36个，建成数字化车间7个，技改投资占工业投资比重37.4%。新培育高新技术企业26家、科技型企业63家。消费业态不断丰富，推出消费惠民便民利民等19条政策措施，加快县域商业体系建设，积极申报首批国家骨干冷链物流基地，社会消费品零售总额同比增长2.8%，居全市第四位。涪江旅游度假区创建为市级旅游度假区。成功举办菜花节、蔬菜节、柠檬节、龙舟赛等节会赛事活动，接待游客1052万人次，实现旅游综合收入68亿元以上。

（二）项目建设"力度大"

截至9月，217个建设项目开工项目183个，开工率84.3%，完工37个，完成年度投资206.9亿元，占年度计划投资76.8%。电力高专潼南校区、职教中心等基础设施重点项目快速推进，完成对上争取资金36.4亿元，其中：获批中央预算内资金1.3亿元。发行地方政府专项债券11.5亿元。获批政策性开发性金融工具、中长期贷款、设备购置与更新改造贴息贷款等31亿元。

（三）区域协作"亮点多"

深入落实成渝地区双城经济圈和"双核联动"工作要求，先后与四川南充、成都崇州签订战略合作协议，联合眉山、资阳等地召开跨地区政务服务交流工作会7次。成立遂潼涪江创新产业园区临时党委、筹委会，两地抽调39名人员常态化合署办公；启动"遂潼之心"控制性详细规划编制，双江航电枢纽、潼安特色产业、遂潼快捷通道、遂潼天然气产业园等川渝合作重点项目有序推进。深化与彭水对口协作，推动建设乌江非遗文旅、亿源粮油加工等3个项目，开通潼南至彭水九黎城、摩围山、乌江画廊旅游线路，潼南·彭水消费扶贫馆累计销售彭水扶贫产品近1700万元，缔结友好学校10所。

（四）城乡融合"面貌新"

完成全区"三区三线"划定，持续实施城市更新行动，改造竹林湾、世纪商城等99个老旧小区和大佛片区、田家400户棚户区（城中村）。升级扩容南区污水处理厂，建设城区管网57千米。深入推进农村人居环境整治，开通试运行潼南至田家公交，实施卧佛、新胜等8个镇级和飞跃、青石等8个村级农村供水保障"一改三提"改造，整治提升农村危旧房1100户，新改建农村电网线路379.8千米，宝龙镇获批"美丽宜居示范乡镇"。加快建设国家城乡融合发展试验区，新增农村"三变"改革试点村（社）30个，村级集体经济经营性总收入3974万元、村均14.3万元。持续深化《潼南区国家城乡融合发展试验区户口迁徙办法（试行）》，截至9月底，新增城镇户籍人口9861人，其中农村转移城镇7519人。

（五）营商环境"成效佳"

全面落实营商环境试点改革任务，"一照多址""一证多址"改革等78个事项落地见效，累计新增市场主体7932户，同比增长13.36%。推出"出生一件事"联办业务试点，改革成效全市领先。深入落实国家稳住经济一揽子政策和接续政策，发布《潼南区助企纾困政策包》《潼南区稳企惠企政策集中攻坚清单"18+N"》等系列惠企文件，开展"三到三助推、三抓三确保"突击攻坚行动，累计办理留底退税3.67亿元，稳企惠企政策集中攻坚行动（不含税收减免缓）惠及市场主体1.1万户，23.64亿元；"融资对接沙龙""产业高质量发展"等政银企活动现场签约达56.13亿元，累计发放普惠小微企业贷款28.75亿元，普惠小微企业贷款增速达到21.1%，存贷比达到80.69%。

（六）生态建设"环境优"

持续抓好污染防治，继续推进涪江流域综合治理PPP项目，建成村级污水处理设施4座、雨污管网20千米，创建和巩固扬尘控制示范工地10个、示范道路10条，花漾年小区创建为"市级安静居住小区"。推进绿色低碳发展，完善全区碳达峰碳中和"1+3+5+N"制度体系，严格开展12个新建项目节能审查，全区能耗处于绿灯可控状态。加快创建"国家森林城市"，完成国土绿化3.7万亩，"两岸青山·千里林带"营造林1.72万亩，建立区、镇、村三级林长组织体系，建成"智慧林长"平台。

（七）民生事业"成效好"

全力推进27件市区两级民生实事项目，着力解决好人民群众急难愁盼问题。组建5个引办型和9个合办型教育集团，东安、青石小学建成投用，加大城乡学校教师交流力度，科学化解农村学校超员难题。持续巩固国家卫生城区创建成果，优化31类75项公共卫生项目服务，区人民医院创三甲二期、精神卫生中心项目建成投用，建立医共体技术服务协作"资金池"，医通、人通、财通，区内就诊率达到90%以上。建成304个村（社区）综合文化服务中心，加快推进公共文化中心等项目。城乡居民医疗保险参保率稳定在95%以上。

1—9月，全区虽然经受住了疫情、旱情和有序有电等严峻考验，总体呈现恢复态势，但也反映出其经济发展中的短板弱项。一是工业增长后劲不足。存量企业规模总体较小，受外界因素影响较大，抗风险能力较弱，新增企业规模也较小，对工业经济的支撑作用不强。二是项目推进未达预期。因前期工作缓慢、保障要素不到位等影响项目施工进度，对上争取效果也不太理想。三是财政平衡压力较大。因实施减税降费、缓税和留抵退税等财政政策，房地产市场不景气，财政收入大幅减少，财政收支平衡压力加大。从前三季度经济运行走势来看，潼南区GDP增速呈现稳中向好的趋势。根据各项指标测算，全年

GDP 增速预计 4.5%左右，完成年初目标任务还有一定差距。

二、2023 年经济运行环境及因素分析

从全国看，在疫情频发、俄乌冲突冲击下，世界经济不稳定不确定不平衡特点突出，外部环境更趋复杂严峻，我国经济发展面临需求收缩、供给冲击、预期转弱三重压力，但长期向好的基本面不会改变。从全市看，经济下行压力对全市稳产业链供应链、稳外贸外资、稳市场主体、稳物价难度加大，但党的二十大胜利召开，极大提振全市经济发展信心。从全区看，潼南正处于蓄势勃发、奋进追赶的关键时期，机遇和挑战并存。国家"一带一路"建设、新时代推进西部大开发、成渝地区双城经济圈建设等重大战略深入实施，全市"一区两群"协调发展等机遇叠加，为潼南经济发展注入强大动力，有利于全区经济平稳增长。但我们也要清楚地认识到，全区经济还处在恢复性增长阶段，阶段性结构性矛盾相互交织，发展不平衡不充分问题仍然突出。一是受原材料上涨、能源供给、用工紧缺等因素影响，实体经济出现经营困难。二是产业结构总体仍处于产业链的中低端，企业自主创新能力还不够强，抗风险能力较弱。三是教育、医疗、养老、托育等民生领域还有许多短板，民生福祉有待进一步提高。

三、2023 年趋势展望及主要指标预测

2023 年是全面贯彻党的二十大精神开局之年，是实施"十四五"规划承上启下的关键之年，全区上下将坚持高质量发展方向不动摇，攻坚克难、实干担当，确保经济运行在合理区间，力争全年实现 GDP 增长 7%左右、社会固定资产投资增长 8%左右、社会消费品零售总额增长 9%左右，居民人均可支配收入增长 9%左右的目标。围绕这一目标，主要从以下六个方面抓好 2023 年各项工作。

（一）做实区域合作

一是推动成渝地区双城经济圈建设。全面贯彻《成渝地区双城经济圈建设规划纲要》及系列专项规划（方案），巩固落实 311 项"川渝通办"事项，着力实施潼安特色农业产业项目、渝遂绵优质蔬菜生产带示范项目，改建蔬菜集约化育苗示范中心。常态化开展跨界污染联合执法行动，推动建立涪江、琼江全流域生态补偿机制。大力创建成渝地区城乡义务教育一体化发展试验区，完善跨区域应急救援协同机制，确保跨区域突发事件信息互通和应急联动处置。

二是持续深化遂潼创新合作。优化遂潼涪江创新产业园区临时党委、筹委会工作机制，组织两地人员常态化合署办公；健全川渝遂潼投资集团公司运行机制，协同打造遂潼涪江创新产业园。推进遂潼之心园区基础设施建设，设立招商引资前置基金，大力招引重大项目落户园区，启动建设遂潼双创中心、遂潼田园综合体等重点项目。积极探索经济区与行政区适度分离改革，探索战略一体实施、政策协同联动、要素跨区域流动、成本共担利益共享机制，推进园区用水、用电等生产要素价格协同，推动税收征管和市场监管一体化。探索遂潼政务服务联办模式，共建人力资源服务产业园。

三是扎实推进"一区两群"建设。积极融入主城"1 小时通勤圈"，建成渝铜安高速（潼南段），开工渝遂高速扩能，谋划市域快线璧铜线延伸至潼南。深化与彭水对口协同，积极引进 2 个以上项目落地彭水，促进互派教师和医务人员跟岗研修、业务交流，扎实开展彭水农特产品"进机关、进学校、进企业、进超市"活动，确保销售彭水农特文旅产品 1000 万元以上，力争助销农特、文旅农产品额度进入全市前列。

（二）壮大特色产业

一是全面实施"工业强区"战略。以智能化高端化绿色化发展为引领，不断增强企业发展活力。推

动高新区北区化工企业搬迁，启动高新区东区首开区、中新食品产业园二期等项目。深耕装备制造、化工新材料、特色消费品、绿色建筑建材、节能环保五大产业集群，加大静脉产业、山地农机、原料药等新产业招商引资力度，谋划工业经济新赛道。加强高新技术企业培育，建成西南大学乡村振兴研究院，推动南昌大学重庆研究院市级研发机构、国家火炬重庆潼南柠檬特色产业基地提质扩能，鼓励引导全社会加大研发投入。

二是促进服务业健康发展。坚持扩大内需这个战略基点，深入实施"巴渝新消费"八大行动，加大电商企业培育力度，建设柠檬产地集配中心（网货分销中心），打造一批电商示范企业和直播基地。招商建设智慧物流园区，加快建设邮政运营中心、懒人福音等重点项目，推动"潼南绿"冷链物流城市配送中心投产达产，推广"中央厨房+食材冷链配送"等新模式，加快构建城乡三级物流配送体系。加快建设涪江休闲旅游度假区、涪江沿线50千米"最美环江路"、涪江水上运动中心，持续办好菜花节、柠檬节、汽车短道拉力赛等节会赛事活动，积极培育剪纸、木雕、石刻等非遗文创项目及产业，打造经济新增点。

三是全面推动农业现代化。深入实施藏粮于地、藏粮于技战略，坚决遏制耕地"非农化"、防止"非粮化"，实施"千年良田"工程，确保粮食播种产量稳定在37万吨以上。加快推进华牧、开江、吉安等项目投产达效，稳定生猪、家禽、水产等产量。全力推动农科城建设，投产檬泰小分子果胶、精酿啤酒、庆隆祥火锅食材精深加工等项目，力促鸿骏膳食净菜加工、中央厨房等项目落地，加快建设柏梓柠檬冷链物流配送中心、产业融合发展中心，建设崇龛、塘坝农产品初加工园，加快培育双百亿级产业集群。加快"一镇一园"和共享农庄建设，挖掘乡村旅游新亮点，推动一、二、三产业融合发展。

（三）统筹城乡融合

一是实施城市提质行动。优化城市发展空间，巩固和深化"多规合一"改革成果，管好用好国土空间规划"一张图"。高品质开发金福片区、两桥片区，启动开发朝阳湖片区，推动高新区北区"退园还城"。持续完善城市路网，升级改造火车站。开展城市有机更新，完成城市更新片区策划，加快江石岭、瓦厂湾、碉楼坡片区城市更新，有序推进新开工38个老旧小区改造项目。加快海绵城市建设，完成南区污水处理厂扩容。做实城市精细管理，常态开展"马路办公"，持续开展城市内涝、噪声、消防等各种问题专项整治行动，加强车站、核心商圈、背街小巷等地区综合治理。

二是持续整治农村环境。围绕重点解决农村厕所粪污、农村垃圾、农村污水、乡村景观风貌等问题，不断提升乡村生态宜居水平。完成农村低收入群体等重点对象危房改造184户。序时推进巴蜀美丽庭院示范片、美丽宜居示范乡镇、传统村落保护与发展等项目建设，积极争取将新胜镇盘山村纳入第四批重庆市传统村落名录，将大佛坝碉楼院子、荷花堰傅家花房子纳入市级传统建筑保护。

三是促进城乡融合发展。加快建设国家城乡融合发展试验区，深化农村不动产确权登记颁证和农村集体产权制度改革，探索推进农村集体经营性建设用地入市，审慎推进农村宅基地制度改革，探索开展进城农民依法自愿有偿退出农村权益机制，鼓励城镇专业人才、退伍军人、企业家等人才返乡就业创业，推动建筑师、规划师、工程师"三师"下乡，促进城乡要素自由流动。加快推动大佛坝"新农城"、梓潼街道"旭日东升"城乡融合发展项目建设，打造全市示范样板。

（四）激发市场活力

一是落实助企纾困政策。深入落实国家稳住经济一揽子政策措施和接续政策措施，利用好"企业吹哨·部门报到"线上问题办理平台和"三服务"线下服务工作机制，专项解决突出共性问题、集中解决瓶颈问题，"一事一议"解决个性问题。围绕企业生产经营发展，有针对性制定出台减税降费政策，帮助中小微企业渡过难关，做好土地、水电气、物流、用工等方面要素保障服务，最大限度降低要素成本，鼓励和支持金融机构加大对民营企业、中小微企业的支持力度，丰富融资产品，降低融资成本。

二是持续优化营商环境。全面落实好营商环境创新城市试点改革任务，常态化跟踪政策执行情况和实施效果。全力打造"潼服务·家速度"政务服务品牌，发扬"店小二"精神，全力推动"一厅集办""一窗综办""一网通办""一次办结"4项服务，提升企业和群众办事的满意度。全力推进"政企面对面·服务零距离""诚信潼商·法治民企"专项行动，精准对接企业需求，加快推动从"政府端菜"转向"企业点菜"，确保好政策既要"闻起来香"也要"吃得到嘴"，切实提高市场主体的获得感和满意度。

三是建设高标准市场体系。全面落实市场准入负面清单制度，清理妨碍统一市场和公平竞争的各种规定和做法。全面推行以"双随机、一公开"监管为基本手段、以重点监管为补充、以信用监管为基础的新型监管机制，完善对信息产业的包容审慎监管方式，推行"互联网+监管"，提升监管水平。完善产权保护制度，加大打击侵害民营企业合法权益的行为，完善涉企产权案件的申诉、复核、重审机制，打击侵犯知识产权和制售假冒伪劣商品，进一步维护公平竞争市场秩序。

（五）优化生态环境

一是持续抓好污染防治。持续推进跨界河流"三排""四乱"专项整治行动，全力推进涪江流域综合整治PPP项目，大力创建琼江示范河湖。实行高排放车辆污染管控和区域限行，开展汽修行业和工业企业挥发性有机物深度治理，持续推广新能源汽车。严格落实防尘措施，扩大控尘范围，规范整治餐饮油烟。开展工业企业清洁能源改造和化工园区地下水调查评估，持续推进涉镉等重金属行业企业排查整治，完成一般工业固体废物综合利用和危废集中处置设施建设，开展农业面源污染和塑料污染治理。强化建成区交通噪声控制，实施城区加工作业点噪声污染整治，创建一批市级安静小区。

二是推进绿色低碳发展。全面实施碳达峰碳中和工作，实施2030年碳达峰行动方案和"十四五"行动计划，全面推行"生态+"发展新模式，构建产业生态化和生态产业化为主体的生态经济体系。巩固现有"两高"项目清理整改成果，严格控制新增"两高"项目，加快产业园区绿色化循环化改造，推动高新区创建市级绿色园区。加快建筑业转型升级，启动建设屋顶分布式光伏项目，发展装配式建筑、绿色建筑建材。开展交通领域环境污染治理，大力推广纯电动客车应用，全面淘汰黄标车。积极倡导绿色生活方式，推行垃圾分类和减量化、资源化，深入推进"无废城市"建设。

三是持续开展生态修复。继续开展大规模国土绿化行动，完成"两岸青山·千里林带"营造林任务1.21万亩，实施潼南区涪江两岸潼南城区段及九龙山靠城区侧生态修复项目。严格落实河长制，持续巩固"十年禁渔"和非法采砂整治成果。全面落实林长制，常态化开展巡林，持续开展森林资源"四乱"突出问题专项整治。加强森林防火、重大林业有害生物（松材线虫病）防治、野生动物疫源疫病监测与防控，新建防火公路17.49千米、防火步道10.83千米。

（六）保障改善民生

一是巩固拓展脱贫攻坚成果。严格落实"四个不摘"要求，保持主要帮扶政策、帮扶力量、资金投入总体稳定。健全防止返贫动态监测和帮扶机制，坚决守住防止规模性返贫底线。实施重点帮扶、"两不愁三保障"动态清零等九大专项行动，统筹抓好国家、市级后评估等各类反馈问题整改。用好用活乡村振兴衔接资金，发挥扶贫资产助农益农作用。

二是竭力办好民生实事。持续推进"我为群众办实事"实践活动。积极推动就业增收，深入开展"渝创渝新"创业促进行动，零就业家庭动态清零。加快创建国家义务教育优质均衡发展区，提速建设重庆电力高专潼南校区，启动金福新区高中、金福新区小学建设，持续深化中小学"双减"工作，办好"双师课堂"。巩固国家卫生城区创建成果，加快建设区人民医院创三甲二期、妇幼保健院二期项目，加快补齐应对公共卫生事件短板。持续办好群众性公益性文化活动，广泛开展全民健身运动。完善社会保障体系，巩固全民参保成果，确保城乡居民基本养老保险参保率巩固在95%以上。切实保障低保、五保、优抚对象基本生活，加强退役军人、妇女儿童、未成年人、残疾人等关心保护。

　　三是全力维护社会稳定。扎实做好重要民生用品及能源保供稳价，坚决守住粮食安全底线。深入推进平安潼南建设，积极排查化解各类矛盾纠纷，加强社会综合治理，不断提升基层治理水平。不断巩固深化扫黑除恶专项斗争成果，提高扫黑除恶法治化、规范化水平。坚决扛牢风险防范政治责任，坚决遏制隐性债务增量，紧盯房地产企业资金断链、非法集资等风险，及时预警处置，确保不发生系统性金融风险。严格落实安全生产责任制，加强道路交通、建设施工、非煤矿山、危险化学品、燃气安全、校园安全等重点行业领域安全隐患排查整治，严防各类安全事故发生。加强食品药品安全监管，启动创建国家食品安全示范城市。

[潼南区发展和改革委员会　吴佩淞　李　玲　孙云云]

之二十二：2022年荣昌区经济运行分析及2023年展望

2022年，荣昌区坚决贯彻"疫情要防住、经济要稳住、发展要安全"的重要要求，立足新发展阶段、贯彻新发展理念、构建新发展格局，推动高质量发展，高效统筹疫情防控和经济社会发展，统筹发展和安全，推动落实稳经济一揽子政策措施，高频调度项目建设、消费回暖、助企纾困、抗旱保供等工作，经济运行总体平稳。

一、2022年荣昌区经济运行情况

（一）经济运行主要特点

全区1—9月完成地区生产总值596.65亿元，同比增长3.3%。第一产业增加值41.8亿元，同比增长1.2%；第二产业增加值330.6亿元，同比增长2.3%；第三产业增加值224.2亿元，同比增长5.1%（考核组第二）。具体运行呈现以下几个特点。

稳定经济成效明显。高频精准调度重点项目建设、财税金融稳定、促进消费回暖、助企纾困解难等工作，落地落实稳经济一揽子政策措施，累计为企业退减缓税额9.03亿元、惠及7600余家企业，向区内小微企业、个体工商户等主体发放优惠利率贷款8.32亿元，惠及涉农、小微市场主体1086家。第一季度实现了"开门红"、第二季度、第三季度顶住了超预期因素冲击影响。

工业经济支撑有力。1—9月完成规模以上工业总产值815.2亿元，增长8.2%，规模以上工业增加值增长4%；主导产业完成规模以上工业总产值798.1亿元，占全区规模以上工业总产值的97.9%。工业用电、用气分别同比增长4.0%、45.5%。促进中小微企业、民营经济发展成效显著，获市政府激励表彰。娃哈哈饮品、锐德科技等104个工业项目开工建设，昊格新能源、德力玻璃等60个项目建成投产。推动企业转型升级，新增规模以上工业企业7家，新认定智能工厂1个、数字化车间6个、市级"专精特新"企业54家。

投资持续强化。1—9月固定资产投资完成258.1亿元，同比增长6.7%（考核组第四），其中工业投资161.2亿元，同比增长8.6%，占固定资产投资比重达62.5%，工业投资中技改投资占58.6%。

消费市场加快恢复。1—9月，实现社会消费品零售总额222.2亿元。批发、零售、餐饮分别同比增长12.0%、5.7%、7.1%。网络货运平台业务同比增长200%，网络销售额达19亿元。开展系列促销活动，带动直接消费近1亿元。文旅消费呈现复苏态势，接待游客1118万人次，同比增长30.8%，旅游总收入55.9亿元，同比增长30.8%。进出口额实现15.3亿元，同比增长78%。

招商引资成效显著。1—9月，新签约项目126个，合同金额564.5亿元，同比增长45%；资金到位额176.6亿元，同比增长84.2%，完成年度任务的88.3%。新引进上市公司2家，高新技术企业9家，战新企业62家，战新产业招商占比达到49.2%。传化物流、东箭汽车、中能国润等15个10亿级以上重大项目落户荣昌。

农业经济保持平稳。生猪产能持续恢复，价格逐渐回升。预计全年生猪存栏恢复至44万头，同比增长2.3%，生猪出栏65万头，同比增长2%。粮油、蔬菜生产形势稳定。荣昌猪产业集群项目11个子项目主体完工，完成投资1.6亿元。建成投产设计存栏2400头"荣昌猪"扩繁场、年出栏3万头"荣昌猪"育肥场等"荣昌猪"标准化养殖场，"荣昌猪"规模养殖和智慧养殖水平大幅提升。荣昌现代农业产业园成功纳入国家现代农业产业园创建名单。

城乡建设融合发展。一是城镇功能品质稳步提升。实施场镇品质提升三年行动，推进11个镇街老旧小区改造，完成投资5671万元，完成城镇雨污管网改造40千米。城市交通建设不断完善，加快推进安荣合高速公路（北环段）、成渝高速公路扩能、城区至吴家一级公路、G348板桥园至邮亭一级公路、S303城区至双河等项目前期工作。园林绿化提质增量，建成开放迎宾社区体育文化公园，积极推进黄金坡城市休闲公园、东湖公园等大型综合公园和4个社区公园建设，新建8处口袋公园，推进玉带路坡地等3个坡坎崖美化项目，改造形成城区花镜景观80余处。完成3.5万平方米车行道和2.4万平方米人行道升级改造。二是美丽乡村加快建设。实施乡村建设行动和农村人居环境整治提升五年行动，持续推进农村污水、垃圾治理。2022年5月荣获国务院"促进乡村产业振兴、改善农村人居环境等乡村振兴重点工作成效明显的地方"表彰。新改建"四好农村路"120千米。实施村庄清洁行动和绿化行动，全面推进农村厕所革命。深化农业农村改革，推动农村"三变"改革试点范围扩大到全区30%以上行政村。积极推进荣隆、双河、安富、清江等镇街打造田园式旅游观光深度融合的成渝乡村振兴综合示范片。三是积极推进国家城乡融合发展试验区建设。统筹推进城乡人口有序流动、城乡产业协同发展等七类试点任务。城镇新增落户4100余人。推动实施农村宅基地退出、农村土地经营权流转等配套政策，放活土地经营权。加快推进荣隆、安富、直升、吴家城乡融合发展试点镇和昌元街道虹桥社区试点村建设，制定试点镇（村）城乡融合发展实施方案，2022年实施城乡融合相关项目38个，截至9月完成投资1.73亿元。

民生福祉持续改善。巩固拓展脱贫攻坚成果同乡村振兴有效衔接。聚焦民生诉求办好10件重点民生实事，民生支出占财政支出比例稳定在70%以上。就业创业工作稳步开展，1—9月城镇新增就业1.1万人，发放创业担保贷款4819万元。教育硬件设施水平提升。积极推进重庆城市管理职业学院荣昌校区、西南大学扩建项目前期工作，加快推进桂花园小学新校区、学院路小学改造等项目建设。推进城区学前教育提升和农村义务教育提升工程。医疗服务水平持续提升。加快推进区人民医院迁建、区第二人民医院等项目建设，区中医院迁建年内完工。区人民医院创三甲有力推进，深化与市内外知名三甲医院合作。抓好常态化疫情防控和疫苗接种。提升公共文化服务水平，积极融入巴蜀文化旅游走廊建设。推动国家体育消费试点城市建设，举办3项国家级体育赛事和2项市级赛事，举办2022年"巴山蜀水·运动川渝"体育旅游休闲消费季（春夏）重庆·荣昌站暨荣昌区第三届体育消费节活动。

（二）经济运行中存在的主要问题

荣昌区经济社会发展虽然取得了一定成效，但经济运行依然存在一些问题。一是经济下行压力仍然较大，大概率不能完成全年经济增长预期目标。受疫情、宏观环境等影响，经济运行面临的不稳定、不确定因素依然较多，稳增长压力持续加大，GDP增速持续放缓，实现全年目标任务艰巨，预计全年地区生产总值增长5%左右。企业生产经营困难加大，受原材料价格持续高企，用能、用工、物流成本上升等影响，企业利润大幅收窄。二是投资放量不足。重点项目投资完成率不及预期，基建投资受财政压力及区县债务管控等约束，增速下降，房地产领域存在购房需求端市场疲软，开发企业投资谨慎、新开工及在建项目减少等困扰。三是财政收支平衡压力大。受减税降费叠加土地出让收入转弱等影响，财政收入超预期下滑，政府性基金收入减少，防疫支出明显增加，收支平衡压力大，保基本民生、保工资、保运转压力持续加大。四是民生短板尚未补齐，基础设施有欠账，与高品质生活需求仍有差距，教育、医疗、养老、老旧小区改造等民生保障工作仍需加强。

二、2023年经济运行环境分析

（一）从国际和国内形势看

世界经济不稳定不确定不平衡特点更加突出，经济增长动力减弱，全球供给制约、需求不足问题交织，美国、欧元区、日本等经济下行压力加大，通胀水平持续处于历史高位。从国内看，需求收缩、供给冲击、预期转弱三重压力持续显现，经济循环畅通和有效需求释放受到较大影响，下行压力仍然较大。

（二）从重庆和荣昌自身看

重庆深入贯彻落实国家重大发展战略，积极推动成渝地区双城经济圈建设，促进"一区两群"协调发展，随着稳经济一揽子政策措施和接续政策措施加快落地见效，在供给、需求两端全面发力，市场信心有望得到修复和提振，经济企稳回升内在动力将持续增强。党的二十大胜利召开，极大调动和激发了全市上下干事创业的积极性和主动性，政治效应将转化为强大发展动能。荣昌作为主城都市区"桥头堡"城市，作为新型城镇化、新型工业化的主战场，在重庆西拓、成都东进"相向发展"中面临重大战略利好、政策利好。近年来，荣昌坚定不移抓工业，工业发展成效明显。成渝地区双城经济圈建设、川南渝西融合发展试验区、国家畜牧科技城等重大战略持续推进实施，市级给予了荣昌更多更有力的支持和指导，荣昌的发展前景必将更加广阔。

三、2023年经济运行趋势展望及主要指标预测

2023年，荣昌国家高新区建设持续发力，国家畜牧科技城、国家生猪技术创新中心、川南渝西融合发展试验区、国家城乡融合发展试验区加快建设，一批招商引资项目将逐步落地转化，一批重大项目和民生实事将逐步实施，实体经济发展的市场化法治化国际化营商环境逐渐形成，高质量市场主体持续增长，这些都将为经济增长注入强劲动力。

2023年荣昌区主要指标预测：初步预计，2023年全区地区生产总值增长6%左右。规模以上工业增加值增长7%左右，固定资产投资增长6%~8%，社会消费品零售总额增长4%左右。

四、措施建议

我们要坚持以习近平新时代中国特色社会主义思想为指导，全面贯彻落实党的二十大精神和党中央、国务院关于做好经济工作的决策部署，发扬"拼尽全力、抢抓机遇、真抓实干"的状态和干劲，推动落实一系列稳经济政策措施，围绕年度计划任务，进一步挖掘增长潜力，拓展发展空间，全力推动经济平稳健康发展。

（一）加快推动产业转型升级

加快建设现代产业体系，坚持"工业立区、工业强区、工业兴区"发展道路，坚持高端化、绿色化、智能化方向，一手抓传统产业转型升级，一手抓战略性新兴产业发展壮大，加快推动制造业高质量发展。积极培育新的增长点，聚焦消费品工业、生物医药、电子信息、智能装备和农牧高新"1+3+1"现代工业集群，围绕成渝地区汽车、电子信息、装备制造等优势产业，以及食品饮料、新材料等重点产业，加大产业承接转移力度，大力发展关联产业和配套产业，加快推进重庆电子电路产业园、重庆休闲食品产业园等5个市级特色产业园建设。力争全年新增规模以上工业企业20家，规模以上工业总产值增长10%，

规模以上工业增加值增长7%左右，战略性新兴产业产值占比达20%以上，工业投资增长8%。推进百强国家高新区建设。全年新开工工业项目100个以上，建成投产工业项目50个以上。推动生产性服务业与先进制造业深度融合，积极引进培育研发设计、工业设计等服务机构，加快建设川南渝西综合物流园、传化"公路港"。大力发展数字经济，加大应用场景建设，促进数字经济与实体经济深度融合，不断催生新产业新业态新模式，推动数字产业化、产业数字化。

（二）持续强化科技创新引领

高标准推进国家畜牧科技城建设，全力建好国家生猪技术创新中心、国家生猪大数据中心。围绕产业链部署创新链，在电子信息、农牧高新产业推行"研究院+园区+基金"模式，力争全年新增国家高新技术企业30家、市级科技型企业100家，建有研发机构的规模以上工业企业达到170家以上。

（三）着力增强投资消费后劲

围绕"两新一重"、民生、环保等领域策划包装一批重大项目，坚持"四级调度"机制，全年实施重点项目150个以上。深化"抓投资稳投资"专项行动，固定资产投资完成330亿元以上。加速消费市场回暖，持续开展房地产、新能源汽车等系列促销和文体旅赛事活动，开展消费券发放活动，促进消费持续恢复，力争全年新增规模以上服务业企业25家、限额以上商贸企业32家。

（四）全力抓好招商引资

注重精准招商、专业招商、基金招商，引进一批上市公司、新型科研机构、产业投资基金落地。新签约市外项目正式合同额700亿元，亿元以上项目50个以上，其中工业项目合同额450亿元。引进上市公司2家，国家高新技术企业20家。打造"来了就是一家人"的发展环境，支持民营经济发展壮大，确保全年新增市场主体8000户以上。

（五）切实抓好经济运行调度，全力推动经济平稳增长

紧盯重点指标、重点项目、重点企业，深入开展"百名干部进企业"和"助企纾困领导干部大走访"活动，进一步加大助企纾困力度，分类指导帮扶困难企业，精准落实稳经济各项政策措施，积极帮助企业争取政策、资金、项目和拓展市场。

（六）全力打造一流发展环境

持续优化营商环境，落实《优化营商环境条例》，深化"放管服"改革，推动更深层次、更大力度简政放权，推进"一窗综办""一网通办"和"互联网+政务服务"。依法保护市场主体合法权益，促进民营经济发展壮大。严格落实好减税降费各项政策，进一步降低企业用能、物流、融资、管理等成本。主动服务、靠前服务、精准服务，加快构建"亲""清"新型政商关系。

（七）切实抓好保障和改善民生工作

聚焦民生诉求办好一批重点民生实事，统筹推进城市提升和乡村振兴，大力发展教育文化、医疗卫生、养老育幼等民生事业，全力抓好疫情防控、污染防治、兜底保障、安全生产等各项工作，全力营造安全稳定社会环境。

[荣昌区发展和改革委员会　陈　荣]

之二十三：2022年万盛经济技术开发区经济运行分析及2023年展望

2022年以来，万盛经济技术开发区（简称"万盛经开区"）上下在党工委、管委会的周密部署、精准调度下，众志成城、拼搏奋进，按照"疫情要防住、经济要稳住、发展要安全"的要求，高效统筹疫情防控和经济社会发展，统筹发展与安全，加力落实稳经济一揽子政策措施和接续政策措施，有效对冲了超预期因素影响，形成了更多支撑经济平稳健康发展的实物工作量，发展态势总体向好、经济运行平稳健康。

一、2022年万盛经济技术开发区经济运行分析

前三季度，全区地区生产总值同比增长3.5%。三次产业同比分别增长3.4%、4.1%、2.8%，三次产业结构比为5.5∶49.7∶44.8。

（一）三次产业承压前行，在超预期因素影响中攻坚克难，综合实力实现新跨越

工业经济持续巩固。工业经济一步一个脚印稳健前行，是带动万盛经开区经济增长的动力源。前三季度，规模以上工业增加值同比增长10.6%。主导产业支撑作用明显。"1+3"主导产业占规模以上工业总产值的78.3%，充分发挥引擎作用。战新产业拉动力增强，产值增长14.3%。工业承载基础不断夯实。标准厂房加快建设，成功获批新能源（储能）产业园、全市化工园区认定。服务业总体平稳。随着推动服务业纾困发展相关政策效应的释放，服务业回暖态势明显。前三季度，服务业增加值同比增长2.8%。生活性服务业潜力较大。零售业销售额、住宿业营收、餐饮业营收增速分别为6.5%、7.6%、7.9%，高于全市平均水平。生产性服务业加快发展。货运量、货物周转量分别高于全市1.1个、1.4个百分点，重点企业陕煤重庆储运公司实现销售额36.7亿元，同比增长53.9%。农业生产稳中向好。农业生产保持稳定，农业经济活动不断增加，农业基础作用发挥更加充分，前三季度，农业总产值、增加值分别同比增长3.9%、3.4%。开展复耕复种撂荒地3100亩、高标准农田建设1.5万亩。粮食面积稳定在16万亩以上，产量5万吨以上，生猪出栏4.27万头、蔬菜产量15.64万吨、水产品产量1025吨。丛林食用菌产业入选国家农业产业强镇项目库，建成国家级生猪产能调控基地。

（二）有效需求平稳增长，在抓项目稳投资促消费中积能蓄势，发展能级跃上新台阶

项目建设蓄势发力。牢牢抓住项目建设这个"牛鼻子"，开足马力推进项目全周期建设，梳理储备2022—2026年各类项目600余个，涉及投资2200多亿元。按照促前期、促开工、促进度、促竣工及动态调整"五张清单"严抓实抓，80个重点项目完成投资48.95亿元。投资运行总体平稳。前三季度，固定资产投资同比增长5.2%。其中，工业投资同比增长46%。包装5个投融资项目包，涉及投资超300亿元，全力推动投融资模式创新并加快实施。社会消费持续回暖。消费加快恢复、活力逐步释放，呈现稳中加固、稳中向好趋势。前三季度，社会消费品零售总额同比增长1.4%。消费供给不断丰富，带动消费增长5亿元左右。文旅消费持续回暖，文化、旅游规模以上企业营业收入分别同比增长12%、23.5%，接待游客人数同比增长2.2%，旅游总收入同比增长3.1%。新型消费业态快速发展，新能源汽车消费呈现爆发

式增长，网络消费持续走高。争上招引同向发力。主动对接、积极跑上，坚持走出去、请进来抓好招商，借智借力发展初显成效。已印发的市级"十四五"专项规划中，直接提及万盛经开区的事项超100条。13个项目纳入2022年市级重大项目名单，170余个项目纳入市级"十四五"规划102项重大工程项目。招商引资项目24个，合同引资201.6亿元，实际到位资金42.1亿元。

（三）重点事项统筹推进，在改革开放实践中开拓创新，地区发展注入新动能

创新活力加速释放。全面启动高新区创建，新增科技型企业85家，组织申报高新技术企业29家，建成智能工厂2个、数字化车间13个、"专精特新"企业30家，西南地区首个"东数西算"先进边缘数据节点示范项目签约万盛。"众创空间—孵化器—加速器—产业园"全链条孵化体系逐步形成，孵化场地面积达10万平方米，新入驻企业40余家，新增市级创新平台3家，全面释放创新活力对经济发展的拉动作用。营商环境持续优化。纵深推进营商环境改革，营商环境年度考核排名上升2个位次，形成党政主要领导任"双组长"亲自抓、分管区领导具体抓、相关部门分头抓的领导小组工作机制。全面启动三年攻坚行动，市考核组反馈的73个问题整改完成90%以上。深化领导干部走访服务企业，开展助力民企"百千万"专项行动，采取"零距离""面对面"服务方式助力企业高质量发展。区域协调拓面深化。紧抓国家、市级层面推动区域协调发展相关政策机遇，主动融入成渝地区双城经济圈建设、"一区两群"协调发展，推动"1+N"产生N多效应。区级层面及各部门与四川、贵州、开州等地签订合作协议20份，合作事项稳步推进。积极谋划"一空六高七铁"对外交通重大项目，重点项目前期工作稳步推进。设立万盛·开州产业合作示范园，建设循环经济产业园、现代制造产业园2个合作平台，打造精品旅游线路11条，储备合作项目100余个。国企改革成效初显。深化国企改革三年行动，创新制定政企协同工作机制，推进国有经济布局优化和结构调整，促进国有资源发挥更大效益。组织架构不断优化，"3+3+N"模式运行顺畅，前三季度，区属国有企业资产总额增长11.4%。政企协同机制初显成效，"1+6"工作机制聚合力，聚焦产业发展、项目建设、争上支持、投融资创新、招商引资"五大重点任务"提效能。国企担当不断彰显，前三季度，区属国有企业启动实施投资项目28个，涉及金额13.5亿元。

（四）有效应对外部影响，在十分吃紧的财力中保障改善民生，社会大局开创新局面

社会民生保障有力。坚持以人民为中心的发展思想，统筹疫情防控和经济社会发展，因时因势优化防控举措，坚决打好疫情歼灭战。前三季度，城镇新增就业完成年度目标任务的103.5%，脱贫人口就业创业超过2021年底就业规模。"四好农村路"村民小组通达通畅率、行政村通公交率、通天然气率均为100%，农村改厕覆盖率达91.7%。1—10月，全区空气质量优良天数达263天，同比增加11天，其中达到"优"的天数为140天。谋划实施20件重点民生实事，10项民生实事超前完成年度任务目标，其余事项将在年底如期完成。助企纾困成效明显。全面落实稳经济一揽子政策措施、扎实开展助企纾困专项行动，确保政策效应转换为企业发展动能。前三季度，留抵退税超5亿元、减免租金760万元。要素保障稳定支撑。统筹万盛发展实际和需要，从能源、人才、土地等方面夯实要素保障基础。加大争上协调力度，保障用电、用气等能源供给，前三季度，全社会用电量同比增长14.7%，全社会用气量同比增长40.4%。新页1井试获日产页岩气53万立方米，深层页岩气单口井日出气量全市最高，有望成为继煤炭后又一支柱型能源产业。开展人口集聚课题研究，制定出台支持青年人才创新创业若干措施，评选出第三届区级拔尖人才10人、优秀人才20人、骨干人才53人。"三区三线"已获国家批复，将为项目建设、民生工程等腾挪更多土地空间。

二、2023年经济运行的环境因素分析及趋势展望

当前,全球通货膨胀高企,大宗商品价格居高不下,国内强化稳大盘力度,坚持围绕市场主体纾困解难、固本培元,经济逐步回稳,挑战与机遇并存。从全市看,重庆深入贯彻落实国家重大发展战略,积极推动成渝地区双城经济圈建设,促进重庆"一区两群"协调发展,随着稳经济大盘政策加快精准落地,市场信心有望得到修复和提振,后续恢复更有动力。就万盛经开区而言,近年来其持续推动的打基础利长远工作将加快显现效应、发展积淀将加速催生转型嬗变、高质量发展的巨大潜能也将全面充分释放,区位、产业、资源等比较优势不断积累,万盛经开区经济厚积薄发,在新时代新征程乘势而上、持续发力,在打造"一城三区一极"中不断实现新突破、新跨越。同时,我们也清醒看到,万盛经开区自身发展存在经济总量偏小、产业多点支撑不够、创新活力不足、采空区历史遗留矛盾不少等问题,推动高质量发展仍然任重而道远。

综合考虑全国全市宏观经济形势和主城都市区各区经济发展态势,为发挥重庆主城都市区重要支点城市功能定位作用,结合万盛经开区发展实际和可行性,2023年万盛经开区地区生产总值增速与全市保持一致,推动经济实现质的有效提升和量的合理增长。

三、调控措施及建议

万盛经开区坚持以习近平新时代中国特色社会主义思想为指导,全面贯彻党的二十大精神,保持"时时放心不下"的责任感,坚持从全局谋划一域,以一域服务全局,为成渝地区双城经济圈建设和重庆"一区两群"协调发展贡献更多力量。

(一)聚焦稳投资与促消费并进,持续优化供给扩大内需

狠抓重点项目建设,围绕"1+3"重点产业方向强化项目招商,深化"抓项目稳投资"专项行动。不断扩大有效投资,有效实施重庆(万盛)内陆无水港低碳产业园、工业园区扩容提质、城市有机更新、旅游三次创业、乡村振兴5个投融资项目包。促进消费潜力释放,丰富活动促消费,用好平台促消费,优化供给促消费。

(二)聚焦重点领域和关键环节,持续推动产业提质增效

加快工业高质量发展,重视科技赋能发展,加快推动科技成果转化运用,抓好优质增量培育,主动招引相关企业延链补链强链,推进企业降本增效,打造万盛工业发展新的竞争优势,夯实产业平台载体,盘活存量土地、建好标准厂房筑巢引凤。加快体旅融合化发展,抓好旅游第三次创业,以"人无我有、人有我优"引流、以"多种业态、赛会品牌"创收,抓好国家全民运动健身模范区创建,统筹推进群众体育、竞技体育、体育产业"三位一体"协调发展。加快农业现代化发展,构筑现代乡村产业体系,提档升级基础设施,不断壮大集体经济。

(三)聚焦市场拓展与要素保障,持续夯实转型发展基础

千方百计培育市场主体,着力解决好"外转内"与"个转企"的问题。加速破解财政运行难题。强化财政收入组织,着力优化支出结构,妥善化解政府隐性债务。增强土地资源保障力度,充分挖存量,有序扩增量。

(四)聚焦稳定就业和优化服务,持续兜牢社会民生底线

增加岗位供给稳就业,加强就业创业指导服务,规范劳动市场秩序,广泛开发就业岗位。提升服务

质量优环境，深入推进专项行动，加大简政放权力度，构建良好政商关系。化解风险隐患保安全，防范化解金融风险，统筹抓好粮食安全，切实保障能源安全，稳定房地产市场预期。

（五）聚焦区域协调和对外开放，持续打造南向支点城市

加强区域合作交流，主动融入成渝地区双城经济圈建设、"一区两群"协调发展，加快綦江—万盛协同发展，推动合作事项落地见效。推动城乡融合发展，加快城市更新，推进乡村振兴，尽快形成城乡融合示范效应。加快建设开放平台，建好重庆（万盛）内陆无水港，建好西部陆海新通道上枢纽型交通节点，打造新材料（建材）集散中心。

[万盛经开区发展改革局　刘小东　彭　越　马春雪]

区域卷
渝东北三峡库区城镇群篇

之一：2022年渝东北三峡库区城镇群经济运行分析及2023年展望

2022年，国内外经济环境复杂严峻，三重压力持续承压，渝东北三峡库区城镇群（简称"渝东北城镇群"）深度融入成渝地区双城经济圈建设，突出生态优先、绿色发展，稳步推进三年建设行动，各区县狠抓项目稳投资、消费添活力、招商增动力，生态环境建设、特色产业发展、新型城镇化建设、基础设施水平均实现新提升，经济运行呈现稳中提质、稳中有进，预计全年地区生产总值增长3.9%左右。

一、2022年渝东北三峡库区城镇群经济运行情况

（一）总体情况

2022年以来，渝东北城镇群各区县高效统筹疫情防控和经济社会发展，全力促投资稳增长保民生，不断培育壮大发展新动能，产业延续复苏态势，经济发展稳中提质，1—9月地区生产总值同比增长4%，高于主城都市区和渝东南城镇群发展水平。固定资产投资、工业投资分别同比增长10.2%和20.2%，增速继续领跑全市。

（二）主要特点

1. 工业经济稳中向好

各区县把抓项目稳投资摆在更加突出位置，强化上项目、抓投产，工业生产稳中向好，1—9月规模以上工业增加值同比增长4.4%。一是规模以上工业增长较快。"三峡制造"快速发展，消费品、绿色建材、汽车、电子、医药（中药材）、清洁能源发展态势良好。万州工业增长跑出加速度，1—9月规模以上工业产值同比增长28.8%，居全市第一位，其中，万州经开区增长33.3%，完成规模以上工业产值达302亿元，占到全区83.4%以上。垫江医药制造、忠县新能源、丰都绿色消费品等新兴产业持续发力，规模以上工业产值均实现两位数增长。二是工业投资拉动强劲。1—9月渝东北城镇群工业投资增速达20.2%，遥遥领先主城都市区和渝东南城镇群，其中云阳增长103.5%，居全市第一位。开州引进工业项目达35个，柏慕羊绒、长教科技等项目建成投产。梁平平伟射频5G、奇爽柚子酒、绿色食品孵化园等项目相继投产，预制菜产业领域落地达项目16个。奉节加快眼镜全产业链本土化，82家眼镜企业项目建成投产或即将投产，预计全年产值超20亿元。

2. 特色农业蓬勃发展

加快发展特色高效农业，努力提升农产品高效供给能力，1—9月实现第一产业增加值449.76亿元，同比增长3%。一是加强粮食保供能力建设。渝东北大力实施"千年良田"工程，推进集中连片推动农田宜机化改造、高标准农田建设和种业振兴行动，持续提升粮食综合生产力，2022年以来建成高标准农田超15.5万亩，粮食播面保持稳定，粮食生产稳中有升。万州、垫江等地加快推进智能充氮储粮升级改造、低温仓改造，粮食储存和应急保供能力大幅改善。二是"三峡农家"特色高效农业提质增效。三峡柑橘、巫山脆李、中药材、草食牲畜、生态渔业五大产业带初具规模，成功创建柑橘、榨菜、脆李3个全国优势

特色产业集群。新认定名牌农产品105个，培育万州玫瑰香橙、云阳巴阳枇杷等名特优新农产品26个，"三峡柑橘"等市级区域农产品公用品牌更加成熟。三是农业"接二连三"发展势头较好。农产品加工规模以上企业已达311家，培育形成恒都牛肉、派森佰橙汁、城口老腊肉等知名加工品牌，在梁平成功举办2022年中国预制菜产业峰会。梁平万石耕春·农业奥特莱斯、龙溪渔歌、开州鲁渝现代蔬菜、开州木香等农旅融合发展成效明显。

3. 现代服务业持续复苏

渝东北城镇群着力促消费、增活力，文旅商贸服务业有所复苏，1—9月第三产业实现增加值1809.83亿元，同比增长5.1%。一是全域旅游提档升级。"大三峡"旅游品牌更加畅响，"三峡库心·长江盆景"等三峡旅游新地标加快建设，奉节白帝城·瞿塘峡景区成功获评国家5A级旅游景区，巫山巫峡·神女景区通过国家5A级旅游景区景观质量评审，成功争取长江重庆段纳入长江国家文化公园重点建设区。垫江、万州、云阳、奉节、巫山等高铁节点旅游热度明显提升，成功举办十三届中国长江三峡国际旅游节暨"高铁带你游三峡"、抖音短视频大赛等营销活动。二是商贸服务业复苏增效。1—9月，渝东北城镇群住宿、餐饮营业额同比增长4.2%和7.7%。其中，垫江社会消费品零售总额同比增长8.9%，可穿戴智能设备、新能源汽车等销售同比增长125%、353.1%。开州开展"云推广"等线上促销，网络零售额增长19%。梁平举办首届明月山生态旅游文化节，通过"节会效应"拉动商文旅综合消费稳步增长。开州汉丰湖夜间经济示范区、万州北滨路等精品夜市街区初具规模，巫山成功纳入国际消费中心城市培育建设试点。

4. 基础设施大幅改善

加快畅通经济循环基础支撑，设施互联互通取得新突破。一是交通城镇基础设施更加畅联。郑万高铁重庆段开通运行，巫溪、巫山、奉节、云阳等地进入高铁聚客时代。高速路网快速延展，城开高速延至城口境内，实现县县通高速。万州机场T2航站楼主体完工，获批航空口岸对外开放，成为全市第二个国际机场。万州新田港、忠县新生港等航运节点联动成网，港航能力大幅提升。水利、能源、重大公共服务设施不断完善，梁平左柏、垫江龙滩等水库建成蓄水，云奉巫天然气管道工程进度过半，三峡公共卫生应急医院建成投用。二是产业基础设施逐步完善。产业平台载体逐步丰富，万达开智能制造示范区开州智慧园区5G融合创新运用项目稳步推进。"工业互联网标识解析万州园区综合型二级节点"入选重庆工业互联网标识解析二级节点"揭榜挂帅"项目。万州综保区（一期）建成投运，成为区域开放发展的新窗口、新平台。梁平国家农业科技园区、成渝双城经济圈梁平开江合作示范园区等平台加快建设。

5. 绿色本底更加厚实

坚持生态优先，绿色发展，各地大力夯实绿色本底，生态优势进一步显现。一是生态保护显著加强。跨区域生态共建共管逐步加强，万州、云阳、奉节等建立流域突发水污染事件联防联控机制，增强流域水环境共管合力。开州、梁平等地加强重点河流"体检"监测，全域国控断面水质达标率达100%。各地严格落实长江"十年禁渔"，实现江河水面"四清四无"，长江干流水质稳定保持Ⅱ类。二是绿色发展成效凸显。云阳、城口等全面启动国家生态园林城市建设，其中城口建成区绿化率超45%，全县森林覆盖率达72.8%，排全市第一位。巫溪推进非国有林生态赎买改革试点，实施横向生态补偿交易2万亩，非国有林生态赎买2600余亩，"两山"转化渠道逐步打通。绿色能源加快开发，累计建成抽水蓄能、风电、光伏等新能源装机143万千瓦，已占全市新能源装机的60%，绿色能源利用持续加深。

二、需关注的主要问题

（一）投资消费增长放缓

受宏观经济形势影响，渝东北城镇群实体经济成本上涨，投资消费复苏内生动力尚显不足。一是基建投资放缓。项目储备滞后、财政压力增加及区县债务管控等约束加大，财政收支矛盾突出，交通、城市更新、公共服务等部分重点项目资金缺口较大。二是产业投资乏力。工业投资大项目接续不畅、企业投资意愿较低，房地产投资存在拿地开发能力不足、新开工及在建项目减少等问题。三是消费恢复疲软。居民收入增长放缓，消费能力和信心减弱，居民购房意愿低，家电、家具等关联性商品消费处于低位，文旅、餐饮、酒店、展会等持续低迷。

（二）产业发展能级不够

渝东北城镇群产业配套不足，集聚能力较弱，产业能级和带动能力有限。一是工业链群规模不足。区县园区入驻企业规模集聚效应不足，"四上"企业数量少、规模小、结构不优，产业链布局较为分散。仓储、配送等冷链物流体系不完善，生产性服务、数字化智能化新兴业态发展滞后，生产物流成本相对较高，招商引资难度大。二是农业市场竞争力不足。农产品精深加工不足，农产品赋能增值不够，链主企业、龙头企业缺乏，多数农产品加工企业为中小企业。农文、农旅融合不够，农业农村旅游业深层次开发不足。三是生态文旅有待深挖。旅游产品同质化问题仍较突出，文化内涵挖掘不够，娱乐性和参与度不强，难以满足游客多样化需求。

（三）要素保障能力不强

渝东北叠加大库区和大山区，生态环保压力较大，用地、用能、资金、技术、人力等要素瓶颈较为明显。一是要素保障不优。生态保护红线占比高，项目能耗、产业准入、环保要求普遍高于"一区"和毗邻省份，建设用地审批难、周期长，导致项目落地慢、见效难。电力等能源成本平均较周边四川等地高出10%左右，夏季用电高峰期工业用电保障面临较大压力，尤其是7月、8月工商业限电停电情况突出。二是创新支撑不足。专业技术人才集聚不足，装备、新材料行业创新研发人才较为缺乏，加工、装配行业用工荒问题突出。企业融资渠道少，创新研发平台建设、绿色化智能化技术改造、创新创业人才引进培养资金不足，全社会研发投入强度仅0.61%。

三、2023年经济运行环境及展望

（一）国际国内环境分析

国内外环境更趋复杂严峻，不利影响显著增加，经济波动压力仍然较大。国际方面，俄乌持续冲突深刻改变全球政经形势，全球地缘政治争端、产业链供应链安全、能源危机、粮食危机等风险更加凸显，全球经济增长疲弱、通胀高企，滞胀风险不断积聚，加之多国疫情反复，严重干扰世界经济复苏。国际大宗商品价格大幅上涨与能源供应紧张等多重因素导致企业生产经营成本上升，发达经济体和新兴市场普遍面临供应链瓶颈和高通胀压力。全球加息周期与供应链梗阻叠加，进一步加剧大宗商品、资产价格波动，不仅增加系统性风险，还将加大新兴市场资本外流压力，对我国尤其是处于西部地区的渝东北城镇群发展开放型经济形成较大压力。国内方面，党的二十大胜利召开，我国正式全面迈入中国式现代化建设新征程。党的二十大报告作出建设现代化产业体系的决策部署，将着力点放在实体经济上，推动制造业绿色化发展，为渝东北城镇群现代化生态产业体系的构建提供了路径指引。推动绿色发展，促进人与自然和谐共生，发展绿色低碳产业，渝东北城镇群立足资源禀赋优势，将加速产业生态化、生态产业化进程，打造人与自然和谐共生永续发展样板。统筹新型城镇化与乡村振兴，推进以县城为重要载体的城镇化建设，推进"万开云""奉巫巫"等板块协同发展，"中心引领、板块支撑、多点互动"城镇空间格局将加快构建。全方位夯实粮食安全根基，将为渝东北城镇群加强自然灾害防治和粮食安全保障能力建设，发展现代农业、种业提供战略指引。随着长江经济带、新一轮西部大开发、成渝地区双城经济圈建设等国家战略走深走实，经济要素流动更加顺畅，为渝东北城镇群借势增强基础设施支撑能力、深化毗邻地区平台共建与区域合作带来重大机遇。

（二）市内及渝东北城镇群环境分析

全市经济社会发展深受疫情多点散发、水旱灾害频发等叠加影响，面临政府财力不足、民间投资疲软、经济循环不畅、房地产市场低迷等复杂因素挑战增加。随着全市上下完整准确全面贯彻新发展理念，抢抓成渝地区双城经济圈建设、西部陆海新通道建设等重大战略机遇，积极服务和融入新发展格局，把高质量发展要求落实到经济社会发展各层面和全过程，将助企纾困、保民生稳就业等一揽子政策工具用好用足，有助于渝东北城镇群提振市场主体信心与活力，经济运行向好因素持续增多。"一区两群"区域协调发展战略深入实施，渝东北城镇群建设行动进入新阶段掀开新篇章，尤其是郑渝高铁的开通运行，渝西高铁等重大交通建设加快，万州机场开放功能增强，长江黄金水道畅行提能，渝东北城镇群区位条件和发展环境将大幅改善，形成开放新优势，与主城都市区、渝东南、川东北等协作发展更加紧密，对外开放合作不断深化。天然林保护、"两岸青山·千里林带"加快建设，万达开川渝统筹发展示范区有序推进，"万开云"、"三峡库心·长江盆景"、奉巫巫旅游"金三角"等重点功能板块加快建设，抽水蓄能、风电、光伏等清洁能源项目加快布局，"三峡农家""三峡制造"产业加快发展，人才、资金、技术、信息等生产要素持续向渝东北城镇群集聚，绿色发展动力与活力显著增强。

（三）2023年经济运行趋势展望

2023年，渝东北城镇群经济恢复性增长态势将更加明显，但内生动能、经济韧性仍需增强，依托交通条件的改善以及基建、产业投资的发力，通过深入推进产业生态化、生态产业化，深度融入国内国际双循环新发展格局，经济高质量发展良好态势有望进一步巩固。预计2023年，渝东北城镇群GDP同比增长8.5%左右。

四、对策建议

（一）大力推进促投资稳增长

抢抓扩大有效投资"窗口期""政策眼"，进一步强化基建和产业项目投资稳增长。一是有序推进基建投资。积极用好中长期贷款、地方政府专项债、政策性金融工具加大对交通、水利、新基建的支持力度。着力加快万州机场改扩建、新田港二期、巫云开高速、开城高速、明月山环山旅游健康道路等在建项目投资建设进度。开工建设开梁高速、开云高速、小江航道提升、云阳蔡家槽水库、万州大滩口水库（扩建）等一批重大工程，加快完善5G信息网络，提升设施互联水平。二是持续加强产业投资。深化"区群"结对协同，加强与主城都市区产业链对接，积极打造电子信息、特色消费品、生物医药等产业共同体。狠抓产业链招商，精准承接东部沿海百强县产业转移，加强对绿色食品、智能家居、生物医药、新材料等产业布局和项目投资。持续优化项目落地建设全流程服务机制，重点推动一批新型工业化产业项目加快落地、动工、投产。落实落细各级房地产纾困政策，减少新开工及在建项目困扰，引导房企信心恢复，促进房地产市场投资恢复企稳。

（二）大力培育绿色经济新兴增长点

持续助推产业优化升级，加快培育绿色新兴产业，进一步巩固产业兴、业态活、经济稳的发展态势。一是培育壮大现代绿色工业。加强工业园区绿色化智能化改造，提升各类开发区绿色集约、特色发展水平，推动园区数字化转型和企业上云，完善创新支撑体系，依托万州数字经济产业园、垫江高新区等平台，加强"专精特新"小巨人培育。集中力量培育壮大农产品加工及消费品、绿色建材、汽车制造、电子信息、生物医药等特色产业集群，做强"三峡制造"绿色工业。大力发展绿色能源工业，加快丰都、奉节、巫溪等抽水蓄能、光伏产业项目建设，打造全市清洁能源基地。二是加快发展新兴现代服务业。高水平建设"三峡库心·长江盆景"，抓好巫峡·神女、丰都名山等5A级景区创建，推动"大三峡·大巴山"文旅发展，沿江水系景点串珠成链，打造长江三峡国际黄金旅游带，开发"高铁游""航空游""自驾游"等个性化旅游产品。加快发展万州、开州、巫山等地网红经济、夜间经济，培育本土网店网商和特色节会展会品牌，壮大绿色消费、文旅消费。壮大冷链物流、电商物流、供应链物流等物流新业态，大力发展智慧城市、游戏电竞、康养服务等新兴服务业。三是加强农业保供和"接二连三"。持续实施"千年良田"建设工程和种业振兴行动，强化农业科技和装备支撑，保障蔬菜、畜牧等重要农产品供给。推进国家农业现代化示范区建设，谋划建设特色预制菜产业园区，大力发展农业经营主体和新型集体经济组织，壮大三峡柑橘、巫山脆李、奉节脐橙等国家级优势特色产业集群。共育优质稻、生态柚、绿色菜、有机茶等绿色农业，加强城口腊肉、丰都牛肉、三峡茶叶、梁平预制菜等农副产品精深加工，壮大"三峡农家"等品牌。合力发展农村电商、农旅文创，培育乡村旅游消费。

（三）大力提升产业要素保障水平

健全要素前置跟进机制，畅通要素供给渠道，进一步破解资源要素制约瓶颈，扩大有效供给。一是加强产业用地保障。紧扣建设用地紧张、工业用房短缺等堵点难点，强化土地供应协调调度，引导各区县"土地跟着项目走"，加强混合型产业用地供给、标准厂房分割、"标准地"、弹性出让和回购等政策创新，清理和盘活存量用地，推动产业项目快速落地见效。二是协调保障基本生产要素。围绕保障产业项目水、电、气等基本要素，积极拓展电力、燃气等外购渠道，优化企业用电、用水、用气服务机制，进一步降低用能成本。持续完善人才引育、评价激励和人力资源服务机制，加大装备、新材料等产业人才引进，保障加工装配等行业用工，增强招商引资要素保障。三是持续加大助企纾困力度。聚焦企业纾困解难，完善各项减税降费和惠企扶企政策配套，落实落细餐饮、零售、旅游、运输等行业纾困扶持措施。加大企业信贷支持力度，积极拓宽农产品加工等行业融资渠道，精准发力打好超常规政策"组合拳"，贴心做好企业和项目服务"店小二"。

（四）大力推进区域协调绿色发展

持续优化城乡共荣、全域振兴、绿色生态的区域发展格局。一是协调推进新型城镇化和乡村振兴。加强区县城公共服务设施、市政公用设施、环境卫生设施提标扩面，加强老旧小区改造和人居环境综合整治，增强城市发展韧性。大力发展乡村特色产业，壮大村集体经济，推进建设产业强村、文化名村，落实好城口、巫溪"一县一策"重点帮扶政策，坚守不发生规模性返贫底线。二是强化跨区域协同合作。做实万开云同城化的"产业互动圈""便捷交通圈"和"普惠生活圈"，推动奉巫巫"黄金三角"文旅协同发展，共同打好"三峡牌""文化牌""生态牌"。强化跨省协同，大力建设万达开川渝统筹发展示范区、明月山绿色发展示范带等合作平台。三是深入推进全域生态绿色发展。实施好天然林保护、"两岸青山·千里林带"等重大生态工程，加强跨界河流联保共治，保持三峡库区良好水环境，加强区县"三废"治理，积极建设"无废城市"。加强生态产业化，推进巫溪国家储备林碳汇价值试点转换，推动城口、奉节等创建国家生态文明建设示范县和"两山"实践创新基地。

[重庆市综合经济研究院（重庆市经济信息中心）
重庆市推动成渝地区双城经济圈建设研究中心课题组
主研：易小光　丁　瑶　邓兰燕　李　林　王志军
执笔：王志军]

之二：2022年万州区经济运行分析及2023年展望

2022年以来，万州区坚持以习近平新时代中国特色社会主义思想为指导，认真贯彻落实党中央、国务院决策部署和市委、市政府工作要求，高效统筹疫情防控和经济社会发展，全力稳住经济大盘，高质量发展态势持续巩固。

一、2022年万州区经济运行情况

（一）经济运行的主要特征

1. 总体趋势回稳向好

积极应对并努力克服宏观经济环境下行、国内疫情多点散发、高温限电等不利因素影响，凝心聚力抓发展，全区经济承压前行。前三季度，万州区完成地区生产总值816.3亿元，同比增长3.6%，经济运行整体呈现"快速回暖、总体趋稳"态势。

2. 产业发展稳中有进

全面提速构建现代产业体系，谋定形成"5+10"现代工业体系和"4+4+2"现代服务业体系，正在加快谋划现代农业体系，推动产业提质发展。前三季度，产业发展呈现工业快、农业稳、服务业总体稳定的特征。一是工业快速增长。完成工业增加值112.9亿元，同比增长10.6%，规模以上工业增加值同比增长13.7%。实现规模以上工业总产值362.2亿元，同比增长28.8%。先行指标增势较好，工业用电量、用气量分别同比增长25.4%、6.9倍。经开区主战场主阵地作用持续增强，增速快于全区4.5个百分点。金龙电工新能源高端装备线材线缆等40个重点项目开工建设，九龙万博特铝新材料等40个重点项目竣工投产。二是农业增长稳定。完成第一产业增加值79亿元，同比增长4.8%。蔬菜、水果产量分别同比增长3.5%、9.7%，生猪出栏数同比增长10.4%，新建柑橘基地5745亩、规模化中药材基地5000亩，新建及改造茶叶基地3000亩。四川港投50万头生猪、农神集团20万吨生物有机肥厂等项目有序推进。成功举办2022年三峡柑橘国际交易会，带动库区10个区县销售柑橘57.13万吨，交易额24.78亿元。三是服务业总体稳定。完成第三产业增加值494.4亿元，同比增长1.7%，批发业、零售业销售额和住宿业、餐饮业营业额分别同比增长15.1%、8.7%、3.7%、5.8%，金融机构本外币存贷款余额分别同比增长13.7%、5.1%。京东城市旗舰店、鸿鸥广场商业综合体正式开业运营，万达广场智慧城市商业综合体示范试点项目建设完成，商业能级不断提升。

3. 增长动力巩固增强

持续抓好扩大投资、促进消费、精准招商等重点工作，不断增强经济增长动力、夯实经济发展后劲。一是固定资产投资保持稳定增长。前三季度，完成固定资产投资169亿元，同比增长3.6%，其中基础设施投资73.5亿元，同比增长22.2%；工业投资47.2亿元，同比增长6.8%；建安投资121.7亿元，同比增长14.3%。二是消费逐步回暖。前三季度，主要消费商品中，金银珠宝等三类消费品保持两位数增长，新能源汽车消费增长1.2倍。成功开展"2022嗨购万州云上年货节""6.18电商年货节"等消费促进活动14场，有效激发各类群体消费需求。三是招商引资有力推进。前三季度，组织开展重大招商和推介活动15次，储备在谈项目118个，成功签约大唐集团万州新能源等重点招商引资项目44个，总投资131.9亿元，到位资金53.7亿元，动态投资转化率40.7%。27个招商引资项目开工建设，落地开工率57.1%。

（二）存在的问题

一是房地产业建筑业承压。前三季度，商品房销售面积和土地市场成交量同比均大幅下降。本地建筑业承接项目偏少，承接本地总包项目、本地分包专业工程、本地分包施工劳务合同价占比仅分别为22.8%、4.3%、2.9%，本地企业承接区外项目合同总价同比下降12.2%。

二是工业持续快速增长后劲不足。受市场需求转弱、高温限电等多重因素影响，建材行业、汽车制造业承压下行，多家企业订单丢失或转移。拟实施的大项目储备不足，缺乏新的重要增长点，对后续工业投资增长、产值释放带来不利影响。

三是财政收支平衡压力较大。经济下行叠加减税降费，财政收入增长放缓；生产要素价格上涨，企业增值盈利能力普遍较弱，增值税和所得税同比均下降。前三季度，万州区一般公共预算收入同比下降8.3%，其中税收收入同比下降13.7%；一般公共预算收支缺口较大。

（三）2022年经济形势

当前，国际形势复杂多变，世界经济复苏乏力，加之新冠肺炎疫情多点散发，全区经济将会持续受到外部环境的递进传导影响。为有效应对经济运行中超预期、不确定性因素带来的冲击，万州区将加强经济运行调度，精准落实好助企纾困等稳经济措施，提升现代产业发展质效，全力稳固经济运行向好势头。

二、2023年经济运行环境分析及因素分析

2023年，经济形势愈加严峻复杂，不利环境与有利条件交织并存。从不利方面来看，全球经济增长滞缓加大叠加金融政策持续收紧，一些国家经济衰退风险加剧。粮食、能源、天然气等大宗商品价格分化回调，全球通胀居高不下。全球格局持续演变，国际供应链在调整中面临新的风险。国内疫情反复，消费和民间投资较为疲软，经济面临较大下行压力。部分国际机构已下调中国经济增速预期，IMF预计2023年中国经济增长率为4.4%。从有利方面来看，我国经济韧性强、潜力大、活力足，长期向好的基本面没有改变，经济增长仍具有多方面优势和良好条件，特别是稳经济系列政策措施效应持续显现、红利持续释放，将会给经济预期引导、市场信心提振、经济恢复发展带来利好。随着万州区现代产业体系提速构建，支持服务业高质量发展等措施落地显效，优化营商环境工作深入推进，一批重大项目投产放量，发展目标将更加聚焦、发展路径将更加明晰、发展后劲将更加充足，预计经济回稳向好态势将进一步筑牢。

三、2023年趋势展望

2023年，万州区将深入贯彻落实党的二十大精神，全面落实市委、市政府决策部署，严格按照"疫情要防住、经济要稳住、发展要安全"的要求，高效统筹疫情防控和经济发展，扎实抓好各项工作，奋力推动经济高质量发展。

（一）加快建设现代产业体系，夯实经济发展支撑

一是促进工业转型升级。深耕"5+10"现代工业体系精准发力，高效运转"链长制"，围绕先进材料、食品加工、装备制造等5个重点产业延链、补链、强链，加快构建产业成链、企业成群的发展格局。开工建设九龙万博特铝新材料技改扩能等项目，竣工投产平湖金龙新能源高端装备线材线缆等项目。接续实施制造业智能化改造，支持企业生产设备数字化改造、生产线关键环节智能化改造等；加快推进企业绿色升级，指导企业申报市级绿色工厂。力争2023年新培育市级"专精特新"中小企业15户、国家专精特新"小巨人"企业2户、市级企业技术中心2家、市级绿色工厂2户及以上。

二是提升农业发展质效。加快构建现代农业产业体系，促进农业稳产增产、农产品优质优价、农民持续增收，建设全市农业强区。推动农业"接二连三"发展，初加工和精深加工双向发力，做优做强特色柑橘、优质水果、高山茶叶、道地药材、生态生猪等特色优势产业，建成投产四川港投50万头生猪生态养殖项目、四川德康50万吨饲料厂等。推动农业品质提升，积极创建市级以上农业品牌、农产品地理标志等，力争"两品一标"认证数量稳定在120个左右、新增巴味渝珍授权产品10个以上和重庆名牌农产品3个以上，持续办好2023年三峡柑橘国际交易会、"三峡天丛"茶叶品牌推介会等。推动农业循环清洁生产，以实施有机肥替代化肥为抓手，打通"种植+养殖"循环通道，大力推广"生态猪+经果林""稻渔综合种养"等生态种养模式，实现投入品减量化、农业废弃物资源化，有效治理农业面源污染。

三是推动服务业提档升级。聚焦"4+4+2"现代服务业产业体系，着力推动传统服务业现代化转型升级，加快培育发展新兴服务业态。有序推进区域消费中心城市建设试点，推动特色街区提档升级，培育打造一批商旅文融合发展示范街区。持续推进县域商业建设行动，加快实施电子商务进农村综合示范区（升级版）创建项目。开展消费促进活动，举办汽车消费展、三峡美食文化节暨万州烤鱼节等展会活动。抢抓巴蜀文化旅游走廊建设机遇，推进小桔灯生态文化旅游区启动试营业，做好天生城文旅街区宣传推介，有序筹备三峡国际旅游节、世界大河歌会等重大文旅活动，稳步推动旅游行业复苏。

（二）持续扩大有效投资，增添经济发展动力

一是做好重大项目储备。聚焦国家重大战略部署，紧盯政策导向，围绕"一区一枢纽两中心"、构建现代产业体系等重点任务，以及科技创新、民生改善、环境保护、绿色发展等重点领域，超前谋划一批打基础、利长远、增后劲的大项目、好项目。

二是用好投融资工具。跟踪推动"市级金融机构万州行"重点项目、重点企业、普惠领域资金落地落实，组建服务企业工作专班，推动金融更好地服务实体经济发展。常态化开展政银企对接，帮助解决投融资问题，协调金融机构大力支持中长期贷款、设备购置与更新改造贴息贷款项目，确保形成更多实物工作量。加快投融资模式创新，探索实施生态产业化EOD项目试点、REITs基金试点。

三是精准开展招商引资。对重点在谈项目一对一跟踪、一对一对接，推动跟踪在谈的重大项目早日落地签约。接续筹备办好"全国知名民企万州行"等活动，对接国内外知名企业，争取落地一批项目。围绕现代产业体系"链长制"建设，抓招商、促协同，深化对口支援省市、鲁渝产业协作、"一区两群"协同发展合作，积极承接产业转移。

（三）不断深化开放合作，拓宽经济发展空间

一是建设开放平台，培育壮大外向型经济。加快推进T1国际航站楼改建及口岸基础设施等项目建设，提速实施万州机场国际航线培育、水运口岸功能完善、推动新田港创建生产服务型国家物流枢纽等事项，加快中国（重庆）自贸试验区联动创新区建设，不断提升对外开放平台，放大区域性开放优势。培育发展外向型经济，积极争取跨境贸易便利化配套政策，鼓励骨干企业加快转型升级，培育自有品牌，

提高国际竞争力；注重"外资""外贸""外经"三外联动发展，突出外向型大项目招商引资；组织本地企业参加西洽会、进博会、广交会、消博会等大型展会，扩展国际合作业务；努力培育加工贸易、保税贸易、跨境电商等新兴业态。

二是推进区域合作，提升产业协同发展水平。提质建设产业园区，推动两江新区数字产业园万州园、万州（两江）绿色制造赋能中心等4个"飞地园区"运营显效。充实产业发展资金，加快推动组建万开云投资集团、全市首支结对区县产业合作基金、万开云同城化基金等。推动产业合作配套，鼓励支持本区企业深化与两江新区、开州区、云阳县、达州市等地企业业务合作。

（四）优化营商环境，激发经济发展活力

一是简政放权、提升服务。加快推进政务服务中心迁建项目，加快实现政务服务事项"应进必进、一门服务"。深入实施"一网通办、一窗通办"，推动具备网上办理条件的政务服务事项配置网上办理流程、提高全程网办比例。探索工程建设项目联合验收、"不动产登记+水电气"联合过户、"签约即供地""拿证即开工"等举措，推进"减环节、减时间、减材料、减跑动""四减"，提升审批效能。

二是创新模式、靠前服务。响应企业、群众呼声，打造周六"不打烊"服务，实行"5+1"工作制，设置24小时便民自助服务区，实现高频服务窗口周六"不打烊"、高频服务事项"7×24"小时自助服务。推行"帮办代办"服务，设立服务咨询区和帮办代办区，有效解决企业办事过程中"门不清、路不熟、来回跑"等问题。

三是助企纾困、贴心服务。积极争取四川水电等低价电，完善天然气上下游价格联动机制，吸纳社会资本参与城乡供水设施建设，切实降低企业生产成本。探索建立企业纾困"资金池"，解决企业融资困难。跟踪落实好稳经济一揽子政策和接续措施，加强对市场主体的政策扶持。

（五）增进民生福祉，提升经济发展温度

一是稳就业、促增收。多渠道多方式促进创业就业，保障高校毕业生、农民工、退役军人、困难群众等重点群体就业，扎实做好技能培育等工作。拓展居民增收渠道，稳步推动共同富裕工作。

二是稳价格、保供给。加大价格监管力度，切实做好市场稳价工作，保障重要民生商品市场价格运行平稳。着力抓好粮油增量保供工作，加快生猪产能释放，守护好百姓的米袋子、菜篮子、肉盘子。

三是优服务、强保障。持续推动教育均衡发展、医疗服务水平提升、文化体育事业繁荣，加快推进三峡公共卫生应急医院等项目建设。持续提升社会保障能力，完善社会救助和福利体系，统筹做好助残、救孤、济困、优抚等工作。严格落实"房住不炒"要求，促进房地产业良性循环和健康发展。

（六）防风险保安全，强化经济发展保障

高效统筹疫情防控和经济社会发展。按照国家和市委、市政府决策部署，更加精准有效地抓好防控工作。持续推进重大风险防范化解工作，精准防范经济领域风险，牢牢守住不发生区域性、系统性风险底线。全面压实安全责任，扎实推进安全生产工作，深入开展交通运输、森林防火等重点领域隐患排查整治，确保社会大局稳定，为经济发展营造良好环境。

四、政策调控措施建议

（一）优化产业项目布局

受制于区位、交通、财力等因素，"两群"区县引育绿色产业项目面临较多困难。建议优化全市产业项目布局，将政府主导且符合产业绿色发展要求的市级重大产业项目更多向"两群"地区倾斜布局。

（二）优化创新平台布局

全市创新资源等主要集中于主城都市区,"两群"区县缺少高能级创新平台,科技创新能力较弱,对产业发展贡献度较低。建议引导更多创新资源向"两群"地区集聚,进一步优化完善创新平台布局,支持万州经开区提档升位并创建市级高新区。

（三）提升产业绿色发展水平

重庆地处长江上游,肩负经济发展与生态保护双重重任,加快提升产业绿色发展水平、构建绿色低碳循环发展经济体系较为迫切。建议积极探索生态优先绿色发展新路子,加大对传统产业绿色化改造、新兴绿色产业培育发展支持力度;鼓励林业碳汇开发、碳排放权交易等试点,畅通生态资源指标产权交易渠道;探索推行生态产业化EOD项目试点、生态环保领域REITs模式,创新生态资源开发投融资模式;大力推动绿色金融发展,提升金融服务产业绿色发展能力。

[万州区发展和改革委员会　张大兵　黎　璐　陈俊伶]

之三：2022年开州区经济运行分析及2023年展望

2022年，开州区按照"疫情要防住、经济要稳住、发展要安全"的总体要求，高效统筹疫情防控和经济社会发展，大力实施稳经济一揽子政策措施，有效应对超预期因素影响，全区经济运行基本稳定，保持质的有效提升和量的合理增长。1—9月，地区生产总值实现452.6亿元，同比增长4.2%，增速排名全市第八位、渝东北第三位。预计全年地区生产总值增长4.5%左右。

一、2022年开州区经济运行分析

（一）主要特征

1. "三情"处置应对稳妥

一是疫情防控科学精准。疫情发生后，全区应急指挥体系迅速实现平急转换，区委、区政府主要领导亲自调度、统筹指挥、一线督战，成立疫情防控前线指挥部，下设"一办九组"，采取坚决果断、过硬管用措施，做到人员排查快、核酸检测快、隔离管控快，高效处置本土疫情4起，未发生社会面传播，用最小成本实现最好防控效果。目前，全区储备集中隔离点55个、隔离房间7228间，累计接种新冠疫苗248.7万剂次。二是抗旱应急措施得力。面对极端高温天气，区委、区政府主要领导多次召开高温天气防范应对专题会，及时研究部署抗旱工作。全区党员干部群众全力以赴战高温、抗旱情，做好人畜饮水、作物保收、事故防控等重点工作，应急送水1.8万立方米，持续解决20余万人次、10万余头次牲畜饮水困难，实施农作物保险面积60万亩。三是森林火灾处置及时。科学高效应对"8·20""8·21"森林火灾，及时发布总林长令，按照安全第一、专业施救、统一指挥原则，科学配备火灾扑救力量，干群万众一心及时扑灭火情。分组分片对火场全覆盖清理、全天候蹲守，做到大雨气温不降、蹲守队伍不散，有效防止死灰复燃。

2. 经济大盘基本稳定

一是措施推进有力。对标对表国家33条和重庆市90条稳经济大盘政策及接续措施，细化分解形成全区稳经济大盘政策100条及接续措施60条，印发《抓好当前经济工作若干政策》等配套措施，公开发布助企纾困政策包38条，开展政策宣讲30余次，妥善处理市场主体问题81个。二是政策落地有效。紧盯全国稳经济大盘释放的财政金融政策12万亿元，争取到位81.24亿元，其中获批中央预算内项目资金6.2亿元，创开州区中央预算内投资补助历史最高纪录；发行专项债券17.4亿元、一般债券2.3亿元；争取中长期贷款9.55亿元、设备更新改造贷款贴息9.24亿元。跳蹬水库获批全市首批政策性开发性金融工具5.25亿元，办理留抵退税1.8亿元，政策落实落地总体情况良好。三是市场主体增长。打造高效市场准入环境，落实开办企业"四个一"，推广"E企办"，实现"一个窗口全办结"，新增市场主体1万户，总量达到9.9万户，排名全市第13位、渝东北第3位。新增"四上"主体13户。四是就业形势向好。就业结构趋于合理、就业质量稳步提升、就业形势总体平稳，全区城镇新增就业1万人，完成全年目标的147.8%。离校未就业高校毕业生就业率达73.1%，比全市高14.1个百分点。发放创业担保贷款2.2亿元，扶持创业1313人，带动就业3979人。

3. 三次产业发展稳固

一是第一产业基础牢固。全力克服高温干旱等不利影响，实现农业增加值65.1亿元，同比增长5.6%。种植业生产扩面稳产，完成粮食播种面积173万亩，同比增长1.1%；粮食产量56.46万吨，同比下降3%。畜牧业生产持续恢复，出栏生猪86万头，同比增长12.78%，建成稻渔综合种养示范基地1000亩。鲁渝（寿光）现代蔬菜产业园落地开州，获批创建"市级农业科技现代化先行区"，江里现代柑橘产业园获评"市级现代农业产业园"。二是第二产业负重前行。尽管全力化解供电压减等不利影响，工业增加值仍下降1.9%，规模以上工业增加值下降2.3%。受新冠肺炎疫情和电力缺口影响，能源建材、食品医药、电子信息、装备制造四大主导产业产值分别同比下降25.2%、12.4%、30.5%、23.1%。工业用电4.04亿千瓦·时，同比增长10.9%；工业用气3230.6万立方米，同比下降3.3%。龙头企业"顶梁柱"作用初显，紫建电子成为渝东北首家本土上市企业，德凯实业正在开展上市准备工作。招商引资取得一定成效，引进工业项目35个，协议投资222.9亿元。建筑业总产值达到336.5亿元，同比增长15%。三是第三产业稳中有升。有效应对疫情冲击，实现服务业增加值215.7亿元，同比增长5.2%。西部汽贸城等商业主体繁荣活跃，区域消费中心城市建设试点启动建设。"百万开奖·千店让利"促进消费回补和潜力释放，拉动消费近40亿元。开展"云推广"等线上促销活动，网络零售额15.9亿元，同比增长19%。成功举办房交会，签约商品房958套，1—9月商品房销售面积98.7万平方米，同比增长6%。文旅市场有序恢复，举办"逍遥开州乐满城"等主题活动，汉丰湖入选国家文旅部113条乡村旅游精品线路景点，全区接待游客882.9万人次，实现旅游综合收入63.7亿元。

4. 有效投资持续稳增

一是固定资产投资稳定增长。全区固定资产投资157.8亿元，同比增长9.4%，其中工业投资43.9亿元，同比增长13%；房地产开发投资35.6亿元，同比下降2.6%；建安投资132亿元，同比增长19%；民间投资82.3亿元，同比增长0.1%；基础设施建设投资57.3亿元，同比增长18.8%。二是项目有力牵引。市级重大建设项目开复工9个，完成投资25.9亿元；区级重点建设项目开复工177个，完成投资91.9亿元；"五个一批"重大项目开复工53个，完成投资68.6亿元。渝西高铁初设获批，成达万高铁启动征地拆迁；开城高速开州谭家至城口鸡鸣段正式通车，已完成总工程量的99%；巫云开高速进入全面快速建设阶段，万达直线高速顺利开工，开梁高速正在开展施工图设计。

5. 财税金融运行稳健

一是财税总体平稳。一般公共预算收入完成21亿元，同比增长4.9%（扣除留抵退税后增长7.9%），居全市第八位、渝东北第三位，其中税收收入8.6亿元，同比下降25.6%（扣除留抵退税后下降19.6%）；一般非税收入12.4亿元，同比增长46.6%。政府性基金预算收入完成4.2亿元。一般公共预算支出59.1亿元，同比增长0.9%，"三保"底线兜牢兜实；政府性基金预算支出完成22.7亿元，同比增长27.1%。二是金融保障有力。金融机构各项存贷款余额1381.8亿元，同比增长8.4%，其中存款余额906.6亿元，同比增长10.3%；贷款余额475.3亿元，同比增长5%，存贷比为52.4%。发放中小微企业贷款30亿元、三大区属国有集团公司客户类贷款30亿元、支农支小再贷款15.5亿元、农业龙头企业和合作社贷款2.5亿元，涉农贷款余额达到174.4亿元。全区完成保险保费收入16.7亿元，同比增长3.8%；证券交易量272.2亿元，同比增长22.5%；融资担保公司在保余额2.5亿元。

6. 民生保障更加稳实

一是教育事业再上台阶。教育硬件设施进一步改善，建成投用盛景小学等学校5所，改扩建农村学校校舍及校园环境128所。学前教育普惠水平进一步提升，普惠性幼儿园覆盖率达96.4%，公办在园幼儿占比52%。"双减"实效作用进一步发挥，2项校外培训机构专项治理经验做法被教育部宣传报道。二是医疗服务再次提升。医疗设施着力改善，区人民医院感染科改建、区疾病预防控制中心流程改造工程完工，2个基层医疗机构能力提升项目开工，公共卫生健康系统应急指挥平台启动建设。完善120调度指挥中心和120调度指挥信息系统运行机制，呼救电话10秒接听率、3分钟出车率达98%以上。三是社会救助再加力度。坚持保民生兜底线，城乡低保救助2.78万户，2.27亿元，供养特困人员1.13万人，9470万元；救助临时困难群众2629户次，1039万元，"惠民济困保"承保7.67万人。精准落实残疾人"两项补贴"，为全区2.28万名残疾人发放"两项补贴"1936万元。开展"夏季送清凉""冬季送温暖"等专项救助行动，救助流浪乞讨人员121人次。

（二）存在的问题

1. 工业经济下行突出

一是受新冠肺炎疫情影响，产业链、供应链、销售链稳定性减弱，企业原料供应、产品销售、物流运行、招工用工遭受不同程度影响。二是受电力缺口影响，企业生产用电无法完全保障，尤其是8月，343家工业企业连续23天受到用电管控，产能利用率不足40%，订单无法及时交付，部分企业自购或租用发电设备导致成本大幅提高，拉低全产值约25亿元，工业税收减少约3000万元。三是原料、用工、用能、物流等成本上涨，企业利润空间进一步收窄，以水电气价格为例，开州企业用电0.67元/度、用水3.45元/吨、用气2.19元/立方米，高于周边地区（达州电价0.55元/度、水价1.75元/吨，宣汉气价低至1.45元/立方米）。四是面对多重压力，全区164家在库工业企业中，32家企业停产零报、11家企业年度营业收入可能无法达标面临出库风险。

2. 财政减收增支扩大

一是受大规模减税退税、房地产开发极不景气等因素影响，1—9月税收收入8.6亿元，同比下降25.6%。作为税收支柱的房地产业、建筑业、金融业、采矿业、"水电气"的生产及供应业税收分别同比下降52%、19.1%、14%、22.3%、20.5%，同比减收3.5亿元，拉低税收增幅17.1个百分点。二是由于全国土地市场低迷，呈现收缩势头，严重影响万州区土地市场，房企拿地意愿不强，1—9月仍无商住用地出让，土地出让收入仅有3.1亿元，同比下降79.6%。三是由于津补贴清理规范、工资普调、基本民生政策提标以及其他新增支出需求，"三保"压力前所未有。

3. 市场主体预期偏弱

由于国际形势更趋复杂、宏观经济持续下行，导致内需不足、信心不足、预期不稳，企业对外投资持谨慎观望态度，投资意愿降低。中小微企业、个体工商户普遍面临市场需求持续不振、现金流不足、还本付息压力较大等突出问题，企业库存处在历史高位，投资扩产积极性不高。中小微企业对未来因疫情局部暴发再次导致企业关停、物流受阻较为担忧。前三季度民间投资完成82.3亿元，仅增长0.1%，增速大幅回落并不断扩大（第一季度增长39%，上半年增长11.9%，前三季度仅增长0.1%）。

（三）全年预测

预计地区生产总值增长4.7%，第一产业增长5.6%，第二产业增长3.7%、其中工业增长1%，第三产业增长5.3%，固定资产投资增长12%，商品房销售面积增长6%，社会消费品零售总额增长3%，一般公共预算收入增长2%，其中税收收入下降25%，金融机构存贷款余额增长8.5%，居民人均可支配收入增长8.5%。

二、2023年经济运行的环境及因素分析

2023年，世界百年未有之大变局加速演进，世界之变、时代之变、历史之变的特征更加明显，外部环境更趋复杂严峻，经济下行压力更加突出。但随着党的二十大胜利召开，作出高质量发展部署，为开州指明了方向和目标，将着力提升产业链供应链韧性和安全水平，着力推进城乡融合和区域协调发展，推动经济实现质的有效提升和量的合理增长。同时，万达开川渝统筹发展示范区建设、渝东北三峡库区城镇群建设、万开云同城化发展"三大发展机遇"在开州叠加，政策利好、投资利好、项目利好进一步显现，市级高新区带来更优的营商环境和区位优势，发展机遇更加宽广。

三、2023年趋势展望及主要指标预测

（一）狠抓2023年重点工作

一是全力以赴抓调度稳大盘。做好支撑指标测算，加强监测分析和统筹调度，确保实现预期目标。树牢"过紧日子"思想，从严管理项目支出；支持培育新税源，确保税收应收尽收，全力兜牢"三保"底线。精细化落实稳住经济一揽子政策和接续措施，千方百计保项目、争项目、落项目，在解决"缺钱""找钱"问题后，用好稳经济大盘资金。

二是开足马力抓产业稳增长。壮大特色水果等4个产业集群，加快创建市级、百亿级农产品加工示范园区。积极推动华姆机械船舶零部件制造等项目落地开建、东耀塑胶制品等项目投产放量、智海饲料等项目达产达效。加快建设三品冷链物流市场，扎实推进国家电商进农村综合示范工作。提升旅游景区、旅游饭店、乡村民宿服务水平，大力发展乡村旅游产业。

三是坚定不移抓项目稳投资。充分发挥区重大项目服务中心统筹作用，聚焦"中央预算内资金+政策性开发性金融工具+专项债+制造业中长期贷款+设备更新贷款贴息"等有效投资重点领域，依托重大项目管理服务"九大机制"，推动各领域各行业重大项目尽快投资放量。及时研究中央出台的投融资政策，抢抓"窗口期""时间差"，积极谋划各领域符合政策投向的项目。

四是千方百计抓消费稳市场。提质升级核心商圈，增强东西部等新兴商圈活力。挖掘"百年美味"地方特色美食文化，评选一批名店、名菜、名小吃，做响"开味开州"区域公共品牌。开展线上线下结合、城乡区域联动的促销活动，全面释放消费潜力。打造"网上餐厅""网上超市""直播经济"等新业态新模式。培育一批特色农事、采摘、野炊等乡村体验项目，丰富乡村旅游产品。

五是不遗余力抓招商稳主体。坚持把发展经济的着力点放在实体经济上，聚焦主导产业，招商引进一批主导产业契合度高、科技创新动力强、社会经济贡献大的优质项目。积极解决项目洽谈、签约落地、开工建设、投产达产过程中的具体问题，有效促进签约项目早落地、落地项目早开工、开工项目早投产，切实提高项目开工率、投产率。

六是坚持不懈抓安全稳发展。统筹发展和安全，全力稳住经济大盘，有效维护社会稳定。大力开展安全生产大检查，严防重特大事故发生。加强金融风险源头防范，着力防范化解早期非法集资风险隐患，稳妥有序化解存量风险。

（二）主要指标预测

预计地区生产总值增长6%，第一产业增长6%；第二产业增长6.5%，其中工业增长7.5%；第三产

业增长5%；固定资产投资增长8%；商品房销售面积增长5%；社会消费品零售总额增长5%；一般公共预算收入增长3%，其中税收收入增长2%；金融机构存贷款余额增长8.5%；居民人均可支配收入增长9%。

四、政策调控措施建议

党的二十大报告指出"坚持把发展经济的着力点放在实体经济上"，建议市上加强政策调控，大力支持实体经济发展。在贯彻落实国家稳经济一揽子政策措施基础上，出台更多减税降费措施，强力推进三峡电入渝降电价、"欠费不停供"保障、"专精特新"贷款等政策。恢复执行困难企业社保优惠政策（企业社保缴费基数从上年2800元人/月上涨为3699元人/月，用工成本平均增加30%），着力降低企业用工成本。推动银行健全"敢贷、愿贷、能贷"的考核激励机制，通过政府性融资担保降低企业融资成本。进一步优化营商环境，加大助企纾困力度，延长企业中长期贷款、设备更新贴息期限等。

[开州区发展和改革委员会　侯大平　邓江弘]

之四：2022年梁平区经济运行分析及2023年展望

2022年，梁平区深入学习贯彻党的二十大精神，认真贯彻落实党中央、国务院决策部署，积极贯彻市委、市政府工作部署，坚持全面落实"疫情要防住、经济要稳住、发展要安全"的要求，高效统筹疫情防控和经济社会发展，统筹发展和安全，把稳增长放在更加突出的位置，进一步加大宏观政策实施力度，加力落实稳经济一揽子政策措施和接续政策措施，全区经济顶住压力持续恢复，前三季度实现GDP绝对额403.4亿元，同比增长3.8%，较全国、全市分别高0.8个、0.7个百分点，全区经济呈承压前行、加快恢复、稳中有进、趋势向好的态势。

一、2022年梁平区经济运行分析

（一）2022年经济运行总体情况

1. 从生产供给看，三次产业稳定增长，发展基础不断夯实

农业生产总体平稳，全区实现第一产业增加值37亿元，同比增长5.1%，列全市第五位、渝东北第四位，较全国、全市分别高0.9个、1.4个百分点。粮食生产稳中有升，夏粮播种面积、产量分别达15.5万亩、2.7万吨，分别同比增长0.4%、2.8%。生猪存、出栏保持增长，分别达43.6万头、18.9万头，分别同比增长10.9%、22.8%。工业经济保持增长，全区实现工业增加值129.6亿元，同比增长2.6%，规模以上工业增加值同比增长3.3%。主导产业支撑有力，集成电路、食品加工、新材料三大产业分别实现产值32.6亿元、48.6亿元、42.6亿元，分别同比增长6%、15%、4.3%。重点企业加快发展，奇爽食品、巨源不锈钢产值分别同比增长15.2%、23.6%。工业质效持续提升，实现规模以上工业营业收入221亿元，同比增长9.9%，营业收入利润率达7%。服务业持续恢复，实现第三产业增加值168.6亿元，同比增长4%，列全市第七位、渝东北第三位，较全国、全市分别高1.7个、1.5个百分点。策划实施首届明月山生态旅游文化节系列活动，拉动接待海内外游客984.7万人次，实现旅游综合收入61.4亿元，分别同比增长37.9%、52.4%。金融信贷稳健运行，全区存款余额576.8亿元，同比增长13%，贷款余额309.5亿元，同比增长9.3%，存贷比优化至53.7%。

2. 从市场需求看，投资、消费齐头并进，发展动力不断增强

投资放量持续增长，实现固定资产投资增长6.8%，较全国、全市分别高0.9个、3.5个百分点。其中，工业投资同比增长20.5%，较全国、全市分别高9.4个、11个百分点；基础设施投资同比增长12.6%，较全市高4.6个百分点。组建专班大力实施重大项目百日攻坚行动，市、区级重大建设项目分别开工10个、102个，累计完成投资141亿元，投资完成率超70%，较上年同期提高11个百分点。消费市场逐步回暖，实现社会商品零售总额同比增长2.8%，环比提高0.3个百分点，较全国、全市分别高2.1个、1.3个百分点。加快推动促进消费系列政策措施落地落细，持续开展2000万消费券发放活动，全面落实汽车、家电等大宗商品补贴政策，市场销售进一步恢复。批发零售业、住宿餐饮业分别同比增长

2.8%、2.6%,线上消费同比增长23.7%,日用品、粮油食品、家用电器和音像器材三大主要消费品类分别同比增长31.2%、13.4%、33.7%。

3. 从发展动能看,营商环境、科技创新持续显效,招商引资、向上争资成效较好

营商环境不断优化,加快落实稳经济一揽子政策和接续政策措施,全区新增市场主体7552户,同比增长10.8%,推动全区市场主体达7.2万户。积极落实留抵退税等系列政策,实现留抵退税1.3亿元,实现制造业缓交税款5696万元。减免服务业领域企业税收约1300万元,为516户租户减免区属国有企业房租约433万元,为899家企业发放稳岗返还资金563.6万元。科技创新支撑有力,新增10家市级科技型企业,累计达255家,即将新增高新技术企业35家,累计将达116家。高新区获批中国产学研合作创新示范基地,都梁科技被认定为国家级科技企业孵化器。向上争资、招商引资成效较好,获得上级资金34.3亿元,发行地方政府专项债51.3亿元。获批政策性基金额度2.6亿元,预计将分别获得制造业中长期贷款、设备购置与更新改造贴息贷款3.9亿元、3.27亿元。城投集团、高新集团即将发行企业债28亿元。协议引进重点招商项目136个、435.6亿元,同比增长83.7%;其中,工业项目119个、393.3亿元,三大主导产业类项目78个、279.1亿元。

4. 从发展实惠看,就业保持稳定,居民收入增速跑赢经济增速,安全底线牢固

民生支出持续增长。实现一般公共预算收入17.7亿元,同比增长2.2%,环比提高11.6个百分点。其中,税收收入9.2亿元,同比增长-4.2%,环比提高24.5个百分点。全区财政支出93亿元,同比增长52.2%。其中民生支出39.5亿元,同比增长3.9%。就业形势基本稳定。实现城镇新增就业4497人,完成全年目标的99.93%。实现城镇登记失业人员就业2619人,城镇登记失业率控制在4%以内。居民收入增长较快。全区居民人均可支配收入26274元,同比增长9.6%,较全国、全市高6.4个、3.1个百分点,排全市第12位、渝东北第5位。疫情防控抓实抓细。探索"三字"工作法抓好疫情防控,成功处置突发涉疫事件7起。安全形势总体稳定,全区事故数量、死亡人数同比下降20%、42%,组织扑救森林火情106起,无森林火灾、自然灾害亡人事故。非煤矿山、危化、消防、农业机械、烟花爆竹等行业实现"零死亡"。

(二)需要关注的问题

一是工业增长动力不足。企业生存空间仍受挤压,原材料成本持续上涨,不锈钢较年初上涨20%,企业常用包材上涨10%,蛋白粉、辅料食用油等上涨近30%。全区工业生产者购进价格涨幅仍然高于出厂价格涨幅,"高进低出"剪刀差持续扩大到9个百分点。中美芯片博弈以及产业链供应链运行不畅影响平伟等企业芯片供应,8月的高温限电对海螺水泥等用电大户影响较大。工业项目储备不足,纳入统计项目库的工业项目90个,剩余投资仅28.6亿元。二是服务业恢复进程不及预期。日常消费复苏偏慢,疫情影响仍在持续,与百姓吃、穿、用等生活密切相关的基础消费仍未恢复正常水平,群众消费意愿与市场预期还有较大差距,全区186户限额以上商贸企业中仍有31户销售额(营业额)呈负增长,占比为16.7%。房地产市场持续偏冷,商品房成交金额、预售面积分别较上年同期下滑20%、50%,房地产开发投资增速为-27.7%,较1—6月下降17.8个百分点,较上年同期下降42.8个百分点。

(三)主要经济指标全年预测

初步判断,梁平区全年GDP增长5%左右,固定资产投资增长10%左右,社会消费品零售总额增长3%左右,规模以上工业增加值增长6%左右,一般公共预算收入增长3%左右,税收增长7%左右。

二、2023年重点工作

（一）全力保障农业生产经营，促进农业稳产增产

加强粮食种植管理，持续做好种子、化肥、农药等农资调运储备，推动各类惠农政策和补贴资金落实到位，确保完成全年粮食播种任务，坚决守好国家粮食安全底线。稳步推进国家农业现代化示范区、国家农业科技园区、梁平开江川渝合作现代高效特色农业示范园、市级粮油产业园等项目建设。力争第四季度开工建设国家级粮食物流园。抓好蔬菜、油菜、马铃薯等扩种生产，提档升级双桂·金带·和林·云龙·荫平等5个万亩级蔬菜产业带。

（二）全力稳定工业生产，促进工业健康运行

抓招商引资做大增量，以打造中国西部预制菜之都为目标，紧盯行业全国前10头部企业、前50知名企业，力争广利来、恒兴、智厨娘、味园食品、渝香梅等重点企业年内落地投产达效，围绕冷链物流、辐照消杀、直播营销、金融服务等配套功能全力强链补链。抓技改扩能做大存量，引导上口佳、真本味、天戈陶瓷、宝盟汽车科技等现有企业扩产扩能，推动企业完成智能化改造项目23个以上，力争技改项目占工业投资比重达30%以上。全力推进海螺绿色低碳循环经济产业园等项目落地。加快高新区集成电路产业园以及以国际食材分拨平台、辐照中心为重点的预制菜九大平台等基础设施建设。

（三）全力扩大有效投资，促进投资稳定增长

持续开展抓项目稳投资专项行动，抓住当前项目施工建设的"黄金期"，接续实施重大项目百日攻坚行动，推动一环路南段、知德中学等一批牵引性项目实质性开工并放量。持续优化重大项目管理，进一步规范政府投资项目全生命周期管理，提高政府投资有效性。加快出台2023年市区级重大项目清单，统筹调度项目立项选址、可研、初设、概算、施设、招标等前期工作节点，提早做深做实项目前期工作。加快推动梁平双桂新城EOD片区开发和高新区基础设施PPP等项目前期工作，吸引社会资本积极参与项目建设，缓解2023年筹资压力。加快土地出让节奏，探索土地成片出让，提供成规模的优质"熟地"，推动已供地项目加快开工，着力培育新的投资增长点。

（四）全力推动服务业提质增效，促进消费潜力有效释放

落细落实促进消费恢复发展若干政策措施，充分发挥消费券撬动居民消费的杠杆作用，推动市场消费回补和潜力释放。持续组织开展系列消费活动，推动汽车、家电等大宗消费企稳回升。加快百里竹海国家级旅游度假区创建，围绕"旅游+""+旅游"，着力推进旅游产业化，办好游博会等重要活动。持续抓好房地产业优惠政策和住房消费补贴优惠政策落实，进一步推动房地产市场恢复性增长。

（五）全力培育"四上"企业，促进市场活力持续提升

全面落实全区稳住经济大盘的各项政策措施，打好政策利好"组合拳"，优化精准服务保障，让市场主体"青山常在"。谋划实施"四上"企业壮苗行动，加快形成储备一批、培育一批、成长一批的企业发展良性循环机制。持续推进营商环境水电气市政接入工程涉及行政审批在线并联办理、进一步优化工程建设联合验收、电子招投标全流程电子化改革等11个方面重点改革任务，努力形成具有梁平特色的典型经验。充分利用好制造业中长期贷款和设备购置与更新贷款贴息等金融政策工具，搭建好银企沟通合作平台，加快签约、投放、支付，降低企业综合融资成本。

（六）全力防范重点领域风险，促进发展环境安全稳定

牢固树立过紧日子思想，坚持"三保"支出在财政支出中的优先顺序，兜牢兜实"三保"底线，加大资金统筹力度，加强债务风险管控。加强道路交通、消防、建筑施工、燃气、矿山、生产经营等重点领域监管，强化薄弱环节隐患排查整改，坚决防范和遏制较大及以上安全事故发生。以农产品价格为重点加强价格监测预警，确保价格总水平基本稳定。落实好各项稳岗就业政策措施，促进居民收入稳定增加。

[梁平区发展和改革委员会　张　荔　王　婷]

之五：2022年城口县经济运行分析及2023年展望

2022年以来，国际国内形势复杂多变，受疫情复发、极端高温天气等影响，经济运行环境更加严峻，经济下滑超出预期，三重压力进一步凸显。面对前所未有的严峻考验，城口县委、县政府坚决把稳增长放在更加突出的位置，高效统筹疫情防控和经济社会发展，加快落实一揽子稳增长政策措施，强化调度，分类有序推进政策、工作落实，全力推进"三县一城一枢纽"建设，确保经济运行在合理区间。

一、2022年城口县经济运行情况分析

1—9月，受疫情和极端天气冲击，主要经济指标增速放缓，县域经济持续承压，实现地区生产总值44.7亿元，同比增长3.5%。分行业看，第一产业增加值8.40亿元，同比增长3.2%；第二产业增加值9.28亿元，同比增长5.7%；第三产业增加值27.0亿元，同比增长2.9%。

（一）经济运行特征

1. 项目投资趋势向好，稳投资持续放量

按照"抓项目稳投资"专项行动工作要求，实行日调度机制，紧盯进度，敲钟问响，督促全县各相关单位强化要素保障，加速推进建设，及时申报入库，有效扩大全县项目投资，9月新增入库项目4个。1—9月，固定资产完成投资24.09亿元，同比增长4.4%，较二季度（19.4%）末下降15.0个百分点，完成全年投资任务（40亿元）的60%；其中，第三季度完成固定资产投资5.87亿元，较第一季度（7.9亿元）、第二季度（10.3亿元）分别减少2.03亿元、4.43亿元。虽然7月、8月固定资产投资回落较大（分别同比下降33.1%、69.3%），但9月固定资产投资有所回升，单月完成投资3.27亿元，同比增长28.7%，环比增长307%。

2. 建筑业保持高位增长，带动增长作用明显

通过优化审批流程、提升服务质量等一系列措施，积极帮助建筑施工企业办理施工许可、提高业务水平、承接施工项目。积极推动建筑业企业复工复产、化解风险矛盾、强化项目监管，按照"定向研究，分类施策"的原则，确保各类重点项目顺利推进。1—9月，注册地建筑业总产值实现4.71亿元，同比增长67.2%；实现建筑业增加值5.45亿元，同比增长19.8%，带动经济增长0.43个百分点。

3. 农业生产略有下滑，主要农作物总体稳定

持续推进乡村特色产业提升行动，按照县乡村分层和特色产业分类推动落实城口山地鸡、老腊肉、食用菌、中药材以及茶叶产业发展。高质高效推进产业提升示范基地建设，安排资金项目81个、资金量9278.8万元，建设产业提升示范基地57个。统筹抓好粮菜稳产和畜禽生产保供，针对旱涝急转天气持续开展农业生产技术指导。1—9月，农业总产值实现13.65亿元，同比增长3.9%。粮食面积38.25万亩，同比增长1.5%，因长期连晴高温天气导致粮食减产，总产量同比减少1.4%。中药材产量1.51万吨，同比增长18.1%。生猪存栏10.91万头，同比增长10.7%；出栏9.64万头，同比增长10.8%。

4. 工业经济承压持续，下行趋势不容忽视

第三季度，国内疫情多点暴发、全市供电缺口加大，工业企业实行有序供电，企业生产形势严峻，下行趋势明显。剔除锰矿因素后，1—9月规模以上工业总产值实现7.39亿元，同比下降29.7%，规模以上工业增加值同比下降17.5%。从主要产业看，仅采矿业呈正增长，实现规模以上工业总产值7245万元，同比增长29.9%；制造业规模以上工业总产值3.99亿元，同比下降34.6%；电力、热力、燃气及水生产和供应业规模以上工业总产值2.68亿元，同比下降30.5%。

5. 传统商贸持续下滑，新商业模式持续发展

在疫情散发多发背景下，传统商贸业整体下行，但在消夏避暑消费拉动下略有回暖，1—9月，全县社会消费品零售总额实现16.76亿元，同比增长0.4%；批发业销售额12.8亿元，同比增长3.2%；零售业销售额8.52亿元，同比增长2.3%；住宿业营业额1.72亿元，同比增长1.6%；餐饮业营业额2.63亿元，同比增长2.6%。大力推动国家电子商务进农村综合示范项目，不断完善电子商务产品供应体系，新建乡镇电子商务集配中心3个、新增电商产品10个，1—9月，电子商务网络零售额达1.7亿元，同比增长10.25%，快递进港386万件，出港144万件。在旅游旺季的推动下，旅游经济由负转正，1—9月全县各景区累计接待游客427.9万人次，实现旅游综合收入8.7亿元，分别同比增长14.01%、12.23%。

6. 财政金融总体平稳，政策效应持续显现

1—9月，免税、退税、减税、缓税红利的持续派送，减税降费政策效应持续显现，税收收入呈连续下滑趋势，非税收入保持稳中求进，使税收收入压力得到一定的缓解，财政一般公共预算收入完成3.21亿元，同比下降0.7%，其中，税收完成1.21亿元，同比下降36.08%，剔除留底退税因素后，依然同比下降26.66%，一般公共预算支出完成24.89亿元，同比增长6.5%。金融系统继续加大对实体经济的支持力度，强化精准滴灌和正向激励，增强政策的直达性、普惠性、有效性，1—9月全县金融机构存贷款余额257.4亿元，同比增长11.1%，其中存款和贷款分别同比增长12.8%和8.9%。

7. 就业形势总体稳定，居民收入持续增长

全力推进"稳就业、保就业"，建立高校毕业生就业创业台账，实现772名毕业生就业创业，就业率82%。进一步加大稳岗支持力度，为261户企业兑现困难企业稳岗返还212.34万元。实施乡村"千技万能"人才培训工程，累计培训1025名技能人才。全力做好创业担保贷款工作，发放创业担保贷款4479.6万元。1—9月，全县实现新增城镇就业1604人，累计实现务工就业8.8万人，城镇调查失业率控制在5.5%以内。全体常住居民人均可支配收入达到16630元，同比增长10.3%，其中：城镇和农村常住居民人均可支配收入分别达到26203元和9763元，分别同比增长4.9%和7.7%。

（二）存在的问题

1. 农业经济进展面临制约因素较多

一是天气反常，农业生产影响明显。持续高温连晴天气，近期旱涝急转导致农作物不同程度受损。同时当前农资进一步涨价，部分肥料同比上涨达到41.9%，种粮收益进一步走低。二是生产成本上涨，农户收益有所缩减。第二季度以来，生猪价格起伏不定，加之饲料价格持续上涨，两头增压导致畜禽养殖积极性不高。

2. 工业产值弥补空间有限

全县工业产业结构单一，从清洁能源产业上看，发供电产业占规模以上工业35.72%，因锰矿关闭减

少供电产值 1 亿元左右，又因极端天气减少发电产值 0.7 亿元，剩下时间处于枯水期，基本无法弥补损失的产值；从绿色建材产业上看，因县内重点基础设施、房地产开发等项目大幅减少，已减少建材产业产值 0.8 亿元，新开工项目也难以弥补前期损失。

3. 多重因素导致商贸业销售整体下滑

一是吃穿用类消费缩水。由于疫情影响、居民收入不稳定、新兴业态增加等原因，消费动力严重不足，前三季度服装类营业额 3270.6 万元，同比下降 16.4%。二是骨干行业销售下降。汽车销售受疫情、油价上涨、缺芯片车价上涨等多种因素导致销售额下降，尤其是百事达华旭汽车销售服务有限公司，销售额同比下降近 30%。三是限额以上市场主体减少。由于疫情等原因，县城内市场主体经营困难，城口县鸿远电脑有限公司和城口县城逸盛宴餐饮店倒闭，城口县心随衣动服饰店撤店整合。

（三）2022 年经济指标预测

综合预测，城口县 2022 年地区生产总值预计实现 64 亿元，同比增长 6% 左右；农业生产总值增加值同比增长 5% 左右，规模以上工业企业增加值增速与上年持平，财政一般公共预算收入 4.28 亿元，同比增长 3% 左右；固定资产投资增长 7% 左右；社会消费品零售总额增长 6% 左右。

二、2023 年经济运行的环境分析及主要指标预测

（一）经济运行环境分析

从国际层面看，全球经济呈现高通胀、低增长的滞胀态势，经济衰退风险正在上升。从全国层面看，我国正经历经济增长换档期、结构调整阵痛期和前期刺激政策消化期，"三期叠加"的矛盾交织，对我国经济增长目标的实现形成制约，但随着陆续出台的稳增长政策效应逐步显现，国家批准的重大工程项目陆续开展投资并产生相应的经济带动作用，经济运行中的新趋势新亮点将会得到强化。从市级层面看，重庆是西部地区唯一的直辖市，区位优势突出，战略地位重要。新时代西部大开发、长江经济带发展、成渝地区双城经济圈建设等重大国家战略将有力推动重庆在以国内大循环为主、国内国际双循环相互促进的新发展格局中实现更大的发展。从县级层面看，目前全县正处于"十四五"全面推进的中坚时期，乡村振兴全面实施。新时代革命老区振兴发展、"一区两群"、"一县一策"、"以区县城为重要载体的新型城镇化建设"等重大政策红利为城口带来强劲的发展动能，城开高速、渝西高铁"两高"通道的建设为城口带来前所未有的发展机遇，突出的资源优势和一直以来坚持的绿色发展道路为城口带来可持续的发展潜力，层层推动、层层加码，城口的发展未来可期。

（二）主要指标预测

初步预测，城口县 2023 年地区生产总值将增长 6% 左右，固定资产投资增长 5% 左右，社会商品零售总额增长 6% 左右，城乡居民收入增长与经济社会发展同步，生态环境质量持续改善，单位生产总值能耗、主要污染物排放等约束性指标完成市级下达目标任务。

三、政策调控措施建议

（一）全面推动乡村振兴，增强县域经济社会发展影响力

严格落实"四个不摘"要求，加强基础设施补短板和产业发展育动能，统筹推进巩固拓展脱贫攻坚成果同乡村振兴有效衔接，抓牢抓实"五大振兴"任务目标，促进农业高质高效、乡村宜居宜业、农民

富裕富足。

（二）聚焦基础设施建设，增强县域经济发展新动力

抢抓"一区两群""一县一策""以县城为重要载体的新型城镇化建设"等重大机遇，密切关注、跟踪上级重大政策走向，紧密联系市级相关部门，力争将全县更多政策需求和重点项目挤进国家和市级盘子，统筹抓好交通、水利、能源、电力、通信等基础设施建设，为"两高"时代到来和旅游发展奠定基础。

（三）着力生态环境保护，增强县域经济发展竞争力

把修复生态环境保护摆在压倒性位置，守住发展和生态两条底线，统筹考虑自然生态各要素，继续打好污染防治攻坚战，提高生态治理能力和水平，全方位、全地域、全过程开展整体保护、系统修复、综合治理，不断提升生态系统稳定性和可持续性。

（四）坚持发展绿色经济，增强县域经济发展支撑力

找准生态产业化、产业生态化的实现路径，推动产业结构转型升级，实现生态资源价值转化。立足资源禀赋和现实条件，提质发展山地特色效益农业，加快培育绿色低碳新兴产业，因地制宜发展乡村旅游、休闲农业等新产业新业态，加强市场主体培育，找准"农文旅+交通、水利、林业、教育、城市建设"等产业结合点，推动产业"接二连三"、融合发展。

（五）统筹城乡融合发展，增强县域经济发展内生力

持续提升城市品质，推动"一滨河一片区一环道"建设，高标准高水平推进东部新区建设，强化城市运营管理，实施城市更新和农村人居环境整治提升行动，加快打造宜居宜游宜业的大巴山生态康养城。加快推进以县城为载体的新型城镇化建设，高品质编制建设方案，因地制宜推动县域城镇化发展。

（六）深化改革开放创新，增强县域经济发展驱动力

持续深化各领域改革，多举措加快推动创新驱动发展，加大大数据智能化运用，努力提高发展质量。加大招商引资力度，持续推进"放管服"改革，优化营商环境，破解发展难题。扎实推动与毗邻区县的协调联动，主动融入万达开川渝统筹发展示范区和万开云板块，共同推动重大政策、项目加快落地。

（七）切实保障和改善民生，增强县域经济发展聚合力

聚焦托幼、上学、就医、养老等民生短板、弱项，持续推进保障和改善民生工作，扎实办好重大民生实事，实现幼有善育、学有优教、劳有厚得、病有良医、老有颐养、住有宜居、弱有所扶、家有关爱。加快落实稳就业政策，做好高校毕业生、农民工等重点群体就业服务，继续实施人才培训，不断改善就业结构。

[城口县发展和改革委员会　李　先]

之六：2022年丰都县经济运行分析及2023年展望

2022年以来，面对俄乌冲突、疫情反复、高温干旱、供电紧张等复杂严峻的国内外形势，丰都按照"疫情要防住、经济要稳住、发展要安全"的总体要求，立足新发展阶段，贯彻新发展理念，融入新发展格局，坚持稳字当头、稳中求进工作总基调，主动作为、奋力攻坚，全面落实稳企惠企政策，切实稳住经济大盘，丰都县疫情防控成果持续巩固，经济发展保持良好态势，社会大局保持和谐稳定。

一、2022年丰都县经济运行情况

1—9月，实现地区生产总值281.53亿元，同比增长3.9%，增速居渝东北第六位、全市第13位。其中，第一产业37.78亿元，同比增长4.2%；第二产业121.17亿元，同比增长4.4%；第三产业122.58亿元，同比增长3.3%；三次产业结构优化调整为13.4∶43.1∶43.5。固定资产投资101.8亿元，同比增长10.9%，农林牧渔业总产值58.6亿元，同比增长4.9%；规模以上工业增加值同比增长3.1%；建筑业总产值203.2亿元，同比增长14.1%；社会消费品零售总额164.1亿元，同比增长2.9%；金融机构本外币存贷款余额同比增长10.9%；城镇常住居民人均可支配收入32920元，同比增长6.2%；农村常住居民人均可支配收入14064元，同比增长8.1%。

（一）稳住大盘力度升级

成立稳住经济大盘和稳住经济一揽子政策措施工作专班，建立日监测、日分析、日调度、日报告调度机制，定期分析研判，及时解决难点卡点堵点问题，全力稳住经济大盘。出台《丰都县促进消费恢复发展若干政策措施》等系列配套政策，编制110项政策的《丰都县助企纾困政策汇编》，持续开展民营企业大走访7000余家，解决困难问题263件，新增市场主体4528户，同比增长19%。狠抓惠企政策兑现，落实各类惠企政策资金13亿元；其中，落实减税降费3.43亿元，兑现招商引资政策4661.08万元，减免行政事业性收费2927.99万元、国有房屋租金902.76万元，发放稳岗就业补贴491.52万元。

（二）有效投资不断扩大

抓住国家政策机遇，策划投融资项目510个，总投资2543.8亿元。积极向上争取项目资金，实现到位资金12.2亿元，其中中央预算内及市级专项资金1.6亿元、地方政府专项债券10.4亿元、区县对口帮扶资金2173万元；获批栗子湾抽水蓄能电站和暨龙河河流综合治理政策性开发性金融贷款10.53亿元、特铝新材料产业园中长期贷款4.16亿元、县人民医院医疗设备购置等6个项目设备购置与更新改造贷款财政贴息2.67亿元。73个重点项目顺利推进，实现全社会固定资产投资101.8亿元，同比增长10.9%，其中房地产、工业投资分别同比增长7.1%、15.5%。

（三）绿色工业加快发展

产业集群持续壮大，投资150亿元的东方希望特铝新材料循环经济产业园、投资40亿元的道荣光伏组件正式签约，东方希望PC构件项目一期建成投产，牛肉精深加工及冷冻投产精深加工生产线4条，投

资12亿元的固废处置中心和栗子湾抽水蓄能电站入场道路、装机44万千瓦的莲花山和五洞岩三期风电、34万千瓦的屋顶光伏发电开工建设，绿岛源绿色矿山发展示范、光明畜禽屠宰加工、华裕有机肥厂建设加快推进。重新组建"1+4+N"招商体系，签约LNG生产、锂电池回收、改性甲醇等项目14个，总投资211亿元。

（四）服务业发展提质扩量

商贸物流发展加快，再生资源分拣交易中心一期建成投用，千集汇农贸市场一期主体结构施工完成、签约商家77户，麻辣鸡产业园入驻企业15家。电子商务进农村综合示范（升级版）持续推进，新培训电子商务专业人才237人次，新增电商市场主体256家，带动物流进出港总量1995.08万件。开放平台深入搭建，冷链公用型保税仓库获重庆海关批复正式对外运营，进境肉类集散分拨中心示范加快打造。国际知名文化旅游目的地提速建设，开展"专家谈丰都鬼城文化与丰都凤凰文化"专题讲座2场，印制《巴渝神鸟赋文集》。名山文化公园、长江国家文化公园等重大项目加快推进，陈国勇艺术馆即将对外开放，南天湖等高山旅游度假持续火爆，实现接待游客、旅游综合收入分别同比增长12.26%、24.4%。

（五）现代农业提速建设

坚决扛起粮食安全政治责任，将4家粮食加工企业、38家粮油销售网点纳入全县粮油应急保障体系，实现30个镇乡街全覆盖。培育"新农人"727人，完成5亩以上成片撂荒地复耕复种，完成粮食和蔬菜播种102.6万亩、12万亩，重庆市2022年中国农民丰收节主会场成功在包鸾镇启幕，粮食持续丰收。加快建设现代畜禽产业基地，肉牛存出栏量领跑全市，30个肉牛庭院牧场完成建设，华裕20万羽种鸡场启动建设，重庆农投2个种猪场、温氏肉鸡204个代养场建成投产，成功挤进国家生猪调出大县。获准建设国家大豆改良中心丰都试验站，新认证"两品一标"10个。实现肉牛进口量、藠头出口量、榨菜单个企业出口量3个全市第一，冷水鱼活体出口全市唯一。乡村振兴全面推进，新增"三变"村（社区）238个，带动农户增收3946.32万元，实现村集体经济收入2130.64万元。

（六）消费市场持续回暖

大力开展"游在丰都·抢抓'鸡'遇""行在丰都·为你加油"等6项促进消费提振信心活动，通过数字人民币发放汽车、家具家电和住餐百货消费券140万元。实现第四届西洽会线下销售60万元，带动线上销售100余万元。探索形成"枣庄市场+丰都基地""东产西移+西品东售"鲁渝消费帮扶模式，促进枣庄商超分批设立丰都销售专区18个，带动销售丰都牛肉、花椒、马铃薯、榨菜等大宗农产品1000余吨，推动山东鸡肉、面粉、蔬菜等在丰销售800余吨，完成消费帮扶购销2.03亿元。实现农产品网络零售额17.56亿元，同比增长33.9%。

（七）重点改革不断深化

"放管服"改革加快推进，政务服务"一窗综办"改革在全市率先完成，实行"一套材料、一窗受理、集成服务"模式，综合节约时间5个工作日以上，效能水平跃居渝东北片区第一。加快社会信用体系建设，联合奖惩红黑名单查询次数达2.25万次，处罚反馈率达97.97%。注册"信易贷·渝惠融"平台企业2063家，注册量居全市前列。深化公共资源交易监督改革，实现电子招投标率100%，推动招标控价节约政府投资8251万元。营商环境持续优化，开创问题为导向促营商环境优化的"1+4"新模式，以开展全面体检推动问题整改，设立首批12位观察员重点观察部门32个、企业和重点项目33个，打造"丰速度·助你行"优化营商环境服务品牌，持续推动"减材料、缩时间、降成本、提效率"，优化再造行政审批流程，企业开办时限从3个工作日办结压缩到3个小时办结。

（八）生活品质稳步提升

常态化疫情防控有力有序，成功打赢"8·9""8·31""9·21"等多起疫情阻击战。大力开展健康中国战略行动，县人民医院感染控制中心、县中医院住院楼等项目加快建设，建成国家级重点专科1个、市级重点专科8个和特色专科4个。就业优先政策继续强化，发放创业担保贷款5898万元，开展职业技能培训4765人次，新增就业8630人，引进高校毕业生510人、优秀人才299人（其中博士研究生2人）。教育质量进一步提升，重庆谢家湾学校丰都幸福小学如期开学，水天坪幼儿园、平都中学综合楼开工建设，幸福中学、培元中学、凤凰学校等项目前期工作加快推进，高考本科上线3549人，同比增加413人，学前教育普惠率保持在99.1%。民生保障不断增强，基本养老保险参保55.08万人，工伤保险参保7.74万人，纳入城乡低保19565人，供养3784名特困人员，临时困难救助2277人次，发放救助金575.55万元，"惠民济困保"承保29585人。

二、2023年经济运行环境分析及主要指标预测

从全球看，乌克兰危机等国际冲突，导致通胀率达到数十年来最高水平，严重影响全球经济增长前景。根据国际货币基金组织（International Monetary Fund，简称IMF）最新发布的《世界经济展望报告》，预测2022年全球GDP将增长3.2%，然而2023年全球GDP增速将进一步放缓至2.7%，全球经济形势不容乐观。从全国看，经济总体延续恢复态势，但面临疫情反复多点散发、外部环境更趋复杂、内生动力不足等制约，经济发展依然面临多年未见的需求收缩、供给冲击、预期转弱三重压力，新的经济下行压力凸显，保持经济平稳运行难度明显加大。但是，经济持续恢复发展的良好态势没有改变，支撑高质量发展的生产要素条件没有改变，经济韧性强、长期向好的基本面没有改变，我国发展仍处于重要战略机遇期。在以习近平同志为核心的党中央坚强领导下，我们有基础、有条件、有信心、有能力保持经济平稳健康可持续发展。从全市看，党的二十大召开为全市发展注入强大精神力量，持续落实好稳经济一揽子政策和接续措施等宏观政策效应继续显现，共建"一带一路"、长江经济带发展、新时代西部大开发、成渝地区双城经济圈建设、西部陆海新通道等国家战略深入推进，西部（重庆）科学城和两江新区在创新主体培育、产学研用协同创新等方面将持续加力，传统支柱产业在大数据智能化创新引领下转型趋势明显，战略性新兴产业、高技术产业规模不断壮大，经济保持平稳健康发展有坚实的基础。从全县看，150亿元的东方希望特铝新材料循环经济产业园、投资40亿元的道荣光伏组件等重大项目正式签约，装机44万千瓦的莲花山和五洞岩三期风电、34万千瓦的屋顶光伏发电启动建设，东方希望PC构件、牛肉精深加工及冷冻库等一批重点项目建成投产，必将形成新的经济增长点。南天湖国家级旅游度假区持续火爆，"黑珍珠""红宝石"光芒持续绽放，长江—龙河滨水空间城市设计深入实施，"龙凤桥"、龙河三桥等城市大件加快建设，将使丰都汇聚更多人气和商机，全县经济增长动能强劲。

综合分析外部环境及丰都的发展条件，2023年丰都经济将保持平稳增长趋势，预计地区生产总值同比增长5%左右。

三、2023年政策调控措施建议

（一）在有效扩大内需上寻求突破，着力稳住经济基本盘

一方面，积极扩大有效投资。精准有效推进交通、水利、物流、能源、新型基础设施、民生等领域重大基础设施项目建设，加快推进在建工程，抓紧新开工一批成熟项目，为稳定宏观经济大盘提供坚实

基础。持续开展"抓项目稳投资"专项行动,抢抓国家持续实施稳经济一揽子政策和接续措施的机遇期,全力对接国家"十四五"规划的102项重大工程,加快全县"十四五"规划明确的79项重大项目转化,强化项目谋划储备,争取更多项目纳入市级"盘子"。深化投融资体制机制改革,鼓励和引导民间资本参与补短板项目建设,形成投资良性循环。另一方面,促进消费持续恢复。继续办好"爱尚丰都·数币惠民""行在丰都·为你加油""游在丰都·抢抓机遇""创业丰都·与你同行"等促销活动,不断提升传统消费,大力提振新能源汽车、家电、家装、家具等大宗消费,推动消费全面恢复增长。拓展消费新场景,培育壮大智慧零售、数字文化、智慧旅游等新型消费,大力促进网络消费。实施农村商贸"六大行动",加快建设农产品供应链,持续推进电商进农村综合示范建设。

(二)在建设绿色工业基地上加力提效,不断延伸产业链条

立足"一区四园"工业格局,促进产业链供应链循环畅通,巩固壮大实体经济根基,推动工业经济平稳运行和提质升级,打造全市绿色工业基地。着力推动制造业高质量发展,围绕产业链强链补链,持续壮大绿色建材、食品加工、清洁能源等产业集群。完善"1+4+N"招商体系,提升招商人员招商能力和服务水平,精心策划招商项目,加快项目开工、建设、达产进度。加快实施创新驱动发展战略,强化企业关键核心技术攻关,推进科技成果转化应用,做优国家农业(肉牛)科技园区、西南大学丰都产学研协同创新中心,启动丰都肉牛产业研究院建设市级新型研发机构、市级重点实验室,启动恒都集团科技研究院建设市级肉牛技术创新中心,推动华黎商业管理、涞泛人力成功申报市级众创空间和市级孵化器,培育高新技术企业3家、科技型企业15家以上,力争将丰都纳入全市甲醇燃料试点区县、科技部第二批国家创新型县(市)建设名单。

(三)在文旅融合发展上全力以赴,建设国际知名文化旅游目的地

围绕建设国际知名文化旅游目的地,大力实施旅游创业、文化创意行动,着力打造长江历史文化旅游线、龙河峡谷生态旅游线、南天湖高山度假旅游线。持续掀起"擦亮'黑珍珠',绽放'红宝石'"文旅大研究大讨论头脑风暴,进一步摸清丰都文化旅游本底,形成一批文化旅游研究成果。打造精品景区和旅游路线,完善旅游基础设施建设,确保南天湖国家级旅游度假区通过复核验收。加大旅游宣传营销力度,精心举办丰都庙会等旅游节会活动,持续开展"南天湖露营音乐季""南天湖冰雪旅游季"品牌活动,积极开展丰富多彩、形式多样的对外宣传推介,不断提升丰都旅游知名度和影响力。持续开展"20元景区互惠""百万消费券回馈游客"等活动,推动旅游经济逐步恢复。

(四)在建设现代畜禽产业基地上奋楫争先,压茬推进乡村振兴战略

坚持农业农村优先发展,巩固优势产业、发展优良品种、壮大优质企业、培育优秀品牌,提升农业质量效益和竞争力,建设全国有影响力的现代畜禽产业基地。夯实粮食安全基础,压紧压实粮食安全党政同责,切实遏制耕地"非农化"、防止"非粮化"。加强粮食质量安全监管,不断完善粮食应急供应网络体系,在更高水平上实现粮食供需动态平衡。持续开展粮食节约行动,加强粮食安全宣传教育,推动粮食全产业链各环节节粮减损。培育壮大"新农人"队伍,出台支持新农人发展实施意见,线上线下结合打造新农人会客厅,建设新农人培训学校,探索建立"新农人+村集体+农户"发展机制,实现新农人规模达到1500人。

(五)在更深层次改革上精益求精,加快营造良好发展环境

一是持续优化营商环境。深化"1+4"工作模式,坚持问题导向,高标准持续推进"减审批、减环节、减材料、减时间、减费用、增透明"。持续打造"丰速度·助你行"优化营商环境服务品牌,加大新闻网、手机报和"抖音"等新媒体宣传报道力度，营造优化营商环境的浓厚氛围。二是全面落实惠企政策。广泛运用网络、新媒体等发布惠企政策解读，开展全方位、多渠道、多层次的惠企政策推送和宣传。抓好政策落实，主动靠前服务企业，"一企一策"开展好政策辅导，使稳企惠企资金尽快直达企业，确保政策落实到位。服务企业生产，千方百计稳住保住企业产业链、资金链和员工队伍、生产能力。三是深化重点领域改革。大力推进财政改革，探索推进县乡财政体制改革。继续推进预算一体化改革，强化预算约束能力建设。深入开展国企改革，实施国有企业高质量发展行动，努力把国有企业培育成依法自主经营、自负盈亏、自我发展、自我约束的市场主体。持续推动信用体系建设，全面监测"双公示"指标，实现数据合格率90%以上。

（六）在促进共同富裕上凝心聚力，持续提高人民生活品质

持续抓好常态化疫情防控，大力推进县人民医院、县中医院"三甲"创建。加快建设县人民医院感染控制中心等项目，推动县疾控中心功能拓展，规划启动3个农村区域医疗中心和南天湖景区医院建设，形成"1小时优质医疗服务圈"。深入实施就业优先政策，新增城镇就业4500人，推动应届高校毕业生年底就业率不低于90%。持续实施创新人才工程、"鸿雁计划"、"千人返乡创业计划"，吸引更多优秀人才来丰返丰。加强技能人才培养，积极参与"巴渝工匠2025"行动计划。开展职业培训4000人次，发放创业担保贷款5000万元，保障市重点电子企业用工6100人。完成映山红学校教育装备采购，开工建设培元中学，续建水天坪幼儿园、平都中学综合楼，加快推进幸福中学等项目前期工作。大力推进学区制管理、集团化办学改革，持续深入实施质量提升五年行动计划，创建县级劳动教育实践示范基地10个。持续发挥智慧养老平台功能，丰富线上养老服务供给，增强居家社区养老服务能力。以乡镇（街道）养老服务中心、社区养老服务站（点）为依托，建立养老互助会，定期开展老人日间照料、上门护理、养老"三助"等服务。做好重要民生商品价格管理，确保商品价格保持稳定。

[丰都县发展和改革委员会　邓清华　陈　玲　皮雪锋]

之七：2022年垫江县经济运行分析及2023年展望

2022年以来，垫江县上下按照党中央、国务院"疫情要防住、经济要稳住、发展要安全"的要求，深入贯彻落实国务院稳住经济大盘电视电话会议精神，统筹抓好疫情防控和经济恢复增长，有效应对疫情、旱情、灾情等超预期因素影响，持续巩固经济回暖的向好势头，全力确保经济运行在合理区间。

一、2022年垫江县经济运行情况

从前三个季度看，全县经济运行总体态势纵向符合预期，横向升位进位，发展趋势承压复苏、回稳企稳，未来走势稳中有进、稳中向好。集中体现在：

（一）从宏观大盘看，"稳"的态势在持续

一是政策实施稳妥接续。在深入贯彻国务院"33+19"稳经济一揽子政策的基础上，及时推动全市192条"政策包"接续落地，助力实体经济恢复元气、走出困境。1—9月全县累计落实组合式税费减免政策资金4.2亿元，其中，留抵退税258户次2.4亿元；新增减税降费848户次1.1亿元，缓缴税费1468户次9342万元，其中，制造业中小微企业缓缴税费8839万元。二是经济指标稳定向好。强化指标动态监测，加密经济运行调度，全力护航经济恢复增长。1—9月，全县地区生产总值377.7亿元，同比增长4%，增速分别高于全国全市1个、0.9个百分点，分别排全市和渝东北第12位、第5位，渝东北排位较第一季度提升4位、较上半年提升2位，经济低开稳走向好的态势持续延续。三是财政保障稳健运行。挖潜拓源，多元增收，合力做总量，全力保发展。1—9月，实现一般公共预算收入14.3亿元，同比增长1.2%，增速分别排全市和渝东北第11位、第4位。一般公共预算支出45.9亿元，同比增长0.3%，完成年初预算的72.5%，"三保"底线扎实兜牢。四是民生底板稳固加固。就业形势总体稳定，1—9月，实现城镇新增就业7280人，完成年度目标任务的121.3%；发放创业担保贷款2.1亿元，完成年度目标任务的231.4%；城乡收入持续增长，全体居民人均可支配收入增速持续跑赢GDP，城乡居民收入差距进一步缩小。

（二）从产能释放看，"进"的基础在夯实

一是农业产业平稳增长。得益于及时补栽补种、套种轮作等一系列应对高温干旱天气举措的实施，最大程度挽回了农业生产损失。1—9月，实现农业增加值46.8亿元，同比增长3.8%。粮食果蔬获得丰收，分别实现产量40.8万吨、17.8万吨、68.2万吨，同比分别增长1.5%、4.5%、0.8%。生猪生产稳步增长，实现存出栏45.5万头、52.8万头，分别同比增长11%、15.9%，12个百万头生猪一体化产业链项目完工10个。水产养殖实现4.7万亩、1.6万吨，与上年同期持平。二是工业经济承压上行。坚持把工业作为经济发展的胜负手，全力保障电力供应，促进产能释放。1—9月，全县新增规模以上工业企业2家，累计达148家，全县规模以上工业增加值增长4.4%，高于全市0.4个百分点，排渝东北第三位，保持渝东北第一方阵。主导产业支撑明显，智能装备、新材料、消费品等产业规模以上产值同比分别增长9.3%、21.3%、3.7%，对规模以上工业贡献率超60%。转型升级步伐加快，累计认定国家级专精特新

"小巨人"企业5家,市级"专精特新"企业29家,建成智能工厂3个、数字化车间1个。34家"专精特新"企业实现产值67.3亿元,同比增长17.6%。企业数量和产值增量均居渝东北前列。三是建筑业贡献突出。深挖房地产建筑业潜力,促进形成有力支撑。1—9月,全县实现建筑业总产值279.8亿元,同比增长12.8%,分别排渝东北第三位、第五位,增速较上半年跃升1位,产值实现高增长。新增建筑企业100家,累计达878家,其中,新增一级企业7家,累计达28家。完成注册地建筑业总产值279.8亿元,同比增长12.8%;建筑业增加值增长7.5%,较上半年提高1.3个百分点,对经济贡献度达30%。四是商贸平台提档升级。渝东国际农贸城、红星爱琴海购物公园等50万平方米商贸专业市场即将建成。"花田垫江"公众号及微商城集聚70个农副产品上线运营。高安、高峰等电商直播基地运转良好,与500家农户、13个合作社签约合作,带动就业1500余人。

(三)从供需衔接看,"新"的动能在转化

一是开放创新协同发力。一方面,不断深化改革,整合要素,增强供给,提升外向型经济质量。1—9月,实现进出口2.4亿元,同比下降22%,降幅较第一季度和上半年分别收窄38个、6个百分点。签约招商引资项目195个,到位资金60.2亿元。另一方面,大力实施以科技创新为核心的全面创新,助力创新型经济发展壮大。1—9月,全县战略性新兴产业、高技术产业产值增速均在25%以上,"专精特新"企业研发机构设置率达80%,成功创建市级研发中心13个、县级企业技术研发中心40个,建成工业设计中心2个,全社会R&D经费支出占GDP比重达0.73%,高于渝东北平均水平。二是有效投资强力拉动。按照"531"项目工作思路,全领域调研、全方位策划、全过程服务,加快推动以重点项目建设为支撑的有效投资放量增长。1—9月,完成固定资产投资164.3亿元,同比增长15%,增速高于全市11.7个百分点,增量增速均排全市和渝东北第二位,且在上半年高排位基础上再进位。143个县级重点项目完成投资76.1亿元,完成开工在建项目年度计划73%,新开工项目32个,开工率58.2%,投资进展、形象进度提前靠前。投资主体同向驱动,完成政府投资27亿元,同比增长18.3%,政府投资推动经济畅通循环的基础支撑作用持续增强;完成民间投资137.2亿元,同比增长14.3%,占投资总量83.5%,社会投资信心持续恢复,投资潜力有序激活。产业投资有效释放,1—9月,工业、房地产分别完成投资53.8亿元、28.5亿元,分别同比增长11.4%、3.7%,分别高于全市1.9个、16.2个百分点,固定资本投资占比32.7%、17.3%,产业投资带动经济发展的韧性空间不断扩大。三是市场消费多点支撑。政银企联动,深入实施巴渝新消费八大行动,持续培育智能化、信息化、体验式消费,促进形成新兴消费领域和消费热点。1—9月,社会消费品零售总额同比增长2.3%,较上半年提升0.6个百分点。传统消费潜力释放,强化疫情防控,极力营造安全稳定的消费环境,提振市场消费信心,引导市民积极消费。批发、零售销售额分别同比增长3.4%、8.9%,住宿、餐饮营业额分别同比增长4.4%、10.3%。成功举办秋季房交会,引导18个房地产项目稳工稳产、满工满产,带动商品房销售83.1万平方米,同比增长1.1%。主题消费成效显现,举办"爱尚重庆·建行生活"等19场次促销活动,实现销售额9.2亿元;开展家居建材消费月、绿色智能家电下乡等促销活动9场次,实现销售额3.7亿元;组织15家农特产品企业参加县外展销活动,实现销售额59.4万元。电商消费不断升温,"疫情经济"倒逼消费转型,推动电商升级,"快大厨"等品牌电商线上消费活跃增长。1—9月,实现电子商务交易额91.3亿元,同比增长11.3%;网络零售3.9亿元,同比增长14.8%;快递吞吐量422.3万件,同比增长47.8%。旅游消费逆势增长,积极应对疫情对旅游市场的影响,大力发展本地游、周边游、短线游,带动旅游产业有序复苏。1—9月,累计接待游客617.5万人次,实现旅游收入40.1亿元,分别同比增长6.7%、2.5%。

(四)从发展预期看,"好"的因素在累积

一是先行指标向上向好。1—9月,工业用电量增长35.6%;新增市场主体7366户,同比增长

38.6%；总量6.8万户，同比增长16.7%；各项存贷款余额同比增长9.3%、1.3%，存贷款总量同比增长5.1%，存贷比65.5%；规模以上工业万元产值能耗同比下降23.8%。市场主体、金融体量的持续增长，工业能耗的稳步下降，不断为全县经济高质量发展"留住青山，赢得未来"。二是项目资金保障有力。重点项目储备充分，组建专班，精准策划2023年各类重点项目271个，总投资1076.7亿元，计划争取投资资金114.6亿元。多元争资效果明显，1—9月，得益于长江经济带绿色发展中央专项资金支持，全县获批中央预算内资金5.33亿元，创历史新高；争取专项债券资金、中长期贷款支持、政策性开发性金融工具基金等资金46.2亿元；统筹平台融资32.4亿元，全县项目资金保障能力进一步提升。三是用地空间动态平衡。抓住新一轮国土空间规划调整机遇，加快"三区三线"划定和"四大工程"建设，预留全县弹性发展空间16.1平方千米，优化调整规划区可用建设用地达7500余亩，重点项目用地空间总体平衡。

当然，在看到成绩的同时，也要高度关注全县经济社会发展过程中的困难和问题。一是经济恢复的基础不够牢固。受疫情多点散发等因素冲击，全县经济下行压力仍然较大。1—9月，第一产业同比增长3.7%，较上半年回落3.1个百分点，排渝东北第10位，仅高于城口县；第三产业同比增长2.7%，较上半年回落2.6个百分点，增速排渝东北第九位，远低于奉节、梁平、丰都等周边区县。要实现全年目标任务，促进经济回归正轨仍需付出艰苦努力。二是企业生产经营多重承压。一方面，受原材料价格上涨、芯片短缺等影响，产业链配套企业产量萎缩，中小微企业面临的市场挤兑压力加大；另一方面，受国际形势影响，全县进出口订单缩减，企业产能释放不足。全县148家规模以上工业企业已有14家企业停产停报，占比9.5%，产值呈负增长企业34家，占比23%，利润总额呈负增长企业76家，占比51.4%。三是消费价格波动上行。部分民生商品保供稳价有压力，受上半年生猪价格下跌影响，温氏、正大集团生猪养殖规模收缩，全县3个大规模养殖场项目陆续退出，短期供需矛盾，全县精瘦肉零售均价23.1元/斤，同比上涨94.3%，猪肉价格上涨导致10月中旬猪粮比高达10.7∶1，1—9月CPI同比增长1.9%。四是财政平衡压力较大。受减税降费政策、土地出让放缓、房产下行等影响，1—9月，全县税收收入同比下降14.5%，欠序时进度2.1亿元，政府性基金收入4.8亿元，欠序时进度13.2亿元，叠加导致全年财政缺口约15亿元，在保障"三保"、绩效奖金清算预发等刚性支出后，全年财政收支矛盾更加突出。

二、2022年经济运行指标预测

综合研判，2022年，随着国家、重庆市出台稳经济增长一揽子政策措施和接续政策措施加快落地见效，以及近期国家政策性开发性金融工具、设备更新改造专项贷款、财政贴息等一大批重大政策在第四季度集中实施，全县经济企稳回升动能持续增强，特别是党的二十大胜利召开，极大调动和激发全县上下干事创业的积极性和主动性，政治效应将加快转化为强大发展动能。展望第四季度，全县经济将延续稳中有进、稳中向好的恢复增长态势，有信心能够实现全年增速"高于全国全市水平"目标，预计全年GDP增长5.5%左右（低于预期1个百分点），规模以上工业增加值增长6.5%左右（低于预期3.5个百分点左右），农业增加值增长4.5%左右（低于预期0.5个百分点左右），固定资产投资增长10%以上（高于预期2个百分点以上），社会消费品零售总额增长5%左右（低于预期2.5个百分点左右），进出口总额增长-15%左右（低于预期20个百分点左右），一般公共预算收入增长12%左右（高于预期5.2个百分点左右），城镇新增就业8500人以上（高于预期2500人以上），城镇调查失业率控制在5.5%以内（达到预期目标），居民消费价格涨幅控制在3%以内（达到预期目标），全体居民人均可支配收入增长8.5%左右（高于预期1个百分点左右）。

三、2023年经济社会发展主要目标展望和重点工作任务

2023年，我们要全面学习贯彻党的二十大精神，深入落实"疫情要防住、经济要稳住、发展要安全"要求，持续推动国务院、市委市政府稳住经济大盘一揽子政策落地，全力推动经济平稳健康发展。在充分考虑宏观经济走势、区域发展位势、全县"十四五"发展目标、"四大工程"建设进度、经济社会当期发展供给等因素基础上，初步确定2023年GDP增速6%左右的发展目标，固定资产投资、社会商品零售总额、全体居民收入等指标与经济社会发展实现协同增长。

（一）围绕战略部署，推进落地落实

坚持把贯彻落实党的二十大精神与市第六次党代会精神充分结合起来，打通贯通、一体推进，并按照县十五次党代会工作部署，着力在战略上布好局，关键处落好子，提速构建"三个功能区"，加快实施"四大工程"，努力实现"五大跃升"目标，积极融入主城都市区，建好区群联结点，打造产业新高地，加快建设生态美、经济强、百姓富现代化新垫江，加快推动把党的二十大精神转化为垫江现代化建设的强大动力和生动实践。

（二）聚焦工业经济，狠抓转型升级

一是提升工业承载能力。积极融入"两长涪垫"万亿级先进制造产业集聚区，加快实施高新区建设工程，着力推动高新区PPP项目建设，持续强化高新区道路体系、标准化厂房、土地整治等项目建设，加力打造全市千亿工业承载地。二是加快重点项目建设。根据项目成熟度和土地供应现状，有序推动招商引资项目落地建设。尽快开工拓凯二期、华泽工贸等一批项目；打表推进中材渝建、博邦汽配等一批在建项目；加快完工柯洋达、梦豪铝业等重点项目。三是强化企业升规培育。对拟升规企业逐一剖析，精准解决企业升规堵点，力争全年实现新升规企业10家以上，不断筑牢工业经济发展基础。

（三）扩大有效投资，增强发展供给

一是做好项目争取。争取2023年中央投资，当前是策划项目最紧要的时间窗口，2023年中央预算内投资将在年初陆续安排，部门之间要通力配合，抓紧做好项目梳理和策划包装，积极主动争取更多投资份额。二是做好项目调度。找准项目建设问题"症结"，加大"三色评价"和"三级调度"力度，全力完成全县"四类"重点项目和固定资产投资计划任务。三是做好项目策划。进一步加强项目策划论证，围绕2023年重点任务、全县发展短板、社会民生需求，加快梳理完善项目实施条件，着力提高项目的示范性、可行性，为全县经济发展提供支撑，为2023年工作开局打好基础。四是做好重点领域突破。紧扣以县城为载体的新型城镇化建设、政策性开发性金融工具、中长期贷款支持、基础设施REITs以及社会资本投资等重点渠道，拓展投融资改革路径，力争在多元筹资上实现更大突破，持续为全县经济发展提供要素保障。

（四）深挖市场潜力，提振消费信心

一是打造一流消费平台。加快中农联·渝东国际农贸城、红星美凯龙·爱琴海购物公园、汽车仓储物流园等项目建设，加快推动中华仙草园二期、明月竹乡等大健康产业项目建设，促进商贸文旅等消费市场提档升级。二是破解一元消费结构。积极顺应数字消费、网络消费潮流，大力发展网络销售、直播带货等线上新业态；深入实施巴渝新消费和"爱尚重庆"系列消费行动，持续开好秋季房交会，不断巩固提升汽车、家电、房产、餐饮主题消费水平，大力提升养老、家政、健康等现代服务业消费比例，加快激活线上线下消费业态。三是提振一线消费信心。持续兜牢基层群体社会保障，加大对重点就业群体

的技能培训力度，积极引导全民创业就业，确保2023年新增城镇就业6000人以上，助力社会消费能力提升。

（五）深化区域合作，加强开放联动

一是织密开放通道网络。大力实施交通物流枢纽建设工程，加快推动长垫梁货运铁路前期工作，力争早日实现大垫丰武高速动工建设，加快实施高新产业大道、垫江南出口及G350连接线道路工程，着力补齐全县对外交通基础设施短板，深度融入国家"一带一路"和长江经济带发展。二是共建明月山绿色发展示范带。联合川渝毗邻区县，坚持以明月山乡村振兴示范带建设工程为重点，推动明月山绿色发展示范带建设成势见效。充分发挥明月山天香路、G243复线快速通道等产业主轴线作用，促进明月山景区景点串珠成链、长藤结瓜。提速规划建设百里花谷、百里彩林、百里彩田，打造明月花谷及明月茶谷、泉谷、侠谷，竹乡、稻乡、果乡、智乡等"七星伴月"文旅新业态，合力打造明月山国家旅游度假区。三是强化长—垫对口协作。按照长—垫对口协作五年工作方案和2022年对口协作工作任务要求，积极筹备召开长垫对口协作党政联席会议，事项化、清单化、台账化推动合作事项落地。

（六）强化服务意识，保障粮食安全

一是畅通惠企服务"通道"。完善线上"垫小二"和线下"千人联千企"营商服务体系，不断以政务服务"大众点评"负面评价倒逼行政效能提升，接续推动国务院"33+19"和市委、市政府192项稳住经济大盘政策直达快达企业，帮助企业解决具体困难问题，加快推动政策红利向发展效益转化实化。二是守住粮食安全"底线"。一方面，加快推进高标准农田和"千亿斤粮食"增收工程建设，积极引导农户抓好秋粮种植，弥补夏粮损失，确保粮油生产稳定在100万亩、50万吨以上；另一方面，要持续完善粮食应急保障体系，加快启动超标粮收购工作，稳定农民种粮信心。三是筑牢能源保供"防线"。落实国家"双碳"政策，推动整县光伏发电试点项目建设，推广分布式光伏能源应用，保障天然气长输管网安全，稳定能源供给。

[垫江县发展和改革委员会　刘成富　王　印　谭　立]

之八：2022年忠县经济运行分析及2023年展望

2022年，忠县坚持以习近平新时代中国特色社会主义思想为指导，全面贯彻党的二十大精神，深入贯彻习近平总书记对重庆提出的营造良好政治生态，坚决贯彻市委、市政府决策部署，坚定不移护生态、因地制宜谋发展，坚持"双特"发展思路，高水平打造"三峡库心·长江盆景"，加快建设"一地一城三区"，奋力谱写全面建设社会主义现代化忠县新篇章。

一、2022年忠县经济运行分析

（一）经济运行特点

1. 特色产业势头良好

前三季度，全县实现地区生产总值（GDP）368.92亿元，同比增长3.9%，在全市和渝东北片区分别排第13位和第6位，延续年初以来"稳中有进"良好态势。工业提质增量，海螺水泥、天地药业等骨干企业市场稳定，金沙河年100万吨小麦加工、忠润能源二期等项目新投产，特瑞锂电、天海电池产销两旺，新能源产值成倍增长，助推四大产业集群完成产值166.49亿元，同比增长5.7%。农业保持稳定，提质打造"3+2+4"现代山地特色高效农业，全国绿色食品原料（柑橘）标准化生产基地创建通过市级验收，马灌、黄金镇入选市级农业产业强镇，生猪出栏50.21万头，同比增长6.7%，全年粮食产量40.07万吨，获评全国大豆科技自强示范县，全县农业增加值同比增长4.6%。服务业支撑良好，万达广场正式入驻忠县，忠州商圈持续繁荣，农批智慧城加快建设，批发、零售、住宿、餐饮销售及营业额分别同比增长12.7%、7.9%、2.9%、5.8%。稳步推进新型城镇化，商品房销售33万平方米。新生港运行良好，累计滚装车辆5.5万辆，助推全县客货运周转总量达54亿吨千米。

2. 需求动力齐头并进

投资稳定增长，深化项目要素保障，平台公司到位融资35.86亿元，争取政府专项债券18亿元，12个市级重大项目完成投资17.62亿元，超额完成年度目标，285个县级重点项目完成投资67.58亿元，助推全县固定资产投资完成185.2亿元，同比增长9.9%。市场活力不减，建材、家电等主要消费品均增长15%以上，各类展销、促销活动推动全县社会消费品零售总额实现181.5亿元，同比增长2.5%。加强全域旅游营销，深挖"缤纷大岭"等乡村旅游活力，石宝寨、《烽烟三国》、白公祠文博情趣、三峡留城·忠州老街等景点带动全县旅游人次和综合收入分别同比增长11.9%、24.8%。外贸形势喜人，大力支持企业拓展外海市场，新增自营进出口经营权企业2家，300吨"忠橙"出口海外，全县实现外贸进出口8100万元，同比增速在50%以上。

3. 新兴动能加快释放

重点改革稳步推进，供给侧结构性改革"三去一降一补"推进较好，去除门面及车库3万平方米，政府债务总体可控，金融不良贷款率控制在1%以内。县委十五届二次全会出台高质量打造特色产业基地的决定，着力补齐特色产业短板。着力优化营商环境，持续深化"放管服"、商事制度改革，新发展市场主体6755户。开放水平持续提升，三峡库心·长江盆景、乌杨新区、临港新城等开放平台持续壮大，乌杨工业园区集聚企业超110家。强化招商引资，新引入LNG新能源加注站等项目94个，协议引资174.98亿元，实际到位资金70.34亿元。创新驱动深入实施，新培育科技型企业19家、申报高新技术企业14家，新增"专精特新"中小企业13家、增长量居渝东北第四位，电商实现交易额30亿元，同比增长12%，"柑橘网"累计完成交易额45亿元，数字经济增加值同比增长在10%以上。

4. 发展效益显著提升

财税金融上，加强财税配置，深化税收征管，财政一般公共预算收入完成16.57亿元，同比增长4.9%，其中税收完成8.11亿元，占财政收入比重48.9%。财政一般公共预算支出52.53亿元。金融存贷款余额957亿元，同比增长7.2%，金融存贷比59.9%。居民收入上，居民工资性、财产性、转移性收入分别同比增长10%、9%、9%，带动全县居民人均可支配收入达到2.58万元，同比增长10%。企业效益上，严格执行国家、全市、全县各类助企纾困政策，新增企业中长期贷款20.5亿元，同比增长8.5%，累计为企业减税降负降成本4.5亿元，规模以上工业企业收入同比增长10%，利润总额同比增长12%。

5. 民生民利持续改善

民生工程兜底有力，财政民生支出保持在65%以上，老旧小区改造等15件民生实事完成投资5076万元，完成全年目标97.4%，磨子乡村振兴等项目稳步推进，新增城镇就业9537人、城镇登记失业率控制在3.4%以内，发放低保及救助金1.35亿元。社会事业长足发展，教育"双减"持续有力，落实教育资助4910万元，惠及学生7.7万人次，新改善教育设施2.5万平方米。新冠疫情常态化防范有力，设置固定及便民核酸采样点39个，日可检测能力2.6万管；新成立县级医疗质量控制中心17个，公立医院改革为病患减负近3000万元。加大公共文化供给，累计举办各类赛事15期，开展流动文化进村服务800余场次。生态环境持续改善，坚决打好污染防治攻坚战，城区空气优良天数达267天，同比增加12天，PM2.5同比下降4%，长江干流及主要支流水质稳定在Ⅱ类标准，全国文明城市成果持续巩固，园区获评市级绿色园区。

（二）存在的问题

1. 产业发展的问题

一是工业。受国际国内大宗商品价格高位运行持续辐射影响，全县工业原料价格居高不下，部分原料增长30%以上。同时，受宏观环境低迷、疫情散发、有序供电等因素制约，2/5的规模以上工业企业产值不同程度下滑，其中下滑20%以上的企业近30家。二是农业。2022年干旱对农业影响极大，全县农作物受灾面积近33万亩，加之化肥农药饲料等农资价格持续上涨，农民种植积极性受挫，特别是规模种植大户受损较为严重。三是生活性服务业。由于受到疫情持续影响，恢复发展较为困难，10家限额以上餐饮市场主体关停，中博、巴王、北山等商业街店铺频繁易主。另外，受综合环境因素等制约，目前仅培育"四上"市场主体4家，离全年目标75家差距较大，新增市场主体也仅完成全年目标的67.5%。

2. 项目建设的问题

一是完成进度。全县285个重大重点项目完成投资进度仅为51.7%，欠序时进度23.3个百分点。其中政府投资类项目、新开工项目完成进度分别仅为36.5%、29.8%，欠序时进度高达30个百分点以上。二是要素保障。资金上，尽管年全县向上争取资金好于往年，但平台公司面临银行信贷偿还和项目建设融资"双重压力"，融资贵、融资难现象突出，全年项目建设资金缺口较大。土地方面，需要提高土地供地率，推进耕地占补平衡，以获取新增建设用地指标。配合方面，行业主管部门和业主单位还需要加强协调。三是策划深度。由于资金拨付进度不及时，部分部门策划项目积极性差、精度不高，远达不到市级要求的可开工程度。目前，全县三年滚动投资项目库中达到可开工的项目不足30%。

3. 招商引资的问题

一是协议引资。1—9月，全县招商协议引资欠序时进度近22个百分点。其中，重点责任单位完成年度目标任务的2/3，而一般责任单位协议引资34.35亿元，不足年度目标任务的1/3，乡镇（街道）协议引资也仅完成年度目标任务的61%。二是项目开工。夏季以来，受持续高温和疫情反弹等影响，给招商项目开工带来巨大压力，新签约项目实现开工43个，落地开工率不足50%。部分签约项目，由于前期谋划不充分、成熟度不够、土地要素保障不到位等，短期仍难以开工。如新能源设备制造基地项目已实质开工，因法拍厂房产权手续尚未办结暂无法入固投库。高端磷酸铁锂电池正极材料扩能、环湖产业休闲园高标准柑橘基地建设等项目需前期项目投产后才能开展。三是招商热情。受俄乌冲突、新冠疫情等复杂外部环境影响，线下招商活动开展持续面临较大挑战，部分单位习惯为完成通报任务开展招商，少数单位连续多月未开展招商活动，部分完成全年目标任务的单位开展招商活动的积极性有所降低。

4. 亟须关注的问题

一是消费需求。疫情防控压力仍然较大，辐射影响文化娱乐、休闲旅游、体育健身等聚集活动，制约聚集性消费恢复。同时，受居民收入放缓制约，居民消费较为谨慎，汽车、金银珠宝等非必要消费增速呈现负增长。二是财政收支。随着减税降费政策的持续落地、市场主体经营困难、刚性增资等多重因素制约，全县财政收支矛盾越发突出。同时全县实际债务余额不断在增加，还本付息基本上靠举借新债、项目支出大部分也会转化为债务。三是房地产。受全国房地产大环境影响，叠加县域房地产市场实际情况，全县开发商投资信心严重不足，加之部分大楼盘陆续完工收尾，导致全县房地产销售下滑49.7%。四是企业融资。当前，受宏观环境影响，全县小微企业经营维艰，而处于维护行业利益出发，金融机构审慎贷款越发严重，导致小微企业贷款较为困难，特别是"首贷难"较为突出。

（三）2022年主要指标预测

从当前全县经济运行态势上分析，全县全年GDP预计增长6.5%左右。固定资产投资增长2%；工业增加值增长11%；社会消费品零售总额增长13%；全体居民可支配收入增长7.5%；物价涨幅控制在3%以下。

二、2023年经济运行环境因素分析

从宏观上看，全球疫情形势有所缓和，世界经济持续复苏，以国内大循环为主体、国内国际双循环相互促进的新发展格局正在加速构建，消费结构、需求结构、产业结构不断升级，为全县加快产业转型升级、提升发展水平开辟了广阔空间。同时，国家推行经济跨周期调节，继续实施积极的财政政策和稳健的货币政策，持续激发市场主体活力，为全县发展带来诸多政策利好。从中观上看，重庆积极融入共建"一带一路"和长江经济带绿色发展、新时代西部大开发、西部陆海新通道、成渝地区双城经济圈建设，持续在建设"两地"、实现"两高"和发挥"三个作用"上迈进，其战略叠加效应、政策集成效应、发展协同效应加速释放；加之全市"一区两群"协调发展深入推进，将为全县稳健发展带来诸多投资利好、项目利好。从微观上看，新兴际华医药基地即将投产，特瑞锂电产能迅速壮大，忠润能源、三一绿建等企业正在达产达效，现代商贸、现代物流业、数字经济蓬勃发展，特色产业对经济发展带来有力支

撑。渝万高铁忠县段及站场等配套项目即将开工,"三峡库心·长江盆景"项目进入加速期,投资对经济的基本盘作用坚实。"一江两岸四片区"城市骨架全面拉开,乡村振兴大力实施,生态环境逐步改善,民生民利持续保障,也为经济稳健发展提供了良好基础。但是,全县经济基础仍然薄弱,三次产业结构不优,传统产业占比较高,新兴产业支撑力度不够,城市承载能力仍待提升,特别是资金保障压力较大。

三、2023年趋势展望及下一步工作措施

(一)抓工业稳住基本盘

一是提振存量。抓好强链补链延链,紧盯产值靠前30家企业,加大对海螺水泥、天地药业等骨干企业的服务力度,企业开足马力满负荷生产,把耽误的时间抢回来、把遭受的损失补回来,确保全年工业增加值增长在12%以上。二是扩大增量。全力以赴推进在建工业项目建设,确保10万吨磷酸铁锂正极材料、海南海药西部(忠县)基地等项目在年底前投产,早日投产释放增量,力争全年全县规模以上工业增加值增长在10%以上。三是把握变量。落实好"四上企业"直通车、"一对一"帮扶等机制,强化企业订单、销售、资金、用工等帮扶力度,切实帮助企业解决难题,确保聚融建材、三一绿建、巨琪药业等企业"止滑促增"。

(二)抓项目夯实投资支撑

一是完善项目机制。持续健全投资主管部门牵头、行业主管部门负责的项目策划机制,落实业主单位法人主体、行业主管部门牵头、规建管审批部门配合、乡镇(街道)属地责任的项目建设机制,构建"战略变规划、规划生项目、项目增投资、投资促发展"的项目工作机制,抓紧滚动策划储备一批项目。重点紧盯即将开工的渝万高铁忠县段,凝心聚力,备足功课,确保站房、连接道等工程能顺利开工。二是加强资金保障。加大项目资金筹措力度,在争取上级项目资金、政策性开发银行新增信贷、企业债券、平台公司融资上下狠功夫,力争第四季度再到位各类项目资金30亿元以上。三是严格督查考核。围绕"八个一批""33个重点关注项目"关键点位,持续深化考核"指挥棒"作用,加大对项目开工、问题化解、审批等关键环节的督导督查,确保全县全年重点项目完成投资115亿元以上。

(三)抓服务业回补重点消费

一是扭住关键。加快推进农批智慧城等项目建设,全力以赴抓好万达广场开业,激发忠州商圈活力。提速推进独珠江村、皇华城考古遗址公园等"三峡库心·长江盆景"项目建设,完善旅游配套设施,强化文旅营销,释放全域旅游活力。二是激发消费。积极对接全市支持居住类消费和大宗消费等政策措施,实施家装下乡行动,大力开展"爱尚忠州"、美食节等节会活动,引导支持市场主体创新方式开展促销展销,确保批发、零售、住宿、餐饮市场均保持15%以上增长。三是强化帮扶。采取有效措施恢复消费场景,支持餐饮、住宿等行业恢复发展。加大服务业助企纾困政策兑现力度,融合发展信息、新型金融、研发设计等生产性服务业及健康、社区服务、养老等生活性服务业。

(四)抓农业巩固经济基础

一是分类精准施策。坚持目标导向、问题导向,采取有力有效措施抓好海拔较高地区水稻等秋粮抗旱保收。全面摸清农业产业受灾情况,精准制定补救措施,切实稳定粮食供给,保持现代山地特色高效农业竞争力,确保农业增加值增长在6%以上。二是强化保险理赔。发挥农业保险防灾减灾作用,及时开展保险理赔,进一步简化程序、加快进度,尽快将理赔款支付到各类经营主体和农户。同时扩宽农业产业保险品种,提高农业产业保险额度,增强农业产业抵御自然风险能力。三是用好救灾资金。推动农业

救灾资金落地落实，加大"支农惠农"资金投放力度，缓解农业经营主体资金周转困难问题，提振农业市场经营业主发展信心。

（五）抓改革增强发展活力

一是深化改革。狠抓供给侧结构性改革，提速推进忠州智能盘活云河水电工程，想尽办法提升星博化工、东方农药等土地效益。加快推进"久建未完""应售未售"房地产项目处置，增加商品房新开工量。加大金融支持实体经济力度，确保金融存贷款余额增长12%。二是扩大开放。积极争取国家、全市战略支持，务实推进梁忠疏港铁路、梁忠石高速等项目前期。打好新生港金字招牌，提升货源周转辐射力。持续深化"1+7+N"招商机制，落实"招建管"服务机制，推进招商闭环管理，确保帕丁顿农文旅综合开发等项目及时签约、200兆光伏发电等项目及时开工。三是优化环境。抓好全市营商环境创新试点100项方案落实，扩大"证照分离"覆盖领域，畅通涉企政策信息直达企业渠道，抓好增值税留抵退税执行，确保全年为企业减税降负降成本5亿元以上。

（六）抓民生兜牢发展底线

一是抓民生工程。保持财政民生支持力度，稳步推进老旧小区改造等15件民生实事，加快磨子乡村振兴等项目建设，健全防范返贫机制。二是抓稳定就业。开展"减息让利援企稳岗"专项行动，加大援企稳岗力度，稳定企业吸纳就业能力，确保城镇登记失业率控制在3.4%内。三是抓物价稳定。压实"米袋子""菜篮子"责任制，持续做好价格日常监测和动态调控，落实好粮油肉蛋奶果蔬和大宗商品保供稳价措施，确保物价涨幅控制在合理区间。四是抓粮食安全。深化撂荒地复垦，严守基本农田红线，稳定粮食种植面积、稳定粮食生产，稳步开展粮食储备轮换，确保11.7万吨储备粮安全保质。

[忠县发展和改革委员会　黄　星　周致衡]

之九：2022年云阳县经济运行分析及2023年展望

2022年以来，云阳县上下深学笃用习近平新时代中国特色社会主义思想，深入学习贯彻党的二十大精神和国务院稳住经济大盘电视电话会议、市第六次党代会等会议精神，全面落实"疫情要防住、经济要稳住、发展要安全"的要求，高效统筹疫情防控和经济社会发展，统筹发展和安全，坚持以旬保月、以月保季、以季保年，加紧加密经济调度频次，加速落实稳经济一揽子政策举措和接续政策措施，全力保市场主体保就业稳增长，经济运行总体呈现稳中有进、趋势向好的发展态势。1—9月，全县实现地区生产总值396.9亿元，同比增长4.5%，排名全市第二位、渝东北第一位，规模以上工业增加值同比增长4.2%，固定资产投资同比增长19.2%，社会消费品零售总额同比增长2.6%，一般公共预算收入增长11.9%。预计全年全县地区生产总值增长5%以上。

一、2022年云阳县经济运行情况

（一）着力推动产业结构优化升级，现代产业体系加快构建

深入开展农业产业振兴攻坚行动，启动粮油单产提升"百千万"示范片建设，加快"一综两园四带"建设，率先出台抗灾战"疫"促农增收二十五条政策举措，稳定农业生产，1—9月，实现农业增加值49.7亿元，同比增长6.6%，排全市第一位。秋粮收获面积97.4万亩，产量30.9万吨；果蔬产量分别同比增长5.4%、3.5%；出栏生猪69.1万头，同比增长9.6%。持续推进"千亿工业"高质量发展，狠抓有序用电、能源保障，新投产PCBA集成电路板研发制造、中伦包装材料等项目，完成投资34亿元；培育云为新能源等规模以上工业企业16家，总数达到123家。建成黄岭、数智森林小镇标准厂房16万平方米。强化重点企业跟踪服务，全县工业增加值同比增速3.6%，其中规模以上工业增加值同比增速4.2%。稳步推进建筑行业规模提升，完成注册地建筑业总产值271.4亿元，同比增长12.3%。深入推进服务业高质量发展，完成服务业增加值191.4亿元，同比增长2.8%。开展2022年"天生云阳"云上年货节等活动，实现网络销售额21.1亿元。抓好大数据产业发展，全县大数据核心企业达50家，产值5.6亿元。金融业增加值18.8亿元，同比增长4.4%。交通运输、邮政和其他服务业总体平稳。

（二）加大重大项目牵引支撑，投资拉动效应不断放大

先后开展重大项目提能升级、提速增效、提量提质百日攻坚行动，强化项目全生命周期管理，实行重大项目旬调度机制，项目建设按下"快进键"、跑出"加速度"，152个县级在建重大项目，完成投资148.4亿元；10个牵头市级重大项目，完成投资31.1亿元，占年度目标任务的77.8%。"中国复眼"二期成功落户。抽水蓄能电站、向阳水库、洞鹿风电等一大批事关长远、事关全局的重大项目落地开工。1—9月完成固定资产投资226.6亿元，同比增长19.2%，增速排全市第一位。在全市率先编制并动态更新重大项目三年滚动规划，储备项目706个，总投资1896.3亿元。抢抓政策发展机遇，争取专项债券资金、中央预算内资金、设备更新改造贷款额度共计78亿元，全国首单政策性金融基金8亿元支持抽水蓄能电站建设。

（三）接续开展第二届"天生云阳"金秋节等各类活动，消费潜力加速释放

出台促进消费恢复发展若干政策，全县首个综合性商业综合体滨江购物公园开业，彩云梯、云阳天地、三国印巷等商圈持续火爆。成功举办"嗨购云阳"消费季、第二届"天生云阳"金秋节等主题营销活动，促消费活动合计销售额达140亿元。1—9月，全县社会消费品零售总额完成298.1亿元，同比增长2.6%，增速排渝东北第三位。开展"万达开云奉巫"文旅招商推介金秋惠民消费季活动、巴阳枇杷节等特色活动，发布云阳深度主题游线路10余条，环湖绿道国家4A级旅游景区成功创建，全县共计接待游客1794.4万人次，实现旅游综合收入76.6亿元，分别同比增长21.1%、17.3%。房地产业运行平稳，成功举办房交会3次，商品房销售面积达到93.9万平方米，同比增长7.1%。

（四）着力推动区域协调发展，万开云同城化发展取得积极成效

印发《关于发挥云阳在成渝地区双城经济圈中的"节点作用"的实施意见》，明确科技创新协同、经济中心支撑、绿色发展示范、改革开放辐射、生活宜居地带动五大节点建设，普安恐龙地质公园综合建设一期项目、向阳水库等成功纳入成渝地区双城经济圈2023年重大项目清单。印发《云阳推动渝东北三峡库区城镇群建设2022年工作要点》，长江上游重要生态屏障打造等六大领域58项重点任务加快推进。提速推动万开云同城化发展，万云滨江快速、开云小江快速等项目加快推进，完成国土空间规划方案编制、农民职称评定互认等重大事项年度目标任务，三地毗邻地区就近跨区招生、万开云数字经济等领域通办集群注册、农产品互检互认等均已实现。全力做深渝北对口帮扶、江苏对口支援和山东东西部扶贫协作对口帮扶，全方位推进同渝北、江苏、山东等地政、企、民交流。

（五）着力优化营商环境，保市场主体工作取得积极成效

持续开展市场主体高质量发展行动，全县市场主体总量突破10万户大关，成为全市第一个突破10万户的县。全力推进在库重点企业升规模以上限，新增入库"四上"企业61家，比上年同期增加44家，同比增长258.8%。创新开展"我为企业找政策"大比武活动，印发《云阳县稳经济政策汇编（179条）》，发布"云上营商·政策通"小程序，精准匹配推送消息59.6万户次，为25516家企业匹配推送政策，兑现政策4.5亿余元。开展2022年云阳县"营商环境自评自查自改月"活动，推进"一件事一次办"，云上营商（重庆）科技公司正式挂牌，发布"云上营商"数字化治理平台，营商环境工作获得市政府督查激励，23家企业获评云阳县诚信企业。全力开展招商引资，新签约招商引资正式合同435个，正式合同额311.1亿元，同比增长94.8%，完成年度目标的69.1%；资金到位额114.8亿元，同比增长121.2%、完成年度目标的76.5%。

（六）着力保障和改善社会民生，重点民生实事有序推进

深入落实重点人群就业专项行动，建立人员就业需求及帮扶台账，城镇调查登记失业率控制在5.5%以内，1—9月，全县居民人均可支配收入增长13.1%。打造"云阳家门口就业"服务品牌，开展就业创业活动53场，帮助3.9万名重点群体实现就业或创业，全县新增城镇就业8540人，完成年度目标任务的142.3%，同比增长117.2%。有序推进重点民生项目建设，江南急救中心项目正式开工，妇女儿童医院项目完成总工程量的85%，北城小学、第四初级中学校、职教中心东城校区3所新学校正式建成投用并招生入学。深入推进老旧小区改造，改造总面积约122万平方米，惠及居民1.1万户，改造体量居全市前列。有效落实困难群众保障，4.7万人获得城乡低保资金，8377人获得特困人员救助供养资金，6.4万余名特定人群及优抚对象获投"民政惠民济困"商业保险。

二、存在的问题

（一）市场主体结构不优

从主体类型上看，企业在市场主体中的占比仍然偏低，仅为21.7%。从结构分布上看，三次产业市场主体占比分别为16∶9.6∶74.4，第二产业在市场主体中的占比较少，支撑能力弱。

（二）工业发展后劲不足

受经济下行压力、高温限电和原材料价格上涨等因素影响，部分规模以上工业企业经营困难。企业投资能力和意愿减弱，工业产业项目招引难度大、成效低，短时间内缺乏大企业大项目支撑。

（三）财政收支平衡困难

受疫情冲击及退税减税等因素影响，全县财政收入增长持续放缓，加之"三保"、政府债务还本付息、多领域民生政策等刚性支出提标扩面，财政收支矛盾持续加剧。

三、2023年经济运行的环境分析及趋势展望

当前，国际形势继续发生深刻复杂变化，百年变局和世纪疫情相互交织，地缘政治高度紧张，经济全球化遭遇逆流，世界经济不稳定性、不确定性、不平衡性特点更加突出。我国始终坚持稳中求进工作总基调，按照"疫情要防住、经济要稳住、发展要安全"的要求，高效统筹疫情防控和经济社会发展，加快落实稳经济一揽子政策和接续政策措施，国民经济顶住压力持续恢复，总体运行在合理区间，但经济恢复基础仍不牢固，经济下行压力仍然较大。全市加大宏观政策实施力度，加力落实稳经济一揽子政策措施和接续政策措施，着力保市场主体稳就业稳物价，新兴产业加快壮大，区域协调发展成效明显，发展韧性不断显现，经济企稳回升内在动力持续增强。云阳统筹疫情防控和经济社会发展，坚持生态优先、绿色发展，主动服务成渝地区双城经济圈建设、"一区两群"协调发展战略，加快推动万开云同城化发展，加快构建现代产业体系，持续优化营商环境，全力推进以人为核心的新型城镇化，不断改善民生促进共同富裕，预计2023年全县GDP增长7%左右。

四、2023年主要工作措施

（一）全力推动产业高质量发展

一是持续壮大工业经济。深入实施链群、质量、科技三大赋能工程，做大做强绿色消费品、装备制造、清洁能源、绿色建筑等产业。加快推进恒顺调味品、宇泽森智慧燃气等重点项目建设进度。推动黄岭组团、数智森林小镇大健康产业园区30万平方米标准厂房建设。引导存量企业转型升级，推动企业数字化、智能化、绿色化发展。抓住沿海向内地产业转移机遇，用好用活"双群主""双链主"工作机制，全力招引产业链项目，提量培优"千亿工业"。二是加快现代服务业高质量发展。实施商贸主体百强培育计划，力争全年培育重点及限额以上商贸企业100家。优化彩云梯商圈、城中城商圈等县城核心商圈，推进乡镇商贸中心建设。开展好"天生云阳·金秋节"等区域消费活动。进一步完善县乡村三级物流配送体系，持续推动电商发展。推进国家级全域旅游示范区创建，加强文旅品牌活动策划宣传。提升绿色健康食品供给能力，发展中医药全产业链，培育康养、医美、休闲、医疗器械制造等业态，加快建设"三峡健康城"。依托数智森林小镇大数据产业园和大数据孵化园两个平台，招引一批大数据企业，推动数

标注向数据清洗、数据治理转型，形成数据产业链群。三是推动农业一、二、三产业融合发展。以"一综两园四带"示范引领全县农业现代化。抓好双龙国家数字农业创新应用基地应用示范。加大高标准农田建设，实现新建高标准农田5万亩。做大做强农产品加工产业集群，扶优扶强农业龙头企业，实现全产业链发展。深度挖掘本地乡村历史、文化价值，开发乡村精品旅游路线。持续壮大"天生云阳"等品牌。

（二）全力以赴抓项目稳投资

一是加快推进重大项目建设。持续加强重大项目调度，及时协调解决项目推进过程中的难点、卡点问题，形成更多投资实物量。开工超大分布孔径雷达高分辨率深空域主动观测设施、人和—巴阳田园综合体等项目99个，加快推进建全抽水蓄能电站、向阳水库、江龙高速等项目建设，力争2023年完成重点项目投资260亿元，带动固定资产投资突破350亿元。二是加强项目策划储备。对标对表上级政策，围绕优势产业基础升级、新能源领域、民生热点等补短板，动态调整重大项目三年滚动规划，加快推进项目前期工作。做好2023年中央预算内投资和地方政府专项债券资金申报。三是深化项目审批制度改革。实行"平面审批"和快速审批，加强技术审查与行政审批适度分离体制机制研究。四是做好投融资模式研究。抢抓一揽子政策机遇"叠加期"，做好老旧小区、交通、水利、新能源等方面的投资模式研究。

（三）全力抓好区域协调发展

一是加快在成渝地区双城经济圈中发挥"东向辐射、南向联通、西向同城、北向融合"节点作用，围绕全国性综合交通枢纽、产业协同配套、区域旅游集散、绿色发展示范等领域，深度融入万达开川渝统筹发展示范区建设，加强与达州、自贡、阆中等城市合作。二是全力推进万开云同城化发展。坚持一体化规划、组团式发展、协同性建设，联动万州、开州打造同城化发展新样板，加快推动城镇发展、基础设施、公共服务设施空间布局无缝衔接，有序推进2023年万开云同城化重大事项、重大项目和便捷服务事项。三是加大江苏对口支援、渝北对口帮扶、山东东西部扶贫协作对口帮扶合作力度。扩大渝北对口帮扶成效，进一步加强产业协同和科技协作，助推乡村振兴、推动建立横向生态补偿机制。全面深化江苏对口支援工作和山东威海东西部协作，进一步完善体制机制、加深互动交流、做大产业合作。

（四）全面激发发展活力

一是持续推进重点领域改革。深入谋划跨部门、跨领域的全局性改革，全力推动新旧动能加速转化。全面推行电子招投标，营造公平、公正、和谐的政府采购环境。深化国资国企改革，着力优化资本布局，做强"五大集团"，提高企业运转效率。促进民营经济发展壮大。二是加大市场主体培育力度。持续优化市场主体结构，培育壮大"四上"企业，开展"工商企业小巨人培育计划"，按产业、产值等分类建立重点培育清单，促进各类市场主体"个转企、小升规、规改股、股上市"。三是持续优化营商环境。对标世行最新标准，培育营商环境新优势，提档升级"云上营商"系列品牌，持续推进"一件事一次办"，深入打造办事不求人的云阳营商品牌。力争创建全国第五批社会信用体系建设示范城市，不断拓展"信易+"场景应用，让守信企业感受到实实在在的"信用红利"。四是持续深化对外开放。推动云阳保税仓与万州综保区联动发展。加强与重庆自贸试验区有关功能板块联动开展改革试验探索。积极引导企业参加西洽会、广交会、进博会等重点展会，拓展"一带一路"沿线国家和地区以及东盟等新兴市场，培育外贸经济新的增长点。

（五）全力保障和改善民生

一是强化就业优先政策，持续优化"云阳家门口就业"服务品牌，着力在农产品加工业、旅游业、公共服务业等重点行业扩就业增量，持续推进以工代赈，统筹做好16~24岁青年、农民工、城市困难人员等重点群体就业。二是健全社会保障体系。强化社会保险参保扩面宣传，持续做好灵活就业人员、重点群体精准扩面，完善全民参保数据库。三是稳步推进2023年民生实事，加大对教育、医疗卫生、养老托育、文旅体育等社会领域项目的支持力度。四是加强价格监测预警，尤其是重要民生商品和大宗商品的价格监测，科学发挥价格的调控职能，保障困难群众的基本生活不受物价上涨的影响。五是统筹发展与安全。全面贯彻落实进一步优化防控工作的二十条措施，抓好常态化疫情防控。严格落实安全生产责任制，坚决遏制较大及以上安全事故发生。

[云阳县发展和改革委员会　田秋香　张志强　张呈秋]

之十：2022年奉节县经济运行分析及2023年展望

2022年，面对疫情、旱情等多重超预期因素冲击，奉节县坚持稳字当头、稳中求进工作总基调，高效统筹疫情防控和经济社会发展，深入贯彻落实稳住经济大盘各项政策措施，全县上下积极应对、共克时艰，经济运行触底波动、恢复向好。1—9月，奉节县GDP同比增长4.3%，高于全市1.2个百分点，居渝东北第二位、全市并列第四位。

一、2022年奉节县经济运行情况

（一）经济运行的主要特征

1. 重点项目稳步推进，有效投资持续增长

1—9月，全县重点项目完成投资84.7亿元，占第三季度计划投资的99.5%，比上年同期提高18.5个百分点，其中：社会投资项目完成60.1亿元，占第三季度计划投资的101%；政府投资项目完成24.6亿元，占第三季度计划投资的96%。发行地方政府专项债券6.6亿元，到位5亿元，完成实物进度63.6%；争取政策性开发性金融工具项目基金2.67亿元；争取到位中央预算内投资及市级资金2.08亿元。固定资产投资同比增速8.4%，排名渝东北第7位、全市第13位，其中，工业投资同比增长21.4%，基础设施投资同比增长17%，房地产投资同比增长13.5%。

2. 线上消费持续活跃，市场总体企稳回暖

网络消费快速发展，电商主体总量达到3407户，同比增长17.5%；电商上行销售额34.3亿元，同比增长82%，增速比上半年提高34个百分点。汽车等大宗消费品增长势头继续走强，前三季度县内汽车销售8023辆，同比增长14.4%，增速比上年同期提高12.6个百分点。1—9月，新增商贸行业市场主体5831户、服务业企业926户，批发、零售、住宿、餐饮销售额分别同比增长8.2%、7.3%、3.8%、5.9%。社会消费品零售总额87亿元，同比增长2.2%，增速比上半年提高1个百分点，高于全市0.7个百分点。

3. 招引项目加快落地，招商引资质效双升

全县招商引资新增签约项目239个，合同投资额270.2亿元（含框架协议投资项目），分别完成年度任务的70.9%、83.1%，其中亿元以上投资项目50个，完成年度任务的125%，投资额216.9亿元。新增开工项目91个，投资额77.3亿元，当年签约项目开工率55.4%；在建项目到位资金58.2亿元，同比增长13.5%，完成年度任务的76.6%，当年投资转化率21.5%。在市级招商引资考核中，奉节县4—8月连续在渝东北三峡库区城镇群排名第一位。

4. 三次产业协同发展，质量效益不断提升

一是农业稳。清理整治撂荒地1.35万亩，粮食种植面积达119万亩，蔬菜种植面积达25.8万亩，同比增长6%，生猪出栏50万头，同比增长11.5%，猪肉产量3.88万吨，同比增长12.7%。生猪价格波动上升，由年初的16元/千克，回落至6月的13.65元/千克，9月底上升至24元/千克。脐橙种植面积稳定在37万亩，销量提升至40.8万吨，综合产值达37.86亿元，分别同比增长16.6%、14.7%。中药材种植面积新增5000亩，总规模达到17万亩。全县农业总产值58.2亿元，同比增长5.6%。

二是工业升。新增制造业企业170户，工业企业总数达1160家，新认定"专精特新"企业9家。工业园区标准厂房达16.8万平方米，投产企业70家，其中眼镜企业39家，成功创建重庆市眼镜产业示范基地。全县工业用电1.7亿千瓦·时，同比增长18.3%；工业用气214万立方米，同比增长121%。1—9月，规模以上工业实现产值54.29亿元，增速16%，其中能源行业实现产值25.13亿元，同比增长24.2%，占比达46%。全县工业增加值增速6%，其中规模以上工业增加值同比增长8.4%，高于全市4.4个百分点。

三是旅游回暖企稳。白帝城·瞿塘峡景区创成全国5A级景区，吐祥龙洞湾等一批景区开园迎客，全县A级景区达24家。成功举办长江三峡旅游一体化宣传营销、文化旅游郑州专场推介等活动，深度合作《2022中国诗词大会》，首播观众达2.04亿。推出"畅游奉节卡""坐高铁游三峡"等惠民活动，旅游热度明显上升。1—9月，全县累计接待游客2076.78万人次，同比增长26%（其中：乡村旅游828.58万人次，同比增长59%），旅游综合收入114.77亿元，同比增长26%。

5. 财政收入降幅收窄，税源结构发生明显变化

全县财政收入16.14亿元，同比下降42.2%，降幅比1—6月收窄4.4个百分点。一般公共预算收入10.2亿元，同比下降20.9%，降幅比1—6月收窄13.4个百分点，其中非税收入6.65亿元，同比增长26.5%，占比达65.2%，较上年年底提高26.8个百分点。税收收入持续减少，入库县级税收3.55亿元，同比下降53.6%。重点税源主要集中在批发零售、金融、房地产、建筑、电力等行业，其中批发零售业税收占比从上年的16.8%增长至38.6%，成为第一支柱。

6. 返乡创业持续增长，就业形势总体稳定

新认定就业帮扶车间12家，招引173名企业家在奉投资创业，引进技术骨干、管理人员413人，回引农民工等群体就业创业2943人。农村富余劳动力转移就业35.7万人，同比增长4%；离校未就业应届高校毕业生就业率达67.6%，较上年同期提高10.6个百分点；实现登记失业人员就业4220人、就业困难人员就业3978人，分别完成市级下达年度任务的191.8%、234%，零就业家庭实现动态清零。1—9月，全县新增城镇就业7246人，超额完成年度目标。

（二）存在的主要问题

1. 疫情多点散发对旅游市场、招商引资等造成较大冲击

疫情对旅游业的冲击仍在持续，前三季度，全县景区累计购票游客100.8万人次，同比下降18.4%，旅游门票收入1920万元，同比下降39%。受疫情防控、经济下行等因素影响，1—9月，51家招商引资企业取消赴奉考察对接，30个外出考察项目被迫延期；正式签约项目中，22个暂缓投资、3个取消投资意愿，占全部正式签约项目数的10.5%，8月以来，签约项目开工率和合同资金到位率都呈下滑趋势。

2. 极端高温天气对农业生产、居民生活等造成不利影响

受7—8月高温干旱天气影响，全县农作物受旱面积达58.5万亩，其中脐橙受旱面积达到29.6万亩（占总面积的80%），柑橘树死亡率比正常年份高出0.4%，果实萎蔫、裂果、落果、日灼果等造成挂果量减少约20%。县城生活用水出现短缺，在较长时间内实行分时分区供水，给居民生活带来不便的同时，也对商贸行业，特别是住宿、餐饮行业造成较大冲击。

3. 建筑房地产持续低迷，下行压力不断增大

奉节县建筑企业普遍资质等级偏低、实力不强，缺乏市场竞争力，前三季度建筑业增加值负增长

1.6%，拉低第二产业对经济增长的贡献度，全县第二产业增加值增速排名渝东北第 11 位。房地产供需两端信心不足，商品房新开工、竣工面积分别同比下降 52%、86.7%，销售面积同比下降 2.2%，入市未销售面积达 16.2 万平方米，全县房地产行业保建设、保交房、保稳定的压力仍然较大。

4. 市场主体培育的进度和质量仍有较大提升空间

截至 9 月底，奉节县实有市场主体 83303 户，较上年底增长 16.5%，其中企业仅占市场主体总数的 18.1%，"四上"企业与限额以上个体户仅占市场主体总数的 1.44%。在疫情影响和经济下行压力增大的大环境下，全县市场主体质量不高、存活率低、抵御风险能力弱的问题凸显。

（三）2022 年经济运行预测

综合分析当前全国全市经济形势，结合奉节经济特点和前三季度经济运行基本特征，初步预测全年地区生产总值将增长 7%左右，规模以上工业增加值增长 9%，固定资产投资增长 10%，社会消费品零售总额增长 5%。

二、2023 年经济运行环境及因素分析

当前，世纪疫情仍处于高位流行态势，世界百年变局加速演进，国际国内形势依然复杂严峻，经济恢复稳定发展存在较多困难挑战，也面临新的历史机遇。

一方面，国际局势持续动荡，未来世界经济不稳定、不确定、不平衡的特点将更加突出，全球供给制约、需求不足问题交织，经济增长动力减弱。同时，国内需求收缩、供给冲击、预期转弱三重压力持续显现，疫情多点散发、多地频发，经济循环畅通和有效需求释放受到较大影响，加之经济结构不优、发展质量不高的问题短期内难以扭转，经济下行的压力仍然较大。

另一方面，党的二十大顺利召开，对国际国内经济形势做出科学判断，对我国经济社会发展的经验和成就进行系统总结，提出新时代新的奋斗任务，做出加快构建新发展格局推动高质量发展、实施科教兴国强化人才支撑等一系列重大战略部署，进一步凝聚了发展的信心和动力。此外，国家出台稳住经济大盘系列政策，市级各部门陆续完善相关配套措施，在财税、金融、投资、消费、产业链供应链等方面加大调控力度，有效帮助市场主体渡过难关，并将持续发力促进经济进一步恢复向好。

三、2023 年经济趋势预测

随着稳住经济大盘系列政策及相关配套措施的出台，为加快基础设施建设、改善区域交通条件、促进产业提质增效、推动城乡协调发展带来新的机遇，奉节县紧紧围绕县委"1239 工作思路"，持续推进"九项行动计划""五大工程"，以提速项目建设、大力招商引资、加快城乡建设、促进产业升级为工作重点，持续推动经济恢复向好，不断开创"兴业兴城，强县富民"新局面。预计 2023 年 GDP 同比增长 6%左右，规模以上工业增加值、固定资产投资、社会消费品零售总额分别同比增长 8%、9%、10%，城乡常住居民人均可支配收入同比增长 8.5%。

四、政策调控措施建议

（一）持续扩大有效投资

一是用足用活政策。紧盯国家和市级系列支持政策，用活用足政策性开发性金融工具、政府债券、专项基金、企业债券等份额，围绕交通、能源、水利、新型基础设施等重点领域加大资金争取力度，实

现项目资金无缝对接。二是强化项目储备。搞好政策研究储备，结合上级政策和本地发展需求积极策划包装一批重大项目，并及早启动前期工作。三是规范项目决策。统筹发展与安全，积极稳妥化解债务风险，有效控制隐性债务增量，进一步加强政府投资项目审批，将项目决策、审批作为防范地方债务风险的重要抓手，从源头上管控政府债务。

（二）大力开展招商引资

完善"一体洽谈签约"和全程跟踪服务招商责任体系，落实县级领导带头招商、行业部门责任主体工作机制，坚持"谁牵头谁负责、谁招引谁落实"，推动意向项目加快签约、协议项目加快落地。持续深挖乡贤资源、商会协会资源和落地客商资源，围绕重点产业精准招商、亲情招商、以商招商，做好高铁沿线招商，推动数字经济、科创项目等落户奉节。

（三）加快推动消费复苏

科学精准施策，慎始如终抓好常态化疫情防控，确保内循环通畅。持续抓好稳经济、促消费等各项政策措施落地见效，切实帮助市场主体渡过难关，加强政策宣传，提振市场信心。聚焦汽车、家电、房地产等重点消费领域，加大政策支持力度，进一步激发大宗消费品市场活力。积极举办惠民消费和节会赛事，通过发放消费券等方式，支持创新消费场景、打造夜间经济，培育更多消费增长点。

（四）持续保障改善民生

严格落实"三保"优先，精准调度财政收支，按时足量发放基本民生待遇。扎实做好迎冬保暖、用水用电保障，落实粮油、蛋奶、果蔬保供稳价措施，加强重要民生商品价格日常监测，保障居民生活水平。加快推进18件市县重点民生实事，解决好群众最关心、最直接、最现实的问题，提高居民获得、感幸福感。

（五）宣传引导预期向好

以宣传贯彻党的二十大精神为契机，完整准确宣传阐释党中央关于经济形势的科学判断和重大决策部署，做好热点敏感问题的舆论引导和风险化解。梳理、宣传相关行业企业经营恢复向好的典型案例和稳住经济各项政策落地见效的经验做法，释放经济运行的积极信号，坚定社会发展信心，引导市场预期向好。

（六）提早谋划来年经济工作

落实好即将召开的中央经济工作会议和市委经济工作会议决策部署，强化政策预研，围绕县委"1239"工作思路和"兴业兴城，强县富民"发展目标，科学制定发展目标任务，系统谋划重大项目、重点招商、产业增效、城乡建设以及稳企业、稳主体、稳就业、保民生等重点工作。加强第四季度和来年各项工作统筹衔接，确保经济加快复苏和来年经济良好开局。

[奉节县发展和改革委员会　胡小林　刘　阳　刘　诚]

之十一：2022年巫山县经济运行分析及2023年展望

2022年，巫山县上下坚持以习近平新时代中国特色社会主义思想为指导，立足新发展阶段，完整、准确、全面贯彻新发展理念，积极服务和融入新发展格局。坚持按照"疫情要防住、经济要稳住、发展要安全"的总体要求，统筹经济社会发展和疫情常态化防控，前三季度全县经济持续恢复，实现地区生产总值157.8亿元，同比增长3.7%，增速在全市排名第16位，较上半年上升8位，在渝东北排名第九位。

一、2022年巫山县经济运行情况

（一）经济运行基本特征

1. 第一产业发展势头良好

前三季度第一产业增加值同比增长6.1%，在全市、渝东北均排位第2，排位大幅提高。一是特色农业持续做优做强。有序推进巫山脆李防裂果增糖增产综合技术研究示范试验，脆李产量同比增长18%。中药材价格良好，药材销售额达1.5亿元。二是生猪量价齐升。前三季度生猪存栏、母猪存栏、生猪出栏分别同比增长6.2%、3.4%、6.6%，生猪价格从5月开始回升，当前在25元/千克左右。三是粮油生产形势保持稳定。小春粮食和油菜的播种面积产量均稳定增长，获得市农业农村委"小春粮食生产贡献突出"的通报表扬。蔬菜生产实现面积、产量双增长。

2. 第二产业稳中有进

前三季度第二产业增加值同比增长2.4%，在全市、渝东北分别排位第29、第9。一是建筑业恢复性增长。培育鼎能建筑等3家有资质的建筑企业，建筑企业产值同比增长12.3%，是建筑业增加值回暖的主要动力。建筑业增加值核算涉及的另一个指标建筑安装工程投资同比增长3.6%。二是工业平稳增长。7月、8月的两次迎峰度夏限电对规模以上工业企业生产影响较大，前三季度工业增加值同比增长1.8%。其中园区规模以上企业产值同比增长18.5%。新能源开发效益渐显，建成重庆两坪光伏项目、巫山青山头风电项目、重庆巫山红椿风电场，装机容量共27.45万千瓦。

3. 第三产业触底回升

前三季度第三产业增加值同比增长3.5%，在全市、渝东北分别排位第10、第4。一是金融业稳定增长。前三季度本外币存贷款余额同比增长9.3%，比上半年、第一季度分别提高0.4个、3.5个百分点。二是商贸业（批发业）、房地产业、交通运输业下滑边际收窄。批发业销售额、商品房销售面积、公路运输总周转量分别同比下降6.1%、17%、16.7%。

4. 固定资产投资平稳增长

一是固定资产投资情况。前三季度完成固定资产投资同比增长7.3%，增速在全市排名第15位，在渝东北排名第八位，分别较上半年上升7位和2位。其中工业投资同比增长18.6%，房地产开发投资同比增长 2.2%，设施投资同比下降 3%。二是重点项目情况。全县 56 个县级重点项目，1—9 月完成投资率 31.45%。三是争资引资效果明显。制造业中长期贷款项目获批 4 个，部分领域设备更新改造贷款财政贴息项目获批 6 个。前三季度全县共签约合同 29 个，完成全年目标任务的 68.13%，到位资金完成全年目标任务的 47.53%，新签约项目开工率 72.41%。

5. 消费市场逐步回暖

前三季度社会消费品零售总额同比增长 1.6%，由负转正。旅游市场触底回升。前三季度景区购票人数同比下降 49.5%，第三季度降幅收窄。

6. 经济基本盘总体稳定

陆续制定实施《巫山县稳住经济大盘措施清单》《巫山县贯彻关于促进服务业领域困难行业恢复发展的若干措施》《巫山县贯彻促进消费恢复发展若干政策措施》等政策措施，留抵退税近 4 亿元，银行机构为市场主体共计发放贷款 30 余亿元。全县市场主体总量较上年底增长 7.26%。前三季度一般公共预算收入、税收收入分别同比下降 4.2%、33.8%，较上半年降幅分别收窄 30.8 个、31.1 个百分点。

（二）存在的问题

一是经济下行压力大。受旱情、疫情影响，经济发展的不稳定不确定因素较多，保持经济持续健康发展面临诸多压力和挑战，市场主体发展较困难，动力支撑不足。

二是投资稳增长压力较大。在库项目剩余投资严重不足。新入库项目不多，受招商引资落地不足和公共资源交易下降等影响，新开工项目较少，每月入不敷出。

三是产业结构转型升级缓慢。文旅企业整体数量少体量小，工业发展不及预期。随着全县城镇化率不断提升，叠加高铁开通后中心城市的虹吸效应，第二产业中以建筑业为主的发展模式保持高增长难度逐渐加大。

（三）2022 年主要经济指标预测

从当前全县经济运行态势分析，全县全年经济稳中有进、进中向好，预计全年地区生产总值增速高于前三季度。

二、2023 年经济运行的环境及因素分析

从国际国内看，疫情反复、俄乌冲突和美元加息周期等带来的冲击对全球经济造成巨大压力，严重抑制了全球经济的复苏和发展，随着国家出台稳经济一揽子政策措施落实落地，生产供给继续恢复，就业物价总体平稳，民生保障有力有效，经济延续恢复态势。

从重庆市看，重庆着力推动成渝地区双城经济圈建设、新时代西部大开发和长江经济带发展等重大战略，着力建设具有全国影响力的科技创新中心，随着产业体系不断优化升级，"一区两群"协调发展，恢复基础逐渐筑牢。

从县内看，巫山作为渝东门户、重庆向东开放的桥头堡，是长江经济带上重要的节点，渝东北三峡库区城镇群建设等带来的重大发展机遇，"水陆空铁"立体交通枢纽全面形成，现代山地特色农业持续壮大，清洁能源产值快速提高，文旅品牌影响力日益扩大，内生动能持续增强，发展基础不断稳固，预计 2023 年县域经济稳中向好。

三、政策调控措施建议

（一）支持渝东北生态产业加速发展

一是建设三峡库区清洁能源基地。全市优质风光资源主要集中在渝东北地区，巫山现有装机量在全市、渝东北占比较高，在年度竞争性配置中给予巫山新能源项目更多支持。根据全市电网调峰需求，全县抽水蓄能电站建设将有效解决渝东北清洁能源电力消纳问题，支持巫山大溪抽水蓄能项目开工建设。二是打造渝鄂陕交界地区商贸物流集散中心。两巫高速、巫山至官渡高速支线等项目建设，能有效打通巫山南北、东西通道，推动建设渝鄂陕交界地区商贸物流集散中心，支持全县尽早启动项目建设。

（二）支持边远区县投资放量

一是资金上倾斜。加大长江经济带、老旧小区改造、兜底线补短板等中央预算内、专项债券资金对巫山等边远区县的支持力度，充分发挥政府投资引导带动作用，扩大中长期贷款、贷款贴息等金融财政政策的支持范围，加大力度支持民间投资发展。二是支持解决项目建设瓶颈问题。全县公益林面积占林地面积超过三分之二，由于部分不宜划为公益林的区域纳入了公益林，一定程度上制约了项目建设进度，请市上在公益林调整指标时给予支持。

（三）进一步加大对困难行业的扶持力度

一是消费领域。建议市里加大力度鼓励支持区县发放消费券，重点投向文化、旅游、零售、住宿、餐饮等行业。二是房地产领域。加强房地产项目信贷支持，进一步加大个人住房按揭贷款支持，促进房地产市场平稳健康发展。

［巫山县发展和改革委员会　吕　岱　孙　军　刘雨涵］

之十二：2022年巫溪县经济运行分析及2023年展望

2022年以来，巫溪县认真贯彻落实党中央、国务院决策部署和市委、市政府工作要求，坚持全面落实"疫情要防住、经济要稳住、发展要安全"的要求，高效统筹疫情防控和经济社会发展，统筹发展和安全，把稳增长放在更加突出的位置，进一步加大宏观政策实施力度，加力落实稳经济一揽子政策措施和接续政策措施，着力保市场主体稳就业稳物价，有效对冲了极端高温天气、旱情、疫情、缺电、缺水等超预期因素影响，经济发展呈现稳中有进、稳中向好的态势。

一、2022年巫溪县经济运行分析

（一）前三季度经济运行情况

前三季度，地区生产总值实现88.5亿元，同比增长4.1%，增速分别排名全市、渝东北片区第11位、第4位。前三个季度GDP分别累计增长4.4%、4.4%、4.1%，增速持续保持在4%以上。一、二、三产业增加值增速分别为5.0%、6.6%、2.9%，三次产业结构比为19.7：23.9：56.4，三次产业经济贡献率分别为25.7%、34.5%、39.8%，分别拉动经济增长1.1个、1.4个、1.6个百分点。

1. 第一产业平稳向好，保供能力持续增强

前三季度，第一产业实现增加值17.5亿元，同比增长5%，增速在全市、渝东北片区分别排第6位、第5位，较上半年全市、渝东北片区排位分别上升11位、4位。农林牧渔业实现总产值28.2亿元，同比增长5.7%。其中，粮食种植面积约88.6万亩，同比增长0.4%；园林水果2.6万吨，同比增长33.9%；蔬菜18.5万吨，同比增长2.7%。出栏生猪40.7万头、牛2857头、羊13.6万头，分别同比增长9%、13.1%、1.9%。签订3.1万亩烟叶收购合同，收购烟叶2.4万担；收获中药材1.75万吨，同比增长1%。

2. 第二产业总体平稳，建筑业支撑强劲

前三季度，第二产业实现增加值21.1亿元，同比增长6.6%，增速在全市、渝东北片区分别排第4位、第2位，增速较一季度提高5个百分点，较上半年回落1.2个百分点。其中，全县工业实现增加值6.2亿元，与上年持平，较上半年下降1.8个百分点。规模以上工业总产值10.2亿元，同比下降14.5%。分门类看，采矿业增加值同比增长8.3%；制造业增加值同比增长0.4%；电热力、燃气及水生产和供应业增加值同比下降1%。其中，建筑业实现增加值14.9亿元，同比增长9.6%。全县注册的资质以上建筑企业实现产值29.8亿元，同比增长20.9%。建筑业对经济增长的贡献率为34.5%，拉动经济增长1.4个百分点，是拉动力最强的行业。

3. 第三产业平稳增长，商贸行业全面提升

前三季度，第三产业实现增加值49.9亿元，同比增长2.9%，增速较上半年提高0.2个百分点，排全市第16位、渝东北片区第6位。其中，全县实现社会消费品零售总额48.8亿元，同比增长2.2%，较上半年提高2.1个百分点。批发业同比增长10.9%，零售业同比增长7.8%，住宿业同比增长2.9%，餐饮

业同比增长5.8%，分别较上半年提高2.3个、1.8个、2.2个、2.5个百分点，均保持平稳增长。房地产业实现增加值4.3亿元，同比增长4.5%。商品房销售面积26.4万平方米，同比增长7.1%。

4. 固定资产投资持续发力，重大项目支撑明显

前三季度，固定资产投资完成56.0亿元，完成全年目标的65%。分季度看，第一季度同比增长23.1%，排全市第五位；第二季度同比增长24.8%，排全市第一位；第三季度同比增长13.1%，排全市第三位；前三个季度均保持高速增长，排全市前列。分板块看，基础设施建设完成投资36.5亿元，同比增长13%；房地产完成投资10.4亿元，同比下降7.2%；工业完成投资3.9亿元，同比增长4.4%，首次实现正增长。分产业看，第一产业完成投资0.94亿元，同比增长44.1%；第二产业完成投资3.9亿元，同比增长4.4%；第三产业完成投资51亿元，同比增长13.41%。从项目开复工看，157个重点项目共开复工98个，开复工率62.4%，开复工率较上半年提高14个百分点。

5. 财政运行有力有序，金融信贷增长较快

前三季度，一般公共预算收入完成5.2亿元，同比增长5.1%，较上半年提高4.8个百分点，高于全市17个百分点，在全市、渝东北片区分别排第7位、第2位。其中：税收收入完成2.49亿元，同比下降10.1%；非税收入完成2.72亿元，同比增长24.2%。一般公共预算支出完成37亿元，同比增长11.9%，较第一季度、上半年分别提高8.9个、1.2个百分点，在全市、渝东北片区分别排第10位、第2位。前三季度，全县金融机构人民币各项存款余额238.7亿元，同比增长11%；各项贷款余额188.2亿元，同比增长19.1%。

6. 居民收入增长较快，社会民生保障有力

前三季度，全县居民人均可支配收入15868元，同比增长8.9%。其中，城镇常住居民人均可支配收入24942元，同比增长5%；农村常住居民人均可支配收入9585元，同比增长7.7%。全县城镇新增就业3004人，登记失业人员就业1717人，困难人员就业1572人，提前完成市级下达目标；开发公益性岗位安置就业困难人员8541人，城乡养老保险参保率稳定在95%以上。

综合来看，得益于全县固定资产投资高位拉动、建筑业强劲支撑、财政金融有力保障、消费服务持续发力、农业生产平稳有序，前三季度全县经济运行实现持续平稳向好发展态势，但工业经济持续低迷、房地产投资增长乏力等困难不容忽视。

（二）存在的问题

1. 工业增长压力巨大

一是规模以上工业差距大。一方面，前三季度规模以下工业营业收入增长18.6%，但规模以上工业总产值下降14.5%，规模以上和规模以下工业发展极不平衡；另一方面，虽然工业企业将升规3家，但是也有3家规模以上工业企业面临下规退库，同时新升规企业体量较小，难以弥补下规退库企业缺口，后续增长乏力。二是工业产出不足。受8—9月连续高温干旱影响，前三季度水力发电企业产值减少51%；受建筑市场萎缩，商品混凝土产值同比下降44.3%；受7—8月迎峰度夏限电影响，16个规模以上工业采矿业、制造业产值下降4700万元。

2. 商贸业下滑风险大

一是全县商贸业限额以上在库主体单位较少（共162家，其中批发企业14家、零售企业90家、住宿企业13家、餐饮企业45家），相比城口县、巫山县多，但比奉节县、云阳县分别少188、138家。二是关闭（注销）停（歇）业个体较多。目前限额以上商贸共有21家单位停报数据，其中餐饮11家、零售7

家、批发1家、住宿2家，特别是餐饮业停歇业个体较多。三是企业下限风险高。部分个体经营发展不均衡，经营活力不高，时间已过3/4，而销售额或营业收入还未达到限额标准的一半，存在下限的风险。

3. 房地产市场信心不足

前三季度房地产投资完成10.4亿元，同比下降7.2%，特别是房地产投资从8月开始呈现下滑趋势，同时房地产市场2022年内无新楼盘开建，且无新增可售楼盘，加之销售市场严重下滑，导致房地产投资将持续呈现下降趋势。

（三）2022年主要经济指标预测

综合分析2022年前三季度经济形势、宏观政策取向和经济增长支撑因素，预计全年地区生产总值同比增长5%左右，农业增加值同比增长5.5%，建筑业总产值同比增长30%左右、固定资产投资同比增长18%、批发同比增长11%、零售同比增长9%、住宿同比增长5%、餐饮业同比增长6%。

二、2023年经济运行的环境及因素分析

从全国来看，国家经济表现出极强的韧性，潜力大、活力高，长期向好的基本面没有改变。特别是党的二十大胜利召开，提出了系列战略举措，擘画了未来美好蓝图，为全党全国各族人民奋进新征程增添了坚强信心和力量，为经济高质量发展指明了方向，但外部环境不确定性较多，国际环境复杂多变，全球新冠肺炎疫情存在不确定性，国家经济发展面临的需求收缩、供给冲击、预期转弱三重压力比较突出。

从全市来看，全市经济发展韧性不断显现。在复杂严峻的国际环境和国内经济下行压力的背景下，全市高效统筹疫情防控和经济社会发展，着力推动稳经济一揽子政策，加快释放政策效能，经济持续恢复，生产需求稳中有升，民生保障有力有效，发展韧性不断显现，但依然稳中承压。

从全县来看，全县经济保持平稳较快增长。一是乡村振兴持续发力。作为全国乡村振兴重点帮扶县，"一县一策"支持政策措施正在逐步推进，将极大提升巫溪的基础设施、生态文明、生态产业、城乡建设、社会民生、要素保障的发展水平，推动巫溪经济社会全方位加速发展。二是招商引资持续发力。巫溪县委、县政府高度重视招商引资工作，强考核、重实效；2022年以来，签约项目18个，开工16个，正式合同额30.73亿元，收集招商线索180余条，储备招商项目200余个，这为2023年的招商工作和项目落地奠定了强有力的基础。三是生态优势持续发力。加快创建国家全域旅游示范区，推动旅游发展提质增效，2022年9月底成功举办重庆秋季旅游启动仪式暨第四届中国（重庆·巫溪）巫咸文化旅游艺术季开幕式，发布全新城市品牌"天地灵气·逍遥巫溪"，提升旅游宣传推介的影响力、吸引力。但也应看到，周边区县发展势头迅猛，形势逼人，而全县产业结构不优、工业短板突出、市场消费尚未恢复、自身造血功能不足、收支矛盾凸显等问题短期难以破解，交通瓶颈尚未突破等发展要素制约依然明显，经济发展支撑面临的挑战依然严峻。

2023年，面对错综复杂内外部环境，巫溪必将着眼全国发展大局，紧紧结合全市发展大计进行统筹谋划，努力发挥比较优势，找准定位方向，抢抓发展机遇，加快推进经济社会高质量发展。

三、政策调整措施建议

（一）抢抓政策机遇、做好对接，强化巩固衔接，大力推动乡村振兴示范工程

始终把实施乡村振兴战略作为新时代"三农"工作的总抓手，围绕"12345"工作思路，抢抓"国家

乡村振兴重点帮扶县"重大历史机遇，用活用足国家支持政策，对接落实"一县一策"等市级帮扶政策，全力巩固拓展脱贫攻坚成果，扎实推进乡村全面振兴，奋力打造渝陕鄂川边区乡村振兴示范标杆。深入实施乡村建设行动，一体推进"1+2+5+10"乡村振兴试点示范打造，推进精神文明、生态文明和平安乡村、数字乡村建设，把乡村建设成为令人向往的美好家园。

（二）搞好农旅融合、旅为龙头，强化一、二、三产融合，大力实施生态产业提升工程

坚持"绿色打底、山河为骨、文化铸魂"，把旅游业培育为第一支柱产业，打造生态旅游业升级版。加快建设马铃薯国家级现代农业园区和青脆李、中药材市级现代农业园区，打造巫溪洋芋、巫溪老鹰茶、巫溪烤鱼等农产品公用品牌，壮大现代山地特色高效农业。做强做大独活、大宁党参等中药材精深加工，建设红池腊鲜、原野牛肉干等绿色食品深加工优势产业集群，推动130万千瓦装机清洁能源项目建设，培育形成绿色工业产业。坚持融合化发展，一体推动绿色工业、现代特色山地高效农业、现代服务业提档升级，努力实现生态美、产业兴、百姓富的有机统一。

（三）注重交通布局、大干快上，强化质效大提升，大力实施交通瓶颈突破工程

抢抓项目建设，持续加快巫镇高速、巫云开高速、两巫高速等重大项目建设进度；全力争取巫溪至奉节铁路开工建设，开展万巫十、达开巫襄、渝东北环线等铁路研究；全力推进巫溪镇高速鱼鳞互通新建工程、巫神路三期（清水桥至大九湖段）改建工程、巫城高速、巫奉利川（文峰至奉节段）高速等项目前期工作；适时开展巫开宣高速、巫溪至十堰（襄阳）高速、巫奉利川（巫溪高速"一环"连接线）高速前期工作。全力推进巫镇、两巫、巫云开等高速公路建设，积极做好巫城、巫奉利高速前期工作，规划研究巫十（襄）高速建设。

（四）突出规划引领、建管并重，强化城镇"一盘棋"，大力实施城乡建设提升工程

围绕县城建设"20平方千米、20万人口"高品质宜居小城，推动老城大宁古城整体开发，推进赵家坝城市老旧小区改造，推进马镇坝城市商业服务中心提档升级，凤凰水城围绕产城融合、城市拓展功能布局，不断升级工业园区。围绕做大做优县城、做强做美集镇、做精做特乡村精准、持续发力，推动形成城乡一体、产城融合、区域联动、优势互补的城乡融合发展新格局。创新管理体制，利用现代信息技术推进数字化城市管理，提高城市动态管理、精细管理水平。

（五）兜牢民生底线、优先保障，强化救助帮扶，大力推进民生事业提升工程

着力兜牢民生保障底线，健全覆盖全民、统筹城乡、公平统一、可持续的多层次社会保障体系，不断提升就业和社会保障水平。优化教育资源配置，补齐教育基础短板，全面加强与渝中区教育协作。争创一批高等级医院，不断深化与渝中区医联体协作。大力发展文化产业，丰富公共文化产品和服务供给，不断满足人民日益增长的多层次多样化文化需要。坚持把安全贯穿发展各领域和全过程，防范化解重大风险，强化社会治理创新，努力建设更高水平、更高层次的"平安巫溪"。

[巫溪县发展和改革委员会　刘　昕　姚正明　乔光军]

区域卷
渝东南武陵山区城镇群篇

之一：2022年渝东南武陵山区城镇群经济运行分析及2023年展望

2022年以来，面对更加复杂严峻的外部环境和疫情、极端高温等超预期因素冲击带来的经济下行压力，渝东南武陵山区城镇群（简称"渝东南城镇群"）紧扣成渝地区双城经济圈建设和"一区两群"协调发展，深入贯彻落实稳增长系列政策措施，坚持走好"生态优先型、城乡互动型、文旅融合型、区域协调型"高质量发展路子，经济总体保持恢复态势，预计全年地区生产总值增长3.6%。

一、2022年渝东南武陵山区城镇群经济运行情况分析

（一）总体情况

渝东南城镇群立足武陵山区生态资源和民族特色，推动文化旅游全域融合、文景产城全面融通，经济保持恢复性增长，1—9月实现GDP1155.53亿元，占全市比重达5.5%，较2021年同期提高0.1个百分点；GDP同比增长3.4%，分别高于全市、主城都市区0.3个、1个百分点。分区县来看，秀山、石柱、彭水分别以4.3%、4.3%、3.7%的GDP增速占据渝东南城镇群前三位，秀山继续领跑渝东南。

（二）主要特点

1. 特色高效农业做大做强

渝东南城镇群农业经济运行稳中向好，1—9月实现农业增加值144.23亿元，占全市10.6%，占比较上年同期提高0.3个百分点。一是农业生产保持稳定。夏粮、肉牛、蔬菜产量分别占全市25%、43%、18%。茶叶、中药材在全市形成规模优势，种植面积分别占全市的40.1%、36.2%。二是农业生产基础不断夯实。酉阳现代农业产业园成功入选2022年国家现代农业产业园创建名单，新增国家农业产业强镇1个、市级农业产业园3个。农业经营主体不断壮大，累计培育国家级农业龙头企业4家、市级农业龙头企业114家，分别占全市的7.8%、23.7%。三是农业品牌培育稳步推进。成功打造"秀山毛尖"区域公共品牌，新认定名牌农产品79个，累计达到287个，分别占全市的21.2%、13%。"巴味渝珍"商标授权企业达56家、授权产品130个，分别占全市的14%、15.5%。四是农业"接二连三"成效突出。新增规模以上农产品加工企业15家，累计69家，占全市的5.4%。农业与展会、旅游融合发展，成功举办2022年"世界蜜蜂日（5·20）"重庆（石柱）分会场、第二十届（2022）中国兔肉节重庆分会场等活动。新增乡村休闲旅游精品线路14条，累计建成市级休闲农业与乡村旅游示范乡镇27个、示范村82个、示范点119个。

2. 绿色工业做特做优

2022年以来，面临高温限电、原材料价格上涨等负面因素冲击，渝东南城镇群围绕区域资源优势和产业定位，持续培育壮大特色工业，推动工业智能化、绿色化改造升级，规模以上工业同比增长2.2%，呈现缓中趋稳态势。一是食品加工、特色轻工等特色工业运行良好。黔江区卷烟、铝材等主要工业产品快速放量，带动该区规模以上工业增加值同比增长5.5%，居渝东南城镇群第一。秀山食品加工、汽车配

件、生物医药等产业加快补链成群，工业投资同比增长7.6%，食品加工、汽配产值实现翻番。二是产业主体、平台加快完善。新增市级"专精特新"企业30家，累计达50家，8家消费品工业企业成为全市消费品工业重点培育品牌试点企业。工业园区继续提档升级，彭水工业园区成功创建重庆市健康食品产业园（建设基地），武隆工业园区成功创建重庆市旅游装备产业园（建设基地），市级特色产业基地累计达到6个。三是工业智能化绿色化转型加快推进。新实施智能化改造项目14个，累计161个，累计创建数字化车间、智能工厂13个。其中，石柱威斯壮智能科技创建精密与特种部件加工制造智能工厂，秀山东星炭素创建年产1.5万吨负极材料数字化车间。绿色转型加快推进，6家企业纳入2022年绿色工厂培育名单。

3. 现代服务业提质增效

渝东南城镇群文旅产业、商贸物流等加快发展，带动服务业不断恢复，1—9月实现服务业增加值616.31亿元，占全市比重为5.6%，较上年同期提高0.1个百分点。一是文旅经济继续修复。旅游资源提档升级，彭水成功入围2022年全国县域旅游综合实力百强县，秀山西街等11个项目入选首批全国非遗与旅游融合发展优选项目名录，武隆旅游国际化试点建设、石柱黄水申报国家级旅游度假区稳步推进。文旅融合程度进一步加深，以中国武陵文旅峰会为核心、其他重点文旅活动为支撑的"1+N"文旅活动体系加快构建，累计举办各类文旅活动10余次。"避暑经济""假日经济"等旅游消费增长点恢复有力，1—9月石柱、酉阳接待游客人次分别同比增长9.5%、22.6%，实现旅游综合收入分别同比增长9.8%、28.3%。二是商贸物流业稳步发展。电子商务蓬勃发展，实现电子商务进农村综合示范区县（升级版）全覆盖，秀山电商孵化园新入驻企业23家、新增本土上行产品40余款。商品交易市场持续壮大，累计建成商品市场40个，形成渝湘黔鄂商品交易市场联动发展格局。商贸物流体系逐步完善，冷链物流、电商物流等加快发展，建成武陵山区特色产品共同配送中心。

4. 投资消费运行分化

随着各项"稳投资""促消费"政策持续落地见效和重大项目加快推进，渝东南城镇群固定资产投资和消费市场运行分化。一是固定资产投资总体较好。1—9月渝东南城镇群精准施策、强化重点项目调度，各区县投资均快于全市平均水平。其中，秀山锰渣场环境风险防控治理、汽配产业园等重点项目建设加快推进，带动固定资产投资同比增长12.3%，增速领跑全市；武隆乌江白马航电枢纽工程等重点项目加快建设，固定资产投资增速居全市第三；石柱万宝风电等工业项目建设跑出"加速度"，工业投资同比增长81.4%；酉阳桃花源新城建设稳步推进，带动房地产投资同比增长26.3%，增速领跑全市。二是消费市场低位运行。在居民收入增长趋缓、疫情冲击等不利因素影响下，1—9月渝东南城镇群社会消费品零售总额同比增长1.4%，略低于全市平均水平。分区县看，彭水九黎城特色美食街区加快打造，有效激发消费活力，社会消费品零售总额同比增长2.8%，延续了上年的领跑趋势。秀山开展各类促销活动50余场，带动销售额2.1亿元；武隆度假经济恢复活力，拉动住宿消费加快复苏，限额以上住宿业营业额同比增长23.7%。但酉阳在上年同期高基数及疫情冲击下，2022年以来社会商品零售总额持续负增长，前三季度同比下降2.5%，增速为全市倒数第二，拉低渝东南城镇群整体消费增速。

5. 城乡建设纵深推进

随着新型城镇化建设和乡村振兴加快推进，渝东南城乡面貌持续改善。一是城镇建设稳步开展。城市有机更新加快推进，1—9月完成老旧小区改造项目53个、139万平方米，棚户区改造3684户、39.6万平方米，3个市级城市更新试点示范项目加快推进。新城新区加快推进高质量高标准建设，新增城市道路113千米，建成区道路面积率达到10.9%、路网密度达到6.4千米/平方千米；开工建设海绵城市2.3

平方千米，海绵城市达标面积占建成区面积的32.1%，高于全市平均水平2.5个百分点。绿色建筑全面推广，建成绿色生态住宅小区10.9万平方米，城镇新建绿色建筑占新建建筑比例达83.2%。二是乡村振兴推动有力。秀山、酉阳分别入选国家农业现代化示范区、国家乡村振兴示范县名单。防止返贫动态监测和帮扶机制持续发力，识别监测对象2.83万户8.54万人，消除风险人数占比54.5%。农村人居环境不断改善，新实施农村危房改造494户，整治农房3814户，累计建成美丽宜居示范乡镇6个、创建美丽庭院1480个。传统村落连片保护工程加快开展，累计建成传统村落保护发展典型示范12个，秀山、酉阳成功入选住建部、财政部2022年传统村落集中连片保护利用示范县。农业农村改革持续推进，"三变"改革试点行政村覆盖率超过30%。

6. 生态屏障持续筑牢

渝东南城镇群以"营山""护水""守绿"为重点，加强生态保护和修复，生态环境更加优美，生态系统更加稳定，"秀美武陵""乌江画廊"生态范例初步显现。一是生态环境质量持续改善。蓝天、碧水、净土保卫战深入开展，"无废城市"加快建设，秀山、酉阳锰污染综合整治有序推进，城镇生活污水集中处理率达到98.5%、建制镇生活垃圾无害化处理率达100%，截至9月7日，渝东南城镇群空气质量优良天数为248天，同比增加4天。二是生态系统质量和稳定性持续提升。重点河岸防洪护岸和水土流失综合治理工程稳步实施，1—9月完成水土流失综合治理面积40平方千米，自然岸线保有率达到92.3%。"两岸青山·千里林带"等营造林工程、自然保护地建设及野生动植物保护工程稳步推进，森林覆盖率超60%。三是生态产品价值实现取得积极成效。黔江、武隆"国家生态文明建设示范区"及武隆"绿水青山就是金山银山"实践创新基地创建成果持续巩固，75个乡镇成功创建市级生态文明建设示范乡镇。生态产品价值实现机制探索更加深入，累计交易生态地票174亩、3449万元，林业碳汇开发试点、森林经营试点积极推进。

（三）主要问题

1. 投资稳定增长后劲不足

尽管2022年以来，渝东南城镇群投资运行优于全市平均水平，但后续依然面临较大稳增长压力。一是工业投资增长后继堪忧。渝东南城镇群工业投资表现抢眼，主要是因为2021年同期基数较低，而后续增长还面临招商引资难度较大、重大支撑项目少、工业能耗指标较少等诸多挑战。如石柱县在"十四五"期间工业能耗指标仅11万吨，远低于2020年59万吨的量，工业发展制约较大。二是基建投资增长仍存隐忧。受疫情冲击、减税降费、土地出让市场遇冷等因素影响，渝东南城镇群财政减收明显，基建投资资金保障难度较大。黔江、酉阳等区县财政收入全年预计减收超10亿元。三是房地产开发投资低迷。虽然促进房地产业发展的政策力度持续加大，但受人口吸纳能力不足、开发商拿地意愿不强、居民购房意愿不强等因素影响，房地产市场短期难以回暖。1—9月渝东南城镇群商品房销售面积比上年同期下降4.5%。

2. 消费稳步复苏略显乏力

在新冠肺炎疫情、就业增收乏力等背景下，居民消费预期、信心不足，消费增长后劲不足。一是居民消费预期减弱。居民就业增收压力较大，部分区县城镇失业率超过5.5%的控制范围，城乡居民收入达不到2022年预期，将影响居民消费能力及消费信心。二是服务消费恢复压力犹存。疫情影响下人员流动、跨省跨境旅游仍将受到限制，加之旅游进入淡季，文旅消费持续回暖困难较大，对住宿、餐饮等关联性消费的刺激依然乏力。与此同时，石柱等区县属劳务输出型地区，外出务工人口较多，本地消费能力较弱，城区生活性服务业市场持续低迷。三是消费增长点培育不足。各区县总部经济、知名品牌企业等招商入驻项目较少，对外来消费吸引力不足，难以形成新的消费增长点。"夜间经济"等消费新业态新模式培育不足。

3. 农业工业运行压力较大

渝东南城镇群经济稳定复苏还面临产业基础不牢固等问题。一是农业增产难度较大。受2022年伏旱天气较长等因素影响，农作物受灾面积远高于上年同期，加之化肥农药等农资价格持续高位运行和农民种粮积极性降低，农业增产受到较大影响。秀山农作物受灾面积达10.55万亩，年初种植的经济作物存活率较低，全年农作物收成不及预期。二是工业增长压力较大。受大宗商品价格上涨、能源成本较高等诸多因素影响，中下游工业企业利润减少，企业生产经营依然较为困难。1—9月，武隆规模以上工业企业利润同比下降近20%，黔江近半规模以上工业企业产值同比呈下降态势。与此同时，作为工业重要支撑的水电、能源等行业减产严重，导致工业经济呈下滑趋势。武隆大部分水电行业企业三季度当季产值仅为上年同期的10%，彭水规模以上企业大唐电站发电量同比下降30%。

二、2023年经济运行环境分析和展望

（一）国际和国内环境分析

从国际来看，世界百年未有之大变局进入加速演变期，渝东南城镇群外向型经济发展机遇与挑战并存。全球新冠肺炎疫情反复的高度不确定性犹存，跨境旅游、国际交往受限，将继续制约渝东南城镇群入境旅游业发展；国际地缘政治关系更加紧张，主要发达经济体紧缩货币政策加速收紧的溢出效应正在显现，能源危机、粮食危机、气候变化等一系列挑战增多，外部需求放缓及供应链不畅将对渝东南城镇群产业发展形成冲击。新一轮科技革命和产业变革正处在实现重大突破的历史关口，新科技革命同我国推动高质量发展形成了历史性交汇，为渝东南城镇群创新发展、产业转型带来重大机遇。

从国内来看，面对世纪疫情持续蔓延、乌克兰危机影响加深、"需求收缩、供给冲击、预期转弱"三重压力远超预期等困难，按照疫情要防住、经济要稳住、发展要安全的要求，实施了稳经济一揽子政策和接续政策措施，为渝东南城镇群扩大有效需求、稳投资促消费增就业、激发市场主体活力等带来政策利好，推动渝东南城镇群持续巩固经济恢复基础，增长发展后劲。党的二十大对推动高质量发展、提高人民生活品质、促进人与自然和谐共生等方面作出的总体部署，为渝东南城镇群经济社会发展指明了前进方向，将推动渝东南城镇群加快在完善现代产业体系、健全基本公共服务体系、推动城乡融合发展、推动生产生活方式低碳转型等方面谋篇布局，增强经济社会发展的活力。

（二）市内及渝东南城镇群环境分析

从全市来看，共建"一带一路"、长江经济带发展、新时代西部大开发、推动成渝地区双城经济圈建设等重大战略和决策部署交汇叠加，西部陆海新通道、中欧班列（成渝）、长江黄金水道等对外大通道加快构建，重庆独特而重要战略地位更加凸显，将带动渝东南城镇群加快融入国家发展大局、展现更大作为。全国商贸物流枢纽城市、服务业扩大开放综合试点、国际消费中心城市的全面建设和外商投资旅行社出境旅游业务的获批放开，带来诸多投资利好、政策利好，将激发渝东南城镇群商贸物流、文化旅游等产业发展活力。新型城镇化和乡村振兴稳步推进，将推动渝东南城镇群城乡融合发展持续加速。"一区两群"协调发展加快实施，将推动渝东南城镇群发挥优势、彰显特色，实现与主城都市区、渝东北城镇群分工合作、互补协同的发展格局。然而，重庆实体经济发展信心不强、内需增长动力不足、能源等要

素保障难等制约仍较突出，经济稳增长仍面临较大压力，在一定程度上也会制约渝东南城镇群的发展。

从渝东南城镇群来看，2022年是渝东南城镇群三年建设行动收官之年，2023年是渝东南城镇群新一轮发展阶段的首战之年，城镇建设、产业发展、基础设施建设、公共服务布局等方面将迎来新的建设机遇。成渝地区双城经济圈建设加快推进，更加凸显渝东南城镇群战略腹地地位，将推动渝东南城镇群拓展战略空间、释放战略潜能。渝湘高铁重庆至黔江段加快建设、仙女山机场通航、西部陆海新通道武陵班列开通和乌江航道提能，将大幅改善渝东南城镇群区域交通格局，带动武陵山片区文旅融合和商贸物流发展。然而，渝东南城镇群地处国家重点生态功能区，产业布局、城镇建设受生态红线约束依然较大，疫情影响之下文旅产业复苏也面临较大压力。

（三）2023年经济运行趋势展望

2023年，渝东南城镇群发展机遇与挑战并存，经济将延续恢复性增长态势，发展韧性将不断增强。各区县将紧紧围绕成渝地区双城经济圈建设和"一区两群"协调发展战略，服务和融入新发展格局，加快构建绿色生态产业体系，经济高质量发展的基石将更加夯实。预计2023年渝东南城镇群GDP增长8%左右。

三、对策建议

（一）牢牢稳住"三驾马车"，增强经济稳增长动能

发挥好"三驾马车"的重要作用，更大程度挖掘释放有效需求，确保经济稳定增长。一是积极扩大有效投资。聚焦交通、城建、水利等领域，紧扣中央投资补助和专项债券重点支持方向，前瞻性策划储备一批重大项目。抓好项目开工落地，及时协调解决项目推进中的卡点难点问题，确保尽快形成投资实物工作量。用好用活"一区两群"对口协作、乡村振兴帮扶集团、东西扶贫协作等资源渠道，扩大项目投资。二是全力激发消费活力。加大消费券发放力度，推动出台汽车、家具家电等大宗商品更新换代、以旧换新政策，增强消费市场活力。针对住宿、餐饮、旅游等受疫情影响突出行业，精准落实好助企纾困政策，有效稳定相关行业受到的影响。推动文旅服务消费扩容提质，积极发展直播带货、夜间经济、露营经济等消费新模式。三是提升外贸发展水平。争取设立口岸、保税仓等平台，建好自贸试验区黔江正阳工业园区联动创新区。发挥西部陆海新通道武陵班列等通道物流优势，加强与贵州、湖南等毗邻地区合作，积极拓展国际市场。

（二）抓好重点产业发展，夯实经济发展"硬支撑"

坚持发展主基调，积极应对疫情对产业造成的冲击和不利影响，增强产业对经济发展的支撑作用。一是推动农业稳定发展。做好受旱灾影响作物恢复，快速落实各项惠农政策，促进农业增产、农民增收。坚决守住粮食安全底线，高标准推进渝东南粮食生产功能区建设。加强区县间产业协作，共同打造中药材、茶叶、烤烟、蚕桑、特色果林等特色产业全产业链。实施农业生产"三品一标"提升行动，推动有条件的区县申报创建国家农产品质量安全县。二是推动工业提质增效。全面落实好助企纾困政策，建立"一企一组一策"精准帮扶机制，保障企业产业链供应链通畅。加大农产品加工、新材料、电子信息、生物医药、清洁能源等产业招商引资力度，促进工业产业成链成群。推进乌江实业产业园、方斗山绿色新型建材产业园等重点项目建设，加快形成工业经济新增量。强化"专精特新"企业培育，引导企业逐步向"专精特新"方向发展。三是推动服务业加快发展。加大旅游景区扶持力度和文旅项目建设支持力度，继续发放文旅消费券，促进文旅产业稳步复苏。高标准打造一批专业市场、智慧潮流商圈、夜市街

区，加快秀山冷链物流配套项目、酉阳京东物流分拨中心等项目建设，积极创建国家电子商务示范基地，促进商贸物流业加快发展。

（三）强化资源要素保障，服务产业高质量发展

加强人才、资金、用地等要素保障，支撑产业高质量发展。一是加大引才引智力度。完善人才招引政策，鼓励毕业生到渝东南地区就业并给予学费补偿或国家助学贷款代偿。做好返乡农民工稳岗就业组织引导，保障重点企业、重点项目用工。支持行业龙头企业、产业园区与高层次人才团队、科研机构联合组建工程中心和企业技术中心等创新载体。二是加大资金保障力度。鼓励、引导金融机构将新增、盘活的信贷资源向渝东南民营企业倾斜，提高小微企业和专精特新企业的融资需求满足度。支持银行向文旅、餐饮住宿等行业企业发放特别贷款。建好产业发展资金池，落实各项财政支持政策，推动消费升级、产业转型、科技创新。三是加强产业用地保障。优化审批流程，着力解决建设用地审批难、周期长、费用高等问题。推行社会项目"用地清单制"，有效保障投资用地需求。优化土地资源配置，制定重点项目用地支持政策，探索闲置土地盘活利用的有效途径。

[重庆市综合经济研究院（重庆市经济信息中心）城市与区域经济研究课题组
主研：易小光　丁　瑶　邓兰燕　李　林　郑秋霞
执笔：邓兰燕　郑秋霞]

之二：2022年黔江区经济运行分析及2023年展望

2022年是党的二十大召开之年，是"十四五"承上启下的关键之年。全区上下坚持以习近平新时代中国特色社会主义思想为指导，全面贯彻中央、市委决策部署，高效统筹疫情防控和经济社会发展，加快落实稳经济一揽子政策和接续政策措施，全区经济继续恢复，生产需求稳中有升，就业物价总体稳定，民生保障有力有效，总体运行在合理区间。

一、2022年黔江区经济社会发展总体情况

1—9月，实现地区生产总值198.7亿元，同比增长2.8%，三次产业结构占比为11.6∶36.3∶52.1，经济运行较上半年有所放缓。

（一）农业生产稳中向好

实现第一产业增加值23.1亿元，同比增长6%、排渝东南第一位，拉动GDP增长0.7个百分点。重要农产品稳产保供，完成粮食播种面积74万亩，预计全年粮食产量23.1万吨。种植蔬菜14.3万亩，同比增长3.4%；产量23万吨，同比增长3.3%。稳猪兴牛加快实施，出栏生猪52.9万头，同比增长9.5%；出栏牛1.3万头，同比增长7.8%。特色产业巩固发展，烤烟、桑园分别新增5000亩、1440亩，产烟5.4万担、产茧6万担。

（二）工业经济继续领跑

实现工业增加值61.2亿元，同比增长4.6%、排渝东南第一位，拉动GDP增长1.4个百分点。其中，规模以上工业增加值同比增长5.5%。五大产业稳步发展，卷烟及配套、新材料、消费品、生物医药、新能源产值分别增长7.7%、25.4%、4.3%、18.8%、3.9%。重点项目建设有序，烟厂易地技改项目土建Ⅰ标段基础施工完成，土建Ⅱ标段开始施工。三磊玻纤一期二线项目8月下旬开始生产，生活垃圾焚烧发电项目工程量完成90%，麒麟风电场、铝晟新材料年产30万吨再生铝、年产2万吨农副食品加工等项目动工开建。生产要素保障有力，工业用水、用电、用气分别同比增长9.4%、57.4%、20.4%。受基建投资放量不足影响，建筑业增加值11.1亿元，同比下降2.4%，导致第二产业增加值72.2亿元，同比仅增长3.6%，排渝东南第三位，拉动GDP同比增长1.3个百分点。

（三）服务业增长乏力

实现第三产业增加值103.4亿元，同比增长1.6%，排渝东南末位，拉动GDP同比增长0.8个百分点。其他服务业、批发零售业、住宿餐饮业等行业平稳恢复。规模以上服务业营业收入同比增长0.7%，较上半年回升2.8个百分点，各行业工资总额整体较为平稳。社会消费品零售总额同比增长0.9%，较上半年回升2.5个百分点，批发、零售、住宿、餐饮业销售额（营业额）增速较上半年分别上升6.8个、0.7个、8.2个、3.4个百分点。房地产业、金融业、交通运输业等行业仍较低迷。居民购房意愿降低，销售商品房31.5万平方米，下降4.6%，较上半年下降5.9个百分点。受财政性存款支出和互联网贷款下

降影响，9月末金融机构人民币存贷款余额751.7亿元，同比增长3.3%，较上半年下降1.2个百分点。长途班线客运停运或减量运行时间较长，货运方面运输需求少，公路运输总周转量同比下降11.2%，与上半年基本持平。

（四）投资运行稳定增长

完成固定资产投资52.5亿元，同比增长12.2%，排渝东南第二位。项目建设有序推进，全面开展"抓项目稳投资"专项行动，建立"周调度"工作机制。46个续建项目完成投资33.7亿元，占年度计划的59%。100个新建项目实现开工39个，完成投资9.1亿元，占年度计划的23%。16个市级重大项目完成投资19.5亿元，占年度计划的55%。39个专债项目已完工2个，实现开工21个。向上争资成效明显，累计争取到位中央资金4.7亿元、专债资金15.2亿元。提前谋划2023年项目，储备项目68个，总投资约270亿元。推送申报中长期贷款备选项目4批次、部分领域设备更新改造实行贷款财政贴息备选项目2批次，合计30个项目贷款需求37.7亿元。其中，国家发展改革委审核通过中长期贷款项目7个、贴息项目5个，预计带动项目完成投资57.6亿元。服务管理持续加强，完成企业投资项目备案129个，总投资166.3亿元，完成项目招标75个，成交总额10.9亿元，审批项目可研、概算204个，审减投资3.2亿元，综合审减率6.3%。

（五）开放创新不断深化

区域合作持续深入，签订高新区对口协同发展合作协议，全面推进24项重点任务。完成2300亩耕地占补平衡指标交易，实现收益2亿元。深化中央单位定点帮扶和东西部协作，落实援助资金5190万元，实施项目51个。招商引资精准发力，签约项目39个，计划投资205.8亿元。其中，正式合同项目31个，总投资119.3亿元，同比增长11.3%，完成年度目标任务的74.6%。到位资金14.3亿元，同比增长9.6%，完成年度目标任务的57.3%。创新优势更加巩固，新培育科技型企业32家、区级企业技术中心3家、国家级"双创"平台1家，推荐申报高新技术企业24家，发放知识价值信用贷款49笔7153万元。

（六）社会民生保障有力

纾困政策落实落地，认真贯彻国、市稳住经济大盘部署，新增各类市场主体5073户，培育"四上"企业20家。减免税费8.93亿元，其中留抵退税1.83亿元。累计兑现企业扶持政策2.24亿元，为19家小微企业担保贷款1.03亿元，发放应急周转资金0.98亿元。就业形势总体稳定，城镇新增就业14664人，完成年度任务的97.8%。发放创业担保贷款655户1.1亿元，带动1638人就业。公共服务不断提升，15件重点民生实事推进有力，完成投资2.9亿元，占年度计划的49.6%。城乡养老保险参保率稳定在95%以上，发放城乡养老保险待遇10.9亿元，同比增长8.4%。送流动文化进基层380余场，开展群众性体育赛事80余项、全民健身活动100余场次。

二、存在的问题

当前，国际国内形势依然复杂严峻，黔江区经济恢复和发展仍然面临较多困难挑战。从经济运行表现看，受极端高温天气、停电限产等多重因素的影响，部分经济指标增速有所回落，巩固经济回升的基础仍需加力。一是产业发展困难较多。农作物受灾面积远高于上年同期，蔬菜及大春作物产量受到一定影响。单位工业增加值能耗、万元GDP能耗均呈持续上升趋势。建安投资降幅仅小幅收窄，导致建筑业增加值持续负增长。房地产市场整体不景气，实现全年销售目标面临较大压力。受互联网贷款严控跨地域经营政策影响，存贷款资源调度难度逐步增大。二是投资增长后劲不足。存量项目上，建设与改造类有效项目仅72个，剩余投资量约108亿元。在建重点项目较少，单月投资超千万元的仅21个。社会投资增速放缓，招商项目落地率低。部分专债项目推进缓慢，实物工作量未达全市平均。三是财政收支矛盾突出。受经济形势、疫情冲击、组合式减税降费政策等影响，税收收入大幅下滑，预计全年收支缺口达14亿元，预算平衡十分困难。

三、2022年经济社会发展形势预测

初步预计，2022年地区生产总值将增长4%左右，规模以上工业增加值增长6%左右，固定资产投资增长10%左右，社会消费品零售总额增长2%左右，一般公共预算收入下降5%左右，全体、农村常住居民人均可支配收入分别增长12%左右、8%左右。

四、措施建议

（一）抓好重点产业发展

一是推动农业稳定发展。完成粮食播面任务，巩固烤烟基地3.5万亩、产烟8万担以上，稳定建成标准桑园10万亩、产茧10万担以上，提升猕猴桃、脆红李等特色水果基地标准化水平。持续稳定生猪生产，推动六九公司30万吨饲料厂建成投产。全力推进牛产业"十百千万"工程，确保全年出栏生猪85万头、牛4万头以上。二是推进工业提质增效。围绕产业补链延链强链，提质发展卷烟及配套、新材料、消费品、生物医药和新能源产业，增强产业发展新动能。强化骨干企业服务，加快推进烟厂易地技改等重点项目建设，全力培育新增长点，确保规模以上工业增加值增长6%以上。强化"专精特新"企业培育，引导企业逐步向"专精特新"方向发展。持续推进工业互联网创新发展行动计划，加快推动中小企业"上云"。三是促进消费持续恢复。深化"巴渝新消费"八大行动，积极申报区域消费中心城市。组织开展汽车消费展、家居建材节等消费季系列活动，释放消费活力。执行适度宽松预售政策，保障商品房市场供应。持续抓好文旅宣传推介，积极举办黔江跑客节、中国山马越野系列赛等大型赛事活动，擦亮黔江旅游知名度。

（二）抓好投资运行调度

一是抓好在建项目实施。聚焦年度项目投资计划，强化在建项目的统筹管理，采取有力措施加大施工组织力度，推动项目早日建成投用、达产增效。加强投资项目全过程管理及在线服务监管平台利用，落实各牵头部门责任。二是抓好项目开工落地。统筹保障用地、配套资金等要素，压实日常监管责任单位、业主单位责任，及时协调解决项目推进中的卡点难点问题，确保尽快形成投资实物工作量。三是抓好争资项目储备。强化争资融资工作，聚焦交通、城建、水利等领域，紧扣中央投资补助和专项债券重点支持方向，加强政策、项目储备和金融支持力度。

（三）抓好经济运行调度

一是抓好经济运行监测。认真落实好经济运行"月监测、季分析"制度和经济运行监测联席会议机制，树立工作月评价、季考核导向，加强经济社会发展热点、难点、焦点问题的综合分析研判，及时提出对策建议。二是抓好纾困政策落实。持续做好国、市稳经济一揽子政策措施的贯彻落实，围绕融资、物流、用地、人才、科技和公共服务等要素保障加强服务，确保各类市场主体应享尽享。三是抓好"四上"企业培育。开展实地走访调查，摸清拟培育企业底数，对培育目标企业实行动态更新管理，制定"一企一策"培育措施。加大商贸、其他服务业领域宣传动员，深化政策激励效果研究，及时兑现奖励扶

持资金，提高企业升规模以上限积极性。

（四）抓好营商环境优化

一是推进重点领域改革。持续推进土地要素价格市场化改革，健全存量用地管理机制。加快推进国资国企改革，建立健全企业市场化经营和薪酬分配机制。以实施公立医院改革与高质量发展示范项目为切入点，打造公立医院改革与高质量发展的"黔江样板"。二是持续优化营商环境。加快推进营商环境创新试点工作，建立健全公平竞争审查第三方评估机制，巩固工程建设项目招投标领域改革成效。深化"放管服"改革，推广"一卡通一码通"，推动实现"最多跑一次"事项100%覆盖。引导广大个体工商户和中小微企业注册"信易贷·渝惠融"，破解中小微企业融资难题。三是推进创新驱动发展。以新基建、数字经济为重点，高质量包装策划一批项目，全力争取高技术领域专项资金。持续壮大创新主体，培育引进科技型企业40家以上、高新技术企业10家以上，企业技术中心2个以上。鼓励并指导实体企业申报市级工程研究中心和工程实验室，不断提高产业创新能力和核心竞争力，全社会研发投入增长10%。统筹开展"双创"活动，力争培育市级以上"双创"平台2个，发放知识价值信用贷款8000万元以上。

（五）抓好基本民生保障

一是抓好粮食能源安全。统筹抓好市场化收购和政策性收购，坚决维护粮食流通市场良好秩序。加快推进天然气利用工程，保障成品油市场供应。有序推进新能源开发项目建设，促成麒麟风电场、金洞风储一体化示范项目并网发电。二是抓好商品保供稳价。加强重要民生商品价格监测，增强储备调节能力，确保价格平稳运行。及时启动社会救助和保障标准与物价上涨挂钩的联动机制，保障低收入群体的基本生活。三是抓好就业创业服务。加大重点群体就业援助指导力度，大力开展职工技能培训，完成城镇新增就业1万人以上。加强创业孵化基地等平台建设，发放创业担保贷款7000万元以上。

[黔江区发展和改革委员会　武伯容]

之三：2022年武隆区经济运行分析及2023年展望

一、2022年武隆区经济运行分析

2022年，按照"疫情要防住、经济要稳住、发展要安全"的总要求，严格落实"月度监测、双月分析、季度调度"的经济运行机制，武隆区政府分管领导每周专题研究，区政府常务会议每次听取一个专项领域汇报，适时召开调度会、专题会等密集精准调度，围绕稳定经济大盘制定年度、季度关键政策举措，出台"工业39条""消费30条"等系列配套政策，开展重点项目"四晒一比"季度主题活动、旅游促消费系列大型活动，提出区领导挂帅推进的"十件大事"，全区经济总体运行在合理区间。特别是第三季度以来，为有效应对疫情、高温、缺水、限电压力，区政府紧密开展经济运行调度，谋划出台《武隆区三季度重点领域稳增长8条措施》《武隆区第三产业三季度扭负转正措施》《武隆区四季度稳增长"9条"措施》等系列政策举措，主要经济指标持续回暖。前三季度实现地区生产总值195.5亿元，同比增长2.7%，其中一、二、三产业分别增长3.4%、3.6%、1.6%，完成固定资产投资67.2亿元，同比增长11.9%，社会消费品零售总额同比增长1.2%，一般公共预算收入同比增长29.9%，全体居民人均可支配收入同比增长11.4%。

（一）从发展质效来看，稳中向好的态势不断巩固

一是投资拉动强劲有力。抓重点项目促有效投资成效明显，全区深化开展重点项目"四晒一比"季度主题行动，全力抓调度、重储备、强保障、优服务，前三季度，累计开展全区性会议调度22次、现场调度10次，召开督查例会24次，市级新闻媒体对全区重大项目建设宣传报道5次。全区牵头推进的15个市级重大项目完成投资6.8亿元，完成年度计划121.5%；90个区级重点项目完成投资54.98亿元，同比增长16%，完成年度计划66.2%。在重点项目的有力支撑下，全区固定资产投资完成67亿元，同比增长11.9%，延续2022年以来一直强劲的增长态势（2月、3月、4月、6月高速增长20%以上，其余月份均保持10%~20%较快增长），对GDP增长贡献突出。二是消费恢复态势增强。旅游消费市场总体活跃，虽然疫情反复对旅游消费造成一定冲击，但是冰雪旅游、度假旅游表现火爆，特别是在旅游"三次创业"系列活动开展、仙女山"碳中和"景区及配套项目等重大文旅项目建设的拉动下，旅游消费市场持续恢复。前三季度，集团营销累计组客213万人，完成全年目标任务的71%，接待游客3420.75万人次、旅游综合收入148.38亿元，同比分别增长8.43%、8.27%。商贸市场消费活力逐步恢复，前三季度完成社会消费品零售总额104.33亿元，同比增长1.2%，增速由负转正，较上半年提高4.3个百分点，批发业销售额、零售业销售额、住宿业营业额、餐饮业营业额全面复苏，分别同比增长0.6%、3.1%、4.7%、6.7%，其中住宿业营业额、餐饮业营业额增速分别排渝东南第一位和第二位。

（二）从经济结构来看，三次产业发展更加协调

一是农村经济基本稳定。受自然灾害影响较大，第三季度农业产业较上半年增速回落，实现第一产业增加值同比增长3.4%。粮食播种面积达到73.6万亩；生猪、山羊、牛分别出栏35.7万头、10.5万只、0.7万头，分别同比增长3.6%、5.9%、6.8%；蔬菜产量57.4万吨，同比下降1.9%。二是工业稳中

有增。虽然制造业下滑态势仍在延续，但能源支柱产业持续发力，页岩气产业2022年以来完成投资5.78亿元，实现产值2.84亿元，支撑前三季度采矿业增长20.2%，拉动全区规模以下工业增加值增长8.5%，全区规模以上工业实现总产值42.4亿元，同比增长1.8%。三是服务业加速回升。第三产业增加值扭负转正，实现增长1.6%；其他服务业实现增加值39.98亿元，同比增长4.2%，金融业增加值同比增长1.2%，商贸服务业全面复苏，房地产业承压正增长0.1%，交通运输业降幅较第二季度略有收窄。

（三）从发展动能来看，内生发展潜力持续释放

前三季度新增各类市场主体4120户，净增1596户，其中内资企业新增782户，同比增长8.6%。新培育"四上"企业8户。招商引资新签约项目18个，到位投资29.1亿元。稳定市场主体各项措施有效落实，累计为企业退减免缓税（费）4.25亿元、减（免）征收失业保险费1067.12万元、落实援企稳岗返还政策兑现补贴645.84万元，发放创业担保贷款1.85亿元。

（四）从发展保障看，经济社会发展稳定的基础全面加强

一是财税增收较快增长。一般公共财政预算收入、税收收入、非税收入三项指标均排全市第一位，完成一般公共财政预算收入12.4亿元，同比增长29.9%，增速较上半年提高31.1个百分点；其中税收收入实现5.8亿元，同比下降9.8%。一般公共预算支出32.5亿元，同比增长2.1%。二是社会民生保障不断改善。就业形势稳定，城镇新增就业5311人，完成年度目标任务的139.76%，分别完成农民工转移就业、脱贫人口就业10.52万人、1.9万人，完成困难人员就业1576人，"零就业家庭"动态清零；城镇登记失业率2.72%，保持在控制指标范围内。困难群体救助有力，为2764名劳动者追讨劳动报酬4048.32万元，启动社会救助和保障标准与物价上涨挂钩联动机制，累计发放价格临时补贴190.34万元，积极推动重度残疾人、特困人员等重点群体社保参保工作，城乡养老保险参保率持续稳定在95%以上。居民消费温和上涨，全区居民消费价格指数同比增长2.7%，基本保持在合理区间。粮食能源保障有力，民生商品供应充足、价格稳定。24件市、区级民生项目完成投资2.33亿元，占年度计划的84.9%，其中4个民生实事项目提前完成年度目标任务；提前启动2023年民生实事谋划工作，通过公告征集、集中座谈、走访社区等方式，共征集建议事项100余件，正在论证研提2023年度民生实事清单。三是迎峰度夏、"三场硬仗"取得胜利。在区委坚强领导下，全区上下顶住了各方面风险考验挑战，夺取了疫情防控、防旱抗旱、森林防火"三场硬仗"的阶段性胜利，全区经济社会发展大局稳定。

二、2023年经济运行环境分析

从国际环境看，当前全球疫情仍有较大不确定性，乌克兰危机影响超出预期，全球通胀压力持续加大，世界经济增长势头明显减弱，美国等西方国家对我国打压遏制持续升级，外部环境更趋复杂严峻。从我国经济运行来看，仍面临一些突出矛盾和问题，消费需求仍然不振，投资增长仍较乏力，稳定外贸难度加大，市场主体生产经营困难依然较多，就业等民生问题较为突出，重点领域风险持续暴露。

从全市经济运行来看，近段时间疫情严重冲击，加之2022年极端高温天气、电力紧缺等超预期因素对全市冲击较大，2023年经济仍然面临诸多不确定性，且全市面临内需动能疲软、工业增长短板束缚较多、开放经济风险挑战凸显、稳就业困难等问题，经济增长压力较大。

从全区发展实际来看。一方面，发展基础薄弱，经济总量小、结构不优；传统产业亟待转型升级、现代服务业质效不高、新兴产业尚未明显见效，一、二、三产业融合发展程度不够；投资效益不高，产业投资占比低，招商引资转化落地率低；创新能力较弱，战略性新兴产业培育缓慢；公共服务仍有短板，优质医疗教育供给不足，全区高质量发展任务依然艰巨。另一方面，旅游国际化水平不断提升以及旅游

引领的"三次创业"加速推进，四大工业产业集群发展、山地特色高效农业优化、旅游引领商贸服务业加快提升，特色化高质量的绿色产业体系逐步完善，仙女山碳中和景区等一大批项目开工上马，深化改革开放的新举措加快释放红利，全区高质量发展基础更加扎实、机遇正当其时、信心更加充足。

三、2023年趋势展望

在兼顾经济社会稳定发展和目标实现的可能性基础上，综合研判，预计2023年全区地区生产总值将增长6%左右。

（一）工业

预计总体好于2022年。页岩气产业预计产值增长30%以上（2022年预计实现产值3.6亿元，2023年预计实现产值4.8亿元左右）；电力风电企业保持稳定增长，水电行业由于在2022年低基数效应带动下预计实现恢复增长，制造业预计在限电、疫情影响因素好转后降幅一定程度收窄。预计2023年全区规模以上工业增加值增长7%左右。

（二）建筑业房地产领域

建筑业房地产领域依然靠建安投资拉动，行业总体呈现低迷。建安投资预计在全区固投增长6%左右的拉动下，能够保持10%左右的较快增长；注册在地建筑业产值，2022年新增2家建筑施工企业入统，有1户经营困难可能退库，预计短期内仍然保持低速增长甚至负增长；房地产投资，2023年城区新增复烤厂片区房地产开发，其余主要靠现有项目，在大环境低迷影响下，预计2023年还将继续呈负增长态势；房地产销售行业2023年主要是现有几个楼盘存量销售，从2022年销售情况来看，预计2023年销售情况依然不理想。预计2023年全区建筑业增加值增长6%左右（2020年、2021年两年平均增速6.1%，2022年前三季度增速7.2%）。

（三）其他服务业

预计在2022年基础上略有增长。工资总额增长空间有限，主要表现在三个方面：一是本级财政支出困难，与周边区县对比无优势，与工资总额核算相关的财政支出进度很难超过周边区县；二是经过这两年的调度，工资数据趋于稳定，很难有新的较大增长点；三是每年由国家直接抽取更换样本单位，新增不确定因素。营业收入具有较大的不确定性，主要表现在三个方面：一是在库的23家影视产业园企业以及喀斯特印象文化公司受疫情等大环境影响较大，2022年下降面大，2023年具有较大不确定性；二是国有企业部分，预计基本保持稳定增长；三是2022年预计华沣旅游公司和2家文化产业园企业退库，目前预计新增树顶漫步和2户文化产业园项目，新增拉动力不够强。预计2023年全区其他服务业增加值增长4%左右。

（四）商贸服务业

批发业方面，康兴瑞2022年基数低，蓝宇2022年8月才开始产生数据，预计2023年批发业总体情况好于2022年；零售行业2023年上半年御江上院交房预计一定程度拉动建材行业销售，汽车销售企业2022年数据基数一直较低，在采取争取在地开票等措施下预计汽车2023年降幅一定程度收窄；住宿2022年基数高，预计2023年增幅不大；餐饮行业缺乏新的增长点。预计2023年全区批零业增加值增长4%左右、住餐业增加值增长3%左右。

（五）农业

预计保持较平稳增长，2022年全区农业生产数据基数较低。预计2023年全区第一产业增加值增长

5%左右。

（六）财税收入

预计全口径将下降，一般公共预算收入下降26.9%，其中税收收入增长28.4%，主要因为非税收入部分国有资产处置部分大幅下降（预计2023年5.4亿元，2022年预计完成13.5亿元，降幅81%）。

（七）金融领域

预计全区存贷款余额增长6.5%，其中存款余额增长6%；贷款余额增长6.9%。

四、政策调控措施建议

（一）建议进一步加大助企纾困政策的可达性

通过走访民营企业调查了解，全区民营企业目前主要存在以下困难：一是疫情常态化影响下文旅企业及相关住宿、餐饮等市场主体影响较大、生存困难；二是民营企业融资困难，特别是可抵押担保资产较少、缺乏有效抵押物，不符合银行放贷条件，导致企业缺乏周转应急资金；三是发展用地紧张，受国土空间规划等条件限制，部分项目由于土地指标问题推进困难。建议：一是加大对文旅企业扶持力度，加大对武隆等渝东南区县政策、项目和资金倾斜，统筹组织宣传推广、市场营销，助企渡难关；二是建议金融政策、金融工具要更加灵活，切实解决中小微企业贷款困难问题，缓解企业资金压力；三是建议用地指标上，给予武隆等渝东南区县倾斜。

（二）建议继续加大对渝东南地区补民生短板支持力度

渝东南整体发展水平落后，综合实力较为薄弱，特别是教育、医疗等民生短板突出，近年来中央资金对基层民生补短板项目支持力度有所减弱，很多专项明确不支持，建议要加强呼吁，增加区县补短板专项资金，同时市级统筹时加大项目、资金、政策向武隆等渝东南区县倾斜。

（三）建议制定提高居民收入的政策举措

从武隆来看，通过调查了解，2022年全区部分居民收入受大环境影响务工收入减少，农业生产成本增加、自然灾害等因素影响导致生产性收入减少，预计全区城乡居民收入增长不及预期。建议：一是全市建立健全相关政策体系，多措并举提高收入，在做好就业帮扶、创业扶持、培训等基础上，进一步加大产业带动就业的推广支持力度；二是对区县开展"以工代赈"推行效果突出的，给予一定政策激励，鼓励"以工代赈"模式的推广。

[武隆区发展和改革委员会　谢俐俐　应正书]

之四：2022年石柱土家族自治县经济运行分析及2023年展望

党的二十大报告指出，我们的中心任务就是团结带领全国各族人民全面建成社会主义现代化强国、实现第二个百年奋斗目标，以中国式现代化全面推进中华民族伟大复兴。高质量发展是全面建设社会主义现代化国家的首要任务，坚持以推动高质量发展为主题，加快建设现代化经济体系，推动经济实现质的有效提升和量的合理增长。石柱县发展改革委针对当前经济形势，综合分析2022年石柱土家族自治县（简称"石柱县"）经济运行情况，合理预判未来发展趋势，积极谋划2023年工作打算。

一、2022年石柱土家族自治县经济社会发展情况

2022年以来，世界百年变局深度演化，乌克兰危机跌宕延续，新冠疫情持续反复，全国经济持续经受供给冲击、需求收缩、预期转弱三重压力的考验。全县各级各部门在县委、县政府的坚强领导和科学调度下，深入学习贯彻党的二十大精神，高效统筹疫情防控和经济社会发展，全力推进"四新一地"建设，打好"五大主动仗"，有效抵御疫情、旱情、火情、灾情等超预期因素带来的冲击，切实落地落实稳经济一揽子政策措施，有力稳定了经济大盘、稳住了社会大局，全县经济社会发展持续保持稳中向好的趋势，发展动能持续增强，生产需求持续改善，就业形势总体稳定，社会民生得到较好保障。

（一）发展的主要特点

经济运行稳中向好。前三季度，实现地区生产总值145.24亿元，同比增长4.2%，增速居渝东南第二位，全市第九位。完成固定资产投资90.8亿元，同比增长6%。社会消费品零售总额实现73.13亿元，同比增长1.2%。一般公共预算收入8.43亿元，同比增长1.36%。

发展质效不断提升。前三季度，全体居民人均可支配收入24125元，同比增长15.1%，增速居全市第一位。完成工业投资20亿元，同比增长81.4%，增速居全市第二位、渝东南第一位。粮食产量、水果产量、中药材产量、生猪出栏量增速均居渝东南第一位。深入开展干部作风建设和营商环境整治，市场主体活力进一步提升，新增市场主体4109家，市场主体总数达到43436家。

人民生活持续改善。启动实施27件重点民生实事，群众获得感、满意度不断提升。就业形势总体稳定，1—10月全县新增就业4479人，公益性岗位安置就业困难人员4795人。基本民生持续改善，实施城乡低保救助9569户16544人，供养特困人员1426人，临时困难救助319人次。生活环境更加美好，全年空气质量优良天数达到351天，全县森林覆盖率达到63%。教育条件更加完善，南宾中学迁建工程完成95%，职业技术培训大楼建设项目全面完工。

（二）重点行业和领域运行情况

1. 有效投资不断扩大

1—10月，全县全社会固定资产投资完成96.4亿元，同比增长4.0%。建安投资完成81.05亿元，同比增长5.6%。预计全年固定资产投资完成114.7亿元，同比增长10%；预计全年完成建安投资89.7亿

元,同比增长12%。一是重点项目调度机制不断健全。建立2022年重点项目、2023年新开工项目、专项债券项目3个项目库,滚动更新、动态管理,实行市管领导联系重点项目机制,举全县之力推动项目建设。二是重大项目建设稳步推进。回龙场水库、万宝风电等一批重大项目实现开工,预计年内100个重大项目全部实现开复工,完成投资70亿元左右。三是招商引资和立项争资成效显著。围绕中核集团开展系列招商,中核汇能新能源、泵阀产业链前端精密铸造件生产等项目实现签约落地。1—10月,全县新签约项目40个,合同引资141.196亿元。全县累计向上争资62.6亿元。争取并发行专项债券15.24亿元、一般债券4.5亿元。成功报送并签约政策性开发性金融工具(基金)支持项目1个(回龙场水库),投放金额1亿元。

2. 山地农业稳步发展

前三季度实现第一产业增加值28.9亿元,同比增长5%,高于全市1.3个百分点,增速排渝东南第二位。预计全年实现第一产业增加值35.65亿元,同比增长5.3%。一是粮食基础扎实稳定。统筹推进撂荒地复耕利用和高产示范栽培推广,全县粮食播种面积稳定在67.2万亩以上,产量稳定在22.45万吨以上。二是"三色"经济快速发展。辣椒种植面积达10万亩,重点打造辣椒千亩级示范基地2个、百亩级示范片43个;指导新种植前胡、黄精等草本中药材3.1万亩,以黄连为代表的中药材种植面积达31.2万亩;引导莼菜更新换代500亩,打造千亩级莼田3个,发展以莼菜为代表的绿色果蔬32.5万亩。三是抗旱减灾成效显著。积极应对持续高温天气,组建8个"抗旱减灾工作组",编制农作物抗灾减灾技术方案,细化制定抗灾措施70余条,设置简易水肥一体化设施74套,有效降低受灾农作物损失,农业各项指标保持基本稳定。四是产业融合发展水平进一步提升。新建续建有机农产品基地44个,"三品一标"等品牌农产品累计达到180个,授权使用"源味石柱"企业42家250余个产品。成功举办2022年"世界蜜蜂日(5·20)"重庆(石柱)分会场活动、2022中国农民丰收节暨石柱辣椒文化节等活动。前三季度,全县农产品电商网络零售额达到3.16亿元,同比增长3.9%。

3. 生态工业稳中提质

前三季度,规模以上工业增加值增速3.6%,预计全年规模以上工业增加值增速在3%左右。一是发展质效不断提升。聚焦康养消费品、清洁能源、新型材料、装备制造"四大产业集群",新培育同和春、建源建材等规模以上工业企业3家,累计达到53家;新培育市级"专精特新"企业9家,累计达到12家。二是发展后劲不断增强。前三季度完成工业投资20亿元,同比增长81.4%,增速居全市第二位、渝东南第一位。招商引资签约工业项目31个,合同引资139.3亿元,其中屋顶光伏发电、垂钓系列产品生产等项目已投产。签约落地总投资60亿元的中核汇能新能源项目,预计年内开工建设。三是全面落实纾困措施。用好用活领导干部联系帮扶企业制度和"企业吹哨·部门报到"平台,协调解决骏达木业运输受阻等问题30余个。发放应急转贷资金6500万元、科技型企业知识价值信用贷款6491万元、"增信贷"贷款3000万元、商业价值信用贷款480万元,清理拖欠中小企业账款1600余万元。

4. 商贸文旅持续复苏

前三季度社会消费品零售总额实现73.13亿元,同比增长1.2%;预计全年实现社会消费品零售总额100亿元,同比增长3%。一是康养旅游持续升温。成功举办中国·重庆(石柱)第六届康养大会,黄水国家级旅游度假区创建成效显著,单日最高接待游客数达到破历史纪录的35万人次。桥头镇喜马拉雅民宿、大歇镇九洞水民宿投入运营。前三季度,累计接待游客1760万人次,同比增长9.5%;创旅游综合收入131.6亿元,同比增长9.8%。二是商业贸易逐步回暖。不断做大做强县城"五大特色消费集聚区",创新"培育+引进"相互促进机制,预计全年新培育限额以上单位30家、外贸企业10家,新培育百万级网店 31 家、千万级网店 2 家。洪九果品于 9 月在香港上市，成为"中国水果第一股"。三是电商物流体系进一步完善。县城"一带一核五区"多元化消费格局初步形成，全县商业设施面积 88.3 万平方米，商贸服务业门店 2.3 万个以上。建成邮政快递物流分拨中心，建成桥头镇、西沱镇、黄水镇等 5 个重点乡镇周转仓和城乡物流网点 200 余个，县—乡—村三级物流体系进一步完善。

5. 稳经济大盘政策措施落地落实

一是政务服务不断优化。扎实开展政务服务"瘦身减负"，将 730 项行政许可事项审批时限共计 16039 个工作日优化至总承诺时限 2644 个工作日，行政许可事项总体提速 83.5%，开办企业实现 0.5 个工作日办结。制定发布"一件事一次办"套餐清单 88 项，对事项办理流程进行优化共计减少办事环节 628 个。二是加大助企纾困政策落实。落实好组合式税费支持政策，为企业减负和增加现金流超 1.3 亿元。为 6500 家中小微企业和个体工商户补贴水电气费用 922.6 万元，为承租国有房屋的 659 家市场主体减免房租 340 万元，阶段性降低失业保险费 1752 万元。加大金融惠企力度，注入财政风险补偿金 7217 万元，累计撬动金融机构信贷 15.08 亿元。向 74 家企业发放应急转贷资金 5.3 亿元。

（三）存在的问题

当前国际国内形势依然复杂严峻，不稳定、不确定性因素仍然较多，特别是 11 月以来全市疫情高发的态势，对县域经济社会发展带来了较大的冲击，全县经济社会发展仍面临诸多困难和挑战。

1. 县域经济底子弱、总量小

前三季度，全县地区生产总值为 145.24 亿元，居渝东南第六位，全市第 36 位。产业结构比为 19.9：22.9：57.2，第二产业支撑乏力，第三产业仍是拉动 GDP 增长的主要动力。相比 2022 年上半年，第二产业占比减少 1.6 个百分点；相比上年同期，第二产业占比减少 4.5 个百分点。三次产业对 GDP 增长贡献率依次为 23.8%、31.0%、45.2%，分别拉动 GDP 增长 1.0 个、1.3 个、1.9 个百分点。

2. 产业发展受超预期因素影响较大

一是受超预期因素冲击较大。受 8 月持续高温干旱影响，粮食、蔬菜、黄连等作物受灾面积达到 29677 亩，直接经济损失约 2.8 亿元。因高温限电，112 家工业企业有 14 天实行夜间错峰生产、13 天全部停产，8 月单月全县工业用电量 578.9 万千瓦·时，同比下降 62.52%。二是部分企业经营困难。因疫情反复和国内外经济形势影响，企业普遍面临用工、原料、物流等成本上涨问题，需求端市场萎缩、订单减少，1—9 月规模以上工业企业亏损企业 10 家，亏损金额合计 1.2 亿元，同比增长 8.7%。三是技术水平普遍较低。全县有市级研发机构的只有 7 家企业，占比仅为规模以上工业企业的 12%；全县农产品加工企业 145 家，其中精深加工 34 家，占比仅 23.45%。

3. 居民消费恢复迟缓

一是消费意愿明显下降。9 月住户人民币存款余额同比增长 12.7%，居民预防性储蓄增长较快。餐饮住宿、旅游文娱等服务业消费持续受到疫情影响，零售业社零总额同比下降 2.4%，住宿业社零总额同比下降 6%，华人美美等影院营收同比下降 40% 以上。二是房地产业供需矛盾突出。1—10 月商品房销售面积同比下降 9.5%，降幅较 1—9 月扩大 5.1 个百分点。全县房地产投资同比下降 22.8%，较 1—9 月扩大 2.6 个百分点。全县商品住宅土地仅出让 3 宗、126.2 亩，总价款 3.7 亿元。县城内江山月、财信城、碧桂园等主要楼盘的可售面积不到 6 万平方米，新开工的寰宇天辰可售面积仅有 6 万余平方米，同时居民购房意愿降低，供需两端同时显弱，房地产市场短期内难以恢复。

4. 投资放量不及预期

受生态红线等因素制约，部分项目要素保障不充分，项目进度略微滞后，全县项目投资放量整体偏弱。1—10月完成固定资产投资96.4亿元，同比增长4%，增速居渝东南第六位，距排名第五位的酉阳（9.4%）差5.4个百分点，其中建安投资完成81亿元，同比增长5.6%。1—10月100个重点项目仍有15个项目未能实现开复工。预计全年固定资产投资同比增长8%，其中建安投资同比增长12%左右，增速在渝东南依然靠后。

二、2023年经济运行环境及因素分析

从国际环境方面看，国际政治经济格局错综复杂，俄乌冲突影响持续，新冠肺炎疫情使人员、货物流通严重受阻，国际贸易和投资急剧萎缩，全球产业链、供应链受到较大冲击，国际能源、粮食价格保持高位运行，世界经济深度衰退。单边主义、保护主义、霸权主义愈演愈烈，对世界和平与发展构成威胁，经济全球化遭遇逆流，全球地缘政治风险上升，世界进入动荡变革期。

从国内环境方面看，当今世界正经历百年未有之大变局，国际力量对比深刻调整，我国发展仍然处于重要战略机遇期。我国已转向高质量发展阶段，制度优势显著，治理效能提升，经济稳中向好，物质基础雄厚，人力资源丰富，发展韧性强劲，社会大局稳定，特别是党的二十大报告为全国各族人民指明了方向和目标，实现高质量发展具有多方面优势和条件。但同时，发展不平衡不充分问题仍然突出，受新冠疫情和外部环境的持续影响，全国经济需求收缩、供给冲击、预期转弱的三重压力仍在显现，重点领域关键环节改革任务仍然艰巨，农业基础还不稳固，城乡区域发展和收入差距较大，生态环保任重道远，民生保障存在短板，社会治理还有弱项。

从全市的形势看，重庆经济社会发展迎来新的发展机遇。党的二十大报告指出，要加快构建以国内大循环为主体、国内国际双循环相互促进的新发展格局。随着"一带一路"、长江经济带发展、西部大开发等重大战略深入实施，供给侧结构性改革稳步推进，扩大内需战略深入实施，为重庆高质量发展创造了更为有利的条件。国家为应对疫情冲击、恢复经济发展出台一系列支持政策，有助于更好地保护和激发各类市场主体活力，将持续巩固经济回升向好的势头。同时，成渝地区双城经济圈建设加快推进，使重庆战略地位凸显、战略空间拓展、战略潜能释放，带来诸多政策利好、投资利好、项目利好，极大提升市场预期、社会预期。全市汽车、能源、电子产品、数字经济等领域增长迅猛，全市经济增长速度常年高于全国水平。

三、2023年趋势展望及主要指标预测

从石柱县的情况来看，党的二十大胜利召开，为全县各级各部门提供了强大的思想动能，激发了全县干部抓实事、促发展的主动性和积极性。2022年以来，在县委、县政府的坚强领导下，石柱县高效统筹疫情防控和经济社会发展，取得了较为理想的成绩。2023年，随着稳经济系列政策措施持续落地见效，落实优化防控措施二十条颁布实施，金融、房地产等利好政策陆续出台，成渝地区双城经济圈建设和"一区两群"协调发展战略等一系列重大政策深入推进，城市品质提升工程提速实施，以及中核汇能新能源、回龙场水库等重大项目持续投资放量，预计石柱县经济运行将继续保持"稳中向好"的趋势，更进一步地实现高质量发展。2023年，石柱县主要经济指标预测：地区生产总值增速确保达到6%以上、力争达到7%以上；规模以上工业增加值增速达到6.5%以上；旅游业增加值现价增速达到7%以上，占GDP比重达到4.7%以上；全社会固定资产投资完成125.2亿元，增速达到20%以上；社会消费品零售总额

106亿元，增速达到6%以上；全体居民人均可支配收入绝对额达到32350元，增速达到8%；民营经济增加值增速达到7%以上，占GDP比重达到56%以上；文化产业增加值占GDP比重达到2%；进出口总额达到38亿元，增速达到10%。

四、2023年重点工作措施

（一）加强重点项目调度，全力推进重大项目建设

一是进一步扩大有效投资。紧盯2023年储备库内项目，严格按照工作要求，靶向发力，打表推进，确保152个A类项目2023年第一季度实现开工，2023年全县全社会固定资产投资力争完成125亿元，同比增长20%左右。二是加快补齐基础设施短板。推动梁平—西沱—石柱高速和石柱—彭水高速取得实质性进展，开工建设沪渝蓉高铁，早日构建"七高四铁一港一场"对外综合交通体系；加快推进渝利铁路沙子客运站至冷水公路等在建项目建设进度，不断完善县内交通网络。加快推进万宝风电一期和二期项目、玉龙风电等项目。努力提升城镇品质，开工建设石柱县城市更新基础设施PPP项目、县城供水管网及老旧小区二次供水设施改扩建工程等项目。三是强化要素保障。围绕中核集团进一步做好精准招商，加快打造核工业配套产品生产基地，确保全年实现合同引资100亿元以上，到位资金25亿元以上。加大国市资金争取力度，全年力争完成立项争资65亿元左右。健全国土空间规划和用途统筹协调管控体系，强化规划的空间管制作用。保障用地指标争取，加大土地供应力度，保障城乡建设用地需求，加强用地供后监管，提高用地效率。四是优化投融资模式。积极探索采用EOD、Reits等投融资模式，推进投资主体多元化、资金来源多渠道和投资方式多样化。强化债务管控，严控融资成本，推动国有平台公司的市场化转型发展。聘请专业中介编制储备符合国家政策和上级资金投向的重大项目，提升项目策划的精准度，争取更多项目纳入国、市"盘子"。

（二）坚定不移抓好"三色"经济，提质发展特色山地农业

一是稳定粮食生产基础。粮食播种面积和产量稳定在66万亩22万吨以上，新建高标准农田1万亩，改造提升高标准农田2万亩。二是擦亮特色农业名片。强化绿色有机示范，巩固提升"有机农业示范基地""有机农产品基地"，新增一批"三色"产业绿色有机品牌，力争新建续建有机农产品示范基地10000亩以上，发展"二品一标"等品牌农产品15个以上，农业标准化生产率85%以上。三是推动农业延链提质增效。加强农产品精深加工企业招引和规模以上企业培育力度，加快推进辣椒智慧农业产业园、高标准农田建设等重点项目建设，推动实施小天鹅调味料生产线技术改造、怡留香调味品生产线技术改造项目，提升特色农产品质量和效益。四是加强农业农村改革创新。全面开展农村"三变"改革、农村产权制度改革等试点，创建一批"一村一品"，持续开展市级休闲农业与乡村旅游示范创建，打造一批乡村旅游精品线路。加强黄连创新产业研究院建设，加快创建石柱县农业科技创新研究中心，推动"三色经济"转型升级。

（三）发展壮大生态工业

一是大力推进现存企业提质。持续推进长捷电子、西南水泥等企业实施技术改造，鼓励小天鹅食品、海庆新材料等企业研发新产品，提升企业核心竞争力；加快推进万力联兴、东韵电子搬迁，推动企业提质扩能；大力推进金由农业、金东东辣椒、果本生物、正宽再生资源等企业达产增效。二是全面加强工业招商及投资。围绕风电、核工业配套、水资源开发、泵阀等产业，加大对重点招商企业的跟踪和沟通力度，力促纺织加工、竹笋精深加工等项目尽早开工，加快推进蓝莓饮品、道路再生材料等项目建成投

产。力争LNG加气站、精密铸造件、印玺建材石材加工等项目2023年第一季度开工；加快推进藤子沟水电站生态基流发电、万力联兴迁建等项目前期工作，力争早日开工。三是提升企业创新能力。完善创新平台建设，实施科技企业成长工程和企业研发机构倍增计划，新增国家高新技术企业3家、入库管理科技型企业6家，有研发机构的规模以上工业企业占比达到30%。

（四）推动消费持续恢复

一是持续挖掘消费潜力。优化城市商业布局，提档升级一批乡镇商贸中心、农贸市场、品牌超市，稳定汽车、家电产品等大宗消费，开展"数商兴农"行动，新增千万级电商企业2家，大力实施"源味石柱淄博行""南岸綦江产销对接"等活动，实现社会消费品零售总额106亿元以上。二是推动旅游产业提质升级。提前策划第七届康养大会，加快推动黄水国家级旅游度假区创建工作，持续提升基础设施，完善功能配套，加强文化旅游宣传营销，持续提升旅游消费水平。加快推进万寿山国家5A级旅游景区创建，有序推进国家全域旅游示范区创建，高规格举办千野草场露营狂欢节，做亮做强石柱文化旅游IP。三是提振房地产市场信心。继续坚持"房住不炒"基本原则，促进房地产市场平稳健康发展。推动金融支持房地产"十六条"政策措施落地落实，疏通和丰富房地产企业融资渠道，探索优化房地产开发项目资本金、预售资金管理，提高房地产开发企业投资意愿和能力。有序推进江山月、寰宇天辰等在建项目施工进度，妥善处理藏经寺农贸市场、隆鑫花漾城等楼盘的后续问题，做好"保交楼"工作，提高居民购房意愿。千方百计增加房地产市场供应，加快推动酱园厂、毕兹卡、乌央坝等县城地块房地产开发进度，加大冷水康养小镇、万寿山、黄水等旅游地产开发力度，推动房地产市场持续恢复。

（五）加快城乡统筹发展

一是打好城市更新主动仗。以"风情土家寨·精致山水城"为定位，全面推动城市品质提升工程。全力推动实施城市品质提升基础设施PPP项目，开工建设土地垮片区3条道路、龙河都督大桥等项目。实施好石柱西互通至体育馆道路升级改造项目。稳步推进水环境综合治理PPP项目，扎实开展县城区雨污分流改造和老旧污水管网的破损修复，完成县城区污水处理厂三期、黄水一厂2个污水处理厂的扩建及提标改造工作。二是持续推进村镇建设。实施农村危房改造、农房安全隐患整治，巩固住房保障成果；以桥头镇市级乡村振兴重点帮扶乡镇为重点，有序推进农房和村庄建设现代化试点工作；加快推动沙子镇白水溪市级传统村落示范项目（二期）建设进度；深入推进设计下乡，积极开展传统建筑工匠、农村建筑工匠培训，提升村镇建设水平。三是深入实施乡村振兴战略。持续抓好动态监测帮扶，坚决守住防止规模性返贫底线。推动脱贫产业提质增效，加大对群众发展产业的指导力度，深化完善利益联结机制，加强就业帮扶，拓宽群众就业增收渠道。持续推广"贵和工作法"，继续拓展积分应用领域，不断激发农民参与村级公共事务的积极性。加大与市级相关部门沟通衔接力度，高质量编制"一县一策"，争取将石柱县纳入国家乡村振兴示范县。

（六）持续做好保障和改善民生工作

一是加快建设教育强县。加快建设好望山小学附属幼儿园、双庆小学迁建、第一初级中学1教楼、职教中心培训楼和宿舍楼等项目，确保义务教育阶段学生入学率、巩固率持续保持100%，高中阶段教育毛入学率在97%以上。二是全方位加强就业服务。强化重点群体就业扶持，实施高校毕业生等青年群体就业创业促进计划，健全脱贫人口、农村低收入人口就业帮扶长效机制，强化公益性岗位开发管理，大力推广以工代赈，稳定重点群体就业规模，促进高质量充分就业。三是健全公共卫生服务体系。加强全生命周期健康管理，持续改进服务质量提升居民就医体验，全面深化医药卫生体制改革，促进医保、医疗、医药协同发展，力争50%的乡村医疗卫生机构达到国家服务能力基本标准，10%的乡镇卫生院和50%的社区卫生服务中心达到推荐标准。四是突出抓好"一老一小"关爱。加快推进养老服务中心全覆盖建设，实施居家适老化改造提质工程100户，完成三河镇敬老院智慧养老改造。加强未成年人关爱保护，扎实开展未成年人保护安全专项行动，加快建设儿童友好城市。五是提升文化体育服务水平。启动石柱文化艺术活动中心城南分部、黄水文艺"候鸟"之家等项目，打造2家及以上24小时城市书房。高水平承办好重庆市乡村村晚大联欢，打造非遗街区1个。广泛开展全民健身活动。六是新启动一批重点民生实事。承接实施好市级重点民生实事，启动实施一批县级重点民生实事，有效解决重点民生领域的突出问题，提高人民群众幸福感和满意度。

[石柱土家族自治县发展和改革委员会　哈　文　雷　勇　郭洪波]

之五：2022年秀山土家族苗族自治县经济运行分析及2023年展望

2022年，面对复杂严峻的国际环境、极端高温干旱天气和本地严峻疫情冲击等超预期因素影响，秀山土家族苗族自治县（简称"秀山县"）上下坚持以习近平新时代中国特色社会主义思想为指导，坚决落实"疫情要防住、经济要稳住、发展要安全"的重要要求，深入学习宣传贯彻党的二十大精神，认真贯彻落实市委、市政府决策部署，科学统筹疫情防控和经济社会发展，全力稳住经济发展大盘，积极融入成渝地区双城经济圈建设和全市"一区两群"协调发展，召开渝鄂湘黔毗邻地区中心城市推进会，"以认促建"挂牌市级高新技术产业开发区，奋力推动高质量发展，经济社会发展呈现稳中加固、稳中向好发展态势，主要经济指标运行在合理区间，前三季度地区生产总值实现262.52亿元，同比增长4.3%，增速居组内第一、全市第四。

一、2022年秀山土家族苗族自治县经济运行分析

（一）投资保持平稳增长

建立重点项目"1+7+N"工作推进机制，县委、县政府主要领导多次专题调研、系统研究项目建设，形成100余项交办清单。固定资产投资完成130.1亿元，同比增长12.3%，增速组内第一。开工在建重点项目99个，完成投资90.64亿元，完成序时计划的92.65%。马西水库、鹭秀小学至平凯武营公路等项目加快推进。16个市级重大建设项目完成投资18.8亿元，完成年度计划的73%，同比增长33.3%。开展稳住经济大盘重大项目策划包装储备专项行动，策划储备了一批中央预算内、专项债券、投融资项目，总投资2851亿元。争取市级以上各类资金32亿元、地方政府专项债券21亿元。新签约落地招商项目23个，协议引资63.5亿元。新增建设用地4784亩，处置批而未供土地403.5亩、闲置土地690亩。

（二）工业经济加快转型

规模以上工业增加值同比增长3.3%，较上半年回落1.4个百分点。规模以上工业总产值完成91.3亿元，同比增长4.0%。支柱产业持续发力，中医药、食品加工、电子信息、汽配、新材料产值分别同比增长69.0%、44.5%、79.4%、136.2%、60.7%。东星炭素加快上市前期工作，闽商食品产业园进入设备安装，创新创业孵化中心、食品产业孵化园、中医药产业孵化园等标准厂房加快施工，国泰康宁药业开工建设。龙池新材料产业园征地拆迁正式启动，5个中小企业集聚区完成规划编制。新增科技型企业65家、"专精特新"企业11家、高新技术企业4家。战略性新兴产业产值同比增长50.60%，较上半年提高11.6个百分点。

（三）乡村振兴深入实施

农业总产值同比增长4.4%，农村居民人均可支配收入同比增长8.1%。引导脱贫人口稳岗就业3.58万人，新开发公益性岗位4062个。投入以工代赈项目资金1.6亿元，多形式扩宽农民工收入渠道。持续开展人居环境整治提升行动，改造农村户厕1107户。建成年出栏2000头生猪标准化养殖场22个，出栏

生猪29.64万头，同比增长31.3%。完成"千年良田"建设3000亩，农田宜机化整治650亩，撂荒地复耕复种1.74万亩。培育全国茶乡旅游精品线路1条、市级农旅融合精品线路4条。举办"巴味渝珍"杯重庆市第五届斗茶大赛暨首届武陵山茶文化节，签约金额3.4亿元。中药材、茶叶产值分别同比增长19.8%、11%。

（四）商贸文旅稳步复苏

社会消费品零售总额同比增长2.7%，增速与上半年持平，零售业、批发业分别同比增长7.9%、9.3%。开展各类促销活动50余场，带动销售额2.1亿元。爱琴海城市购物广场将于年底正式营业，新增城市商业面积5.5万平方米和100个优质品牌。韵达快递分拨中心扩能、铁路集装箱站扩能改造和物流枢纽等项目建设有序推进，新入驻电商孵化园企业24家，新增本土上行产品40余款。网络零售额、农特产品电商销售额、县域快递上行件分别同比增长9.95%、10.9%、11.4%。新注册电商主体424个、物流主体70家，巴谷鲜获评"全国电子商务示范企业"。洪安边城获批国家4A级旅游景区，纳入市级文旅特色小镇创建名单，三省风情商业街、边城会客厅等项目加快实施。川河盖市级旅游度假区创建成功，王家坪至太平坝旅游公路等项目加快推进。接待游客、旅游综合收入分别同比增长3.45%、7.02%。

（五）城乡建设有序推进

完成国土空间总体规划编制，总体划定城镇开发边界40平方千米。梅江河两岸片区城市更新改造启动试点，改造完成5个老旧小区，实施棚户区改造467户。黄杨大道北延伸段等6条道路竣工通车，学府大道至外环线路基全面拉通，新建城市道路3.4千米。建成城市污水管网8.6千米、供水管网改造7.62千米，新增智能停车位511个。召开城市管理提升工作会议，开展交通秩序等专项整治，国家卫生县城顺利通过复审。启动滨江河堤公园健身步道升级改造，开展城市花卉提升行动，新增城市绿地17万平方米。国道邓阳至梅江段、武营至石耶段改建工程、石堤过境段等项目推进有力，完成"四好农村路"79.2千米、农村公路安防工程100.6千米。纳入国家级传统村落集中连片保护利用示范县，涌洞镇入选市级美丽宜居示范乡镇，平江河水美乡村项目开工建设，城乡供水一体化工程（二期）加快推进征地拆迁。

（六）市场预期积极向好

一般公共预算收入完成10.65亿元，同比增长22.9%；其中税收收入完成6.62亿元，同比下降5.8%，增速组内第一位、全市第四位。一般公共预算支出完成38.45亿元，同比增长1.5%。各项存贷款余额640.47亿元，同比增长3.5%。县属国有企业融资到位46亿元，资产总额达645.1亿元，同比增长8.3%。累计为企业减免各类税费2.3亿元，其中为103户企业落实留抵退税1.68亿元。减免642户服务业市场主体房屋租金664.81万元。出让土地1018亩，成交土地价款10.9亿元。开通福建、浙江、广东3条物流专线，降低工业品等大宗货物运输成本。新发展市场主体5024户，其中新发展民营企业1495户。

（七）民生福祉不断增进

坚决落实疫情防控要求，坚定不移坚持人民至上、生命至上，组建高效调度处置应对工作专班，全县上下众志成城、同心同德，坚决果断处置"10·3""11·8"疫情，生产生活秩序得到有序恢复。15件民生实事加快推进。凤凰新城小学、凤起小学建成投用，南部新城小学启动建设，秀一中、职教中心扩建加快推进，积极有效缓解城区学位供给不足问题。县人民医院清溪分院主体工程基本完工，县精神卫生中心、县妇幼保健院业务楼扩建项目加快实施。组建专班推动县人民医院创建三甲医院。城镇新增就业3929人，居民人均可支配收入同比增长10.3%。烈士陵园迁建项目主体工程建设完成，3个养老服务中心基本建成。生态环境质量持续改善，城区空气优良天数同比增加5天。23个电解锰渣场"一场一策"方案通过国家级专家评审，各渣场正加快推进环境治理。

受严峻的疫情冲击、长时间旱情等复杂因素叠加影响，全县全年经济将呈现稳中趋缓，难以实现全年经济增长目标，预计全年GDP增长4.5%左右。与此同时，全县经济发展面临的问题和压力不小，需要全力以赴、攻坚克难。一是财政收支矛盾突出。受减税降费、锰行业整治和淘汰退出奖补、疫情防控等刚性支出影响，预计年度硬缺口达10亿元以上，"三保"压力凸显，债务风险防控压力较大。二是投资增长后劲不足。房企和购房者信心尚未恢复，房地产投资下行压力持续加大，同比下降31.5%。新开工面积同比下降55.9%，后续投资增长缺乏支撑，下行压力加大。重点项目受资金、拆迁、前期推进等影响，前三季度计划新开工项目仍有10个未能开工。国有企业还本付息压力大，可调动的流动资金有限，项目资金筹集难度大。三是消费市场仍然偏弱。疫情对全县住宿餐饮等线下接触性消费形成冲击，文旅市场供需双方信心不足，部分酒店、餐饮企业经营困难。四是工业经济支撑不足。受锰行业退出、新的支撑点产能有限、企业经营成本上升等影响，工业经济面临较大下行压力。同时，部分企业投资信心不足、意愿下降，外出招商受阻，部分在谈项目推进存在困难。

二、2023年经济运行趋势展望及主要指标预测

2023年是"十四五"规划承上启下之年，要坚持以习近平新时代中国特色社会主义思想为指导，全面贯彻党的二十大精神，深入贯彻落实习近平总书记对重庆提出的系列重要指示要求，发挥渝东南桥头堡城市作用，努力推动县域经济高质量、高水平、高效率增长，全力助力打造武陵山区践行"两山论"样板和渝鄂湘黔毗邻地区中心城市。从全国看，随着疫情管控"二十条"措施精准发力、"十四五"规划全面实施、双循环发展格局不断构建、国家重大财政金融政策持续释放，我国对外贸易将得到进一步放开，消费市场活力有望激发，国内旅游业将触底反弹，经济将继续保持高质量增长，有利于释放高质量的动力源，国内市场循环将进一步得到加快。从全市看，随着成渝地区双城经济圈建设、西部陆海新通道稳步推进，市六次党代会确定的目标任务有序实施，全市"一区两群"协调发展、科技创新、交通强市、产业链供应链稳定等政策引领，各类重点项目、重大政策、重大平台陆续落地，高质量发展动能更加强劲，高新技术产业不断发力，高素质人才不断聚集，全市经济将持续实现稳中向好态势。从秀山看，在国家和全市各项稳经济政策的刺激引导下，在市级部门各类具体政策举措帮助下，在全县各类支柱产业的发力带动下，全县投资消费拉动作用将保持较高的态势，市场需求可以得到较好的释放，经济发展有望保持快速增长，要抓住推动共同富裕、西部大开发形成新格局、新型城镇化建设、乡村振兴等重大战略，积极策划储备包装一批重大项目，全力争取市级重大政策支持。全县要准备把握发展新趋势、关注产业新特点、激活消费新潜力，完整、准确、全面贯彻新发展理念，积极融入新发展格局，全力在工业经济上培育新的增长极，在科技创新上找到新的突破点，在文化旅游上推出新的引爆点，实现县域经济高质量发展。要坚持系统观念，不折不扣抓好统筹疫情防控和经济社会发展各项工作，推动2023年经济持续健康发展。初步考虑，2023年全县经济指标预期目标为：地区生产总值增长7%左右；固定资产投资增长8%左右；规模以上工业增加值增长10%左右；社会消费品零售总额增长8%左右；一般公共预算收入增长7%左右；城乡居民人均可支配收入与经济保持同步增长。

三、2023年主要工作举措及政策调控措施建议

2023年，秀山将全面贯彻党的二十大精神，深入领会中央和市委经济工作会议精神，高效统筹抓好疫情防控和经济社会发展，发挥渝东南桥头堡城市作用，努力在推动渝东南武陵山区城镇群建设中展现

新作为。一是奋力推动投资消费。坚持以需求侧为导向，聚力扩大有效投资，积极争取专项债券、中央预算内资金、专项金融工具等资金支持，在基础设施、城市更新、工业投资等方面全面发力，力争全年投资完成200亿元。狠抓旅游消费、生活生产消费、大宗消费和电商消费等，举办各类节会，营造良好消费环境，激发消费活力，带动三次产业持续增长。二是全力提升制造业发展能级。全力抓好市级高新技术产业开发区创建，做好重点产业招商，推动中医药产业加快发力，加快国泰康宁等支柱品牌投产达产。持续推动汽配产业建设，支持企业全力巩固拓展市场。整合各类资源，启动乌江实业产业园项目建设，加快东星炭素上市，打造区域性锂电池材料产业洼地。三是竭力促进开放发展。依托成熟的电商物流体系，推进区域性电商分拨中心建设，投用武陵物流枢纽。不断拓展与周边区县的物流快递专线，服务周边市场。加强区域合作，抓住国家推动省际交界地区发展的机遇，用好渝湘黔边城协同发展合作区平台，强化与周边区县的协同联动。四是着力抓好民生保障。持续开展通道"三化"建设，全面巩固拓展脱贫攻坚成果，促进乡村振兴和农业农村现代化。推出一批民生实事，解决群众期盼的难点问题。真心办好教育、医疗、就业、民政等社会事业，提升人民群众的幸福感。打好锰污染环境治理收官战，全面提升县域环境质量。认真落实安全生产各项责任，保障人民群众生命财产安全。

为积极贯彻落实上级政策，推动上级政策与基层需求有效衔接，支持和促进地方经济发展。建议：一是更加精准抓好疫情处置，加强药物研发和疫苗接种，更好统筹经济发展和疫情防控。二是出台支持中小微企业纾困措施，努力让企业生存发展，大力解决劳动力就业问题。三是在推动以县城为重要载体的新型城镇化建设上给予专项政策和资金支持，更好助推区域协调发展。

[秀山土家族苗族自治县发展和改革委员会　蒋晓军]

之六：2022年酉阳土家族苗族自治县经济运行分析及2023年展望

2022年以来，全球经济下行风险加大，受疫情多发散发和极端高温等天气影响，宏观经济形势更趋严峻，酉阳土家族苗族自治县（简称"酉阳县"）坚持稳中求进工作总基调，咬紧既定增长目标不动摇，经济运行总体平稳在合理区间内。加力落实稳经济政策，有效应对旱情、火情、疫情"三情叠加"和缺电、缺水"两缺并存"，经过艰辛努力，全县经济总体回稳，短期下滑得到恢复，积极因素不断积累。

前三季度实现地区生产总值154.59亿元，同比增长2.6%，较第一季度、上半年分别下降1.7个、0.2个百分点，增速在渝东南排末位，在全市排32位。其中：第一产业增加值27.03亿元，增速4.7%；第二产业增加值24.43亿元，增速-0.7%；第三产业增加值103.13亿元，增速2.7%；三次产业结构比为17.5：15.8：66.7，三次产业对经济增长的贡献率为33.1%、-4.1%、71.0%，分别拉动经济增长0.9个、-0.1个、1.8个百分点。

一、2022年酉阳土家族苗族自治县经济运行分析

（一）稳经济政策落地见效

全县深入贯彻落实全国稳定经济大盘电视电话会议精神，坚决按照"疫情要防住、经济要稳住、发展要安全"的总体要求，推动财政、货币金融、稳投资促消费、保粮食能源安全、保产业链供应链稳定、保基本民生等方面稳经济政策措施落地见效，各项事业呈现出蓬勃发展良好态势。累计办理退税1.39亿元，提供融资担保支持2亿元，服务行业落实稳岗补贴585家450万余元，发放创业担保贷款1452户2.83亿元，高质量完成2022年6500吨县级储备粮、550吨县级成品粮和25吨食用油储备任务。

（二）农业产量稳步提升

全县高效统筹"五到位"抗旱措施，加快惠农政策落地见效和涉农资金投入，第三季度第一产业增加值同比增长4.7%，排名持续提升至全市第11位，第一产业为拉动全县经济增长提供有力支撑。"三大谷物"产量总体稳定，虽受7月以来持续干旱高温天气影响，但水稻、玉米、小麦产量总体稳定，减产幅度1.83%，居渝东南第三位。"菜篮子"产品供给充足，全县蔬菜产量、生猪出栏、茶叶单季产量、水果和中药材产量分别同比增长1.6%、8.0%、100%、17.3%、10.1%。

（三）工业经济迎难而上

1—9月规模以上工业实现工业产值21.42亿元，同比增长13%，增速在渝东南提升1位，高于全市平均水平10个百分点。全县累计签约工业招商项目26个，投资额达到4.5亿元，制造业贷款余额3.42亿元，同比增长13.87%。2022年新培育市级"专精特新"企业4家，新培育科技型企业10家。酉州茶油科技公司、昆药武陵山等重点企业研发各类新产品20余件，拉动规模以上工业产值增长约10个百分点。全县工业度电产值达8.8元，同比增长7.6%。

（四）服务、房地产、文化旅游业大幅回暖

前三季度，规模以上服务业五大行业实现营业收入6.7亿元，同比增长10.1%，在渝东南排第三位。

在西粮·中央花园项目销售拉动下，全县房地产开发投资与商品房销售发展态势良好，房地产完成投资6.97亿元，同比增长26.3%；完成房屋销售9.81万平方米，同比增长41.8%。文化旅游产业在6月之后逐步恢复，全县新创建4A级旅游景区2个，前三季度全县接待游客数量和旅游综合收入分别同比增长22.58%和28.28%，文化、体育和娱乐业营业收入分别同比增长27.5倍。

（五）投资放量、项目建设持续加快

1—9月完成固定资产投资65.28亿元，同比增长9.5%，较全市高6.2个百分点，增速较上半年有所回升，在渝东南范围内排第五位。项目建设总体推进有序。市级重大项目投资进度达到72.16%，列入县级重点项目投资进度50.5%。项目服务管理持续加强，1—9月完成企业投资项目备案121个、政府投资项目立项242个，审批项目可研、概算249个，项目审批个数较上半年增长1.43倍。

（六）城乡建设成效明显

渝湘高铁黔江至吉首段已启动可研审查工作，酉永（重庆境）高速公路小坝至花田段已举行开工仪式，新城建设征地拆迁已全面启动第3期工作，完成棚户区改造3200户，33.7万平方米。建成5G基站1207个，建成配气站2座，日供气能力达到49万立方米，建成10千伏线路112条，4467.74千米。全县森林覆盖率达63.65%，海绵城市建设达标比例为27.99%，县城空气质量优良天数连续五年居全市第一位。

（七）疫情防控有力有效，民生保障不断改善

完成县城5分钟核酸采样圈建设，核酸检测能力增至2.3万单管/天。通过组织实施国家集中带量采购落地，232种药品平均降价55%，累计减轻群众负担1559.07万元。全县实现城镇新增就业5243人，完成目标任务174.77%，统筹各类民政救助对象达6.56万人，组织发放各类民政救助保障资金2.77亿元。积极落实助企纾困政策，支付稳岗返还资金456.15万元。劳动工资均实现稳定增长，全体居民人均可支配收入达16957元，增速达11.2%。

二、存在的问题及原因分析

当前国际国内形势依然复杂，全县经济恢复和发展同样面临较多困难和挑战。由于三重压力的持续显现和疫情频发，经济循环畅通和有效需求释放影响较大，全县存在经济恢复内生动力不足、产业结构比失衡、市场主体支撑不足等问题。前三季度商贸业运行疲软、财税金融矛盾突出，经济运行总体放缓，多项经济指标排名靠后。

（一）经济恢复内需动力仍然不足

第三季度五大服务行业增速较上半年呈现"三增两降"，但总体运行仍呈疲软态势。受疫情、持续干旱和有序用电影响，生活服务性消费恢复滞后，社会消费品零售总额实现68.8亿元，同比增长-2.5%，批发零售业和交通运输、仓储、邮政业持续为负增速。同时，汉斯安海、烟草公司、粮食公司、科恒医药、和平医药等大型商贸企业营业额与上年同期相比分别增速为-27%、-8.3%、-25%、-7.8%、-10.5%，大型商贸企业负增长直接导致经济增长的乏力，整体拉低GDP增速0.4个百分点。居民消费性支出收缩明显，推迟非必要消费导致预防性储蓄较快增长，人民币存款余额同比增长17.7%。

（二）部分投资、项目进度形成拖累

部分行业投资薄弱，农业和房地产业投资占比大，拉动力强，但交通建设投资、水利建设投资、工业投资分别同比下降47.6%、9.5%、8.6%。2022年政府专项债券支付进度低于80%，中医院迁建项目二期工程、桃源世家房地产开发等项目普遍进度滞后，远低于时序进度。此外，多个项目受资金、纠纷

等因素影响，建设进度滞后，风电、光伏发电、抽水蓄能等重点领域工作进展缓慢，年度投资计划的推进同样对全县经济运行造成一定的拖累。

（三）市场主体现状制约经济指标的呈现

截至9月，全县"四上"企业184户，数量少且底量不足，对经济指标增长造成较大阻碍。前三季度入库数量严重不足，并且部分漏统和退库的现象同时拉低了经济增速。由于升规转变一般纳税人后税收压力的剧增导致部分服务业、零售业企业升规入库意愿不强，同时从税收角度来看，缺乏较严格有效的强制措施来规范和培养企业依法纳统入统的责任意识。

（四）财税金融平衡矛盾凸显

受减税退税政策对地方税收影响，增收难度增大，前三季度税收收入完成78947万元，同比下降16.4%，其中：中央级税收同比下降22.3%，市级税收同比减收4102万元，县级税收同比下降2.0%。一般公共预算收入完成6.8亿元，同比增速10.5%，一般公共预算支出完成49.6亿元，同比增长20.8%，收支矛盾较突出。

（五）能耗"双控"指标同样约束县域经济发展

"十四五"期间全县能耗强度下降空间、能源消费总量释放空间整体较小，市上下达全县双控目标为年均能耗强度下降目标为3.08%、年均能源消费总量增量控制目标为1.2万吨标准煤，该约束性指标远低于渝东南其他区县，全县能耗"双控"工作面临巨大压力，对县域经济发展形成了制约。

三、2023年经济指标预测

总的来看，2022年全县经济工作有进展、有成效，但矛盾和问题同样明显，综合分析全年经济运行情况及发展条件和机遇，初步提出2023年经济发展预期目标：预计2023年全县地区生产总值增长6%，其中第一产业增长6%，第二产业增长8.5%，第三产业增长5.4%。

四、下一步工作建议

（一）聚焦转型升级，着力推动三次产业高质量发展

一是推进一产稳定发展。加快构建"1+9+X"农业产业体系，做大做强9个优势产业，因乡因村发展"X"个特色产业，打造全国生态茶油强县、山地特色高效农业示范县。二是推进二产提质增效。2023年，全县力争完成工业总产值75亿元，同比增长25%，培育规模以上工业企业10户以上；全年力争引进项目不少于100个，实现协议引资不少于150亿元。三是推进三产"锻长补短"。提升"县乡村"三级农村电商公共服务体系，全面完成油茶产业供应链和茶叶产业供应链建设，积极推进国际消费中心城市"商文旅体"城市试点工作；全年新增限额以上企业10户。2023年，第三产业预计实现增加值150亿元，同比增长5%。

（二）聚焦项目建设，着力增强经济发展后劲

一是强化项目谋划储备。动态储备三年滚动项目1000亿元以上、债券资金项目50亿元左右、中央预算内资金及市级资金4亿元左右，充实完善《2023年投资项目汇总表》。二是强化重点项目带动。加快推进渝湘高铁黔江至吉首段前期工作，全线动工酉（阳）永（顺）高速小坝至花田段，开展戏沙湖水库投融资策划方案等各项前期专题工作，全面开工建设小河坝河铜鼓至小河段、花田段、桃花源新城段综合治理工程。三是加强项目要素保障。增强生产要素和金融、环保服务支撑，做好用水、电、路、气等施工要素配套，提高服务质量和效率。强化前期工作经费"资金池"建设，加快推动项目前期工作。

（三）聚焦城镇化建设，着力推动城乡协调发展

一是推进桃花源新城建设。项目化、清单化、责任化、时限化加速推进10平方千米首开区建设，建设交通、给排水、通信等城市基础设施，力争两年成型、四年成城。二是推进城市有机更新。加快实施老县城老旧小区改造，着重城市功能提升，推进产城景深度融合，打造宜居宜业宜游的良好环境；补齐市政设施短板，切实解决城市顽疾，推进城市治理体系和治理能力现代化。三是推进城乡融合发展。持续开展农村房屋安全隐患排查整治和农村人居环境整治，推进农村危房改造，推进农村"厕所革命"，引导农民积极参与乡村发展和建设；做好第四批传统村落申报和保护利用，深化农村土地制度改革，促进城乡融合发展。

（四）聚焦成果巩固，着力推动乡村振兴战略

一是巩固脱贫攻坚成果。持续抓好动态监测帮扶，坚决守住防止规模性返贫底线；推动脱贫产业提质增效，加大技能培训、政策扶持力度，用足用好各级各类帮扶资源，不断拓宽发展格局，提升辐射效能。二是持续开展试点示范。在花田何家岩村的基础上，推进"5+10+39"示范建设，持续打造5个共富乡村示范点，10个乡村振兴示范乡村，39个乡村振兴示范点。三是深化农业农村改革。巩固深化农村集体产权制度改革成果，农村"三变"改革试点覆盖率扩大到全县40%的行政村。

（五）聚焦营商改革，着力营造良好发展环境

一是聚力招商引资。建设"渝东南绿色食品加工示范基地县"，运用好"世界青蒿之都"名片，加快打造区域"特色消费品加工制造基地县"，全力打造"西部时尚牛仔服装之都"。二是优化营商环境。擦亮"酉服务"品牌，运用好"酉诉即办"平台，高标准简化审批流程，编制优化办事指南，强化窗口服务人员的培训督导，提升政务服务专业化、规范化水平。三是培育市场主体。推深做实"政务+邮政"服务活动，打通政务服务"最后一公里"，持续开展稳企惠企政策集中攻坚行动，帮助企业渡过难关，指导企业升规入库，持续培育新的经济增长点。

（六）聚焦生态绿色，着力推动生态人文转化

一是在污染上做"减法"。集中力量持续打好蓝天、碧水、净土保卫战，深入实施"八大革命"，巩固"三排""三乱"问题整治成果，确保集中饮用水源地水质达标率稳定达到100%，确保县城生活垃圾回收利用率达40%，城市绿地面积保持率100%。二是在绿化上做"加法"。坚持山水林田湖草系统治理，深化落实"河长制"，实施天然林保护工程、国家战略储备林建设、"两岸青山·千里林带"等工程，完成30万亩储备林建设。三是推动"双碳"工作。将碳达峰、碳中和贯穿于经济社会发展全过程和各方面，实施全县碳达峰行动方案和五年行动计划。创建市级生态文明建设示范县、"中国天然氧吧"品牌。

（七）聚焦民生福祉，着力推动社会事业发展

一是推动社会事业进步。实现控辍保学常态清零，确保入学率达到100%，高标准推进三级联创，深化综合医改，深入健康中国重庆行动，强化重点人群健康服务。二是强化民生服务保障。狠抓就业政策落实，探索建立政府救助与社会资源帮扶衔接联动机制，健全完善养老事业托底性投入保障机制；强化低收入人口动态监测，切实兜牢困难群众基本生活保障。三是加强社会治理。健全党组织领导的基层群众自治制度、村（社区）"两委"班子联系群众机制，推进村（居）民自治"五个民主"制度化、规范化建设，着力构建科学高效的基层治理体系。

[酉阳土家族苗族自治县发展和改革委员会　杨　伟　陈子彦]

之七：2022年彭水苗族土家族自治县经济运行分析及2023年展望

一、2022年彭水苗族土家族自治县经济运行分析

（一）运行特征

1. 产业融合发展更加巩固

农业经济发展稳步推进。2022年，彭水苗族土家族自治县（简称"彭水县"）高度重视粮食生产，持续抓好农业稳产保供和农民增收，粮食播种面积稳定在120万亩，粮食产量实现24.8万吨，蔬菜产量稳中有增，实现27.7万吨，同比增长11.8%，生猪出栏量增加，达到45.97万头，同比增长15.9%。乡村振兴深入推进，特色效益农业、农产品加工业、乡村旅游加快发展，农产品加工企业17个，1—9月乡村旅游接待游客295.71万人次。工业生产运行总体平稳。全力助工业企业纾困，认真贯彻落实促进工业经济平稳增长等政策措施；开展入企问诊，及时协调落实中小微企业、个体工商户5—6月水费气费5%补贴政策。1—9月，全县规模以上工业实现产值39.6亿元，同比增长8.4%，其中清洁能源、健康食品、特色轻工、建材精深加工、矿产品加工分别实现产值24.05亿元、3.18亿元、3.27亿元、6.44亿元和2.09亿元。园区13家规模以上工业实现增加值3.24亿元，同比增长13%。商业消费态势持续向好。认真落实服务业纾困政策，释放政策效能，推动商务经济发展，开展系列促销活动，培育消费新动能。1—9月，实现限额以上社会消费品零售总额46.6亿元，同比增长11.6%。分行业看，限额以上批发业零售额55.8亿元，同比增长12.8%；限额以上零售业销售额35.3亿元，同比增长6.7%；限额以上住宿业营业收入0.9亿元，同比增长14%；限额以上餐饮业营业收入2亿元，同比增长9.4%。文化旅游市场回暖升温。精心组织文化旅游活动，充分利用周边区县游、"避暑经济""假日经济"等消费增长点，带动文旅消费复苏，旅游人数和收入持续回升。1—9月，景区接待游客159.83万人次，环比增长10.3%；过夜游客207.32万人次，环比增长14.6%；接待游客总数1182.85万人次，环比增长9.7%；接待游客旅游总收入60.45亿元，环比增长10.5%，旅游市场逐步回暖。

2. 重点项目建设推进有力

投资运行平稳。积极发挥重点项目投资对经济增长的拉动作用，预计1—9月固定资产投资同比增长7%。召开重点项目联席会议24次，实地督导80余次，建立县领导"一对一"联系重大项目机制。推动110个县级重点项目实现开复工，完成投资87.7亿元。着力推动"一县一策"重点项目落地，40个重点项目序时推进，其中开工21个、开展前期工作19个，完成投资23.7亿元。项目储备充足。新增储备务彭石高速公路、阿依河水库等重点项目73个，启动建设项目8个，达可研深度35个。提前储备2023年中央预算内投资项目，完成专项储备项目13个，申报资金1.7亿元。正式启动县城城镇化补短板强弱项PPP项目前期工作，计划总投资46.36亿元，完成国家入库工作。争资成效明显。争资到位20.88亿元，同比增长35.8%，其中中央预算内资金2.4亿元、专项债17亿元、国家稳宏观经济大盘基金1.48亿元。对接重点能源企业近20家，达成开发意向项目20余个，推动项目签订投资协议7个、总投资63.7亿元。

对接企业申报中长期贷款项目3个，申报贷款需求5.62亿元。

3. 财税金融持续稳健运行

财政收支保持紧平衡。制定落实税收收入、非税收入、基金收入、国资收入等目标任务的具体措施，保障完成年初预算目标，全力跟踪收入按时序组织解缴入库。1—9月，全县本级收入完成19.7亿元，同比增长12.4%；新增债券资金收入21.5亿元，同比增长192.6%；一般公共预算支出45亿元，同比增长1.5%，"保基本民生、保基层运转、保工资"运行良好。存贷款规模稳步增长。代发工资、代付土地复垦款等因素使住户活期存款增加，公司贷款、线上贷款、个人经营贷款、项目贷款等规模增加，存贷款余额均呈现稳步增长态势。9月底，金融机构存贷款余额581.17亿元，同比增长13%，其中，各项存款余额285.82亿元，同比增长14.7%；各项贷款余额295.35亿元，同比增长11.4%。金融持续支持中小企业发展，为中小企业发放贷款金额45.07亿元，同比增长29%。

4. 社会民生福祉逐步增强

市场活力不断释放。延续实施阶段性降低失业保险费，为参保企业减负800万元；推行失业保险稳岗返还政策，全面推行"免申即享"举措，完成兑付涉及企业624家，补贴金额456万元，发放创业担保贷款1.09亿元。积极宣传推广"信易贷·渝惠融"平台，助力缓解中小微企业、个体工商户融资问题。1—9月，全县现有市场主体43784户，其中新增市场主体4191户，注销各类市场主体2953户，市场主体实现替代更新，运行活力进一步增强。民生保障不断加强。据每月价格监测数据，重要民生商品零售价格总体平稳。启动社会救助和保障标准与物价上涨挂钩联动机制，发放对象7.17万人次，发放补贴金额205.93万元。完善救助体系，发放城乡低保保障人数2.78万人次，金额1.33亿元。随着保障政策全面实施，1—9月城镇新增就业4315人，同比增长28.6%，预计1—9实现农村常住居民人均可支配收入11998元，同比增长9.8%；城镇常住居民人均可支配收入30769元，同比增长8.2%。

（二）存在的问题

一是疫情影响持续。疫情造成远端客流量大幅下滑，全县游客接待量从2019年的3028万人次降至2022年的约1600万人次。疫情影响导致消费低迷，进一步影响实体经济活力，2022年全县新设立个体工商户同比负增长，且整体规模偏小，个体工商户资金数额为100万元及以上的占比仅为0.79%。

二是产业支撑不足。农业规模化、品牌化和全产业链建设处于起步阶段；工业龙头企业较少，过度依赖水电行业，总量十分薄弱；现代服务业体量偏小，商贸市场主体小而弱，旅游市场未完全恢复。

三是房地产市场低迷。房地产业作为国民经济的重要组成部分，曾对经济发展作出重要贡献。受疫情及房企债务危机影响，开发商拿地意愿、居民购房意愿均不强，房地产业对经济的贡献度降低。

（三）全年预测

根据前三季度全县经济社会发展情况，预计全年实现地区生产总值290亿元，同比增长3.5%左右。规模以上工业总产值54亿元，同比增长6%；固定资产投资109亿元，同比增长9%；社会消费品零售总额146.9亿元，同比增长5%；一般公共预算收入14.2亿元，同比增长4.3%；税收收入8.5亿元，同比下降0.3%；城镇常住居民人均可支配收入37400元，同比增长1.7%；农村常住居民人均可支配收入15965元，同比增长8%；城镇调查失业率小于5.5%，城镇化率达到51.3%。

二、2023年经济运行环境分析

党的二十大胜利召开为经济发展注入强大精神力量。优化疫情防控二十条措施发布，疫情防控工作更加精准科学，统筹疫情防控和经济社会发展将取得更加积极的成果。县城城镇化补短板强弱项 PPP 项目序时推进，将带动全县投资增长。优化疫情防控措施后，文旅消费将逐步恢复，提升住宿餐饮消费活力，带动全县社会消费品零售总额增长。全县经济社会发展有动力基础。

三、2023 年主要指标预测

综合分析全县经济发展态势，预计 2023 年地区生产总值将达到 317.5 亿元，同比增长 6% 左右；规模以上工业总产值 60.2 亿元，同比增长 10%；固定资产投资 120 亿元，同比增长 10%；社会消费品零售总额 168.3 亿元，同比增长 10%；一般公共财政预算收入 15 亿元，同比增长 5.9%；税收收入 9.3 亿元，同比增长 9.4%；城镇常住居民人均可支配收入 40060 元，同比增长 7%；农村常住居民人均可支配 17400 元，同比增长 9%；城镇调查失业率小于 5.5%，城镇化率达到 52.8%。

四、政策调控措施建议

围绕"四个一百亿"目标（即 2 个 PPP 项目 100 亿元、清洁能源 100 亿元、石彭务等高速 100 亿元、高铁片区建设 100 亿元），统筹抓好经济管理、城乡统筹、区域协作、产业发展、民生事业等重点工作。

（一）加强经济运行管理

一是强化经济运行调度。围绕年初县人代会制定的目标任务，加强经济监测分析，细化工作举措，力争全年地区生产总值增长 6% 以上。二是切实做好中期评估。认真谋划、及时开展"十四五"中期评估工作，客观评价"十四五"规划、国民经济和社会发展年度计划发展目标、重点任务、政策措施等落实情况，推动规划、年度计划目标任务完成。三是着力稳经济大盘。认真贯彻落实稳住经济一揽子政策措施及其接续政策，助企纾困政策措施，抓好政策宣传，指导帮助企业用好扶持措施，加强调查研究，跟踪政策落实情况，协调解决痛点、难点、堵点，释放政策效能，全力稳住经济基本盘。

（二）统筹城乡融合发展

一是推进补短板 PPP 项目建设。大力推动县城城镇化补短板强弱项建设示范 PPP 项目，涉及城市市政公用设施提档升级、公共服务设施提标扩面、环境基础设施提级扩能、产业配套设施提质增效等方面子项目 17 个，总投资约 46.36 亿元。二是全面推进乡村振兴。按照产业兴旺、生态宜居、乡风文明、治理有效、生活富裕总要求，全面推进乡村振兴战略行动，实现巩固提升脱贫攻坚成果同乡村振兴有效衔接。三是推动落实"一县一策"。统筹协调落实国家乡村振兴重点帮扶彭水县 51 条政策清单、40 个项目清单，定期召开联席会议，协调解决存在的问题，重视市县两级联动效应，确保年度工作要点落地见效。

（三）促进区域协调发展

一是构建对外大通道交通格局。打造东西向快速客运通道，提速建设渝湘高铁，续建渝湘高速扩能项目。加快推进彭丰高速、彭石高速建设，形成直接接入长江黄金水道能力。推动尽早开工建设务彭石高速，打通南北向出境大通道，加快弥补彭水南北向综合通道受限的短板。二是高效推进高铁片区建设。建设高铁站前大道、高铁片区道路等交通网络，实施高铁片区游客集散中心、公共服务中心、卫生服务中心等配套基础设施建设，加快彭水进入高铁时代步伐。三是推动摩围山旅游项目建设。围绕文旅融合发展主题，加快实施摩围山创国家级旅游度假区基础设施建设 PPP 项目，完善旅游交通设施、水电设施、森林防火设施、旅游接待服务设施、康养设施等，投资估算约 37.65 亿元。

（四）培育特色优势产业

一是做实清洁能源产业。依托水电、抽水蓄能、页岩气、风能、光伏和氢能六大板块，规划水电224万千瓦、抽水蓄能260万千瓦、风电58万千瓦、光伏发电84万千瓦，计划总投资289亿元，做实清洁能源产业，做强生态工业经济。二是做大全域旅游产业。加快全域旅游发展，做强乌江画廊旅游示范带核心支撑，打造武陵山区民俗风情生态旅游示范区样板，发展壮大一批景区景点，打造精品旅游线路，丰富文旅产品供给。三是做强物流及商贸业。加快补齐现代物流短板，优化物流布局，提升现代物流运作效率。大力繁荣传统商贸，高标准打造一批专业市场、智慧潮流商圈、夜市街区，促进线上线下融合发展。

（五）发展社会民生事业

一是推动教育均衡发展。着力完善教育体系建设和资源布局，推动建设一批教育重点项目，满足基本公共教育需求，努力促进教育公平。二是实施健康彭水行动。把保障人民健康放在优先发展的战略位置，全面加强卫生健康体系建设，为人民提供全方位全周期健康服务。三是筑牢绿色生态屏障。优化生态空间格局，统筹推进山水林田湖草系统治理，重要生态系统保护修复，积极创建国家生态文明示范县。

[彭水苗族土家族自治县发展和改革委员会　曹　燕]